에커치가 그려내는 어둠의 역사는 그야말로 방대하고, 독창적이고, 계몽적이다.
스티븐 오즈먼트, 하버드 대학교 석좌교수

오늘날 우리에게 밤은 등을 켜는 시간이다. 그러나 언제나 그랬던 것은 아니다. 에커치의 풍부한 고증과 흥미로운 연구의 결과인 이 책은 지난날 밤에 이루어진 삶의 절반의 역사를 복구한다 — 깜깜한 어둠이거나 어스름한 어둠이거나, 일하거나 놀거나, 정지하거나 움직이거나, 홀로거나 함께하거나, 밤에 이루어진 모든 것의 역사를. 불면증 환자나 천체 관찰자 모두에게 완벽한 읽을거리이다. **조너선 스펜스, 예일 대학교 석좌교수**

과거에 밤에는 무슨 일이 일어났을까? 밤에는 누… 재의 위험에 어떻게 대처했을까? 잠의 리듬은 어떠… 땠을까? 에커치는 근세 초 유럽과 미국의 어둠의 세… 로 밝힌다. 이 책은 오랜 세월의 결과물로서, 하나의 …
버나드 베일린, 하버드 대학교 교수, 애덤스 대학교 명예교수

흡인력 있다. 매혹적이다. 에커치는 문화 영역을 두루 섭렵하여 자신만의 소재를 위한 자료를 유례없이 광범위하게 약탈했다. 그는 마녀에서 소방 활동까지, 건축에서 가정 폭력까지 모든 것에 대해 말해준다. **테리 이글턴, 『네이션』**

에커치 교수는 범위와 독창성 면에서 예외적인 책을 만들었다. 근대 이전 문명의 야경에 대한 그의 탐구는 문학, 사회사, 심리학, 사상사를 넘나든다. 이것은 진귀한 격조의 선구적 업적이다. 이 책은 활력적인 어둠의 영역에 진정으로 빛을 던져준다. **조지 스타이너, 제네바 대학교 교수**

역작이다. 밤의 위험함, 친밀함, 의식, 리듬, 노동 유형, 계급 간 마찰, 점진적 변화 등 밤의 삶에 빛줄기를 던져주며, 이전에는 그저 희미하게만 알았던 신세계를 드러낸다. 이 선구적이고 압도적인 저작 덕분에 산업화 이전의 밤 시간은 이제 역사를 갖게 되었다.
필립 모건, 존스홉킨스 대학교 석좌교수

손에서 놓을 수 없는 책. 에커치는 경이롭게 성공했다. **재키 루호이스, 『밀워키 저널 센티널』**

사회사의 매혹적인 파노라마. **『비르트샤프트블라트』(빈)**

잃어버린 밤에 대하여

잃어버린 밤에 대하여

AT DAY'S CLOSE:
NIGHT IN TIMES PAST

우리가 외면한 또하나의 문화사

로저 에커치 지음 | 조한욱 옮김

교유서가

알렉산드라, 셸던, 크리스천에게

페테르 파울 루벤스, 〈밭일 끝내고 돌아오는 농부들〉, 17세기

태초에 하느님이 천지를 창조하셨다.
땅이 혼돈하고 공허하며, 어둠이 깊음 위에 있고,
하느님의 영은 물 위에 움직이고 계셨다.
하느님이 말씀하시기를 "빛이 생겨라" 하시니, 빛이 생겼다.
그 빛이 하느님 보시기에 좋았다. 하느님이 빛과 어둠을 나누셔서,
빛을 낮이라고 하시고, 어둠을 밤이라고 하셨다.

창세기 1: 1-5

일러두기

1. 이 책은 *At Days's Close: Night in Times Past*(W. W. Norton & Company)의 2005년판을 완역한 것이다.
2. 외래어는 외래어 표기법에 준했으며, 표기 용례에 기준이 없는 것은 Encyclopedia Britannica와 독일 사전 DUDEN 6: Das Aussprache-wörterbuch를 참고하였다.
3. 책이나 잡지는 『 』, 논문이나 시, 단편소설은 「 」, 노래나 공연, 그림은 〈 〉로 표시하였다.
4. 본문에서는 가독성을 위해 고유명사의 원어는 되도록 병기하지 않았으며, 대신 '찾아보기'에 병기하였다.
5. ( ) 안은 저자 주이며, 옮긴이 주는 〔 〕로 표시하였다.

옮긴이 서문

이 책은 미국 버지니아 공과대학교 사학과의 로저 에커치 교수가 집필하여 2005년에 출간된 *At Day's Close: Night in Times Past*를 완역한 것이다. 에커치 교수는 이 책 이전에 『가난한 캐롤라이나: 노스캐롤라이나 식민지의 정치와 사회, 1729~1776』(1981), 『미국을 향하여: 영국 범죄자들의 식민지 수송, 1718~1775』(1987)이라는 두 권의 책을 낸 바 있다. 바꾸어 말하면 그는 미국이 여전히 영국의 식민지였던 시대의 역사에 대한 전공자로 자리매김하고 있었다는 것이다. 그러한 그가 어찌하여 산업혁명 이전 유럽의 어두운 밤에 대한 역사책을 쓰게 되었을까?

그 대답은 오히려 간단하다. 그는 존스홉킨스 대학교 대학원생이었던 시절 한 친구로부터 밤의 역사를 연구하고 저서를 출간해보라는 제안을 받았다고 한다. 그뒤 20여 년에 걸쳐 그는 관련 자료를 모아서 정리했다. 그 자료에는 편지, 일기, 법정기록, 속담, 시, 정기간행물이 포함되어 있다. 그뿐 아니라 밤에 벌어지는 희로애락에 조금이라도 빛을 던져줄 수 있는 것이라면 그 어떤 것이라도 기꺼이 활용했다. 그 결과로 『잃어버린 밤에 대하여: 우리가 외면한 또하나의 문화사』라는 책이 탄생하게 되었다. 이 책을 준비했던 20여 년의 세월에 그는 한국계 아내와의 사이에 세 자녀를 두었고, 이 책을 그 아이들에게 헌정하고 있다.

에커치에 따르면 "인간 역사의 절반은 전반적으로 무시되어왔다". 그 무시된 공백을 메우는 것이 이 책의 목적이다. 그 목적을 이루기 위하여 그는 스칸디나비아에서 지중해까지, 게다가 대서양을 건너 미 대륙에 이르기까지 광범위한 지역에 걸쳐 산업혁명 이전 시대의 밤에 일어났던 모든 일을 세세하게 조사하여 기록했다. 밤이 가져다줄 수 있는 위험과 그것에 대한 방비책, 밤에 사람들을 사로잡는 망상이나 악몽, 밤에 하던 사교행위와 놀이, 침대의 의식과 불면증 등등, 이 책은 실로 밤의 '문화사'라기보다는 밤에 대한 '잡학사전'처럼 읽힌다.

그 시대 그 지역에서 밤이 다가올 때 사람들이 제일 먼저 했던 것은 문을 걸어닫는 일이었다. 밤에 떠돌아다니는 도둑과 짐승의 악령으로부터 보호받기 위해 빗장을 걸었다. 촛불과 램프와 난로가 어둠과 위험을 몰아낼 수 있으리라 기대했지만, 그것은 또다른 위험인 화재의 원인이 되기도 했다. 특히 목조건물이 태반이던 그 시절에 화재는 어둠보다 더 큰 공포의 대상이었고, 그리하여 의무적인 소등이나 통행금지가 시행되었다. 오늘날 통행금지를 가리키는 영어인 'curfew'의 어원이 갖는 의미가 '불에 재를 덮다'는 것임을 안다면 도시와 농촌에서 화재가 얼마나 빈번하게 일어났고 그것이 얼마나 극심한 두려움의 대상이었는지 실감할 수 있을 것이다.

그 당시 사람들은 화재가 아니라도 밤이 되면 두려워해야 할 것이 많았다. 물론 오늘날에도 밤에 불편함을 느끼는 사람들은 있지만 "위협으로 가득찬 밤"이 16세기 사람들에게 가져다준 두려움과는 비교될 수가 없다. 살인자와 도둑과 자연재해는 물론이고 악마의 악령 같은, 인간과 자연과 우주의 최악 요인들이 밤을 지배했다. 오늘날 의사와 과학자들은 밤에 질병에 대한 저항력이 약해져 병으로 사망하는 확률이 높다는 것을 밝혀냈지만, 약 500년 전의 사람들은 죽음조차도 사탄이 지배하는 어두운 밤이 가져다주는 것이라고 생각했다.

그렇지만 밤에 사람들은 여전히 환락을 즐기거나, 명상을 하거나, 고된 노동을 하기도 했다. 무덤을 파는 사람들, 야경꾼, 청소부들은 밤에 일했다. 유리 공장이나 빵 가게나 방앗간에서도 밤에 일을 했다. 또한 아낙네들은 이웃을 방문하여 뜨개질이나 물레질 같은 두레 행사를 벌이기도 했다. 그들은 바로 이런 장소에서 재치 있는 이야기꾼들의 재담에 즐거워하기도 했다. 밤은 가난한 사람들, 노예, 동성애자, 종교적 소수자에게 도피처가 되어, 적어도 그 시간에 그들은 다른 사람들과 평등하다고 느꼈다. 에덴동산의 순수함을 다시 포착하려던 '아담 파(派)'는 밤에 모여 나체로 예배를 보았다. 미국의 흑인 노예들은 밤에 인접 농장에 있는 배우자를 만나거나 춤판을 벌이기도 했다.

밤에 모임을 갖는 사람들 중에는 악당들도 있었다. 유럽 전역에서 농민과 귀족을 막론하고 무장을 한 사람들 무리가 어두운 거리를 배회하며 사람들을 위협하고 구타하고 강간하거나, 서로 결투를 벌이기도 했다. 바로 몇 세기 전에 런던의 밤은 갱단에 대한 공포로 가득차 있었으며, 그중에서도 악랄한 자들은 칼로 사람들의 얼굴을 긋는 것으로 악명이 높았다. 따라서 사람들은 밤거리 걷기를 꺼렸다.

그러나 상류층 귀족의 밤은 달랐다. 그들은 비용이 많이 들지만 더 세련된 쾌락을 찾아냈다. 런던에서 빈에 이르기까지 중세 말기부터 귀족들은 밤의 어둠에 맞서는 호화로운 여흥거리를 만들어냈다. 장관을 이루는 불꽃놀이가 엄청난 인기를 끌었고, 새로운 기법의 무대조명을 사용한 공연문화가 무대를 빛냈다. 시간이 남는 부유한 한량들은 밤을 무한한 자유의 시간으로 받아들여 사회적 억압과 의무로부터 벗어난 쾌락을 추구하며 난장판을 벌였다. 그 과정에서 유혈사태가 벌어지는 일도 다반사였다.

오늘날 사람들은 그토록 다른 상황을 이해하기 어려울 것이다. 왜냐하면 "현대에 이루어진 가장 위대한 진보의 상징"인 인공조명 덕분에 이제는 밤에도 사업이 진행되고, 늦은 밤까지 사람들이 공연문화를 즐기기도 하기 때문이다. 에스파냐나 이탈리아 같은 지중해 연안의 나라에서는 밤 10시가 되어서야 저녁 식사를 시작하여 이것이 새벽까지 이어지기도 한다. 현대인들은 밤이 언제나 그랬다고 생각할지 모른다. 그러나 그렇지 않았다는 것이 에커치의 주장이다. 인류의 오랜 역사에서 사람들이 밤의 영역을 침범하여 그 신비를 벗긴 것은 비교적 최근인 1730~1830년의 일이라는 것이다. 오늘날 우리가 누리는 밤의 문화는 인공조명을 거의 완전하게 누리게 된 20세기의 산물일 뿐이다.

어쩌면 원시시대에 사람들은 포식동물들의 위험을 피해 안전한 동굴 속에서 이러한 밤시간의 두려움을 잠으로 잊으려고 하였을 것이다. 중세에도 밤에 잠을 자는 생활방식이 정착했다. 그렇지만 그것은 악령으로 가득찬 밤의 두려운 공기를 피하기 위해서였다. 18세기 중엽부터 이런 상황에 변화가 닥쳤다. 계몽주의 초기 단계에 과학적 합리주의가 신속하게 전파되고 초기 단계의 산업화와 소비주의가 확산되면서 밤에 대한 두려움이 점차 자리를 감추게 되었다. 그렇지만 에커치에 따르면 산업화 이전 시대와 오늘날을 가르는 가장 현저한 차이는 '잠' 자체에 있다. 산업화 이전 시대에 서유럽 사람들은 밤에 잠을 두 번 잤다. '첫번째 잠'을 잔 뒤에 깨어나 한 시간 남짓 기도를 하기도 하고, 부부관계를 갖기도 하고, 먹기도 하고, 독서나 명상을 한 뒤 '두번째 잠'을 잤던 것이다. 아마도 원시시대에는 사람들이 낮과 밤을 나누어 밤에는 온전하게 잠을 잤으리라는 실험 결과가 있다. 인공조명의 방해로 사람들이 점차 잠을 둘로 나누어 자게 되었고, 그 사이에 깨어나 여러 가지 일을 했던 것이다.

이 책은 출판된 이후 동서양을 넘나들며 저명한 역사가와 문학비평가는 물론이고 언론으로부터도 많은 찬사를 받았다. 예컨대 예일대학교의 조너선 스펜스 교수는 "풍부한 고증과 흥미로운 연구의 결과인 이 책은 불면증 환자나 천체 관찰자 모두에게 완벽한 읽을거리이다"라고 평했고, 하버드 대학교 명예교수인 버나드 베일린은 이 책을 "유럽과 미국의 어둠의 세계에서 일어난 일들을 명료하고 풍부한 자료로 밝힌 계시"라고까지 말했다. 제네바 대학교에서 비교문학을 가르치는 조지 스타이너 교수는 이 책을 가리켜 "이것은 진귀한 격조의 선구적 업적이다. 이 책은 활력적인 어둠의 영역에 진정으로 빛을 던져준다"라고 치켜세웠다. 또한 군소도시를 포함한 미국의 수많은 도시는 물론이고 영국, 캐나다, 벨기에, 일본의 유수 신문과 잡지에서 이 책의 서평에 귀한 지면을 할애했다.

무엇이 그 대가들과 언론인들로 하여금 이 책에 대해 그러한 호평을 거리낌 없이 토로하도록 만들었을까? 그 이유는 크게 두 가지로 나누어 생각할 수 있을 것이다. 첫째는 과거의 밤시간 자체에 일어났던 일들에 대한 세밀한 고증이다. 사실 이 책은 거대한 사건에 대해 설명한 것도 없고, 뚜렷한 명제를 내세우는 것도 없다. 단지 밤과 밤에 일어나는 일들에 대한 사소한 기록들을 우리 눈앞에 펼쳐 보이고 있을 뿐이다. 아마도 역사학과 문학비평의 대가들은 평범하게 보일지 모르는 그 기록들이 시공간을 초월한 여러 곳에서 반복하여 나타난다는 사실에 주목한 에커치의 인내심에 높은 점수를 매겼을지도 모른다.

우리는 역사에서 거대한 사건의 큰 줄기를 아는 것으로 만족하는 경우가 많다. 한 개인에 대해서도, 그가 남긴 큰 족적이나 그가 일으킨 중요한 사건 위주로 이루어진 서술로 충분하다고 여긴다. 미시사적인 관심에 기반을 두고 쓰인 역사 역시 대부분 그 사건이 갖는 상징적이고 사회적인 의미를 캐는 데 주안점을 두고 있다. 그 속에서 우리는 그런 사건들이 어떤 구체적이고 일상적인 삶의 조건이나 습관들 속에서 일어났는지 묻지 않는다. 어쩌면 오늘날 우리의 일상적인 삶의 조건과 비슷한 상황에서 그런 일들이 일어났다고 상정하고 있을지도 모르는 일이다.

이 책은 그런 상식의 틀을 깨뜨린다. 예를 들면 루소의 『고백록』을 읽을 때 청년 루소가 제네바를 떠나게 되었던 계기의 하나가 성문이 평소보다 일찍 닫힌 일임을 우리는 안다. 그렇지만 어떤 맥락에서 어떤 목적으로 산업화 이전의 유럽 전역에서 그런 일이 이루어졌는지 우리는 알지 못한다. 『고양이 대학살』에서 해석하고 있는 농민들의 민담이 어떤 상징적 의미를 갖는지 우리는 이해할 수 있다. 그렇지만 농민들이 왜, 어떻게 모였는지, 그들이 어떤 불빛 아래에서 그런 이야기를 재담가로부터 들으며 즐거워하고 슬퍼했는지, 그런 등불은 비용이 얼마였는지 알지 못한다. 이 책은 그런 세세한 일상적 사실들을 알려준다. 이런 사실들이야말로 역사를 이루는 가장 기초적인 재료가 아닐 수 없다.

그동안 역사학과 문학비평의 대가들조차 이런 세부적 사실에 눈길을 돌린 일이 없었다. 바로 그런 연유에서 그들은 그 방면을 볼 수 있는 눈을 열어준 에커치에게 좋은 평을 내렸을 것이다. 에커치는 우리와 전혀 다른 시간과 공간에서 벌어진 밤의 다채로운 일상으로 우리를 안내한다. 그 세계는 전혀 다르다. 그렇기에 그것은 우리에게 놀람을 안겨준다. 다름에 대한 인식에서 출발한 놀람이야말로 역사의 중요성을 깨닫게 만드는 계기가 된다. 독자들은 낯설고 놀라운 장면을 많이 만날 것이다.

이 책이 세간의 큰 관심을 이끈 둘째 이유는 무엇보다도 과거에 대한 학자연한 역사가의 호기심을 넘어서는 데 있다고 할 수 있다. 건강의 중요성이 강조되는 오늘날 수면 또는 숙면의 중요성 역시 국민의 건강을 책임지는 국가나 그것을 바탕으로 이윤을 추구하는 기업의 큰 관심사가 아닐 수 없다. 숙면의 조건을 찾으려 하면서도 정작 난감해하던 사람들에게 이 책은 한 줄기 빛을 던져줬다. 먼 옛날부터 사람들이 잠을 자는 방식에 일정한 유형이 있다는 것이 확인된다면 그것은 잠의 미래를 예측하는 데 도움이 될 것이 확실하다. 그것이 이 책이 나온 이후 에커치가 BBS, CBS, PBS 등의 방송에 모습을 보이게 된 이유였다. 옥스퍼드 대학교의 신경과학 권위자인 러셀 포스터 교수는 이 책을 인용하며 "오늘날 사람들의 수면 행태는 원초적 수면 유형으로의 복귀"라고 말했으며, 브라운 대학교 의대의 월터 브라운 교수도 "잠의 유형에 대한 이렇듯 새로운 공격이 제약회사나 대학의 연구소가 아니라 일개 역사가로부터 나왔다"는 사실에 놀라고 있다. 영국과 일본의 정부에서는 그의 연구를 숙면을 위한 국가적 지침으로 흡수하기까지 했다.

이 책으로 얻게 된 유명세로 말미암은 탓인지 2010년에 간행된 그의 최근 저작인 『태생의 권리: 제미 애널시의 유괴에 대한 진실』도 BBC가 만든 다큐멘터리 〈유괴〉의 주요 주제로 방송되었고, 에커치는 그 프로그램의 자문이자 해설자의 역할을 맡았다. 그는 『뉴욕 타임스』, 『월스트리트 저널』, 『하퍼스 매거진』과 같은 매체의 고정 서평가로 활동하고 있기도 하다.

본디 이 책은 2008년 돌베개 출판사에서 『밤의 문화사』라는 제목으로 출간된 바 있다. 이 책의 중요성을 다시금 인식하여 『잃어버린 밤에 대하여: 우리가 외면한 또하나의 문화사』라는 새 책으로 나오게 만든 교유서가 출판사의 여러분들에게 진심으로 감사의 마음을 전한다. 처음 책이 나올 당시에는 잠과 밤의 '과거'에만 초점을 맞췄던 것 같은데, 그 과거에 대한 천착이 가져다줄 '미래'에 대한 예측과 전망을 새롭게 인식하게 된 것도 번역자로서는 고마운 일이 아닐 수 없다. 더구나 옛 판본에는 누락되었던 도판까지 완비하여 더 세련된 문체로 가다듬어졌으니 독자에게 새롭게 일독을 권한다 해도 송구한 마음은 그다지 크지 않다.

2016년 7월
조한욱

차례

머리말

우리가 누구인지는 밤이,
우리가 누가 되어야 하는지는 낮이 가르치도록 하자.
_토머스 트라이언, 1691[1]

이 책은 산업혁명 이전 서양의 역사에서 밤시간의 역사를 탐색하려 한다. 나의 주요 관심사는 사람들이 밤에 현실적인 위험과 미신적인 위험에 직면하여 어떻게 삶의 방식을 만들어갔는지 밝히는 것이다. 범죄와 마녀사냥에 대한 중요 저서들이 있긴 하지만 밤 자체는 별 관심을 받지 못했다. 그 주된 이유는 중요성을 갖는 그 어느 것도 밤에는 일어나지 않았다는 해묵은 가설 때문이었다. 제임스 1세 시대 시인이었던 토머스 미들턴을 인용한다면, 밤에는 "잠자고 먹고 방귀 뀌는 것밖에는 아무 일도 없었다"는 표현이 이러한 전통적 사고방식을 가장 잘 드러낼 것이다. 유럽의 진취적인 학자들을 제외하고 역사가들은 낮의 빛에서 어둠으로 바뀌는 태곳적부터의 전환을 무시해왔고, 현대 이전에는 더욱 그러했다. 가족들이 어둠 속에서 긴 시간을 보냈음에도 밤시간은 주변적 관심사에 불과한 미지의 땅(terra incognita)이요, 인간 경험의 잊혀버린 절반이었다. 장 자크 루소는 『에밀』(Emile, 1762)에서 "우리는 우리 삶의 절반을 장님으로 보낸다"고 고찰했다.[2]

근대 초에 밤시간이란 낮 생활의 배경이거나 낮과 낮 사이의 자연적인 틈이 아니었다. 밤은 그 자체의 관습과 의식을 많이 갖고 있는 특징적인 문화를 갖춰나갔다. 그 특징적인 성격을 보여주는 흔적의 하나로, 영국과 미국에서는 어둠을 흔히 '나이트 시즌'이라고 한다. 물론 밤과 낮에는 공통점이 있으며, 많은 차이점은 정도와 강도의 차이에 불과할지 모른다. 그렇지만 음식과 건강, 의복, 여행과 소통 방식이 변화함에 따라 사회적 만남과 일의 리듬은 물론 마법, 성(性), 법, 권위적 위계질서에 대한 태도를 비롯한 민중의 관행에 의미 깊은 변화가 발생했다.

따라서 이 책은 과거 밤에 이루어진 활동 범위에 대한 오래된 가설에 도전하면서, 낮의 현실과는 아주 다른 풍요롭고 생동적인 문화를 되살리려 한다. 그것은 한 영국 시인이 표현했듯 "또다른 왕국"이었다. 나아가 어둠은 대다수의 인류에게 일상적 실존으로부터 피신할 안식처를 제공했다. 그림자가 길어지면서 사람들은 깨어 있을 때나 꿈속에서나 내적 충동을 표현하고 억압되었던 욕망을 실현시킬 수 있었다. 본질적으로 해방과 재생의 시간인 밤은 사악한 사람들뿐 아니라 착한 사람들에게도, 즉 일상적 실존에서 건전한 세력과 악한 세력 모두에게 자유를 주었다. "밤은 수치를 모른다"는 속담이 있다. 광범위한 위험에도 불구하고 많은 사람들은 지는 태양에서 신선한 힘을 이끌어냈다.[3]

이 책은 4부 12장으로 이루어져 있다.

제1부 '죽음의 그림자'는 밤의 위험성에 초점을 맞춘다. 육체와 영혼에 대한 위협은 어둠이 깔린 이후 확대되고 강화된다. 서양의 역사에서 저녁이 이때보다 더 위험하게 보인 적은 없었다. 제2부 '자연의 법칙'은 밤시간에 대한 공식적인 대응과 민간의 대응을 다룬다. 통행금지에서 야경꾼에 이르기까지 밤의 활동을 제한하려고 만들어진 교회와 국가의 다양한 억압적 조치가 먼저 검토될 것이다. 18세기에 이르러서야 도시와 마을에서는 밤에도 이용할 수 있는 공적 공간을 만드는 조치를 취하기 시작한다. 국내외의 평범한 사람들은 어둠에 맞서기 위해 도시건 농촌이건 마법, 기독교, 민간전승에 의존할 수밖에 없었다. 이러한 민중의 관행과 신앙의 복합적인 모체는 공동체 내부에서 해가 진 뒤 활동할 수 있는 확고한 기반을 마련해주었다. 제3부 '밤의 영토'에서는 사람들이 일하고 놀며 드나들던 장소를 탐색한다. 내부를 가린 장소는 사회적 제약을 완화하면서 가족, 친구, 연인들 사이에 친밀한 공간을 만들어냈다. 대다수의 사람들에게 저녁은 개인적 자유의 시간이었지만, 사회적 스펙트럼의 양끝에 있는 계급에게는 특별한 매력을 발휘하기도 했다. 제3부에서 펼쳐지는 장에서는 밤이 귀족과 평민 모두에게 갖는 다면적 중요성을 검토한다. 어둠이 내리면 권력은 강한 자들에게서 약한 자들로 옮겨갔다. 낮 생활의 고통으로부터 가장 멀리 떨어진 안식처인 잠이 제4부 '사적인 세계'의 밑바탕이다. 여기에서는 잠의 유형은 물론 침실의 의식과 수면장애를 분석할 것이다. 수면장애는 태곳적부터 만연하던 것으로서, 산업 사회 이전에 사람들은 한밤중에 깨어나곤 했다. 식구들은 일어나서 소변을 보고, 담배를 피우고, 이웃을 방문하기도 했다. 어떤 사람들은

사랑을 나누거나 기도를 하기도 했다. 그렇지만 역사적으로 가장 중요한 것은 자신이 꾼 꿈에 대해 생각하는 것이었는데, 그것은 위안과 자기 인식의 중요한 원천이었다. 마지막으로, 이 책의 에필로그인 '닭이 울 때'에서는 18세기 중엽에 이르러 도시와 큰 마을에서 진행되었던 어둠의 탈신비화를 분석한다. 이미 그때부터 오늘날의 '24시간 7일' 사회를 위한 기반이 닦여, 개인의 안전과 자유에 심원한 결과를 초래했다.

밤의 삶을 다룬 이 책은 스칸디나비아에서 지중해에 이르기까지 서유럽을 포괄한다. 영국제도(諸島)가 내 연구의 핵심을 이루지만, 유럽 대륙 전역의 광범위한 자료도 포함되었다. 게다가 미국 초기 역사와 동유럽의 관련 자료도 참조하였다. 이 책에서 다루는 기간도 광범위한데, 기본적으로는 근대 초기(대략 1500~1750년)에 초점을 맞추지만, 실제로는 중세 말기에서 19세기 초까지 걸쳐 있다. 말하자면, 때때로 중세와 고대 세계를 언급하면서 당시의 관습이나 신앙과 비교 대조하였다. 이 책에서 탐색한 많은 상황은 근대 초기에 일어났지만, 어떤 것들은 그렇지 않다는 것이 확실하다. 그런 관점에서 볼 때 이 책은 산업혁명 시기 이전의 밤의 생활에 대해 내가 처음에 예상했던 것보다 더 확대된 연구서이다.

덧붙여, 나의 연구는 험프리 오설리번(Humphrey O'Sullivan)과 에밀 기요맹(Émile Guillaumin)을 비롯한 19세기 농촌 생활의 면밀한 관찰자들의 기초적인 통찰의 도움을 받기도 했다. 나는 교통과 통상이 확장하는 19세기 후반 이전까지는 유럽과 미국의 많은 농촌 지역에서 가치와 전통이 심각한 변화를 겪지 않았다는 역사적 관점에 깊이 공감한다. 토머스 하디가 『테스』(Tess of the d'Urbervilles, 1891)에 기술했듯, "2백 년의 간격"이 테스와 그녀의 어머니 사이를 갈라놓고 있었다. "그들이 함께 있을 때에는 제임스 1세 시대와 빅토리아 시대가 나란히 서 있는 것 같았다."[4]

근대 초에는 전 시간과 공간을 아울러 밤 생활의 동질성이 다양성보다 더 크게 보이는 경우가 종종 있다. 밤의 문화는 결코 획일적이지 않지만 사람들의 태도와 인습은 다르다기보다 같은 경우가 더 많았다. 어둠에 대한 두려움이 산업화 이전 사람들의 공통된 정서였듯이, 그들의 행동 역시 대개 비슷했다. 이러한 깨달음 때문에 나는 이 책을 주제별로 구성하였을 뿐 아니라, 밤이 갖는 본질적인 중요성에 대한 나의 관점에 확신을 가질 수 있었다. 자연 순환의 영향력은 대단한 것이어서 종종 시간과 문화의 차이를 넘어서기도 했던 것이다. 또한 나는 구애 방식의 변화나 인공조명의 등장처럼 의미 깊은 변화를 탐색했다. 그렇지만 18세기에 이르기까지 밤 생활이 현저하게 변화한 곳은 어디에도 없었고, 있었다 해봐야 도시나 좀 변화한 지역에 국한되어 있었다. 사실 과거에 시간적, 지역적 차이보다 더 큰 영향력을 미쳤던 것은 도시와 농촌의 차이와 함께 사회적 지위와 성별에 근거하는 차이였다.

어디에나 존재하는 밤이라는 주제에서 짐작할 수 있겠지만, 나의 연구는 광범위한 자료에서 이끌어낸 것이다. 가장 귀중한 것은 편지, 회고록, 여행기, 일기와 같은 개인적 문서이다. 이 책은 방대하긴 하지만 대체로 개별적 남녀의 삶을 중심으로 구성하였다. 특히 일기는 중상 계급의 생활을 재구성하게 해주었다. 하층 계급에 관한 정보를 위해서는 약간의 일기와 자서전과 함께 법률 기록이라는 풍요로운 광맥을 캐냈다. 도시 길거리의 삶에 관한 자료의 출처는 런던 형사 법정의 재판 기록을 정리한 18세기 책자 『올드 베일리 법정 기록』(Old Bailey Session Papers)이다. 전통적인 신앙과 가치관을 알기 위해서는 주석서와 사전, 그리고 무엇보다도 속담집을 광범위하게 사용하였다. 프랑스의 한 성직자가 말하길, "속담에는 농부의 신조가 있고, 농부가 영혼 깊숙한 곳에서 숙성시키고 흡수한 지식이 있다"고 했다.[5] 사상의 다양한 층위를 탐색하기 위해 나는 '고급' 문학과 '하위' 문학 모두를 섭렵했다. 시, 희곡, 소설뿐 아니라 발라드, 우화, 싸구려 책자까지 참고했다. 때로는 상상력에 의존한 작품이 사회 현실에서 벗어나는 사례를 놓치지 않으며 이 모두를 조심스럽게 사용하려 노력했다. 특히 설교문, 종교 논문, 잠언록 등 교훈적인 글들도 요긴하게 쓰였다. 18세기의 신문과 잡지, 의학, 법학, 철학 논문과 농업 관련 책자도 많은 것을 알려주었다. 또한 예증하고 설명하기 위한 목적에서 나는 의학과 심리학과 인류학의 연구 성과에 의존했다. 민중 문화에서 야맹증에 이르는 다양한 주제를 다룬 최근의 저작들이나, 밤 생활의 특정한 측면에 초점을 맞춘 전공 논문도 도움이 되었다(주제의 통일성을 위해, 밤에 벌어진 전쟁과 관련된 자료는 검토하지 않았다).

마지막으로 특별히 강조해야 할 것이 있다. 어둠이 대체로 사회적 안정의 근원인가 무질서의 근원인가 하는 문제를 포함하여 몇몇 경우에 나는 밤이 낮 생활에 미치는 영향이라는 문제를 다루기는 했지만, 그것은 나의 최대의 관심사가 아니었다. 바라건대, 이 책에 실린 자료들이 밤시간을 그 자체로서 연구해야 할 정당성을 충분히 제시할 수 있었으면 한다.

로저 에커치

미국 버지니아 주 로어노크 시,

슈거로프 마운틴

2004년 11월

• 모든 날짜는 1월 1일에 새해가 시작되는 신력(新曆)으로 표기했다.

문 닫을 때

모든 목동들이여, 아름다운 처자들이여,
양떼를 우리로 몰아넣으시오.
대기가 짙어지기 시작했고, 벌써 태양이 거대한 일정을 마쳤으니.
_존 플레처, 1610년경[1]

예민한 눈으로 보면, 밤은 떨어지는 것이 아니라 올라간다. 계곡에 먼저 나타난 그림자가 산중턱의 경사를 따라 천천히 올라간다. '해 빨아올리기'(sunsucker)라고 알려져 있는 저무는 햇살은 마치 다음날을 위해 빨려 들어가는 듯 구름 뒤로 빛을 쏘아올린다. 풀밭과 숲은 어둑어둑하게 스러져가지만, 서쪽 하늘은 태양이 지평선 아래로 지고 나서도 여전히 환하게 빛나고 있다. 창공의 안내를 따르면 농부는 여전히 밭을 갈아야 하지만, 짙어지는 그림자에 그는 귀가를 서두른다. 다시 나타난 떼까마귀들과 음매 우는 소 사이에서 토끼는 깡충거리며 쉴 곳을 찾는다. 올빼미는 덤불 위로 나래를 편다. 올빼미가 음모를 꾸미는 자객의 휘파람 소리를 내면, 쥐와 인간은 모두 긴장한다. 그들 모두는 어릴 적부터 이 소리 높은 죽음의 전령을 두려워하라고 배운 것이다. 낮의 빛이 물러가면서 색깔이 풍경에서 사라진다. 덤불은 더 크고 더 흐릿해지면서 온갖 회색의 음영으로 뒤섞인다. 이제 아일랜드 사람이 말하듯 사람과 덤불이 똑같게 보이거나, 또는 이탈리아 속담이 더 불길하게 경고하듯 개와 늑대가 똑같게 보이는 땅거미의 시간이 온 것이다.[2]

밤의 어둠은 몸으로 느낄 수 있는 것처럼 보인다. 저녁은 오는 것이 아니라 '짙어진다.' 여행자들은 검은 안개에 휩싸인 것처럼 '압도당한다.' 파라오의 이집트에 내린 어둠에 대해서 구약성서가 묘사했듯이, 그것은 보일 뿐 아니라 몸으로 느껴진다. 해가 지나가면서 '밤의 안개'나 '불결한 습기' 같은 해로운 증기가 차갑고 쌀쌀하고 축축하게 하늘로부터 내려온다고들 생각했다. 사람들의 상상 속에서 밤은 떨어진 것이다. 따뜻한 햇볕에 씻겨 투명하고 악취 없고 온화한 낮의 대기는 더이상 없다. 셰익스피어가 말한 '병든 낮'은 오염과 질병을 퍼뜨려서, 엎드린 들판을 사악한 습기로 감염시킨다. 『법에는 법으로』(Measure for Measure, 1604)에서 빈센티오 공작은 "음습한 밤이 다가오니 서두르게"라는 경고의 말을 한다.[3]

땅거미(gloaming), 닭 가두기(cock-shut), 더듬거리는 시간(groping), 까마귀 시간(crow-time), 낮의 대문(daylight's gate), 올빼미 빛(owl-leet). 영어에는 낮이 어둠 속으로 내려가는 것을 연상시키는 관용어가 방대하다. 아일랜드의 게일어에는 늦은 오후부터 밤에 이르기까지 시간의 연속적인 단계를 가리키는 말이 네 개나 있다. 낮이나 밤의 어떤 시간대도 이보다 더 풍요로운 어휘를 갖고 있지 않다. 산업화 이전에 평범한 남녀의 삶에 이 시간보다 더 중요한 때는 없었다. 대다수의 사람들에게 밤이 내려오는 시간을 가리키는 명칭은 '문 닫을 때'(shutting-in)였다. 그것은 집 지키는 개들을 풀어놓은 뒤 문을 닫고 빗장을 거는 시간을 가리킨다. 밤의 불결하고 고약한 공기와 불가사의한 어둠은 현실적이기도 하고 허구이기도 한 미지의 위험을 낳았기 때문이다. 이상스럽게도 서양의 역사에서 르네상스와 계몽주의로 둘러싸인 이 시기만큼 밤의 후예를 두려워해야 할 이유가 많았던 때는 없었다.

제1부

죽음의 그림자

전주곡

밤에는 절대로 낯선 사람에게 인사하지 말라.
그는 악마일지 모르니까.
-탈무드[1]

밤은 인간 최초의 필요악이자 가장 오래되고 가장 자주 출몰하는 두려움이다. 모여드는 어둠과 추위 속에서 선사시대의 선조들은 분명 태양이 다시 떠오르지 않을지도 모른다는 심한 두려움을 느꼈을 것이다.

런던에 있는 에드먼드 버크의 조지 왕조 시대의 응접실보다 구석기시대와 멀리 떨어진 환경을 생각하기는 어려울 것이다. 어둠과 미학 사이의 관련성에 몰두하던 젊은 아일랜드 망명객 버크는 계몽된 런던의 시민들도 여전히 굴복하고 있던 어둠에 대한 인류의 오래된 두려움에 관심이 깊었다. 이 주제에 대해 어느 정도 명확하게 논했던 마지막 영국인은 존 로크였다. 그는 유명한 철학 논문 「인간오

성론』(An Essay Concerning Human Understanding, 1690)에서 그 문제를 다뤘다. 그렇지만 버크는 로크가 설명하는 어둠에 대한 어린이의 두려움을 대수롭지 않게 여겼다. 로크는 뭐든 쉽게 받아들이는 어린 아이들에게 유령 이야기를 늘어놓는 유모들을 비난했던 반면, 버크는 『숭고와 아름다움의 관념의 기원에 대한 철학적 탐구』(A Philosophical Enquiry into the Origins of Our Ideas of the Sublime and Beautiful, 1757)에서 어둠은 항상 "그 자체의 성질상 두려운 것"이라고 주장했다. 그는 이렇게 결론 내렸나. "진 시대와 나라에 걸쳐 보편적인 어둠에 대한 두려움이 한가로운 이야기 때문에 생겼다고는 상상하기 힘들다."[2] 요컨대 어둠에 대한 두려움은 시간을 초월한다는 것이다.

어둠에 대한 본연적인 두려움이 인간의 정신에 언제 처음으로 뿌리내리기 시작했는지에 대해서는 추측만 할 수 있을 뿐이다. 우리 최초의 조상이 틀림없이 느꼈을 두려움에 비추어볼 때, 이 가장 오래된 인간의 불안감은 버크가 주장한 것처럼 태곳적부터 존재했을 가능성이 아주 높다. 그렇지만 어떤 심리학자들은 선사시대 사람들이 어둠을 그 자체로 자연스럽게 두려워한 것이 아니라 어둠 속에서 일어나는 특정의 위험에 공포를 느꼈을 것이라고 추론했다. 밤이 점점 위험과 같은 뜻이 되면서, 초기의 인간은 여러 세대에 걸쳐 본능적인 공포를 갖기 시작했다는 것이다.[3]

두려움의 정확한 근원이 무엇이건, 그것이 처음부터 있었건 또는 시간이 경과하며 만들어졌건, 그 이후의 문화가 밤의 어둠에 대한 공공연한 혐오감을 물려받았다는 것은 확실하다. 고대 세계의 어느 곳을 보더라도 밤의 공기에는 악령이 가득차 있다. 그리스 신화에서 카오스의 딸인 닉스는 '모든 것을 제압하는' 밤의 여신으로서, 『일리아스』에서는 제우스조차 떨게 만든다. 그녀의 흉포한 자손들로는 '질병', '분쟁', '운명'을 꼽을 수 있다. 바빌로니아에서 사막의 주민들은 밤의 마녀 릴리트의 약탈 때문에 고통받는다. 고대 로마인들은 어린 아이의 창자를 먹고 귀에 거슬리는 울음소리를 내는 새로 변신한다는 마녀 스트릭스가 밤에 날아다니는 것을 무서워했고, 예루살렘의 동쪽에서는 '어둠의 천사'가 메마른 쿰란 평원의 에세네 사람들을 공포에 떨게 했다.[4] 또한 이집트와 메소포타미아를 포함한 초기의 많은 문명권에서는 어둠을 죽음과 동일시했고, 그것은 기독교를 받아들인 유럽에서도 마찬가지였다. 시편 23장은 "죽음의 그늘 골짜기"를 말한 것으로 유명하다. 기독교는 탄생할 때부터 신을 영원한 빛의 근원으로 경배했다. 신의 첫번째 창조 활동인 빛의 선물은 세계를 암흑으로부터 구출했다. 요한복음은 "그 빛이 어둠 속에서 비치니, 어둠이 그 빛을 이기지 못하였다"고 선언한다. 『성서』는 밤의 어둠 속에서 저질러진 일련의 사악한 행동—"어둠의 작업"—을 이야기한다. 거기에는 겟세마네 동산에서 일어난 그리스도에 대한 배반이 포함된다. 그가 십자가에 못박히자 "어둠이 온 땅을 덮었다."[5]

거리로나 시간으로나 고대와는 멀리 떨어진 더 가까운 시대의 여러 곳에서도 밤은 계속해서 강한 불안감을 불러일으켰다. 예컨대 폴 고갱은 타히티에서 카나카 여인들이 어둠 속에서는 절대로 잠을 자지 않는다는 것을 알았다. 20세기에 이르러서도 나바호족은 밤의 악령에 소스라치며, 태평양의 마일루족도 마찬가지이다. 나이지리아의 요루바족과 이보족 다호메이와 토고의 에웨족과 같은 아프리카 문화에서 악령은 밤에 마녀의 모습을 하고 지나가는 길에 불행과 죽음의 씨를 뿌린다. 딩카족처럼 낮의 마녀가 존재한다고 믿는 곳도 있지만,

그 행동은 덜 위협적으로 여겨진다.[6]

시간의 여명기 이래 모든 사회가 밤을 그렇듯 혐오스럽게만 본 것은 아니었다. 태곳적 과거 어디에선가 유래하는 어둠에 대한 인간의 본능적 두려움을 강조한다 하여 밤이 어떤 문화에서는 다른 문화보다 더 두려운 존재였다는 사실을 부정하는 것은 아니다. 고대 그리스의 의식에는 밤을 새워 벌어지던 판키데스라는 축제가 있었다. 그리고 유베날리스(Juvenalis)에 따르면, 로마 초기에 해가 진 뒤 길거리를 배회하는 사람은 목숨이나 팔다리를 잃을 위험이 있긴 했지만, 2세기 초에 로마 시는 풍요로운 밤 생활을 즐겼다. 리바니우스(Libanius)는 안티오크의 주민들이 기름등잔의 도움을 받아 "잠이라는 폭군을 떨쳤다"고 기록했다. 수메르와 이집트 사회에서도 이러한 초기의 인공조명 덕분에 어둠이 내린 뒤에 더 큰 자유를 얻는 축복을 누렸다. 게다가 그것이 최초의 인공조명도 아니었다. 프랑스에서는 구석기시대 후기의 것으로 추정되는 일백여 개의 등잔 유물이 라스코 동굴 벽화 근처에서 발굴되었다.[7]

등잔뿐 아니라 횃불과 촛불을 포함하는 모든 형태의 인공조명은 일찍부터 밤의 불안감을 줄이는 데 도움이 되었다. "악령은 등잔 냄새를 좋아하지 않는다"고 플라톤은 말했다. 그렇지만 기술 혁신은 단지 부분적인 역할만 했을 뿐이다. 예컨대, 왜 어떤 민족은 야간 전쟁을 기피했고 다른 민족은 안 그랬는지를 설명하는 데는 문화적 차이가 도움이 된다. 바이킹은 야간 습격을 즐겼던 것으로 보이며, 유럽 해안가의 마을은 그 사실을 슬프게 받아들여야 했다. 조명을 쓰기보다는 차라리 매년 겨울마다 스칸디나비아의 어둠에 습관적으로 익숙해진 것이 이 북유럽 바이킹들을 공포에 무디게 만들었을 것이다. 수백 년 뒤 영국 이주민들이 북아메리카 동부 해안에서 마주쳤던 인디언들은 이와 대비되는 문화적 차이를 보여준다. 뉴잉글랜드에서 윌리엄 우드는 동료 이주자들에게 인디언들의 야간 습격을 두려워하지 말라고 충고했다. "그들은 사악한 일을 꾀할 때면 악마 아바모초를 특히 두려워하기 때문에 집에서 꼼짝하지 않을 겁니다." 그렇지만 노스캐롤라이나를 방문했던 존 로슨은 다른 기록을 남겼다. 그 지역의 인디언들은 "밤에 조금도 두려워하지 않고, 악령에 대한 생각에 구애받지도 않는다. 우리가 유모의 젖과 함께 빨아들이는 수많은 요괴나 귀신에 대해 생각하지 않는 것이다." 이 문제에 있어서 로슨도 로크처럼 "유모와 하녀들의 어리석음"을 탓했으며, "요정과 마녀에 대한 그들의 쓸모없는 이야기 때문에 우리가 어렸을 적에 그런 인상을 갖게 되었다"는 것이다.[8]

과거의 문화에서 밤시간에 대응하는 방식에 영향을 미친 힘은 다양하다. 거기에는 어린아이들이 어린 나이에 어둠의 위험에 순응해 가던 방식도 포함된다. 시간을 초월한 밤의 진정한 위협은 그 자체로서 다른 어떤 상황보다도 더 심각하게 그들의 인식을 물들였다. 명백한 또하나의 사실은, 과거가 시간의 순서에 따라 유형화된 두려움을 보여주지 않는다는 것이다. 인간의 아드레날린의 물결은 어떤 단순한 선을 따라 진화하는 것이 아니라 오랜 시간에 걸쳐 밀려오다가 밀려나가곤 했다. 물론 현대에 이르러 어둠에 대한 인간의 혐오감은 점진적으로 줄어들었다. 전기 조명, 직업 경찰과 과학적 합리주의의 전파에 근거하는 산업 사회에서 특히 그렇다. 그렇지만 산업혁명 이전의 몇백 년 동안 저녁은 위협으로 가득차 있었다. 근대 초의 세계에서 어둠은 인간과 자연과 우주에서 최악의 요소들을 불러모았다. 살인과 도둑, 끔찍한 재앙과 악마의 영혼이 도처에 숨어 있었다.

1장

밤의 공포: 하늘과 땅

I

그리하여 밤이 녹슨 지하감옥에서 우리의 시각을 가두고
우리가 우리의 방에서 평안으로부터 격리되었을 때,
악마는 우리의 죄 많은 양심에 말을 붙인다.

-토머스 내시, 1594[1]

음산한 묵시록적 전망의 시대였다. "성서에서 그리도 명확하게 말하는 이 가증스러운 시대"라고 17세기에 프랑스 작가 장 니콜라 드 파리발은 통탄했다. 기근, 질병, 죽음, 그리고 저주. 15세기 말부터 유럽의 회화와 문학이 암울하게 제시하듯, 자연은 예측 불허의 냉정함만큼이나 비정해 보였다. 후대 작가의 말을 빌리면, 그것은 하늘의 변덕과 땅의 결핍 사이의 영원한 투쟁이었다. 17세기의 속담은 "인간의 운명은 언제나 어둡다"고 한탄했다. 인간의 왕국이 아닌 신의 왕국에서 얻을 구원만이 인간에게 두려움으로부터의 피신처가 되어주었다. 그 두려움은 소심함에서 생긴 미약한 떨림이 아니라 위험과 불확실성에 뿌리를 둔 실체 있는 불안감으로서, 이후 세대들도 모두 이를 인정했다. 1767년에 런던의 한 신문은 다음과 같이 회고하는 기사를 실었다. "우리 선조들은 생애의 절반을 죽음에 대비하며 보냈다. …… 그들은 화재와 도둑과 기근을 걱정했고, 아내와 자식들을 위해 저축했으며, 그들 가운데 일부는 내세의 운명에 대한 끔찍한 불안에 시달렸다."[2]

어둠에서 사란 의심과 불안감은 아무리 강조해도 과장이 될 수 없다. 1670년 『농부의 직분』(The Husbandsman's Calling)이라는 책의 저자는 다음과 같이 말했다. "우리는 밤에 죽음의 그림자 속에 누워 있다. 우리의 위험은 너무도 크다." 셰익스피어가 창조한 수많은 인물들도 밤의 "불결한 자궁"의 깊은 곳까지 경험했다. 루크리스는 강간을 당한 뒤 외친다. "오, 안식을 죽이는 밤, 지옥의 모습이여!/ 치욕의 침침한 등록자이며 공증인!/ 비극과 살인이 벌어지는 검은 무대!/ 죄악을 숨겨주는 광대한 혼돈!/ 치욕의 유모!"[3] 하늘이 천상의 빛으로 타오르는 것처럼 어둠은 죽음 이후 죄인들에게 닥칠 고통의 전조가 되었다. 종종 지옥에 비유되는 밤('영원한 밤')은 컴컴하고 도깨비와 악령으로 가득찬 혼돈과 절망의 저승 세계를 예견하게 해주었다. 『사랑의 헛수고』(Love's Labour's Lost, 1598)에서 나바르의 왕은 이렇게 절규한다. "검정은 지옥의 휘장,/ 땅굴의 색깔, 밤이 입는 옷." 사실 지옥이 실재한다는 증거로 신이 밤을 만들었다는 것은 여러 신학자들의 확신이었다. 17세기 베네치아의 한 신학자는 저녁이 "지옥의 얼굴처럼" 다가오고 있다고 표현했다.[4]

밤은 인간이 가장 아끼는 감각인 시각을 냉혹하게 빼앗았다. 청각이나 촉각 등 어떤 자매 감각도 시각처럼 주변을 장악하지 못했다.[5] 근대 초의 공동체가 개인들의 접촉에 그다지 의존하지 않았더라면 시각의 힘은 그리 중요하지 않았을 것이다. 그러나 근대 초의 공동체는 소규모의 전통 사회로, 도시에서나 시골에서나 얼굴을 맞대는 것이 주된 만남의 형태였다. 산업화 이전 사회에서, 상대방이 어떤 사람인지 알아보는 데 필수적이었던 성격과 행실을 가늠하게 해주는 것이 눈이었다. 눈빛과 마찬가지로 몸가짐과 자세는 내적인 품격을 드러낸다고 17세기의 폴란드 귀족은 주장했다. "촌뜨기나 겁쟁이가 뭔가 진지한 얘기를 하려 할 때 무엇이 보이는가? 그는 머뭇거리고, 손가락을 잡아 뽑고, 수염을 만지작거리고, 인상을 쓰고, 눈짓을 하며, 단어를 셋으로 쪼개어 말한다. 반면 귀족은 명확한 정신과 점잖은 태도를 갖춘다. 그에게는 부끄러울 것이 없다."[6] 의복이 사회적 차이를 극명하게 만들기도 했다. 어떤 도시에서는 사치금지법으로 귀족 계급에게만 비단이나 공단 옷을 허용했다. 소박하거나 화려한 옷맵시와 색채가 계급은 물론 나이와 직업도 말해줬다.[7]

그러나 밤에는 스코틀랜드의 시인 제임스 톰슨이 개탄하듯 "질서가 거짓이 되고, 모든 아름다움은 공허해지고, 개성은 사라지고, 즐거운 다양성은 하나의 거대한 오점으로 바뀐다."[8] 친구가 적으로, 그림자는 유령으로 여겨졌다. 산울타리, 덤불, 나무와 같은 천연 이정표는 새로운 생명을 얻었다. 1639년에 험프리 밀은 이런 시를 썼다. "어둠 속에 가면,/ 덤불을 봐도 도둑으로 잘못 본다." 청각도 술책을 부렸다. 낮에는 지나치는 소음도 어둠 속에서는 잘 들린다. 제임스 1세 시대 작가였던 조지 허버트(George Herbert)는 이런 고찰을 남겼다. "밤은 낮보다 조용한데도 우리는 낮에는 신경쓰지 않던 것들을 무서워한다. 쥐가 부스럭거리는 소리, 삐걱거리는 판자, 개 짖는 소리, 올빼미 소리 때문에 종종 식은땀을 흘린다."[9]

낮에는 여럿이 다니며 안전할 수 있었다. 큰 마을과 도시에서 "개인은 여러 사람들 속에 섞여서 효과적으로 보호받는다"고 런던의 한 신문 기자는 기록했다. 해가 진 후에는 가족만이 남아 스스로를 지켜야 하는데, 시각의 보호마저 빼앗겨 몸과 마음에 대한 위협이 커졌다. 눈으로 볼 수 있는 세계의 관습적인 제약에 구애 되지 않고 악이 설칠 수 있는 때가 깜깜한 밤 아니면 언제겠는가? 토머스 미들턴은 한탄했다. "여기에서는 규율의 태양이 전혀 비치지 않는다." 세라 쿠퍼 부인(Dame Sarah Cowper)은 이런 고찰을 남겼다. "밤마다 나는 사악한 혼령과 사악한 인간에게서 나를 보호해달라고 전능하신 신에게 기도한다. 무서운 꿈과 끔찍한 상상, 화재와 모든 슬픈 사건들, …… 내가 알고 있는 모든 불행과 내가 알지 못하는 훨씬 더 많은 불행에게서 보호해달라고."[10]

II

평민들이 멋진 광경이라고 판단하는 거의 모든 것들이
참으로 그러하다는 것은 의심할 바 없다.
그렇지만 이상한 광경과 그 비슷한 것들이
때때로 들리고 보인다는 것은 부인할 수 없다.

_레베스 라바터, 1572[11]

밤에 이상한 광경과 기이한 소리가 출몰했다 사라지면 사람들 사이에는 불안감이 널리 퍼졌다. 어떤 날 저녁에는 귀가 멀 것 같은 폭발음과 이상한 음악이 정적을 깨기도 했다. 웨이크필드라는 영국의 촌락에서 한 소작인은 "주변에서 큰 음악 소리와 춤추는 소리"를 들었고, 또다른 밤에는 "작은 종소리가 울리는 것"을 들었다고 보고했다. "심한 신음 소리"가 들린 적도 있었다. 일랜드의 한 여인이 죽기 전날 밤에는 "문 두드리는 소리와 갖가지 음악 소리" 때문에 하인들이 심하게 두려워했다. 재앙의 전조에 공통적으로 들어가는 것은 큰 천둥소리와 올빼미의 소름 끼치는 울음소리였다.[12]

성서의 기적과 초자연적인 민간전승에 물든 사람들에게 북쪽 지방의 오로라를 포함하여 밤하늘의 변화는 더 큰 전조였다. 1727년 체스터의 조지 부스는 다음과 같은 기록을 남겼다. "밤새 하늘에서 끔찍한 광경이 벌어졌다. 계속 타오르며 번쩍거리는 하늘을 보며 식구들은 모두 일어나 울면서 기도했다." 중세와 마찬가지로 혜성과 유성과 월식은 신의 의지를 보여주는 조짐이거나 분노의 흔적으로서 사람들에게 경외감과 전율을 불러일으켰다. '타오르는 별'이라고도 하는 혜성은 폭풍우, 지진, 전쟁, 질병, 기근 등등 "세상만사의 파괴와 타락"을 미리 말해주는 것으로 여겨졌다. 1618년 낸트위치 교구 기록부의 한 문서는 이런 말을 전해준다. "동쪽에서 타오르는 별이 여러 번 나타났다. 우리의 죄에 대한 신의 심판을 의미했다." 요크셔의 목사 올리버 헤이우드는 하늘의 경이에 대해 "지난번의 놀라운 혜성은 신께서 하늘에서 설교하신 것이다"고 적었다. 이 모든 천체 현상은 가로등 불빛으로 인한 '빛 공해'가 만연한 오늘날보다 훨씬 더 잘 보였다.[13]

이런 대사건 후에는 신경증이 뒤를 잇는 경우가 빈번했는데, 그러한 반향은 며칠씩 계속되었다. 근대 초의 목판화들은 그 충격을 증언하고 있다. 영국에서는 1719년 3월 어느 날 거대한 "불덩어리 천구"

가 떨어져 "구경하던 모든 사람들을 공포에 빠뜨렸다"는 보고가 있다. 윌트셔의 목사 존 루이스는 이렇게 말했다. "들판에 나와 있던 많은 사람들이 쓰러졌고, 어떤 이들은 기절했다. 어린애들과 여러 평민들은 달이 궤도에서 벗어나 지구로 떨어졌다고 생각했다." 코네티컷으로 이주한 한 정착인은 하늘에서 밝은 빛을 보고 "신을 찬양하기 위해" 아내를 희생시켰다고 전해진다.[14] '두려운', '놀라운' 그리고 가장 자주 쓰이는 말로는 '이상한'과 같은 표현이 증인들의 증언을 물들였다. 관이나 십자가 또는 피 묻은 칼과 같은 형상의 환영이 하늘을 떠돌아다닐 때는 더 심했다. 어떤 자료를 봐도, 이런 형상들은 소름 끼치는 것이었다. 프라하 주민들은 어느 여름날 밤 목 없는 사람들이 줄을 맞춰 행진하는 끔찍한 광경을 보았다. 다른 곳에서는 어른거리는 구름과 강물처럼 흐르는 피가 목격되었다. 1666년 대화재 직후 어느 날 저녁 하늘에서 섬광을 본 런던 주민들은 공포에 사로잡혔다. 새뮤얼 피프스의 관찰에 따르면 "그들의 두려움은 도시의 나머지가 불에 타고, 교황 지지자들이 우리의 목을 베려 한다"는 것이었다. 이러한 하늘의 조화는 결코 일상적인 일이 될 수 없었다. 경이로우면서도 소름 끼치는 이 광경들은 가장 장엄한 밤의 신비였다.[15]

대부분의 저녁은 겉으로 고요해 보일지라도 다른 천상의 위험에 경계를 기울여야 했다. 일상생활의 리듬에 영향을 미치는 많은 '행성' 가운데 가장 잘 알려진 것은 지구와 가장 가까운 달이었다. 달은 반가운 빛의 원천인 한편, 조수 간만의 차와 날씨만큼이나 인간의 몸에도 영향을 미친다는 평판을 받아왔다. 프랑스 최초의 '계몽철학자' 베르나르 르 보비에 드 퐁트넬은 달이 인체의 건강에 중요하다는 중세 이론을 물려받은, 학식 높은 권위자 가운데 한 사람이었다. "달은 위상

Verzaichnuß des Cometen/so im Nouemb: in disem 77. jar zum ersten mal gesehen worden.

ES bezeugens die Historien/ gibets auch die erfarung/ das die vngewönlichen Zeichen/so am hohen Himel vnd in dem Lufft sich sehen lassen/nicht vergebens/ Sondern grosser straffen/ so Gott vmb verachtung seines Wortes/vnd vnbußfertigkeit der Menschen willen mit Pestilenz/ veränderung der Regiment/Krieg/Thewrung/verwüstung Land vnd Leut drohet/gleichsam verkündiget vnd vorbotten sein. Dann Gott jederzeit disen brauch gehabt/ das er die Welt vmb jrer Sünde willen nit allein durch sein Wort vnd Predigambt/ sonder auch mit Zeichen vnd Wunder gestrafft/ vnd zu Buß vnd besserung deß Lebens gereitzet hat/ wie an seinem Volck vnd der Statt Hierusalem zusehen. Dann da die Juden alle trewe warnung Christi/ vnd seiner Apostel verachten/ vnd in windt schlugen/predigt er jnen auch mit Wunderzeichen/ließ grosse Erdbeben/Wind/eine vngewönliche Finsternuß der Sonnen geschehen: Schicket hernach/weil sie in jrē mutwillen fort fuhren/ vber 40. Jar/ neben andern schröcklichen Zeichen/einen Cometen wie ein schwert gestalt/der ein gantzes jar vber der Statt Hierusalem gestanden/darauf hernach die Statt belegert/von den Feinden erobert/vnd sambt dem Tempel verbrant vnd geschlaifft/ auch deß Volcks neben vnzelichem andern jammer/ viel tausent durchs Schwerdt/Hunger vnd Pestilentz vmbkommen/die vbrigen in alle Land zerstrewet worden/ vnd also die gantze Jüdische Policey in einem hauffen gefallen ist. Anno Christi 1337. Da Keyser Ludwig der Bayer/ noch in der Regierung gewesen/ hat ein Comet vier Monat am Himel gebrant/Da derselb noch nit gar vergangen/hat sich ein anderer sehen lassen/so zwey Monat gestanden: Als der auch vergangen/ ist Anno Christi 1339. jar/der dritte kommen/darauff das nechste Jar ein greuliche Pestilentz so fast durch die gantze Welt gangen/ vnd schröcklich entbörung im Römischen Reich erfolgt/darumb das der Babst vnd etlicher vrsachen willen Keyser Ludwigen in Bann gethan/vnd die Churfürsten einen andern Keyser zu wöhlen getrieben hat/welchs zu grosser vneinigkeit/Krieg vnd blutuergiessen vrsach gegeben. Deßgleich da man gezelet hat 1400. 1401. 1402. 1403. Jar/ sind vier Cometen nacheinander erschienen/darauff Tamerlanes der greuliche Thyrañ auß der Tartarey mit zehenmalhundert tausent/zu Roß vñ Fuß fast den gantzen Orient durchzogen/vnd mit Mord/Raub vnd brandt/verwüstung der Stett/ Land vnd Leut vnmeßlichen schaden gethan/Auch Bajazethem den Türckischē Keyser so jme mit gewerter hand entgegen kom̄en/gefangen/ in ein Vogelhauß eingespert/vnd zu hon vnd spot durch gantz Asiam herumb geführet hat. Nicht lang hernach/nemblich im 1409 jar/ hat Keyser Sigmund in Vngern ein grosse Niderlag vom Türcken erlitten/ vnnd mit grossem schaden der Christenheit müssen feld machen. Es fellt auch vmb dise zeit/ das Costnitzer Concilium ein/ auff welchem der fromme Mann Johann Huß von wegen der lehr deß Euangelij im Jar 1415. ist verbrant worden/ wie auch sein gehorsamer Discipel Hieronymus von Prag/ das folgend Jar mit dergleichen Marter sein leben geendet hat/vnd darauff der Hussitische Krieg kommen ist. Deßgleichen hat man Anno Christi 1500. einen schröcklichen Cometen gesehen/ darauff die Tattern in Poln gefallen/ ein grosse Pestilentz durchs Teutsche Land gangen/der Türck die Statt Methone erobert/ der Bayrische Krieg/ vñ ander vnzalig vnglück erfolget ist. Auff den Cometen so Anno Christi 1526. erschienen/ist neben andern vnglück so darauff erfolgt/ der Türck für Wien gezogen/hat grossen schadē mit rauben/ brennen vnd mörden gethan/ vnd im abzug [illegible] hundert Menschen mit sich in erbärmliche dienstbarkeit geführet. So weiß man/ das auff die Cometen so Anno 1531. vnd 1532. erschienen/ neben der schröcklichen Auffruhr der Widertauffer zu Münster in Westphalē/ vil grosses vnglücks/vñ veränderung in Vngern/Dennemarck/Engeland/Franckreich/vnd Italien sich zugetragen/ Vnd hat auch Teutschland/Niderland/Franckreich vnd Poln/ mit grossem schaden erfaren/was die zwen Cometen so Anno 56. vnd 58. vnd der Newe Stern/ so im 1572. Jar erschienen/ bedeut haben/ vnnd weiß niemandt/ wenn diß angefangenen vnglücks noch mag ein ende werden. Das also kein zweiffel/ Gott schicket solche Zeichen/ dadurch er nebē seinem Wort der Welt seinen gerechten zorn wider die Sünd anzeigt/vnd greuliche straffen mit veränderung der Regiment/ Krieg/Pestilentz/Thewrung/Auffruhr vnd anderem vnglück drohet. Vnd weil Gott der Allmechtig auch vns dise Jar her nit allein Zeichen an der Sonn vnd Mon mit schröcklichen Finsternussen geben/ sondern auch jetzt im Neuember dises lauffenden 77. Jars einen schröcklichen Cometen an den hohen Himel gestellet/ der ohne zweiffel/ weiler grösser vnd greulicher ist/ dann andre vil vor jme gewesen/auch harte straffen vnd groß vnglück drohet/ solten wir billig solchs alles warnemen/ vnsere Sünde erkennen/ vor Gottes zorn erschrecken/ vnd Christi verdienst willen verzeyhung bitten/ vnd mit besserung deß lebens/ vnd ernstliche flehen bey Gott vmb linderung der Straff/ vnd künfftigen vnglücks anhalten. Aber man erferet leyder/ das der meiste theil nicht allein durch solche Zeichen vnd straffen nit gebessert/ sonder dieselben auf gut Epicurisch veracht/ vnd nur ruchloser vnd erger wird. Gott hat vns neben scharffen Bußpredigten seines Worts auch etliche Jar mit vnerhörter Thewrung/Pestilentz/ vñ anderm vnglück dermassen gestrafft vnnd heimgesucht/ das es mancher in seinem Hause/ an seiner Narung/ Weib vnd Kindern schmertzlich gefühlet. Solchs aber hat bey wenigen wie leyder vor augen/ helffen wöllen/ sonder so bald nur ein wenig eine linderung kommen/ ist aller straff vergessen worden. Derhalben wann wir disen schröcklichen Cometen anschawen/ sollen wir vns erinnern/ das Gott auch vmb vnsere Sünden willen zörne/ vnd durch solch Zeichen seine straffen drohe/ vnd derhalben nicht auff ander sehen/ sondern in vnser eigen Hertz gehen vnd gedencken das auch wir mit vnserm bösen lebē Gottes zorn/ vñ gantze Landstraffen verursacht/ vnd wol auch das hellische Fewer verdient hetten/ wann Gott nach vnserm verdienst ablonen wolt. Sollen derhalben diß alles von hertzen bewegen vnd in warem Glauben vnd starckem vorsatz/ vnser leben zu bessern/ zur genad vnd Barmhertzigkeit in Christo verheissen/ zuflucht haben/ vñ bitten/ das er mit vns armen Sündern nit ins Gericht gehen/ sondern im zorn seiner Barmhertzigkeit ingedenck sein/ vns vmb Christi willen vnser Sünde verzeyhen/ auch die wol verdiente straff von vns abwenden/ oder genedigklich lindern wölle. Vns auch mit seinem genaden Geist also regiren/ das wir solchem künfftigen vnglück entfliehen/ vnd am Jüngsten tag mit Ehrn vor dem Richterstul Jesu Christi erscheinen/ vnnd selig werden mögen/ AMEN.

Zu Nürmberg/ bey Georg Macken/ Illuministen beym Sonnenbad.

대(大) 게오르크 마크, 〈1577년 11월 뉘른베르크에서 보인 별똥별〉, 17세기

(位相)에 따라 질병에 좋거나 나쁜 영향을 크게 미친다." 달은 신체 내의 수분을 늘리거나 줄이는데, 두뇌의 수분에도 영향을 미쳐, 어떤 사람들을 미치거나 '돌게'(moonstruck) 만든다는 것이다. 『시골 농장』(Maison Rustique, or, the Countrey Farme, 1616)의 저자들은 달이 "지구상의 모든 물체의 습도의 지배자"라고 고찰했다. 달이 찼을 때 여자들은 "발광할"(lunatic) 위험이 특히 큰 것으로 여겨졌다. 그 자리에서 즉사하는 사람들도 있었다. 1583년과 1599년 사이에 런던의 성 보톨로프 교구에서는 22명이 행성의 영향으로 사망했다고 한다.[16]

달은 질병을 일으키는 습기로 밤공기를 오염시켜서 인간의 건강을 훨씬 더 위협한다는 생각이 널리 퍼져 있었다. 어둠의 의미는 일시적으로 빛이 없는 것을 넘어섰다. 통속적인 우주관에 따르면, 밤은 저녁마다 하늘에서 유해한 증기가 내려오면서 함께 오는 것이었다. 1610년 리처드 니콜스는 밤이 "암울한 어둠을 끌어내린다"고 기록했다. 햇살의 견제를 받으며 낮게 드리우는 안개는 일몰만큼이나 어둠이 내리는 것에 영향을 미친다고 여겨졌다. 헤리퍼드셔에서는 밤이 오는 것을 '떨어지는 밤'(drop night)이라고 했다. 어떤 사람들은 마치 거대한 검정 구름에 둘러싸여 있는 것처럼 그들이 '밤 속에'(within night) 있다고 묘사하기도 했다. 사실 스코틀랜드 법정의 범죄 기소장에는 범죄가 '밤의 구름 아래서' 저질러졌다고 일상적으로 기록되어 있다.[17]

르네상스 시대 천문학의 원리를 잘 알고 있던 그 시대의 교육받은 계층은 확실히 더 분별력이 있었다. 한 사람은 "밤이란 태양이 없는 것에 불과하고, 어둠이란 빛이 없는 것에 불과하다"는 기록을 남겼다. 16세기 프랑스의 의사였던 로랑 주베르는 「밤이 오는 것에 대

작자 미상, 〈여성의 머리에 대한 달의 영향〉, 17세기

하여. 밤은 무엇이며, 밤은 우리에게 떨어지는 것인가」라는 논문에서 민중의 두려움을 조롱했다. 달이 두뇌에 영향을 미칠 수 있다고 확신했다는 점에서 주베르의 한쪽 발은 과거에 놓여 있었다. 그렇지만 그는 "밤이란 하늘에서 떨어지는 저녁과 밤공기에 들어 있는 류머티즘적인 성질"이라는 그 시대를 풍미하던 생각을 논박했다. 그는 "밤공기에는 악한 요소가 없다"는 주장을 고수했다. 밤 자체는 "태양이 사라진 것의 결과로 일어난 공기의 흐려짐이나 어둠에 불과하다"는 것이

다.[18] 그럼에도 불구하고 밤이 내리는 것에 대한 전통적 지식은 오랜 기간 지속되었다. 밤은 "아래 있는 모든 것에 해로운 증기를 떨어뜨린다"고 17세기의 도덕가 오언 펠텀은 썼다.[19]

열병과 감기는 밤의 으스스한 증기 때문에 생기는 전염병이었다. 습한 저녁 공기는 피부의 털구멍으로 침입하여 건강한 신체 기관을 위태롭게 만든다고 믿었다. 이탈리아의 성직자 사바 다 카스틸리오네(Sabba da Castiglione)는 『회고록, 또는 수련』(Ricordi Overo Ammaestramenti, 1554)에서 "밤공기가 인체에 발생시킬 수 있는 수많은 질병"에 대해 경고했다. 토머스 데커는 "류머티즘을 일으키는 밤이 밖으로 내던지는 짙은 담배 냄새"에 대해 쓴 바 있다. 땅거미가 지면 병에 걸리거나 죽을 가능성이 더 높아 보였다. 1706년 하트퍼드셔에서 밤중에 다섯 명이 죽은 것에 대해 사람들의 여론은 "공기 속에 있는 질병의 광풍" 때문이라는 것이었다. 특히 위험한 것은 무더운 풍토로서, 모기에 의해 생기는 말라리아 열병도 밤의 습기 탓으로 여겼다. 이탈리아 남부를 방문했던 여행객은 그곳의 공기가 "특히 밤에 치명적"이라고 했다. 그렇지만 유해한 공기에 대한 두려움은 유럽 전역을 넘어 18세기 아메리카 식민지까지 퍼져 있었다. 이와는 달리 인간의 질병에 대한 태양의 영향은 유해한 습기를 증발시킨다는 이유 때문에 건전한 것이라고 여겼다. 엘리자베스 시대의 로버트 그린은 해에 대해 열정적으로 말했다. "태양이 보이면 밤의 불결한 습기는 도망쳤다."[20]

전염에 대한 두려움은 질병이 밤에 심해진다는 속설 때문에 더 커졌다. 프란체스코 수도회의 수도사였던 바르톨로메우스 앙글리쿠스는 "일반적으로 모든 질병은 낮보다 밤에 더 강하다"라고 썼다. 토머스 애머리의 고찰에 따르면, "병과 죽음으로 많은 사람을 희생시키지 않고 지나가는 밤은 없다."[21] 사실 많은 질병과 관련된 증상은 오늘날도 그렇듯이 밤에 악화되었던 것이 확실하다. 죽음도 새벽에 일어날 가능성이 가장 크다는 것을 우리는 알고 있다. 그것은 천식, 심장마비, 혈액 응고에 의한 발작과 같은 질환에 특유한 24시간 생체 리듬 때문에 그런 것인데, 자고 있는 동안 몸의 자세 때문에 두뇌로 피가 공급되는 양이 적어져서 그럴 것이다. 일반적으로 우리는 신체의 '24시간 주기 중 가장 낮은 상태'일 때 가장 약하다. 4백 년 전에는 사람들의 생리학적 주기가 지금과 많이 달랐다고 의심할 이유는 없다. 같은 이유로, 우리가 자고 있는 사이에 면역 체계도 약해져서 감염을 막아주는 '파괴 세포'(killer cell)가 덜 생성된다.[22] 산업화 이전 사회의 사람들은 대기 속의 위험한 요소가 호흡기 질환을 일으킨다고 탓했다. 근대 초에 가장 흔한 두 가지 질병이었던 독감과 폐결핵은 어두워진 뒤에 악화되었다. 잘 통하지 않는 공기나 알레르기 항원에 대한 더 민감한 반응, 엎드린 자세가 폐에 주는 큰 부담 같은 이유 때문이었다. 슬프게도 많은 사람들은, 특히 많은 식구가 한방을 쓰는 경우, 밤에 통풍만 잘 되었더라면 살아남을 수 있었을 것이다. 창문 하나를 살짝 열어놓기만 했어도 기침과 재채기로 생기는 치명적인 미생물들에 저항할 수 있었을 것이다. 18세기 말의 개혁가 조너스 핸웨이는 특히 가난한 사람들은 아플 때 "치료에는 온기가 꼭 필요하다고 생각한다"고 기록했다. 그 결과 "그들은 밀폐된 방의 공기로 독소를 더 키우는 일이 빈번했다."[23]

III

황혼이 다가온다.
밤이 다가온다.
신에게 도움을 청하여
악령으로부터
보호받도록 하자.
악령은 어둠 속에서
최대의 술책을 발휘하니.

_안세이 드세치스키, 1558년경[24]

한 속담은 경고한다. "밤은 악령에 속한다." 끔찍한 광경과 낯선 소리와 해로운 습기를 가진 저녁이라는 달갑지 않은 풍토는 악령과 혼령을 불러들인다. 스튜어트 왕조 시대의 극작가 존 플레처는 그것을 "어둠의 검은 새끼들"이라고 불렀다. 하늘은 그들의 제국이며 밤공기는 그들의 지상 영토이다.[25] 물론 '어둠의 군주'인 사탄보다 더 두려운 존재는 없었다. 그의 악행은 넘쳐나며, 인쇄술의 발전과 함께 대중적인 책자와 학술 교재를 통해 널리 전파되었다. 독일의 한 성직자는 1532년 다음과 같은 기록을 남겼다. "사람들은 매일같이 악마가 행한 사악한 일들에 대한 이야기를 듣는다. 수천 명이 맞아죽고, 많은 사람을 실은 배가 바다 밑으로 가라앉고, 한 나라와 도시와 마을이 몰락한다." 천년왕국설을 받드는 기독교 신앙과 아마겟돈의 예언 덕분에 사탄이 공격할 것이라는 생각은 그 어느 때보다 컸다. 사탄은 사람들의 영혼을 훔쳐갈 뿐 아니라 죄인들에게 천벌을 내린다고 하여 두려움의 대상이었다. 제임스 1세(1566~1625)의 말을 빌리자면 사탄은 '신의 교수형 집행인'이었다. 본디 검은색인 사탄은 때로 검은 개나

까마귀의 형상을 빌려 감쪽같이 둔갑했다. 언제든 나타난다는 소문은 있었지만, 악마는 밤의 어둠을 좋아한다고 여겨졌다. 엘리자베스 1세 시대의 토머스 내시나 영국국교회의 주교 제러미 테일러(Jeremy Taylor) 같은 작가들은 신이 사탄에게 낮에 나타나는 것을 금지시켰다고 주장했다. 밤시간에 대해 내시는 이렇게 말했다. "우리의 창조주는 밤을 천벌을 내리기 위한 특별한 영토와 왕국으로 할당하셨다." 독일의 한 저녁 기도서는 "밤은 지옥의 길, 사탄이 지배하는 시간"이라고 경고했다.[26]

단순하게 말해서 밤은 사탄의 계획에 가장 적합했다. 저녁의 어둠은 불도 빛을 발하지 않고 "가장 불결한 증기"가 "숨막히는 연기"로 눈을 가리는 사탄의 영원한 안식처인 지옥을 닮았다. 신의 말씀의 빛을 거부함으로써 악마는 현실적으로도 비유적으로도 어둠을 받아들였다. 밤만이 그의 권능을 크게 하였고 그의 영혼을 용감하게 만들었다. 역으로 인간은 다른 어느 시간보다도 밤에 더 나약했고, 눈이 멀었고, 고립되었으며, 습격을 받기 쉬웠다.[27] 어둠은 사탄이 소유한 지상의 타락한 영토가 되었고, 그 그림자의 나라에서 그리스도의 왕국과 끝없는 전쟁을 벌였다. 그의 군대에는 악령과 도깨비와 요괴와 마녀가 포함되어 있었는데, 그 시대에 살았던 사람들에게 이것들은 그 우두머리인 사탄만큼이나 실재하는 것이었다. 법학자인 매슈 헤일 경은 1693년에 다음과 같은 경고의 글을 남겼다. "어둠의 세계는 때때로 사악한 천사의 다른 악행은 물론 끔찍한 형상과 혐오스러운 냄새와 역겨운 맛으로 우리를 괴롭힌다." 악령의 사악한 권능은 두려울 정도로 컸다. 칼뱅주의 지도자였던 제임스 캐프힐(James Calfhill)은 '다양한 형상'으로 사람들 앞에 나타나는 악령에 대해 이렇게 말했다.

악령은 "깨어나는 사람들을 불안하게 하고, 자는 사람들을 괴롭히며, 사지를 뒤튼다. 건강을 빼앗아가고 질병으로 괴롭힌다."[28]

유럽의 다른 곳과 마찬가지로 거의 모든 영국 마을도 초자연적인 의미로 가득차 있었다. 마을에서 전해지는 이야기들은 이 '어둠의 군주'의 이름을 딴 수많은 지명으로 마을 주민과 조심성 없는 타지 사람들을 모두 긴장시켰다. 예컨대 스코틀랜드의 태너디스 교구에 있는 '악마의 골짜기'(Devil's Hollows)에서는 한때 사탄이 "자신의 존재와 권능을 놀랄 정도로 과시했다"는 이야기가 잘 알려져 있다. 에식스의 한 마을에서는 사탄이 대단히 과감하여 주민들이 낮에 세워둔 교회의 뾰족탑을 밤에 무너뜨렸다는 악명이 전해진다. 마을 유지가 새로운 원자재를 사주겠다고 해도, 아무도 그 뾰족탑을 다시 지으려 감히 나서지 않았다. 귀신 들린 집 외에도 늪과 숲과 교회 묘지에 악령이 출현했다. 프랑스의 법률가 피에르 르 루아예는 "그런 곳들은 밤에 너무도 무섭다"고, 특히 "저속한 지역"에서는 더 그렇다고 썼다. 한 세기가 지난 뒤에도 『스펙테이터』(Spectator)의 한 기고자는 다음과 같이 말했다. "영국에는 유령이 없는 마을이 없다. 교회의 뜰은 모두가 귀신에 들렸고, 큰 벌판마다 요정 무리가 있으며, 혼령을 보지 못한 양치기는 하나도 찾을 수 없다."[29]

학식 높은 권위자들은 악령에 대해 일반론을 이야기했지만, 민중의 정신 속에서 악령은 구체적인 정체성을 갖고 있었다. 특히 시골 주민들은 그 지역의 사악한 귀신들에 대해 고통스러울 정도로 친숙했다. 그것은 '요크의 바게스트'(Barguest of York, 큰 개 모습으로 나타나서 사람들을 괴롭힌다는 귀신), '꺽다리 마저리', '초록 이빨의 지니'와 같은 이름으로 알려져 있었다. 인간을 괴롭히는 가장 흔한 존재는 요

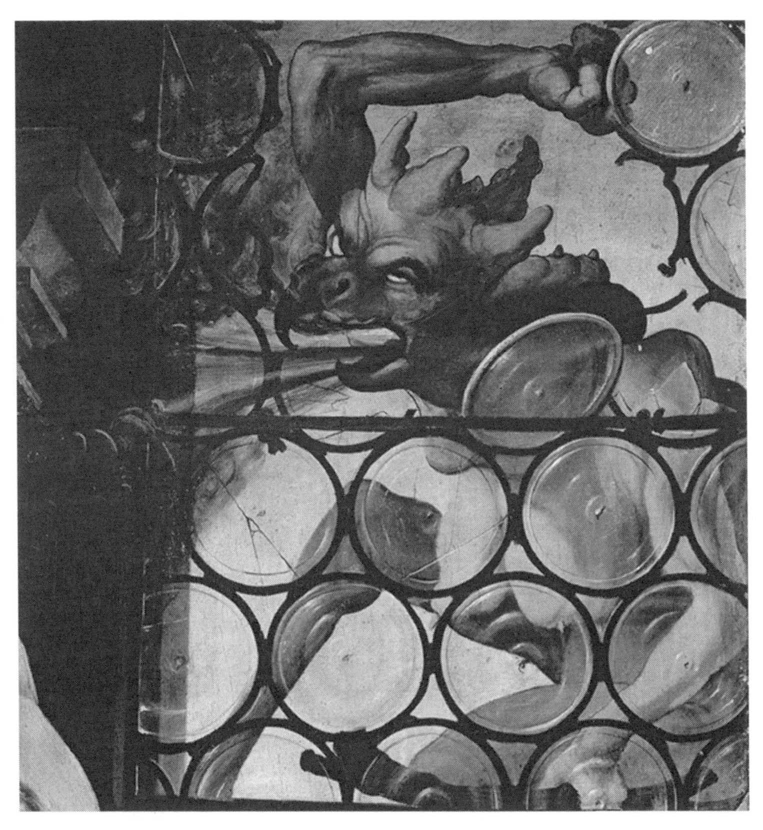

마티아스 그뤼네발트, 〈창문을 부수고 들어오는 악마〉 (이젠하임 제단화 중 〈은둔자 성 안토니오〉의 일부), 1512~1516년경.

정이었다. 영국에서 이른바 요정의 왕은 로빈 굿펠로(Robin Goodfellow)였는데, 한밤중에 수렁과 숲에서 방랑자들을 헤매게 만드는 못된 짓을 하는 사기꾼이었다. 『한여름 밤의 꿈』(1595년경)에 나오는 작은 요정 퍽(Puck)은 셰익스피어가 바로 이 요정의 왕을 본떠 만든 것이다.[30] 이와 비슷한 요정이 장난치기 좋아하는 요괴인 도깨비불(will-o'-the-wisps)이었다. 이 요괴가 밤에 늪지 위에서 깜박거리면,

사람들은 등불로 잘못 알아 위험에 빠지곤 했다. 영국 일부 지역에서는 그것을 '악마의 등불'이라고 불렀다. 1663년 새뮤얼 버틀러(Samuel Butler)는 "어리석은 불(ignis fatuus)이 사람들을 홀려 못과 개울에 빠트린다"고 기록했다.[31]

유령이나 타락한 천사 등등 다양하게 정의된 요정 가운데 자비롭다고 알려진 요정도 있었지만, 어떤 요정들은 가축이나 수확물, 심지어 아이들까지 끌고 도망쳤다. 웨일스에서 온 어떤 사람은 다음과 같이 말했다. "정식한 사람들이 이 작은 친구들을 겁낸다." 아일랜드에서는 1777년에 토머스 캠벨이 이런 보고를 남겼다. "요정 신화는 꽤 신빙성 있게 받아들여진다." 영국에는 브라우니, 스프라이트, 콜트, 픽시 등등의 이름으로 불리던 요정들로부터 안전한 곳이 없었다. 탑과 다리 근처에 사는 요정 도비는 말을 타고 공격한다고 알려져 있다. 극히 사악한 요정 무리인 듀어가는 영국 북부 노섬벌랜드 지역에 출몰했던 한편, 스코틀랜드에 나타나는 켈피 무리는 강과 선착장에 집착했다. 다른 유럽 문화권의 거의 모든 민족이 밤에 악행을 저지르는 것으로 악명 높은 작은 요정들의 존재를 믿었다. 폴리오트건 트롤이건, 엘프건, 이 요정들의 힘은 그 작은 덩치를 훨씬 능가했다. 베스트팔렌을 지나가던 여행객은 "이 힘센 작은 요정들은 제대로 대접받지 못하면 잔인하게 복수하고, 무엇이든 눈앞에 보이면 숨기고 토막 내고 부순다"고 기록했다.[32]

요정만큼이나 널리 퍼져 있던 것은 죽은 사람의 몸을 떠난 유령이다. 보글, 보가트, 왜프트 등으로 알려져 있는 유령은 밤에 생전의 모습을 되찾는다고 알려져 있다. 어느 저녁에는 소복을 입거나 짐승의 모습을 취하기도 한다. 기독교의 전통에 따르면 신의 빛 속으로 들어가는 것이 거절된 이들은 거의 언제나 어두운 다음에 나타났다. 메르제부르크의 티트마르는 "주께서 낮은 산 사람에게, 밤은 죽은 사람에게 주셨다"고 말했다. 떠돌아다니는 어떤 혼령 중에는 곧 누가 죽을 것이라는 소식을 전하는 혼령도 있었다. 자살한 혼령은 영원히 떠돌아다니는 벌을 받는다. 때로는 유령이 옛 이웃에게 나타나 생전에 잘못됐던 일들을 고쳐달라고 하기도 했다. 1718년 트로우브리지의 제임스 위시는 자신이 찬 여자친구가 죽었는데, 침대머리에서 그녀의 유령을 두 번 목격했다고 전해진다. 그의 이웃은 이렇게 이야기했다. "그는 옛날에 연애할 때와 똑같은 옷을 입은 여자친구의 유령을 두 번 똑똑히 봤어요. 그 여자는 엄숙한 얼굴로 그를 바라보다가 사라졌고, 그때 촛불이 꺼졌습니다."[33]

유령들은 수많은 마을을 괴롭혔고, 슈롭셔의 백베리 유령이나 윌트셔의 윌튼독처럼 자주 출몰하기도 했다. 1564년 프랜시스 필킹턴 주교는 블랙번의 더럼 마을에 유령이 너무 자주 나타나는데 당국에서 그 진위를 가리려 하지 않는다고 불평했다. 유령이 자주 출몰하는 곳은 날마다 통행이 잦은 교차로였는데, 그곳은 자살한 사람들을 묻는 장소이기도 했다. 1726년 엑서터의 직조공이 스스로 목숨을 끊은 뒤 많은 사람이 그의 유령을 교차로에서 봤다. 한 신문 기사에 따르면, "그 직조공의 이웃에 살던 젊은 여자가 그 직조공의 그림자를 보고 너무도 겁을 먹고 놀라서" 이틀 만에 사망한 것이 "확실하다." 때로는 어떤 장소도 안전하지 못했다. 세련된 도시인인 피프스조차 런던에 있는 자신의 집에 귀신이 들렸을까봐 두려워했다. 18세기의 민속학자 존 브랜드는 어렸을 적 뉴캐슬어폰타인의 길거리를 떠돌아다니던 맹견 유령에 대한 이야기를 많이 듣고 자랐다.[34]

그 밖에도 밤의 세계의 거주자들은 많았다. 아일랜드의 밴시 요정의 음울한 비명은 누군가의 죽음이 곧 닥치리라는 경고였다. 아르 카네레는 프랑스의 세탁부로, 도와주기 거부하는 행인들을 물에 빠뜨려 질식시킨다고 알려져 있었다. 헝가리, 실레지아 및 동유럽 다른 지역의 뱀파이어는 희생자들의 피를 빨았다. 16세기 한 시인의 말에 따르면 밤이 죽은 사람들을 되살려서 산 사람들을 죽이려 했다. 1755년에 이르기까지 모라비아의 한 작은 마을의 당국자들은 뱀파이어 용의자들의 시체를 파헤쳐서 그 심장을 꿰뚫고 머리를 자른 다음에 시체를 불태웠다. 16세기와 17세기에 늑대인간에 대한 보고는 중부 유럽의 대부분과 쥐라 산맥과 프랑슈콩테 같은 스위스와 국경을 접한 프랑스 지역에 널리 퍼져 있었다. 외과의사 요한 디츠는 북부 독일의 이체호에 마을에서 주민들이 떼를 지어 창과 막대기를 들고 늑대인간을 쫓는 것을 목격했다. 파리까지도 때로 습격을 받았다. 1683년 노트르담드그라스 거리에서 늑대인간이 여러 성직자가 포함된 일행을 공격했다고 전해진다.[35]

하지만 무엇보다도 대부분의 기독교세계에서 마녀야말로 근대 초에 가장 심각한 위협으로 여겨졌다. 그들을 절멸하기 위한 사냥이 이를 비극적으로 증명하고 있다. 15세기에 최초로 한 차례의 광란이 지나간 뒤 16세기와 17세기에 폭발한 재판과 처형의 물결을 피해 간 서유럽 나라는 별로 없었다. 이탈리아와 에스파냐, 포르투갈 정도가 약간 덜했고, 남부 독일, 스위스, 프랑스, 스코틀랜드에서 가장 극렬했다. 1542년 마법을 행사하는 것이 사형감이 된 영국에서는 16세기 후반에 에식스 카운티에서 비정상적으로 높은 기소율을 보였다. 물론 최대의 단일 사건은 1640년대 중반 이스트 앵글리아에서 거의 200명이 처형당한 일이다. 유럽 전체에서 처형당한 사람들의 총 숫자는 알 수 없다. 15세기부터 17세기까지 3만 명 이상이 목숨을 잃었을 것이다. 당대의 보고서로 판단하건대 가장 평범한 피고인들은 적은 수입으로 근근이 살아가던 독신 여성이었다. 그녀들은 경제적으로 궁핍할 뿐 아니라 악의로 가득차 있다고 여겨졌다. 1584년 레지널드 스콧은 이렇게 기록했다. "이웃들은 이 비참한 사람들을 너무나 혐오하고 두려워해서 감히 그들에게 대들거나 그들의 부탁을 거절하지 못한다." 수확물이나 가축은 물론 날씨조차 그들의 악의를 피해 갈 수 없었다. 암스테르담에서는 한 하녀가 이상한 옷을 입은 여자들 네 명에게서 벽돌로 공격을 받았다고 보고했다. 그들은 끊임없이 이렇게 소리쳤다고 한다. "네 얼굴은 지루하고 따분해."[36]

물론 마녀나 밤의 악령에 대한 관념이 새로울 것은 없었다. 초기 기독교의 원전에서 '바깥의 어둠'과 '죽음의 그림자'를 반복하여 언급한 것은 밤에 대한 오래된 상투적인 관념을 강화시켰을 뿐이다. 4세기에 성 바실리우스는 "어둠을 사악한 힘으로, 또는 악 그 자체로" 보았던 사람들에 대해 기록한 바 있다. 고대 영문학에서 가장 격렬한 작품의 하나인 『베어울프』(Beowulf)의 많은 부분이 밤을 무대로 하고 있고, 악한 등장인물로 "사람들을 덮치는 밤의 가장 거대한 두려움"인 그렌들이 어둡기를 기다려 집어삼킬 신선한 희생물을 찾아 시골을 헤매고 다니는 포악한 괴물이라는 사실은 별로 놀랍지 않다.[37] 그렇지만 대다수의 초자연적인 존재는 불온하기는 해도 중세 말 전까지는 서유럽에 불안감을 널리 퍼뜨리지는 않았다. 중세 말기에 가서야 밤은 악령에 깊이 물들기 시작했다. 프랑스 역사가 로베르 뮈샹블레의 말을 빌리면 '악마화된 밤'(la nuit diabolisée)이었다. 초기의 유령에 대해 연구한 현대의 학자는 단호하게 말한다. "밤에 대한 중세의 두려움을 지나치게 극화하지 않도록 조심해야 한다. 중세 사람들은 두려움 없이 아름다운 밤의 고요를 즐길 수 있었다." 중세의 마녀와 유령은 비교적 해롭지 않았다. 연구의 선도적 권위자에 따르면 영국에서 1500년 이전에 마녀의 탓으로 여겨진 범죄는 "두셋의 죽음, 부러진 다리 하나, 쇠약해진 팔 하나, 파괴적인 폭풍우 몇 차례, 마법에 걸린 생식기 몇 개"에 불과했다. 1605년 또는 1606년에 초연된 『맥베스』가 마법의 사악한 결과를 그린 최초 영국 희곡이었다.[38]

그렇지만 이 시기에 이르면 이미 사탄은 훨씬 위협적인 성격을 갖추게 된다. 악마는 이제 단순하게 괴롭히는 존재를 넘어서 기독교 신학자들에 의해 선과 악 사이의 투쟁에서 강력한 적으로 비치게 되었다. 사탄에 봉사하기 위해 소집된 거대한 무리가 마녀였다. 그들은 각기 어둠의 군주와 함께 엄숙한 서약을 맺었다. 새로운 권능으로 무장한 마녀들은 처음에 '시너고그'(synagogue)라고 불리다가 뒤에는 '사바스'(sabbath)라고 불린 밤의 축제에 모여 악마를 숭배했다. 그들은 성적 타락과 악마의 의식에 몰두하는 이외에도 어린이를 삼켰다. 어린이의 살이 마녀에게 날 수 있는 능력을 주었다는 것이다. 1610년 엑스에서 마녀 혐의를 받은 피고인이 사바스에 대해 말했다. "때로 그들은 시너고그에서 죽인 뒤 구운 어린이의 부드러운 살코기를 먹었습니다. 때로는 마녀들이 집에서 아기를 산 채로 유괴해 오기도 합니다." 마녀는 이웃에 해를 끼치는 마법(maleficium)을 부리는 죄만 있는 것이 아니었다. 마녀는 특히 상층 계급에 의해 인간은 물론 신의 적으로 위험한 이단이라는 비난을 받았다.[39]

영국과 네덜란드와 스칸디나비아 일부에서는 밤의 사바스에 대한 불안감이 널리 퍼지지 않았다. 종교개혁의 여파에서 영국 법체계의 특이성에 이르는 잡다한 이유 때문에 마녀는 개인적인 해악에 대해서 비난받았지, 악마의 모임 때문은 아니었다. 그러나 영국 사람들의 눈에 마녀는 여전히 악마의 하수인이었고, 따라서 널리 두려움의 대상이었다. 한 역사가는 비꼬아 말했다. "유럽 대륙에서 마녀를 불태울 때, 영국에서는 목매달았다." 대개 법 당국과 성직자들의 명령에 따른 것이었지만, 사실 민중의 두려움이 마녀들에 대한 기소를 촉발시킨 경우가 더 많았다. 영국의 마녀재판에서 이단 혐의가 제기된 경우는 별로 없었지만, 마녀에 대한 두려움은 너무도 만연해 있어서 16세기와 17세기에 마법의 탓으로 돌려진 죽음이 수천에 달했고, 눈이 멀거나 다리를 절거나 성불능이 되었다는 희생자의 숫자는 훨씬 더 많았다. 컴벌랜드에서는 1658년부터 1662년까지 5년 동안 램플러 교구 등록부에 사망 사유가 '노령'이 아닌 55명의 사망자 가운데 일곱 명이 "마법에 걸렸다." 네 명은 "요정 때문에 놀라서 죽었고," 한 명은 "도깨비불에 이끌려 못에 빠졌고," 세 명의 노파는 마법 혐의로 기소된 뒤 물에 빠져 죽었다.[40]

유럽의 마녀 광풍을 어떻게 설명할 수 있을까? 마녀사냥이 일어났던 배경의 특수한 상황을 강조하는 연구가 많지만, 종교적 충돌, 법의 변화, 인쇄술의 탄생을 포함하는 몇몇 포괄적인 경향이 관심을 받아왔다. 많은 점에서 그 사회는 급격한 변화의 문턱에 있었으며, 봉건계급이 무너지는 상황에서 그러한 변화는 당연히 경각심을 불러일으켰다. 특히 15세기 이후 전쟁, 기근, 자연재해, 흑사병이 발생하면서 사람들은 불행과 싸워야 했고 불안감은 더욱 심화되었다. 그 어느 때보다 절망에 빠져 자신의 운명을 개척하기 어려웠던 사람들은 사탄과 그 부하들을 비난함으로써 자신들의 비탄을 의인화했는데, 그 대상을 대부분 마을에 떠돌아다니는 가난한 사람들에서 찾았다. 절망의 손아귀에 사로잡힌 근대 초의 마을에서는 가장 나약한 구성원들에게 불안감을 전가했던 것이다. 1737년 폴란드를 휩쓸었던 기근에 대해 한 사람이 이런 기록을 남겼다. "이 재앙이 사람들의 기운을 너무 빼버린 나머지, 카미니치 사람들은 밤에 길거리에서 마주치거나 말을 건 사람들을 모두 죽이는 유령이나 죽은 사람의 혼령을 보고 있다고 생각한다." 물론 악령이 가장 빈번하게 출몰하는 시간은 사람들이 가장 예민하게 나약함을 느끼는 밤이었다.[41]

몇몇 회의주의자들은 악령이라는 존재가 실재한다는 생각을 공개적으로 조롱했다. 비판자들은 삐걱거리는 문이나 잘 맞지 않는 창문이 대부분 미신적인 소문의 근거이고, 도깨비불은 늪지의 증기가 멀리서 어른거리는 것에 불과하다고 주장했다. 영국에서는 『마법의 발

클로드 길럿, 〈마녀의 사바스〉, 18세기

견』(The Discoverie of Witchcraft, 1584)의 저자 레지널드 스콧과 『마법이라는 것의 폭로』(The Displaying of Supposed Witchcraft, 1677)의 저자 존 웹스터(John Webster)가 마녀와 악령을 비웃었다. 『악령의 속임수에 대하여』(De Praestigiis Daemonum, 1563)의 저자인 독일의 요한 바이어(Johann Weyer)와 마찬가지로 그들도 마녀와 악령의 침입을 성서 시대의 일로 보고 있다.[42] 몇몇 비판자들은 본질적인 불가지론자로서 유령을 믿었지만, 옹호자들의 무리에 속하지는 않았다. 회의주의자들은 스스로 인정했듯 마녀에 대한 믿음을 바꾸지는 않았다. "마법의 우화는 사람들의 마음을 그리도 빨리 사로잡고 깊게 뿌리내렸다"고 스콧은 절망을 토로했다. 가장 강력한 비판자들은 합리적인 사람들이 초자연적 환영의 제물이 되는 경우가 흔하다는 사실을 인정했다. 여자나 어린이나 "둔감하고 어리석은 천민"이 악령에 쉽게 넘어갔다면, 1588년 프랑스의 성직자 노엘 타유피에가 "오염되지 않은 자연과 얼굴을 맞대고 있는 사람들"이라고 말한 여행자와 목동도 마찬가지였다.[43]

IV

조금 마시고 날이 밝을 때 집에 가라.

_영국 속담[44]

사람들이 섬뜩해하면서 종종 악령으로 오인하는 것은 실상 어둠 속에서 벌어지는 사고였다. 시골에서는 물에 빠져 죽을 뻔하거나 마차가 전복되거나 심하게 넘어지는 일이 초자연적인 존재와 만나는 원인이 되었을 것이다. 예컨대 영국 서부에서는 밤에 도깨비불 때문에 생기는 사고를 가리켜 '픽시 레드'(Pixy led, '픽시가 이끈' 사고라는 의미)라 했다. "두려움과 약한 시력과 인간의 감각이 모두 결합하여 사람을 속인다. 인간은 아무리 이상한 유령이라도 마주칠 수 있다"고 타유피에는 썼다.[45]

11세기부터 황무지가 개간되기 시작했지만, 산업화 이전의 풍경은 여전히 대낮에도 위험했다. 오늘날 이탈리아 국토의 21%가 숲이다. 유럽 대륙에서 이탈리아 반도는 인구 밀도가 가장 높은 곳이었음에도 산업화 이전에는 50%가 숲이었다. 가파른 산중턱, 사나운 개울, 빽빽한 덤불이 풀밭과 들과 마을을 가로질렀다. 유럽에서는 땅을 개간한 경작지에도 나무 그루터기와 도랑이 바위투성이 땅에 널려 있었다. 땔감으로 쓰기 위해 파낸 두툼한 토탄 덩어리들이 깊은 도랑을 남겨놓았다. 잉글랜드, 웨일스, 스코틀랜드의 현재 작업중이거나 폐기된 탄광 지역에서는 채석장과 탄갱이 땅바닥에 곰보 자국을 만들었다. 그것은 "사람들의 생명을 생생한 위험으로 몰아넣는 공공의 폐해"라고 스코틀랜드의 한 목사는 개탄했다.[46] 길도 더 나을 것이 없었다. 18세기 중반에도 존 파넬 경은 이렇게 불평을 늘어놓았다. "영국의 가장 평탄한 지역에서조차 위험할 정도는 아니어도 대단히 불편한 길 때문에 여행하기가 힘들다."[47]

위험한 땅바닥에 밤이면 형편없어지는 시야가 더해지면 재앙이 일어난다는 것은 공식이었다. 17세기의 작가 아이작 와츠는 "여행자들이 밤의 짙은 그림자에 속는 경우"가 수없이 많다고 말했다. 설상가상으로, 인간은 육체적 노동이나 정신적 노동을 할 능력이 밤늦은 시간에 가장 떨어졌다. 그 이유는 수면 부족뿐 아니라 신체 리듬의 변화 때문이기도 했다. 일반적으로 밤에는 주의력과 반사 신경이 떨어졌다. 피렌체의 철학자 마르실리오 피치노는 이런 통찰을 남겼다. 잠을 자라는 자연의 '명령'을 어기면 "인간은 우주의 질서와 싸우는 것이고, 더구나 자기 자신과 싸우는 것이다."[48] 어두운 밤에는 길에 익숙한 주민조차 착각해 개울에 빠지거나 낭떠러지에서 떨어지는 경우가 있다. 1739년 애버딘셔에서는 열다섯 살 소녀가 매일 다니던 교회 묘지에서 방향을 잃고 새로 판 무덤에 빠져 죽은 일이 있었다. 요크셔 사람인 아서 제솝은 12월 어느 추운 저녁 이웃집에서 돌아오다가 방향을 잃고 넘어져 돌 구덩이에 빠졌다. 제솝은 그날 "아주 깜깜했기 때문에 다른 사람들도 길을 잃었다"고 일기에 기록했다. 다리와 등에 멍이 들었을 뿐 그는 장의사의 보고서에 많이 나타나는 두개골이나 사지 골절과 같은 부상은 면할 수 있었다. 1721년 윌리엄 코는 몇십 년을 산책했어도 털끝 하나 안 다쳤다고 허풍을 떨었지만, 서퍽 출신의 이 농부가 밤에 곤경에 처할 뻔한 일은 여러 번 있었다. 넘어지고 자빠진 것은 물론 말에서 떨어져 둑 아래 깊은 곳으로 떨어진 적도 있었다. 때로 자연경관은 아무런 실마리도 남기지 않은 채 희생자를 삼켜버렸다. 1682년 어슬렁거리며 집으로 가던 제임스 윌킨슨이라는 웨이크필드 사람이 불가사의하게 사라진 일이 있었다. 에일을 여러 잔 마신 그는 "어둡기 전에 늪을 지나가라"는 친구의 충고를 무시하고 결국 집에 도착하지 못한 것이다. 헤이우드 목사의 기록에 따르면 몇 주에 걸쳐 "늪과 탄갱과 강을 모두 뒤졌지만 허사였다."[49]

근대 초의 삶에서 윤활유였던 술이 때때로 사고의 원인이었다는 사실에는 의심의 여지가 없다. 일할 때나 쉴 때나 언제든 구할 수 있었던 맥주와 에일과 와인은 술집과 집에서 아낌없이 흘러넘쳤다. 값이 꽤 나가는데도 영국의 중하층 계급에서는 어른 아이를 막론하고 에일의 하루 소비량이 특히 높았다. 1577년의 부분적인 조사에 따르면 영국에는 2만 4,000군데의 술집이 있었으며, 그것은 대략 주민 140명당 하나꼴이었다. 게다가 대서양 양쪽에서 점차 맥주의 가격은 낮아졌고, 도수는 강해졌다. 1736년 뉴잉글랜드의 한 신문은 술 취한 상태와 동의어인 말 200개의 목록을 실었는데, 거기에는 늦은 밤에 갈지자로 길을 가는 사람들을 묘사한, '집에 가는 길을 모른다', '달이 두 개 보이는 사람'이 들어 있다.[50]

지금과 마찬가지로 그때에도 사람들은 저녁 시간에 더 잘 취했다. 임상 실험에 따르면 사람의 위와 간은 밤 10시부터 아침 8시 사이에 알코올의 신진대사를 가장 느리게 하며 따라서 술을 체내에 가장 오래 저장한다.[51] 밤중의 술자리 끝에 시야가 흐려지고 경계심이 풀어지면 사고가 뒤따르는 것은 놀라운 일도 아니다. 케리라는 이름의 어떤 사람은 1635년 맨체스터로 가는 길에 친구들과 에일을 마시러 술집에 들어갔다. 한참 후에 주인이 술을 더 안 판다고 하자 그는 "오늘 밤 백 병은 더 마실 수 있다"고 말한 뒤 "깊은 밤"에 다른 술집으로 향했지만, 구덩이에 떨어져 익사했다. 루이 세바스티앵 메르시에는 밤중에 교외에서 파리로 "비틀거리며 들어오는 술주정꾼 무리"를 보고 이렇게 말했다. "반쯤 눈먼 사람들이 눈먼 사람들을 헛되이 이끌며, 발걸음마다 위태롭고, 개울이, 아니 어쩌면 수레바퀴가 그들을 기다린다." 목이 부러져 죽는 것 외에도 어떤 자들은 기절해서 밖에 방치됐다가 죽기도 했다. 더비에서는 만취한 노동자가 길가에 쓰러져 자다 코를 너무도 시끄럽게 골아 미친개로 오인되어 총에 맞았다.[52]

모든 종류의 익사도 불가피했다. 밤에는 물론 낮에도 배가 뒤집히거나 부두가 위험해서 사고가 일어났지만, 어둠 속에서 불어난 개울의 물살을 미처 고려하지 못하거나 배에 부딪히는 암초를 보지 못해서 사고가 났다. 때로는 잘 다니던 길에서 사고가 나기도 했다. 노섬벌랜드 공작은 하인이 마차를 끌고 가파른 둑 아래 강물로 달려들어 거의 죽을 뻔한 적이 있었다. 1733년 어느 비 오는 날 밤 펜실베이니아 주 호섬 근처에 살던 한 젊은 여인은 통나무 배를 타고 물살 거친 개울을 건너다가 아기를 놓쳤다. 한 보고서에 따르면 그녀가 몰고 가던 말이 그 모녀를 물로 빠뜨렸다고 한다.[53] 때로는 말도 밤에는 위험했다. 밤에는 말 탄 사람이 피곤하고 길이 나쁜데다가 말이 두려움에 떨기도 했다. 이탈리아 해변의 위험한 도로에 대해 요한 볼프강 괴테는 이렇게 평했다. "이곳은 말이 잘 놀라는 밤에 특히 사고가 많이 나는 장소다."[54]

시골 못지않게 위험한 곳이 산업화 이전의 도시 길거리였다. 1700년 무렵 영국 인구 5백만의 약 15%는 인구 5천 명 이상의 도시에 살고 있었다. 그것은 서유럽 전체보다 약간 높은 비율이었다. 대도시 런던은 57만 5,000명의 시민을 자랑했고, 지방의 중심지는 주민이 1만 2,000~3,000명 정도였다. 그 당시에 이르면 이탈리아 반도에서 스칸디나비아 남부에 이르기까지 유럽 대륙 여러 곳에서 이미 도시화가 대규모로 이루어지고 있었다.[55] 대부분의 도시는 길이 좁고 골목이 많아 토끼사육장처럼 붐비고 구불구불하고 어두웠다. 아래 길을 굽어보고 있는 높은 건물이 햇빛과 달빛을 모두 가렸다. 1600년대에 이르면 암스테르담에는 이미 4층 건물이 있었다. 18세기에 이르러서야 드넓은 직선 도로가 도시계획의 기준이 되었다.[56]

적절한 가로등이 없어 어둠이 자연 세계를 다시 지배했다. 17세기 말 이전에 대부분의 거리에는 집에서 새어나오는 빛과 보행자들의 등불이 인공조명의 전부였다. 따라서 템스 강과 센 강에서는 많은 사람들이 부두와 다리에서 떨어져 죽었고, 암스테르담의 라이트세그라흐트 운하나 베네치아의 대운하 같은 운하에서도 같은 일이 벌어졌다. 사람들은 빨리 달리는 마차나 수레 사이로 피해 다녀야 했고, 마부들은 조심하라는 소리조차 지르지 않는다고 어느 파리 방문객은 불평했다. 반면 벽에 붙어 다니던 보행자들은 열려 있는 지하실이나 석탄 창고 때문에 놀랐고, 위로는 간판이 위태위태했다. 1693년 8월 "아주 어두운" 어느 날 밤 상인 새뮤얼 지크가 서식스의 집 근처에서 길 한가운데 있는 장작더미 위로 넘어지는 것을 막아준 것은 갑작스러운 한줄기 번갯불이었다. 흙이나 자갈로 된 길에는 중앙에 흐르는 하수구로 쓰레기나 빗물을 보내는 도랑이 미로처럼 파여 있었고, 더 넓은 도로에는 양옆으로 하수구가 있었다. 1720년 오를레앙 공작부인은 이미 말과 가축의 분뇨로 지저분한 길거리가 방뇨하는 사람들 때문에 "완전한 오줌의 강"을 이루고 있지 않은 것이 놀랍다고 말할 정도였다. 1피트 정도 깊이의 도랑은 재와 굴껍데기와 짐승의 사체로 점점 더 막혔다. 한 마을 주민은 한밤중의 산책에 대해 "내 모든 관심사는 하수구를 피하는 것"이라고 쓴 바 있다. 형편없는 하수 시설 때문에 어떤 길은 늪지로 바뀌었다.[57]

18세기에 들어서야 대다수 도시의 원로들이 도로포장을 떠맡아 갖가지 결과를 낳았다. 먼지와 오물을 피하기 위해 선호되었던 돌 포장은 잘 깨지고 바닥이 고르지 않았다. 한 런던 주민이 지적했듯이, 돌로 포장된 도로는 보수공사를 계속 거치면서 그때마다 다른 일꾼들에 의해 다른 돌로 기워졌다. 다른 도시들도 이와 별반 다르지 않았다. 1766년 제네바의 한 주민은 "걸을 만한 평평한 보도가 없다"고 불평했다. 더 심각한 것은, 도로와 보도가 쓰레기 처리장이 되어버려서 보행자들이 그 사이를 헤집고 다녀야 한다는 사실이었다. 한 비판자는 "밤에는 물론 낮에도, 보행자가 아무리 조심해도 잘 안 보일 정도로 오물에 뒤덮인, 울퉁불퉁하고 깨진 보도" 때문에 일어나는 "끔찍한 사고"에 대해 썼다. 쓰레기가 널린 보도의 폐해는 유럽 도시 전역의 상황이었지만 주목할 만한 예외가 있었는데, 네덜란드만은 깨끗하다는 좋은 평판을 누리고 있었다. 프레스콧이라는 영국 마을에서는 1693년에 네 가구마다 한 가구씩 집 앞의 쓰레기를 치우지 않았다는 이유로 벌금을 냈다.[58]

가장 악질은 밤마다 열린 문과 창문으로 대소변을 길거리에 쏟아붓는 짓이었다. '요강'을 비우는 것은 흔히 볼 수 있는 폐해였다. 18세기에 이르기까지 많은 도시와 마을은 인구가 조밀하고 하수 시설이 부족했기 때문에 그런 관행을 최소한 암묵적으로 용인한 것으로 보인다. 프랑스에는 "파리의 흙처럼 더럽다"는 말이 있다. 마드리드에서는 17세기에 한 거주자가 다음과 같은 말을 남겼다. "거리는 매일 만 명의 똥으로 향기를 풍기고 있다." 리스본, 피렌체, 베네치아도 나쁜 평판을 받았지만, 길거리를 하수구로 바꿔놓기로 악명 높은 사람들은 에든버러 주민들이었다. 대니얼 디포는 그 도시의 건물이 높고 인구 밀도가 높다는 사실을 강조하며 에든버러 주민들을 옹호했다. 그들은 밤 10시 이후에만 북소리에 맞춰 배설물을 버릴 수 있었고, 지나가는 사람들에게 딱 한 번 "물 조심"이라고 외쳤다. 마르세유 주민들은 경고를 세 번 외쳐야 했던 반면, 부근의 아비뇽에서 그 부담은 보행자가 짊어져야 했다. 아비뇽 방문객의 불평에 따르면, 밤에 길을 걷는 사람이 "조심해요, 조심해요"라고 소리쳐야 했다는 것이다.[59]

저녁에는 자신의 집조차 안전한 곳이 못 되었다. 밝은 불빛이 없었기 때문에 옥외나 계단통이나 벽난로는 조심성 없는 사람들과 특히 술꾼들에게 함정이 되었다. 1675년에 랭커셔의 한 의사는 "만취하여" 뒤로 자빠져 난로에 크게 데었는데, 당시의 보고서로 미루어보면 그것은 흔한 사고였다. 매사추세츠 주의 보스턴에서도 비슷한 사고가 일어난 뒤 새뮤얼 슈얼 목사는 희생자에 대해 이렇게 언급했다. "그의 얼굴은 너무 타서 불쏘시개처럼 보였다." 코번트리의 한 여성은 침대에서 촛불 위로 떨어진 뒤 "순수한 영혼으로 가득찬 혈관이 등잔처럼" 타올랐다. 어떤 사람들은 계단에서 넘어져 등뼈가 부러지거나 심하게 멍이 들었다. 피프스의 새 하녀인 루스는 집에 아직 익숙하지 않아 어느 날 밤 계단에서 넘어져 두개골이 거의 함몰되었다. 뜰에는 어둠 속에서 피해야 할 담과 대문뿐 아니라 연못과 파인 구덩이도 있었다. 많은 사람들이 담이나 울타리가 없는 우물에 빠지곤 했다. 우물이 깊으면 우물 안에 물이 없어도 치명적인 건 마찬가지였다. 1725년 겨울밤에 런던에서 어떤 취객이 우물에 빠져 부상을 당했다. 그는 도와달라고 소리쳤지만 이웃 사람들이 악령의 소리일까 두려워서 무시하는 바람에 사망하고 말았다. 검시관의 보고서를 보면, 여자와 하인들이 밤에 물을 긷다가 빠지는 경우가 특히 많았다. 1649년 뉴잉글랜드의 다섯 살 난 소녀에게 닥친 슬픈 운명은 더 특이한 경우였다. 어느 날 밤 부모와 함께 이웃을 방문했다가, 다음날 아침 침대에서 일어나 지하실로 통하는 구멍으로 곧바로 떨어진 것이다. 거기에서 그 아이는 지하실 내에 있던 우물로 굴러 익사했다. 그 전날 안식일을 지키기 않았던 아이의 아버지는 신의 정의로운 손이 아이를 데려갔다고 여겼다.[60]

윌리엄 호가스, 〈밤〉 (〈하루의 4시간대〉 중 도판 4), 1738
만취한 한 쌍의 보행자들이 칼과 지팡이로 무장하고 런던의 뒷골목에서 넘어진 마차와 사람들의 분변 세례를 뚫고 지나가고 있다. 불 밝힌 창과 모닥불은 찰스 2세의 왕정복고 기념일임을 보여준다. 멀리 뒤편에는 큰불이 걷잡을 수 없이 일어나고 있다. 도판에 등장하는 사람들 중에는 웅크리고 있는 횃불잡이, 이발소 아래에서 깊이 잠든 몇 명의 짐꾼들도 있다. 마차 안에서는 승객이 권총을 발사하고 있다.

잘 알려진 금언에 따르면 "밤은 누구의 친구도 아니다." 최소한 영국에서는 이제 평범한 사람들이 조상들처럼 밤마다 전통적인 적을 걱정하는 일은 없어졌다. 밤은 여전히 위험했지만 간혹 나타나는 여우를 제외하고는 야생 동물이 농가 가축을 해칠까 두려워하지 않아도 되었다. 한때 곰과 늑대가 떠돌던 산골은 중세 말기에 사라졌다. 반대로 유럽 대륙에는 농경지가 늘어나긴 했어도 다양한 야생 포식자들이 살고 있는 아르덴 숲과 같은 넓은 황야가 여전히 존재했다. 북아메리카의 동해안도 마찬가지 사정이라서 영국에서 이주한 정착민들에게 늑대는 큰 걱정거리였다. 코튼 매더는 "저녁의 늑대, 사납게 울부짖는 황야의 늑대"를 조심하라고 일렀다. 매사추세츠 주 케임브리지의 주민들은 1691년 어느 날 아침, 목에 피를 흘리며 죽어 있는 양 50여 마리를 보았다.[61]

그렇지만 유순한 영국의 산골에도 여전히 밤의 골칫거리들은 남아 있었다. 올빼미, 박쥐, 두꺼비는 각기 다른 두려움을 불러일으키며, 불가피하게 사탄과 연결되었다. 그렇지만 많은 사람이 알고 있었듯이, 이러한 해로운 동물이 초래하는 직접적인 위협은 밤의 다른 포식자들에 비하면 미약했다. 그 포식자들에는 사악한 짐승뿐 아니라 인간도 포함되었고, 인간이야말로 밤에 가장 큰 위협이었다. 산업화 이전의 영국에 늑대는 없었을지 모르나, 속담 하나가 단언하듯, "때로는 한 인간이 다른 인간에게 늑대였다." 이 종(種)은 사라지지 않았다.[62]

2장

위험한 인간: 약탈, 폭력, 방화

I

착한 사람들은 낮을 사랑하고
나쁜 사람들은 밤을 사랑한다.

_프랑스 속담[1]

덴마크 작가 루드비그 홀베르 남작은 "악마를 조심할 수는 있으나, 인간을 조심하기는 불가능하다"고 말했다. 1675년 한 영국인은 "인간이 인간의 악마"라고 인간에 대한 정의를 내렸다. 밤의 자연이 충분히 위험하지 않다는 듯, 더 큰 고통은 인간의 손에서 나왔다. 악령도 자연 재해도 인간의 악의에서 비롯된 만성적 두려움에 미치지 못했다. 밤에 홀로 누워 있는 것을 무서워한 토머스 홉스는 "귀신이 무서운 것이 아니라 5파운드나 10파운드 때문에 머리를 얻어맞을까봐 무서웠다"고 했다.[2] 일반적인 생각에 범죄가 가장 큰 위협이 되는 시간은 밤이었다. 해가 진 뒤에는 야생 동물처럼 불량배와 악한도 신선한 먹이를 찾아 소굴을 나섰다. 도둑을 가리키는 에스파냐의 방언으로 '밤고양이'(gatos de noche)라는 말이 있다. 새뮤얼 롤랜즈는 1620년, 범죄자들이 "여우나 늑대처럼 밤에 먹이를 찾는다"고 기록했다. 또다른 사람은 "밤은 어둠의 작업을 위한 가장 편리한 그늘을 대준다"고 적었다. '어둠의 작업'이란 범죄 행위를 묘사하는 직설적이면서도 비유적인 용어였다.[3]

영국에서는 에드워드 1세(1239~1307) 치세인 1285년에 이미 『윈체스터 법령』(Statute of Winchester)에 의해 밤에 수상한 사람을 체포하는 것이 허용되었다. 예를 들어 노샘프턴셔 브리그스톡의 존 키는 "이웃 모두에게 해를 끼치고 다른 사람들에게 위험한 선례를 보이면서 밤에 길거리와 공공 영역을 배회한" 이유로 기소되었다. 중세에 그런 악한들을 가리키기 위해 만들어진 라틴어인 '녹티바가토르'(Noctivagator)는 1500년 무렵 영국에서 '나이트워커'(nightwalker, 밤의 보행자)로 바뀌어 몇 세기 동안 널리 통용되었다. 파리에서는 '로되르 드 뉘'(Rôdeurs de nuit)라 하고, 이탈리아에서는 '안다토레스 디 노테'(andatores di notte)라 했다. 1659년 런던의 한 작가는 '밤의 보행자'에 대해 "낮에 잠자고 밤에 밖에 돌아다니는 게으른 사람들로서, 부정직한 수단으로 먹고산다는 혐의가 있다"고 정의했다.[4]

17세기 중엽에 이르면 악한만이 밤에 시골길을 배회한다고는 할 수 없게 되어, 최소한 런던 주변에서 '밤의 보행자'라는 말은 창녀를 지칭하게 되었고 다른 곳에서도 곧 그렇게 쓰였다. 그렇지만 늦은 시간에 얼마간 즐기는 것과 달리 외박하는 것은 계속 비난받았다. 1748년 한 야경대원은 자정 조금 지난 시간이 "정직한 사람이 잠자리에 들 시간"이라고 증언했다. 더 후대의 한 작가는 "내가 어렸을 적에는 누가 '나쁜 시간'에 활동한다고 하는 것은 사실상 그에게 치욕의 낙인을 찍는 것이었다"고 언급했다. 더구나 어둠은 모든 범죄를 위한 비옥한 토양이라는 믿음이 깊이 뿌리내려 있었다. 존 크라운은 1681년에 이렇게 썼다. "우리의 시간은 깊고 고요한 밤에 있다./ 때로 도시가 불에 타고 있는 시간/ 절도와 살인이 행해지는 시간."[5] 사실 범죄는 도시에서 밤에 보행자의 숫자가 늘어난 것에 비례하여 늘어난 것처럼 보였다. 보행자는 무장한 도적이 체념할 정도로 많지는 않았지만 목표로 삼기 좋을 정도로 늘어났던 것이다. 매일 밤 범죄자들은 최소의 위험으로 이득을 취할 기회를 누렸다.

II

내가 처음으로 마주칠 사람은 서서 내놓거나 아니면 죽을 것이다.
왜냐하면 이제 어두운 밤이고, 나는 그 혜택을 볼 결심을 했으니.
_**필립 토머스**, 1727[6]

근대 초에 범죄는 유형과 빈도와 발생 지역에 큰 차이가 있었다. 주, 도, 구마다 도시 성장, 문화 규범, 사회 분화의 차이에 따라 이웃 간에 치안 상태가 현저히 달랐다. 런던과 인접한 서리 카운티처럼 재판 관할 구역이 여러 군데인 지역에서는 범죄의 발생 빈도가 도시와 농촌 간에 엄청나게 차이 났고, 발생 비율도 세대 간에 크게 요동쳤다. 그럼에도 불구하고 두 가지 결론은 피할 수 없다. 서양 세계 대부분에서 만성적인 빈곤과 사회적 변동 때문에 범죄는 우려할 만한 걱정거리였던 반면, 미국의 번창하는 지역들에서는 식민지 시대 전반에 걸쳐 여행객들이 개인 재산이 안전한 것을 놀라워할 정도였다. 유럽에서 범법 행위는 전형적으로 절도와 소매치기 같은 재산권의 침해뿐 아니라 폭행, 살인 등등의 폭력 행위를 포함했다.[7] 더구나 범죄는 다른 위험과 마찬가지로 어두운 시간에 규모가 커지고 잔혹해졌다. 엘리자베스 시대 극작가인 토머스 키드에게 밤은 "가증스러운 범죄를 덮어줬다." 아이작 와츠는 "밖에 있건 집에 있건 밤에 우리는 이 지상에서, 사악한 사람들의 폭력과 약탈에 노출되어 있다"고 확언했다.[8]

과장의 기미가 있지만 이런 두려움이 근거 없는 것은 아니었다. 밤의 범죄는 대부분 폭력이 개입되지 않은 절도로 비교적 사소한 것이었음이 확실하다. 도둑이 밤을 좋아하는 것은 너무도 잘 알려져 있어서 1585년에 한 사전은 도둑을 "밤에 훔치기 위해 낮에 자는" 범죄자라고 정의했다. 도시에서는 목재상이나 부두에서 좀도둑질을 하는 것이 흔한 범죄였다. 도둑의 눈에는 모든 형태의 재산이 정당한 먹잇감이었다. 프랜시스 말버러는 이른 아침에 지붕에서 납을 떼어냈다는 이유로 런던의 중앙 형사 법정인 올드 베일리 법정에 기소되었다. 시골에서는 16세기 후반 영국 농민들의 가난이 심해지면서 밀렵, 과수원 서리, 땔감 훔치기 등의 절도가 행해졌다. 1681년 12월 요크셔의 비국교도였던 올리버 헤이우드는 일기에 이렇게 썼다. "많은 사람들이 구걸을 하러 오고, 도둑질도 많다." 헤이우드도 어느 날 밤에는 닭 세 마리를, 이틀 뒤에는 돈과 '살진 거위'를 이웃에 도둑맞았다. 18세기에 농촌 지역 서머싯에서 절도의 4분의 3 정도는 어두워진 뒤에 일어났고, 프랑스의 리부르네 지역에서는 60% 정도가 그랬다.[9]

이런 범죄는 만연했고 폭력을 불러올 수도 있었지만, 사람들은 별로 두려워하지 않았다. 하지만 강도와 무장 강도는 빈도가 낮아도 널

윌리엄 호가스, 〈밤의 만남〉, 1740년경

리 두려움을 불러일으켰다. 예컨대 1666년 어느 날 밤 새뮤얼 피프스는 밖에서 들리는 소음에 깨어나 처음에는 "많이 놀랐다." 그렇지만 그 소음이 이웃집 와인을 훔치는 소리임을 알게 된 뒤 크게 안심하며 다시 잠이 들었다. 이런 일보다 더 걱정스러운 것은, 피프스가 어느 날 저녁 그리니치 궁정에서 울위치까지 걸어가야 했을 때 '불량배들'을 만날까봐 두려워했던 것처럼, 무장 강도단의 위협이었다. 강도 행위의 핵심은 명백히 육체적 폭력의 위협이었다. 적어도 영국에서는 노상강도에 의해 죽음까지 이른 경우는 별로 없었지만, 그들이 언제든 폭력을 쓰리라는 사실에는 의심의 여지가 없었다. 그들은 종종 겁을 주기 위해 잔인하게 패서 쓰러뜨려놓고는 "가진 돈 다 내놔" 했다. 무기로는 권총, 각목, 단검이 쓰였다. 대규모의 갱단은 별로 없었지만, 혼자 행동한 강도도 별로 없었다. 강도가 예의바른 태도를 보이는 경우는 드물었지만, 18세기에 딕 터핀(Dick Turpin)이나 잭 셰퍼드(Jack Sheppard)처럼 말을 탄 도적들 중에는 그런 태도로 유명한 사람들도 있었다. "당장 시계와 돈을 내놓지 않으면 곧 죽게 될 네 운명이나 저주해라." 이것은 런던 프린세스 스퀘어에서 마차를 습격한 무장 노상강도가 한 말이다. 1718년 런던의 보안관은 다음과 같은 보고서를 제출했다. "술집과 찻집과 상점 주인들의 불만은, 어두워지고 나면 손님들이 집이나 가게로 가는 것을 무서워한다는 것이다. 머리에서 모자와 가발을 채 가거나 옆에 찬 칼을 뽑히는 건 물론, 눈이 멀거나 맞아 쓰러지거나 칼에 베이거나 찔릴까 무서워한다는 것이다."[10]

몇몇 예외를 빼면 도시의 강도는 유럽 전역에서 일상적인 일이었다. 어떤 도시에서는 도둑들이 좁은 길에 줄을 매달아 사람들을 넘어뜨렸다. 16세기 말에 빈과 마드리드 사람들은 해가 진 뒤에 걸어다니는 것을 안전하다고 느낀 적이 거의 없었다. 1620년에 파리를 방문한 어떤 사람은 노상강도 때문에 파리의 길거리가 무섭다고 말했다. 한 세기가 지난 뒤 파리의 한 주민은 "누군가 살해되지 않고 지나가는 밤이 하나도 없다"고 썼다.[11] 반면, 한낮에 일어나는 강도는 훨씬 적었다. 16세기 아일랜드에서 몇몇 도적떼가 개인적 명예의 문제로 밤에는 강도질을 하지 않았다고 전해지지만, 그러한 아량은 예외적인 것이었다. 런던에서 '백주대낮에 대로에서' 강도를 당하는 일은 별로 없었다. 그 대신 덜 폭력적인 도둑이 기승을 부렸다. 특히 소매치기가 만연했는데, 그들의 직업은 시끄럽고 번잡한 길거리에 어울리는 것

이었다.[12]

시골이라고 강도의 피해를 면한 것은 아니었다. 말을 타지 않은 강도들이 도시와 시골을 연결해주는 큰길에서 배회했고, 덤불 뒤 어두운 곳에 숨어 휘파람으로 서로 연락을 주고받았다. 런던 외곽에서는 긴 장대로 말 탄 사람을 떨어뜨리는 노상강도들이 악명을 떨쳤다. 1773년 어느 날 밤에는 토머스 에번스와 존 얼리라는 두 명의 군인이 권총을 차고 웨스트요크셔 동커스터 마을 근처의 큰길로 나섰다. 왜냐하면 "장날이어서 돈을 갖고 시장에서 집으로 돌아가는 농부들이 많을 것"이기 때문이었다. 식민지 시대의 미국에서도 간혹 여행자들은 위험한 길을 가야 할 때가 있었다. 델라웨어 북부의 필라델피아 외곽에서는 한 무리의 사람들이 남의 집에 피신하여 밤을 새워 보초를 서야 했다. 존 폰테인은 이런 글을 남겼다. "이 지역은 사람이 거의 살지 않는다. 여기 사는 몇 안 되는 사람들은 지나가는 사람들을 모두 터는 것으로 업을 삼는다."[13] 유럽 대륙의 길은 훨씬 더 위험하고, 그곳을 여행하는 사람들의 기록에는 밤의 습격에 대한 두려움이 넘쳐흐르고 있다. 숲이 빽빽하고 수풀이 무성한 시골은 도적떼투성이였는데, 그들 가운데 많은 이들이 전투 경험이 있는 비정한 퇴역군인이었다. 피해자들을 죽이는 것으로 악명 높았던 도적들에는 부랑배와 탈영병들이 포함되어 있었다. 한 여행객은 그들을 "인간 살육자"라고 불렀다. 그들을 가리키는 말은 독일어의 '길 강도'(Strassenräubers)에서 이탈리아어의 '도적'(briganti)에 이르기까지 다양했다. 프랑스의 한 방문객은 이렇게 주장했다. "큰길에서 강도를 당하면 돈과 목숨을 모두 잃는다."[14]

어디서나 범죄자들은 밤의 혜택을 봤다. "밤에 나는 더 많은 돈을 벌 것"이라고 1750년 덴스 브래넘은 런던의 공범에게 말했다. 그것은 사람들을 망치로 때려눕히고 지갑을 빼앗는다는 의미였다. 반대로, 5기니 정도의 돈을 낮에 강탈한 혐의로 기소된 어떤 사람은 변론에서, "대낮에 사람들에게 신체적 위협을 가하는 사람이 어디 있는가"라고 했다. 어떤 도둑들은 하나의 범행에만 주력하지 않고, 매일매일 대강의 리듬이 있었다. 즉 범죄는 자체의 시간표를 갖고 있었다. 전에 런던에서 짐마차를 몰다가 망한 찰스 매스컬은 전형적인 하루를 이렇게 묘사했다. "그날 아침 우리는 평상시처럼 킹스암스에서 9시에 만나 저녁 6시나 7시까지 있었습니다. 보통 우리는 그 시간에 소매치기하러 나갑니다. 훔친 손수건은 킹스암스의 여주인에게 갖다줍니다. 그런 다음 저녁을 먹고 강도짓을 하러 거리로 '출동'합니다." 그날 밤 9시에 매스컬과 무장한 그의 동료 세 명은 앨버말 가(街)에서 하인 한 명을 공격하여 권총으로 얼굴을 때리고 눈을 가린 뒤 또다른 권총을 그의 목에 들이밀고 겨우 20실링도 안 되는 돈을 챙겼다. "낮에는 거지가, 밤에는 강도가 득실거리는 것을 보시오." 1650년에 한 사람이 개탄했다.[15]

매일 밤 겪는 최악의 위험이 그 정도였다면 도시의 주민들은 그나마 편안하게 잘 수 있었을 테지만, 그들이 가장 두려워하던 것은 주거침입 강도였다. 매일 저녁 사람들은 가족과 함께 안식처인 집으로 돌아갔고, 신성한 가정을 지키려 노력했다. 집은 외부 환경으로부터의 보호처일 뿐 아니라 일상생활의 위험과 무질서로부터의 도피처이기도 했다. 16세기의 기도서에는 이렇게 적혀 있다. "집은 짓궂은 날씨와 잔혹한 짐승과 이 험한 세상의 세파와 고통으로부터 피하기 위해 지어졌고 우리는 집을 고쳐가며 살아야 한다." 강도 침입은 밤에 일어난다는 것이 중요했다. 법학자 에드워드 쿡 경은 이렇게 말했다. "어둠이 내리고 빛이 사라지면 사람의 얼굴을 구분할 수 없다." 주거침입 강도는 어쩔 수 없이 침입하는 것이 아니라 "중죄를 저지를 의도를 갖고 사람들이 사는 집"에 무력적으로 침입하는 것이다. 영국 법에서는 방화와 함께 강도를 재산뿐 아니라 사람의 '주거지'에 대한 범죄라고 규정하였다.[16]

많은 강도들은 계획범죄였기 때문에 전문적인 갱단으로 활동했고, 더 나쁜 것은 잠들어 무방비 상태에 있는 사람도 공격했다는 것이다. '얼룩' 또는 '밤의 침입자'라고 알려져 있는 어떤 불한당들은 낮에 집에 침입하여 사람들이 돌아올 때까지 침대 밑에 숨어 있었다. '얼간이가 졸고 있다'(The cull is at snoos)는 말은 자고 있는 목표물을 가리키는 거리의 은어이다. 밤에는 모든 문이 도둑이 침입할 수 있는 통로였다. 큰 집은 도둑질할 물건도 많지만 들어올 입구도 많았기 때문에 유혹적인 표적이었다. "내 집은 들어올 방법이 너무 많아 너무나 위험하다"고 피프스는 한탄한 바 있다.[17]

폭력이 일어나지 않으리라는 보장이 전혀 없었고, 식구들이 깨어 침입자에 맞설 때 특히 더했다. 다만 모든 주거침입자들이 쉽게 침입한 것은 아니었다. '검은 기술'이라고 알려진 자물쇠 따기에 실패하거나 창문이 닫히지 않도록 쇠꼬챙이로 버텨놓는 데 실패하기도 했다. 가택침입을 뜻하는 '집 부수기'(housebreaking)라는 말이 암시하듯, 문과 셔터를 부수기도 했다. 코크 카운티에 보고된, 도둑들이 아무 소리도 내지 않고 창문과 문틀을 벽에서 떼어낸 사건은 드문 경우였다. 1734년 런던의 한 집에 침입한 2인조 도둑 중 한 사람은 이렇게 말했다. "지하실 문의 자물쇠를 끌로 비틀어 열었는데 소리가 너무 크게 나서 올려다보니 창문으로 등불이 보였습니다. 사람들이 깰까 두려워 우리는 일단 후퇴했습니다." 이 두 명의 도둑은 등불이 꺼지고 사람들이 잠에 든 뒤 다시 돌아왔다.[18] 이상한 소음은 사람들을 소름 끼치게 만들었다. "탐욕스러운 모든 부자들"과 마찬가지로 피프스도 집에 돈이 많이 있을 때에는 불안감이 더 커졌다. 1,000파운드를 갖고 있던 어느 날 피프스는 "밤에 엄청난 양의 땀을 흘렸고," 수상한 소리를 듣게 되자 "더 심하게 땀을 흘려 그 자신이 녹아서 물이 될 정도였다." 1701년에 출간된 『교수형으로는 처벌이 충분하지 않다』(Hanging, Not Punishment Enough)의 저자는 강도에 대한 "두려움은 어떤 말로도 표현할 수 없다"고 단언했다.[19]

잡힐 경우 처형당할 위험에도 불구하고 주거침입은 돈을 빨리 벌려는 많은 사람들을 유혹했다. 집에는 은이나 보석처럼 장물아비에게 쉽게 팔 수 있는 물품이 있었다. 런던 교외 서리의 노상강도 중 10파운드 이상을 버는 경우는 10% 미만이었지만, 같은 지역 가택침입자들 중 25% 이상이 그 액수 이상을 벌었다. 몇백 파운드에 달하는 엄청난 돈을 벌어들이는 일도 없지 않았다. 1707년 런던의 강도가 공범에게 "오늘 꽤 많이 벌었군" 하고 말하자 그 공범은 "내일 밤에는 더 많이 벌어야 해"라며 희망을 표현했다. 한 무리의 도둑이 소매치기 리처드 오키에게 이렇게 허풍을 떨기도 했다. "우리는 안전할 때 집을 털지. 네가 한 달 동안 버는 것보다 우리가 하루에 버는 게 더 많을 거다." 제네바에서는 한 도둑이 욕심 때문에 같은 집에 두 번 침입했다. 두 사람이 자고 있는 침실에서 물건을 훔친 도둑이 2시간 뒤 다시 훔치러 가자, 이번에는 잠자던 사람들이 깨어나 도둑을 추격했다.[20]

밤의 주거침입 절도는 더 큰 위협이 되었기 때문에 16세기 초 영국은 이것을 낮의 주거침입과는 별도로 단독 범죄로 취급했다. 서리의 도시 지역에서 1660년과 1800년 사이에 법정에 기소된 사람들 가운데 밤도둑이 낮도둑의 네 배였다. 험프리 밀은 「어둠에 관하여」(Of Darkness)라는 시에 이렇게 적었다. 도둑이 "집에 침입할 때는 낮이 아니라/ 당신이 있을 때, 사람들이 잠들어 있을 때." 17세기 아비뇽의 주민들은 "매일 밤 부랑배들이 창문으로 기어 들어올까 두려워했다"고 전해진다. 1715년 오를레앙을 방문한 어떤 사람은 빈번한 절도에 놀랐고, 에스파냐를 여행한 헨리 스윈번도 마찬가지였다.[21]

시골에서는 가택침입 절도의 빈도가 낮았지만, 없지는 않았다. 1592년부터 1640년까지 서식스 동부에서 67건의 절도가 법정에 보고되었는데 그것은 모든 도둑질의 9%에 해당했다. 시골에서 범죄는 더 잔인한 양상을 보였다. 여섯 명 이상이 떼를 지어 범죄를 저지르는 것이 흔했고, '장작과 폭풍'이라고 불린 폭력적인 주거침입도 그랬다. 나무문은 망치로 부숴 열었고, 셔터는 막대기로 후려갈겼다. 나뭇가지로 엮어 그 위에 흙을 발라 만든 벽에는 큰 구멍이 뚫렸다. 1674년에는 아홉 명의 도적이 요크셔에 있는 새뮤얼 선덜랜드의 집을 털었다. 식구 모두를 결박한 뒤 그들은 2,500파운드를 훔쳐 도주했다. 미들랜드의 헤일즈 벌리 갱단은 세력이 가장 컸을 때 활과 총으로 무장한 단원이 40명을 넘었다.[22]

유럽 대륙의 어떤 갱단은 단원이 수백 명이 넘었다. '화부'(火夫)라고 알려져 있던 프랑스의 갱단은 사람들을 불로 고문하는 것으로 악명 높았다. 외딴 마을도 안전하지 못했다. 시골에서는 어둠뿐 아니라 인근 지역과 거리가 멀다는 사실도 갱단의 도피에 도움이 되었다. 한 작가는 주장했다. "그런 곳에서는 '살인이야! 도와줘요!' 하고 외쳐봐

에사이아스 판 더 펠더, 〈한밤중에 약탈당한 마을〉, 1620

야 무슨 소용이란 말인가. 도움의 손길이 오기도 전에 살인이 열두 번도 날 거다!" 네덜란드의 도시에서는 도둑이 문 밑으로 굴을 파거나 지붕에 구멍을 뚫어 침입했지만, 브라반트의 농촌 지역에서는 도적들이 거침없이 집을 약탈하고 주민들을 공격했다. 주거침입은 막힌 곳이 없는 시골에서 훨씬 더 심각했다고 1620년 네덜란드의 법정은 확언했다. "폐쇄된 도시보다 농촌에서 도둑이나 폭력을 방어하기가 더 어렵다." 독일 오베라우 외곽에 있는 여인숙의 주인은 근처에 대장간이 들어서는 것을 환영했다. 왜냐하면 "매일 밤 혼자 있으면서 악당들에게 약탈당할까 두려워했기 때문이다."[23]

도둑질은 늦은 가을에서 이른 봄 사이에 가장 빈번하게 일어났다. 그때가 가장 빈곤하고 밤이 가장 길었다. 13세기에 베네치아의 관리는 "밤이 긴 이 기간"에 대한 두려움을 기록하였고, 그것은 근대 초 어디에나 널리 퍼져 있던 걱정거리였다. 대니얼 디포도 "주거침입이 주로 일어나는 때는 밤이 긴 겨울철"이라고 지적했다. 저녁에 심부름을 가거나 해가 진 뒤 집에 가야 하는 보행자들도 좋은 먹잇감이 되었다.

1643년 한 파리의 주민도 "대다수의 살인, 강도 및 위험한 싸움이 벌어지는 것은 바로 그 시간이다"라고 말했다.[24]

계절을 막론하고 도둑은 자연의 빛이 전혀, 또는 거의 없는 밤을 좋아했다. 상습범 사이에 유행하는 은어로 '착한 검둥이'는 '도둑질하기 좋은 밤'을 뜻했다. 가장 달갑지 않은 것은 '수다쟁이'(달)가 뜬 밤이었다. 노팅엄 근처에서 밤 마차를 털자는 제안을 받은 찰스 도링턴은 "너무 밝다"며 거절했다. 런던의 도둑 조지프 데이비스와 그의 동료는 "너무 밝게 빛나는 달" 때문에 집을 털기를 주저하다가 어느 날 밤 브랜디를 취하도록 마신 후에야 용기를 낼 수 있었다. 달이 뜬 밤에도 도시는 도둑들에게 뒷길, 골목, 후미진 구석 같은 몸을 숨길 곳을 제공했다. 1732년 강탈을 당한 피해자는 "달빛 환한 밤이었지만, 어두운 길에서 털렸습니다"라고 증언했다. 강도로 악명 높은 지점인, 런던 외곽으로 빠지는 햄스테드 가에서는 도적들이 한 사람을 말에서 떨어뜨려 건초 더미 뒤로 끌고 가서 공격했다. "달이 빛나는 밤이었기 때문이다."[25]

정체를 숨기는 다른 방법도 있었다. 범죄자들은 얼굴을 검게 칠하고 무더운 여름날에도 모자를 쓰고 두꺼운 외투를 입었다. 1738년 8월 침실에 두 명의 도둑이 들었던 펜리스의 자작농 존 넬슨은 그들의 인상착의를 이렇게 말했다. "한 명은 꽤 큰 키에 시커먼 외투를 입고 모자를 얼굴까지 내려썼고, 다른 한 명은 덩치가 조금 더 작은데 마부의 외투를 턱까지 단추를 채워 입었고 모자를 얼굴까지 내려썼다." 도둑은 목소리도 바꿨고, 빛을 한 방향으로만 내보내는 "침침한 랜턴"을 들고 다니기도 했다.[26] 주거침입이건 노상강도건 충돌이 생기면 그들은 피해자의 등불부터 껐다. 도시의 길거리에 등을 밝히고 다니는 사람들(linkboys)은 누구보다도 먼저 쓰러뜨려야 할 대상이었다. 램프와 랜턴은 쳐서 떨어뜨렸고, 촛불은 불어서 껐고, 횃불은 낚아챘다. "눈 감아. 불 꺼. 안 그러면 골을 부숴버릴 거다." 이것이 길거리에서 주로 반복되는 명령이었다.[27] 자주 들을 수 있었던 또다른 명령은 조용히 하라는 것으로서, 도와달라고 외치면 사람들이 불을 켜기 때문이다. 윌리엄 카터는 남녀 2인조 도적을 만났을 때, 촛불부터 꺼졌고 입에는 재갈이 물렸다. 재갈로는 손수건이 흔히 쓰였고, 때로는 지푸라기가 섞인 동물의 분뇨가 쓰이기도 했다. 10월의 어느 밤 험프리 콜린슨은 세 명의 젊은 강도를 만났다. 그들은 그가 말을 못하게 하려고 턱을 억지로 열어 혀를 붙들어 맸다. 런던의 한 도적떼는 도움을 요청하는 소리가 안 들리도록 큰 소리로 마차를 불렀다.[28]

낮에 그런 일을 저지르면 미친 사람으로 취급받기도 했다. 최소한 그들은 사람들의 눈에 띌 위험이 있었다. 상점에 진열된 신발 한 켤레를 "한 짝씩" 훔치던 도둑을 목격한 종업원은 형사 법정에서 이렇게 증언했다. "그는 제정신이 아니었던 것 같습니다. 대낮에 신발을 훔쳐서 그걸 들고 내가 서 있는 문 앞으로 오다니요." 이 불쌍한 중생은 경범죄로 죄를 경감받았다. 1727년에 한 노상강도는 해크니 근처에서 마차를 털려 했는데 '심신 상실'(non compos mentis) 판정을 받았다. 그는 "20실링도 안 나갈 것 같은 말을 타고 있었던" 데다가 "사람들이 교회에서 돌아오는 정오에" 마차를 멈춰 세우려 했기 때문이다.[29]

어둠의 혜택은 신원 노출을 막아주는 것뿐만이 아니었다. 도둑들은 악령에 대한 사람들의 두려움을 이용했고, 어떤 범죄자들은 추격을 피하기 위해 악마의 가면을 쓰기도 했다. 1572년 취리히의 목사였던 레베스 라바터에 따르면 범죄자들은 "밤에 그런 방식으로 도둑질을 많이 했다. 사람들은 유령이 걸어다니는 소리라고 생각해서 도둑을 쫓아버릴 생각도 못했다." 15세기 디종에서는 도둑이 집에 침입할 때 집안 식구들과 이웃 모두를 겁주려고 악마의 모습으로 변장하는 일이 흔했다. 영국의 양 도둑은 유령 가면을 써서 마을 사람들을 놀라게 했다. 요한나 엘레노레 페터손은 하얀 셔츠를 입고 얼굴에 밀가루 칠을 한 독일의 도적에 대해 이렇게 회상했다. "그들은 등불을 들고 집안을 돌아다니다가 벽장과 찬장을 벌컥 열고 원하는 것을 가져갔다. 우리는 너무도 두려워서 난로 뒤로 기어들어가 떨곤 했다." 반면 중북부 독일의 니켈 리스트 갱단은 솜씨와 기술이 좋아 초자연적인 능력을 부여받았다고 여겨지기도 했다.[30]

사실 범죄자들은 밤에 특히 효험이 좋다고 하는 온갖 종류의 마법에 의존했다. 1660년, 독일의 법학자 야코부스 안드레아스 크루시우스는 "경험에 따르면 유명한 도둑이 마법사인 경우가 아주 많다"고 말했다. 중세 후기에 이르면 범죄자들 사이에서 부적이 널리 사용되었다. 고사리삼을 열쇠 구멍에 넣으면 자물쇠가 열린다는 속설이 있었고, 교수대 밑의 대소변 구덩이에서 자라는 마취 성분의 맨드레이크도 그런 효험이 있다고 알려졌다. 덴마크에서는 집에 침입한 도둑이 동전 몇 개를 범행 현장에 놔두면 잡히지 않는다고 생각했다. 같은 이유로 덴마크나 유럽 다른 곳에서는 범죄자들이 대변을 남겨두기도 했다. 어떤 살인자들은 피해자의 시체 위에서 한 끼 식사를 하면 잡히지 않으리라고 믿었다. 1574년 어느 날 밤, 방앗간 주인을 살해한 범인이 처음에 성폭행한 방앗간 주인의 아내에게 시체 위에서 함께 계란 프라이를 먹도록 강요했다. 그는 "방앗간 주인 양반, 이 맛이 어때" 하며 비웃었다.[31]

가장 악명 높은 부적인 '도둑의 양초'는 유럽 전역에 금세 퍼졌다. 이 양초는 잘린 손가락이나 시체의 기름으로 만들어졌고, 따라서 처형당한 범죄자의 시체가 손상되는 일이 빈번하게 일어났다. 사산된 아이의 주검에서 떼어낸 손가락도 범죄자들이 좋아하는 부적이었다. 사산아는 세례를 받지 않았기 때문에 마법의 효력이 가장 강할 거라고 여겨졌다. 초의 효험을 높이기 위해 '영광의 손'이라 알려져 있는 범죄자의 손도 가끔 촛대로 사용되었다. 태아를 꺼내기 위해 임신한 여성의 자궁을 도려낸 야만적인 행위도 있었다. 1574년 아이츠펠트의 니클라우스 슈퇼러는 이런 죄를 세 번이나 저질러 기소되었고, "시뻘겋게 단 부젓가락으로 세 번 토막 난 뒤" 수레 위에서 처형되었다. (독일에서도 이런 초는 '도둑의 초'(Diebeskerze)라고 불린다.) 침입자들은 이 소름 끼치는 부적을 가지고 있으면 집을 털 때 사람들이 잠을 깨지 않으리라 믿었다. 17세기 프랑스의 풍자작가 시라노 드 베르주라크(Cyrano de Bergerac)는 마법사 흉내를 내며 이렇게 말했다. "내가 도둑들에게 죽은 사람의 기름으로 만든 초를 태우게 하여, 도둑질할 때 집주인들이 깨지 않도록 했다네." 영국 도둑들이 외우던 전형적인 주문은 '자는 사람은 자게 하라'(Let those who are asleep, be asleep)였다. 1586년에 독일의 한 불량배는 죽은 아이의 손에 불을 붙여 타지 않은 손가락의 수가 아직 깨어 있는 사람의 수라고 믿었다. 18세기 말에 이르러서도 아일랜드의 캐슬라이언스에서는 최근에 매장한 여인의 시체로 도둑의 양초를 만들기 위해 묘를 파헤친 네 명이 기소된 바 있다. 그녀의 남편은 미끼를 찾던 어부들이 해변에서 잘린 손을 발견한 뒤 의심을 품게 되었다.[32]

III

밤에는 모든 고양이가 표범이다.

_이탈리아 속담[33]

산업화 이전의 사회에서 폭력의 상처를 입지 않은 삶의 영역은 거의 없었다. 아내, 자식, 하인들은 매질을 당했고, 곰은 개에게 괴롭힘을 당했으며, 고양이는 대학살을 당했고, 개는 도둑처럼 교수형에 처해졌다. 검객은 결투했고, 농부는 다투었으며, 마녀는 불태워졌다. 싸움은 즉각 벌어졌다. 한 여행객은 영국 사람들에 대해 "그들의 화는 말을 압도해서, 주먹을 날려야만 해소되었다"고 말했다. 특히 단조로운 삶과 끊임없는 빈곤에서 오는 좌절이 불을 지폈을 때, 급한 성격에 술 한 잔이 더해지면 그 결과는 참혹했다. 근대 초 살인 사건의 비율은 오늘날 영국보다 5~10배 더 높았다. 오늘날 미국의 살인율도 16세기 유럽보다는 훨씬 낮다. 어떤 사회 계급도 살인에서 제외되지는 않았지만 특히 하층 계급이 잔혹한 공격의 대상이 되었고, 가해자는 그 친지나 친척인 경우가 많았다. 베네치아의 치안판사는 "같은 밥을 먹는 짐승끼리는 서로 물어뜯는 법이다"며 비웃었다.[34]

밤에는 최악의 유혈 사태가 벌어졌다. 하루 중 어느 때라도 폭력은 분출되었지만, 신체 상해의 위험은 어두워진 뒤에 현저하게 높아졌다. 무장 강도 때문만이 아니라, 길거리에서 패싸움이나 개인적인 폭행이 더 많이 벌어졌기 때문이었다. 이탈리아의 속담 중에 "밤에 나갈 때는 얻어맞지 않도록 조심하라"는 말이 있었다. 낮 동안 눌러놨던 개인적 원한이 밤이 되면 터져나왔다. 1497년 런던을 방문한 한 외국인은 런던 사람들의 '대책 없는 증오심'에 대해 이렇게 언급했다. "그들은 낮에는 우리를 훔쳐보다가 밤이 되면 발로 차고 곤봉으로 때리며 우리를 몰아붙인다." 16세기 두에에서 살인 사건 네 건 가운데 세 건은 황혼과 자정 사이에 일어났고, 이는 1386년부터 1660년 사이에 아르투아에서 일어난 살인 사건 비율보다 약간 높다. 17세기 카스티야에서도 세 건 가운데 두 건은 그 시간대에 일어났다.[35]

두려움에 떨던 여행객들이 쓴 당대의 기록은 검시관의 보고서와 법정 기록에서 발췌한 딱딱한 통계 숫자를 생생하게 살아나게 한다. 저녁 살인은 평범한 일로 간주되었다. 총기류가 별로 없었기 때문에 공격자들은 바짝 접근하여 일격을 가했다. 안토니오 데 베아티스에 따르면 16세기 초에 살인 사건이 "셀 수 없이 많았다"는 독일 남부에서는, 석궁과 창을 비롯한 온갖 무기가 사용되었다고 한다. 이탈리아에서는 단도와 비수가, 에스파냐와 포르투갈에서는 대검과 손칼이 밤의 무기였다. 1603년 발렌시아의 한 방문객은 "밤이 되면 방패와 갑옷을 챙기지 않고 외출할 수 없다"고 말했다. 파인스 모리슨은 "이탈리아에서 밤에 길거리를 다니는 것은 위험하다"는 것을 알았다. 물길 여행도 마찬가지였다. 한 젊은 영국 부인은 어느 날 밤 베네치아에서 갑자기 비명소리와 곧 이어지는 "욕설과 첨벙 소리와 꼴깍꼴깍하는 소리"를 들었다. 곤돌라에서 사람을 대운하에 버린 것이다. "한밤중에 이런 살인은 여기에서 평범한 일"이라고 그녀의 안내인이 설명했다. 타구스 강과 센 강에 부풀어오른 시체가 떠다녔듯, 덴마크에서도 아침의 첫 햇살이 전날 밤부터 강과 운하를 떠돌고 있는 시체를 비추었다. 파리의 관리들은 시체를 건지기 위해 강을 가로질러 그물을 걸어두기도 했다. 유리 장사 자크 루이 메네트라에 따르면 한 갱단이 납으로 가득찬 뱀장어 가죽 주머니로 피해자의 머리를 친 뒤 "밤에 시체를 강에" 던졌다 한다. 모스크바에서는 길거리에서 살인이 너무 많이 일어나 당국은 매일 아침 시청 앞 광장에 시체를 끌어다 놓고 가족이 찾아가도록 했다. 대부분의 대도시들보다 살인 사건의 빈도가 낮았던 런던에서도 새뮤얼 존슨(Samuel Johnson)은 1739년에 다음과 같이 경고한 바 있다. "여기에서 밤에 돌아다니려면 죽음에 대비하고, 저녁을 먹기 전에 유서를 미리 써두시오." 노샘프턴의 목사 제임스 허비도 비슷한 말을 했다. "폭력의 아들들이 가장 가증스러운 악행과 절도를 저지르기 위해 밤시간을 택하고 있다."[36]

질투, 복수, 또는 남성의 명예 회복 욕구에서 비롯된 살인이 일어나기도 했는데, 보통은 미리 계획된 살인이었다. 1494년 칼로 얼굴을 찔린 피렌체 젊은이의 아버지는 그 범행이 실수였을 거라고 결론지을 수밖에 없었다. "내 아들은 누구를 괴롭힌 적도 없고, 그애에게 불만을 가질 사람도 없다고 생각한다." 그렇지만 이탈리아의 많은 도시에는 '브라보'라고 불리던 살인 청부업자가 달 없는 밤에 돌아다녔다. 한 이탈리아 방문객은 실패한 청부 살인 음모에 대해 다음과 같이 말했다.

> 아내에게 던진 말 몇 마디 때문에 처남과 싸움을 벌인 사람이 처남을 죽이려고 브라보를 고용했다. 그 브라보는 절대로 놓치지 않겠다며 나팔총에 화약과 총탄을 너무 많이 넣었다. 그 결과 그가 총을 쐈을 때 상대방은 전혀 다치지 않았고, 오히려 브라보의 어깨에 쓰러질 정도로 큰 충격을 줬다. 간신히 목숨을 건진 처남은 단검을 꺼내 브라보의 심장에 꽂았다.[37]

개인적 명예에 대한 남성들의 숭배가 덜 확고한 영국이나 식민지 시대 미국에서 개인적 복수는 그리 흔하지 않았다. 게다가 상층 계급 내의 사회적 경쟁은 도박, 경마, 사냥과 같은 다른 분출구를 통해 이루어졌다. 공격을 당하면 맞아서 멍이 들거나 상처가 나기는 했지만 목숨까지 잃는 경우는 별로 없었다. 예컨대 1692년 옥스퍼드 대학교의 뉴칼리지 특별 연구원들은 앤서니 우드가 "자신들과의 관계를 악용했다" 하여 "어두운 밤이 오면 그를 패기로" 했다. 존 게이에 따르면 런던에서는 "에스파냐식 질투가 길을 더럽히지도 않고, 로마식 복수가 부주의한 가슴에 비수를 꽂지도 않는다."[38]

밤이라면 어디서든 널리 퍼져 있던 것은 우발적이고 갑작스러운 충동적 폭력이었다. 그것은 어둠이 만들어낸 불안감 때문인 경우가 많았다. 낮 생활과 대조적으로 밤에는 위험이 더 컸을 뿐 아니라 방어하기는 더 어려웠다. 16세기에 이르러 대부분의 사회 계급 내에 공공 예법의 관례가 확립되었는데, 이것은 중세 말기 귀족들 사이에서 최초로 나타났다. 궁정의 신하들이 기사의 자리를 차지했고, 공단과 비단이 쇠사슬 갑옷을 대신했다. 군사력의 독점을 특징으로 하던 국민 국가의 세력이 커지면서 이러한 변화의 범위가 커졌다. 암묵적인 예절 규칙이 친구들은 물론 낯선 사람들 사이에서도 사회적 의사소통을 지배했다. 따라서 길을 걷다가 다른 사람과 부딪치는 것은 물론 낯선 사람들을 건드리거나 질문을 하는 것은 적절한 행동이 아니라고 여겨졌다. 무엇보다도 품격 있는 사람들은 자존심이 다치지 않도록 존경을 받아야 했다. 평민들은 고개를 숙이거나 모자를 벗는 것 외에도 자신들의 지위에 어긋나지 않게 거리를 유지했다. 복종은 '벽 내주기'를 요구했다. 이것은 길에서 가까운 쪽으로 걷는 것을 말하는데,

그쪽이 분변을 밟거나 마차에 칠 위험이 더 컸다. 1685년에 출판된 『예의의 규칙』(The Rules of Civility)에서는 이렇게 규정하고 있다. "어쩌다가 길에서 귀족과 같이 걸어야 할 일이 생기면 벽 쪽을 그에게 내주어야 한다. 또한 그의 바로 옆이 아니라 약간 뒤에서 걸어야 한다는 것을 잊지 말라."[39]

그러나 밤이 되면 적절한 행동 규범의 경계선은 위험할 정도로 흐려졌다. 17세기 초의 작가 토머스 오버베리 경은 "모든 형태와 모든 색깔이 밤에는 똑같다"고 말했다. 명확한 경계선이 없는 상황에서 말다툼은 늘어났고, 사소한 다툼이 폭력으로 이어졌다. 공격을 하기도 쉬웠고 받기도 쉬웠다. 좁은 길에서 부딪치거나 밀리면 최소한 가시 돋친 말이 오갔다. "플리트스트리트에서 벽을 차지하려는 사람에게 심하게 떠밀렸다"고 피프스는 일기에다 분통을 터뜨렸다. 더 나쁜 것은 그런 다툼의 와중에 애먼 보행자들이 칼에 찔리거나 막대기로 얻어맞을 위험을 감수해야 했다는 것이다. 모든 종류의 충돌은, 참을성이 바닥나고 두려움은 가장 크고 시야는 가장 좁을 때 생길 가능성이 컸다. 이를테면 1616년 바이에른에 시장이 서는 마을인 지크스도르프에서는 볼프라는 하인이 길을 건너다가 "아무런 도발도 없었는데" 또다른 하인 아담의 겨드랑이를 칼로 찔렀다. 법정 기록에 따르면 이 두 사람은 서로 모르는 사이였다. 어느 일요일 저녁 런던에서는 장인 한 사람과 상인 한 사람이 세인트폴 대성당의 뜰 부근에서 어둠 속에 서로 부딪혔다. 그들은 말다툼을 하다가 지팡이를 들고 싸우기 시작했고, 그러다가 한 사람이 칼로 다른 사람을 내려쳐 즉사시켰다. 인구가 많지 않은 농촌에서도 착각 때문에 폭력이 일어나기도 했다. 1666년 어느 날 밤, 버즈올의 북쪽 마을에서 에드워드 러도크가 숲속을 걷다가 5월의 기둥(Maypole, 5월제를 축하하기 위해 장식한 기둥)을 찾으려던 여러 젊은이들에게 총을 쐈는데, 아마도 그는 그들을 밀렵자나 도둑으로 의심했을 것이다. 치명상을 입은 한 사람에게 러도크가 외쳤다. "이 불한당, 불한당들아! 우리가 본 적이 있나? 네놈들을 혼내주겠다. 밤늦은 이 시간엔 여기가 아니라 침대에 있는 게 더 어울리지."[40]

익명의 적은 그 정체는 물론 인격까지 알 수 없기 때문에 훨씬 더 쉽게 폭력의 대상이 되었다. 심리학 연구는 "얼굴 모르는 사람들이 서로를 해칠 가능성이 더 높다"는 것을 증명했다.[41] 더구나 변화무쌍한 인간 심리는 늦은 밤에 사람들의 심기를 뒤틀어놓았다. 사람들은 경각심과 운동 기능이 떨어질 뿐만 아니라 피로 때문에 쉽게 화를 냈다. 저녁 9시부터 자정까지 사람들은 수면 욕구가 가장 크며, 또한 그 시간대에 호전적인 기분에 빠진다. 1631년 프랜시스 렌턴은 전형적인 호남아에 대해 이렇게 말했다. "그는 밤에 갖은 악담을 퍼붓고 싸움질을 한다. 수면 부족에 발끈하는 성질과 잃은 돈이 합쳐져 그렇게 되는 것이다." 특히 긴장과 불안이 겹쳐지면 심신 소모가 심해져 인간관계를 악화시켰다.[42]

술은 산업화 이전 사회의 폭력에 한몫했던 것과 마찬가지로 밤의 사건들에도 깊이 관여되었다. 술은 가까운 친구들을 포함하여 많은 사람들을 호전적으로 만들었다. 17세기 초 스톡홀름에서 일어난 살인 사건의 60% 정도가 취중에 저질러졌다. 16세기 러시아 가정의 지침서였던 『도모스트로이』(Domostroi)는 "술과 늦은 시간이 싸움을 일으킨다"고 경고했다.[43] 말다툼이 일어나는 전형적인 장소는 술집이었다. 시골의 촌락이나 도시와 마을에서 수많은 남자들이 하루 일을 끝내고 술집에 모여들었다. 17세기에는 암스테르담 한 곳에만 500여 군데의 에일 집이 있었다. 1602년 웨스트도닐랜드에서는 "밤에 무질서를 방치해 살인이 일어나게 만들었다"는 이유로 술집 주인이 비난을 받았다. 덴마크의 신학자 페데르 팔라디우스(Peder Palladius)는 "맥줏집에서 죽임을 당하거나 누구를 죽이지" 않으려면 집에서 술을 마시라고 권고했다. 실로 아르투아에서는 모든 폭력 행위의 절반 이상이 선술집에서 일어났다.[44]

압도적으로 남성적인 분위기의 술집에서는 정치적 논쟁이나 말실수나 카드 게임의 속임수 뒤에 곧바로 폭력이 따랐다. 사우스고스퍼드의 에일 집에서는 난로 옆에 앉으려는 다툼이 큰 싸움으로 번졌다. "눈 튀어나온 놈, 우리도 불 좀 쬐자"라고 새로 온 사람이 있던 사람에게 시비를 건 것이다. 암스테르담의 술집에서는 네 명의 친구들이 다음에 갈 술집을 놓고 다투다가 살인이 벌어졌다. 더구나 술꾼들 사이에서는 술을 많이 마시도록 조장하는 관례가 많이 있었는데, 그것을 어기면 조롱과 모욕을 당했다. 그러나 술의 취기 자체가 사소한 다툼을 큰 싸움으로 만들어, 불붙기 쉬운 분위기를 촉진했다. 시골의 어느 성직자는 다음과 같이 묘사했다.

> 센 술에 취해 흥분한 사람들은 자신이 뭘 말하는지도 모르고 다른 사람이 하는 말을 잘 참지도 못한다. 말다툼이 일어나고, 양쪽 모두 욱하며 격해진다. 심한 말이 뒤따르고 서로 욕설과 저주를 뱉어낸 뒤, 서로 으르렁거리면서 맞서다가 한쪽이 먼저 주먹이 나간다. 그러면 다른 쪽은 짐승처럼 맹렬하게 되갚는다. 한 사람이 (적이 아니라) 동료나 가까운 이웃이나 친구 또는 친척의 손에 쓰러진다.[45]

이런 싸움에서는 술집 주인도 구경꾼도 그 누구도 안전하지 못했다. 물론 싸움에 휘말린 어떤 사람들은 주먹을 날리느니 현명하게 도망치기도 했다. 보통 권총보다는 각목과 칼이 사용되었다. 애타는 술집 주인이 진정시켜 소동이 가라앉을지 몰라도 술집 밖에 나가면 꺼져가던 분노에 다시 불이 붙었다. 요한 디츠와 그의 동료들은 알트샤이트니히의 술집에서 싸운 뒤 밖에 나갔다가 어둠 속에서 칼과 몽둥이를 든 노동자들에게 포위당했다. 어둠 속에서 각자 "제 살을 지키려고" 싸우는 동안 "누구도 슟인지 검정인지 분간하지 못했다." 폭력의 가능성은 밤 깊도록 살아남아 있었다. 집으로 가는 술꾼은 길 건널목을 맞닥뜨리거나, 더 나쁘게는 낯선 사람과 칼을 맞닥뜨려야 했다. 죄 없는 보행자는 부랑배와 도둑을 피해 가도 우발적인 폭력의 희생자가 될 수 있었다. 그것은 탐욕이나 복수가 아닌 취중 망상의 결과였다. 새뮤얼 존슨은 이렇게 적었다. "잔치에서 술에 취해 들뜬 주정꾼이/ 싸움을 일으키고 장난삼아 당신을 찌른다."[46]

IV

성부와 성자와 성신이여,
이 집들이 불에 타지 않기를.

_덴마크 오덴세의 어느 집에 새겨진 글[47]

산업화 이전 시대의 사람들은 어두운 뒤 언제나 존재하는 위협인 화재를 범죄나 폭력보다 더 두려워했다. 밤에는 불에 대한 조심성이 낮아지는 반면, 열과 빛을 사용해야 할 필요성은 컸다. 태곳적부터 불안감의 근원이었고 "가장 끔찍하고 비정한 폭군"이었던 불의 위험은 사람들이 밀집해 살던 도시 지역에서 새삼 절박한 문제가 되었다. 특히 북부와 중부 유럽의 도시에서는 나무와 짚이 값싸고 집을 짓기 쉽다는 이유로 건설 현장에서 많이 사용되었다. 더 큰 경각심을 불러일으켰던 흑사병만이 사람들에게 화재보다 더 큰 두려움이었다. 1769년에 이르기까지도 "영국의 주거지와 숙소는, 말하자면 화장용 장작더미에 둘러싸여 있다"고 『미들섹스 저널』(Middlesex Journal)에 게재된 글 "팔라디오"(Palladio)는 불평하고 있다. 밀집한 집과 상점 때문에 좁고 구부러진 길과 골목이 미로가 되어 대화재에 취약할 수밖에 없었다. 『오셀로』(Othello, 1622)에 등장하는 이아고는 밤에 "사람 많은 도시를 훔쳐보는" 불에 대해 이야기했고, 윌리엄 대버넌트 경은 1636년 "지나치게 큰 도시에서 한밤중에 불이 가져오는" 끔찍한 위험에 대해 쓴 바 있다.[48]

강한 바람도 사태를 악화시켰다. 글래스고의 많은 지역을 삼켜버린 1652년의 화재에서는 바람의 방향이 대여섯 차례 바뀌었다. 뉴킬패트릭 교구의 목사는 "길 한편의 불이 다른 편으로 옮겨갔다"고 말했다. 모스크바를 방문했던 한 사람은 이렇게 말했다. "매달 아니 매주 집 몇 채가 연기에 휩싸였다. 바람이 강할 때는 길거리 전체가 타올랐다." 성스러운 자와 타락한 자, 부자와 빈자 모두가 고통을 받았다. 이단과 마녀 들이 사는 마을에서 일어난 화재에 무고한 사람들도 목숨을 잃었다. 작가 니콜라 드 라마르(Nicolas de Lamare)는 불은 다른 포식자와 달리 "모두를 집어삼키고 교회나 왕궁도 존경하지 않는다"고 썼다. 몇 분 사이에 한평생 노력하여 얻은 집과 재산이 파괴되었고, 그와 함께 미래의 생존 기회도 사라졌다.[49] 또다른 나쁜 결과는 대화재가 지역 경제에 미치는 악영향이었다. 1594년부터 1641년 사이에 큰 화재가 네 번이나 났던 스트랫퍼드어폰에이번은 1614년에 이미 "오래되었지만 아주 형편없는, 장이 서는 읍"이라고 묘사되었다.[50]

밤에 화재 경보 소리에 놀라 사람들이 죽을 정도였다는 것도 그리 놀랍지 않다. 1680년에 한 여자가 웨이크필드 마을을 불태우겠다고 위협하자 사람들이 몰려들어 그 여자에게 채찍질을 한 뒤 밤새도록 두엄더미에 던져놓았다는 사실도 별로 놀랍지 않다. 란데르스 마을에 방화하려 했던 덴마크 선원과 그 아내에게는 더 가혹한 운명이 기다리고 있었다. 사람들은 그 부부를 마을길마다 끌고 다니며 불붙인 막대기로 계속 찔러댄 뒤 산 채로 불에 태웠다.[51]

17세기 중엽에 이르러 도시에는 소방차가 도입되었지만 불과 싸우기 위한 도구는 원시적이었다. 가죽 물통, 사다리, 불똥이 번지기 전에 나무와 짚을 끌어내릴 큰 갈고리 정도가 고작이었다. 때로 영국의 마을과 도시는 거의 해마다 대화재를 경험했다. 1500년에서 1800년 사이에 영국에서 열 채 이상의 집을 태운 화재는 421건이었고, 100채 이상을 태운 화재는 46건이었다. 1695년 리처드 블랙모어 경은 다음과 같은 시를 썼다. "어떤 큰 도시에서 밤에 불이 나,/ 타오르는 불길과 처참한 불꽃으로,/ 불똥과 검은 연기로 놀란 하늘을 뒤덮는다."[52] 물론 1666년 9월 2일 이른 아침 빵집에서 발생한 런던 대화재는 아직도 인류 역사상 최악으로 꼽히고 있다. 처음에는 불길이 쉽사리 잡힐 것처럼 보였고, 그리하여 런던 시장은 "한 여자가 오줌만 눠도 끌 수 있을 것"이라 생각했다. 그러나 동풍의 부채질을 받은 불은 나흘에 걸쳐 런던의 5분의 4를 태웠다. 구(舊) 세인트폴 성당, 교회 87채, 1만 3,000채가 넘는 집, 런던 시청, 세관, 런던 거래소 등이 재로 변했다. 일기로 유명한 존 에벌린은 다음과 같이 기록했다. "세인트폴 대성당의 돌이 수류

얀 베이르스트라턴, 〈1652년, 암스테르담 옛 시청의 대화재〉, 17세기

탄처럼 날아다녔고, 납이 길 위에 강물처럼 녹아내려 벌겋게 타오르는 바람에 보도가 번쩍거려서 말도 사람도 걸을 수 없었다." 그 뒤에도 런던은 1800년 이전에 40여 차례의 대화재를 견뎌야 했다.[53]

런던만큼 시련을 겪은 대도시는 없었지만, 암스테르담에서 모스크바에 이르기까지 불은 두려움의 대상이었다. 모스크바에서는 1737년 새벽에 일어난 화재가 수천 명의 목숨을 앗아갔다. 최소한 한 번이라도 대재앙을 면한 도시는 거의 없었다. 파리는 특히 행운이 따랐다. 18세기의 한 작가는 프랑스의 수도에서 다섯 채의 집이 불타면 런던에서는 최소한 50채가 재로 바뀐다고 추정했다. 그러나 툴루즈는 1463년의 거의 전소하였고, 1487년에는 부르주가 그러했다. 1534년에는 트루아의 거의 4분의 1이 불탔다. 1720년에는 일주일 내내 지

속된 대화재 때 렌의 절반 이상이 소실되었다.[54] 식민지 시대의 미국에서는 도시가 커지면서 화재도 커졌다. 보스턴은 1679년에 150채의 건물을 잃었고, 그보다 3년 전에는 약간 더 작은 규모의 화재가 있었다. 보스턴에는 1711년과 1760년에도 대화재가 일어나, 각기 약 400채의 집과 상가를 삼켰다. 어떤 사람은 일기에 "이 시대에 이쪽 세계에서 알려진 가장 놀라운 화재"라고 기록했다. 뉴욕과 필라델피아는 비교적 작은 재앙만을 겪었던 한편 1740년의 화재는 찰스턴의 대부분을 파괴했다.[55]

덜 번잡한 농촌 지역에서도 여전히 화재는 심각한 위협이었다. 계획적으로 건설되었건 자연발생적이건, 대부분의 촌락은 서로 밀집해 있어서 화재가 일어나면 집과 헛간과 다른 건물로 불이 옮겨붙기 쉬웠다. 사유지이건 공유지이건 경작지는 마을의 중심에서 벗어난 곳에 있었다. 갈대나 짚으로 엮은 초가지붕은 한 번 불이 붙으면 끄기가 거의 불가능했는데, 17세기 네덜란드의 화가 에흐베르트 판 데르 풀(Egbert van der Poel)의 극적인 그림에 명확하게 나타나 있다. 덴마크에서는 루드비그 홀베르 남작이 "집들이 아주 가까이 붙어 있는 구조라서, 한 집에 불이 나면 마을 전체가 불탔다"는 사실을 지적했다. 수확물과 가축과 짚으로 엮은 마구간이 모두 위험에 처했고, 특히 건조한 철에는 더 심각했다. 가장 끔찍한 농촌 화재는 케임브리지셔의 촌락 버웰에서 1727년 어느 날 밤에 일어난 화재다. 인형극을 보기 위해 70명 이상의 사람들이 모여 있던 헛간에 불이 붙었는데, 문에 빗장을 걸어둔 탓에 거의 모든 사람들이 사망했다. 시체를 하나도 알아볼 수 없어서 모두 함께 공동묘지에 매장했다. 버웰의 교회 묘지에는 아직도 그 묘비가 서 있다.[56]

해가 진 뒤에 두려움이 커진 것은 당연한 일이었다. 왕정복고 시대의 극작가인 존 밴크로프트는 이렇게 썼다. "옛 왕국의 밤,/ 사나운 원소인 불이 결코 시들지 않는 곳."[57] 잠들어 무방비 상태가 되기 전에도, 추위와 어둠을 피하기 위해 난로를 피울 때부터 집안은 위험해진다. 벤저민 프랭클린이 관찰했듯 "집안의 화재 사고는 겨울철과 밤시간에 가장 빈번하며," 런던의 한 신문은 1월에 "이 시기가 1년 중 화재의 빈도가 가장 높다"고 밝혔다. 열려 있는 난로에서 불똥이 나무마루 위로 튀기도 했고, 더 심각한 것은 불똥이 굴뚝으로 빠져나가 초가지붕 위로 날리는 것이었다. 말리기 위해 걸어놓은 옷과 천도 난로에 위험할 정도로 가까이 있었다. 굴뚝 자체가 지속적인 위험이었다. 검댕으로 막힌 굴뚝은 밖으로 불을 내뿜기도 했고, 굴뚝이나 난로의 벌어진 틈으로 새어나온 불이 대들보에 옮겨붙기도 했다. 어떤 집은 굴뚝이 전혀 없어 이웃을 불안하게 하기도 했다. 1624년 양조장과 빵집을 갖고 있던 존 테일러의 집에 굴뚝이 없어 윌트셔 마을을 두 번이나 잿더미로 만들 뻔한 다음에, 사람들은 그의 면허를 취소해달라고 청원하기도 했다. 아일랜드의 마을에 굴뚝이 없는 것을 보고 존 던턴은 이런 기록을 남겼다. "불을 붙이면 연기가 초가지붕 사이로 새어나가 집에 불이 붙은 것처럼 보일 지경이다."[58]

양초와 석유램프 같은 인공조명도 위험을 안고 있었다. 돈에 관한 영국의 속담을 바꿔 말한다면, 불은 좋은 하인에서 나쁜 주인으로 금세 변할 수 있다. 옷도 쉽게 불에 탔다. 1669년 랠프 조슬린 목사의 딸 메리가 두른 목도리는 갑자기 촛불에 붙어 화염으로 변했고, 코크카운티 주민 엘리자베스 프리크가 썼던 머릿수건도 어느 날 저녁 방에서 책을 읽는 사이에 불이 붙었다. 집밖에서 횃불을 들고 다니는 것도 재앙을 불렀다. 1683년의 뉴마킷 대화재 사건은 3월의 어느 날 밤 누군가의 횃불이 우연히 짚 덤불에 옮겨붙으면서 시작되었다. 뉴욕시에서는 한 마부의 아이들이 말을 마구간에 가두다가 촛불이 붙어 집과 마구간을 다 태웠다. 토머스 터서는 "건초 더미, 헛간, 광에서 촛불을 조심하라"는 교훈을 전한다.[59]

대재앙이 방치한 촛불에서 시작되듯, 대부분의 화재는 그렇게 극적으로 시작되지 않았다. 양초 심지를 잘 다듬지 않으면 식탁이나 마루에 촛농이 떨어진다. 엘리자베스 1세 시대의 한 작가는 "촛농 찌꺼기가 집 전체를 태운다"고 경고했다.[60] 양초는 굶주린 쥐나 생쥐가 노리는 목표물이기도 했다. 보스턴의 새뮤얼 슈얼은 벽장에서 일어난 불을 기름 맛을 좋아하는 쥐의 탓으로 돌렸다. 『늙은 농부의 달력』(The Old Farmer's Almanack)에서는 이렇게 충고했다. "만일 병이나 다른 이유 때문에 밤새도록 촛불을 켜놓아야 한다면, 쥐가 돌아다니지 않는 곳에 두라."[61] 그 책에는 또한 촛불을 잘못 다루는 하인을 비난하는 구절도 있다. 네덜란드의 『가사 경험』(Ervarene Huyshoudster)이라는 책에서는 다음과 같은 사실을 지적하고 있다. "하녀들이 침실에서 촛불을 켜놓고 양말을 꿰매는 것은 아주 위험하다. 피곤한 하녀들이 졸다가 의자에서 떨어지면서 촛불에서 불이 붙을 수 있기 때문이다." 하인들이 침대에 촛불을 켜두면 언제나 큰 위험이 따랐기 때문에 꾸중을 들었다. "침대의 지푸라기에서 위험한 화재가 시작된다"는 속담도 있었다.[62] 실제로 밤늦게 침대에서 책을 읽거나 술을 마시거나, 아니면 책을 읽으면서 술 마시는 것은 크게 비난받았다. 1734년 런던의 앨버말 가(街)에서는 한 신사가 책을 읽다가 잠드는 바람에 여러 집이 불에 탔다.[63]

밤에는 일터도 불에 취약했다. 양조업자, 제빵업자, 기름 양초 제조자를 포함하여 많은 사업자들은 불을 밝히기 위해 양초를 켜놓는 것 외에도 나무, 석탄 등등을 쌓아놓고 "화력이 좋고 오래가는 불"을 피웠다. 화덕이나 용광로의 불은 껐다가 다시 붙이려면 비용이 많이 들기 때문에 밤새 불을 켜두는 일이 흔했다. 당대의 어떤 사람은 "지각 있는 자라면 그런 작업장과 붙어 있는 집에서는 살지 않는다"고 훈계했다. 보고된 화재 건수로 판단하건대 빵집과 양조장이 특히 화재에 취약했다. 14세기에 쓰인 『농부 피어스』(Piers Plowman)에서는 양조장에 대해 다음과 같이 불만을 토로했다. "우리는 가끔 몇몇 양조장 주인이/ 안에 사람들이 있는 집을 태우는 것을 보았다."[64]

밤의 화재 대부분이 인간의 부주의 때문에 일어났고 번개가 거기에 가세했지만, 상당수의 화재는 고의적인 것이었다. 이보다 더 끔찍한 범죄는 없다 하여, 1734년 스코틀랜드의 한 목사는 방화가 "사회에 가장 유해한 죄악"이라고 선언했다. 영국 형법에 따르면, 집을 태우는 것부터 건초 더미에 불을 놓는 것까지, 모든 종류의 방화는 사형을 선고받을 수 있었다. 덴마크에서는 사람이 죽었건 아니건 방화범에 대한 처벌은 목을 자르는 것이었다. 방화범(mordbroender)이라는 덴마크 말은 '불을 이용한 살인자'라는 뜻이다. 방화범과 피해자 모두가 알고 있듯 이 범죄는 엄청난 규모의 생명과 재산을 위협했다.[65] 어떤 이들은 사람들의 두려움을 이용해, 불을 지르겠다고 협박하는 익명의 편지를 보내 집주인에게서 돈을 갈취하기도 했다. 많이 쓰던 욕 가운데 "붉게 타는 건초 더미 때문에 잠을 깰 것"이라는 말이 있었다. '불쏘시개 대장'(le capitaine des boutefeu)이라는 별명으로 알려져 있던 24세의 파리 대학교 학생은 1557년 방화와 약탈 혐의로 유죄 판

제라르드 블락, 〈잠자는 하녀〉, 연대 미상

결을 받았고, 산 채로 화형당했다. 몇 년 뒤 브리스틀의 여러 주민은 방화를 하겠다는 협박 편지를 받았다. 그중 한 상인은 거절했는데, 자정이 조금 지난 뒤 그의 벽돌집이 불에 타 무너졌다. 홀본에 사는 런던의 철물상은 1738년 다음과 같은 협박 편지를 받았다. "우리는 너의 집을 잿더미로 만들어 너와 네 식구들을 반드시 죽일 것이다."[66]

집에 침입한 도둑들도 범죄를 숨기기 위해 방화를 저질렀다. 구체제 프랑스에서는 방화가 도둑들의 계략으로 잘 알려져 있었다. 스코틀랜드의 작은 마을에서도 한 여인이 오두막집을 샅샅이 턴 뒤에 집에 불을 질렀는데, 지나가던 사람이 마을에 알려서 큰불은 막을 수 있었다. 거의 1천 파운드에 달하는 지폐를 도둑맞은 런던의 한 집주인에게는 그런 행운이 없어서 그의 집은 전소되어버렸다. 1761년 어느 일요일 밤, 런던 피커딜리에서는 식품점의 하인이 옷가지와 무명을 훔친 뒤 주인집의 세 곳에 불붙인 석탄 덩어리를 놔뒀다. 연기에 깜짝 놀란 가족들은 간신히 몸을 피할 수 있었다.[67] 이러한 수법의 변형으로, 불을 놓고 소란스러운 틈을 타 도둑질을 하기도 했다. 17세기의 법학자 로저 노스는 "도둑들이 훔치기 위해 불을 지르는 경우가 많다고 알고 있다"고 보고했다. 런던 외곽의 머즐힐에서는 도둑떼가 건초를 많이 쌓아둔 헛간에 불을 질렀다. 놀란 농부와 가족들이 불을 끄는 사이에 방화범들은 집에 들어가 돈과 물건을 훔쳤다.[68]

그렇지만 때로는 다른 이유로 방화를 하기도 했다. 서유럽 전역에서 농부와 부랑자 들이 지주에 대항할 때 불을 질렀다. 방화는 '약한 자들의 무기'였다. 돈이 덜 들고 쉽게 저지를 수 있으며 밤에는 예방하기가 어려웠다. 중세에 많이 자행되었던 '불 일으키기'(fireraising)는 16세기에 이르러 전염병처럼 퍼져나갔다. 예컨대 독일에서는

1513년과 1517년의 농민반란(Bundschuh)의 소요 속에 많은 집들이 불탔고, 1524~1526년의 농민전쟁에도 방화가 뒤따랐다. 슈바르츠발트에서는 농민 지도자의 죽음에 복수하기 위해 수도원에 불을 질렀다. 오스트리아에서 베네룩스에 이르기까지 방화범 무리가 농촌 마을을 두려움에 떨게 했다. 1577년 잘츠부르크 부근의 갱단은 단원이 800명에 달했다고 전해진다. 수상쩍은 수치지만, 그러한 과장 자체가 방화에 대한 농촌의 깊은 두려움을 반영한다. 1695년 네덜란드의 의회는 "무기를 들고 방화 협박을 하면서 이 지역을 떠돌아다니는 집시 무리"에 대한 새로운 처벌 조항을 통과시켰다.[69] 그에 비해 영국에서는 '불 일으키기'가 덜 심각했지만, 18세기 아일랜드의 농민의 난 때는 밤에 일상적으로 방화가 자행되었다. 1733년 영국 서부에서는 방화범 무리에 대한 소문이 떠돌아다녔고, 서식스에서는 호셤 주민들이 모닥불을 금지하는 법령에 불만을 품고 지역 관리들의 집에 불을 지르겠다는 쪽지를 시청에 내붙였다. 그들은 "멀리서 당신네들 집이 불에 타오르는 것을 구경하는 것보다 더 즐거운 일은 없을 것"이라고 선언했다. 미국에서는 1720년대 초 보스턴과 20년 뒤 뉴욕의 예에서 보듯 불만을 가진 노예들이 방화를 저질렀다.[70]

하인이나 노예의 방화는 경우가 다르긴 했지만, 대다수 방화 사건은 사회 정치적 불만이 아니라 개인적 앙심의 결과였다. 독일에서는 1538년 죄수가 출소한 뒤 자신의 집에 방화하여 두츠 마을이 잿더미가 되었다. 그는 먼저 자신의 가족들에게 이렇게 말했다고 한다. "오늘 나는 두츠 마을 사람들의 우정에 보답하겠다." 1769년 글로스터셔에서는 밤늦게 헛간이 불에 탔는데, 앞치마에 불쏘시개를 숨기고 있던 어린 하녀가 범인으로 체포되었다. 그녀는 자신이 '사는 곳'이 싫

어 떠나고 싶었다고 자백했다.[71]

그러나 화재 사고에 따르는 마지막 고통은 불이 수그러드는 순간에 찾아왔다. 한밤중에 연기와 화염을 간신히 피했다 해도, 생존자들은 그들이 건진 얼마 안 되는 물건마저 좀도둑질 당하는 일을 겪어야 했다. 화재 현장의 도둑질은 널리 만연해 있었는데, 방화범이라기보다는 '불 도둑'(fire-prigger)이라는 별칭으로 알려져 있던 구경꾼들이 그 범인이었다. 그들은 심란한 피해자들이 재물을 찾는 것을 도와준다는 명목으로 귀중한 물품을 훔치는 것으로 악명 높았다. 이런 유형의 도둑질은 너무도 일상적인 것이어서 1707년 의회에서는 불난 집의 "주민들로부터 훔치거나 좀도둑질하는" 것이 들킨 "악의적인 사람들"을 처벌하는 법규를 제정했다. 한 세대가 지난 뒤에도 사정은 바뀌지 않아, 대서양의 양쪽에서 화재 현장의 도둑질은 그치지 않았다. 1730년 필라델피아 해안의 상점과 가옥을 태운 한밤중의 화재 현장에는 "도둑질이 횡행했다"고 『펜실베이니아 가제트』(Pennsylvania Gazette)는 보도했다.[72]

이런 것이 근대 초 밤의 풍경이었다. 그곳은 밤의 묵시록의 4기사인 유해한 습기, 악마의 혼령, 자연재해, 인간의 폐해가 덮친 금단의 장소였다. 어두운 밤의 악몽은 이런 것들로 이루어졌다. 전쟁, 기근, 흑사병처럼 때때로 일어나는 위협과 달리, 이러한 위험은 대부분의 가정에 항상 존재하는 불안의 근원이었다.

폭력이나 화재나 다른 위험이 낮에는 없었다는 이야기가 아니다. 그렇듯 위태로운 사회에서 생명과 재산은 밤이나 낮이나 항상 걱정거리였다. 그렇지만 밤시간이 사람들의 안전에 가장 큰 위협이 되었다는 것에는 의심의 여지가 없다. 어둠은 자연 세계와 초자연의 세계 모두에서 가장 위협적인 요인들을 자유롭게 풀어놓았다. 낮에는 산발적이던 위험이 밤이 되면 빈도와 강도가 증가했다. 토머스 내시는 이렇게 설명했다. "밤의 공포는 낮의 공포보다 크다. 왜냐하면 밤의 죄악이 낮의 죄악을 능가하기 때문이다."[73] 최소한 그리스도 시대 이래로 서양 역사에서 밤이 이보다 더 위협적인 시기는 없었다. 범죄는 끈질긴 위협이었고 여기에 악령과 화재의 공포가 더해져 중세 이후 수 세기 동안 위험을 고조시켰다.

어둠이 내리기 시작할 때 사람들이 조심스럽게 불을 묻어두고 침실에서 안식을 구하지 않았다는 사실이 놀라울 뿐이다. 불량배, 악령, 해로운 습기와 같은 밤의 온갖 위험에도 불구하고, 사람들은 침실로 가지 않은 것은 물론 집으로 가지도 않았다. 오히려 밤에도 일을 하거나 즐겼다. 1696년 스위스의 한 목사는 이렇게 불만을 토로했다. "해가 지는 저녁에 가축은 외양간으로 돌아오고, 숲의 새들도 조용해진다. 인간들만이 어리석게 자연과 일반적 질서를 거슬러 행동한다."[74]

제2부

자연의 법칙

전주곡

어둠이 없다면
인간은 자신의 타락한 상태를 느끼지 못할 것이다.
_블레즈 파스칼, 1660[1]

근대 초 전반에 걸쳐 밤이라는 위험한 영역은 교회와 국가의 감시를 벗어나 있었다. 유럽의 공동체들에서 사회 질서를 유지하는 데 핵심적인 역할을 했던 행정 제도와 종교 제도의 사형대는 밤에는 잠이 들었다. 평민들이 분쟁을 조정하고 생명과 재산을 보호하기 위해 도움을 구했던 법정, 평의회, 교회 등등이 밤에는 문을 닫았던 것이다. 지사, 참사회원, 교구 위원 등이 모두 관복과 함께 의무도 벗어던지고 집으로 돌아갔다. 시인 토머스 폭스턴은 "고요한 마을이 잠 속에 녹아들었다"고 표현했다.[2]

세속계와 종교계의 관리들에게 밤은 낮의 고된 일을 마감하는 시간이었다. 현실적인 차원에서 상인들은 화재의 위험과 떨어지는 작업 능률 때문에 촛불과 난롯불을 꺼야 했다. 또한 밤에는 지켜야 할 하늘의 명령도 있었다. 어둠은 환한 낮 세계가 요구하는 저속한 일들을 그만하라고 명했다. 그 대신 기도와 명상으로 신을 껴안을 것을 기대했다. 이그나티우스, 히에로니무스, 예루살렘의 키릴로스와 같은 초기의 교부들은 밤 기도의 가치를 강조했고, 그것은 16세기 에스파냐의 신비주의자 십자가의 성 요한도 마찬가지였다. 그는 「어두운 밤에」라는 시에서 "나의 안내자인 밤이여,/ 여명보다 더 반가운 밤이여"라고 읊었다. 어둠과 고독은 눈과 귀를 닫음으로써 마음과 정신을 신의 세계로 열어놓았다. 제임스 필킹턴 주교는 밤에 "감각은 공상과 함께 달아나지 않고 정신은 고요하다"고 말했다. 또한 밤보다 더 기도가 필요한 시간은 없었다. 밤은 사탄이 지배하는 시간이기에 사람들은 침실로 물러가 창조주의 보살핌에 자신을 맡겨야 했기 때문이다.[3]

무엇보다도 어둠은 휴식을 위해 만들어진 것이었다. 17세기의 제수이트 수사인 다니엘로 바르톨리는 『현자의 휴식』(La Ricreazione del Savio, 1656)에서 "낮은 작업과 노동을 보고 밤은 휴식과 평화를 본다"고 기록했다. 밤잠은 독실한 사람들이 낮의 의무를 잘할 수 있도록 힘을 돋워주었다. 한 청교도 목사는 "잠 잘 시간"을 결코 놓쳐서는 안 된다고 훈계했다. 그래야만 "신과 이웃에 더 잘 봉사할 수 있기" 때문이다. 휴식을 얕보는 것은 신의 섭리에 도전하는 짓이자 동시에 개인의 건강을 해치는 짓이기도 했다. 존 클레이턴 목사는 사람들이 밤을 낮으로 바꾸어 자신의 '원칙'과 '체질'을 모두 위태롭게 만든다고 말했다.[4] 그에 못지않게 경계해야 할 것은 밤에 나돌아다니는 것으로서, 그것은 "뒤따르는 고통과 위험"에 모두를 노출시켰다. 사바 다 카스틸리오네(Sabba da Castiglione)는 "꼭 필요한 경우가 아니라면 밤에는

밖에 나가지 않도록 하라"고 경고했다.[5]

당국에게 밤이 중요한 마지막 이유는, 신의 지상천국을 찬양하는 데 관심을 집중시킬 수 있다는 사실이었다. 밤의 컴컴한 어둠을 바라보는 것보다 낮의 경이를 더 잘 음미할 수 있는 방법이 무엇이겠는가? 이 시대 사람들에게 어떤 주제를 이해할 수 있는 가장 유용한 방법은 그 정반대의 대상을 연구하는 것이었다. 작가들은 신의 계획에 따라 어둠의 공포가 삶의 축복을 선명하게 부각시킨다고 고찰했다. 사람들은 매일 아침 "밤의 위험으로부터 안전하게 깨어나 창조의 미와 질서 속으로" 들어갔다. 『농부 피어스』에서는 "만일 밤이 없다면 사람들은/ 낮의 진정한 의미를 알지 못한다"고 단언했고, 이런 정서는 이후 세대에도 일상적으로 반복되었다. 뉴잉글랜드의 성직자는 이렇게 선언했다. "신은 우리를 낮의 자식들로 만들기 위해 우리에게 밤을 보내셨다."[6]

그렇다면 본질적으로 밤이 갖는 최고의 가치는 신앙과 휴식의 장려 말고도 깨어 있는 세계를 부정한다는 사실에 있었다. 기존 질서를 유지하려던 사람들이 '밤에 돌아다니는 사람들'을 범법자로 보거나 통행로를 더 안전하고 편하게 만들지 않은 것은 그리 놀라운 일이 아니다. 그러한 태도는 무관심이나 방관이 아니었다. 밤은 여전히 당국의 심각한 관심사였다. 당국에서는 어둠 속에서 행동하기 어렵게 만듦으로써 제약과 억압에 의존할 수 있었다. 밖에 돌아다니는 사람들이 적을수록 더 좋았다. 밤은 어떤 사람의 영토도 아니었다. 아니면 최소한 행정과 종교의 관료들은 그렇게 되기를 빌었다.

3장

당국의 나약함: 교회와 국가

I

저녁 시간에는 마치 전쟁이 벌어진 것처럼 도시의 문을 닫고,
길거리에는 쇠사슬을 쳤다.

_파인스 모리슨, 1617[1]

산업화 이전 시대의 시골, 요새화된 도시와 마을에서는 파수대나 성벽이나 교회의 종탑에서 종을 치거나 북을 울리거나 나팔을 불어서 어둠이 오는 것을 알렸다. 가톨릭 국가에서 낮의 번잡함은 신앙 깊은 사람들이 신의 은총에 감사하여 아베마리아를 낭송하는 부드러운 중얼거림으로 느려졌다. 저녁마다 굵은 들보로 튼튼하게 만든 거대한 나무 대문을 내리고 도개교를 올려 해자와 참호가 천연 방어물이 되기 전에 농군과 행상은 시골로 돌아갔고 도시민들은 서둘러 집으로 들어갔다. "아베마리아가 들리면 집에 가까워진 것이다"라는 속담도 있었다. 도시와 농촌 사이의 교류는 밤이 오면 급작스럽게 중단되

었다. 사람들은 흙이나 벽돌이나 바위로 만든 벽 안에서 안식처를 구했다. 어떤 벽은 높이 50피트, 너비 10피트(10피트는 약 3미터)가 넘었다. 여름에는 8시나 9시까지 대문을 닫지 않았지만, 일찍 어두워지는 겨울에는 오후 4시에 문을 닫는 경우도 있었다. 도시와 농촌 생활의 차이가 이때보다 더 현저한 시간은 없었다. 도시 주민들은 주변의 촌락을 끔찍한 위험에 기꺼이 떠맡겼고, 성벽 위에는 횃불을 든 보초가 순찰했다. 이탈리아의 도시에서는 근위병들이 잠들지 않았다는 신호로 5분마다 작은 종을 울려야 했다.[2] 도시의 성벽을 손상하거나 기어오른 사람은 가혹한 형벌을 받았는데, 예를 들어 스톡홀름에서는 교수형에 처했다. 밤중에 예고 없이 성벽에 접근하는 것도 범죄였다. 1602년 밀라노 출신의 학자가 지적했듯, 로마를 건국한 로물루스가 그의 동생 레무스를 살해한 것도 결국 로마의 성벽을 뛰어넘으려 한 죄를 범했기 때문이었다. "나의 성벽을 넘으려는 자는 이렇게 사라질 것이다." 로물루스는 이렇게 말했다고 전해진다.[3]

중세에 기원을 둔 도시의 요새는 그후 몇 세기 동안 주변 영토를 지배했다. 전쟁이 초토화시킨 도시들은 새로 요새를 세우고 다시 강력한 도시로 거듭났다. 시간과 노동과 돈이 드는데도 불구하고 적지 않은 수의 작은 마을들이 요새를 지어 보호받기를 택했다. 16세기의 추산에 따르면 네덜란드에는 200개 이상의 마을이 성벽을 쌓았다. 때로는 농촌 마을도 조잡한 능보(稜堡)를 쌓아 피신처를 만들었다. 한 독일 방문객은 이렇게 말했다. "마을마다 벽이나 개울에 둘러싸여 있다. 시골 농가는 거의 없고, 모두가 도시에 모여 떼를 이루고 있었다." 물길로 공격해올 것을 두려워한 아미앵 당국은 도시의 성벽을 지나는 솜 강에서 밤에 배를 띄우는 것을 금지했다. 뱃사람들은 해가 지기 전에 도시의 성벽 안으로 배를 들여놔야 했고, 어기면 "도시의 적으로서 처벌받았다."[4]

중세 말에 이르러 영국이 외적의 침입을 비교적 적게 받았다는 사실은 중세 초에 백 개가 넘었던 요새가 점점 줄어든 이유를 설명해준다. 노리치, 엑서터, 요크 같은 대도시는 훨씬 튼튼한 성벽에 둘러싸여 있었다. 성벽이 없는 어떤 영국 마을들은 하천과 흙둑에 둘러싸여 보호를 받기도 했다. 런던의 오래된 요새는 점점 무너져가고 있었지만, 대화재 이후에도 구역마다 수많은 성문들이 있었다. 대화재에 살아남은 성문들과 함께 러드게이트, 뉴게이트 같은 성문들이 "견고하고 웅장하게" 지어졌다. 1669년 윌리엄 체임벌린은 도시의 모든 성문이 "잘 손질되어 있고, 매일 밤 부지런히 닫히고 있다"고 증언했다.[5]

사회 질서를 위해 마을에서는 전쟁이 났을 때나 평화로울 때나 성문을 닫아걸었다. 성벽은 군사적 가치를 잃은 지 오랜 뒤에도 부랑자와 집시를 포함한 온갖 종류의 불한당으로부터 마을 사람들을 보호했다. 낮에 마을에서 채찍질을 당하고 쫓겨난 도적떼가 밤에 몰려와 집 몇 채에 불을 질러 복수하는 경우도 있었다. 이미 13세기에 바르톨로마이우스 앙글리쿠스는 '적'과 '도둑'의 위험에 대해 쓴 바 있다. 프랑스 어느 성벽 없는 도시의 행정장관들은 "온갖 인간들의 침입"을 두려워했다.[6]

때로 성문이 닫힌 뒤 밤늦게 도착한 길손은 '교외'(faubourg)에서 숙소를 구하지 못하면 노숙을 해야 했다. 장 자크 루소는 교외가 없는 도시인 제네바의 가로막힌 성문 앞에서 세 밤이나 불안감에 떨며 지새워야 했다. 그중 한 밤에 대해 그는 이렇게 기록했다. "아직 2~3킬로미터를 더 가야 하는데 문을 닫는다는 소리가 들렸다. 나는 서둘렀다. 북 치는 소리가 들렸기 때문에 나는 최대한 빨리 달렸다. 숨이 너무 가빴다. 심장이 쾅쾅 뛰었다. 멀리 망루에 군인들이 보였다. 나는 달려가면서 목멘 소리로 외쳤다. 그러나 너무 늦었다." 어떤 곳에서는 통행세를 지불하면 들어가는 것이 허용되기도 했다. 독일에서는 그것을 '입장료'(Sperrgeld)라 불렀다. 아우크스부르크 시에는 밤에 드나들 수 있는 특별한 쪽문(Der Einlasse)이 있었는데, 이곳을 통과하려면 도개교와 자물쇠가 잠긴 몇 개의 방을 지나가야 했다. 프랑스의 한 마을에서는 수비대의 하사관이 반시간 일찍 종을 울리라고 명령해서 멀리 떨어진 장을 보고 오느라 늦은 사람들에게서 1페니씩 거둬들였다. 못 낸 사람들은 밖에서 밤을 새워야 했다. 당황한 군중이 닫히려는 대문에 미친듯이 몰려와 백 명이 넘는 사람들이 죽었다. 대부분은 군중에 휩쓸려 깔려 죽었고, 어떤 사람들은 도개교에서 밀려 떨어졌다. 마차와 말 여섯 마리도 떨어졌다. 탐욕을 부린 하사관은 능지처참의 형벌을 받았다.[7]

성벽 안쪽 도시에 야간 통행을 제한하기 위해 행정 당국은 통행금지를 실시했다. 성문을 닫은 지 몇 시간 지나지 않아 (여름철에는 더 일찍) 사람들에게 난롯불을 끄고 잠에 들라는 종소리가 울렸다. 통행금지를 가리키는 영어 'curfew'는 '불을 덮으라'는 불어 'couvre-feu'에서 기원했다는 설이 있다. 1068년 정복왕 윌리엄(William the Conqueror, 1028~1087년경)은 영국 전역에 8시 통행금지를 실시했다고 전해진다. 화재를 예방하려는 의도든, 아니면 후대의 비판자들이 주장하듯 역모를 차단하려는 의도든, 중세 유럽 도처에서 이와 비슷한 제약이 가해졌다. 길거리를 다니는 사람들이 싹 사라졌을 뿐만 아니라, 통행금지 종이 울린 뒤에도 불을 끄지 않은 집은 제재를 받았다. 위반자는 벌금을 냈고, 특히 집밖에서 잡히면 투옥될 위험도 있었다.[8] 성직자, 의사, 산파 등 생사를 결정하는 임무를 수행하는 사람들과 청소부와 수의사는 예외였다. 수의사가 포함된 것은, 가축을 잃는 것이 가난한 가정에는 치명적일 수 있기 때문이었다. 밤은 사회가 절박하게 필요로 하는 것들의 우선순위를 그대로 보여주었다. 최소한 영국에서는 상주들이 고인의 시신 옆에서 밤을 새우는 것이 허용되었다(마법을 불러일으키는 것에 대한 교회의 보복이 두려워, 한 길드에서는 단원들에게 밤을 새울 때 "유령을 부르거나, 시신을 손상하거나 그의 이름을 조롱하지 말라"는 명령을 내렸다).[9]

통행금지에 무게를 더하기 위해 코펜하겐에서 파르마에 이르는 유럽 도시들은 무거운 자물쇠를 단 굵은 쇠사슬로 통행로를 차단했다. 달이 없는 밤에 이 장애물은 마차를 탄 사람이나 보행자 모두에게 두려움의 대상이었다. 뉘른베르크에만 400개 이상의 쇠사슬 차단기가 있었다. 저녁마다 큰 북소리와 함께 쇠사슬을 풀어 허리 높이로 길 한쪽 끝에서 다른 쪽 끝까지 때로는 2중, 3중으로 걸어놓았다. 모스크바에서는 야간 통행을 방해하기 위해 쇠사슬 대신 통나무를 길 가운데 두었다. 1405년 파리의 관리들은 길뿐 아니라 센 강까지도 차단하기 위해 모든 편자공들에게 쇠사슬을 만들라고 했다. 리옹에서는 쇠사슬이 손 강을 막았고, 암스테르담에서는 철책이 운하를 가로막았다.[10]

중세 이후에야 도시의 통행금지가 약간 느슨해져 오후 8시가 아닌 9시나 10시로 바뀌었고, 그것이 건물 안으로 들어가야 하는 기준 시간이 되었다. 더 중요한 사실은, 개인행동이 아닌 공공 행동이 관리들의 더 큰 관심사가 되었다는 것이다. 집에서 늦은 시간까지 불을 켜놓고 있는 시민이 아니라 밖에서 배회하는 길손이 문제가 되었다. 1553년 레스터 시에서 채택한 『야간 보행자 법령』(Acte for Nyghtwalkers)은 "자연적 휴식을 취하려는 선량한 사람들에게 많은 해"를 끼치면서 밤에 "길을 돌아다니며" 시간을 보내는 "폭력적이고 사악한 사람들"을 겨냥했다. 이렇듯 정책이 관대해진 것은 밤의 위험이 줄어서가 아니라 금지 규칙을 제대로 적용하기가 힘들었기 때문이다. 많은 가정에서 통금 시간이 지나도록 일이나 사교 행위가 지속되었지만, 법 집행은 취약했다. 어떤 집에서는 1시간 이상이나 불이 켜져 있었다. 물론 집에서건 밖에서건 늦은 밤시간을 즐기는 것은 여전히 당국의 분노를 샀다. 1595년 런던의 조례에는, "밤 9시 이후에는 어느 누구도 한밤중에 갑작스럽게 소리를 지를 수 없음을 규칙으로 한다"라고 되어 있다. 이 조례에 따르면 일상적으로 일어나는 소란의 원인에는 술판 외에도 말다툼과 아내나 하인에 대한 폭력이 포함되었다. 어쨌든 이 모든 것은 3실링 4펜스의 벌금형으로 마무리되었다.[11]

곧 보행자에 대한 통행금지도 완화되었다. 점차 더 많은 사람들이 더 큰 행동의 자유를 누리게 되었다. '정당한 이유' 없이 밤에 배회하는 부랑자들과 달리, 평판이 좋고 여행의 합당한 이유가 있는 사람들이라면 더욱 그러했다. 태도와 외모와 주거지 때문에 당국이 신경을 쓰는 사람들 이외에도 몇몇 집단은 공공질서에 위협을 가한다 하여 야간 활동이 금지되었다. 여기에는 외국인, 거지, 창녀가 포함되었다. 파리에서는 1516년부터 밤에 부랑자들을 둘씩 묶어 포박했고, 제네바에서는 해가 지면 그들을 내쫓았다. 베네치아에서 이방인은 치안판사의 허가 없이 하룻밤 이상 머물 수 없었다. 의학도인 토머스 플래터에 따르면 1599년 바르셀로나는 창녀들의 주거지를 좁은 길로 제한하고 매일 밤 쇠사슬로 폐쇄했다. 많은 지역에서 창녀는 밤의 파수꾼들에게서 괴롭힘을 당했다. 예컨대 1638년 런던의 하원 평의회는 경찰에게 "밤에 길거리를 돌아다니는 음란하고 방종한 여자들"을 체포하는 데 "최선을 다하라"고 지시했다.[12]

주변부를 떠돌던 집단 중에서도 유대인들은 그 숫자가 가장 많은 데도 가장 체계적인 격리를 겪었다. 그들은 해가 떨어지면 대문을 걸어 닫고 도시의 게토에 머물러 있거나 외곽의 시골로 피신해야 했다. 유대인들이 밤에 저지른다고 비난받는 "수많은 혐오스럽고 가증스러운 짓들" 중에는 기독교도 여성과의 교제가 포함되어 있었다. 17세기에 빈을 방문한 사람은 "밤이 되면 유대인들이 강을 건너 교외로 떠나야 한다"는 사실을 알았다. 16세기 말 인구가 수천 명이었던 베네치아에서는 네 명의 기독교도 보초가 지키는 게토의 대문들은 해가 질 때부터 다시 뜰 때까지 닫혀 있었다. 1516년에 완공된 '신(新) 게토'(Ghetto Nuovo)에 많이 거주하던 의사들은 예외였다. 이들의 환자는 게토 외부에도 많이 있었기 때문에 보초에게 보고서를 제출하면 그들은 게토 외부에 머무는 것이 허용되었다.[13]

창녀뿐 아니라 모든 여성은 밤에 돌아다니지 못했다. 돌아다니면 스스로의 정절을 더럽히는 것은 물론 저열한 음모로 존경스러운 남성들의 명예까지 더럽힐 수 있었다. 법령이 아니더라도 관례에 의해, 산파를 제외한 모든 계급과 모든 연령의 여성들은 집을 지키지 않으면 공공연한 모욕을 받을 위험을 무릅써야 했다. 그들은 정부나 창녀로 오인되어 낯선 사람이 함부로 접근하거나 체포당할 수 있었다. 토머스 데커의 소책자 『랜턴과 촛불』(Lanthorne and Candle-Light, 1608)에는 경찰이 한 여성에게 질문하는 장면이 나온다. "이렇게 늦게 어디에 있었습니까? …… 기혼입니까? …… 남편의 직업은 무엇입니까? …… 어디에 삽니까?" 몇 년 뒤 그르노블에서는 한 무리의 법정 서기가 두 명의 하녀를 공격한 사실에 대해 "그 여자들이 촛불을 갖고 있지 않았고, 밤에 문밖에 있는 여자는 창녀뿐이기 때문"이라고 변명했다.[14]

평판이 좋은 남자들도 어두워진 뒤에는 제약을 받았다. 예컨대 카탈루냐에서는 네 명 이상의 남자가 함께 걸을 수 없었다. 허가를 받기 전에는 무기를 갖고 다니는 것이 빈번히 금지되었다. 근대 초 가정에는 사적인 무기를 갖추는 일이 많았지만, 칼과 단검, 화승총과 권총 및 다른 무기들의 소지는 금지되었다. 13세기 말부터 영국 법은 보행자들이 밤에 "칼이나 방패, 또는 사고를 일으킬 수 있는 다른 무기"를 갖고 다니는 것을 금지했다. 이탈리아의 도시에서는 외투 속에 쉽게 숨길 수 있는 단검이나 소총과 같은 '은밀한 무기'를 금지했다. 로마에서 소총을 갖고 있다가 들킨 사람은 갤리선(船)으로 보내지기도 했다. 처음에는 귀족들이 특권을 요구한 반면, 17세기 말에 이르러 국민들로부터 무기를 빼앗으려는 대다수 유럽 도시국가들의 노력에 따라 법은 그 특권을 대부분 철회했다. 파리에서는 1702년의 법령에 의해 귀족들이 총기를 갖고 다니는 것이 금지되었을 뿐 아니라 하인들도 지팡이나 몽둥이를 빼앗겼다. 개인적인 폭력과 정치적인 폭력의 기회가 모두 커지는 밤이 오면 질서를 유지해야 할 필요성도 더 절박해졌다. 이탈리아의 도시를 여행하는 사람들은 낮이면 '칼자루를 칼집에 묶어놓으라'는 지시를 받았지만, 밤에는 칼을 몰수당했다. 피렌체를 방문한 여행객은 이렇게 말했다. "도시에서 칼을 갖고 다닐 수 있는 허가를 받은 사람들도 어두워지기 시작하면 칼을 찰 수 없었다."

1525년에 제정된 에스파냐의 한 법령은 "무기를 갖고 다니면 폭력을 조장하며, 많은 사람들이 어둠을 틈타 온갖 범죄와 비행을 저지른다"고 설명했다.[15]

도시에서는 무기를 소지하는 것 외에도 복면과 가면을 포함하여 밤에 변장하는 것도 금지했다. 영국 법의 말을 빌린다면 그것은 '거짓 얼굴'을 사용하는 것이었다. 여자들의 깃 높은 외투나 남자들의 지나치게 큰 모자도 때때로 금지되었다.[16] 도시의 법령에 따르면 시민들은 밖에 나갈 때 등불이나 횃불, 또는 다른 '빛'을 지녀야 했다(한 면만 비추고 가릴 수도 있는 각등은 금지되었는데, 로마에서 그것을 들고 다니면 감옥에 갇힐 수 있었다). 그 주된 의도는 사고를 방지하려는 것이 아니었다. 사실 베네치아에서는 강력한 지배 체제인 10인 평의회의 구성원들은 그런 제약에서 면제되었다. 유럽에 널리 퍼져 있던 이러한 규정의 목적은, 통제해야 할 필요가 가장 클 때 시민들을 감시하려는 것이었다. 멀리 떨어지지 않은 곳에서 볼 때 등불이나 횃불로 사람들의 용모까지는 아니라도 의복과 계급은 알아볼 수 있었다. 위반할 경우 처벌은 가혹했다. 파리에서 등불 없이 다니면 10수(sous)의 벌금을 물었는데, 그것은 14세기 말에 18온스(약 500그램)의 빵덩어리 60개의 가격에 해당하는 금액이었다.[17]

그렇지 않다면 농촌의 촌락은 말할 것도 없고 도시의 길거리에도 인공조명은 별로 없었을 것이다. 달과 별 말고도 가정집 밖에 있는 랜턴이 빛의 중요한 원천이었다. 랜턴은 바람을 막기 위해 좁은 틈을 낸 금속 원통이나 동물의 뿔로 만든 투명한 막(죽은 가축의 뿔을 잘라서 물에 불린 다음 가열하고 평평하게 두드린 뒤 얇게 썰었다) 속에 촛불을 넣어 만들었다. 그래서 랜턴을 가리키는 사투리에 '뿔등'

(lanthorn)이라는 말이 있는 것이다. 15세기 초에 런던의 관리들은 큰 길가에 있는 집마다 지정된 날 밤에 등불 하나씩을 매달도록 요구했고, 그 비용은 개인이 부담해야 했다. 그 지정된 날이란 성인(聖人)들을 기리는 날과 의회 회의가 열리는 기간이었는데, 회의를 마치고 늦게 집으로 귀가하는 의원들을 위해서였다. 이런 규정을 확장하여, 1415년 런던에서 만들어진 최초의 법 조항은 만성절(All Hallow, 11월 1일) 전야부터 성촉절(Candlemas, 2월 2일)까지 매일 밤마다 불을 밝히도록 한 것이었다. 파리에서는 1461년 루이 11세(1423~1483)의 명령에 따라 대로에 접하고 있는 집의 창문에 랜턴을 걸도록 했다. 그리하여 그런 길들은 '랜턴의 길'(rues de la lanterne)이라고 알려졌다. 1595년 암스테르담에서도 비슷한 법령을 통과시켰는데, 다만 열두 집마다 한 집씩 내걸도록 했다.[18] 도심지에서 벗어난 곳에서는 이러한 개선이 더 천천히 진행되었다. 영국에서는 런던이 주도했던 그 조치를 지역의 도시들이 마지못해 따르기까지 백 년이 더 걸렸다. 예컨대 16세기 초에 요크에서는 참사회원들이, 체스터에서는 시장과 보안관과 여관 주인들이 랜턴을 내걸도록 요구했다. 반면 브리스틀과 옥스퍼드에서는 17세기에 이르기까지 거리에 등을 켜는 것에 관한 어떤 조치도 취해지지 않았다.[19]

이러한 초기 조치는 도시나 마을을 매일 밤 밝히려는 것이 결코 아니었다. 대다수의 법령은 밤이 긴 겨울 몇 달과 달빛이 어두운 밤에만 랜턴을 걸도록 명했다. 런던에서는 초승달이 뜬 지 일주일 뒤부터 보름달이 뜬 다음날까지는 등불이 필요 없다고 판단했다. 더 중요한 것은, 촛불을 밤새도록 켠 것이 아니라 몇 시간만 켰다는 사실이다. 당시 야경대원들의 다음과 같은 노래가 있다.

하녀들아, 여기에 등불을 내걸어라.
뾀 막은 깨끗하고 환하게 닦아,
촛불이 밝게 타오르도록 해라,
6시부터 9시까지 계속 타오르게.
정직한 사람들이 길을 걸으며
어려움 없이 안전하게 지날 수 있도록.

식구들을 집으로 안내하기 위한 촛불이 보행자나 식구들 어느 쪽에도 꾸준한 안전을 보장해주지는 못했다. 랜턴과 기름 양초가 비싼 데다가 훼손이나 절도의 위험까지 겹쳐 집주인의 협조는 불규칙했다. 비바람이 부는 날은 랜턴을 내거는 것이 더욱 힘들어, 그때는 기껏해야 미약하게 깜박거리는 불빛밖에 내지 못했다.[20]

전반적으로 길거리는 여전히 어두웠으나, 약간의 예외는 있었다. 갑자기 긴급 상황이 발생하면 시 당국은 가구마다 창에 불을 밝히거나 모닥불을 피우거나 문밖에 촛불을 켜서 거리를 밝히라고 명했다. 덴마크의 시민들은 법에 따라 폭력 범죄의 피해자를 돕기 위해 촛불과 무기를 들고 나가야 했다. 현대의 전쟁에서는 도시에 소등을 하는 것과 달리, 산업화 이전의 도시에서는 견고한 방어를 위해 더 많은 조명을 요구했다. 15세기 초 어느 날 밤 파리에서 반역 음모가 있다는 소문이 돌자 "마치 그 도시에 사라센 사람들이 가득찬 듯" 소동이 벌어져 집주인들에게 등불을 켜라는 명령이 떨어졌다. 1688년에서 1689년 사이 명예혁명이 고조에 달했을 때 리즈의 주민들은 인접 마을에서 전투가 벌어진다는 소문을 듣자, 그 마을을 돕기 위해 남자들이 행진할 때 창문에 "수천 개의 촛불을 켜놓았다."[21]

공공의 축제 때에도 밤에 불을 밝혔다. 정부는 전승을 축하하거나 왕가에 출산, 결혼, 대관식의 행사가 있을 때 불꽃놀이를 비롯해 대규모의 인공조명을 계획했다. 1499년 프랑스 국왕이 밀라노의 요새를 점령하자 기쁨에 찬 피렌체 시민들은 모닥불을 붙이고 도시의 탑에서 종을 울리며 불을 밝혔다. 1654년 바르셀로나의 관리들은 흑사병이 사라진 것을 축하하기 위해 시민들에게 사흘 밤 내내 촛불을 밝히도록 했다. 한 동시대인은 이렇게 기록했다. "가난하고 아주 어려운 시기였지만 모든 사람들이 최대한 성의를 보였다." 영국에서는 축하 행사가 있을 때는 도시 가정집의 창문을 촛불로 밝히고 보통은 횃불을 켜고 불꽃놀이를 했다. 1666년 국왕의 탄신일에 새뮤얼 피프스는 길거리에 화재가 많이 일어나 집에 못 갈 뻔했다. 애국적인 행사장에는 휘황찬란한 조명이 검은 밤하늘과 대조를 이루며 외경심을 불러일으켰다. 태양왕 루이 14세(1638~1715)는 이렇게 단언했다. "국민들은 웅장한 광경을 좋아한다. 우리는 어떻게든 국민들을 언제나 즐겁게 만들도록 노력해야 한다." 후대의 관찰자는 그들의 목적이 "사람들을 어둠 속에 두려는 것"이라고 예리하게 파악했다.[22]

교회 역시 화려한 구경거리의 힘에 의존했다. 기독교 신학에서 빛을 중요시한다는 사실은 교회의 신성한 행사에 더 큰 힘을 보태주었다. 즉, 어둠에 대한 교회의 지속적인 투쟁과 그리스도의 현존에 관심을 끌어모은 것이다. 그 투쟁은 상징적이자 현실적이었다. 존 밀턴이 『실낙원』에서 기술했듯, 궁극적으로 빛은 "신의 최초의 작품"이었다. 그리스도를 기념하기 위해 5세기 말에 교황 겔라시우스(Gelasius, 496년 사망)는 성촉절을 제정했고, 그후 매년 2월 2일마다 양초를 축성했다. 어둠을 비춘다는 것은 보이지 않는 세계에 대한 신의 지배권을 극

장 르 포트르, <프랑슈콩테의 재점령을 축하하기 위해 루이 14세가 베푼 1674년 베르사유의 축제>, 17세기

적인 방식으로 재천명하는 것이었다. 종교개혁 이전에 교회는 모두 이것을 절대적 명제로 느꼈다. 그러나 유럽 여러 신교도 국가에서 "제단을 떼어버리면서", 양초의 장식적 사용에서는 확실히 교황주의의 우상숭배의 냄새가 났다. "성모 마리아의 상 앞에서/ 언제나 불타오르는 등불과 불빛"이라고 1553년 영국의 한 독설적 논평은 조롱했다. 가톨릭의 성사에서는 교회의 제단을 밝히기 위해 거대한 밀랍 양초를 광범위하게 사용했다. 이 하얀 양초는 연기가 별로 나지 않았고 밝은 빛을 냈다. 몇 년 뒤 영국의 전기작가 제임스 보즈웰은, 양초는 불을 붙이지 않았을 때에도 "영국 국교회의 어떤 종교의식보다 더 명확하게 천국의 관념을 전해준다"고 말했다.[23]

가톨릭교회에서는 밤에 가장 장엄한 광경을 연출했다. 반종교개혁을 주도한 가톨릭교회는 어떤 신교 신앙보다도 밤을 자기의 영역이

라고 주장했다. 성당의 종은 주기적으로 그 임무를 도와, 천둥 번개가 칠 때는 악령을 쫓기 위해 울렸고 엄숙한 행사나 축제 때에도 울렸다. 예컨대 잘츠부르크 대교구에서는 1623년 하지에 "악마의 행동"을 두려워하여 밤새도록 종을 울렸다.[24] 그렇지만 어둠에 대항하는 가톨릭교회 최대의 무기는 빛이었다. 길거리에는 축일을 기념하기 위해 길의 한쪽 끝에서 다른 쪽 끝까지 양초와 종이등을 매달았다. 17세기 독일에서는 제수이트 교단과 카푸치노 수도회가 성 금요일마다 준비한 예수 수난극이 가톨릭 공동체에 활기를 불어넣었다. 에스파냐에서는 성주간(聖週間, 부활전 전의 1주간)의 수요일 저녁에 심지가 네 개 달린 촛불을 들고 길거리를 행진했고, 참회자들은 구경꾼들 앞에서 채찍질을 당했다. 시칠리아의 메시나 마을에서 축제가 열리면 "밤에도 길이 낮처럼 밝다"고 1670년대 초의 한 방문객이 기록했다. 그 빛이 너무도 밝아 몇 마일 떨어진 곳에서도 그 마을이 보였다. 크리스마스 전날 밤 로마의 성 마르코 대성당을 본 사람이 말했듯이, 꼭대기부터 바닥까지 불을 밝힌 대성당과 교회들이 그런 장관의 핵심을 이루었다. 그는 감탄하며 말했다. "건물 전체가 불이 붙은 것처럼 보인다." 괴테도 이렇게 말했다. "요정 나라를 보는 것처럼 불빛이 장엄하다. 내 눈을 믿을 수 없다."[25]

그렇지만 그러한 화려함의 과시가 널리 퍼져 있었다고 과장해서는 안 된다. 결국 그 장엄함은 그런 광경을 자주 볼 수 없다는 사실에 어느 정도 기인했다. 신교 신앙처럼 가톨릭교회도 어둠을 무엇보다도 고독과 기도와 휴식을 위한 신성한 시간으로 여겼다. 교황 바오로 3세(1468~1549)가 서거한 뒤 추기경들이 밤에 모여 풀(Pool) 추기경을 새로운 교황으로 추대하러 가자, 그는 "신은 빛을 사랑하셨다"며 그들을 훈계했다고 전해진다. 그들을 물리치며 폴 추기경은 아침까지 기다리라고 당부했다. 그러나 그들은 그 대신 율리우스 3세(1487~1555)를 교황으로 선출했다. 가톨릭의 지배권을 주장하는 밤의 행사들은 덜 화려했다. 중세 말기부터 유럽 여러 도시는 길거리를 성모 마리아 상으로 장식했다. 집이나 교회의 벽에 불 밝혀진 성모 마리아 그림과 다른 신성한 그림들은 도시의 길거리를 밝히는 주된 촛불이 되었다. 당대 인물의 보고에 따르면, 베네룩스 3국에서는 길에 성소가 너무 많아 "사람보다 신을 찾기가 더 쉬웠다." 에스파냐에서는 촛불 하나로 빛나는 작은 교회가 시골길에 점점이 흩어져 있었다. 관리들은 성소가 경배심을 자아낼 뿐만 아니라, 성소 덕분에 지나가는 사람들이 불경스런 행동을 못할 것이라고 기대했다. 독실한 사람들은 그곳이 악령을 떨쳐줄 것이라고 높이 평가하기도 했다. 1700년에 이르자, 밤의

가브리엘 벨라, 〈성 마르코 광장의 성 금요일 행진〉, 18세기

어둠을 보존하려던 로마 당국은 마리아상에 봉헌하는 촛불 이외에 다른 인공조명 수단을 신의 질서에 대한 모독이라며 반대했다. 한 방문객은 "사람들이 때때로 성모상에 봉헌하는 촛불이 없었다면 로마는 완전한 어둠 속에 있었을 것"이라고 말했다. 베네치아도 못지않게 불빛이 없었다. 18세기에는 나폴리에서만 교회가 좀더 실용적인 태도를 허용했다. 그곳에서는 로코 신부라고 알려져 있는 인기 높은 도미니크회 수도승이 주요 도로를 따라 성모 마리아상의 건립을 추진하자, 많은 추종자들이 램프 기름을 제공했다. 한 구경꾼은 이렇게 말했다. "그가 (성모 마리아상들을) 통행이 많은 길목에 세워, 사람들의 봉헌이 공적으로 쓰이도록 한다."[26]

이 시기에 이르면 유럽의 다른 곳에서도 더 많은 도시와 마을 당국자들이 조명을 개선할 필요성을 받아들이게 된다. 17세기 후반에 큰 도시에서는 공금으로 큰길가에 조명을 밝히는 조치를 취하기 시작했다. 관공서에서 이런 태도를 취한 근본적인 이유를 찾기는 어렵지 않다. 먼저 기술 혁신이 큰 영향을 미쳤다. 특히 런던의 에드먼드 헤밍(Edmund Heming)과 암스테르담의 얀 판 데르 헤이덴(Jan van der Heyden)이 새로 개발한 가로등은 빛을 증폭시킬 수 있는 반사경을 포함하고 있었다. 판 데르 헤이덴의 석유램프는 인기가 아주 높아 쾰른, 라이프치히, 베를린을 포함한 유럽 전역에서 채택되었다. 기술의 발전만큼 중요한 것은 초기 근대 국가의 출현으로, 정부 규제가 가속화되었다. 상업화와 도시의 성장도 중요한 몫을 했고, 부유층의 증가도 한 원인이 되었다. 게다가 술집, 도박장, 조직적인 매춘업 같은 환락의 기회가 늘어난 것도 이유의 하나였다. 통행금지 제약이 남아 있긴 했지만 점차 무시되었다. 존 비티는 런던의 상황에 대해, 통행금지는 "폐지된 것이 아니라 잊혔다"고 썼다. 17세기 말에 집중된 이 모든 변화들은 "어두운 밤길에서 벌어지는 많은 사고와 불편함"을 더욱더 견딜 수 없게 만들었고, 당국에서도 이런 사고와 불편함을 그냥 두고 볼 수 없게 되었다. 1667년 파리의 관리는 "절도는 대체로 불이 없어 거리가 어두운 탓"이라고 경고했다. 그 1년 후, 암스테르담의 길거리에 가로등을 달자는 제안서에는 범죄, 화재, 익사 사고 등의 위험이 거론되었다.[27]

1650년 이전에는 유럽을 대표하는 어떤 도시도 공금을 들여 조명을 설치하지 않았지만, 파리(1667), 암스테르담(1669), 베를린(1682), 런던(1683), 비인(1688) 등을 필두로 1700년에 이르면 훨씬 더 많은 도시들이 길거리를 밝혔다. 특히 국가의 수도는 경쟁 국가의 수도에 비해 뒤처지지 않아야 한다는 절박감을 느꼈을 정도였다. 조세 수입에서 지원을 받아 설치된 가로등에는 석유램프도 있었고, 그전처럼 촛불도 있었다. 파리에서는 대로를 가로질러 높이 매단 밧줄에 대략 60피트 간격으로 수백 개의 등을 달았다. 시칠리아 출신의 한 방문객은 "아르키메데스가 살아 있다 할지라도 이보다 더 상쾌하고 유용한 일은 하지 못했을 것"이라며 열광했다. 파리에 가로등을 세운 것은 최초의 경찰청장 니콜라 드 라 레니가 루이 14세에게 가로등의 장점을 설명하고 제안한 것이 받아들여져 이루어졌다. 영국의 추산에 따르면, 17세기 말 6,000여 개의 가로등을 1년 동안 유지하는 데 드는 비용은 거의 5만 파운드에 달했다. 점등원의 임금에 더해 금속공, 밧줄 제조자, 유리업자, 기름 양초업자 등을 고용하는 데 큰 비용이 들었다. 파리를 여행하던 한 사람은 등불이 밤새 켜져 있는 것을 보고 그 정도 비용이 타당하다고 생각했다. 그러나 새로운 기름 가로등을 밝히는 것을 가장 어두운 겨울밤으로 제한한—"마치" 다른 날 밤에는 "달이 길을 비춰주기라도 하는 것처럼"—런던 관리들에 대한 그의 평가는 그리 관대하지 않았다. 그래도 가로등이 런던에 처음 설치되고 반세기가 지나기 전에 15개 이상의 지방 도시에서 선례를 따랐다. 코번트리와 요크는 1687년에 버밍엄과 셰필드는 1735년에 설치했다.[28]

그렇지만 이러한 발전 상황은 전체적인 맥락에서 파악하는 것이 중요하다. 대부분의 도시와 마을은 밤에 여전히 어두웠다. 공적인 지원을 받았지만 18세기 초에 도시의 조명은 빈약했다. 중요한 통행로를 제외하면 대부분의 도로에는 불이 켜지지 않았다. 보행자들이 서로를 알아볼 수 있을 만큼 조명이 적절히 설치된 구역은 별로 없었다. 런던처럼 대부분의 도시 도로는 가장 어두운 겨울밤에, 그것도 자정까지만 불을 켰다. 스톡홀름, 리스본, 피렌체 같은 큰 도시들은 여전히 공공 조명을 위한 어떠한 조치도 취하지 않았다. 1783년에 이르기까지 더블린에는 가로등이 100야드마다 하나씩 설치되어 있어, 한 방문객은 "지하실로 떨어질 위험"을 간신히 면할 정도라고 불평했다.[29] 가로등이 밤새 켜져 있는 파리에서조차 점등원의 부족 및 가로등의 훼손과 절도 같은 수많은 문제가 발생했다. 점등원이 양초를 훔치기도 했다. 비판자들은 높은 비용은 물론 질 낮은 불빛에 대해서도 불평했다. 특히 길 가장자리로 밀려난 보행자들의 불평이 더 심했다. 파리 및 다른 프랑스 도시들의 가로등이 마차를 타고 다니는 "상층 계급의 혜택"만을 위하여 고안되었다고 주장한 한 여행객은 이렇게 증언했다. "보행자는 길이나 보도의 가장자리를 따라 어둠과 오물 사이를 비틀거리며 걸어야 했다." 게다가 중세 말기 이후 유럽 도시의 가로등이 그러했듯 파리의 가로등도 겨울철에만 타올랐다. 1775년에 이르러서도 파리의 한 방문객이 "이 도시는 크고, 악취가 나고, 불이 밝지 않다"고 말한 것은 그다지 놀랍지 않다. 루이 세바스티앵 메르시에는 이 도시의 가로등이 단지 "어둠을 눈에 보이도록 만드는" 데만 유용하다고 생각했다.[30]

옛 사고방식은 지속되었다. 교회와 국가의 비공개회의에서는 어두운 밤은 위험한 만큼 범할 수 없는 신성한 시간대라는 신념이 남아 있었다. 로마에서 가장 순수한 형태로 표명되었던 이러한 사고방식은 가톨릭뿐 아니라 신교의 성직자들 사이에서 공감을 얻었다. 라이프치히 시의회는 공금으로 가로등을 설치하는 정책을 받아들이고서도, 1702년 주민들에게 "저녁에 식구들을 가정에 머물도록 하라"는 지시를 내렸다. 루소는 제네바 사람들의 사고방식에 대해 "신은 등불의 사용에 동의하지 않는다"고 썼다. 긴급 상황이나 특별한 행사를 제외하면 명망 높은 시민들은 원칙적으로 저녁 시간에 기도와 휴식을 취하며 집안에 있어야 했다. 또, 그래야 횃불을 들고 다니는 술 취한 행인에 의해 화재 사고가 일어날 가능성도 낮아질 것이었다. 가로등은 흥청거리는 사고뭉치가 아니라 급한 용무가 있는 사람들을 돕기 위한 것이었다. 1662년 런던의 한 목사는 다음과 같이 기록했다. "아주 특수하고 긴박한 경우가 아니라면 낮을 밤으로, 밤을 낮으로 만들어서는 안 된다." 기성세력의 관점에서 인공조명의 주요 용도는 크고 작은 도시에서 법과 질서를 외롭게 지키는 야경대원들을 돕는 것이었다.[31] 이 야경대원들의 실루엣은 여러 그림자들 사이에서 아무리 희미하게 보였을지라도, 생명과 재산의 보호는 그들의 어깨 위에 놓여 있었다.

II

나는 야경대원들의 지긋지긋한 소음에 매일 아침 잠에서 깨어나
하루를 시작한다.
길목마다 소리를 질러대고 집집마다 문 앞에서 고함을 쳐대는
이 작자들은 주민의 휴식을 깨는 것밖에는 아무런 쓸모가 없다.
_토비아스 스몰렛, 1771[32]

아마도 매춘이 아니라 야경이 세상에서 가장 오래된 직업일 것이다. 인간이 어둠을 두려워하면서 생겨난 직업이니 말이다. 초기 문화권에서 기병과 보병은 도시의 거리를 순찰했고 보초는 언제나 경계를 게을리하지 않았다. 그렇지만 도시 사람들이 야경대원의 눈과 귀에 가장 의존했던 시간은 밤이었다. "도시에서 밤에 경계를 게을리하지 않는 지도자는 시민이건 적이건 악행을 행하려는 자들에게 두려움의 대상"이라고 플라톤은 고찰했다. 5세기 로마의 수상이었던 카시오도루스(Cassiodorus)는 야경에 대해 이렇게 기록했다. "당신들은 자고 있는 사람들의 안전을 책임지고, 집을 수호하고, 대문을 지키면서 남의 눈에 드러나지 않는 조사관이자 조용한 재판관이 될 것이다."[33] 중세 사회 역시 평화의 수호자들을 고용했다. 이미 595년에 프랑크 왕국의 국왕 클로타르 2세(Chlotar II, 584~628)는 마을에 '야간 경비원'(garde de nuit)을 두도록 했다. 몇 세기 뒤에는 길드가 이 의무를 떠맡았다. 1150년에 이르면 파리에서는 상인과 수공업자들이 매일 밤 야경꾼이 되었다. 영국에서는 1285년 『윈체스터 법령』에 의해 모든 도시와 마을과 읍에 정규 야경대원을 두는 체제가 만들어졌다. 이 법령은 야경대원이 24시간 꼬박 순찰을 돌도록 규정했다. 야경대원은 지나가는 사람이 수상하면 체포할 권한이 있었고, 필요하다면 고함을 질러

마을 사람들을 깨울 권한도 갖고 있었다.[34]

토스카나 지방의 도시 시에나도 14세기 초에 이르러 소규모 야경대를 두었지만, 대부분의 유럽 도시에서는 16세기에 들어서야 야경대원을 두었고 그전까지는 보초와 고정 장벽에 의존했다. 프랑스에서 시민들이 야경을 도는 '야경 가족'(Famile de Guet)도 이 시기에 나타나서 구체제 내내 도시의 제도로 남아 있었다. 모리슨은 스위스 전역에서 "무장한 시민들이 길거리 여기저기서 야경을 보고 있는 것"을 알게 되었다. 영국의 큰 마을과 도시의 전형이라 할 수 있는 요크에서는 16세기 중반에 각 구마다 여섯 명의 대원이 저녁 8시부터 새벽 5시까지 순찰을 돌았다. 런던에 대해서는 토머스 플래터가 이렇게 말했다. "이 도시는 대단히 크고 개방되어 있고 인구가 많기 때문에 매일 길거리를 순찰한다."[35] 식민지 시대의 미국에서는 보스턴에서 찰스턴에 이르는 대도시들이 정착 초기부터 야경 제도를 확립했다. 보스턴에서 1636년 최초로 여름철 해가 진 뒤 순찰을 돌기 시작했지만, 이 제도를 가장 강력하게 실시한 곳은 뉴욕이었다. 1680년대 중반에 이르면 야경대원은 40명에 달했는데, 각기 8명씩 분대로 나뉘어 뉴욕의 다섯 구역을 순찰했다.[36]

모든 곳에서 야경대원에 의존한 것은 아니었다. 베를린에서는 17세기에 이르러서야 정규적인 순찰이 시작되었다. 더블린에서는 『윈체스터 법령』을 본떠 1677년부터 야경대원을 고용했다. 프랑크푸르트에서는 범인을 체포하기 위해 시민들에게 포상금을 지급했다.[37] 치안관이 기껏해야 한두 명밖에 없는 작은 지역에서는 갑작스러운 위기가 생기지 않는 한 야경대를 꾸리지 않았다. 에식스의 맬던 마을에서는 18세기에 도둑이 기승을 부리자 주민들이 세 명의 야경대원을 두는 것에 동의했다. 반대로 전략적 중요성을 갖는 도시는 더 강력한 방어 체제를 갖췄다. 15세기에 베네치아에서는 '즈비리'(sbirri)라는 전문적인 경호원들이 길거리를 순찰한 한편, 활력적인 조선 산업으로 명성 높았던 이 도시의 조병창에서는 자체의 노동력으로 수비대를 여럿 조직했다. 그 가운데 규모가 가장 큰 '야간 경비대'(guardiani di notte)는 정규적으로 조선소를 경비했다. 특이한 것은 프랑스 북부 해안의 수비대 주둔 도시이자 귀중한 해군 기지였던 생말로의 사례였는데, 여기에서는 매일 밤 맹견들을 풀어놓았다. 이러한 관례의 계보는 13세기까지 거슬러올라가며, 여기에 대해 도미니크회 수도승이었던 알베르투스 마그누스(Albertus Magnus)는 개들이 "훌륭하고 믿음직하게 순찰한다"고 평했다. 17세기 초에 그곳을 지나가던 한 관찰자는 다음과 같은 기록을 남겼다.

> 땅거미가 내릴 때면 종이 울려 벽 밖에 있는 모든 것들에게 도시 안으로 들어가라고 경고한다. 그런 뒤 대문이 닫히고 여덟에서 열 쌍의 굶주린 맹견이 밤새도록 휘젓고 다니며 해군 기지를 지킨다. 취해서 밖에 쓰러진 불행한 사람들은 다음날 아침 이즈르엘의 이세벨과 같은 꼴로 발견되었다. 〔이세벨은 이스라엘 아합 왕의 아내로서 악녀로 유명했다. 죽은 뒤 이즈르엘 마을의 개들에게 먹혔다.〕[38]

이런 예외가 있긴 했지만, 야경대원은 도시 밤 풍경의 공통적인 특징이 되었다. 숫자와 외관과 비용에는 차이가 있었지만 그들의 본질적인 의무는 거의 모든 곳에서 똑같았다. 보통 야경대원들은 혼자서 또는 두 명이 한 조를 이루어 한 구역이나 한 교구의 경계선을 따라 걸으며 순찰을 돌았고, 파리의 '야경 가족'처럼 말을 타고 순찰을 도는 단원들도 있었다. 일 년 내내 밤마다, 거의 밤새도록 순찰을 돌았다. 1719년에 한 작가는 "모든 나라에서, 잘 통치되고 있는 모든 도시에서 이것을 실행했다"고 적었다. 영국에서는 야경대원들이 순찰을 돌고 지역 초소의 순찰관에게 보고하게 되어 있었다. 런던에서는 1640년대에 이런 제도를 도입했다. 초소는 야경대원들이 순찰을 돌기 전과 돌고 난 뒤에 따뜻한 난롯가에 모이는 방의 역할을 했다.[39] 대다수의 단원들은 가볍게 무장했다. 랜턴과 막대기, 또는 순찰 곤봉(watch-bill)을 들고 다니는 것이 고작이었는데, 순찰 곤봉은 막대기 끝에 칼날이 숨겨져 있었다. 노르웨이와 덴마크의 야경대원들은 '새벽 별'(morgenstern)이라는 이름의 못 박은 철퇴로 무장했다. 스톡홀름의 단원들은 집게 달린 장대를 휘둘러 불량배들의 목이나 다리를 붙잡았다. 암스테르담의 '딸랑이 야경'(rattle-watch) 단원들은 경보음을 내는 딸랑이와 함께 죽창이나 도끼 달린 창을 들고 다녔다. 18세기 이전 미국에서는 인디언과의 접경 지역에서만 총기를 소지하는 것이 보편적이었다. 신흥 정착지인 뉴헤이번에서 야경대원들은 "해가 진 뒤 1시간 이내에 무기를 완전히 갖추고 총을 장전한 뒤" 보고하라는 지시를 받았다.[40]

산업화 이전의 마을에서는 교회의 종탑에 야경 단원을 배치하기도 했다. 그들은 사고를 목격하면 즉시 나팔을 불거나 종을 울렸고, 화재 사고가 나면 사고 현장을 향하여 랜턴을 걸었다. 영국과 지중해 이외의 다른 곳에서는 16세기에 이르러 망루가 범죄 예방의 초소가 되었다. 베르겐에서 그단스크에 이르기까지 망루가 지상의 순찰을 도왔다. 암스테르담처럼 큰 도시에는 사람들이 지키고 있는 종탑이 네

개 있었지만, 일반적으로는 전망이 가장 좋은 제일 높은 종탑이 망루로 선택되었다. 프랑스의 생토메르에 있는 성 베르탱 종탑은 300계단 넘게 올라가야 한 반면, 미국 초기 마을의 스카이라인은 지평선을 따라 낮게 흘렀다. 뉴잉글랜드에 정착한 사람들은 때때로 공회당의 지붕에서 경계를 서기도 했다. 뉴헤이번의 관리들은 야경대원들에게 화재나 인디언에 대비하여 하룻밤에 서너 차례 순찰을 돌라고 명령했다. 망루를 지키는 사람들에게는 지루함 외에도 추운 날씨와 강한 바람이 큰 걱정거리였다. 덴마크 사람들은 망루에서 독한 술을 곁에 두었고, 뉘른베르크 종탑을 지키던 야경대원은 잠을 쫓기 위해 틈틈이 나팔을 불곤 했다.[41]

걸어다니던 야경대원은 날씨를 알려주었을 뿐만 아니라, 큰 소리로 시간을 알려주기도 했다. 교회 종은 해가 질 때와 동이 틀 때에만 울렸지만, 야경대원들은 매 시간마다 알려줬다. 시간을 외치고 나면 목이 터져라 악을 쓰며 부르는 야경대원의 노래가 뒤따랐다. 어떤 것은 장난스럽기도 해서, 영국에서는 이런 노래도 있었다. "어른과 아이, 처녀와 여편네들이여/ 습관을 고치기엔 늦지 않았소./ 문을 잠그고 따뜻한 침대에 누우시오./ 처녀성을 잃으면 큰 손해니." 아무리 장난스러워도 다른 노래들처럼 실제적인 교훈을 전달하는 것을 잊지 않았다. "자물쇠를 잘 살피시오./ 난로와 등잔도 잘 살피시오"라는 구절은 빠지지 않는 충고였다. "평화롭게 주무시오. 내가 경계를 하고 있으니" 하는 마르세유 야경대원의 노래처럼 위안을 주기 위한 것도 있었다. 종교적 성격이 강한 것도 많아서, 시간을 알림과 동시에 기도를 하라고 요구하기도 했다. 슬로바키아의 야경대는 "독실한 사람들아, 깨어나서 무릎을 꿇으라"고 노래 불렀다. 영국 북부 야경대원의 노래는 이렇게 호소했다.

> 야경대원들아, 들으라.
> 12시가 왔다!
> 신이 우리 마을을
> 화재와 낙인과
> 마수로부터 보호하신다.
> 12시가 왔다![42]

밤새 구성지게 노래했던 야경대원들의 외침은 흥미로운 문제를 제기한다. 단원들은 누구를 향해 외쳤을까? 밤늦은 시간에 누가 들을 수 있었을까? 비판자들이 때때로 주장하듯 야경대원들 자신이 어떤 골목길 구석에서 잠들어 있지 않다는 것을 증명하기 위해 그렇게 크게 노래했을까? 그러나 그런 목적이라면 나팔이나 종으로도 충분했다. 야경대원들이 시간을 알리기 위해 나팔을 불었던 라이프치히에서도 그들은 경건한 훈계를 노래로 불렀다. 거기뿐 아니라 다른 곳에서도 시 당국의 목적은 의사소통이었던 것이 명백해 보인다. 아무리 늦은 시간이라도 야경대원의 노래는 들을 수 있는 범위에 있는 모든 사람들에게 전달되었다. 덴마크의 항구 헬싱외르의 법령이 설명하듯, 주민들은 "밤이 어떻게 지나가고 있는지" 알 필요가 있었다.[43]

야경대원의 고함은 잠든 가족들에게 또다른 역할을 했을 것이다. 도시 주민들의 빈번한 불평으로 짐작건대 마을이나 도시에서 사람들은 깊고 고른 잠을 잘 수 없었는데, 야경대원들의 큰 소리 탓도 없지 않았다. 시끄러운 노랫소리에 깊은 잠에서 깨어나는 일에 익숙했던 당대 사람들은 그 모순을 알고 있었다. 17세기의 한 시인은 이렇게 읊었다. "누워서 잠에 들려고 해도,/ 종 치는 사람들이 깨기 싫은 단잠을 깨우네." 덴마크의 루드비그 홀베르 남작이 쓴 희곡 『가면무도회』(Masquerades, 1723년경)에 등장하는 하인 헨리히는 이렇게 불평한다. "그 사람들은 밤에 매번 우리의 잠을 깨워놓고는 잘 자라고 소리친다." '불면증 환자'라는 필명의 한 런던 신문 통신원은 야경대원이 소란을 피우는 이유는 잠자는 사람을 질투해서라고 주장했다. 그렇지만 지역의 관리들은 사람들이 잠을 깨면 도둑이나 폭력 범죄, 화재 같은 위험을 경계할 수 있다고 생각했다. 아일랜드의 성을 순찰하던 보초들이 소리를 지른 것도 그런 목적에서였다고 한다. 16세기 말의 역사가 리처드 스테인허스트(Richard Stanihurst)는 다음과 같은 사실에 주목했다. "그들은 반복하여 고함을 질러 가장들에게 밤도둑과 부랑자를 조심하라고 경고한다. 너무 깊이 잠들면 집에 침입한 적들을 용감하게 물리칠 수 없기 때문이다." 도시 야경대원들의 고함소리가 의도적인 정책이었는지 아니면 의도하지 않은 결과였는지는 알 수 없지만, 도시의 지도자들은 이들에 대한 불평에 별로 귀 기울이지 않았다.[44]

야경대원에게 화재 예방은 중요한 임무였다. 밤에 화재가 더 많이 일어날 뿐 아니라, 불조심을 외치고 다니는 사람이 없었기 때문에 더 위험했다. 수상한 불이나 연기의 진원지를 조사하는 것이 야경대원의 의무였다. 식민지 시대 필라델피아의 관리들은 밖에서 담배 피우는 사람들을 체포하라는 명령을 받았고, 보스턴의 야경대원은 민가 부근에서 담배를 피울 수 없었다. 야경대원의 더 중요한 임무로는, 화재가 일어나면 경보를 울리는 것이었다. 매춘이 합법적인 도시에서는 창녀들만이 그 일을 같이했다. 교회의 종소리가 이 경보의 역할을 했다. 1504년 스톡홀름에서 화재가 일어났을 때 근무에 태만했던 종지기는 능지처참의 형벌을 선고받고, 간곡한 탄원으로 교수형으로 감형되었다. 프랑스의 메르시에는 불만을 토로했다. 야경대원들은 "나이나 직업이나 신분을 불문하고" 지나가던 사람들 아무나 동원해서 소방 작업을 할 권한이 있었다는 것이다. 돕기를 거절한 사람은 체포될 수 있었고, 유죄가 확정되면 귀를 잘렸다.[45]

야경대원이 순찰중에 해야 할 또다른 일은 집주인이 문을 잠갔는지 점검하는 것이었다. 런던의 한 방문객은 "야경대원들이 지나가면서 집집마다 문을 곤봉으로 두드렸다"고 기록했다. 어느 날 아침 피프스도 문을 두드리는 소리에 잠을 깼다. "경관과 야경대원이 뒷문이 열렸다고 알려주었다."[46] 잠재적인 범죄자들을 살피는 것도 야경대원의 임무였다. 영국에서 야경대원은 밤에 돌아다니는 수상한 사람들을 직권으로 체포할 수 있었다. 그것은 일반 체포영장을 가지고 술주정꾼, 창녀, 부랑자, 그 밖에 질서를 문란하게 하는 자들을 구금할 수 있는 권리를 뜻했다. 그 시대의 어떤 사람은 이렇게 말했다. "길거리에서 나쁜 의도가 의심되는 사람이나 시비를 거는 사람이나 음란한 여자들을 보면 야경대원은 그들을 초소의 순찰관에게 데려갈 권한이 있었다." 그곳에 치안판사가 있다면 용의자들은 심문을 받고, 그렇지 않을 때에는 하룻밤을 유치장에서 보낸 뒤 다음날 아침 조사를 받았는데, 교도소로 보내지는 경우가 많았다. 권력을 남용할 기회는 많았다. 선량한 보행자들은 야경대원들의 권위를 개탄했다. 17세기의 작가가 불평을 늘어놓았듯이, 그들은 "자신보다 훨씬 나은 사람들"을 체포할 수 있었다. 더 나쁜 것은, 때로 이들이 가난한 사람들을 가혹하게 대했다는 사실이다. 1742년 어느 날 밤 술 취한 순찰관들이 26명의 여자들을 체포하여 유치장에 감금하고 문과 창문을 모두 닫아버렸다. 아침에 네 명이 질식사한 채 발견되었다. 네드 워드의 희곡에 나오는 순찰관은 이렇게 외친다. "나는 밤의 제왕이다. 나는 아무나 막고 명령하고 조사하고 쓰러뜨리고 감옥에 가둘 수 있다."[47]

도시 중심지에서 횡행하던 무법 행위들을 생각하면 당국에서 왜 더 많은 전문 인력을 배치하지 않았는지 의아해할 수도 있다. 큰 비용이 드는 데다가, 영국과 미국에서는 전통적으로 군주의 절대권력에 대한 두려움이 있어 훈련받은 경찰의 창설이 어려웠다. 경찰도 상비군처럼 독재적인 통제권하에 들어가지 않을까 하는 걱정에서였다. 1790년에 영국을 방문했던 한 러시아 사람은 이렇게 회고했다. "영국민들은 엄격한 경찰 제도를 두려워해서, 보초나 초소를 보느니 차라리 도둑맞기를 택한다."[48] 관리들 사이에서는 밤이 폭력 범죄의 소굴이라는 불평 섞인 인식도 있었을 것이다. 낮의 무질서라는 위험을 감수하기보다는 인간의 악행을 어둠 속에 감추는 것이 더 낫다는 생각이 대세였다. 많은 도시와 마을에서 이런 생각이 얼마나 근시안적인 것인지 자명하게 드러나긴 하지만, 당분간은 범죄에 더 강력한 대응을 하지 않아도 되었을 것이다. 무엇보다 중요한 것은, 산업화 이전 시기에 도시 관리들의 목적은 밤의 활동을 규제함으로써 범죄를 막고 화재를 예방하는 것에 국한되었다는 것이다. 유럽 전역에서 야경대원의 임무는 "길에서 별 용건이 없는 사람들을 없애는 것"이었다. 그들의 목적은 보행자들에게 더 쾌적한 밤시간을 만들어주려는 것이 아니라, 그들을 집에 보내는 것이었다. 게다가 그 임무조차 규칙대로 수행되지 않았다. 런던에 거주하던 사일러스 네빌은 어두운 바깥에서 "너무나 무서워서" 야경대원을 거듭 불렀지만 도움을 받지 못했다. "그들이 거절한 뒤 나는 어찌어찌해서 가까스로 여인숙에 안전하게 도착할 수 있었다. 맙소사!"[49]

그럼에도 야경대원들이 짊어진 의무는 버거웠다. 낮에는 법 집행을 여러 기관에서 맡아 한 반면, 밤에는 8시간 넘게 그들만이 그 일을 했다. 야경대원들의 보고를 받는 순찰관들을 제외하고는, 치안을 담당하거나 화재가 났을 때 대처하는 임무를 맡은 공공 관리는 없었다. 보스턴의 어떤 주민은 이렇게 말했다. "방범대원은 밤에 마을을 지켜주는 가장 위대한 수호자들이다." 그런 임무만으로도 버거울 텐데 피로와 추위와 오물로 가득한 길거리가 그들의 짐을 더 무겁게 했다.[50]

많은 마을에서 처음에 이 일은 건장한 신체를 가진 모든 사람들이 시민으로서 해야 하는 의무였다. 마을 사람들은 번갈아가며 거의 보수를 받지 않고 봉사했다. 하지만 16세기에 이미 부유한 사람들은 지방 관리에게 돈을 지불하고 자기 대신 야경을 돌 사람들을 고용했다. 곧 대서양 양쪽의 거의 모든 곳에서 이러한 방식이 통용되기에 이르렀다. 그러나 야경대원의 임금은 여전히 빈약하여 많은 대원들이 어쩔 수 없이 낮에 부업을 했다. 나이가 많고 병약한 사람들은 적선에 의존해 부족한 수입을 메웠다. '노쇠한', '나약한', '지친' 등이 그들을 묘사하는 말이었다. 1676년 노리치의 법정은 빈번한 화재 사고의 원인이 야경대원 중 "깨어 있고 건장한 주민"이 부족하기 때문이라고 했다. 한편 런던의 배심원들은 절도범을 방면했는데 그 이유는 "증거가 전적으로 야경대원의 증언밖에 없고," 게다가 그 야경대원은 "늙고 눈이 침침하기 때문"이라는 것이었다. 대원 중에는 청소년들도 꽤 있었다. 뉴욕 당국은 소년, 견습공, 하인을 야경대원으로 모집하지 말라고 경고했다. 1662년 보스턴 시의 행정위원들은 "시에서 여러 번 젊은이들로 구성된 야경대원을 위촉했다"고 밝혔다. 보통 순찰관은 사회의 중간 계급 출신이었지만, 야경대원 대부분은 하층 계급에 속했다. 한 논평자는 그들이 "인류의 쓰레기"라고 말하기도 했다. 슬로바키아의 마을에서는 과부들이 야경꾼을 하기도 했다.[51]

야경대원들에 대한 사람들의 경멸은 말할 수 없을 정도로 엄청났다. 그들의 신원보증서도 용모도 대중의 신뢰를 사지 못했다. 이 사람들은 〈야경〉이라는 렘브란트의 유명한 그림에 나오는 것처럼 화려한 옷깃이 달린 비단옷을 입고 허세를 부리는 수비대가 아니었다(사실 렘브란트의 그 그림은 프란스 반닝 코크 대장의 자경단을 그린 것으로서 '야경'은 뒷날 잘못 붙여진 이름이다). 야경대원들은 제복이 따로 없었다. 그들은 해진 모자를 쓰고 찬 밤공기에 대비해서 외투나 두꺼운 웃옷을 입었다. 런던의 야경대원에 대해 한 작가는 이렇게 묘사했다. "그는 까맣게 때묻은 긴 옷을 입었다. 그 옷은 발목까지 내려왔고, 허리는 넓은 가죽띠로 꽉 조였다." 때로는 헝겊 조각을 목도리처럼 머리에 두르기도 했다. 영국의 야경대원들은 양파를 먹는다고 조롱받았다. 토머스 데커는 "그들은 양파가 감기약인 줄 안다"고 기록했다. 무엇보다도 조롱을 받은 것은 그들의 행동이었다. 그들은 극작가나 시인의 표적이 되었다. 셰익스피어는 『헛소동』(Much Ado About Nothing, 1600)에서 도그베리 경관을 묘사하면서 그 당시 만연했던 편견을 반영했다. 그의 유쾌한 명령에 따라 구역의 관리들은 기꺼이 재판관에게 등을 돌리고 도둑들을 눈감아주었다. 도그베리는 이렇게 지시한다. "도둑을 잡았을 때 가장 평화로운 해결책은 자신이 도둑이란 걸 직접 보여주도록 당신 동료에게서 물건을 훔쳐보게 하는 것이다."[52]

어떤 현명한 야경대원들은, 특히 경범죄의 경우, 이웃들에게 피해를 주면서까지 인기 없는 법률을 강제로 집행하려 들지 않았다. 이를테면 파리의 야경대원은 밤늦게 선술집에서 법석을 피우는 사람들을 '정직한 사람들'(honnêtes gens)이라는 이유로 제지하지 않았다. 야경대원들이 부패했다는 주장도 많았다. 창녀들과 어울릴 뿐 아니라 도둑에게서 뇌물을 받고 그들과 공모하기도 했다. 1483년 스웨덴의 시장(市場) 도시 보르게르네의 시민들은 순찰관 하나가 정기적으로 청소년들에게서 밤에 동전을 갈취했다고 불만을 토로했다. 런던의 한 작가는 "교구와 구역의 여러 매음굴을 돌아다니면서 묵인해주는 대가로 돈을 받는 순찰관들"에 대해 쓴 바 있다. 낮잠을 자거나 술에 절어 있거나 순찰 순번을 빠지는 등, 의무를 게을리하는 야경대원들은 더 흔했다. 제네바에서는 대원들의 업무를 점검하기 위해 순찰 경로를 따라 놓여 있는 상자에 밤톨을 넣도록 했다. 영국에서 17세기 중엽에 만들어진 〈야경대원의 노래〉(Watch-mens Song)는 이렇게 비아냥거렸다.

> 노래하고 즐기라, 날이 저물었고,
> 건전한 밤이 나타났으니.
> 밤에 믿을 만한 왕좌에 앉은
> 순찰관은 동료들과 함께 즐기고,
> 건강한 목소리의 말쑥한 야경대원은
> 훌륭한 공화국을 위해 잠을 잔다.[53]

작자 미상, 〈밤의 경찰〉, 18세기
원숭이로 묘사된 야경대원이 방범 초소에 있는 순찰관에게 푼돈을 주고 있다.

야경대원들이 순찰을 돌다가 욕설과 신체적 공격을 당한 것도 그리 놀라운 일이 아니다. 어떤 밤에는 '거친 말'과 '나쁜 언어'가 자유롭게 돌아다녔다. 파리에서는 야경대원을 조롱하여 어설픈 작자(savetiers)나 '평발'(tristes-à-pattes)이라 불렀다. 어느 날 밤늦게 순찰관에게서 집에 돌아가라는 말을 들은 조지프 필포트는 "포츠머스의 순찰관은 제 엉덩이에 입이나 맞춰라"고 대꾸했다. 17세기 에식스에서는 야경대원에 대한 공격이 범죄의 많은 부분을 차지했고, 달마티아의 항구 도시 두브로브니크에서는 무장한 순찰대원까지 폭력의 제물이 되기도 했다. 1635년 덴마크의 네스트베드 마을에서는 어느 날 밤 야경대원 둘이 시장 집으로 도주하여 잠옷을 입고 있는 그를 깨웠다. 그들 뒤에는 "저놈들 죽여라"고 외치는 한 떼의 제화공 도제들이 칼을 들고 쫓아오고 있었다. 영국의 한 비판자는 이렇게 개탄했다. "우리의 야경대원들은 조금도 무섭지 않아서 도둑까지도 조롱한다."[54]

III

법은 아침과 밤에 똑같지 않다.
_조지 허버트, 1651[55]

프랑스의 법학자 장 카르보니에는 밤이 법의 통치를 낳았을 거라고 생각했다. 초기 사회는 빛이 아닌 어둠 속의 행동 때문에 개인적 비행에 대한 제재를 규정해야 했을 것이다. 카르보니에의 주장에 따르면, 역설적이게도 중세 말기에 이르면 법은 밤에 기껏해야 아주 미약한 영향력만을 행사할 수 있었다. 밤에 칙령이나 법령은 죽은 문자나 다름없었다. 사실상 산업혁명이 있기 전까지 저녁 시간은 도시와 농촌 지역에서 모두 법의 감시를 벗어나 있었다. 카르보니에의 우아한 말로 표현하자면, '법의 공백'(vide de droit)이었다. 제도는 너무도 나약하고 밤의 위험은 너무도 커서 당국에서는 시민에 대한 책무를 포기했다.[56]

대부분의 법정과 재판소는 저녁마다 침묵에 빠졌다. 밤에 소송이 금지된 것은 피곤하거나 밤에 통행이 위험하기 때문이기도 하지만, 밤은 침범할 수 없는 영역이라는 관리들 사이의 믿음 때문이었다. 고대 로마법의 기반이었던 『12표법』(Twelve Tables)에서 이미 재판관들은 "해가 지기 전에" 판결을 내리라고 지시했다. 또한 어둠은 기만과 비밀이라는 의미를 함축하기도 했다. 로마의 유명한 변론가였던 퀸틸리아누스는 "나쁜 의도를 갖는다는 것은 밤에 혼자서 무언가 음험한 일을 한다는 의미이다" 하고 말했다. 중세 후기에 부활한 로마법의 한 지침으로서, 밤시간이 불성실을 조장한다는 확신은 유럽 대륙 전역에 지속적으로 영향을 미쳤다. 어떤 지역에서는 어두워진 다음에 계약을 맺는 것을 금지했고, 허용되었다 할지라도 그 타당성은 의심을 받았다. 밤에 작성한 계약, 서약, 유언은 모두가 의혹을 불러일으켰다. 16세기부터 스위스 어떤 지역에서 통용되던 규약에 따르면 "햇살이 산꼭대기 뒤로 사라진" 다음에는 저당잡히려는 물건의 감정을 받을 수 없었다. 어떤 곳에서는 유언자가 밤에 상속자를 지명하는 것이 금지되었고, 유언 자체는 '세 개의 불빛'이 있는 곳에서만 읽을 수 있었다.[57]

영국 법정도 비슷한 생각 아니었을까 싶지만, 영국 법에는 명확한 제한 규정은 별로 없다. 주목할 만한 예외는, 세입자가 집세를 내지 못했을 때 재산을 압류할 권리를 가진 집주인이, 어두워진 다음에는 그런 권리를 행사하지 못하도록 한 것이다. 울타리를 벗어나 돌아다니는 옆집 가축을 밤새 가둘 수 있는 권리 정도만 있었다. 야간 거래에 대한 관습적인 편견에 더해, 영국 법정에서는 개인의 주거지가 밤에는 성스럽게 보호받는 안식처가 된다고 여겼다. 매슈 헤일 경은 『형사소송의 역사』(History of the Pleas of the Crown, 1736)에서 "법에 의해 모든 사람들은 자신의 집과 거주지와 관련하여 특별한 보호를 받는다"고 말했다. 매사추세츠의 존 애덤스(John Adams)는 이렇게 선언했다. "모든 영국인은 자신의 집에서, 특히 밤에, 법이 보장한 강력한 보호와 감미로운 안전과 즐거운 평온을 정당하게 누린다."[58]

그렇지만 밤에는 법 집행에 한계가 있었다는 카르보니에의 주장은 부분적으로만 정당하다. 그 주장에 비하면, 밤에 형벌 집행 기관의 영역은 얼마나 더 크게 확장되었던가? 저녁이 시민 사회의 중지를 선언한 것은, 범죄의 위험성이 커졌다는 것을 뜻하기도 했다. 순찰관과 야경대원 대신 화재 예방의 의무가 더해진 훈련된 경찰을 배치함으로써 당국이 더 활력적으로 대응해야 했다는 것도 사실이다. 그렇지만 다르게 생각하면, 낮에 도시의 길거리를 정규적으로 순찰하는 관리는 없었다. 그런 인력이 밤에 존재했다는 것 자체가 정부의 권력을 확인하는 특징적인 면모였다. 한 비판자는 순찰관을 '밤의 행정장관'이라고 불렀다. 그럴 정도로 이들은 상당한 법적 권위를 가지고 있었다. 영국에서 낮의 관리들은 체포권에 국한된 권력을 가졌지만, 야경대원과 순찰관은 광범위한 재량권을 지녔다. 경찰이 없는 밤에 그들의 권한을 키워주는 것은 이러한 비전문적 방범 제도의 약점을 보완하는 한 방식이었다.[59]

야간 범죄를 예방하는 다른 조치도 있었다. 범인 취조에서 고문을 제한적으로 허용한 지역의 판사들은 어두워진 다음에 일어난 범죄에 대해서는 고문을 더 유연하게 허용했다. 이탈리아에서는 중세 후기부터 밤에 일어난 범죄를 조사하고 기소하는 약식 재판소가 생겼다. 이러한 재판소 가운데 가장 중요한 것은 베네치아의 '밤의 수호자'(Signori di Notte)와 피렌체의 '밤의 관리'(Ufficiali di Notte)였다. 덴마크의 여러 마을에서는 밤의 범법자를 재판하기 위해 시민들 스스로 법정을 열 수 있는 권리를 허용했다. 밤에 사형을 집행하는 일도 없지

피에르 폴 프뤼동, 〈죄를 쫓는 정의와 신성한 복수〉, 1808

않았다. 때로는 유죄 판결이 나자 곧바로 진행되었는데, 그 이유는 대중의 불만을 신속하게 잠재우기 위해서, 또는 신속한 판결의 중요성을 강조하기 위해서였다. 예컨대 1497년 8월 피렌체에서는 아침부터 자정까지 재판을 진행한 뒤 다섯 명의 죄수들을 신속하게 처형했다. 밀라노의 법학 교수 폴리도루스 리파(Polydorus Ripa)는 1602년 이렇게 주장했다. "만일 위험이 지연되고 있다면 밤에도 처형을 할 수 있다." 어둠 역시 사형 판결의 공포를 확대시켰다. 1745년 더블린에서 노상강도들이 극성을 부리자 관리들은 횃불을 켜고 일곱 명의 범죄자들을 교수형에 처했다. 한 목격자는 이렇게 증언했다. "그러한 처형 장면은 놀랄 정도로 숙연했기 때문에 사람들의 마음속에 큰 두려

움을 심어주어" 노상강도의 수가 줄어들었다.[60]

어느 법정이든 야간 범죄에 더 엄한 처벌을 내리는 것은 더욱 일반적인 일이 되었다. 법으로 명문화되지는 않았지만 이러한 판결은 보통 재판관이나 배심원의 정상적인 심리 과정에서 결정되었다. 중세 후기에 수많은 야간 범죄가 한결 심한 처벌을 받았다. 1342년 시에나에서 한 여인은 폭력 혐의로 유죄가 확정되었는데, 처음에는 피해자가 남자였기 때문에 처벌이 반으로 줄어들었다가, "피해자의 집에서 그를 때렸기 때문에" 두 배로 늘어나 원래대로 되었고, 그 범죄가 밤에 일어났기 때문에 또다시 두 배로 늘었다. 주로 절도 사건이 재판 일정표를 채웠던 근대 초의 법정에서는 이런 일이 흔했다. 리파는 "밤도둑이 낮도둑보다 더 심한 처벌을 받아야 한다"고 기록했다. 통행금지 종이 울린 후의 도둑질에 대해 스웨덴의 여러 마을에서는 법으로 사형을 규정했고, 18세기 프랑스의 세네쇼세(Sénéchaussée, 지방 재판관의 관할 구역) 법정에서는 도둑에게 엄한 선고를 내리는 데 어둠이 가장 큰 요인이었다. 영국 법정에서 기소장에 범죄가 밤에 일어났는지 명시하는 것이 당연한 일이었듯, 스코틀랜드의 재판 기록은 범죄가 "밤의 구름과 침묵 속에서" 저질러졌는지 꼬집어 지적하고 있다.[61]

특히 심각했던 것은 집에 침입하는 강도였다. 튜더 시대에 이것은 글을 읽을 줄 안다고 주장하는 범죄자에게 사형을 면하게 해주는 범죄 목록에서 가장 먼저 삭제되었다. 16세기 후반 미들섹스 카운티에서는 강도의 80% 이상이 교수형을 받았다. 프랑스에서는 교수형이나 갤리선에서의 종신노역형이 일반적인 처벌이었다. 식민지 시대의 미국에서는 영국 법에 약간의 변화를 가해 그대로 적용했다. 처음에는 재산권 침해자들을 사형시키기 꺼렸던 매사추세츠의 청교도들도

1715년에 이르면 강도는 초범이라 할지라도 중죄라고 선언했다.[62]

밤에 저질러졌더라도 온정을 베풀 수 있는 유일한 죄가 있었다. 그것은 바로 주거침입자를 살해하는 것이었다. 『12표법』에서 7세기 중엽의 『로테르 칙령』(Rothair's Edict)을 거쳐 1283년의 『보베지 지방 관습법』(Coutumes de Beauvaisis)에 이르기까지 이러한 기본 원칙을 인정했고, 그것은 성 아우구스티누스와 영국의 법도 마찬가지였다. 희생자가 주거침입자라 해도 낮에는 살인 사건으로 인정받은 것이 밤에는 정당방위가 되었다. 그리하여 1743년 제네바의 검사는 도둑에게 총을 쏜 혐의를 받은 농부에 대한 고소를 기각했다. 검찰총장(procureur général)은 모세의 율법을 인용하는 데 더해, 그 침입자가 도둑질을 하려 했는지 살인을 염두에 두었는지 밤에 농부가 알 수 없었기 때문이라고 설명했다. 1766년에 『런던 매거진』(London Magazine)의 한 통신원은 "낮에는 침입자가 누구인지, 그가 살인하려는 의도 없이 단지 훔치기만 하려 했다는 것을 짐작할 수 있었으리라"고 회상했다. 이 통신원은 이렇게 설명했다. "낮이라면 침입자를 죽이는 것이 아니라 치안판사 앞에 데려가야 한다." 그러나 밤에는 모든 것이 달랐다. "밤에 집주인은 그가 누구인지 알 수도 없고, 다른 사람에게 도움을 요청할 수도 없다."[63]

재판의 과정과 처벌이, 그리고 실로 기본적인 권리와 특권이 밤과 낮에 따라 달랐다는 사실에 놀랄 필요는 없다. 어둠이 다가오면 공공질서를 유지해야 한다는 사실이 크게 부각되었다. 1668년에 프랑스의 한 검사는 리에주 출신 도둑 두 명이 겨우 교수형에 처해진 것을 탄식했다. "밤에는 공공 안전이 너무도 중요하기 때문에 그들은 형거(形車)에 묶여 능지처참당했어야 한다." 밤은 범죄자들에게 은닉처를 제공했을 뿐 아니라, 특히 잠에 빠진 사람들에게서 방어할 능력이나 이웃을 도울 가능성을 빼앗아갔다. 스코틀랜드의 한 검사는 "밤에는 사람들이 대부분 무방비 상태이기 때문에 밤에 훔치는 것은 분명 죄질이 더 나쁜 절도이다" 하고 말했다. 주거침입 강도의 경우 달빛이 있다 하여도 그것은 햇빛과 달리 범죄의 무서운 본질을 바꿔놓지 못했다. 범죄자가 누군지 안다 해도 마찬가지였다. 1769년에 윌리엄 블랙스톤 경은 다음과 같이 말했다. "어두운 한밤중만큼 더 적나라하게 범죄의 악의성이 드러나는 순간은 없다. 그때는 포식동물을 제외한 모든 피조물이 휴식을 취하고 있으며, 잠이 집주인과 그의 집을 무방비 상태로 만들어놓는다."[64]

정말 그랬다. 그 늦은 시간에 대부분의 사람들은 스스로 범죄와 사고에 대처해야 했고, 기껏해야 가족이나 가까운 이웃의 도움만 받을 수 있었다. 국가 권력이 꾸준히 성장하고 있었지만, 밤시간은 국가 권위의 지배에서 벗어나 있었다. 근대 초의 사법권에서는 이런 현실을 인식했기 때문에 범죄자들이 밤의 천연적인 혜택을 누리는 것을 저지하려 했지만 별 소용이 없었다. 일상적인 법령이나 통제 없이, 당국은 가혹한 처벌과 재판에 의존하여 최악의 폭력 범죄가 넘쳐나는 것을 막으려 했다.

그러나 효과는 별로 없었다. 18세기 중엽에 이르러서도 한 런던 주민은 "길거리를 휩쓸고 다니고 도시의 재산을 매일 밤 훔쳐가는 지옥의 대원들"에 대해 불만을 토로했다. 그 시기에 이르면 파리에서는 전문적인 '수비대'(garde)가 야경대원을 대체하였지만, 1742년에 한 변호사가 관찰했듯 "밤 10시가 지나면 밖에는 아무도 없었다." 그 대신 곤봉을 든 범죄자들이 큰길을 휩쓸었다. 굳이 좋게 말하자면, 야경대원과 원시적인 가로등마저 없었다면 도시의 상황은 더욱 나빴을 것이다. 궁극적으로 밤은 정부의 통제를 넘어선 곳에, 법정도 순찰관도 변화시킬 수 없는 자연법의 영역에 존재하고 있었다. 신의 전능함과 인간의 나약함에 대한 인식에 바탕을 두고 있는 집요한 운명론이 관리들의 사고방식을 뒷받침하고 있었다. 그리하여 덴마크의 올보르 마을의 어느 오래된 건물에 이런 유명한 잠언이 새겨져 있는 것이다. "주께서 도시를 굽어보시지 않는다면, 야경대원이 지키고 있어도 소용없다."[65]

4장

한 사람의 집은 그의 성이다: 가정의 요새화

I

신의 위대한 은총으로 우리는 햇빛이 사라지기 전에
집에서 안전하게 지낼 수 있다.

_에버니저 파크먼, 1745[1]

도시의 대문이 닫히기 훨씬 전부터 자연은 낮이 물러간다는 신호를 보냈다. 많은 가정에서는 시계가 아니라 주변 환경이 일상의 리듬을 알려줬다. 주기적으로 울리는 교회 종소리만이 정확한 자연과 경쟁을 벌일 수 있었다. 수없이 많은 전조가 저녁이 다가오는 것을 예고했다. 그중 많은 것은 바로 알아볼 수 있지만, 어떤 것들은 지난 세대에서 물려받은 지혜를 통해 알게 되는 것도 있었다. 해가 질 무렵이 되면 금잔화는 꽃잎을 닫기 시작했다. 까마귀떼는 둥지로 돌아갔고 토끼는 더 생기가 돌았다. 보통 타원형인 염소와 양의 눈동자는 둥글게 보였다. "염소의 눈이 나의 시계"라고 울리히 브레커는 스위스에서

목동 일을 하던 젊은 시절을 회상했다.[2]

하루 가운데 어둠이 밀려오는 이 시간대가 가장 큰 기대를 불러일으켰다. 이때야말로 그 어떤 시간대보다도 더 주의깊게 관찰해야 했다. 맑은 날이면 저녁 시간의 안내자가 하늘에서 내려왔다. 태양은 지는 길에 하늘에 여러 갈래의 섬광을 남겨놓았다. 17세기에 한 나폴리 사람은 이렇게 적었다. "하늘은 늑대의 코 색깔처럼 어두워진다." 그렇지만 여전히 자연의 가장 신뢰할 만한 시간표는 태양이 진 뒤 드리워지는 그림자에 있었다. 낮의 빛이 수그러들면서 사람들의 눈에 어둠은 하나씩 단계별로 다가왔다. 날이 가고 달이 가도 들판은 어김없이 순서를 밟아 그림자에 굴복했다. 땅거미를 가리키는 프랑스어 'Brune'(갈색)은 저녁 풍경의 변화하는 색채를 증언하는 말이었다. 지중해 지역과 달리 위도가 높은 북서 유럽에서는 황혼이 오래 남아 있었다. 토머스 하디의 『숲 사람들』(The Woodlanders, 1887)에 등장하는 전형적인 시골 사람은 이렇게 말한다. "벽시계의 규칙적인 차임벨 소리를 듣는 사람은 결코 알아챌 수 없는 수천 가지의 연속적인 색채와 모양의 변화를 풍경 속에서 볼 수 있다."[3]

산업화 이전 시대의 사람들은 낮이 떠나는 아름다운 광경을 멈춰서서 감상한 적은 거의 없었다. 새벽을 노래하는 찬사와 비교할 때 문학이나 편지에나 일기에나 그 시대 사람들은 일몰에 그리 감탄하지 않았다. 경외심보다는 불안감이 자리를 잡았다. 스튜어트 왕조 시대의 한 시인은 "밤이 시작되고, 우리에게 집으로 가라고 경고한다"고 썼다. 많은 사람들은 밤이 오기 전 '제때에' 집에 돌아가려고 서둘렀다. 늦게까지 우물쭈물한 사람들은 밤길을 가느니 친척이나 친구의 집에 묵었다. 예를 들어, 식민지 시대 뉴햄프셔의 농부였던 매슈 패튼은 법정 심리 때문에 늦어지자 "일이 끝났을 때 밤이 거의 다 되어서 우리는 집에 갈 수 없었다"고 했다.[4] 저녁이 들판을 뒤덮으면 늦은 길손은 '덮였다'거나 '잡혔다'고 썼다. 한 여행자는 "밤이 우리를 덮쳐, 남은 여행길이 불쾌하고 위험해졌다"고 말했다. 때로 밤의 유독한 대기는 시각이 침투할 수 없는 것처럼 보였다. 맥베스 부인은 이렇게 애원한다. "오라, 자욱한 밤이여, 그리고 당신을 지옥의 암갈색 연기로 덮어버려라."[5]

II

이제 도둑과 늑대와 여우가 먹잇감에 덤벼들지만,
강한 자물쇠와 훌륭한 기지는
많은 불행을 예방케 하리.
-니콜러스 브레턴, 1626[6]

밤이 오는 것을 나타내는 가장 일반적인 영어 표현은 분명 '문 닫을 때'(shutting-in)이다. 이 말은 다른 어떤 표현보다도 사람들의 불안감을 잘 포착하고 있다. 청교도 목사였던 새뮤얼 슈얼은 짧은 여행 끝에 일기에 다음과 같이 적었다. "문 닫기 전에 집에 잘 도착했다. 신에게 영광을." 한편 자주 사용되는 이 표현은 햇빛이 '닫혀'(shutting-in) 보이지 않게 되는 것을 비유적으로 의미하기도 했다. 한 런던 주민은 이렇게 말한 적이 있다. "나는 걸어서 햇빛이 '닫힐' 무렵 집에 돌아왔다." 그렇지만 현실적인 차원에서 '문 닫을 때'는 다가오는 어둠에 대비하여 집 대문을 걸어 잠가야 할 필요성을 강조하는 말이었다. 15세기의 시인 프랑수아 비용(François Villon)은 이렇게 가르쳤다. "집은 안전하다. 그러나 단단히 잠그라." 영국 속담에도 있었다. "사람들은 지는 해에 맞춰 문을 닫는다."[7]

"한 사람의 집은 그의 성(城)"이라는 말은 밤에 깊은 중요성을 띠었다. 최소한 16세기까지 거슬러올라가는 이 오래된 표현은 초가집에나 장원의 벽돌 저택에나 똑같이 적용되었다. 에드워드 쿡 경에 따르면 집은 한 사람의 "안식처일 뿐 아니라 폭력과 상해의 위험으로부터 방어하는 장소"의 역할을 했다. 신성한 영역으로 들어서는 접경 지역인 현관은 문과, 돌이나 나무로 만든 문턱으로 이루어졌다. 현관은 낮에는 개방되어도 밤에는 예상치 못했던 방문객이 넘어서면 안 되는 경계선을 뜻했다. 말을 타고 지나가던 사람이 접근하자 한 스코틀랜드 농가가 보여준 반응은 으레 있는 일이었다. 에드워드 버트는 다음과 같이 기록했다. "내 말이 집 앞에 다가가자 불이 꺼졌고…… 집 전체가 갑자기 정적에 사로잡혔다."[8]

밤에 만연해 있던 공포에도 불구하고 가정은 전혀 무력하지 않았다. 공공기관에서 보호해주지 않아도 사람들은 스스로 자신을 보호했다. 모든 사람들이 힘을 보탰지만, 가정을 돌보고 보호하는 의무는 남자 가장(paterfamilias)의 몫이었다. 저녁이 되면 제일 먼저 빨래와 연장을 안으로 거두어들인 뒤 잠자리를 만들었다. 문과 덧문과 창문은 굳게 잠그고 걸쇠를 채웠다. 런던의 한 와인 판매상은 "나는 어두워진 후에는 절대로 문을 열지 않는다"고 말했다. 영국의 한 극작가는 조지 왕조 시대의 가정에 대해 "앞뒤로 위아래로 차단하고, 걸어 잠그고, 가로막았다"고 묘사했다. 작가 장 파울은 바이에른에서 보낸 유년 시절을 이렇게 회상했다 "우리 거실에 불이 켜지면 동시에 요새가 되었다. 즉 덧문을 내리고 걸쇠로 잠근 것이다." 어린아이는 "이 창문의 총안과 흉벽 뒤에서 포근하게 보호되고 있다고 느꼈다." 음식이나 옷가지나 가재도구 같은 자질구레한 물건에도 도둑이 꼬였기 때문에 가난한 노동자들도 문단속을 철저하게 했다. 마차 제조업자 밑에서 일한 리처드 진은 이렇게 증언했다. "우리집은 내가 일하고 돌아오는 저녁 8시 30분 뒤에는 언제나 잠겨 있다. 그렇지 않으면 나는 다른 사람들처럼 죽을 것이다." 세탁일로 먹고살던 앤 타워즈는 런던 아티초크 레인에 있는 자기 집에 세간살이 외에도 "상당한 양의 무명 빨랫감"을 쌓아놓고 있었다. "나는 매일 밤 모든 것이 제대로 있는지 살펴본다."[9]

부유한 가정에서는 돌이나 나무 문설주에 짜 맞춘 큰 나무문이 현관을 지켰다. 쇠로 된 돌쩌귀와 빗장이 두꺼운 나무에 힘을 더해주었다. 그럼에도 불구하고 자물쇠가 아무리 많아도 안전하지는 못했다. 중세 이래 널리 사용된 기본적인 자물쇠 장치는 자물통 속의 홈에 자물쇠청을 열쇠로 밀어넣어 문을 잠그게 되어 있었다. 18세기에 용수철 자물쇠가 등장하기 전까지 열쇠 구멍은 노련한 도둑의 솜씨를 잘 버텨내지 못했다. 그때까지 가정집에서는 외부의 대문에 이중으로 자물쇠를 달고 안에는 맹꽁이자물쇠와 쇠막대기를 채워 스스로를 지켜야 했다.[10]

창문은 더 취약했다. 현대의 기준으로 보면 작은 크기였지만, 밤에 창문은 집안에서 가장 약한 곳이었다. 하층 계급에서는 창문을 기름 수건이나 헝겊이나 종이로 막았지만, 중세 후기에 이르러 귀족들의 집은 채색한 유리창을 자랑하기 시작했다. 16세기에 들어서야 중산 계급의 거주지에도 유리창이 생겨났다. 창문은 열을 차단할 뿐 아니라, 비바람은 물론 밤공기로부터 집을 보호해주었다. 나무 덧문은 침입자와 폭풍우를 막아주는 안전판이었고, 특히 겨울에 흙과 이끼로 빈틈을 막아놓으면 더욱 든든했다.[11] 산업화 이전에 대부분의 집에는 1층 창문에 쇠 덧문이나 창살이 있어서, 사람들은 집을 수녀원이나 감옥과 비교하곤 했다. 한 마드리드 여행객은 "자유로운 사람들의 거주지라기보다는 감옥과 비슷했다"고 말했다. 빈한한 지역에서도 유리창이 없으면 쇠창살이 필수적이었다. 프랑스 북부를 여행하던 한 사람은 이렇게 말했다. "사람들은 아주 가난하고, 끔찍한 오두막에서 살고 있다. 창에는 유리가 없고 쇠창살과 나무로 된 덧문이 있다." 창살을 댄 창문은 유럽 대륙에서 가장 흔한 것이었지만, 영국과 스코틀랜드 남동부에서도 창살을 보았다는 사람들이 있었다. 런던에서는 행정장관인 존 필딩 경이 창문에 십자가 모양의 창살을 대는 관례를 허용했다. 또한 그는 문마다 이중으로 걸쇠를 잠그고 빗장과 쇠사슬 장치를 하도록 권유했다.[12]

돈이나 식기나 보석 같은 귀중품에 더 큰 신경을 쓴 것은 당연한 일이었다. 재산이 있는 집에서는 자물쇠가 달려 있고 쇠로 테를 두른 참나무 장롱이 보편적이었다. 14세기 말에 파올로 다 체르탈도는 이렇게 조언했다. "밤에 잠을 자러 갈 때는 낮에 쓰던 물건들을 모두 잘 숨겨둬라." 새뮤얼 피프스는 의상실, 서재, 지하실을 포함하여 집 구석구석에다가 귀중품을 분산하여 숨겼다. 지하실에는 쇠 장롱들이 여러 개 있었다. "내 돈을 어떻게 보관해야 할지 생각하기조차 끔찍하다"며 그는 불안에 떨었다. "돈을 모두 동전으로 바꿔 한 곳에 두는 것은 전혀 안전하지 않으니 말이다." 150파운드를 가졌던 컴벌랜드의 앤 페든은 낮에는 그 돈을 서랍에 넣고 잠갔지만, "밤에는 침실로 가지고 갔다." 요크셔의 존 쿠퍼는 집 한구석의 큰 돌 밑에 갖고 있던 10파운드를 숨겼다. 동화에도 나오듯이 숨기는 장소는 집에 국한되지 않아서, 벽장과 장롱과 침대뿐 아니라 마른 우물이나 속이 빈 나무에도 숨겼다. 18세기 랑그도크 주민들 사이에서는 집안의 귀중품을 근처의 들판에 묻는 것이 유행이었다.[13]

이 모든 것이 가정에서 취하는 방어의 예비 단계였다. 덧문에 종을 달아놓는 것처럼 잠든 집안사람들에게 경고음을 내는 예방 조치도 있었다. 하인들 역시 경고음 내는 법을 알았다. 1672년 어느 날 노샘프턴셔의 한 가정에서 밤늦게 접시를 닦고 있던 세 명의 하녀들은 마당에서 인기척 소리를 듣자 곧바로 식구들을 깨웠다. "한 명은 종을 치고 또 한 명은 나팔을 불고 다른 한 명은 방마다 촛불을 켰다." 때로 부유한 저택에서는 경호원을 고용하기도 했고, 17세기 후반에 이르면 용수철 덫을 놓았다. 1675년 『농업 체제』(Systema Agriculturae)의 저자는 쇠로 만든 날카로운 대못을 바닥에 깔고 그 주위에 구리로 만든 철사 덫을 쳐두고 "밤에는 못과 덫이 보이지 않도록 하라"고 충고했다. 1694년 영국의 한 발명가는 "도둑이 침입하는 것을 예방하기 위해 어떤 집이든 편리한 장소에" 설치할 수 있는 '야간 엔진'을 고안해냈다. 지금은 이 기계의 정확한 모습이 알려져 있지 않지만, 아마도 한 세기 뒤 런던의 윌리엄 햄릿이 선전했던 또다른 '기계'의 전신이었을 것이다. 햄릿이 만든 장치는 넓은 틀에 종과 줄을 거미줄처럼 얽어놓은 것으로서, 도둑이 들거나 화재가 났을 때 경고음을 낸다고 광고했다.[14]

집안 식구들은 대부분 무장을 했고, 때로는 야경대원보다 더 중무장을 하는 경우도 있었다. 가정집의 무기고에는 칼, 죽창, 총포 따위가 있었고, 그보다 못 갖춘 집에도 곤봉과 막대기가 있었는데 그것으로도 치명상을 입힐 수 있었다. 농촌에서는 낫이나 도끼 같은 농기구가 무기의 역할을 했다. 옥스퍼드셔에 살던 소년 토머스 엘우드는 밤에 옥수수 밭을 지나가다가 "황소도 때려눕힐 정도로 큰" 널판을 휘두르는 농부의 공격을 받았다. 밤이 되어 식구들이 집으로 철수하면 언제나 무기를 옆에 가까이 두었다. 미들섹스의 한 지주는 1704년 5인조 복면강도의 침입을 받자 "언제나 침대맡에 뒀던" 칼을 즉시 꺼내들었지만 등을 찔렸다. 곤봉만큼이나 유용하게 쓰였던 것은 '침대봉'(bed-staff)으로, 침대 시트를 고정하기 위해 침대 양쪽에 하나씩 두는 두 개의 짧고 단단한 막대기였다. 침대봉은 손쉬운 무기로서 널리 유명해졌고, 따라서 "침대봉이 번쩍거릴 사이에"(in the twinkling of a bed-staff)라는 표현이 나왔으리라고 짐작된다. 1625년 햄프셔에서 한 견습공이 자고 있는 주인을 손도끼로 공격했는데, 그는 곧 침대봉으로 반격당했다.[15]

총기류는 정확도가 높아지고 다른 기술적 진전까지 이루어지면서 17세기 중반 이후 집주인들이 더 많이 사용하게 되었다. 켄트에서 1560년과 1660년 사이에 사망 사고에서 총기가 사용된 비율은 3%에도 미치지 못했지만, 1720년에 이르러서는 25%에 달했다. 집과 가족을 지키려다가 발생한 대부분의 사건들은 보통 법정에서 방면 조치를 받았다. 어느 날 밤늦게 초에 불을 붙이려던 제임스 보즈웰은 심지 상자를 찾으려다 포기했다. 그 이유는 "권총 한 쌍을 언제나 옆에 두고 있는" 집 주인이 그를 도둑으로 오인할까 두려워서였다. 어렸을 적부터 집에 도둑이 들까 두려움에 사로잡혔던 차크 샬럿의 집보다 더 무장이 잘 된 집은 런던에 없었을 것이다. 양친에게 물려받은 은제 식기들을 침대 곁에 두었던 그녀는 개인 무기고라고 할 수 있을 정도의

토머스 롤런드슨, <가택 침입자들>, 1788

화력을 소유하고 있었다. 거기에는 "내 소유의 작은 카빈총, 무거운 나팔총, 소총과 두 자루의 권총"이 포함되었다. 그녀는 매일 밤 잠들기 전에 모두 총알 두 발씩 장전해두었다.[16]

밤에는 늘 사고사가 일어났다. 조금 이상한 소리나 낯선 불빛도 집안사람들을 궁지로 몰아넣었다. 컴벌랜드 마을에서는 대장장이의 아들이 하녀를 불러내는 신호로 밖에서 휘파람을 불다가 도둑으로 오인받아 총에 맞았다. 폰터프랙트에서는 노망든 노인이 남의 집에 잘못 들어갔다가 하녀의 "도둑이야"라는 고함소리에 칼을 들고 나온 주인에게 찔려 죽었다. 식민지 시대 초기 뉴잉글랜드에서도 많은 사람들이 밤에 인디언으로 오인받아 총에 맞았다.[17]

경비견이 안팎에서 돌아다녔다. 시골에서 개는 도둑은 물론 야생 짐승의 침입을 막는 이중의 임무를 맡았다. 이러한 맹견은 사나웠기 때문에 낮에는 묶어두었다. 윌리엄 해리슨에 따르면 '큰 맹견'을 가리키는 단어인 '매스티프'(mastiff)는 '도둑의 정복자'라는 의미의 '매스터 시프'(master-thief)에서 파생된 말로서, 침입자를 용맹하게 막아낸다고 하여 그런 이름을 얻게 되었다고 한다. 용맹을 떨치던 남부 러시아의 칼무크족이 기르던 개에서 프랑스 농촌의 개에 이르기까지 개는 모든 곳에서 파수꾼으로 칭찬받았다. 19세기 작가 조르주 상드는 프랑스의 가장 가난한 농부들도 개를 키우고 있다고 적었다. 근대 초 촌락에서 개 짖는 소리가 산발적으로 들리지 않는 밤이 없었다. 스코틀랜드 농촌을 여행하다가 숙소를 구하지 못한 한 여행자는 "집의 주인인 개밖에는 아무도 대답하지 않았다"고 불평했다. 도시나 마을에서 개는 집뿐 아니라 상점도 지켰다. 런던 하프앨리의 한 난로 가게 주인은 "아둔하고 심술궂은" 잡종견을 키웠는데, 그 개는 "밤에는 물론이고" 낮에도 고객들에게 끊임없이 덤벼들었다고 이웃 사람들이 두려워하며 말했다.[18]

16세기의 한 작가는 경비견에 적합한 성질로서 "크고, 털이 많고, 머리가 크고, 다리가 크고, 허리도 굵고, 용감한" 개를 추천했다. 물론 가장 중요한 자격 요건은 '커야 한다'는 것이다. 해리슨은 "크고, 고집 세고, 못생기고, 끈질기고, 뚱뚱하고(따라서 덜 민첩하고), 보기에 두려울 정도로 끔찍하게 생긴 개"를 추천했다. 검은 개일수록 어둠 속에서 도둑을 놀라게 하기 때문에 더 좋다는 것이 공통된 의견이었다. 경비견의 가치는 무는 능력뿐 아니라 짖는 능력에 의해 결정되기도 했다. 개의 주인은 개 짖는 소리의 다급함과 크기에 따라 침입자가 있는지 여부를 알 수 있었다. 영국에서는 그런 개들을 '경비견' 또는 '경고견'(warners)이라고 부른다. 개의 가치는 범죄를 중지시킨다는 점에서도 중요했다. 한 도둑은 "우리는 도둑질을 하려다가 개 짖는 소리가 들리면 단념했다. 이미 경계를 갖춘 집이라고 판단했기 때문이다" 하고 말했다. 피렌체 출신의 건축가이자 인문주의자인 레온 바티스타 알베르티(Leon Battista Alberti)는 15세기 중엽에 개뿐 아니라 거위도 집을 지킨다고 주장했다. "한 마리가 깨면 다른 것들도 깨서 모두가 함께 울어대고, 그 결과 집은 언제나 안전하다." 노련한 도둑은 개를 독살하기도 했지만, 거기에도 많은 위험이 따랐다. 런던에서는 성급한 도둑이 독을 넣은 음식을 담 안으로 던져 넣은 뒤 너무 일찍 집 안에 들어갔다가 심하게 물어뜯겼다.[19]

III

밤이 아니면 뭐가 매혹적인가?

_토머스 캠피온, 1607[20]

이렇듯 각 가정이 침입자를 방어하기 위해 택하는 상식적인 조치에는 자물쇠와 개와 무기가 있었다. 여러 사회계층들은 방어 수단의 종류가 아니라 정도에 차이가 있었다. 아무리 가난한 집이라도 생명과 재산을 보호하기 위한 조치는 취했다. 이렇듯 초보적인 예방 수단 외에 가족의 신앙생활도 안정감의 중요한 원천이었다. 기독교 신학의 기본적인 교리를 아는 집은 별로 없었지만, 대다수의 신도들에게 신은 말과 행적이 성서의 책장 속에 한정되어 있는 비인격적이고 생명 없는 추상적 존재가 아니었다. 신교도와 구교도 모두에게 신의 존재는 인간의 육체적, 정신적 복지를 포함하여 일상적 실존의 모든 영역에 영향을 미쳤다. 세라 쿠퍼는 "신의 섭리가 아니라면 우리가 어떻게 안전할 수 있겠는가?"라고 물었다.[21]

밤만큼 신의 보호가 소중한 시간은 없었다. 위험이 더 컸고 예측은 더 어려웠기 때문이다. '좋은 밤'(good night)이라는 늘 하는 인사는 "신이 당신에게 좋은 밤을 주시기를"(God give you good night)이라는 말에서 나온 것이다. 시인 에드워드 영은 "밤에는 무신론자도 신을 반쯤은 믿는다"고 단언했다. 자물쇠와 빗장은 악마의 하수인들을 막을 수 없었다. 잠들 때뿐 아니라 해가 지고 밤이 올 때도 특별한 기도를 했다. 독일에서 어린 시절을 루터교도로 보냈던 장 파울은 "저녁 종소리에 맞춰" 가족들이 손을 잡고 둥글게 모여 앉아 〈밤의 어둠은 힘차게 내려오고〉라는 찬송가를 불렀던 기억을 떠올렸다. 무한한 은총을 베푸는 신은 천사들에게 명령하여 밤의 두려움을 밀어냈다. 17세기에 통용되던 "밤을 위한" 기도서에서는 "당신의 수호천사가 당신을 인도하고 보호하기를"이라는 탄원의 글이 있었다. 프랑스의 한 성직자는 "집에서 이상한 소음이나 부스럭거리는 소리가 들리면 곧 열렬히 신에게 자신을 맡기라"고 충고했다.[22]

산업화 이전 시대의 가정에서는 미신도 받아들였다. 평신도들 대부분은 종교 당국에서 미신이라고 비난한 신조와 관행들에 훨씬 더 관대했다. 민중의 마법은 신의 말씀의 경쟁 상대가 아니라, 평범한 사람들이 악마의 간계에 대항하는 추가적인 수단이었다. 실제적인 차원에서 대다수 사람들의 눈에 신앙과 마법 사이에는 별 차이가 없었다. 십자가와 부적은 나란히 놓여, 가정을 보호해주는 힘으로 존중받았다. 아일랜드의 어떤 집에는 18세기 초부터 전해지는 다음과 같은 시가 새겨져 있다.

성 비르기타의 십자가가 문 위에 걸려 있어,
집을 화재에서 안전하게 지켜주네.
개와 하인 들이 자고 있어도
비르기타 덕분에 집은 안전하네.
비르기타의 십자가 바로 밑에는
말의 편자가 굳게 걸려 있네.
그 집은 현관에서부터
마녀와 도둑과 악마로부터 벗어나리.[23]

민중의 마법은 수백 년 동안 이어진 농촌 전통에 뿌리를 두고 있었다. 각 세대마다 미신에 대한 오래된 믿음을 조상으로부터 물려받았다. 스코틀랜드의 한 목사는 그것이 "한 세대에서 다음 세대로 전달된다"고 했다. 마법의 주문은 산업화 이전 사회에 살았던 마법사들에게서 유래되었다. 스웨덴의 '클로카 구바르나'(kloka gubbarna)와 '비자 케링가르나'(visa käringarna), 에스파냐의 '살루다도레스'(saludadores), 시칠리아의 '지라볼리'(giravoli) 등이 선하거나 교활한 마법사들이었다. 때로 사람들이 초자연적인 힘을 다룰 수 있었던 것은 이들이 마법에 정통했기 때문이었다. 1575년 노이트로센펠트 출신의 독일 성직자는 이렇게 보고했다. "도둑이 들면 사람들이 마법과 점쟁이에 너무 많이 의존하다보니까, 사람들이 병에 걸려도 마법을 사용하고 점쟁이를 집으로 부른다." 해를 끼치는 '흑마법'과 달리 '백마법'은 이로운 것이었다. 존 드라이든의 말을 빌린다면 "해롭게 선했다." 영국에서는 마법사들의 수가 교구 성직자들의 수에 육박하여 교회 당국이 당혹스러워할 정도였다. 독일의 한 목사는 자신의 교구 주민들에 대한 절망을 이렇게 표현했다. "교구 주민들은 그들을 신처럼 떠받든다."[24]

집을 지키는 데 가장 많이 사용된 것은 '밤의 주문'(night-spell)이었다. 기독교와 미신의 요인을 모두 포함하고 있는 이러한 주문은 집과 가축과 수확물을 도둑과 화재와 악령으로부터 지켜주었다. 영국에서 전해지는 한 노래는 이렇게 애원했다. "버터와 치즈를 해치는/ 도깨비, 요괴, 요정으로부터,/ 불을 뿜는 용과 마귀로부터,/ 그리고 악마가 보내는 것들로부터,/ 하늘이시여, 우리를 보호하소서!"[25] 이와 비슷한 목적으로 사용되는 것 중에는 부적도 있었다. 부적은 말의 뼈에서부터 '마녀 병'(witch-bottle)이라고 불린 물병까지 다양했다. 마법의 물품을 모아 담는 그릇인 '마녀 병'이 발굴되었을 때, 그 안에는 핀, 못, 사람 머리카락, 말린 오줌 따위가 들어 있었다. 누구나 귀하게 여기던 부적은 쇠로 만든 것으로, 청동이나 돌로 만든 부적보다 마법의 효능이 더 크다 하여 사람들이 오래전부터 좋아했다. 사악한 혼령을 떨치기 위해 걸어두는 말의 편자는 유럽과 건국 초기의 미국에 널리 퍼져 있었다. 레지널드 스콧은 1584년 다음과 같이 지시했다. "집의 맨 바깥 현관문 안쪽에 말의 편자를 못박아 걸어두라. 그러면 어떤 마녀도 침입할 능력이 사라질 것이다."[26] 영국령 서인도제도의 노예들 사이에서는 부적이나 주물(呪物)이나 뜨거운 우유에 향료를 넣은 술을 사용하는 것이 일상적이었다. 서아프리카 출신의 노예들이 사용하던 물품에는 깨진 유리 조각, 피, 악어 이빨, 럼주 등이 있었는데 악령이나 도둑을 쫓기 위해 그것을 오두막이나 뜰에 걸어놓았다. 한 여행자에 따르면, 그것을 본 사람들이 "보자마자 겁을 먹었다"고 했다. 1764년 세인트키츠 섬의 장원 관리자는 이렇게 썼다. "그것들은 한밤중에 사람들을 무섭게 홀리는,/ 암흑 같은 땅의 악령에 도전한다."[27]

도둑에 대비해 문과 창문을 요새처럼 만들어놓았듯이, 초자연적인 효험을 갖고 있다고 생각되는 물건들도 집의 입구에 놓았다. 작은 십자가, 성수, 축성 받은 양초와 재와 향 모두 영적인 보호물이었다. "나는 창문과 문과 굴뚝에 십자가를 놓는다"는 슬라브 시구가 있다. 종교개혁 이후 신교는 성물을 경멸했지만, 많은 가정에서는 계속 성물을 사용했다. 유럽 여러 곳에서는 성상과 신의 가호를 비는 문구를 문 위에 놓는 것이 일상적인 관례였다. 덴마크의 콜딩 마을의 한 집에는 "주여, 우리 집을 지켜주시고 모든 위험과 두려움에서 구해주소서"라고 시작하는 글이 씌어 있다. 스위스의 한 여행객은 이렇게 말했다. "독일과 마찬가지로 여기 사람들도 집 앞에 성서 문구를 적어놓고 있다." 유대인 가정에는 성서 구절을 적은 양피지를 둥근 통에 말아 넣어 문기둥에 붙여놓은 메주자(mezuza)라는 것이 있었다.[28]

정통이라 하기는 어려워도, 다른 것에 못지않게 널리 퍼져 있는 물건들이 있었다. 새뮤얼 슈얼 목사의 집 앞 문기둥에조차 전통적인 수호신인 '지품천사(智品天使)의 두상' 두 개가 걸려 있었다. 문에는 말의 편자와 늑대 머리와 올리브 가지도 걸려 있었다. 영국 서부에서는 악마가 굴뚝을 타고 내려오는 것을 막기 위해 황소나 돼지의 심장을 핀이나 가시로 벽난로 위에 걸어놓았다. 서머싯에서는 말라붙은 돼지의 심장 50개 이상이 한 집의 난롯가에서 발견되었다. 이스트요크셔의 홀더니스 해안에서는 '마녀의 돌'(witch-steeans)이라고 알려져 있던 평평한 어란상(魚卵狀) 석회암을 집 대문 열쇠에 묶어두었다. 한편 슈바벤에서는 화재를 방지하려면 현관문 아래에 검은 닭의 위장과 세족 목요일(Maundy Thursday)에 낳은 계란과 처녀의 월경 피에

담근 셔츠를 밀랍에 싸서 묻어둬야 한다고 했다.[29]

불확실한 세계와 마주한 평범한 사람들에게 미신은 그들 삶에서 큰 부분을 이루었다. 최소한 초자연적인 힘의 존재는 삶의 불행을 이해하는 또하나의 방식이었다. 즉, 일상적 실존의 끔찍한 불확실성을 더 잘 체득할 수 있도록 만들어줬다. 1709년에 발간된 『미신의 자연사』(The Natural History of Superstition)의 저자 존 트렌처드는 이렇게 인정했다. "자연은 여러 상황에서 일종의 비밀스런 마법에 의해 우리에게 설명할 수 없는 방식으로 작용하는 것처럼 보인다." 영국 역사가 키스 토머스의 말을 빌린다면, 종교는 "세계에 대한 포괄적인 관점"을 제공하는 반면, 마법의 역할은 그보다 제한적이었다. 민중이 요정의 존재를 믿었다 해도, 최소한 영국에서 이교도의 신이나 정령을 실지로 숭배했다는 증거는 없다. 마법에 대한 관심은 구체적인 문제를 해결하는 데에만 국한되어 있었다. 미신은 삶의 거대한 신비를 얘기하지는 못해도, 인간이 일상생활을 더 쉽게 통제할 수 있게 해주었다. 특히 세상이 제일 두렵게 느껴지는 일몰 이후의 시간에 더욱 그랬다.[30]

IV

달이 없고 공기가 침침해서
우리에게 필요한 빛이 사라지면
언제나 그것을 우리 스스로 만들어내야 한다.

_「밤에 관하여」, 1751[31]

16세기의 기도서에는 "촛불이 없다면 모든 것은 공포가 될 것"이라는 말이 있다.[32] 집에서는 매일 밤 어둠이 풀어놓는 위험과 함께 어둠 자체도 뒤로 물러났다. 사람들은 불과 연료를 써서 어둠 속에서 작은 빛의 구역을 만들었다. 당연하게도 빛은 대단한 초자연적 중요성을 지녔다. 종교적 상징성이 부여된 빛은 기독교 이전으로 거슬러 올라가는 마법의 속성을 지니기도 했다. 촛불의 타오르는 불꽃은 미래에 대한 엄청난 전조를 의미할 수도 있었다. 북부 랑그도크의 농민들은 "불에 걸고" 또는 "촛불에 걸고" 맹세를 하는 것으로 대화를 마무리하곤 했다. 밤에 빛이 병을 예방한다는 믿음은 너무도 강해서 독일에서는 악령과 폭풍우를 떨치기 위해 큰 촛불을 켜놓기도 했고, 폴란드에서는 촛불이 가축을 겁주는 악마를 막아준다고 했다. 영국의 어떤 지역에서는 악령을 막기 위해 사람들이 촛불을 켜 들고 건물이나 밭의 주위를 빙 둘러싸고 있기도 했다.[33]

또한 비용을 감당할 수 있는 사람들은 도둑을 막기 위해 촛불을 실지로 켜놓았다. 인공조명은 도둑의 모습을 드러낼 뿐만 아니라, 사람들이 깨서 행동하고 있다는 것을 보여주었다. 브리스틀의 윌리엄 다이어는 거실 창문을 수리하면서 "밤의 포식자들"이 오지 못하게 밤새 촛불을 켜놨고, 피프스는 "도둑을 쫓기 위해" 주방에 촛불을 켜두라고

작자 미상, 〈교회를 둘러싼 사람들〉, 19세기

명령했다. 18세기 중반에 프랑스 오베르뉴의 농민들은 범죄에 대한 경각심이 아주 높아, 한 관리의 기록에 따르면 "이 사람들은 도둑이 접근하는 것을 두려워하여 밤새 등불을 켜고 경계를 섰다."[34]

그렇지만 밤에 불을 밝히는 가장 큰 이유는 무엇보다 일과 교제를 위한 가내 공간을 넓히려는 데 있었다. 긴 겨울밤에 화롯가는 집에서 가장 밝은 곳이었다. 방이 둘 이상 있는 집에서도 화롯가는 저녁 생활의 중심이 되어, 온기와 빛으로 추운 어둠에 맞섰다. 노르망디에서는 19세기에 이르기까지 큰 집에서도 벽난로가 있는 방만을 '방'이나 '난방된 방'이라고 불렀다. 벽난로가 가정생활에 중요했기 때문에 집에 벽난로가 몇 개 있느냐에 따라 세금이 조정되기도 했다. 굴뚝이 딸린 벽난로가 영국 주거지에 최초로 나타난 것은 13세기였지만, 17세기까지는 돌이나 마른 진흙으로 테두리를 한, 뚜껑이 없는 중앙 난로가 많이 사용되었다. 벽난로가 점차 개인 가정에도 보편적으로 사용되었지만, 17세기 대부분의 영국과 프랑스의 가정에는 하나의 벽난로만이 있었다. 대체로 돌이나 벽돌로 만든 것이었지만, 시골에는 목재와 초벽으로 만든 굴뚝도 있었다. 벽난로는 비용도 많이 들었지만 지저분하고 위험하기도 했다. "굴뚝 한 개를 유지하는 것보다 두 개를 만드는 것이 더 쉽다"는 속담도 있었다. 벽난로는 효율도 높지 못해, 열이 대부분 굴뚝으로 빠져나갔다. 그 문제는 18세기에 연기 배관이 만들어짐으로써 해결되었다. 독일과 동유럽과 스칸디나비아 일부 지역에서는 벽난로 대신 스토브를 썼다. 16세기부터 영국의 상류층 가정에서는 때때로 석탄을 때는 스토브를 사용했다. 그렇지만 빛의 원천으로서, 스토브는 벽난로의 대용이 되기 어려웠다.[35]

꺼져가는 불을 되살리는 일, 즉 불 '두드리기'(beating)는 인내와 기술을 요구했다. 조그만 불쏘시개 더미에 불을 붙이는 일 하나만도 많은 시간을 잡아먹었다. 19세기에 '루시퍼' 즉 딱성냥이 발명되기 전에 가장 손쉬운 방법은, 이웃에서 불붙은 관솔이나 뜨거운 석탄을 빌려 화재를 조심하면서 불을 가지고 가는 것이었다. 다른 대안은 부싯돌에 쇳조각을 부딪쳐, 초석 용액에 적신 천이나 솜이나 종이 등의 부싯깃에 불을 붙이는 것이었다. 웨스트요크셔 주민이 회상하듯, 특히 어두울 때 불을 붙이려면 "쉬운 일이 아니었다." 쇠나 자기로 만든 장작받침쇠를 쓰면 산소 공급을 충분히 할 수 있었다. 한번 붙은 불은 천천히 고른 속도로 탔고, 요리를 할 때는 불을 높였다. 한 독일 사람은 이렇게 말했다. "프랑스 사람들은 불이 친구를 만들어준다고 한다. 불을 지피느라 많은 시간을 같이 보내기 때문이다."[36]

땔감은 지역의 자원에 따라 크게 달랐다. 유럽과 초기의 미국을 통틀어 가장 흔한 열의 원천은 나무였다. 특히 많은 열을 내는 참나무, 너도밤나무, 물푸레나무 같은 단단한 나무가 많이 쓰였다. 한 가정에서 일 년에 쓰는 나무의 양은 1~2톤이었다. 관목은 물론 유럽 대륙의 포도주 생산지에서 가을에 나오는 마른 포도넝쿨도 불쏘시개가 되었다.[37] 영국에서 흔했던 또다른 연료는 역청탄 또는 석탄으로서, 나무에 비해 열량이 두 배가량 높았고 유지비도 적게 들었다. 영국 북부와 웨일스에서 가장 인기가 높았던 '양초탄'(candle coal)은 불빛은 환하고 연기는 적었다. 그 불빛은 상당히 강해서 한 여행객은 "겨울철에 가난한 사람들은 양초 대신 이것을 구입하여 사용했다"고 기록했다. 도시의 규모가 커지고 숲에서 멀어짐에 따라 런던 및 다른 대도시에서는 더욱더 석탄에 의존하게 되었다.[38]

산업화 이전 시대의 가난한 사람들은 열을 얻을 수만 있다면 관목 덤불, 바늘금작화 덤불, 가시금작화 덤불에서 해변 지역의 마른 해초에 이르기까지 뭐든지 다 땔감으로 사용했다. 스코틀랜드의 에리스케이 섬에서 마른 해초를 땔감으로 써서 구운 빵에서는 매운 냄새가 났다. 영국의 도싯 해안에서는 불꽃이 활활 잘 타는 기름을 많이 함유한 이판암을 사용했다.[39] 서부의 황무지 지역이나 나무가 자라지 않는 지역에서 널리 쓰이던 것은 토탄이었다. 땅에서 널판처럼 삽으로 떠서 쌓아놓고 말려서 썼다. 쉽게 불이 붙는 토탄은 나무에 비해 주의를 덜 기울여도 됐지만, 석탄보다는 더 빨리 탔고 냄새도 심했고 연기도 많이 났다. 방대한 토탄광은 영국, 아일랜드, 스코틀랜드, 네덜란드에 있었다. 모든 계층에서 이 화석 연료를 사용하였던 아일랜드는 국토의 1/7 정도가 토탄광이었다고 전해진다. 스코틀랜드의 텅 마을의 목사에 따르면 토탄은 "밝지는 않지만 강한 빛"을 내서 "양초 대신" 사용했다. 1699년 스코틀랜드를 여행하던 사람은 다음과 같이 주장했다. "토탄이 많이 나는 어떤 지역에서는 사람들이 나무 한 조각 없이 토탄만으로 작은 오두막을 지었다. 집이 불붙이기 충분할 정도로 마르면 그들은 그 집을 연료로 쓰고 다른 집을 지어 이사했다."[40]

마지막으로, 하층 계급 사람들은 돈이 드는 연료 대신 소나 말의 분뇨를 태워 사용했다. 온도가 급강하하고 토탄 공급이 딸릴 때면 분뇨의 수요가 증가했다. 쉽게 구할 수 있었던 분뇨는 짚이나 톱밥과 함께 반죽하여 사각으로 다진 뒤 집 옆에 쌓아두고 말렸다. 링컨셔에서는 그것을 '다이스'(dithes)라고 불렀는데, 그곳 주민은 "소가 불을 싼다"고 말하기도 했다. 탈 때 나쁜 냄새가 나긴 하지만 분뇨는 나무보다 더 많은 열을 분출했다. 1698년 케임브리지셔의 피터버러에서 실리어 파인스는 "이곳 사람들은 그 밖에 다른 것은 별로 쓰지 않는다"

고 말했다. 한 세기 뒤에 콘월과 데번을 지나가던 한 무리의 여행자들 뒤로 한 노파가 비틀거리며 따라가고 있었다. 그 노파는 "약간의 연료를 얻기 위해 말 뒤꽁무니를 따라가고" 있었던 것이다.[41]

난방의 연료가 무엇이든 간에, 벽난로는 반경 몇 피트 이내만을 비췄다. 초라한 오두막집은 대개 중앙에 있는 난로에서 나오는 빛에 전적으로 의존했다. 가난한 집에서 쉴 수밖에 없었던 버밍엄 출신의 여행가 윌리엄 허턴은 다음과 같은 회고담을 남겼다. "나는 그때 '집'이라는 이름으로 불리는 10피트 정도의 방에 있었는데, 간신히 감자나 구울 수 있을 정도의 불에서 나오는 약한 빛을 빼면 완전히 어두웠다." 싸구려 책에 실린 농담은 집에 보조등이 없다는 사실을 조롱이나 모욕거리로 삼았다. 그리하여 가난한 스코틀랜드 여인의 농가에서 하룻밤을 묵었던 재단사 레퍼의 이야기가 나온 것이다. 그럴듯한 침대를 요구했다 거절당한 레퍼는 바닥에서 자야 했다. 그런데 불이 너무 어두워서 주인 여자는 레퍼가 깔고 잘 짚 덤불을 잠자고 있는 송아지 위에 잘못 덮어두었다. '침대'가 화롯가로 움직이는 바람에 주인 여자가 무안해져 레퍼는 복수한 셈이 되었다.[42]

근대 초에는 다양한 재료로 빛을 밝혔다. 하지만 이 모든 재료는 불을 매개체로 한다는 점에서 똑같았다. 20세기에 이르러서야 대부분의 서양 가정은 전기라는 완전히 다른 형태의 기술에 의존했다. 산업화 이전에는 벽난로를 제외하면 세 가지 형태의 기본적인 조명만 있었는데, 그 어느 것도 1,000년이 넘도록 본질적인 변화가 없었다. 가장 널리 퍼져 있던 것은 밀랍이나 동물의 기름에 심지를 넣은 고체 연료인 양초였다. 그리고 작은 용기에서 심지를 통해 올라온 기름에 불을 붙이는 램프가 있었다. 사실 양초의 윗부분은 작은 램프 같은 역

토머스 프라이, 〈촛불을 든 젊은이〉, 18세기

할을 해서 심지가 기름 위에 있는 것이나 마찬가지였다. 양초나 램프보다 훨씬 조잡한, '양초나무'라 불리는 진이 많은 나무 조각도 꾸준히 불빛을 냈다.[43]

양초는 영어 사용권과 북유럽 여러 곳에서 특히 부유한 사람들이 널리 사용했다. '낭비하다'라는 의미로 "양초를 양끝에서 태우다"라든가 '나쁜 일에 가담하다'라는 의미로 "악마에게 양초를 가져다주다"라는 표현이 일상적으로 사용된 것은 양초가 널리 사용되던 현실을 반영한다.[44] 페니키아 사람들이 처음 사용했던 밀랍 양초는 중세 후기에 유럽의 귀족층 사이에서 처음으로 인기를 끌었다. 상쾌한 향기와 밝은 빛을 내던 밀랍 양초는 품위 있는 가정에서 오래도록 사랑받았다. 『예법의 책』(Boke of Curtasye, 1477~1478년경)에 따르면 "거실에는 밀랍 이외의 다른 어떤 빛도 타오르지 않도록 하는 것"이 양초 상인의 의무였다. 루이 14세의 궁전은 한 번 사용한 양초에 다시 불을 붙이지 않았을 정도로 호화로웠다. 18세기 초 북대서양에서 고래잡이가 성행하면서 경랍(鯨蠟) 양초도 그에 버금가는 품질을 자랑했다. 그것은 향유고래의 머리에서 나오는 장밋빛 액체로 만들었는데, 『백경』(Moby-Dick, 1851)에서 에이헙 선장이 피쿼드호를 타고 나간 이유이기도 했다. 이러한 광원은 값이 비쌌다. 오랜 시간에 걸쳐 가격은 오르내렸지만, 밀랍과 경랍은 널리 사용될 수 있는 것이 아니었다. 파리의 부유한 금융업자였던 라 보르드 후작의 궁전 같은 집을 밝히고 덥히는 데 1년에 들어간 비용이 2만 8,000리브르를 넘었을 것이라고 1765년에 호러스 월폴은 추산했다.[45]

그에 비하면 기름 양초는 값이 쌌다. 양고기의 기름에 쇠기름을 섞은 기름 양초에 많은 가정이 의지했다. 검고 짙은 연기를 내는 돼지

기름은 잘 타지 않았고, 건국 초기의 미국에서는 곰과 사슴의 기름도 사용한 것으로 알려져 있다. 토머스 터서는 가을에 농촌에서 해야 할 일 중에는 "서리가 내리기 전에 기름을 준비하고, 겨울이 시작되기 전에 양초를 만드는" 일이 있다고 충고했다. 그렇지만 밀랍이나 경랍과 달리 기름으로 만든 양초는 불순물 때문에 고약한 냄새가 났다. 셰익스피어는 『심벨린』(Cymbeline, 1609년경)에서 "냄새나는 기름을 태우는 연기 자욱한 불빛처럼 비열하고 더러운"이라는 표현을 사용했다. 기름 양초는 타들어가면서 빛의 질도 나빠졌다. 또 기름의 낭비를 막으려면 계속 신경을 써야 했다. 15분마다 잘라주지 않으면 섬유로 된 심지의 남은 부분이 쓰러져 양초의 한쪽으로 녹은 기름이 흐르는 '고랑'이 생길 수 있었다. '코딱지'(snot)라고 부르던 심지의 탄 부분은 떨어지는 장소에 따라 화재의 위험을 부를 수도 있었다. 이런 결함에도 불구하고, 귀족 집에서도 단순한 용도에는 기름 양초에 의존했다. 아일랜드 최고 갑부 토머스 코널리의 고향인 캐슬타운에 있는 대저택에서는 1787년 한 해에 2,127파운드의 기름 양초를 썼던 반면, 거실과 식당과 같은 공적인 장소에서 쓴 밀랍은 250파운드에 불과했다.[46] 부르주아 가정에서는 특별한 행사 때만 밀랍 양초를 사용했다. 노퍽의 목사였던 제임스 우드퍼드는 친구가 베푼 만찬에 대해 이렇게 말했다. "멜리시 씨 댁에서 정말로 근사한 대접을 받았다. 밤에 밀랍 양초를 켰으니." 또 우드퍼드는 어느 크리스마스 날 밤에 조금 남은 밀랍 양초를 잠깐 켰다가 "이젠 됐어, 한 번은 더 써야지" 하고 그 소중함을 표현하기도 했다.[47] 영국에서 밀랍 양초와 기름 양초를 쉽게 사용하지 못한 것은 최소한 18세기에는 이 두 양초에 모두 세금을 매겼기 때문이다. 또한 직접 양초를 만들어 쓰는 것도 불법이었다.[48]

훨씬 더 하류층 가정에서는 골풀을 기름에 적셔 만든 골풀 양초(rushlight)를 사용했다. 이것은 양초와 용도가 같았지만, 세금은 면제되었다. 사람들은 영국의 습기 찬 날씨에서 잘 자라는 들판의 골풀로 집에서 골풀 양초를 만들었다. 골풀에는 일반 골풀(Juncus conglomeratus)과 부드러운 골풀(Juncus effusus)이 있는데 그 둘 모두가 사용되었다. 골풀 양초는 지탱할 수 있도록 골풀 껍질을 한 갈래만 남기고 벗겨서 말린 뒤 그 심을 부엌에서 생기는 뜨거운 기름에 계속 담갔다가 굳혀서 만들었다. 18세기의 박물학자 길버트 화이트는 다음과 같은 기록을 남겼다. "부지런한 햄프셔 노동자의 사려 깊은 아내는 기름을 공짜로 얻는다. 베이컨 단지의 찌꺼기를 모아 사용하기 때문이다." 2피트가 약간 넘는 전형적인 골풀 양초는 쇠로 만든 꽂이에 수평으로 꽂아 불을 붙이면 거의 1시간 동안 타올랐는데, 이는 기름 양초가 타는 시간의 절반 정도였다. 개혁가 윌리엄 코빗은 어릴 적을 회상하며 "나를 기르고 가르친 것은 주로 골풀 양초였다"고 말했다. 하일랜드 교구의 한 목사는 이렇게 말했다. "집의 가장은 식구들과 예배를 볼 때 성서를 읽을 수 있도록 골풀 양초를 켰다." 중산 계급은 정도의 차이는 있지만 양초의 비용을 줄이기 위해 골풀 양초를 사용했다. 길버트 화이트는 이런 관찰을 남겼다. "소농들은 해가 짧은 겨울의 아침과 저녁에 외양간과 부엌에서 골풀 양초를 많이 사용했다."[49]

유럽 많은 곳에서는 가정에서 주로 석유램프를 썼다. 영국 이외의 지역에서는 기름 양초를 만들 만큼 양을 많이 기르지 않았고, 반면에 석유 자원은 풍부했다. 더구나 지중해 지역에서는 날씨가 따뜻했기 때문에 기름이 녹아내려 기름 양초를 만드는 데 문제가 있었다. 역으로 영국이나 다른 북부 지방에서 어떤 종류의 석유는 겨울철에 응고

한다는 문제가 있었다. 석유램프는 가리비 조개나 소라 껍데기에서부터 일상적인 '크루지'(cruisie) 또는 '크레싯'(cresset) 램프에 이르기까지 다양했다. 이 램프는 프랑스에서 비롯된 것으로, 한쪽 끝에 손잡이가 달린 기다란 쇠 용기였다. 손잡이의 반대쪽 끝에 부드러운 실로 만든 심지의 일부를 석유에 담갔다. 심지는 잘라줘야 했지만, 석유 1파인트(대략 0.5리터)로 몇 시간 동안 빛을 낼 수 있었다. 식물에서도 램프 기름을 짤 수 있었는데, 아마, 유채꽃 씨앗, 올리브, 호두 등이 쓰였다. 해안 지역에서는 생선의 간(肝)에서 기름을 얻었고, 스칸디나비아에서는 물개에게서 얻었다. 아주 기름이 많은 바닷새인 풀머갈매기는 북대서양의 세인트킬다, 보리아, 소아 섬 주위에 서식했다. 풀머갈매기가 놀라면 부리에서 액체를 내뿜었는데 그것으로 램프를 밝힐 수 있었다. 스코틀랜드 북부의 셰틀랜드 섬에 사는 바다제비도 기름기가 아주 많아 그곳 주민들은 그 새가 죽은 사체의 목구멍에 심지를 꽂아 넣고 램프로 사용했다.[50]

프랑스에서는 부엌의 기름으로 만든 골풀 양초를 '메슈 드 종'(meche de jonc, 골풀 심지)이라고 불렀고, 독일에서는 '비젠리히트'(Bisenlicht)라고 불렀다. 소나무와 전나무가 많은 지역의 곤궁한 가정에서는 양초 대용으로 그 나무를 썼다. 껍데기를 벗기면 나무는 똑바로 서서 죽는다. 그렇게 죽은 나무의 조각은 검고 진득한 송진으로 가득 차 있어 쇠 용기에 넣으면 작은 횃불로 타올랐다. 이것을 '나무 양초'(candlewood)라고 불렀다. 나무 조각의 불붙인 쪽은 불꽃을 보호하기 위해 아래로 향하게 두었다. 소나무의 관솔도 불쏘시개나 횃불로 잘 탔다. 스웨덴에서 카나리아 제도에 이르기까지 나무 양초는 널리 사용되었다. 러시아의 고고학자들은 노브고로드의 중세 유적지

트로핌 비곳, <램프에 기름을 붓는 소년>, 1620

를 발굴하다가 횃불을 만들기 위해 묶어놓은 소나무 조각 뭉치를 찾아냈다. 영국 북부와 스코틀랜드에서는 나무 양초의 일종으로 '매목'(bogwood)을 사용했다. 죽은 전나무에서 잘라낸 가지와 습지에서 죽어가는 나무 둥치를 뽑아 썼고, 전나무뿐 아니라 송진이 많은 느릅나무와 참나무도 사용했다. 스코틀랜드의 북부의 고지대를 방문했던 한 사람은 다음과 같은 사실에 주목했다. "여기 평민들은 양초 대신 이끼에서 파낸 나무 쪼가리를 사용한다. 이 나무쪽은 송진이 가득해서 밝은 불꽃을 내며 타오른다." 때로 세입자들은 '전나무 양초'를 수레에 가득 채워 집세의 일부로 내기도 했다.[51]

동부 해안에 소나무 숲이 빽빽했던 초기 미국보다 나무 양초를 더 널리 사용한 곳은 아마 없을 것이다. 영국에서 온 이주민들이 이런 기술을 인디언에게서 배웠으리라는 사실에는 의심의 여지가 없다. 뉴잉글랜드 초기의 생활상에 대해서는 다음과 같은 글이 남아 있다. "이곳은 양질의 불을 좋아하는 사람들이 살기 좋은 곳이다. 뉴잉글랜드에는 양초를 만들 동물 기름은 별로 없지만, 생선이 풍부해서 그것으로 램프 기름을 만들 수 있다. 나무 가운데 제일 많은 소나무로 양초를 만들어 집에서 사용하는데, 다른 양초가 없는 인디언들이 쓰는 그런 양초이다."[52]

인공조명의 사용에는 수많은 규약이 따랐다. 산업화 시대 이전의 가정들은 안전과 검약 때문에 제약을 받았다. 양초나 램프를 소유하는 것은 물론 그것을 사용하는 시간과 장소까지도 규약으로 정해져 있었다. 이것이 모든 사람, 시간, 장소에 평등하게 적용되지는 않았다. 불법 목록 중 최고는 불필요한 낮에 인공조명을 밝히는 '햇빛 속에서 태우기'가 있었다. 양초의 빛을 허비한다는 것은 사치나 낭비와 같은 말이었다. 천성적으로 낭비벽이 있다고 여겨지는 어린아이, 하인, 노예는 특별한 감독을 받았다. 버지니아에서 농장을 경영하던 윌리엄 버드 2세는 노예 프루가 "낮에 촛불을 켜고 있는 것"을 발견하고 격노하여 발로 "그녀에게 인사를 한 방 날렸다."[53] 보통은 황혼이 질 무렵까지도 집에 불을 켜지 않았다. 아이슬란드와 스칸디나비아의 많은 지역에서 해가 진 뒤부터 어두워질 때까지를 '황혼의 휴식'(twilight rest)이라고 불렀다. 이 시간에는 일을 하기에는 너무 어둡고 촛불이나 램프를 켜기에는 너무 밝았다. 사람들은 이 시간에 휴식을 취하고 기도를 하고 조용히 대화를 나누며 밤에 할 일에 대비했다. 영국과 식민 시대 미국에서는 어둠이 완전히 깔린 뒤에야 '촛불 붙이기'라는 시간이 시작되었다. 조너선 스위프트는 비용을 의식하는 하인들에게 "주인의 양초를 아끼려면 어두워지고 반시간이 지날 때까지는 아무리 필요해도 촛불을 켜지 말라"고 충고했다.[54]

대부분의 하인들은 침대로 가는 길조차 불을 켜는 것이 허용되지 않았다. 조지프 애디슨의 희극 『북 치는 사람』(The Drummer, 1715)에서 여주인은 밤에 방에서 불을 켜고 있는 하인들을 보고 집사에게 버럭 호통을 친다. "이 망할 놈들이 어둠 속에서 자는 게 무섭다던가?" 존 오브리는 수학자 윌리엄 오트레드의 부인을 "인색한 여인이어서 저녁을 먹은 뒤에는 촛불 켜는 것을 허락하지 않아 좋은 인상이 많이 사라졌다"고 기록했다. 불을 켠 채로 옮기면 연료가 더 빨리 소모되어 비용이 더 들었다. 게다가 침실로 불을 옮길 때, 그리고 침실에서는 항상 화재의 위험이 있었다.[55]

식구들은 밤에는 언제나 어두운 방과 복도를 더듬으며 헤매야 했다. 웨일스 속담에 "인간 최고의 촛불은 신중함"이라는 말이 있다. 촉각이 중요했다. 사람들은 계단 수를 포함하여 집 내부의 지형도를 정확하게 기억해야 했다. 낯선 곳에 있으면 최선을 다해 대처해야 했다. 『에밀』에서 루소는 낯선 방에 있다면 손뼉을 쳐보라고 조언했다. "손뼉 소리가 울리는 것을 들으면 방이 큰지 작은지, 당신이 중앙에 있는지 가장자리에 있는지 알 수 있을 것이다." 19세기에 이탈리아 해안을 여행하다가 "비참한" 숙소에 묵게 되었던 한 여행자는 동이 트기 전에 "그 집을 잘 빠져나오기 위해" 방을 "아주 정확하게 측정했다." 집에 불이 없었기 때문에 사람들은 기발한 기술을 많이 개발해야 했고, 그것은 한 세대에서 다음 세대로 전수되었다. 식민지 시대 메릴랜드의 소털리 농장에 있는 우아한 2층 저택에는 2층으로 올라가는 계단의 나무 난간이 오른쪽으로 급하게 꺾이는 곳에 금이 파여 있다. 스칸디나비아의 가정에서는 부딪치지 않기 위해서 밤에는 가구를 벽에 붙여놓았다. 어둠 속에서 연장이나 무기를 찾아 헤매지 않으려면 집안 정돈을 잘하는 것이 대단히 중요했다. "모든 것에는 있어야 할 자리가 있다"는 속담은 밤에 더 큰 의미를 가졌다. 로버트 클리버는 『거룩한 형태의 가정 경영』(A Godly Forme of Household Government, 1621)에서 하인들에 대해 이렇게 썼다. "밤에 등이 없을 때 하인들은 등이 어디 있는지 말할 수 있어야 하고 게다가 가져오라고 하면 즉시 가져올 수 있어야 한다."[56]

산업혁명 이전의 가내 조명에 대해 너무 과장할 필요는 없다. 현대의 등과 그 이전 형태 사이에는 엄청난 간극이 있다. 전구 한 개에서 나오는 빛은 촛불이나 석유램프에서 나오는 빛보다 백 배 강하다. 산업화 이전의 사람들은 촛불에 대해 "어둠이 보이게" 만들었다고 풍자적으로 말했다. "지속적인 흐릿함"은 또다른 표현이었다. 프랑스의 속담 중에는 "촛불 옆에서는 염소도 여자 같다"는 것도 있다. 골풀 양초에서 나오는 빛은 훨씬 더 약했다. 밤에 가정에서는 약한 불빛 조각들이 어둠 속에서 간신히 맥을 유지했다. 심지는 흔들렸을 뿐 아니라 기름을 내뱉기도 했고 연기가 났으며 냄새도 좋지 않았다. 1751년 한 수필가는 인공의 불빛 또는 "빌린" 불빛은 "언제나 꺼질 준비가 되어 있다"고 한탄했다. 오늘날 전등이 집안 구석구석을 밝혀주는 것과 달리 이 시대의 빛은 검은 어둠 속에서 미미한 존재를 드러냈을 뿐이다. 오늘날 가정이나 사무실에서 전등이 위에서 비추는 것과 달리, 촛불과 램프는 심지를 쉽게 다듬을 수 있도록 낮은 위치에 두었다. 그 결과 친숙한 얼굴이나 가구도 다른 모습을 보였다. 빛이 비치는 쪽만 보일 뿐 위나 옆은 보이지 않았다. 천장은 생각할 수 없을 정도로 어두웠고, 때로는 방의 한쪽 끝에서 다른 쪽 끝이 보이지 않을 정도였다. 파인스 모리슨에 따르면 17세기 초에 아일랜드 농민들은 식탁이 없어서 바닥에 골풀등을 두었다.[57] 반면 가정에서 필요한 것은 훨씬 단순했다. 식사를 하고 이웃을 만나고 기본적인 일을 하고 가구를 옮겨놓을 수 있다면, 요컨대 밤에 필수적인 일들을 할 수만 있다면, 못 견딜 상황은 아니었다.

V

고독한 사람은 늑대의 먹이가 된다.

_프랑스 속담[58]

낮에는 복잡하게 얽힌 인간관계가 사람들을 함께 묶어놓는다. 상부상조를 위한 연결망은 길드나 종교 모임처럼 조직적인 단체뿐 아니라 덜 형식적인 모임으로 이어지기도 했다. 가족과 마을이 가장 중요한 안전망이 되었다. 대부분의 유럽인들은 결속력이 강한 마을에 살거나 사람들이 밀집해 있는 도시에 살았다. 18세기 중엽까지만 해도 지방 마을은 물론 런던이나 파리 같은 대도시에서도 주민들은 잘 구획된 행정 구역이나 교구에 살면서 서로 이름은 몰라도 얼굴은 알고 지냈다. 이탈리아의 도시 구역은 자체의 문장(紋章)과 수호성인을 갖고 있었다. 파리의 경찰총감은 파리 사람들이 "거의 언제나 서로 마주보며" 살았다고 말했다. 또한 서로 빚을 지기도 했다. 서로 믿는 이웃이 된다는 것은 같이 일하고, 같은 종교를 믿고, 서로의 결혼식과 세례식과 장례식에 참석한다는 뜻이었다. 프랑스의 어느 작은 마을의 신부는 이렇게 강조했다. "이 교구에서 우리는 모두 형제입니다. 우리 모두는 이웃 사람들의 재산을 지켜줘야 합니다." 그렇다고 해서 뒤에서 하는 험담이나 폭력 같은 개인 간 불화가 일상적이었다는 사실을 부정하는 것이 아니다. 어떤 사람들은 전적으로 혈연만 믿었고, 암스테르담의 주민 헤르마누스 베르베크가 자서전에 썼듯이, 다른 이웃은 "이방인"으로 치부했다. 그러나 사람들이 때때로 시민의 의무를 게을리했다 해도, 절대다수는 이웃과 좋은 관계를 유지해야 한다는 명분을 믿었다.[59]

공적인 기구가 부재한 밤에도 사람들의 사회적 의무는 유보되지 않았다. 밤에는 의무가 적어지고 가정들은 더 고립되었지만 사람들은 언제나 서로를 도왔다. 어떤 사람들은 이웃에게 촛불을 빌려주는 정도의 작은 친절을 베풀었다. 1645년 어느 봄날, 에식스에 살던 랠프 조슬린 목사는 밤늦게 신선한 버터 2파운드를 받았다. "여기, 우리의 필요에 맞춰주시는 신의 섭리가 있도다"라며 조슬린은 즐거워했다.[60] 어두워진 다음에 낯선 사람들을 대할 때와는 달리 친구나 친척은 환영받았고, 약속이 되어 있을 때에는 더욱 그랬다. 아주 불길한 밤에는 종종 이웃이 함께 모여, 같은 이불은 아니라도 같은 지붕 밑에서 함께 자며 두려움을 가라앉혔다. 요크셔의 코르셋 제조자인 제임스 그레고리가 집을 떠나 있을 때 그의 아내는 친구에게 청해 "그날 밤 같이 잤다." 엘리자베스 드링커는 필라델피아에서의 고독한 밤에 대해, "나는 밤을 보내는 게 두렵지 않지만, 모두가 그렇지는 않은 것 같다. 혼자 있는 밤이면 우리는 '아침을 달라'고 말하곤 한다"고 기록했다. 윌리엄 콜 목사는 블레철리의 집에 별로 믿음직스럽지 못한 노예 톰과 단둘이 있는 것이 싫었다. 만일 톰의 아버지가 함께 있지 못하면 "그 어둡고 긴 밤"을 지내기 위해 여러 이웃을 불러모을 작정이었다.[61]

때로는 밤에 상호 간의 의무가 특히 절박해지기도 했다. 병이 나는 일도 흔했고 밤에는 사고도 잘 났다. 가정마다 간단한 치료법을 알고 있었고, 동네 마법사에게 얻은 미약과 고약과 향료 같은 것도 조금씩 가지고 있었다. 파올로 다 체르탈도는 "밤에 도움만 된다면 아무런 치료법이나 사용하라"고 충고했다. 우드퍼드 목사는 카스티야 비누로 만든 알약과 대황도 복용했고, 귀를 찌르는 듯한 통증에 시달리던 어느 날 저녁에는 귀에 구운 양파를 넣기도 했다. 버지니아의 지주 랜던 카터는 자정 조금 전에 노예 다니엘이 죽을 지경에 처해 있는 것을 보고 박하 물에 20~30방울의 액상 아편을 타서 주고, 1시간 뒤에는 "하제로 쓰이는 토근"을 먹였다.[62]

심각한 병에 걸리거나 부상을 당했을 경우, 의사가 있다면 하인이나 이웃이 가장 가까운 의사를 부르러 갔다. 하루의 일과가 끝난 밤에도 의사가 한 집 이상을 왕진하는 것은 이상한 일이 아니었다. 한 런던 방문객이 불평하였듯, 어떤 의사들은 게으르기로 악명 높았다. "의사 중에 지체가 높은 사람들은 아무리 불러도 침대에서 일어나지 않거나 빨리 나오지 않는다." 그렇지만 의사들의 일기를 보면 대다수는 놀라울 정도로 양심적이었다. 뉴잉글랜드의 한 의사는 일기에 이렇게 갈겨썼다. "나흘 동안 밤마다 나갔다가 이렇게 밤에 집에 있다니 얼마나 귀한 일인가." 랭커셔의 의사 리처드 케이는 1745년 6월 어느 날 밤 집에 돌아오자마자 "아픈 사람을 왕진하러 가야 했는데, 집에서 너무 멀어 꽤 늦어졌다." 그는 "주여, 언제나 당신을 두려워하고 공경하며 살게 해주시길"이라고 일기를 끝맺었다.[63]

산파들도 그에 못지않게 확고했다. 밤에는 죽음과 마찬가지로 삶도 항상 존재해서, 현대의 분만으로 판단하건대 새벽 3시 이후 출산율은 크게 높아졌다. 산파는 분만의 첫 진통 때 불려 와서 산후 조리

헤릿 판 혼트호르스트, 〈치과의사〉, 1622

때문에 분만 이후까지 남아 있어야 했다. 메인의 산파였던 마사 밸러드는 그녀 자신의 계산에 따르면 한 해 동안 40일 넘게 잠을 자지 못했다. 1795년 그녀는 이렇게 기록했다. "이제 자정이 넘었는데 덴스모어 씨가 자기 집으로 부른다." 글래스고 시에서는 18세기에 산파를 밤에 모셔가기 위해 '의자 가마'를 사용했지만, 대부분은 그런 대접을 받지 못했다. 밸러드는 걸어가기도 했고, 카누나 말을 타고 가기도 했다. 어느 날 밤에는 산모에게 가다가 자빠지기도 했다. 밤중에 산모를 찾아가는 일에 대해 그녀는 이렇게 묘사했다. "강은 위험했지만 안전하게 도착했다. 신의 가호가 있었기 때문이다." 그녀는 환자의 집에서 밤을 새우는 일이 흔했다. 1765년 런던의 한 신문은 산파의 고된 일에 대한 기사를 실으며 "따뜻한 침대에서 일어나 한밤중에 서리와 비와 우박과 눈보라를 뚫고" 가야 했다고 설명했다.[64]

다른 이웃들도 위급 상황에서 힘을 발휘했다. 마을의 목사는 환자와 그 가족들에게 마음의 안정을 줬다. 조슬린은 4월 어느 날 자정이 지나 "임종을 지켜달라고 진정으로 부탁한" 친구의 집으로 길을 나섰고, 우드퍼드는 "경기를 일으키며 아주 위급하게 아픈" 신생아에게 세례를 베풀기 위해 가난한 집을 방문했다.[65] 때로 위안은 더 가까운 곳에서 왔다. 아픈 이웃이나 친척 곁에서 밤을 지새우며 아픔을 함께 나누는 일은 흔했다. 환자가 홀로 있는 경우는 거의 없어, 친구나 가족 중에서 한 명 이상이 그를 돌봤다. '밤샘 병구완'(veiller un malade)이라는 프랑스어 표현은 이런 오래된 관행을 가리킨다. 오랜 경험이 있는 여자들이 대부분인 간병인들은 안색과 심기의 변화를 살필 뿐 아니라, 붕대를 갈아주고 약을 먹이고 국을 떠먹였다. "우리는 아버님과 함께 밤늦도록 앉아 있었다"고 하멜른의 글뤼켈은 아버지의 임종을 지키던 순간을 회상했다. 몇몇 간병인은 졸았다 해도 대부분은 잠의 유혹을 뿌리쳤을 것이다. 죽고 난 다음이라고 가족이나 친구의 의무가 끝나는 것은 아니었다. 개신교도나 가톨릭교도 모두 장례식 전날 밤샘을 해야 하는 관례적인 의무감을 느꼈다. 악령으로부터 보호하기 위해서라도 꼭 필요한 일이었다. 1765년 뉴잉글랜드의 견습공 존 피치는 주인집 아들이 죽자 "악령을 떨치기 위해 혼자서 밤새도록 아이와 함께 있었다."[66]

야간 화재의 위협으로 더 광범위한 협동의 유대가 만들어졌다. 스스로를 지켜야 한다는 생각은 공동체 의식을 강화시켰다. "당신 이웃집에 불이 나면 그 빛으로 당신 자신의 위험이 보일 것이다"라는 영국 속담은 비유이자 직설이었다. 1669년 어느 새벽 3시, 이스트앵글리아에 있는 아이작 아처의 집에 딸린 굴뚝에서 불이 나자 아처는 잠옷 바람에 맨발로 물을 길러 나갔고 이웃들은 즉각 경계 태세를 갖췄다. 그는 안도하며 "마을 사람들이 많이 왔다"고 기록했다. 도시 지역에서는 이웃은 물론 낯선 사람들도 힘을 모았다. 손가락으로 꼽을 수 있을 정도의 구경꾼들이 절도를 꾀한 반면, 대부분의 사람들은 기꺼이 도우려 했다. 벤저민 프랭클린은 「화재 현장의 용감한 사람들」(Brave Men at Fires)이라는 수필에서 다음과 같이 썼다. "추위도 어둠도 훌륭한 사람들을 막을 수 없었다. 그들은 서둘러 달려 나오는 것부터 끔찍한 현장에서 돌아다니는 것까지 모든 일을 할 수 있으며, 화마를 잡는 데 가장 큰 역할을 한다." 리즈에서 런던을 방문하고 있었던 학자 랠프 소러스비는 1677년 화재 경보 소리를 듣고 "가능한 최선을 다해 돕기 위해" 친구와 함께 화재 현장으로 달려갔다.[67]

얼핏 보면 사람들은 범죄 행위에 대해서도 똑같은 마음으로 반응했던 것처럼 보인다. 영국에서 시민들은 위험한 범죄자를 추적하면서 고함을 칠 권한을 갖고 있었다. 『영국 공화국에 관하여』(De Republica Anglorum, 1583)의 저자 토머스 스미스 경에 따르면 "도둑을 맞았거나 어떤 사람이 도둑맞는 것을 보거나 인지한 사람은 고함을 지를 수 있다. 즉, 소리를 쳐 도움을 청할 수 있다." 집에서건 밖에서건 밤에 공격을 당한 피해자는 크게 반복적으로 고함을 쳐서 도움을 청하는 법을 분명 알고 있었다. 폭력의 정도에 상관없이 "살인이야, 살인이야!" 하고 외치는 절박한 외침은 관행적인 경고의 소리였다. 『내 아버지의 삶』(My Father's Life, 1779)에서 레티프 드 라 브르톤은 어렸을 적에 일어난 사건을 이야기했다. 어느 날 밤늦게 들린 "살인이야"라는 소리에 마을 사람들은 부유한 농부인 브르톤의 아버지가 공격을 받았다고 오해하고, 즉시 "저녁을 먹다가 아무거나 옆에 있는 것을 잡고 큰길로 튀어나왔지만" 브르톤의 아버지는 무사했던 것이다. 범죄의 피해자는 때로 야경대원이 아니라 '이웃'에게 도움을 요청했다. 요크셔 브라이턴 마을의 존 에클스는 머리에 치명상을 입었지만 "제발 도와줘요, 이웃들아!" 하고 외칠 수는 있었다. 로마에서는 벌거벗은 여인이 창문에 대고 "이웃 사람들, 도와주세요. 저를 도와주세요. 맞고 있어요"라고 소리치는 일도 있었다.[68]

절박하게 도움을 요청하는 소리가 들리면 사람들은 최소한 창문으로 가보았다. 더 대담한 사람들은 밖으로 나왔다. 노샘프턴셔의 한 가정에서 한밤중에 고함소리가 들리자, 얼마 안 되는 사람들이 무리를 이루어 "쇠스랑, 막대기, 쇠꼬챙이" 같은 것을 들고 길거리로 쏟아져 나와 "고함의 원인"을 찾았다. 1684년에는 한밤중에 강도를 당할까 봐 걱정하는 자작농 헨리 프레스턴을 돕겠다고 할튼 마을에서 "한 사람만 빼고" 모두가 서약했다. 집 바깥에서 "살인이야"라는 고함을 들은 이웃은 밤이라도 타인의 주거지에 들어갈 권리를 갖고 있었다. 예를 들어 1745년 클러큰웰의 한 부부는 밤늦게 흑백 혼혈 소녀 하나를 집안으로 꾀어 들였다. 성폭행을 당한 그 소녀는 "살인이야" 하고 외쳤고, 그러자 그녀의 용감한 친구 베티 포브스가 그녀를 풀어줄 것을 요구하며 길에서 소리쳤다. "개 같은 놈아, 내 친구한테 무슨 짓을 한 거냐? 밖으로 내보내라. 아니면 살인났다고 소리치고 네 문짝을 부술 테다."[69]

그렇다 해도 이웃의 도움에는 한계가 있었다. 우선, 어둠 때문에 신체 상해가 더 커졌고, 가해자와 피해자를 구분하기가 어려웠다. 가정집과 유곽과 술집이 함께 있는 도시 구역에서는 정적을 깨는 비명과 욕설이 들리지 않는 날이 거의 없었다. 올드 베일리 형사 법정의 증언록에 따르면 한 창녀의 이웃은 다음과 같이 조용하게 술회했다. "그 여자는 아주 예의바른 이웃이었고, 사람들은 그 여자의 나쁜 점을 알지 못합니다. 단지 유곽을 운영하고 있고, 거기 사는 사람이나 찾아오는 사람들이 나쁜 놈! 갈보! 도둑이야! 살인이야! 같은 큰 소리를 내는 게 문제였지요." 또다른 유곽에서는 "살인이 났다고 소란을 피우는 일이 하도 빈번하게 일어나서" 한 창녀가 칼에 찔려 죽은 커다란 "소동"도 "이웃의 주목을 별로 받지 못했다."[70] 범죄 사건에 끼어들었다가 부상이나 죽음을 당할 수도 있었다. 매사추세츠 주의 세일럼에서 토머스 스미스는 "살인이야! 살인이야!" 하는 비명소리를 듣고 그 집에 들어갔는데, 후일 증언한 바에 따르면 "이웃들이 서로 죽이는 것은 수치스러운 일"이라고 믿었기 때문에 한 일이었다. 그렇지만 그들은 스미스를 거의 죽을 정도로 팼고, 스미스는 영웅적 행위의 대가를 그렇게 치러야 했다. 1728년 도와달라는 소리를 들은 한 런던 주민은 야경대원을 불렀지만 거절당했고 다른 구경꾼들도 외면하자 직접 노상강도를 붙잡았다. "어떤 사람은 그 범인이 위험한 사람이고 20파운드 때문에 목숨을 걸지는 않겠다고 말했다." 게다가 때로 도와달라는 비명은 부주의한 행인을 골목이나 외딴 길로 꾀어 들이는 방편으로 사용될 위험도 있었다. 밤중에 스미스필드를 지나가던 오들리 하비는 어떤 사람을 돕기 위해 칼을 들고 달려갔다가 '피해자'와 그의 무리에 의해 몽둥이로 얻어맞았다. "사람들을 끌어들이려는 함정이 너무도 많다"고 한 동시대인은 개탄했다.[71]

많은 가정에서는 저녁에 문과 창문을 걸어 잠그고 안전한 집에서 나가는 것을 꺼렸다. 빌리 르 마레샬에서는 강간범이 한 주민에게 "밖에 나가지 말라"고 경고했다. "우리는 해를 끼치고 싶지 않다. 우리는 헤픈 여자만 잡는다." 한 남자와 한 여자가 집에서 시체를 끌어내는 것을 목격한 로버트 샌더슨은 일기에 이렇게 기록했다. "나는 그들에게 다가가는 것이 적절한 행동이 아니라고 생각했다. 왜냐하면 그들이 나쁜 사람들일까 정말로 두려웠기 때문이다." 낯선 사람이 위험에 처했을 때 대다수의 시민들은 못 본 척했다. 친구나 가족과 달리 외부인은 이웃의 도움과 보호를 요청할 권한이 없었다. 그들의 목숨이 위태로워도 남들은 위험을 무릅쓰지 않았다. 1745년 어느 날 해질녘 런던의 스트랜드 가에 있는 술집 밖에서 강도에게 붙잡힌 메리 바버는 범인에게 "나는 기독교 국가에 있고 도움을 얻을 것이기에 두렵지 않다"고 용감하게 말했다. 그뒤 멍이 들도록 맞은 그녀는 발에 채여 길거리로 내동댕이쳐져 길바닥에서 흐느적거렸다. "거기에는 나를 아는 사람도 없고, 도와주는 사람도 없었다"고 바버는 회상했다. 여행자들의 평판에 따르면 밤에 폭력이 일상적인 모스크바가 시민 의식이 가장 낮았다. 17세기에 올레아리우스는 다음과 같은 보고서를 작성했다. "주민들은 동정심을 보이지 않았다. 그들은 창문 아래에서 도둑이나 살인자의 손에 고통받는 사람의 소리를 들어도 도와주기는커녕 창밖을 내다보려 하지도 않는다."[72]

화재와 달리 단일한 범죄 행위는 마을 전체나 지역을 위험하게 만든 적이 별로 없었다. 게다가 밤에 일어난 화재와 싸울 때 자원봉사자들이 생명의 위협까지 무릅쓴 것은 아니었다. 그들의 의무는 물을 길어 오고 건물을 다시 일으켜 세우는 것 정도에 국한되었다. 화재는 방치할 경우 마을 전체의 재앙이 될 수 있었지만, 범죄는 피해자를 도우려고 나선 선한 사마리아인에게 위험이 될 뿐이었다. 그러니 많은 사람이 문을 닫고 안에 있었다 해서 그리 놀라운 일은 아니다. 또한 길거리 사정을 잘 아는 사람들이 밤에 범죄의 피해자가 될 경우 "불이야!"라고 외친 것도 놀라운 일이 아니다. 보나방튀르 데 페리에는 『세상의 북소리』(Cymbalum Mundi, 1539)에서 그런 외침 소리에 "사람들은 잠옷 차림으로 또는 완전히 벗은 채로 밖에 나온다"고 증언했다.[73] 살인이나 강도가 사람들의 공동체 의식을 일깨우지 못했다면, 산 채로 불에 타 죽을지 모른다는 두려움은 거의 언제나 그런 의식을 일깨웠다.

5장

보이는 어둠: 밤의 세계에서 헤매기

I

밤에도 낮처럼 관행이 있으니,
우리가 밤에는 다른 사람처럼 살 것이다.
_윌리엄 대버넌트 경, 1636[1]

밤이 아무리 위험하다 해도, 놀랄 정도로 많은 사람들이 필요나 선택에 의해 거실의 안온한 난롯가를 뿌리치고 밖으로 나갔다. 아트 판 데르 네이르(Aert van der Neer)와 아드리안 브로우버르(Adriaen Brouwer)가 그린 달빛 풍경을 보면 우리는 그 사람들의 모습을 흐릿하게나마 볼 수 있다. 고요한 밤에 수의를 입은 듯한 사람들이 함께 걸으며 이야기를 나눈다. 네덜란드의 교사였던 다비트 베크는 1624년 여름밤에 "헤이그 거리를 왔다갔다하면서 보름달 아래 많은 사람들이 길거리에 있는 것을 보았다." 1683년 11월 깊은 밤에 비국교도 올리버 헤이우드는 요크셔의 촌락에서 설교했다. "밤이라 어둡고 길이

미끄러웠지만 신이 멀리 사는 많은 사람들을 보내셨다." 이와 비슷하게 뉴잉글랜드에도 어두운 밤에 "2, 3마일 정도의 울창한 숲길을" 걸어서 기도 모임에 정기적으로 참석하는 아이들에 대한 기록이 있다.[2]

어두워진 후에는 밖에 나가는 모험을 철저하게 자제한 사람들도 있었다. 마을이나 도시에서 통행금지가 폐지되고 오랜 세월이 지난 후에도 지혜로운 사람들은 밤에 돌아다니는 것을 권장하지 않았다. 포르투갈의 속담은 "밤은 집에 머물러 있어야 하는 시간"이라고 경고했다.[3] 요크셔의 자작농 애덤 에어는 "이제부터는 결코 밤에 밖에 나가지 않을 것"이라고 맹세했다. 제임스 보즈웰은 도둑과 '나쁜' 밤공기를 두려워하여 "모든 유혹을 뿌리치고 언제나 일찍 집에 가기로" 했다. 그렇지만 그런 서약은 밤에 돌아다니는 생활에 대한 뿌리깊은 혐오감보다는 우발적인 사고에서 비롯된 일이라, 그렇게 오래 가지 않았다. 더비셔의 의사 제임스 클레그는 어느 날 밤 말에서 떨어진 후 "더 이른 시간에 집으로 돌아가거나 아니면 환자들과 함께 밤을 새우겠다"고 결심했다. 그러나 그는 그 결심을 지키지 못하고 몇 주 뒤 다시 왕진을 다니기 시작했다.[4]

산업화 이전 시대 사람들은 자연 세계를 바라보며, 이교도와 기독교 전통 모두를 포함하는 많은 원천에서 흘러들어온 농촌 문화의 깊은 보고에 의존했다. 밤에 관습적인 믿음과 행동이 중요한 역할을 한다는 것은 강조할 필요조차 없는 사실이었다. 1730년에 한 시인은 "대중들의 전통에 의해 키워진 헛된 관념"에 대해 경멸조로 말한 바 있다. 어떤 관행은 행상, 설교자, 유랑 시인에 의해 한 지역에서 다른 지역으로 전파되었고, 토착적인 것도 있었다. 가정마다 전 세대에서 물려받은 지혜를 통해 오래된 기술을 습득했고, 그 기술로 언제나 위협적인 땅을, 때로는 멀리 떨어져 있는 땅도 지배했다. 인종과 종교 집단 간에 차이가 있듯 지역적 관행도 물론 서로 달랐다. 하지만 이러한 미묘한 차이보다는, 근대 초 사회의 가치와 기술과 관습의 보편성이 훨씬 더 컸다. 거의 모든 곳에서 밤에 사람들은 환하게 보이는 세계의 리듬이나 의식과는 구분되는 행동 방식을 포용했다. 세라 쿠퍼는 "다른 시간과 다른 장소는 다른 행동을 요구한다"고 말했고, 밤도 예외는 아니었다.[5]

II

그들은 일찍부터 어둠에 길들여져야 했다.

_장 자크 루소, 1762[6]

일찍이 아리스토텔레스와 루크레티우스 같은 사람들은 어린아이들이 밤에 소심해진다고 말한 바 있다. 심리학자들에 따르면 두 살 정도부터 아이들은 어둠에 대한 본능적인 두려움을 보인다. 태어났을 때부터 잠자고 있던 불안감은 외부 세계에 대한 의식이 자라면서 깨어나게 된다. 어린이 성장 과정의 이러한 표준적 유형이 현대 이전 사회에서는 달랐으리라고 생각할 이유는 없다. 고대의 스파르타 사람들은 그러한 두려움을 극복하기 위해 아들에게 묘지에서 밤을 보내도록 했다고 전해진다. 프랜시스 베이컨은 "어린아이가 어둠을 두려워하듯 어른은 죽음을 두려워한다"고 말했다.[7]

근대 초에 어린이의 두려움은 부모가 보기에 효과적으로 이용할 수 있었다. 어른들은 아이들의 두려움을 달래주기보다는 오히려 기이한 이야기를 해주고 거기에 자신의 무서웠던 경험을 가미해서 두려움을 더욱 키웠다. 베이컨은 "아이들의 타고난 두려움은 이야기를 통해 더 커진다"는 사실에 주목했다. 레지널드 스콧은 "우리 어머니 세대의 하녀들이 망태 할아버지, 귀신, 마법사, 도깨비, 요정, 마녀, 요괴 등등의 이야기로 우리를 너무 긴장시켜서, 우리는 우리 그림자를 보고도 깜짝 놀랐다"고 썼다. 유괴범, 살인자, 도둑에 대한 이야기도 많았다. 17세기 겐트의 소녀 이사벨라 드 무에를루즈는 "긴 외투를 입고 갓 태어난 아기를 죽이고 다니는 남자"의 이야기에 겁을 먹었다. 근위대의 애꾸눈 병사 유령 이야기는 프랑스의 루이 13세(1601~1643)를 단련시키는 데 사용되었다. 부모나 하인은 못된 아이를 잡아먹는 도깨비에 대한 무서운 이야기를 통해 아이들의 극심한 공포를 불러일으켜 복종을 강요했다고 비평가들을 말한다. 네덜란드의 작가 야코프 카츠(Jacob Cats)는 "사람들이 아이들을 조용히 시키려고 할 때마다 유령, 도깨비, 귀신 등등 수많은 이상한 형상을 끌어들인다"고 불평을 토로했다. 몇몇 부모들은 아이들에게 벌을 줄 때 어두운 골방에 감금하거나 악령으로 분장하기도 했다. 네덜란드의 콘스탄테인 하위헌스는 검은 옷을 입힌 인형으로 어린 딸을 놀래주었다. 16세기 프랑스에서 필리프 드 스트로치의 아버지는 어느 날 밤 아들의 방문을 두드렸다. "목소리를 무섭게 변조하여" 아들의 담력을 시험해보려는 것이었다. 필리프는 시험을 통과했다. 이마에 한 방을 얻어맞은 아버지는 후퇴하면서 "다시는 밤에 이런 식으로 아들을 겁주지 않겠다고 맹세했다."[8]

이와 같은 사례는 근대 초의 가정이 인간적 애정이 결여된 억압적 제도였다고 비판하는 역사가들에게 방대한 자료가 된다. 그러나 여기에서 그런 결론을 이끌어내는 것은 더 큰 요점을 놓친 것이다. 무서운 이야기나 아이 잡아먹는 도깨비는 때때로 단련시키기 위한 도구로 사용되기도 했지만, 교육적으로 중요한 기능을 하고 있었다. 무엇보다도 밤에 아이들을 조심시킬 필요가 있었다. 노래나 속담과 함께 이야기는 전반적으로 문맹이었던 이 시대에 경고를 전달하는 관습적인 수단이었다. 프랑스의 성직자 페늘롱은 『소녀 교육론』(Traité de l'Education des Filles, 1687)에서 "어린아이들에게 유령과 혼령에 대한 어리석은 두려움"을 일으키는 유모들은 사실상 어린이들이 "추구하거나 피해야 하는 것들에 관한" 그들 자신의 판단을 행사하고 있는 것이라고 말했다. 마찬가지로 한 시칠리아 방문객은 마법에 관한 이야기를 퍼뜨리는 "미신적인 부모, 유모 및 선생 같은 사람들"에 대해 기록했다. 대부분의 이야기는 개인적이고 구체적이었다. 많은 사람들이 마을에 있는 유령과 마녀의 소름 끼치는 행위에 대해 이야기하면서, 특히 밤에 어린아이들이 피해야 할 곳들을 지적했다. 장 파울에 따르면, 교사였던 그의 아버지는 "그가 들었거나 스스로 만났다고 생각하는 유령이나 어리석은 짓에 대한 이야기를 하나도 빠짐없이 들려주었다." 그러나 다른 어른들과 달리 그의 아버지는 "유령에 대한 확고한 믿음을 유령에 대처하는 확고한 용기와 결합시켰다."[9]

또한 어둠에 점차 익숙하게 만드는 것도 아이 교육에 중심이 되었다. 아이들은 땔감을 모으거나 산딸기를 따거나 가축을 지키는 일로 저녁에 밖에 나가야 했다. 노섬벌랜드에서 자란 판화가 토머스 비위크는 아버지가 "밤에 잔심부름을 시키면" 언제라도 나가야 했다. 어른이 된 그는 "어둠 속에 자주 홀로 있었던 것"이 두려움을 줄이는 데 도움이 됐을 거라고 회상했다.[10] 1748년에 『어린이 특유의 감정과 습관과 애정에 관한 대화』(Dialogues on the Passions, Habits, and

핀센트 판 데르 피너, 〈안전한 도피처〉, 1714

Affections Peculiar to Children)의 저자는 부모들에게 다음과 같이 충고했다. "마치 우연히 생긴 일처럼 어둠 속으로 아이들을 심부름 보내라. 그러나 너무 오래 밖에 있게는 하지 말고, 점차 시간을 늘리면 아이들의 용기도 함께 늘어난다." 구두공의 아들이었던 토머스 홀크로프트는 어렸을 적 멀리 떨어진 농장으로 심부름을 갔다. 그가 후에 기억하기를, "가끔씩 길을 잃기도 했지만" 나중에는 길을 찾아냈다. 아버지가 친구와 함께 몰래 거리를 두고 따라오고 있었고, 그는 무사히 임무를 완수했다. "마침내 나는 안전하게 집에 돌아왔다. 두려움에서 벗어난 것도 기뻤고, 심부름을 성공적으로 마친 터라 속으로 적잖이 들떠 있었다."[11]

놀이도 같은 목적에 쓰였다. 루소는 아이들에게 '밤의 놀이'를 권했고, 식탁과 의자로 만든 복잡한 미로도 거기에 포함되었다. 루소는 "어둠 속에서 발을 내딛는 데 익숙해지고 주변의 물체를 손으로 더듬는 연습을 하면, 아무리 어둡더라도 손과 발이 어려움 없이 길을 인도할 것"이라고 말했다. '여우와 사냥개' 같은 야외 놀이는 밤의 어둠에 적응시키려는 목적으로 만들어졌다. 레티프 드 라 브르톤은 어렸을 적에 "언제나 어둠 속에서 하는 '늑대'" 놀이를 즐겼다. 영국 일부 지역에서 하던 '난가리 옆의 유령' 놀이는 아이들이 유령에 대한 두려움을 극복하도록 만들어진 놀이였다. 영국 전역에서 즐겨 행해진 놀이는 '내가 촛불을 들고 거기 갈 수 있을까?'였다. 최소한 16세기로 거슬러올라가는 이 놀이의 한 변형은 한 무리의 '마녀'와 그보다 더 많은 수의 '여행자'로 편을 나누었다. 밤에 하는 놀이는 아니었지만, 이 놀이는 현실적인 교훈을 전달했다. 하나는 가능하다면 촛불을 켜는 시간 전에 집으로 돌아가야 한다는 것이고, 다른 하나는 밤이 오면 사악한 세력을 조심해야 한다는 것이었다. 놀이에 참가한 아이들은 "조심해라, 오늘밤 길에 힘세고 나쁜 마녀들이 온단다"라고 노래했다.[12]

조너선 마틴 같은 어떤 아이들은 밖에서 놀고 싶어서 안달을 했다. 노섬벌랜드 산지기의 아들이었던 그는 여름밤이면 일상적으로 침대에서 빠져나가 홀로 숲속을 돌아다녔다. 그러던 어느 날 아침 이 여섯 살배기 아이를 사람들이 집으로 데려다주었다. 그들이 처음에 이 아이가 유령인 줄 알았다고 하자, 이런 경솔한 행동의 위험에 경각심을 느낀 그의 아버지는 즉각 조너선이 혼자 나돌아다니는 것을 금지했다.[13] 집안이건 밖이건 밤에는 꼭 신중해야 했다. 밤의 지배권에 침입하는 것과 그 법칙을 비웃는 것은 완전히 다른 문제였다.

III

십 리 길도 낮보다 밤에 더 길다.

_이탈리아 속담[14]

악령이나 노상강도도 무서웠지만, 밤의 어둠 속에 숨은 쓰러진 나무, 무성한 덤불, 가파른 언덕, 뚫린 구덩이 같은 자연적 위험이 더 흔했다. 가까운 이웃집에 다녀오는 데에도 온갖 어려움이 있었다. 뉴잉글랜드의 한 의사는 환자를 돌보고 밤 10시가 넘어 돌아오며 이렇게 기록했다. "구름 끼고 어둡고 음산한 밤, 말타기에는 좋지 않은 시간이었다. 좁은 길을 따라가기가 어려운 시간이었다." 쿠퍼에게 헤아릴 수 없는 위험의 근원이었던 어둠은 "우리의 가장 고귀한 감각을 빼앗아가고, 우리의 모든 동작을 마비시키거나 혼동시키는 상태"였다. 그녀는 인간이 어둠에 대해 "가장 자연스럽고 가장 정당하고 가장 극복하기 어려운 혐오감을 갖고 있다"고 말했다.[15]

그러한 밤에 생활의 지침을 얻기 위해 평범한 사람들은 어릴 적 터득한 지역의 민속과 자연에 대한 친밀한 지식에 의존했다. 옆 교구조차 때로는 외국처럼 느껴졌지만, 대부분의 사람들은 자신들이 자라난 교구를 세밀히 알아서, 마을의 개울, 목초지, 울타리가 어디에 있는지 머릿속에 지도를 갖고 있었다. 영국 여러 곳에서 즐겨 했던 '마을 한 바퀴' 같은 놀이 덕분에 아이들은 어릴 적부터 주변 환경에 익숙해졌다. 낚시질, 약초 캐기, 심부름하기도 같은 역할을 했다. 밤의 위험에 대해 어른들에게 배운 아이들은 "토끼가 굴을 알듯" 마을의 경관과 타협하는 법을 알아서, 어두워진 뒤에는 못가나 우물이나 그 밖의 위험한 곳을 조심스럽게 피해 다녔다. 마을과 도시에서는 상점의 간판, 문간, 뒷골목 등이 아이들에게 고정적인 이정표가 되었다. 자크 루이 메네트라는 어릴 적에 숨바꼭질 같은 놀이를 하고 폭력적인 아버지에게 집에서 쫓겨났을 때 밤잠을 자기도 한 파리의 강가를 잘 알고 있었다. 교훈은 고통스럽게 얻어지기도 했다. 농부 발랑탱 자메레 뒤발은 어렸을 적 의붓아버지를 피하려다가 빈 늑대 굴의 짐승 똥더미로 굴러떨어져, 밤새도록 갇혀 있었다. 염소지기 소년 울리히 브레커는 네 살 때 "칠흑같이 어두운 비 오는 밤"에 들판을 가로질러 뛰어가다가 미끄러운 진흙 경사면에서 거의 공중제비하듯이 물살 빠른 개울에 빠질 뻔했다. 그는 아버지에게 구조되었고, 다음날 아버지는 그를 그 현장으로 데려가서 말했다. "얘야, 몇 발짝만 더 가면 개울이 절벽으로 떨어진단다. 물에 빠졌으면 너는 저 아래에 죽어 있을 거다."[16]

사춘기에 이르면 이미 아이들 대부분이 농촌 들판에 얼기설기 얽혀 있는 길들을 다 알았고, 도시에서는 뱀처럼 구불구불하고 좁은 골목길까지 잘 알았다. 한 베를린 사람은 밤에 친구에게 "겁먹을 필요 없어. 내 고향의 길거리는 다 외우고 있으니까"라고 말했다. 레온 바티스타 알베르티는 "경험을 통해 한 장소를 잘 알고 환한 낮에 모든 곳을 다 본 사람들은 어둠 속에서도 그 장소를 알아보고 그곳이 어디이며 누가 사는지 말할 수 있다"고 단언했다.[17] 단지 겨울철에 눈이 심하게 왔을 때에는, 여행자들이 더 밝고 시야가 넓어진 경관을 볼 수 있기는 했지만, 주변 경관의 친숙함은 사라졌다. 그리하여 1789년에는 두 명의 펜실베이니아 주민이 서스쿼해나 강에서 익사했다. "밤이 깊고 길은 눈에 덮여 그들은 강을 길로 오인해서" 얼음 사이로 빠졌다.[18]

인간의 눈은 어둠 속에서 1시간 이내에 동공이 확대되어 충분한 빛을 받아들이면서 시력을 점차 회복한다. 색채와 질감의 인식 능력은 상실하지만 윤곽에 대한 지각은 오히려 예리해진다. 인간은 밤에는 사실상 거의 앞을 못 보는 대부분의 짐승들보다 밤에 더 잘 본다. 산업화 이전 시대의 사람들이 밤에 더 잘 볼 수 있었던 이유는, 물론 늦봄과 여름에 국한되기는 했지만, 비타민A가 풍부한 푸른 푸성귀와 신선한 과일을 많이 섭취했기 때문일지도 모른다. 게다가 이 당시 영양 섭취의 중요한 원천이었던 술은 과음만 하지 않는다면 밤눈을 밝게 해주었다. 사실 '고양이 눈'을 가졌다고 하는 어떤 사람들은 어둠 속에서 보는 능력이 탁월했다. 『젠틀맨스 매거진』(Gentleman's Magazine)의 한 통신원은 시력이 "고양이나 올빼미 또는 박쥐" 수준에 이른 "사람들"에 대한 기사를 썼다.[19]

랜턴이나 횃불 역시 갖고 다닐 수 있는 빛이었다. 두꺼운 대마 심지를 반쯤 꼬아 석유나 송진이나 쇠기름에 적셔 사용한 횃불은 하나의 무게가 3파운드 정도 나갔다. 랜턴은 그에 비해 가볍지만 불빛은 더 약했다. 원통이나 사각통에 손잡이를 단 전형적인 랜턴은 동물의 뿔로 만든 얇은 막 안에 촛불 하나를 넣어 사용했다. 때로는 동물의 가죽이나 운모(雲母)나 유리를 쓰기도 했다. 금속으로만 만든 어떤 랜턴은 뚫린 구멍으로 빛을 발산했다. 17세기부터 영국에서 유리 산업이 발전하면서, 가운데에 유리 렌즈를 놓고 주위에 얇은 청동판을 대서 빛을 확대시킨 '볼록렌즈 랜턴'(bull's-eye lantern)이 점차 인기를 얻었다.[20]

부유한 집에서는 어두운 밤에 하인 한 명이 길을 밝혀주는 일이 흔했다. 친절한 주인은 하인을 시켜 떠나는 손님을 집까지 안전하게 모시도록 했다. 주인이 밤늦게 집에 올 때면 부지런한 하인들은 어디로 주인을 마중 나가야 할지 알고 있었다. 로버트 샌더슨은 1729년 일기에 "랜턴을 들고 나를 마중나온 샘을 세인트클레멘츠 레인 입구에서 만났다"고 기록했다. 덴마크의 로스킬레 마을에서 대장장이 길드는 하인들에게 명령하여 랜턴과 촛불과 지팡이를 들고 주인을 맞도록 했다. 부유한 집안의 행차는 더 엄청난 규모였다. 하인들이 도시의 길을 따라 마차 옆에서 큰 횃불을 높이 들고 따라갔다. 마차 앞에는 긴 장대 위에 '달등'(moon)이라는 둥그런 랜턴을 올려 든 '달등지기'가 길을 안내하기도 했다.[21]

대부분의 마을과 도시에서는 약간의 돈을 주고 횃불꾼(linkboy)을 고용할 수도 있었다. 그들 대부분은 고아거나 가난한 소년들로서, 행인을 돕기 위해 횃불이나 간혹 랜턴을 들고 다녔다. 어떤 영국 마을에서는 그들을 '달을 저주하는 사람들'이라고 부르기도 했다. 왜냐하면 밤에 달빛이 있으면 그들의 벌이에 방해가 되었기 때문이다. 런던에서 그들은 템플 바, 런던교, 링컨 인필즈 같은 유명한 장소에 모여 있었다. 새뮤얼 피프스는 타워 힐에 있는 집으로 걸어갈 때 때때로 횃불꾼의 도움을 받았다. 베네치아에서는 이 사람들을 '코데게'(codeghe)라 불렀고, 프랑스에서는 랜턴 운반자라는 의미로 '포르트 플랑보'(porte-flambeaux) 또는 '팔로'(falot)라고 불렀다. 그들은 파리의 길거리에서 "여기 등불 있어요"라고 외치며 돌아다녔다. 루이 세바스티앵 메르시에는 즐거워하며 말했다. "횃불꾼의 불은 편리하며, 일 때문에 또는 향락 때문에 집에 늦게 가는 사람들이 사용할 만한 예방책이다."[22] 그러나 런던에서 횃불꾼은 길거리의 불량배들과 어울려 다닌다는 나쁜 평판을 얻었다. 대니얼 디포는 그들을 "등불을 든 도둑"이라고 비난했

토머스 롤런드슨, 〈횃불꾼〉, 1786

다. 그들이 취한 고객을 강도들의 손아귀에 넘겨주고 범죄의 순간에 횃불을 끈다는 불평이 많았다. 존 게이는 이렇게 경고했다. "횃불꾼의 소리에 유혹을 받더라도,/ 호젓한 벽을 따라갈 때는 믿지 말라./ 중간에 그는 횃불 심지를 꺼버리고,/ 노획물을 도둑떼와 나눌 것이니." 디포는 18세기 파리의 정책처럼 횃불꾼에게 면허를 주어 엄격하게 통제해야 한다고 주장했다. 영국과 달리 구체제 말의 파리에서는 횃불꾼들이 정치적 첩자로 악명 높았다. 메르시에는 그들이 "경찰과 공모하고 있다"며 치안에 보탬이 된다고 박수를 보냈다. 이곳 고객들은 적어도 돈은 지킬 수 있었다. 비밀에 대해서라면 얘기가 조금 달랐을 테지만.[23]

보통 등불은 재산의 상징이었지만, 멀리서 보면 사회적 지위에 대한 별 실마리가 되지 못했다. 특권층을 수행하는 시종들의 행렬과는 달리, 행인들은 단 하나의 횃불이나 랜턴을 하인이나 횃불꾼에게 들고 가도록 했고, 때로는 손수 들고 다니기도 했다. 보통의 수입을 벌어들이는 런던의 한 식품상은 개를 훈련시켜 입에 랜턴을 물고 다니게 했다.[24] 가난한 사람들은 작은 고기 기름 덩어리를 그러모아 임시변통의 랜턴을 만들었는데, 비바람에 꺼지지 않도록 종이나 속이 빈 순무를 사용했다. 17세기에 프랑스의 푸아티에를 방문한 한 스코틀랜드인은 밤에 가난한 사람들이 내는 꾀에 감탄했다. "그들은 한쪽 끝에만 불을 붙인 나무를 들고 마을을 돌아다니며 한쪽에서 다른 쪽으로 흔들어 약간의 빛을 낸다." 당국에서 사회 계급에 따라 인공조명을 제한한 적은 별로 없었다. 영국 해협에 있는 건지 섬의 한 법 조항은 '제1계급'의 사람에게만 랜턴 속에 촛불 세 개를 켤 수 있는 특권을 주었고, 더 낮은 계급에게는 한두 개만 허용했다. 19세기 초에 당황한 어느 방문객은 "세계 어느 지역과 달리, 여기에서는 길거리를 지나가는 사람의 계급을 가장 잘 구분할 수 있는 때가 어두운 밤"이라고 말했다.[25]

아무리 밝은 횃불이라도 작은 반경밖엔 비추지 못해서, 어두운 밤에는 바로 앞을 볼 수 있을 정도에 불과했다. 횃불은 랜턴에 비해 밝았지만 햇살을 대신할 수는 없었다. "태양에 비하면 횃불은 불똥에 불과하다"는 속담이 있었다. 게다가 어떤 종류의 조명이건, 등 속에 있는 불이라 해도 강한 바람이나 비에 꺼질 위험이 있었다. 셰익스피어는 시 「비너스와 아도니스」(1593)에서 "어떤 불길한 숲속에서 등불이 자주 꺼져" 놀란 "밤의 방랑자들"을 묘사했다.[26]

인공조명이 가능해도 많은 사람들은 밤의 빛을 하늘에 의존했다.

모든 계층의 여행자들에게 가장 큰 관심사는 밤하늘이 얼마나 어두운가 하는 것이었다. 당대 사람들이 직접 경험했듯, 밤에는 어둠의 종류가 아주 다양해서, 하룻밤에도 여러 차례 바뀌었다. '칠흑 같은 어둠'부터 보름달의 환한 빛까지 다양한 어둠이 존재했으며, 어떤 것은 우리 현대인의 눈으로 구별할 수 없을 정도로 미묘했다. 한 달의 반은, 날이 맑으면 달 표면의 50% 이상이 반사광을 내뿜는다. 달빛이 인체에 해롭다는 속설이 있지만, 영국 여러 지역 주민들은 달을 '교구의 랜턴'이라고 불렀다. 보름날이나 그 전후에 달은 반농담으로 제2의 태양에 비유되었다.[27] 때로 사람들은 동이 튼 줄 알고 한밤중에 일어났다가 '가짜 새벽'에 속았다는 걸 깨닫기도 했다. 1762년 펜실베이니아의 한 주민은 "달이 밝게 빛나 햇빛으로 착각했다"고 기록하기도 했

아드리안 브로우버르, 〈달 밝은 언덕〉, 17세기

다. "일어나서 옷을 입고 식구들을 깨워 불을 켜고 보니 새벽 2시도 되지 않았다." 요크셔의 의복 제조 견습공이었던 메리 에이츠는 낮인 줄 알고 새벽 3시에 일어났지만 실은 "달빛이 밝은 것"이었다.[28]

보름달은 땅거미가 내릴 때 떠서 새벽에 진다. 다른 위상일 때와 달리, 보름달은 밤 내내 빛난다. 영국 북부의 일부 지역 주민들은 이것을 '완전한 빛'(throo leet)이라 불렀다. 보름달 빛은 산업화 이전 시대 풍경의 윤곽을 아주 세밀하게 드러내주었다. 1712년 한 작가는 보름달이 "천 개의 기분좋은 물건을 발견하기에 충분한 빛을 내게 주었다"고 묘사했다. 나그네들은 아주 작은 스펙트럼도 식별해서, 빨강과 노랑을 구분하고 초록과 파랑을 구분할 수 있을 정도였다. 오늘날 빛을 분석하는 기술자들에 따르면, 직사광선의 밝기는 5천~1만 피트 촉광에 달하는 반면, 달빛은 대략 0.02피트 촉광에 불과하다. 현저한 차이지만, 인간의 눈이 물체의 색깔이나 세부 특징을 전혀 감지하지 못할 때는 밝기가 0.003피트 촉광 아래로 떨어질 때뿐이다. 이는 실제로 달빛이 있는 밤에는 사물을 멀리서도 식별할 수 있다는 뜻이다. 한 절도 사건에 대해 새뮤얼 클레이 경관은 형사 법정에서 다음과 같이 증언했다. "달이 아주 밝은 밤이었습니다. 100야드 밖에서도 사람을 알아볼 수 있는 상황이었으므로, 10야드나 그보다 멀리에서도 사람의 얼굴을 알아볼 수 있었다고 맹세합니다." 1676년 요크 시의 한 벽돌공도 "그때 달빛이 있었기 때문에" 절도범을 알아봤다. 그런 밤에는 도둑도 그늘 속에 숨거나 일을 하지 않았다는 것이 그리 놀라운 일은 아니다.[29]

농촌 사람들에게 달의 위상 변화와 월출 월몰 시간은 어릴 적부터 전수받는 기본적인 민간 지식이었다. 이를테면, 영국의 짧은 시 「정직한 농부」(The Honesty Ploughman)에서 아이들은 농부가 "달빛을 보고 집으로 가는 길을 찾는다"는 것을 배웠다. 도시의 가정에서는 그런 문제를 잘 배우지 못했지만, 대신 17세기에 이르러 달마다 일어나는 일을 상세하게 기록한 달력을 쉽게 구할 수 있었다. 유럽 전역에서 출판된 이 달력은 매달 달의 위상 변화를 도표화했다. 1660년대 영국에서 이런 달력이 매년 40만 부 이상 출판되었으니, 세 가구마다 한 권은 구입한 셈이다. 초기 미국에서도 달력은 성서 다음으로 인기 높은 출판물이었다. 달의 여러 위상은 날씨와 사람들의 건강에 각기 다른 영향을 미친다고 알려져 있었지만, 사람들에게 중요한 것은 밖에 나가 있을 때 밤의 상황이 어떨까 하는 것이었다. 1764년 이튼의 한 주민은 최근의 달력에 표〔달의 위상표〕가 없는 것을 보고 이렇게 말했다. "사람들은 달력을 보고 매일 밤 달이 얼마 동안이나 빛날지 안다. 이는 우리에게 큰 도움이 된다."[30]

어두운 밤에 짧은 나들이가 아니라 긴 여행을 떠날 때 달빛은 대단히 중요했다. 달빛의 '무한한' 다양성에 대해 사색한 헨리 데이비드 소로에 따르면, "미미하게 발산되는 빛"조차 "여행하기 충분한 빛"을 제공했다. 달에 의지해 친구를 방문하고, 일을 하러 나가고, 집에 돌아갔다는 기록은 끊임없이 나온다. 제임스 우드퍼드 목사는 친구 집에서 저녁을 같이한 뒤 "달빛이 나오길 기다리는 바람에 꽤 늦게 집에 도착했다"고 기록했다. 1664년 파리의 의사 두 사람은 "보름달이 떴기 때문에" 열병 환자에게 왕진을 가기로 결정했다. 한때 보행자들에게 랜턴이나 횃불을 들고 다니도록 요구했던 여러 도시와 마을들은 17세기에 이르러 그런 조치를 폐지했다. 다른 곳에서는 그런 제약을 강요하지 않았다. 런던 주민들은 부유한 사람들도 피프스가 말한

'멋진 달빛'(brave mooneshine)의 도움을 받아 여행길에 나서는 것이 일상적이었다. 재무장관의 집에서 열린 만찬에 참석하러 마차를 타고 가던 조너선 스위프트는 "달이 빛나 우리 마차는 전복될 위험이 없었다"고 말했다. 달이 없으면 밤의 향락은 취소되거나 연기되었다. 1792년 노퍽의 낸시 우드퍼드는 이웃에 대해 이렇게 썼다. "그는 달이 뜨지 않았다는 이유로 우리집으로 저녁 먹으러 오지 않겠다고 했다."[31]

달이 뜨지 않아도 별이라는 천연의 빛이 있었다. 별빛은 약하긴 하지만 더 믿음직했다. 1742년에 한 사람은 "밝지도 어둡지도 않았다. 별이 빛나는 밤이었다"고 기록했다. 영국 일부 지역에서는 해가 진 뒤 처음 뜨는 별인 '저녁 별'(Vesper, 실지로는 금성)을 '목동의 램프'라고 불렀다. 서쪽 지평선 위에서 밝게 빛났기 때문이다. 19세기 초에 존 클레어는 "아이들도 목동의 램프를 알고 있다"고 했다. 별들은 오늘날보다 더 밝아 보였을 뿐만 아니라 개수도 훨씬 많아, 맑은 날 밤에는 2천 개가 넘게 빛났다. 달빛처럼 별빛도 그림자를 드리울 수 있었다. 시인 로버트 헤릭(Robert Herrick)은 이렇게 표현했다. "어둠이 그대를 괴롭히게 하지 말라./ 달이 잠을 자고 있어도,/ 밤의 별은 그대에게 빛을 내리리니." 18세기 중엽 한 런던 주민은 다음과 같이 말했다. "11시와 12시 사이에는 별이 환한 멋진 밤이라서, 나는 칼과 지팡이를 팔 아래 끼고 길을 걸었다."[32]

안개가 방해하지 않는다면 하얀빛이 넓은 띠를 이룬 은하수가 하늘을 둘로 나누며 지평한 한쪽 끝에서 다른 쪽 끝까지 펼쳐졌다. 1753년에 한 작가는 『앎과 즐거움의 보편적 잡지』(Universal Magazine of Knowledge and Pleasure)에서 "은하수의 어우러진 불빛으로 갑자기 모든 것이 타오르는 듯 밝아졌다"고 묘사했다. 제프리 초서나 다른 작가들이 '밀키웨이'(Milky Way)라는 표현을 일찍부터 사용했지만, 은하수는 계절에 따라 은하수와 같은 방향으로 난 도로의 이름으로 대신 불려지기도 했다. 초기의 순례자들은 하늘을 보며 이스트앵글리아의 '월싱엄 길'(Walsingham Way)이나 이탈리아의 '로마의 길'(Strada di Roma)을 따라갔다. 1590년 천문학자 토머스 후드(Thomas Hood)는 이렇게 기록했다. "우리는 그것을 은하수라 부르고, 어떤 사람들은 농담조로 '워틀링 길'(Watling street)이라고 부른다." 워틀링 길은 런던 외곽에서부터 웨일스 접경 부근의 록시터까지 이어지는 고대 로마의 길이었다.[33]

그러나 결국, 하늘 빛의 흐름을 조정하는 것은 달도 별도 아닌 구름이었다. 소로는 달이 길손을 위해 "구름과 끊임없는 전쟁"을 벌이고 있다고 표현했다.[34] 구름의 농도와 속도가 중요했다. 엘리자베스 드링커는 어느 6월 밤에 "구름이 흘러가지만 달이 빛난다"고 말했다. 아일랜드의 포목상 험프리 오설리번은 구름이 "얇게" 낀 밤과 "두껍게" 낀 밤을 규칙적으로 기록했다. 맑은 밤에만 달이나 별을 오래 볼 수 있었지만, 몇 분 안에 하늘이 극적으로 변할 수도 있었다. 18세기 말에 스코틀랜드를 지나가던 한 여행자는 이런 글을 남겼다. "이번 여행길 어떤 곳에서는 달이 너무 구름에 가려 내가 길 위에 있는지도 알 수 없었지만, 다른 때에는 달이 환하게 빛나 먼 경치까지 보여주려는 듯했다."[35]

구름이 하늘을 뒤덮은 가장 깜깜한 밤에 대한 표현도 많았다. '칠흑같이 어두운' '찌푸린' '음침한' 같은 표현은 물론, 소나무의 검은 송진과 관련된 '송진처럼 어두운' 같은 표현도 있었다. 피프스는 1666년

1월 어느 날 밤 새벽 2시에 집에 돌아가며 "송진처럼 어둡다"고 말했다. 에스파냐 사람들은 '눈먼 밤'(nóche ciéga)이라는 표현을 썼다. 겨울철에 구름이 덮여 있으면 온도는 더 따뜻했지만, 그런 밤에 시력은 크게 떨어졌다. 조금 떨어진 물체의 색은 고사하고 하늘 자체가 보이지 않았다. 1754년 한 런던 주민은 "너무 어두운 밤이어서 내 손가락조차 보이지 않았다"고 묘사했다.[36] 이럴 땐 달리 할 수 있는 것이 없었기에, 많은 사람들은 집에 안전하게 있으려 했다. 어떤 사람들은 가능하다면 횃불이나 랜턴을 사용했다. 1786년 우드퍼드 목사는 "아주 어두웠기 때문에 랜턴을 들어야 했다"고 일기에 썼다. 그러나 음침해진 하늘이 사람들을 무방비 상태로 만들고, 바람이 촛불이나 랜턴을 꺼뜨리는 상황은 어김없이 일어났다. 프랑스의 팔레조를 지나가던 일행들은 랜턴이 망가져서 여인숙 주인에게 간청하여 랜턴을 얻은 뒤, 그 대가로 와인 한 병을 주었다. "우리는 골풀 양초가 들어 있는 랜턴을 얻었다. 그러나 곧 바람이 불어 랜턴이 꺼졌고 우리는 어두운 길을 가야 했다."[37]

여행자들은 아무리 어두운 밤이라도 임시변통의 기지를 잘 발휘했다. 1661년 말을 타고 산악 지역을 여행하다 어둠을 만난 여행자들은 하얀 말을 탄 사람을 앞장세웠다. 하인 로버트 무디는 "우리는 그의 자취를 따랐다"고 말했다. 다른 무리의 여행자들은 더럼 부근에서 '칠흑같이 어두운 밤'을 만났다. "우리는 말을 타고서 서로 아주 가까이 붙어서 갔다. 그렇지 않으면 서로 잃어버릴 위험이 있었다." 조지아의 농장에 어둠이 깃들 때마다 숙 아주머니는 동료 노예들을 밭에서 데려 나오기 위해 "하얀 옷을 어깨에 걸쳤다."[38] 도끼로 껍질을 벗긴 나무가 밤에 빽빽한 숲을 지나가는 데 길잡이가 되었듯, 노련한 여행자

토머스 비위크, 〈늦은 밤의 여행자〉, 연대 미상

들은 하늘선을 배경으로 검게 보이는 관목 숲과 나무의 실루엣을 보고 방향을 정했다.[39] 이와는 대조적으로 토양에 모래나 석회질이 많이 함유된 곳에서는 주변의 땅을 면밀히 조사했다. 영국 남부 저지대의 주민들은 '낮은 랜턴'이라는 석회질의 흙무덤을 이정표 삼아 넓은 들판을 다녔다. 1745년 에든버러에서 남쪽으로 향하던 알렉산더 칼라일과 그의 동생은 "달빛이 없었으므로…… 썰물 때에는 모래가 언제나 빛나기 때문에" 해안을 따라 여행했다.[40]

최악의 밤에 보통 사람들은 청각, 촉각, 후각을 포함한 이차적인 감각에 크게 의존했다. 오늘날 우리의 감각에 입력되는 대부분은 시각적인 것이지만, 근대 초에는 시각의 자매 감각들이 특히 밤의 일상생활에 필수적이었다. 음침한 밤에 사람들은 때로 눈보다는 귀에 의존해 움직일 수밖에 없었다. 밤의 경험은 대단히 청각적이었다. 스코틀랜드의 속담에는 "낮에는 눈이 있고, 밤에는 귀가 있다"는 말이 있다. 해가 진 뒤에는 청각에 대한 의존도가 너무 뚜렷해서, 이스트요크셔에서는 '어둡다'(dark)는 말이 '듣는다'(to listen)는 뜻의 동사로 쓰였다.[41] 이 시대 사람들이 이해하는 밤은 소리를 통한 의사소통에 아주 적합했다. 습기 찬 공기가 소리를 약화시키기도 하지만, 시각이 약해지면서 자연스레 청력은 예리해졌다. 『한여름 밤의 꿈』에 등장하는 허미아는 다음과 같은 대사를 읊는다. "눈의 기능을 빼앗아가는 어두운 밤,/ 귀는 더 빨리 알아차리네./ 어둠이 보는 감각을 손상시킨다면,/ 두 배의 듣는 힘으로 보상하네." 더구나 고요한 밤에는 모든 소음이 더 크게 울려퍼졌다. 소리가 덜 복잡하게 퍼지는 밤에 예민해진 귀는 별개의 소리마다 그 진원지와 방향을 더 쉽게 감지했다.[42]

불행하게도, 청각은 시각과 달리 수동적인 감각이고, 소리는 기껏해야 간헐적으로 지속된다. 최근에 『바위 만지기』(Touching the Rock)의 맹인 저자인 존 헐은 "시야와 달리 소리는 왔다가 사라진다"는 사실에 주목했다. 밤에 소리는 한층 더 간헐적이다. 반면 청각은 시각보다 더 널리 퍼져서 한 방향에 국한되지 않는다. 또한 소리는 건물이나 나무 같은 장애물에 막히지도 않는다. 밤에는 청력의 범위가 확장되었기 때문에 산업화 이전 시대에 소리는 청각적인 이정표와 마찬가지였다.[43] 스코틀랜드 페이즐리 마을 밖의 낯선 길에서 어둠을 만난 여행자 일행은 "대단히 신중을 기하면서 앞을 주시하는 걸 게을리하지 않고 귀를 기울이며 앞으로 나아갔다." 바람 소리와 빗소리가 경관의 윤곽을 드러내주고, 귀에 익은 소음은 반가운 길잡이가 되었다. 말

발굽 소리는 프라이부르크를 방문하는 사람들에게 그 도시가 '포장 도로가 있는 큰 도시'라는 것을 말해주었다. 교회의 종소리는 물론 양이나 소의 울음소리도 방향을 정하는 데 도움이 되었다. 1664년 버크셔의 리처드 파머는 아침은 물론 매일 저녁 8시에 종을 쳐준 마을 교회의 관리인에게 유산을 물려줬다. 저녁 종은 "쉬러 갈 시간"을 알려줬을 뿐 아니라 "밤을 알려주고 올바른 방향을 안내해주었다." 가장 도움이 된 것은 정적을 깨는 개 짖는 소리였다. 귀가의 신호인 듯 개 짖는 소리는 마을에 가까워질수록 더 커지고 맹렬해졌다. 한 프랑스 여행자는 이렇게 썼다. "우리는 길을 잃었다. 그러다가 자정쯤 마을에서 개 짖는 소리를 듣고 퐁티넬에 도착할 수 있었다." 17세기 메릴랜드에 정착한 한 이주민은 "개는 낯선 사람들을 집에서 쫓아내는 데 쓰이는데, 우리를 집으로 오게 하는 역할을 맡다니 놀라운 일이었다"고 기록했다.[44]

냄새도 사람들이 방향을 잡는 데 도움이 되었다. 코가 더 민감해지고 습기 찬 공기 속에 냄새가 더 오래 머물러 있는 밤에는 더욱 그러했다. 길버트 화이트는 "가마에서 말라가는 홉에서 풍기는 냄새로 마을의 밤공기가 향기로웠다"고 1791년 늦여름의 밤을 회상했다. 주변 환경에 친숙한 사람들에게 따뜻한 저녁 인동덩굴 숲이나 빵 굽는 곳의 향기나 거름 더미에서 풍기는 악취는 눈에 보이지 않는 이정표였다. 말이나 소나 다른 가축에서 나는 냄새도 마찬가지였다.[45]

반면 촉각은 팔을 펼치고 발을 끌며 주변을 더듬어 나아갈 수 있게 해주었다. "밤새 밖에 누워 있는 것보다 한가롭게 걷는 것이 낫다"고 충고하는 친숙한 속담이 있었다. 밤에 시각을 빼앗긴 행인들은 손발을 더욱더 의식하게 되었다. 한 런던 주민은 "우리는 한 쌍의 도둑처럼 석탄광에서 더듬어 나아갔다"고 묘사했다. 농경 작가였던 아서 영이 이탈리아에서 어느 날 밤 그랬듯이, 어떤 사람들은 네 발로 기었다고 한다. 바람에 랜턴이 꺼지자 영은 절벽에서 떨어질까봐 기어가야 했다. 마부들이 길을 재기 위해 마차를 멈추는 것은 흔한 일이었다. 스코틀랜드를 지나가던 한 사람은 "테일러 씨는 우리가 옳은 길을 가고 있는지 감을 잡기 위해 마차에서 자주 내려야 했다"고 설명했다.[46] 잘 닦인 길에서는 손가락과 발로 최고의 효과를 볼 수 있었지만, 험한 길에서는 길과 갓길의 구분이 어려웠다. 목초지나 공유지처럼 평탄하고 넓은 공간에서는 방향을 알려줄 실마리가 별로 없었다. 반면 거칠고 울퉁불퉁한 지표면은 넘어질 위험은 있어도 방향을 찾기는 더 쉬웠다. 랜턴 없이 환자를 찾아가던 뉴잉글랜드의 산파 마사 밸러드는 신을 벗고 양말만 신은 채 발로 길을 더듬었다. "가능한 한 직선으로 방향을 잡았다"고 그녀는 안전하게 도착한 과정을 기록했다.[47]

잘 다져진 길에서 벗어나지 않으려는 도시의 보행자들은 포장도로에서 느껴지는 차이로 위치를 알 수 있었다. 런던의 길을 찾아다니는 일에 대해 게이는 이런 시를 썼다. "현명한 자연은 손과 발에,/ 길을 걷는 데 필요한 신경을 섬세하게 고안해주지 않았는가?/ 자연은 한밤의 빈번한 위험 속에서/ 똑바로 길을 찾을 손을 우리에게 주지 않았는가?"[48] 지팡이와 막대기는 사람의 손 닿는 거리를 늘려 길을 느낄 수 있도록 해주었다. 모든 사회 계층에서 스스로를 보호하는 것은 물론 밤길을 찾는 용도로 지팡이와 막대기를 사용했다. 데카르트는 "밤에 등불 없이 험한 길을 가본 경험이 있다면, 지팡이를 쓰는 것이 큰 도움이 된다는 것을 알 것"이라고 썼다. "이 지팡이를 사용함으로써 주위에 있는 여러 물체를 느낄 수 있을 뿐 아니라, 그것이 나무인지 돌인지 모래인지 물인지 풀인지 진흙인지 구분할 수 있다."[49] 지팡이가 있건 없건, 말이나 마차를 타는 데 익숙한 상류 계급에게는 밤에 도보로 돌아다니는 경험은 겁나는 일이었다. 1756년 패니 보스커윈은 해군 제독인 남편 에드워드에게 이렇게 편지했다. "저는 길을 '더듬는' 것에 대한 혐오감을 사람들에게 명확하게 밝혔기 때문에 밤에는 밖에 나가지 않아도 되는 면제를 받게 된 것 같습니다." 스위스의 로잔 시를 방문한 여행객은 실망스럽게도 "맹인처럼 더듬으며 걸어야 했다."[50]

IV

모든 일에는 적합한 시간과 철이 있다.
사람과 균형과 시간과 장소를 제대로 고려하지 않고
일을 처리하는 것보다 어리석은 짓은 없다.

_로저 레스트레인지 경, 1699[51]

옛날 양 치던 길을 따라 걸을 때나, 낯선 숲과 들판을 가로지를 때나, 길고 짧은 거의 모든 밤 여행에는 과거 세대의 정제된 지혜를 구현한 민중의 관습이 녹아 있었다. 밤의 어둠을 극복하는 데 인간의 감각이 중요한 몫을 하고 있었지만, 정신과 육체와 영혼에 대한 다른 도전은 여전히 남아 있었다. 관습은 사람들이 불을 밝히는 방식뿐 아니라, 여행할 때 입는 옷과 여행의 형태, 같이 갈 동료, 가져가야 할 것과 그러지 말아야 할 것, 여행의 시간과 장소까지 통제했다. 길을 잃었을 때 도움을 청하는 법은 물론 동료 여행자를 대하는 법까지 규정하는 불문율도 있었다. 소로는 훗날 이렇게 회고했다. "밤에 밖에서 하는 일은 햇빛 속에서 하는 일보다 훨씬 더 신중한 정열을 요구한다."[52]

여행자들은 출발하기에 앞서 세심하게 옷을 입었다. 낮에는 계급과 직업에 합당한 옷을 단정하게 입고, 신분에 상관없이 깨끗하게 입어야 했다. 일하는 남자와 여자들은 입는 옷에 긍지를 느꼈다. 토비아스 스몰렛은 "영국 사람들은 최상층에서 최하층까지 옷을 아주 단정하게 입는다"고 썼다. 『런던 스파이』(London-Spy)에는 "낮에 보아줄 만한 모습"을 만드는 "수많은 닦기, 문지르기, 씻기, 빗질"에 대한 글이 있었다.[53] 그렇지만 밤에는 겉모습이 덜 중요했고, 기준이 달라졌다. 어둠은 낮에 입기엔 너무 더럽거나 해진 옷을 가려주었다. 어느 술취한 시골 신사는 밤이 되어서야 런던의 술집을 나와 집으로 돌아갔다. "낮에 집에 가기엔 너무도 더러웠기" 때문이다. 이탈리아 속담에 "밤에는 어떤 모자를 써도 괜찮다"는 말이 있다.[54]

대체로 겉옷은 점차 다양성이 떨어지고 기능성이 강화되었다. 색은 단순해졌다. 거름과 진흙이 도처에 있었기 때문에 여유가 있는 사람들은 가죽장화와 구두를 애호했고, 17세기 말에는 각반도 유행했다. 습하고 추운 날씨에는 펠트로 만든 단추 달린 망토나 외투를 입었다. 특히 남자들이 입었던 '큰 망토'(great cloak)는 헐겁게 입는 두껍고 무거운 옷이었다. 보행자들은 장딴지까지 내려오는 것을 입은 반면, 말 탄 사람들은 더 짧은 디자인을 필요로 했다. 로마를 방문한 한 사람은 "길을 걷는 모든 사람들이 큰 망토를 입고 다닌다"는 사실을 알았다. 17세기 말에 이르러 '외투'(great coat) 또는 '워치코트'(watch coat)도 유행했는데, 궂은 날씨에 대비해 옷깃을 높인 것이 특징이었다. 『랜슬롯 그리브스 경의 삶과 모험』(The Life and Adventures of Sir

Launcelot Greaves, 1762)에서 스몰렛은 "외투에 싸여 있는" 사람에 대해 썼다. 디포가 창작해낸 로빈슨 크루소는 난파선에서 자신을 "보호해줄 큰 워치코트"를 건져낸다. 네덜란드에서 여자들은 추위를 막기 위해 페티코트 속에 잿불이나 불꽃 없이 서서히 타는 풀을 담은 작고 뜨거운 단지를 붙였다. 시칠리아 사람들은 "밤공기가 매서울 때" 손목에 비슷한 장치를 했다. 외투나 코트가 없는 가난한 사람들은 옷을 여러 겹으로 껴입어 온기를 지켰다.[55]

머리도 보호해야 했다. 한 여행자는 "밤공기의 습기"에 대해 말하면서, "영국인들은 동쪽 나라 사람들이 흑사병에 신경쓰는 것보다 더 심하게 감기에 신경쓴다"고 했다. 피프스는 가발을 자주 쓰지 않았기 때문에 독감에 걸렸다고 생각했다. 여자들은 숄, 머리띠, 목도리 등을 둘렀다. 어떤 여자들은 머리에 무명으로 만든 '밤 모자'(night-mob)를 썼는데, 옆에 달린 귀덮개 끈을 턱 아래로 묶었다. 겉모습에 신경쓰지 않는 사람들은 목도리를 머리에 두르고 삼각모자의 챙을 눌러 덮었다. "낮에는 원하는 만큼, 밤에는 할 수 있는 최대한 머리를 덮으라"고 충고하는 속담도 있었다. 밤공기를 두려워하던 로마 사람들은 외투를 입 근처까지 끌어올려 "숨쉴 공간을 만들었다." "그들이 이렇게 한 이유는 길거리를 걸으면서 실내 공기로 계속 숨을 쉬고, 자연의 독소에 노출되지 않기 위해서였다."[56]

밤에 평범한 옷을 입으면 재산과 계급을 감출 수 있어, 혼자 다닐 때 도움이 되었다. 새뮤얼 존슨은 강도를 당한 적이 없다고 주장했다. "왜냐하면 불량배들도 그가 돈이 별로 없다는 것을 알았고, 많이 갖고 있는 것처럼 보이지도 않았기 때문이다." 넝마 같은 옷을 입으면 신사도 노동자로 위장할 수 있었다. 스코틀랜드에는 "누더기 같은 외투가 강도를 막는 갑옷"이라는 속담이 있었다. 돈이나 보석을 갖고 다니지 않는 것도 또다른 예방책이었다. "아주 위험하게" 왜 밤늦게 런던 교외의 거리를 걸어다니느냐는 질문을 받자 메리 힉스는 친구의 집에 "돈과 반지를 맡겨놨기 때문에 두려울 것이 없어서"라고 대답했다. 어떤 사람들은 여행을 다닐 때 돈을 외투의 옷감 속이나 구두 밑창이나 양말 속에 숨겼다. 1595년 한 폴란드 귀족은 이탈리아 지방을 여행하다가 밤에 덤불 숲 뒤에서 튀어나온 2인조 강도에게 잡혔다. 그는 누더기로 구두를 감쌌을 뿐 아니라, 80헝가리플로린을 양말 속에 꿰매 숨겨놓고 있었다. "구두도 형편없고, 걸어서 여행을 하고 있었기 때문에 내 겉모습을 보고 짐작할 수는 없었다." 한 강도는 이 폴란드인을 불쌍히 여겨 동전 두 닢을 준 뒤 풀어주었다![57]

걸어서 여행하면 귀족 신분을 숨길 수 있다는 것 외에도 다른 이점이 있었다. 말은 밤에 잘 놀라기 때문에 사고의 가능성이 높았다. 낮에는 능란하게 말을 타던 존 빙은 "최고의 명마라도 〔밤에는〕 어떻게 자신 있게 발을 내디딜 수 있겠는가?"라고 물었다.[58] 때로는 호화롭게 꾸민 마차를 타는 것도 기피했다. 우드퍼드 목사는 지방 유지의 저택에서 카드놀이를 하다가 집으로 돌아가기 전에 "마차를 타기에는 너무 늦었다"고 결론 내렸다. "나와 조카들은 외투를 입고 집까지 걸어가 늦은 저녁을 먹었다." 어떤 사람들은 걷는 것이 방어하기도 더 쉽다고 생각했다. 1729년 런던에서 노상강도가 기승을 부리자 마부들은 벌이가 잘 되지 않는다고 불평했다. "사람들이여, 특히 저녁에는 마차를 타느니 걸어다니시오. 방어하기에는 그게 더 나을 테니."[59]

어떤 방식이든 육로 여행이 수상 여행보다 안전했다. 여울과 모래톱 사이에서는 시계(視界)가 좁아졌기 때문에 강을 건너는 것은 위험했다. 게다가 배가 뒤집히면 구조될 가능성도 별로 없었다. 1785년 8월 어느 날 저녁 리즈 근처에서 여행의 이러한 위험이 모두 결합된 사고가 났다. 젊은 마부가 말에게 물을 먹이기 위해 강둑에서 잠시 쉬었는데, 최근에 있었던 홍수로 물살이 빨라진 탓에 말들이 미끄러져 마부가 탄 마차를 끌고 강으로 빠졌다. 『런던 크로니클』(London Chronicle)의 기사에는 이렇게 나와 있다. "그날 밤은 아주 어두웠고, 적절한 구조 방법이 없었다."[60]

여행자들에게는 시간도 문제가 되었다. 산업화 이전 사회에서는 낮뿐 아니라 밤도 명확한 시간대로 나뉘었다. 고대 로마 사람들은 밤을 자그마치 10개의 시간대로 나눴는데, 오늘날과 달리 시간대마다 길이가 달랐다. '땅거미'에서부터 '동이 틀 때'까지 각 시간대마다 자연 현상이나, '잠잘 때'처럼 인간의 행동에서 따온 이름이 붙여졌다. 중세의 교회에서도 기도를 위한 정시과(定時課, 하루 일곱 번의 기도 시간)를 제정했다.[61] 근대 초 영국 가정에서도 밤에 갖가지 시간대가 있었다. 가장 잘 알려진 시간대는 일몰, 문 닫을 때, 촛불 켤 때, 잠잘 때, 자정, 한밤중, 닭 우는 때, 동이 틀 때로 이루어졌다. 17세기에 이르러 시간과 분으로 시간대를 나누는 것이 점차 널리 퍼졌지만, 전통적인 시간대는 모든 계급의 사회 구성원들에게 어둠을 측정하는 틀을 제공했다. 시계나 그 밖의 장치를 구입할 능력이 있는 사람들도 이런 시간 범주가 편리하다고 생각했다. 어떤 시간대는 하늘이 변화하는 과정을 반영했으며, 따라서 밤을 도표화하기가 더 쉬웠다. 수탉은 규칙적인 습관 때문에 '농부의 시계'로 불렸다.[62]

자정 같은 밤시간을 알기 위해서 농촌 가정은 별과 달에 의존했다. 희곡 『로돈과 아이리스』(Rhodon and Iris, 1631))에서 시간을 질문받은 목동 어캔서스는 "오리온이 아주 높이 올라갔으니" 11시라고 대답한다. 황소자리에 있는 성단인 플레이아데스성단이 정확성으로 명성이 높았는데, 1613년 새뮤얼 퍼처스(Samuel Purchas)는 "평민들이 그것을 닭과 병아리라고 불렀다"는 기록을 남겼다. 1786년에 보스턴의 한 작가는 다음과 같이 주장했다. "시계를 본 적이 없는 가난한 농민이 달이 뜨고 지는 것이나 특정 별을 보고 시간을 분 단위까지 맞혔다." 그와 대조적으로 많은 도시 주민들은 시계탑과 야경대원의 외침 소리에 의존했다. 교회의 시계는 틀리는 경우도 많았지만, 16세기에 이르러 많은 도시와 마을에서 볼 수 있었다. 1529년 어두운 겨울밤, 쾰른의 학생 헤르만 바인스베르크는 자정이 조금 넘은 시각인 줄 모르고 밤중에 일어나 학교로 향했다. 시계탑이 1시를 알리며 울리자 그는 "시계가 고장났다고 생각했다." 마침내 자신의 실수를 깨달은 그는 잠긴 건물 밖에서 "온기를 유지하려고 길거리를 오르락내리락 헤매며" 추위로 거의 죽을 뻔했다.[63]

해가 지고 나면 언제나 위험했지만, 그중 특히 위험한 시간대가 있었다. 한 스코틀랜드 방문객은 여행자들에게 "밤의 어둠 속에서 말을 타는 것이 너무 무서우면, 여전히 어둡긴 하지만 아침에 용기를 내야 한다"고 조언했다. 가장 두려운 시간은 '한밤중'이었다. '죽은 시간'(dead of night)이라고 불린 이 시간대는 가장 어두운 시간으로 알려져 있으며, 자정과 '닭 우는 때'(새벽 3시 전후) 사이를 가리킨다. 다른 어떤 시간대보다 이때 길이나 들판에 사람이 없었고, 위험은 더 컸다. 고대 로마인들은 이 시간대를 '인템페스타'(intempesta), 즉 시간이 없는 시간이라고 불렀다. 셰익스피어는 이 시간대를 "밤의 죽어버린 광막한 중간"이라고 말했다. 그는 『루크리스의 능욕』(The Rape of

작자 미상, 〈노동자의 시계, 또는 밤에 별을 보고 시간을 아는 아주 쉬운 방법〉, 18세기

Lucrece, 1594)에서 이렇게 말한다.

> 이제 무거운 잠이 인간의 눈을 잠그는
> 한밤중이 시간을 훔쳤네.
> 어떤 편안한 별도 빛을 주지 않고,
> 올빼미와 늑대의 죽음을 전조하는 울음소리뿐.
> 이제 시간은 어리석은 양을 놀래기만 할 뿐,
> 순수한 생각은 죽어 고요한데,
> 탐욕과 살인만이 깨어나 더럽히고 죽이네.[64]

거의 모든 지역에서 범죄는 자정 이전에 더 많이 일어났지만, 행인들은 그 이후에도 강도나 폭력을 당할 위험이 컸다. 사람들의 일반적인 생각도 그랬다. 예컨대, 런던의 한 신사는 술을 마시다가 새벽 1시와 2시 사이에 "그 시간에 집에 가는 것이 얼마나 위험한지" 동료와 상의하기도 했다. 런던에서 새로 온 사람은 "아주 일찍이나 아주 늦게 돌아다니지 않으면 공격받을 위험은 없다"고 썼다. 유리 상인 메네트라는 파리의 길거리에서 자정 직전에 공격을 당한 뒤, 무슨 일이 있어도 "그렇게 늦게 집에 가는 것을 자제했다."[65]

또한 전해오는 이야기에 따르면, 악령들도 그 시간에 배회할 가능성이 높았다. 매사추세츠의 존 라우더가 침대에서 그의 배 위에 걸터앉은 악령의 "엄청난 무게"가 느껴진다고 상상한 것은 "한밤중 무렵"이었다. 유령이나 마녀뿐 아니라 악마도 닭이 울 때까지 돌아다니며 땅 위를 지배했다. 날이 밝는 것을 알리는 닭 울음소리에 악령은 자취를 감추었고, 『햄릿』(1601년경)에 등장하는 유령도 마찬가지였다. 등장인물 마셀러스는 "닭이 울 때 감히 돌아다니는 유령은 없다"고 말한다. 이러한 믿음은 4세기 에스파냐의 시인 프루덴티우스(Prudentius)의 글만큼 오래되었다. 몇백 년 뒤 뉴캐슬의 골동품상 헨리 번은 이렇게 말했다. "일찍부터 일하러 나가야 하는 시골 사람들은 언제나 닭 우는 시간에 즐겁게 나간다. 더 일찍 나가면 그들은 보고 듣는 모든 것을 떠돌아다니는 유령으로 생각한다." 연중 어떤 특정한 날 밤에 밖에 나가는 것은 더 나빴다. 예컨대 영국에서는 만성절 전야와 세례 요한 축일 전야에 유령들의 권능이 강화된다고 했다. 19세기 초에 아일랜드를 방문한 사람은 "세례 요한 축일 전야만큼 위험한 날은 없다"고 말했다.[66]

시간은 물론 장소도 문제였다. 밤은 지역의 경관을 극적으로 변형시켜, 무해한 이정표에 사악한 전조를 부여했다. 예컨대 윌리엄 호윗이 기록한 바에 따르면, 요크셔의 계곡에 있는 폐허가 된 작은 교회는 낮에는 "아이들을 위한 완벽한 천국"이었지만, "밤에는 이상한 귀신이 많이 나오기 때문에 접근해서는 안 되는 곳"이었다. 번(Bourne)은 "이런 종류의 이야기는 수없이 많고, 마을 안팎으로 귀신 들린 집 하나 없는 곳은 거의 없었다. 평민들은 그런 곳을 밤에 지나가면 위험하다고 말하곤 한다"고 썼다. 지나가기 꺼려지면, 행인들은 다른 길을 택했다. 18세기 말의 민속학자 프랜시스 그로즈는 전형적인 교회 묘지에는 밤에 교구민들만큼 많은 유령이 있을 것이라고 추정했다. "밤에 그 유령들 있는 곳을 지나간다는 것은 교회 관리인을 제외한 어느 교구민도 못할 일이다."[67]

큰 마을과 도시의 길거리에서는 이런 종류의 불안감이 덜했다. 얼스터의 한 아이가 훗날 농촌 환경을 회고하면서 말했듯이, 명확한 '유령 지형도'는 도시에는 거의 없었다. 교회 묘지와 관목 덤불이 있다 해도, 도시에는 천연적인 이정표가 될 만한 것이 너무도 적었고, 인구는 너무 유동적이었으며, 공적인 공간은 전통이 자리잡기엔 너무 번화했다. 귀신 들린 집들만 때때로 소동을 일으켰다. 1690년대 케임브리지의 한 집에서 2주일 동안 "이상한 소음"이 들렸던 것이 그 예이다.[68] 그러나 대부분의 도시 지역과 마찬가지로 그곳은 초자연적인 힘이라기보다 범죄의 가능성이 더 높은 곳이었다. 런던에는 악명 높은 '컷스로트 레인'(Cut-throat Lane, 멱 따는 길) 같은 위험한 길이 아주 많았다. 덴마크의 로스킬레 마을에서는 '도둑의 골목'이 무서운 장소로 유명했다. 밤에 늘 위험한 곳은 도시로 들어가는 길이었다. "강도를 만날까 두려워했던" 사일러스 네빌은 "특히 런던 부근에서 밤에 혼자 마차 타고 여행하는 것이 대단히 불쾌한 일"이라는 것을 알았다. 밤에 파리 동부와 북동부의 길을 다니는 것은 생명과 지갑을 내놓는 짓이었고, 해이그의 '숲'을 지나는 것도 마찬가지였다. 서머싯의 작은 마을 웰링턴조차 강도로 유명한 '불량배의 녹지대' 근처에 있었다.[69]

무지는 변명이 되지 못했다. 근대 초 농촌에는 사람의 시체가 매달린 교수대가 여기저기 널려 있었다. 교수대는 높은 나무 기둥에 팔 하나나 두 쪽을 다 매달아 처형된 범인의 시체를 매단 것으로, 생나무가 손쉬운 대체물이 되기도 했다. 때로 희생자와 범죄자 모두에게 경종을 울리기 위해 시체를 몇 달씩 철제 우리에 넣어두거나 쇠사슬에 매달아두기도 했다. 브러즐턴 커먼 마을에서는 4년이나 매달려 있던 해골이, 교수대에 벼락이 떨어져 "천 개의 조각으로 토막이 나면서" 마침내 바닥으로 떨어졌다. 코번트리 외곽에서 그런 시체 두 구를 목격한 사람은 이렇게 말했다. "그것은 이중적인 경고의 의미를 가진다. 하나는 그들과 같은 길을 따르려는 사람에 대한 경고이고, 다른 하나는 그런 악당의 공격을 알면서도 여행하는 사람들에 대한 경고이다." 이것은 모호한 경고가 아니었다. 왜냐하면 교수대는 대개 사건이 처음 발생한 현장에 세워졌기 때문이다. 플랑드르 지방을 지나가던 영국인 존 리크는 "교수대에 걸린 불쌍한 인간들"을 너무도 많이 마주쳐, 무장하지 않은 것을 후회했다. "하지만 신의 선한 섭리 아래 우리는 해가 지기 전에 안전하게" 마을의 성벽 안으로 들어올 수 있었다. 꼭 두 명 이상은 어둠 속에서 시체에 부딪힐 뻔했다. 펠릭스 플라터는 프랑스의 위험한 길에서 시체에 거의 닿을 뻔하여 "두려움에 몸을 떨었다"고 기록했다.[70] 적어도 교수대는 여행자들에게 끔찍하게 위험한 곳의 지도를 제공했다. 작은 나무 십자가와 덴마크 마을의 불 켜진 촛불도 비슷한 기능을 했지만, 이처럼 끔찍한 두려움을 주지는 못했다. 교수대에 처형된 범죄자의 유령이 출몰한다는 믿음이 널리 퍼져 두려움이 더해졌다. 1588년 노엘 타유피에는 다음과 같이 기록했다. "밤에 그런 장소는 겁 많고 소심한 사람들에게 너무도 무서운 곳이어서, 그 근처에서 어떤 사람의 목소리만 들어도 그들은 죽은 사람의 영혼이나 유령이라고 생각할 것이다."[71]

범죄가 빈발하는 지역에서 보행자들은 종종 무리를 지어 다녔다. 부유한 사람들은 하인을 대동했지만, 다른 사람들도 특히 외딴곳에서는 홀로 다니는 것을 피했다. 스코틀랜드 고지대의 관습은 밤에 홀로 다니는 것을 권장하지 않았다. 1599년 켄트의 로체스터 마을로 향하던 토머스 플래터는 마차를 타고 밤새도록 "아주 위험한 지역을 통과하여" 지나갔지만, "마차 안에 동료들이 가득 있었기 때문에 불안을 느끼지 않았다." 피프스는 여러 경호원의 보호를 받으며, 울리치에서 템스 강 남안의 레드리프까지 걸어간 적이 있었다. 그는 "이 길이 밤에 혼자 걷기에는 위험하다고 들었다"고 인정했다. 파올로 다 체르탈도는 "믿을 만한 친구와 큰 등불이 없으면 나가지 말라"고 충고했다. 또는 큰 개가 있어도 도움이 되었다. 1749년 리처드 미첼은 새벽 3시에 소를 돌보러 나가면서 '사람'과 '큰 개'를 모두 데리고 목초지로 향했다.[72]

무기가 연약한 사람을 강하게 만든 것은 당연하다. 도둑이 무시무시하게 폭력적이었던 유럽의 여러 지역에서 대부분의 사람들은 무장한 채 집을 나섰다. 귀족뿐만 아니라 농민들도 마찬가지였는데, 그들에게 단검이나 육척봉(quarterstaff)을 드는 것은 제2의 천성이었다. 전형적인 프랑스 농촌에 살던 사람들은 위와 아래에 쇠뚜껑을 씌운 '쌍끝 막대기'(double-ended stick)를 들고 다녔다. 18세기 초에 이탈리아를 여행한 한 영국인은 "베로나에서 브레시아에 이르기까지 농민들이 모두 무기를 들고 다녔고, 그곳에는 길거리에 강도가 많았다"고 술회했다. 영국에서도 마을과 도시의 행인들은 똑같은 조치를 취했다. 개인이 무기를 갖고 다니는 것을 법으로 금지한 지역에서도 야간 경비가 취약하거나 무관심해서 그 법은 강요되지 않았던 것으로 보인다. 1750년 런던 서부 교외의 부유한 마을에 새로 이사 온 존 나이비턴도 특히 어두워진 후에는 곤봉이나 작은 칼을 갖고 다녀야 했다.[73] 마차에는 무장한 경호원이 있었고 승객들도 무장하긴 했지만, 시골에서는 범죄가 도시처럼 큰 문제는 아니었다. 보즈웰은 스코틀랜드에서 런던으로 여행하는 길에 장전한 소총을 들고 다녔다. "어둠 속에 여행한 오늘밤 마지막 두 역에서 나는 강도들 때문에 상당히 무서웠다."[74]

주문과 부적으로 더 큰 보호를 받기도 했다. 밖에 나갈 땐 사악한 세력을 막기 위해 촛불, 랜턴, 기도, 묵주 등 모든 것을 사용했다. 다양한 부적에는 신성한 의미가 깃들어 있었다. 시칠리아에서는 안전을 위해 마차 옆에 종교적인 그림을 그려넣었다. 지나가던 어느 여행자는 "성모와 성자, 지옥에 있는 영혼은 거의 빠짐없이" 있었다고 말했다. 프랑스의 오트피레네 주에 살던 여인들은 악령으로부터 보호받기 위해 옷에 성수를 뿌렸다. 쾰른에서는 세 동방박사의 얼굴에 닿았다는 종이를 행상들이 팔았다. 1693년 트위스덴 브래드번은 그 종이를 "주머니에 넣고 다니기만 해도 모든 위험과 강도를 피할 수 있다"고 전했다.[75] 다른 부적들은 기독교의 흔적이 뚜렷하지 않았다. 예컨대 프랑스 일부 지역에서는 가죽끈이나 앞치마가 늑대인간을 막아준다고 생각했다. 이스트앵글리아의 펜스에서는 호랑가시나무 가지가 마녀로부터 지켜주었고, 브르타뉴의 농부들 사이에서는 악령을 불러낸다 하여 어둠 속에서 절대 휘파람을 불면 안 된다는 지혜가 전해져 오고 있었다. 근대 초의 자료를 보면 영국 북부에서 밤에 휘파람을 부는 실수를 저지른 사람은 "속죄를 위하여" 자기 집 둘레를 세 바퀴 돌아야 했다. 요크셔의 아이들은 손을 공처럼 모은 뒤 엄지손가락을 그 안에 넣어야 했다. 리에주의 산파들은 악령을 막기 위해 옷을 안팎을 뒤집어 입어야 했고, 미국 여러 지역의 노예들도 그랬다.[76]

밤에는 그 나름의 만남의 규칙이 있었다. 어둠은 낮의 거래를 원활하게 하는 예의범절이나 길에서 일상적으로 주고받는 인사나 존경의 태도를 방해했다. 그 대신 "언제나 경계심을 갖고 자세를 흩뜨리지 말라"고 게이는 충고했다. 다가오는 행인의 정체나 의도는 물론 의복이나 태도조차 구분하기 어려운 밤에, 사람들은 다른 실마리에 의존했다. 여행자들은 발자국 소리나 음성으로 자신들이 얼마나 가까이 있는지, 자신들이 누구인지 알려주려 했다. 기침을 하거나 침을 뱉는 것도 암시가 될 수 있었다. 루소는 『에밀』에 다음과 같이 썼다. "소리를 내고 있는 사람이 큰지 작은지, 멀리 있는지 가까운지, 그의 움직임이 폭력적인지 약한지 판단할 수 있으려면 예민한 귀를 가지는 것이 중요하다." 요크셔의 그레이징턴 마을에 살던 광부 존 버냅은 "다리만 보고" 의사의 말을 알아보았다.[77]

낯선 사람들 사이에서는 충돌을 막기 위해 거리를 두는 것이 중요했다. 다른 행인이 가는 길을 피해, 그들이 내 길을 막지 않도록 해야 했다. 한 작가는 "낯선 사람이라면 누구든지, 특히 밤에 너무 가까이 오도록 하지 말라"고 충고했다. 그런 방식으로 미국인 엘카나 왓슨은 어느 날 밤 프랑스의 시골 도로에서 길을 잃었다가 간신히 살아났다. 마차가 다가오는 것을 본 그는 길을 가로막고 "마부님, 멈추세요, 멈추세요!"라고 외쳤지만, 마부는 그를 도적이라고 생각했다. "그가 내게 총을 쏠 거라 생각한 나는 언덕 아래로 온 힘을 다해 달려갔고, 마부도 온 힘을 다해 그의 길을 갔다. 서로가 서로를 두려워했던 것이다."78

길에서 마주칠 때 침묵은 의심을 키울 뿐이었다. 트라운슈타인의 시장터에서 지나가던 어떤 사람에게 경계심을 느낀 점원 안드레 피힐러는 "말하지 않으면 찌르겠다"고 말했다. 주고받는 말은 간결하고 핵심을 찔렀다. "거기 누가 있나?" 또는 "누구냐?"가 일상적인 질문이었다. 1647년 집에 가는 길에 그런 질문을 받은 윌리엄 모핏은 "친구이며 이웃"이라고 대답했다. 단어 선택만큼 중요한 것은 목소리의 어조였다. 목소리는 강하되 거슬리지 않아야 했다. 적대감은 물론 소심함도 충돌을 불러왔다. 대부분의 여행자들은 때로 무기를 휘두르며 용감한 태도를 보였다. 에스파냐의 시골에서 강도를 당할까 두려웠던 토머스 플래터와 동료들은 "달빛 아래 번쩍거리도록" 칼을 머리 위로 휘둘렀다. 반면 칼로 땅을 긁는 것은 확연한 '선전포고'였다. 1681년 스칸디나비아 농촌을 지나가던 여행자는 산적에 대비하기 위해 무기가 없는 단체 마차의 마부들에게 하얀 막대기를 준비하여 "달빛 아래 조총처럼 보이도록" 하라고 지시했다. 토머스 엘우드는 와틀링턴에서 재판을 마치고 집에 가는 길에 불량배와 마주쳤다. "어두운 밤에 번쩍이는 내 빛나는 칼을 예기치 못하게 본 그 남자가 놀라 겁을 먹었다"며 엘우드는 놀라워했다. 그러나 일요일 밤 블랙 메리스 홀 술집에서 나와 집으로 가던 마이클 크로즈비에게는 그런 행운이 따르지 않았다. 근처 들판에서 도둑과 마주친 크로즈비는 "단지 예의만은 지켜주기 바란다"고 말했지만, 얻어맞고 강탈당했다. 루소는 밤에 일어나는 모든 충돌은 힘을 필요로 한다고 주의시켰다. "사람이건 짐승이건 밤에 당신을 습격하는 것은 용감하게 꽉 붙잡아라. 모든 힘을 다해 붙잡고 목을 졸라라. 대항하면 때려라."[79]

초자연적인 힘과 마주칠 경우에는 다른 방어가 필요했다. 악령은 어두운 색깔과 음침한 목소리가 특징이었다. 많은 악령은 뱀이나 두꺼비 또는 다른 짐승의 모습으로 나타났다. 도망가는 것 외에 다른 대응 방법은 성호를 그으면서 기도하는 것이었다. 폴란드에서는 "여기 십자가가 있다. 사악한 세력은 사라져라" 하고 외치는 것이 관습이었다. 프랑스 지방에서 전통적으로 내려오는 조언은 대담해지라는 것이었다. 바스브르타뉴 지방의 충고는 직접적이었다. "네가 악마에게서 왔다면 너의 길을 가라. 난 나의 길을 가겠다." 에스파냐의 젊은 여성은 달이 빛나는 밤에 '악령'을 보자 성부와 성자와 성신을 부른 뒤 기절했다. 한편 장 파울의 독일인 아버지는 '신과 십자가'를 '방패와 갑옷' 삼아 악령에 맞섰다. 몇몇 용감한 자들은 더 강력하게 대응하여, 때로는 사탄이 스스로 도망치기도 했다고 전해진다. 펠릭스 플라터는 마르세유를 여행하던 중에 스위스 출신의 여행 안내자가 그런 경험을 한 뒤 '악마 추적자'라는 별명을 얻었다는 사실을 알고는 크게 안도했다.[80]

절박한 사정에 처했을 경우에만 사람들은 사방이 트인 들판에서 잠을 잤다. 이탈리아에는 "밖에 나가는 사람은 주위를 둘러보고, 밤에 토끼처럼 자야 한다"는 속담이 있다. 독일 의사 요한 디츠는 뤼베크 외곽에서 길을 잃어 숲속에서 자려다가 너무 무서워 힘을 내 곡물 창고까지 찾아갔다. 그러나 마구간에서 자던 도둑떼를 만났을 뿐이다. 토머스 플래터는 뮌헨에 너무 늦게 도착하여 도성문에 들어갈 수 없어, 밤을 지낼 숙소를 '나(癩)병원'에서 구했다.[81] 길을 잃은 사람들은 친숙한 소리를 들으려고 귀를 기울일 뿐 아니라, 어둠 속으로 큰 소리를 쳐서 근처 사람들을 깨우려 했다. 버밍엄에서 노팅엄으로 돌아가던 제본공 윌리엄 허턴은 찬우드 숲에서 길을 잃었다. "나는 느릿느릿 헤맸다. 빗속에서, 무너질까 두려워 온 힘을 다해 소리쳤지만, 대답이 없었다." 울리히 브레커는 어렸을 적에 길을 잃고 들판 건너편에 있는 두 사람에게 소리쳤다. "아무 대답도 돌아오지 않았다. 나를 어떤 괴물로 생각했던 모양이다." 자신이 있는 곳을 더 널리 알리기 위해 조난되었다는 표시로 총을 쏘기도 했다. 1636년 플리머스 식민지에서는 밤에 총 쏘는 것이 금지되어 있었지만 두 가지 예외가 있었다. 하나는 늑대를 죽일 때였고, 또 하나는 "길 잃은 사람을 찾기 위해서"였다. 이탈리아를 여행하다 밤을 맞은 보즈웰은 총성 몇 발을 듣고 길을 "더듬어" 마을로 찾아갈 수 있었다. 직접 총을 쏘지는 않은 그는 아마도 조난당한 다른 사람의 덕을 봤을 것이다.[82]

V

나는 밤에 밭을 갈고 집으로 왔지만
신 덕분에 아무런 피해도 입지 않았다.
신은 온갖 못된 짓을 하는 사람이나 악마에게도
고통을 주지 않으신다.

_세라 쿠퍼, 1704[83]

밤만큼 평범한 사람들의 창의성이나 기지에 큰 자극을 준 시간대는 없었다. 어둠은 자연 세계에 대한 이해는 물론 지역의 관습과 마법에 대한 지식까지 시험에 올렸다. 그리고 물론 밤은 그들의 영혼이나 최소한 그들의 종교적 신념의 열정도 시험했다. 많은 사람들이 밤에 밖에 나갔다가 안전하게 돌아오면 보호해준 신에게 감사했다. 잠깐 옆집에 들르는 경우에도 감사의 표현을 했다. 근대 초의 일기로 판단하건대, 그것은 단순히 기계적으로 암송하는 형식적인 말이 아니라 진정한 안도의 표현이었다. 더비셔의 목사는 "집으로 향했지만 어둡고 위험한 길이었는데, 신의 은총 덕분에 안전하게 돌아왔고 모두가 무사했다"고 기록했다. 서식스의 상점 주인 토머스 터너는 일기에 이렇게 썼다. "9시 10분쯤에 집에 돌아왔다. 무사히 제정신으로 집에 오게 해주신 신께 감사를!"[84]

사람들이 감사의 표현을 하는 데에는 충분한 이유가 있었다. 노련한 여행자에게도 언제 불행이 닥칠지 몰랐다. 밤은 냉혹하리만큼 예측이 불가능했다. 어떤 곤경은 최소한 오늘날의 사람들에게는 이해가 불가능하다. 매사추세츠 주 앰스베리의 존 프레시는 1668년경 "문 닫을 때쯤 되어" 3마일 떨어진 집으로 향했다. 익숙한 길을 가던 그는 "밝은 달빛으로 방향을 잡으며" 나아갔지만 자꾸만 "길을 잃었다." 이상한 불빛과 여러 번 마주친 프레시는 그중 하나를 막대기로 때리다가 구덩이에 빠졌다. "자신의 왼손을 밟고 서 있는" 여자를 발견한 그는 "두려움에 사로잡혀" 집에 도착했다. 그의 모습을 본 식구들도 두려움에 사로잡혔다. 계획을 잘 짜서 움직여도, 어떤 사고는 좀 더 예측가능했다. 아일랜드의 디린 마을에서 '달밤의' 존 오도너휴만큼 밖에 나갈 시간을 신중하게 선택한 사람은 별로 없었을 것이다. 그는 밤이 온 뒤 달빛에 의지해 집에 가는 것으로 유명했다. 그는 항상 "나는 달빛과 함께 집에 갈 거야"라고 말하곤 했다. 그러나 10월 어느 날 밤

술집에서 집으로 돌아가던 그는 개울에 빠져 익사했다. 그날 저녁 일찍부터 위스키와 맥주를 폭음하는 또다른 습관에 빠져 있었기 때문이다. 밤은 때로 인간의 나약성을 용서하지 않았다. 그의 친지는 비통하게 말했다. "달은 꽉 찼고, 그 빛의 덕도 봤지만, 그의 눈에는 빛이 없었다."[85]

제3부

밤의 영토

전주곡

나는 밤을 저주한다.
그렇지만 밤은 나를 낮으로부터 숨겨준다.
_호손덴의 윌리엄 드러먼드, 1616[1]

근대 초 사회에서는 낮의 강렬한 햇살 속에서 개인의 사생활이 별로 보장되지 않았다. 농촌뿐 아니라 도시에서도 서로 얼굴을 대하는 관계가 주류를 이루었기 때문에 주민들 대부분은 이웃의 사정을 훤히 알고 있었다. 사람들에게 정신적, 물질적 지원을 해주는 공동체는 개인적인 행위와 공적인 행위에 대한 공통 표준을 갖고 있었다. 이론적으로는, 악에 맞선다는 정신으로 무장하고 경계를 게을리하지 않는 것은 모든 선량한 이웃의 의무였다. 뉴잉글랜드의 코튼 매더는 "이웃이 그릇된 길을 가면 애정을 갖고 진실로 훈계하라"고 촉구했다. 역사가 데이비드 레빈과 키스 라이트슨이 기술하듯 "이웃은 상부상조하는 관계일 뿐 아니라 준거 집단이사 도덕 공동체이기도 했다."[2]

공공 도덕은 물론 개인적 이해관계에 뿌리를 둔 이유들로, 개인의 잘못된 행동은 곧잘 발각되었다. 그것은 경찰이나 교회 장로보다는 엿보는 눈이나 방정맞은 입 때문인 경우가 더 많았다. 주민들은 한 가정의 위법이 더 큰 사회에 해를 끼칠까봐 두려워했다. 이웃에 대한 의존도가 그리 크지 않았다면 그것은 별문제가 되지 않았을 것이다. 성적인 부정행위의 경우 교구에 사생아가 생기면 경제적 곤경뿐 아니라 신의 처벌까지 초래할 수 있었다. 1606년 윌트셔의 캐슬콤에서 한 여성이 "불결한 매춘 행위"로 고발당했는데, 무엇보다 "마을 주민들에 대한 신의 분노"를 불러일으켰다는 이유 때문이었다.[3] 1602년에 영국을 방문한 한 독일인은 "영국에서는 모든 시민들이 이웃집을 철저하게 감시하겠다는 서약에 묶여 있다"고 평했다.[4]

집이건 직장이건 밀집한 장소에서는 부정행위의 가능성이 줄었다. 거의 모든 집에는 몇 개 없는 방에 사람이 들끓었다. 고급스러운 숙소를 좋아했던 제임스 보즈웰과 존슨 박사는 헤브리디스 제도를 같이 여행하다가 그곳의 "조그만 집에서 사람들이 엿들을까 두려워" 라틴어로 대화를 나누곤 했다. 크고 작은 비밀은 하인들의 귀에 들어갔고, 그들은 소문을 퍼뜨리는 것으로 악명이 높았다.[5] 설상가상으로 근대 초에 집과 집 사이의 길은 좁았고, 벽은 얇았고, 구멍으로 소리가 새어 나갔고, 창문에는 가리는 것이 아무것도 없었다. 18세기에 이르러서야 도시에서는 문에 커튼을 달기 시작했지만, 농촌에서는 여전히 보기 드물었다. 도시에서 낮에 커튼을 치면 확실히 의심을 샀다. 뉴잉글랜드 한 이주민은 이웃집에 커튼이 쳐지면 "창녀 커튼"이라고 불렀다.[6] 숲이나 들판이 도피처가 되기도 했지만, 그곳 역시 감시에서 벗어날 수는 없었다. 1780년 한 작가는 『웨스트민스터 매거진』(Westminster Magazine)에 쓴 글에서 다음과 같이 말했다. "시골에서는 사람들이 부도덕한 행위를 하면 반드시 이웃에게 들켜 비난을 받는다."[7]

이웃의 좋은 평판은 특히 긴밀하게 맺어진 작은 사회에서는 사소한 일이 아니었다. "평판이 나쁜 사람은 반쯤은 교수형을 당한 것"이라는 영국 속담이 있다. 경제적 유대든 개인적 유대든 모든 유대 관계는 명예와 평판에 따라 결정되었으며, 그것은 부부싸움이나 술주정이나 도둑질과 같은 한 번의 실수로 깨질 수 있었다. 때로는 '나쁜 평판'이 법정 심리의 근거가 되었고, 재판에서도 '이웃의 진술'을 빈번하게 참고했다. 손상된 평판은 좀처럼 돌이킬 수 없었고, 공동체에서 낙인찍힌 것은 지워지지 않는 얼룩과 같았다. 1742년 앤 파핏은 런던의 한 이웃에 대해 "그는 훔친 물건을 사기 때문에 이웃들에게 정직한 사람으로 인정받지 못한다"고 평했다. 스코틀랜드의 한 목사는 인버레스크 교구민들에게 "어떤 검열 당국도 이웃들의 평가에 비하면 그 효과가 절반에도 못 미친다"고 말했다.[8]

사회의 낮은 계층이 가장 큰 검열 대상이었다. 일용 노동자, 하인, 부랑자, 노예 등은 더 높은 계층 사람들의 의심을 받았다. 정말로 가난한 사람들은 주인의 권위에조차 복종하지 않아서, 존 오브리는 "아무도 그들을 지배하지 못한다"고 말했다. 『브리티시 매거진』(British Magazine)은 "영국의 하층민들은 가장 비열하고, 더럽고, 사악하고 무례한 인간들"이라고 토로했다. '집도 절도' 없는 부랑자의 유동성 때문에 의심은 더 커졌다. 엘리자베스 1세 시대의 니콜러스 브레턴은 전형적인 거지에 대해 "그는 보통 덤불 속에서 수태되어 마구간에서 태어나고 길거리에서 살다가 개울에서 죽는다"고 썼다.[9] 어떤 지역에서는 유대인, 창녀, 이교도 등 최하층민은 수치를 뜻하는 상징을 옷에 달아야 했다. 아우크스부르크에서 거지는 '슈타트피르'(Stadtpir 빨강, 하양, 초록으로 된 아우크스부르크 시의 문장.)라는 상징을 옷에 붙였다. 창녀는 초록색 줄무늬 옷을 입었고 유대인은 노란 반지를 꼈다. 1572년의 영국 법령은, 부랑자들에게 "심하게 채찍질을 하고 오른 귀의 연골을 뜨거운 쇠로 지져야 한다"고 규정했다.[10] 누더기 같은 옷과 초췌한 몰골 때문에 금방 눈에 띄는 하층 계급은 오랜 고난과 불안정한 생활로 인해 불량배와 다를 바 없다고 인식되어 있었다. 아일랜드의 어느 도둑은 자신과 같은 부류에 대해 이렇게 말했다. "우리가 낮에 밖에 나가면 현명한 사람들은 우리 얼굴을 보고 곧장 불량배라고 생각한다. 우리는 아주 수상하고 무섭고 찌든 얼굴을 하고 있기 때문에, 그들은 등을 돌리고 좁은 길이나 뒷골목으로 슬그머니 도망친다." 그러니 당연히 이런 부랑자들은 쓰면 투명인간이 되는 마법 모자를 꿈꾸었다. 독일의 한 소년은 악마가 만든, 다른 사람의 눈에 보이지 않게 해주는 하얀 가루약에 대해 말했다.[11]

사생활을 이전 세대는 알지 못하고 인정하지도 않는 현대의 새로운 산물로 결론지어서는 안 될 것이다. 사생활의 중요성은 시대와 장소에 따라 달랐지만 그것을 추구하는 마음은 서양 문화의 지속적인 특징이었다. 고대 세계에 보편적이었던 사생활에 대한 관심은 중세 후기에 개인 재산이 축적되고 안전에 대한 관심이 증가하면서 한층 더 강해진 것처럼 보인다. 15세기에 처음 사용된 '사생활'(privacy)이나 '사적'(private)이라는 말은 셰익스피어의 희곡이 반영하듯 그 시대에 대중적 어휘로 정착했다. 근대 초에는 공동체 내부의 검열이 있었지만, 사생활의 추구는 줄지 않았다. 오히려 그 반대였다. 마을 사람들의 감시와 처벌의 위협은 은밀함의 가치를 높이기만 할 뿐이었다.

폴 브릴, 〈신비로운 풍경〉, 연도 미상

필립 제임스 드 라우더버그, 〈한밤의 강도 습격〉, 1770년경

히에로니무스 프랑켄, 〈마녀의 부엌〉, 1610

에흐베르트 판 데르 풀, 〈밤에 마을에 난 화재〉, 1655

자코포 바사노, 〈직조 공장〉, 16세기

작자 미상, 〈달밤의 나룻배〉, 연도 미상

헤릿 판 혼트호르스트, 〈중매쟁이〉, 1625

코르넬리스 트루스트, 〈걸을 수 있는 사람은 걷고 다른 사람들은 넘어졌다〉, 1739

레안드로 바사노, 〈야영지〉, 연도 미상

토머스 러니, 〈달밤의 틴머스〉, 18세기

소(小) 다비드 테니르스, 〈귀신 부르기〉, 17세기

줄리오 카르포니, 〈잠의 신 히프노스의 왕국〉, 17세기

특히 밤에는 더욱 그러했다. 1652년의 희곡 『사생아』(The Bastard)에 등장하는 한 인물은 다른 인물에게 "밤이 되었으니 사생활을 하자"고 말한다. 조지 허버트는 "밤이 나를 용감하게 만들어, 나는 사람들과 함께 있을 때 자제하는 일들을 어둠 속에서는 몰래 감행한다"고 썼다.[12]

물론 개인적으로도 만족하고 사회의 허가도 떨어진 제도화된 행사들이 있었다. 가톨릭 국가에서는 사육제나 바보들의 축제나 그 밖의 연례행사처럼 들뜬 분위기를 발산할 출구가 여럿 있었다. 서민들의 유희는 풍성한 음식과 술, 그리고 스포츠와 얼마든지 거칠게 즐길 수 있는 기회를 특징으로 했다. 사순절이 가까워지면 사육제가 열렸다. 이때 사람들은 친구나 동물을 놀리고 속이고 고통을 줬으며, 성직자나 공무원 변장을 하고서 거리를 행진하며 축제를 즐겼다. 16세기 프랑스의 한 법률가는 다음과 같이 기록했다. "때로는 사람들에게 어리석은 짓을 하고 즐겁게 놀도록 허용해주는 것이 상책이다. 항상 지나치게 엄격히 통제만 하면 그들을 절망에 빠뜨릴 것이다."[13]

영국 같은 개신교 국가에서 성인 축일이나 그 밖의 종교 축일은 종교개혁 이후 꾸준히 감소했다. 무절제와 천박함 때문에 비난받던 몇몇 축제는 세속적인 축제나 개신교의 축제로 대체되면서 규모가 축소되었다. 엘리자베스 1시대의 윌리엄 해리슨은 "우리의 성스러운 축일이 아주 많이 줄었다"고 보고했다.[14] 가톨릭 국가에서도 평민들의 감정을 분출하는 막간은 오래 지속되지 않았고, 1년에 몇 번 특별한 축일로 한정되었다. 시간이 지나면서 더 큰 질서를 강요하는 성직자와 시 평의회의 노력에 의해 지나친 환락은 줄어들었다. 중요한 사실은, 좀더 격렬하고 때로는 무정부 상태에까지 이르는 환락의 기회는 어두워진 다음에만 있었다는 것이다. 예컨대 오베르뉴에서 결혼식은 일반적으로 밤의 폭력에서 절정에 이르렀고, 이탈리아 일부 지역에서 오월제는 밤에 더욱 무질서해졌다. 사육제 기간에 불안을 느낀 유럽 여러 나라의 당국은 어두워진 뒤 가면 쓰는 것을 금지했다. 가면을 쓰면 폭동과 유혈 사태가 발생할 수 있다는 이유에서였다. 로마를 방문한 한 외국인은 이렇게 말했다. "누구든 가면을 쓰고 다니면서 칼이나 무기를 소지할 수 없었다. 아무 집에나 들어갈 수도 없었다. 어두워진 후에는 가면을 쓰고 밖에 나갈 수도 없었다."[15]

'일상적으로', 밤의 어둠은 환한 세계의 속박을 헐겁게 만들었다. 밤은 여전히 위험했지만, 산업화 이전의 어떤 생활 영역도 그렇게 많은 사람들에게 그렇게 큰 자율성을 약속하지 못했다. 빛이 순수한 축복이 아니듯, 어둠도 반드시 고통의 근원만은 아니었다. 왕정복고 시대의 풍자가 톰 브라운(Tom Brown)은 "'낮'에 소리를 내는 것은 '억압'(constraint), '허식'(ceremony), '위선'(dissimulation)이다" 하고 비꼬았다. 겉모습은 가끔 기만적이었다. 겉모습의 원래 의도가 그러했으므로. 한 동시대인도 "모든 것은 제약"이라고 말했다. 낮에 금지되었던 행동의 기회가 많아진 것은 해가 진 다음부터였다. 밤만이 인간의 내밀한 성격을 표출할 수 있게 해줬다. "밤은 당신의 모든 욕망을 알고 있다"고 한 작가는 썼다. 런던에서 떠돌던 어떤 노래는 "얼마나 많은 얼굴과 얼마나 많은 가슴이/ 밤에 터놓고 나쁜 짓을 하려고 가면을 벗어놓는가" 하고 묘사했다.[16]

밤은 전통적으로 방종과 무질서를 연상시키는 매력 때문에 그 상징적 가치가 깊다. 민중의 정신 속에서, 밤의 어둠은 교양 있는 사람들의 영역 밖에 있었다. 존 밀턴은 "죄악을 만드는 것은 빛일 뿐"이라고 썼다. 땅거미는 교양과 자유 사이의 경계선이었다. 여기서 자유란 온화한 성격과 악의적인 성격 모두를 가리킨다. 버나드 베일린은 "비유가 중요하다"는 것을 일깨워준다. 왜냐하면 "그것이 우리가 생각하는 방식을 결정하기 때문"이며, 현실의 경험에 비추어 이치에 맞으면 더욱 그러하다.

실제적인 차원에서 밤이 갖는 매력의 원천은 여러 가지인데, 그중에는 낮의 표면적인 태도를 벗을 수 있게 해주는 밤의 천연의 가면도 있다. 1683년 런던의 한 작가는 "이웃에 들키지 않고 집으로 돌아가기에 충분히 어둡다"고 말했다. 맑은 날 밤이라도 행인이 적기 때문에 사람들에게 들킬 위험은 줄었다. 사람들 대부분이 집에 머물러 있었기 때문에 사람들의 행동은 더욱 내밀해졌다. 극작가 에이프라 벤이 고찰했듯 "사람들의 눈이 잠 속에 잠겨 있을 때" 더욱더 그러했다. 또한 밤의 인간관계는 상황에 의해 어쩔 수 없이 이루어지는 것이 아니라 스스로의 선택에 의한 것이었다. 즉 직장 동료나 캐묻기 좋아하는 상사가 아니라 믿는 친구나 가족과 함께하는 경우가 더 많았다. 18세기 말의 한 작가가 지적했듯, 어둠은 낮의 관계와는 사뭇 다른 "작은 개별적 공동체"를 만들어냈다.[17]

어떤 사람들에게 광막한 밤은 개인적 독립심이 뚜렷하게 강해지는 시간이었다. 레티프 드 라 브르톤은 "밤에는 모든 것이 나에게 속한다"고 선언했다. 에드워드 영도 유명한 시 「불평: 혹은 삶과 죽음과 불멸에 대한 밤 생각」(The Complaint; or Night Thoughts on Life, Death, and Immortality, 1742~1745)에서 비슷한 생각을 밝혔다. "얼마나 놀라운 즐거움인가! 얼마나 큰 정신의 자유인가!/ 나는 어둠 속에 갇혀 있지 않다./ …… 나는 어둠에 둘러싸여 있다." 유해한 습기와 하늘의 광경이 일으키는 두려움에도 불구하고 사람들은 바깥의 가장 웅장한 전망을 보려 했다. 베르나르 르 보비에 드 퐁트넬은 이러한 통찰을 남겼다. "우리는 훨씬 더 편안하게 하늘을 응시할 수 있다. 우리는 우리만이 밖에서 꿈을 꿀 수 있다고 착각할 정도로 어리석기 때문에 우리의 사고는 더 자유롭다." 밤에는 어떤 한계도 없었다. 괴테는 달이 빛나는 나폴리의 밤하늘 아래에서 "무한한 공간감에 압도되었다." 시인과 철학자 들만 그런 것이 아니었다. 영국의 한 목축업자는 늦게까지 놀고 집으로 걸어가다가 탄성을 질렀다. "살진 소가 저 별들만큼 많았더라면!" 그러자 그의 친구는 이렇게 대답했다. "정말, 하늘만큼 큰 목초지가 있었으면!"[18]

6장

밤의 작업: 일

I

밤을 써먹을 수 있는 사람이 누가 있겠는가?
어떤 소용이 있는가? 어떤 이득을 가져다주는가?

_험프리 밀, 「어둠에 관하여」, 1639[1]

또한 밤은 때때로 낮의 고된 일과의 휴전을 선언하는 시간이기도 했다. 수없이 많은 노동자들에게 어둠은 사회의 감시뿐 아니라 고통스런 노동으로부터 벗어날 자유를 주었다. 요한복음서는 "이제 밤이 올 터인데 그때는 아무도 일을 할 수가 없다"고 단언했다. 영국 일부 지역에서 '맹인의 휴일'(blindma's holiday)이라는 표현은 대부분의 일을 하기 어려운 밤을 관행적으로 가리키는 말이다. 에스파냐에는 "해가 지면 일하는 사람들은 풀려난다"는 속담이 있다.[2]

중세에는 많은 업종들의 야간 업무가 불법이었다. 통행금지 종소리보다 먼저 어두워지는 겨울철에도 도시의 법령은 여러 직종의 야간 근무를 금지했다. 1375년 함부르크는 편자공들에게 가을에는 "해가 금빛으로 바뀔 때부터", 겨울에는 "낮이 밤에 자리를 내줄 때부터" 일을 중단하라고 했다. 중세의 정부 당국자들이 노동자들의 육체 건강을 걱정한 것은 아니다. 밤의 신성모독에 대한 종교적 반대와 함께 밤에는 화재의 위험도 높았기 때문이다. 게다가 작업을 낮으로 제한함으로써, 시는 세금을 부과하건 가격을 통제하건 경제 활동에 더 큰 질서를 부과할 수 있었다. 때로는 상품의 품질을 보증하기 위해 장인들 스스로 시간을 제한하기도 했다. 이윤만이 아니라 긍지도 중요했던 장인(匠人)은 촛불 아래서는 끌과 줄 등 멋진 연장을 쓸 수 없다고 생각했다. "밤의 작업은 낮의 혼란"이라는 익숙한 속담이 있었다. 12세기부터 대체로 영국의 길드는 야간작업을 금지했다. 그 선두 주자는 예리한 지혜와 날카로운 눈과 확실한 조명을 필요로 하고 숙련을 요하는 직종이었다. 13세기 프랑스의 『직업 백서』(Book of Trades)에서는 금은 세공업자가 밤에 일하는 것을 금지했다. 왜냐하면 "밤에는 일을 충실하게 잘할 수 있을 만큼 빛이 충분하지 못하기 때문"이었다. 디종에서 길거리 난동이 일어났을 때 한 식기 제조업자는 늦게까지 일했다 하여 칼에 찔렸다. 그러한 염려가 커진 이유는 어떤 종류이건 밤의 거래에 대한 불신이 뿌리깊었기 때문이다. 밤은 악마의 작업과 관련되어 있었을 뿐 아니라, 밤에는 주의가 산만한 고객이 부정직한 업자의 제물이 되기도 쉬웠다. 1345년 런던의 박차(拍車) 제조업자 길드는 부정직한 업자들이 "작업에 속임수를 쓰려고" 한다고 비난했다. "여자나 무명옷은 촛불 아래서 고르지 말라"고 경고하는 속담도 있었다.[3]

그러나 중세의 도시나 마을에서 땅거미가 내린 뒤 모든 일이 끝난 것은 아니다. 농경 일과 숙련을 요하지 않는 직종 등 다양한 예외가 있었다. 14세기 피렌체의 한 거대한 의복 회사 회계 장부에서 '밤'(notte)이라는 용어는 자정까지 일하는 노동자를 가리켰다. 생토메르의 선원과 직조공 들은 저녁종이 친 뒤 일을 끝내지 않아도 무방했다. 중세의 한 시인은 용광로에 불을 끄기를 주저하는 대장장이에 대한 불만을 이렇게 늘어놨다. "밤에 그렇게 큰 소음을 들어본 적이 없네./끔찍한 비명과 덜컥거리며 부딪치는 소리를!" 재단사들과 구두장이들도 촛불에 기대어 간단한 작업을 했다. 장날 전야에는 일하는 것이 허용되었고, 귀족 계급의 주문을 맞춰야 하는 경우도 마찬가지였다. 루이 11세는 어느 해 겨울에 파리의 장갑 제조자들에게 밤 10시까지 일하도록 허용했다. 주문이 쌓여 있었을 뿐 아니라, 주인들은 견습공과 하인 들이 밤에 노름하는 것을 막아야 한다고 불평했다. 일은 무엇보다도 사회적 통제의 한 형태였다.[4]

그러나 밤의 노동이 현저하게 증가한 것은 근대 초에 이르러서였다. 새로운 시장과 제조업자 들이 출현하면서 지역 경제는 공간적으로도 시간적으로도 확대되었다. 화재의 위험은 여전했지만, 길드와 시 당국은 엄격하게 규정하지 않았다. 예컨대 스웨덴에서는 맥주 소비량이 크게 늘어 양조장이 밤새 가동되었다. 암스테르담에서도 마찬가지였다. 1573년 어느 날 밤 수도승 바울터르 야콥스존(Woulter Jacobszoon)은 소음 때문에 새벽 2시에 깨어서는, 근처 양조장에서 "맥주를 큰 통에 넣고 있는 것이 아닌가" 의심했다. 하지만 여전히 대다수의 직종은 하루 일이 어둠과 함께 끝났고, 도시의 중산 계급도 대개 그러했다. 정확히 말하자면, 1563년에 제정된 영국의 제조업자 법은 기술자나 다른 노동자들이 봄과 여름에는 아침 5시부터 저녁 7~8시까지, 가을과 겨울에는 해 뜰 때부터 질 때까지 일하도록 규정하고, 휴식과 식사 시간으로 2시간 반을 할당했다. 17세기 프랑스에서 '일용 노동자'라는 일상적인 표현은 해가 떠서 질 때까지 일하는 노동자를 뜻했다. 루이 세바스티앵 메르시에는 혁명 이전의 파리를 상기시키는 글에서, 매일 해가 질 때 집으로 향하며 구두에서 떨어지는 하얀 석고를 흔적으로 남기는 목수와 미장이에 대해 묘사했다.[5]

그래도 산업화 이전 사회에서 특히 낮이 짧아지는 가을부터 봄 사이에 야간 노동이 놀라울 만큼 널리 퍼져 있었음을 보여주는 사료는 풍부하다. 햇빛이 사라져도 도시와 농촌에서는 많은 사람들이 밤늦게까지 일했다. 한 영국 작가는 1680년에 이렇게 불평을 터뜨렸다. "이 시대는 상인이든 뭐든, 늦게까지 일을 하는 나쁜 습관에 젖어들고 있다." 많은 사람들은 몇 시간 정도 더 일을 했지만, 자정이 넘도록 일한 사람들도 있었다. 17세기의 속담으로 "낮에는 원하는 만큼, 밤에는 할 수 있는 데까지"라는 말이 있었다. 스코틀랜드의 속담은 "밤에 할 일이 있으면 말을 마구간에 넣고 아내를 침대로 보내라"고 충고했다.[6]

II

무절제와 지나친 수면에 관한 한,
궁핍이 이런 비참한 악행으로부터 당신들 대부분을 구해준다.

-윌리엄 버킷, 1694[7]

누가, 왜, 밤에 일했는가? 더 일을 하려는 결정은 선택의 문제였나, 필요의 문제였나? 이러한 질문에 대한 답은 노동자들의 작업을 특징

짓는 불규칙한 노동 시간에 있었다. 이 노동자들은 매시간, 매일, 노동 강도가 같지 않았다. 안식일은 당연히 휴식을 가져다주었지만, 다른 날에도 노동자들은 고정된 시간에 집착하지 않고 오두막이나 작은 가게에서 삯일을 하거나 농장에서 일하면서 노동 속도를 조절했다. E. P. 톰슨에 따르면 "사람들이 자신의 노동 생활을 조절할 수 있는 곳에서라면, 작업은 아주 빡빡한 노동과 한가한 시간이 교대로 벌이는 싸움이었다." 자신의 작업 생활을 마음대로 조정할 수 있는 노동자의 비율이 근대 초에 얼마나 되었는지는 알 수 없다. 그러나 적지 않은 남녀가 여유를 부리며 일해도 일찍 끝낼 수 있는 일을 밤늦게까지 하곤 했다. 낮에는 일만 하지 않고 수다를 떨고 술을 마시기도 했다.[8] 또한 제빵과 같은 업종은 수요가 몰리는 시간이 있기 때문에 밤을 새워 작업했던 한편, 새로운 주문이 갑자기 몰려 밤에도 바쁘게 일해야 하는 직종들도 있었다. 상품은 주문이 있어야 만드는 것이었다. 하트퍼드의 견습 재단사 존 데인은 그의 주인이 "하사관의 외투를 많이 만들어야 했기 때문에 사흘 밤을 새워 일했다." 또한 유리 상인 자크 루이 메네트라는 방돔 교회의 창문 하나를 완성하기 위해 하룻밤을 새웠다. 다음날까지 배달하겠다고 약속했기 때문이었다. 1722년 런던의 한 구두공은 "구두 한 켤레를 만드느라" 자정 언저리까지 매장에서 일했다.[9]

그렇지만 노동자들이 밤늦게까지 일해야 했던 가장 중요한 이유는 개인적 선택이나 일의 속도 조절이나 '산업화 이전 시대의 노동 윤리'가 아니라 생존의 압박이었다. "날은 짧고 일은 많다"는 영국 속담이 있다. 수입이 적은 사람들은 저녁에 하루의 고된 일을 접고, 추가 수입을 위해 다른 일을 하기도 했다. 엘리자베스 1세 시대의 작가 토머스 데커는 촛불에 대한 수필에서 다음과 같은 수사의문을 던진 바 있다. "당신 옆에 있는 불쌍한 기술자들이 몇 명이나 제대로 먹고사는가?" 런던의 노동자 토머스 롱은 집세를 벌기 위해 이틀 연속 밤새워 일했다. 제임스 클레이턴 목사는 "하루의 일 중 가장 고된 부분은 신이 우리에게 쉬라고 준 시간에 가장 가난한 사람들에게 닥친다"고 단언했다. 또한 14세기에 프랑코 사케티의 이야기에 등장하는 보나미코는 이웃에게 이렇게 묻는다. "당신은 밤에 일을 해야 할 정도로 가난한가요?"[10]

도시에서는 밤에 일하는 가지각색의 노동자 빈민이 있었다. 영국에서 네 집마다 한 집꼴로 있었던 하인은 주인이 부르기만 하면 언제라도 달려가야 했다. 시종과 하녀 같은 하인들은 문이나 창문 단속부터 잠자리를 준비하고 촛불을 끄는 것까지, 어두워진 후에 해야 할 일이 있었다. 네덜란드의 한 작가는 손님이 왔다 간 뒤에는 하녀들이 2, 3시까지 잠자리에 들지 않는다고 불평했다. 집 밖에서는 짐꾼이나 마부가 늦게까지 일했다. 런던의 노동자 존 톰슨은 새벽 2시에 템스 강에 정박한 배에 바닥짐을 쌓으라는 호출을 받았다. 그곳에서는 햇빛이 아니라 밀물과 썰물이 운항 시간을 정했다. 고기를 잡는 어부의 시간표도 마찬가지였다. 파리의 밤거리에서 와플을 파는 젊은이들을 비롯한 도시의 행상은 사람이 많은 길거리를 찾아다녔다. 가에타노 좀피니의 베네치아 판화에서는 달빛 아래 송아지 선지와 신선한 조개처럼 상하기 쉬운 음식을 파는 사람들을 볼 수 있다. 로마에서는 행상이 밤의 "나쁜 공기"와 싸우라며 브랜디를 팔았다.[11] 또한 도처에서 넝마주의가 종이 원료로 팔 수 있는 천조각이나 사람들이 버린 물건을 주우려고 길거리를 헤맸다. 어느 날 밤 집으로 향하던 새뮤얼 피

페르 힐레스트룀, 〈계란 검사하기〉, 1785

프스는 랜턴을 들고 "헝겊을 줍고 있는" 소년과 마주쳤다. "그는 때때로 하루에 3~4부셸(1부셸은 약 28kg)의 헝겊을 주워서, 1부셸당 겨우 3페니를 받았다"고 피프스는 놀라워했다. 거름 더미를 헤쳐봐도 작은 보물을 건질 수 있었다. 사람들은 버려진 시장 좌판을 뒤져 빵과 채소와 고깃점을 찾아 팔기도 했다. 어떤 사람들은 길거리에서 분뇨를 모아 시골에 비료로 팔기도 했다. 거름 속에 돈이 있었다. 나폴리에서 괴테는 농촌 사람들이 "밤이면 길거리를 떠나기 싫어한다"는 것을 알았다. 길거리는 "당나귀와 말의 똥"으로 "금광"을 이루었기 때문이었다.[12]

평범한 사람들은 초보적인 기술만 필요한 여러 직종에 종사했다. 영국의 직조공들은 의류 산업의 번창에 부응하여 겨울철에도 때로는 밤 10시까지 직기 앞에 앉아 있었다. 유럽 대륙에서도 상황은 별반 다르지 않았다. 예컨대 리옹의 남자 직조공은 새벽 5시부터 밤 9시까지 일했고, 비단 공장의 여자들도 마찬가지였다. 재단사, 제화공, 모자 제조업자, 염색공 등이 오랜 시간을 일했다. 스코틀랜드에는 "시민이 잠드는 시간이 제화공의 저녁식사 시간"이라는 속담이 있었다. 1624년 1월 어느 날 밤, 헤이그의 다비트 베크는 9시가 넘어 집에 돌아왔다가 "재단사 아브라함이 아직도 우리집에서 일하고 있는 것"을 봤다. 18세기에 런던에서 간행된 직업 안내 책자에는 기름 양초 제조자에 대해 그들의 "작업 시간은 계절이 허용하는 데까지, 또는 밤이건 낮이건 상품 수요가 생길 때"라고 적혀 있다. 청년 톰 파운들은 천연두로 눈이 거의 먼 상태에서도 양초 제조자를 위해 밤마다 심지를 다듬어야 했다.[13]

미장이, 목수 같은 건설업에 종사하는 사람들도 일상적으로 늦게까지 일했다. 시딩 레인에 있는 피프스의 집에서는 일꾼들이 늦게까지 흩어져서 일했다. 1660년 크리스마스이브에는 페인트공들이 밤 10시가 되어서야 일을 끝냈다. "오늘밤 나는 페인트 일과 다른 일을 마칠 수 있었다"고 피프스는 한숨을 돌렸다. 노샘프턴의 지주 대니얼 이턴이 1726년에 남긴 글에 따르면 가구장이들은 가을철 낮이 짧아지면 촛불을 켜고 일하는 경우가 빈번했다.[14] 제빵업자들은 따뜻한 빵을 아침 고객에게 제공하기 위해 주로 밤에 일했다. 메르시에는 파리의 제빵업자들에 대해 "그는 나를 위해 자정에 기름을 태운다"고 썼다.[15] 에일이나 맥주를 생산하기 위해 양조업자는 맥아를 갈고, 그것을 끓여 엿기름물을 만들어 맥아즙을 추출하고, (맥주를 만들기 위해) 호프를 첨가하고 이스트를 넣는 고된 공정을 자정 이후부터 시작했다.[16]

유리 공장과 제철소의 교대조는 뜨거운 용광로 옆에서 밤을 새웠다. 고열을 유지하기 위해 용광로에 쉬지 않고 불을 땠고, 숯을 굽는 석회 가마도 마찬가지였다. 해변 마을 라이밍턴에서 실리어 파인스는 소금을 만들기 위해 바닷물을 큰 솥에 끓이고 있는 노동자들을 발견했다. "그들은 불을 때는 동안 밤낮으로 항상 가마를 지킨다. …… 그들은 토요일 밤에 일을 마치고 불을 끈 뒤 월요일 아침에 다시 불을 붙인다. 불을 붙이는 것은 꽤 큰 일이다." 소음 규제가 있는 런던 같은 도시를 제외하고는 대장장이도 늦게까지 일했다.[17] 방앗간은 바람이건 물이건 제분기를 돌리는 자연의 동력을 얻기 위해 밤새 가동되었다. 프랑스 남부의 올리브기름 공장이 "밤낮으로" 움직였듯, 영국의 곡물 방앗간도 그랬다. 1642년 요크셔의 농부는 방앗간 주인이 "여력만 있으면 밤새 물방앗간을 돌린다"고 말했다. 방앗간 주인은 밤에 일을 한다는 이유로 때로는 마법과 연관되어 있다는 소문이 돌기

더비의 조지프 라이트, 〈대장간〉, 18세기

도 했다.[18] 광산 역시 밤새도록 돌아갔다. 광부의 램프로 불을 밝혀야 하는 갱도에서는 낮이라고 딱히 별다를 것이 없었기 때문이다. 스웨덴 중부의 구리 광산이나 프라이부르크 외곽의 은광이 그러했다. 한 작가에 따르면 콘월에서도 "가난한 사람들은 밤낮으로 땅을 파서 주석과 쇠를 얻어 간신히 살아갔다." 근대 초 유럽의 방앗간, 제철소, 광산 같은 초기 기업을 보면, 언젠가는 밤시간이 산업 생산성 향상에 크게 기여하리라는 것을 알아차릴 수 있다.[19]

대부분의 직종에서 반(半)숙련공들은 조잡한 조명으로도 충분하다고 생각했다. 그들은 석유램프와 촛불을 선호했다. 맨 섬(Isle of Man)의 언어에서 'arnane'이라는 말은 '밤에 촛불을 켜고 한 일'을 뜻한다. 스웨덴의 견습공과 도제는 가을철마다 불을 켜고 일하는 계절이 시작되었음을 알리는 놀이인 '불켜기'(ljusinbrinning)를 위해 주인집에 초대받는다. 그와 반대로 독일 기술자들은 '불 굽기'(lichtbraten)라고 불린 식사를 하면서 겨울철의 어둠이 끝난 것을 축하했으며, 영국의 제화공들도 같은 목적으로 3월마다 '길 적시기'(wetting the block)라는 의식을 거행했다. 산업화 이전 시대의 노동자들은 골풀 양초, 나무 양초는 물론, 때에 따라서는 달빛에 의존해서 일했다. 인공조명 때문에 드는 비용은 또다른 문제였다. 엘리자베스 1세 시대의 한 작가는 "밤을 새워 일하는 가난한 노동자들에게 큰 부담이 되는" 기름 양초의 비싼 가격을 비난했다. "양초값도 안 나온다"는 표현은 비용조차 뽑지 못하는 허드렛일을 뜻했다. 그렇지만 많은 업주에게는 비용보다 이윤이 컸다. 〈옷장수의 즐거움〉(The Clothier's Delight)이라는 유행가에서 한 고용주는 이렇게 말한다. "우리에겐 비누가 있고 빛을 내는 촛불이 있다./ 당신이 볼 수 있는 한 일하도록." 실로 1760년 『런던 이브닝 포스트』(London Evening Post)가 보도한 바에 따르면 "겨울철 몇 달 동안 많은 사업체가 아침과 저녁에 7, 8시간 촛불을 켜고 일을 했다는 이유로 기소되었다." 신문은 덧붙였다. "그렇게 할 필요가 있긴 했다."[20]

밤에도, 밤이 지나도 가장 고되게 일하는 노동자들 중에는 여성이 있었다. 대체로 집밖에서 일하는 중간 계급이나 서민 계급의 남자들과 달리 도시의 많은 아내와 딸 들은 심부름을 가거나 밖에서 잔일을 하거나 가까운 이웃을 방문하는 것 외에는 집안에서 주로 지냈다. 16세기 말에 이르러, 여성들이 『캔터베리 이야기』(Canterbury Tales, 1387년경)에 나오는 바스의 아낙네처럼 "잡다한 이야기를 들으러 이 집 저 집" 돌아다니는 것이 보기 안 좋은 일로 여겨지게 되었다. 정숙한 여인은 "밖으로 나도는 떠돌이"가 아니라 "집안의 일꾼"이 되어야 했다. 안주인이 얼마나 도덕적인가에 따라 가정의 평판이 좌우되었기 때문에, 안주인의 행동은 엄격히 통제되었다. 안주인은 집의 주인은 아니었다 할지라도 집을 관리하는 사람으로서 그에 따르는 온갖 의무를 다했다. 하루 일과에는 식사 준비, 빨래, 양육이 포함되었다. 대다수의 아내들은 남편보다 일찍 일어났지만, 하루 중 휴식 시간은 더 적었다. 16세기에 토머스 터서는 "남편들은 날씨 때문에 쉬기도 하지만, 아내들의 일에는 끝이 없다"고 썼다.[21]

결국, 밤이라고 제대로 쉴 수 있는 것이 아니었다. 한 동시대인의 말을 풀어쓰자면, 일 하나가 끝나면 다음 일이 기다리고 있었다. 집안일 때문에 하루의 고된 노동이 늘어났다. 윌리엄 볼드윈(William Baldwin)은 『고양이를 조심해』(Beware the Cat, 1584)에서 "착한 아내의 촛불은 결코 꺼지지 않는다"고 말했다. 1650년 7월 말의 어느 밤에 매사추세츠의 제인 본드는 케이크를 만들고 땔감을 그러모았다. 런던의 제인 모리스는 오후 일찍부터 자정 무렵까지 아마포를 다듬었다. 17세기의 발라드 「여자의 일은 결코 끝나지 않는다」(A Woman's Work is Never Done)는 너무나 유명해서 메인의 산파 마사 밸러드는 밤늦게 일기를 쓰면서 그 노래를 인용했다. "햇빛이 사라질 때까지만 힘을 낼 수 있는 여자가 행복하지." 실지로 윌트셔의 노동자 스티븐 덕이 1739년 유명한 시 「타작하는 사람의 일」(The Thresher's Labour)을 발표했을 때 시인 메리 콜리어는 신랄한 대응시를 썼다. "밤이 오고 우리의 걱정은 깊어만 가고/ 우리는 우리 몫으로 떨어지는 것을 기대도 할 수 없네." 콜리어는 남자들의 일과 달리 "우리의 일은 끝이 없다"고 항의했다.[22]

빨래를 할 때는 정말 일이 끝이 없었다. 이 일은 즐겁지도 않고 아주 힘들었다. 큰 통에 물을 채워 집안으로 끌고 들어와서 데운 뒤 옷을 비벼 빨고 풀을 먹이고 다려야 했다. 비누가 없을 때는 양잿물, 소변, 그리고 때로는 찬물에 섞은 분뇨까지 대용으로 사용했다. 부유한 집에서는 하녀들이 빨래를 맡았다. 빨래는 시간이 너무 많이 걸렸기 때문에 집안이 어지러워지는 것을 막기 위해 보통 늦은 밤에 시작했다. 피프스는 11월 어느 날 밤 집에 돌아와서 빨래 때문에 집안이 어수선한 것을 보고 '빨래 난장판'이라고 말했다. 궁핍한 여인들은 집에서, 혹은 더 흔하게는 남의 집에 세탁부로 가서 빨래를 해주며 살림을 꾸렸다. 과부 메리 스토워는 "달빛이 아주 환한 밤" 새벽 2시에 리즈에 있는 어느 집에 가서 빨래를 했다. 런던의 앤 팀스는 "생계를 위해 11시부터 12시까지 밤늦은 시간에 빨래한다"고 말했다.[23]

여성은 다른 방식으로도 가정의 수입을 늘렸다. 밤에 하는 일을 두 가지 꼽자면, 맥주 만드는 일과 치즈 만드는 일이 있었다. 맥주 만드는 일에 대해 콜리어는 "우리가 겨우 자려고 하면 맥아즙이 끓어 넘친다"고 불평했다. 무엇보다도 여자들은 실잣기, 뜨개질, 양털 다듬기, 천 짜기 등의 일을 하며 밤을 보냈다. 14세기부터 유럽 여러 지역에서 선대제(先貸制)가 출현했다. 도시 상인들이 양모나 아마, 그 밖의 다른 재료들을 가정에 나눠줘서, 그것으로 직물을 짜는 것은 농촌과 도시 가정 모두에게 가장 중요한 일이 되었다. 스웨덴에서 이탈리아 반도에 이르기까지 긴 겨울밤에 어머니와 딸과 하녀 들은 물레와 베틀을 돌렸다. 한 스코틀랜드 영주의 집사는 이렇게 지시했다. "빨래나 다른 집안일이 없는 하녀들은 9시까지 베틀 앞에 있도록 하라." 장 파울은 어린 시절 바이에른의 집에서 가축을 돌보는 하녀가 "소나무 횃불의 약한 빛에 의지해 하녀들의 방에서 물레 앞에 앉아 있었다"고 회상했다. 이런 일은 밝은 불이 필요하지 않았다. 애버딘의 한 목사는 많은 교구민들이 "토탄 몇 개에서 나오는 희미한 빛에 의존해 겨울밤 내내 뜨개질을 한다"고 말했다. 실잣기는 너무도 중요한 수입원이어서, 독일 일부 지역에서는 과부들이 빚을 갚기 위해 다른 재산은 다 팔아도 물레는 지킬 수 있었다. 1570년대 초의 인구조사에 따르면, 이스트앵글리아의 노리치 시에서는 가난한 여성의 94%가 직물업에 종사했다. 경제적 불황기에 실잣기는 가족에게 중요한 버팀목이 되었다. 1782년 스코틀랜드에 흉년이 들었을 때 여자들이 "하루걸러 밤을 새우며 물레를 돌려 남자들보다 살림살이에 더 큰 도움이 되었다" 고 한 지역 주민이 기록했다.[24]

마지막으로 도시에서는 주로 야간에 일하는 몇몇 직종이 있었다. 대체로 이런 직업은 재력이 부족해서 낮의 경제와 경쟁할 수 없는 사람들이 맡았다. 이런 사람들에게 밤은 휴식 시간이 아니라 돈벌이 시간이었다. 이를테면 공공 자금으로 보수를 받는 야경대원과 함께, 사설 경호원으로 고용된 사람들도 드문드문 있었다. 그들은 상품의 훼손이나 절도, 화재를 막기 위해 공장주와 상인이 고용한 사람들이었다. 그들은 주로 방앗간, 회계 사무소, 마구간 등을 지켰으며, 피렌체의 사설 경호원은 상품 창고를 순찰했다. 1729년 런던의 어느 채탄장 주인은 "석탄을 빈번하게 도둑맞자" 네 명의 경호원을 고용했다. 하인들은 주인을 섬기는 데 두 가지 역할을 다 해야 했다. 예컨대 에든버러 근방에서는 "방앗간 하인들이 밤에 교대로 방앗간을 지키는 것이 관습"이었다. 뉴캐슬에서는 한 푸줏간 하녀 캐서린 파커가 밤에 도시의 시장 안에 있던 "주인의 진열대를 지켰다." 직업이 경비인 사람들

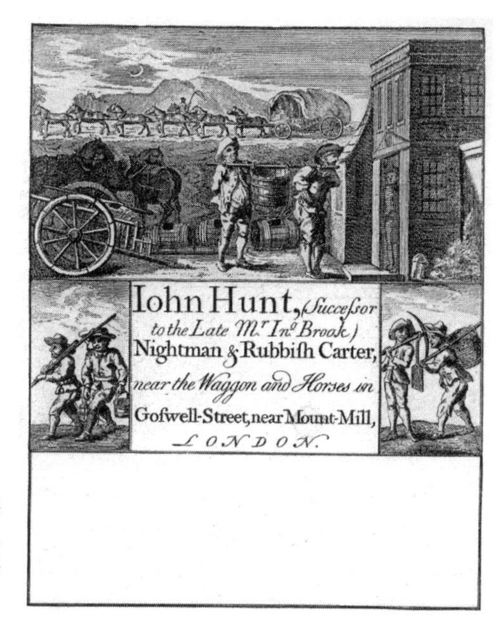

작자 미상, 〈런던의 마운트밀 근처 고스웰 가에서 마차 옆에 있는, 야경꾼이자 보잘것없는 마부 존 헌트〉, 18세기

도 있었다. 존 스터블리는 올드 베일리 형사 법정에서 한 도둑에 대해 증언을 하며 "저는 강철 적치장의 경비입니다"라고 자신을 밝혔다.[25]

'오물 수거인'(nightman)들은 지하의 정화조나 변소를 깨끗이 치웠다. 탄광마다 '오물통'(jake) 또는 '해우소'(house of easement)라는 옥외 변소가 지하실이나 마당에 있었다. 터서는 이렇게 충고했다. "이제 더러운 변소를 청소하여 깨끗이 할 때니,/ 밤이 그런 오물 덩어리를 숨기게 하자." 마을과 도시가 급속하게 성장하면서 오물 수거인은 도시 위생에 중요한 역할을 담당했다. 16세기에 이미 뉘른베르크 시는 '청소부'(Nachtmeister, '밤의 주인')를 고용하여 50여 개의 공공 화장실을 청소하게 했다. 물론 많은 도시에서는 밤에 사람의 분뇨를 길에 버리도록 허용했는데, 원칙적으로 '거리 청소부'(scavenger)라는 노동

자들이 동이 트기 전에 그것을 깨끗이 치워야 했다. 그러나 런던 같은 도시에서는 이런 관례가 공공 위생에 안 좋다 하여 권장하지 않았고, 시민의식이 있는 가정에서는 점차 개인 화장실에 의존했다. '밤의 흙'이란 전문적인 오물 수거인이 양동이로 퍼서 수레에 싣는 분뇨를 완곡하게 표현한 말이다. 피프스의 가정 같은 어떤 집에서는 지하실을 이웃과 함께 쓴 덕을 보기도 했다. 새뮤얼 피프스는 1663년 7월 일기에 이렇게 기록했다. "터너 씨의 집을 통해 지하실 분뇨를 치우도록 맡기고, 나는 흡족한 마음으로 늦게 잠자리에 들었다." 1729년 파리의 관리들은 야간 정화조 청소를 법제화했을 뿐만 아니라, 오물 수거인(gadouard)들이 잠시 술집에 들러 한잔하는 것을 금하고 곧장 쓰레기통을 처리하도록 했다. 영국에서는 처음엔 도시의 쓰레기를 모두 농촌에 버렸지만, 도시의 규모가 커지고 인구밀도가 높아지자 운반비용이 엄청나게 높아졌다. 또한 일본처럼 비료를 인간 분뇨에 크게 의존했던 산업화 이전의 다른 나라들과 달리, 서양에서는 일반적으로 동물의 분뇨를 더 선호했다. 그래서 런던에서는 엄청난 양의 인분을 템스 강에 버렸다.[26]

이러한 작업이 불쾌하다는 것은 오물 수거인들에게 붙은 '황금을 찾는 사람들'이라는 냉소적인 별명으로 짐작할 수 있다. 아우크스부르크에서는 연로한 화장실 청소부를 '밤의 왕'이라고 불렀다. 변소를 오래 치우지 않으면 나중에 일이 힘들어졌다. 필라델피아에 있는 엘리자베스 드링커의 집에서는 마당에 있는 정화조에 '저장'을 시작한 뒤 44년이 지난 1799년에야 청소를 했다. 그 노역은 다섯 명이 수레 두 대로 이틀 밤 연속 새벽 네댓 시까지 일을 하고야 끝이 났다. 드링커는 일이 끝난 뒤 이런 의문을 가졌다. "어떤 사람들이 힘주어 말하고 있는 자유와 평등이 자리를 잡는다면, 이렇게 고되고 불유쾌한 작업을 누가 하려 하겠는가?" 이 일에 따르는 위험도 커서, 인부들은 기껏해야 랜턴 하나를 들고 오물통에 들어갈 때마다 호흡 곤란을 느꼈다. 1753년 7월 『젠틀맨스 매거진』(Gentleman's Magazine)은 서더크의 '텀블다운 딕'(Tumbledown Dick)이라는 술집에 대한 기사를 실었다.

> 오물통으로 내려간 첫번째 사람은 악취에 질식해 도와달라고 하다가 곧 자빠졌다. 두번째 사람이 도우러 내려갔다가 역시 쓰러졌다. 세번째, 네번째도 내려갔다가 곧 다시 올라와야 했다. 이때쯤 악취가 약해져 처음에 내려갔던 두 명을 구할 수 있었다. 그렇지만 두번째 사람은 이미 죽었고, 첫번째 사람은 숨이 남아 있었지만, 오후에 사망했다.[27]

인간의 분뇨나 인간의 시체나 마찬가지였다. 도시와 마을에서는 최악의 작업을 밤에만 했다. 그리하여 전염병이 돌면 시의 관리들은 시체를 처리하기 위해 어두워질 때까지 기다렸다. 당대 사람들은 밖에 나온 시민들이 적을수록 감염 위험이 낮아진다고 생각했다. 또한 대중이 공포에 빠질 우려도 더 적었다. 5만 6,000명 정도가 사망한 1665년 런던의 대역병 때 길과 골목의 입구마다 시체를 묻으려는 가족들을 위한 '장례 마차'가 서 있었다. 바이에른 시의 관리들은 마차의 바퀴에 헝겊을 감아 소리를 줄였다. 대니얼 디포는 『흑사병 돌던 해의 일기』(Journal of the Plague Year, 1722)에서 "끔찍하고 위험한 공포가 따라다니지만 꼭 해야 하는 작업은 밤에 이루어졌다"고 기록했다. 흑사병이 발생하면 밤에 희생자의 옷과 침대도 태웠다. 17세기 중반 바르셀로나에서 창궐한 흑사병에 대해 한 동시대인은 이런 보고를 남겼다.

> 누가 흑사병으로 죽으면 사람들은 밤에 그의 시체를 침구와 함께 나사렛 묘지에 묻었다. 다음날 밤에는 침대의 나무틀과 커튼과 옷은 물론 그가 손을 댔을 만한 물건을 모두 불태웠다.

이 모든 일을 한 사람들은 무덤 파는 사람들이었다. 영국에서는 밤에 일한다 하여 그들을 '베스필런'(vespillon, 저녁별(vespers)이 나올 때 일하는 사람이라는 뜻)이라고 불렀다. 이탈리아에서는 그들을 '시체 운반자'(beccamòrti)라고 불렀다. 때로 하얀 옷을 입었던 이들은 경고의 표시로 횃불을 들었다. 1764년 보스턴에 천연두가 창궐했을 때 그들은 "한밤중에" 각 시체를 타르 칠을 한 수의와 관에 넣고, "지나가는 사람을 주의시키기 위해" 한 사람이 시체 앞에서 걸어갔다. 1665년 런던에 흑사병이 돌았을 때 피프스는 밤의 산책을 자제했다. "화장하기 위해 옮겨지는 시체에 부딪히지 않을까 큰 두려움에 떨며" 밖에 나갔을 때 그는 "멀리 (무덤 파는 사람들의 표시인) 횃불이 보이는지" 틈틈이 살펴봤다. 그는 안도의 한숨을 쉬며 일기에 이렇게 적었다. "신이여 축복받으소서. 한 번도 마주치지 않았다."[28]

III

많은 일들이 으스스한 밤에 더 잘 된다.

_베르길리우스, 기원전 1세기[29]

뉴잉글랜드의 농부 하이럼 하우드는 "일 때문에 늦게 자고 일찍 일어나야 하니 끔찍하다"고 불평했다. 미국의 산록 지대에서 러시아 서부 초원에 이르기까지 인구의 4분의 3 이상이 소작인, 일용 노동자, 하인, 농노, 노예로 땅을 갈았고, 토지를 약간 소유한 농민이나 소지주나 개척 이민도 있었다. 밭에서는 건초와 사료로 쓸 수 있는 다른 풀과 함께 밀, 메밀, 귀리 같은 곡식과 아마가 생산되었다. 채소밭과 과수원도 흔히 볼 수 있었다. 식민지 농장에서는 담배, 쌀, 쪽(indigo), 설탕이 주로 재배되었다. 시골 사람들에게 저녁은 밤과 낮 사이의 벌어진 틈이 아니라 낮의 노동의 연장을 뜻했다. 많은 사람들이 빚지지 않고 (소유한 것이 아니라 빌린) 땅뙈기를 잃지 않기 위해 "밤낮으로" 일했지만 생계를 꾸리기도 힘들 정도였다. 1770년대에 런던의 작가 '무스 루스티쿠스'는 전형적인 노동자의 곤경을 개탄했다. 그들은 "자신과 가족을 먹여 살리기 위해, 뿌연 빛이라도 있으면 새벽 4시부터 밤 8시까지" 자신보다 높은 지주를 위해 일해야 했다. 경제적 독립과는 상관없이 농경이나 재배는 아주 힘든 일이었다. 1660년 독일인 야코부스 안드레아스 크루시우스는 "밤에 대체로 깨어 있지 않은 농부는 찾아보기가 힘들다"고 주장했다. 로마 초기의 작가 콜루멜라에 따르면 술과 "성적인 탐닉", 그리고 수면을 멀리하는 것이 좋은 농부의 전제 조건이었다.[30]

밤에 할 일도 있었다. 가축 도살, 나무 베기, 사과 줍기 등, 밝지 않아도 할 수 있는 노동집약형 일이었다. 1665년 5월 노퍽의 노동자 토머스 러스트는 하루종일 금작화를 모은 뒤 그날 밤늦게 수레에 싣고 집으로 가져갔다. 애버딘 근처의 농촌 노동자들은 여름밤에 연료로 쓸 토탄 덩어리를 파냈다. 뉴햄프셔의 애브너 생어는 밤에 울타리를 수리하고 돼지우리를 짓고 땔감을 모았다. 1771년 그는 저녁 내내 뜰에서 일을 한 뒤 "나는 햇빛이 있을 때까지 일한다"고 기록했다. 늦봄부터 가을까지 밭일은 해가 저문 다음에야 끝나는 경우가 많았다. 땅을 고르고 씨를 뿌리고 꼴을 말리고 수확물을 거두기까지 일은 계속 이어졌다. 한 농촌의 목사는 "그들이 밤까지 일해서 건초 더미를 만들어줬다"고 일기에 기록했다.[31] 늦여름과 초가을에 무르익은 곡식을 추수하는 시간은 오래 걸렸다. 1691년 8월 하순에 한 요크셔 주민은 "오늘밤에야 옥수수를 거둬들였다"고 만족스럽게 기록했다. 유럽 대륙 어떤 곳에서는 포도 수확기가 중요했다. 17세기 프랑스 남부에서는 "포도 수확기에 일찍부터 늦게까지 바빴다." 갑자기 폭풍우가 몰려와 밤사이에 수확물을 망쳐놓을 수도 있었고 도둑이 쉽게 따 갈 수도 있었다. 한 스코틀랜드 방문객은 이렇게 기록했다. "밭에 남아 있는 것은 없었고, 거둬들인 것은 매일 밤 집으로 가져가 헛간에 저장했다." 1728년에 프러시아의 한 영지 관리인은 마을 주민들에게 다음과 같이 지시했다. "추수철에는 말을 맨 수레를 쓰는 시간을 따로 정하지 않고, 그때그때 할 일에 맞춰 조정해야 한다."[32]

가축도 늘 보살펴야 했다. 아침이든 밤이든 소에게는 꼴을 먹이고 물을 주고 우유를 짜야 했다. 마구간은 청소를 한 뒤 짚을 새로 깔아야 했다. 말, 돼지, 가금류 모두 먹이를 주고 재워야 했다. 컴벌랜드의 하인 존 브라운은 3월 어느 날 밤 11시가 되어서야 주인의 말을 위해 "새로 짚을 깔고 잠자리를 만들어줄" 수 있었다. 동물은 병에 걸리기도 했고, 망아지나 송아지를 낳을 때는 오랜 시간을 기다려야 했다. 이른봄에 갓 태어난 양은 항상 주의를 기울여야 했다.[33] 때로는 가축이 우리에서 나와 수확물과 정원을 짓밟기도 했다. 1698년 어느 봄날

소(小) 프란체스코 바사노, 〈가을 포도 수확〉, 1585~1590

밤에 존 리처즈의 젖소 벡싱턴 레드 젖소가 개울에 빠졌는데 일으켜 세울 수가 없어서 밤새 그곳에서 젖소를 보살펴야 했다.[34]

민달팽이를 잡거나 벌통을 옮기는 것처럼 농촌에는 밤에 해야 하는 일도 있었다. 말벌집도 어두운 뒤에야 잘 탔다. 찌르레기나 참새처럼 '해로운' 새도 랜턴과 그물을 가지고 밤에 잡는 것이 제일 쉬웠다. 습기는 인간에게 해롭다고 생각되었지만, 농서 저자나 농부들에 따르면 선선한 밤공기는 건강에 좋은 영향도 많이 미쳤다. 1707년 농서 저자인 디 자코모 아고스티네티는 "공기가 선선하고 밤이슬의 혜택을 볼 수 있는 저녁"에 기장의 씨를 뿌리라고 충고했고, 요크셔의 농부 애덤 에어는 1648년 4월 밤에 겨자씨와 순무를 뜰에 심었다. 농작물에 물을 주는 일도 수분 증발을 막기 위해 저녁에 했다. 버지니아에 있는 랜던 카터의 농장에서 노예들은 어린 담배 나무의 성장을 촉진하기 위해 현명하게도 밤에 물을 주었다. 그 부유한 농장주는 "우리는 밭에 물 주는 일을 재빨리 해치울 수 있을 만큼 노예가 많다"고 거드름을 피웠다. 엘름스웰에 거주했던 헨리 베스트의 농사일지에서는 초가지붕을 이으려면 밤에 짚에 물을 뿌려놓으라고 충고하고 있다.[35]

밤하늘을 보고 앞날에 대한 전조를 찾는 일도 중요했다. 하늘에는 폭풍우에서 심한 서리까지 예고해준다는 기상학적인 조짐들이 있었다. 1616년 『시골집』(Maison Rustique)의 공저자들이 설명했듯, 좋은 농부는 "책을 좋아할 필요는 없어도, 비, 바람, 좋은 날씨 그리고 다른 계절 변화를 예고해주는 것들에 대한 지식"은 갖춰야 했다. 수많은 전조가 있었지만, 대부분의 사람들은 밤하늘을 크게 믿었던 것처럼 보인다. 『영원한 예견』(A Prognostication Everlasting, 1605)의 저자는 다음과 같이 단언했다. "당신이 크기를 가장 잘 알고 있는 별들을 보라. 만일 그 별들이 평상시보다 더 밝고 더 크고 더 타오르는 것처럼 보인다면, 그것은 큰바람이나 비가 오리라는 전조이다."[36]

달빛은 많은 노동자들에게 도움이 되었다. 사람들은 볼 수만 있으면 호미질을 하고, 심고, 잡초를 뽑았다. 베스트는 초가지붕을 엮는 사람들에 대해 "그들은 일할 수 있을 만큼 보이기만 하면 밤에도 일터를 떠나지 않는다"고 말했다. 생어는 겨울철에 썰매로 목재를 운반했는데, 흰 눈이 달빛을 반사하여 도움이 되었다. 그와 달리 초승달이 뜬 어느 날 밤에는 호밀 한 말을 방앗간에 가져갔다가 "진창길로 집에 돌아왔다"고 불평했다. 밭일이 가장 고된 수확철에는 달빛이 특히 중요했다. 9월이면 언제나 보름달이 추분점에 가장 가까이 다가갈 때 며칠 밤 동안 빛이 더 오래 비춘다. 달의 궤도가 작은 각을 이루고 있기 때문이다. 영국에서 '추수의 달'(harvest moon)이라고도 하는 이 달을 스코틀랜드에서는 '마이클머스의 달'(Michaelmas moon)이라고 불렀다. 대서양의 양쪽에서 농부들은 추수할 때 달빛의 혜택을 받았다. 1735년에 재스퍼 찰턴은 "때로 추수하는 사람들은 밤을 새워 건초를 모으고 옥수수를 딴다"고 적었다. 그에 못지않게 도움이 된 달은 그다음 보름달인 10월의 '사냥꾼의 달'(hunter's moon)이었다. 한 작가는 "9월의 달은 밤을 짧게 만든다. 10월의 달은 사냥꾼의 즐거움이다"라고 말했다.[37]

농촌 사람들은 낚시하러 밤에 나가기도 했다. 밤에 잡은 고기는 식량이 되었을 뿐 아니라 다른 물건과 교환하거나 팔면 궁핍한 생활에 보탬이 되었다. 숭어 같은 물고기는 특히 밤에 횃불을 켜놓으면 더 잘 잡혔다. 이탈리아의 농부들은 작은 배를 타고 지중해로 나가 창으로 물고기를 잡았다. 스코틀랜드의 호수에서는 늦여름부터 초봄 사이에 방대한 양의 청어가 그물에 걸렸다. 로크브룸의 한 주민은 "청어는 밤에만 잡힌다. 어두운 밤일수록 어부에게는 더 좋다"고 말했다.[38]

농촌 여러 지역에서는 밤에 포식 동물들이 큰 걱정거리여서, 경비견과 함께 과수원과 밭과 가축을 지켰다. 독일 작센 지방의 농부들은 옥수수밭을 해치는 사슴과 멧돼지를 두려워했다. 마을 사람들은 교대로 "밤을 새워" 종을 울리며 침입자를 막았다. 노르웨이 남부의 농부들은 가축과 옥수수밭을 해치는 곰을 막아야 했다. 프랑스에서는 양떼를 보호하기 위해 농부들이 마법의 부적에 의지했다고 한다. 총과 지팡이로 무장한 목동은 밤 내내 불을 피워 몸도 따뜻하게 하고 짐승의 위협도 물리쳤다. 짐승떼가 보이거나 짐승 소리가 들리면 동료들에게 소리쳐 경고했다. 이탈리아의 시골에서도 목동들은 밤공기를 '추방'하기 위해 작은 불을 피웠다. 가축을 지키는 데는 개가 필수였고, 늑대와 혼동하지 않도록 하얀 개를 선호했다. 농서 저자 오귀스탱 갈로에 따르면, 현명한 목동은 "늑대나 다른 맹수로부터 양떼를 보호하기 위해서는 담을 쌓고 용감하고 사나운 개로 보초를 세워야 한다." 뉴잉글랜드의 농부들은 늑대를 막기 위해 양의 머리에 화약과 타르를 섞은 물질을 발랐다고 전해진다.[39]

도둑도 늑대에 못지않게 위협적이었다. 한 프랑스 방문객은 그곳 농부들이 곡식을 도둑맞지 않으려고 추수를 마치고 집으로 옮길 때까지 밤을 새워 감시한다는 것을 알았다. 어느 겨울밤에 작은 양떼 지킴이로 고용된 피터 버틀러는 런던 들판의 울타리 뒤에서 네 명의 도둑이 양 한 마리를 끌고 가는 것을 보았다. 방금 달이 떠올라 "낮처럼 밝아졌고" 버틀러의 총알은 빗나갔다. 심하게 맞은 버틀러는 결박당한 채 버려져 죽었다. 1555년 10월 어느 날 밤에 일어난 지루한 일은 이탈리아의 두 형제에게 그리 유별난 일도 아니었다. 자정이 지난 뒤 침대에서 일어난 파라 출신의 로렌초 보카르디와 자코보 보카르디는 참나무* 숲과 밭 여러 군데를 순찰하는 것으로 남은 밤을 보냈다. 이 둘은 안전을 위해 따로 다니지 않고 함께 움직였다. 보통은 도끼와 칼을 들고 다녔지만, 이날 밤에는 총을 들었다. 여러 소동이 있었고, 두 형제는 그들의 포도밭에 말을 먹이려고 풀어놓은 침입자들을 쫓아내야 했다.[40]

농부가 해야 하는 마지막 일은 수확물이나 가축을 동이 트기 전에 시장에 가져가 상인들과 입씨름하는 것이었다. 과일과 채소를 가득 실은 수레와 함께 가축 몇 마리가 어둠 속을 지나갔다. 가축의 목에는 종을 달아 딴 길로 새지 않도록 했다. 밤에는 시골에서 도시로 움직였다. 베네치아에서는 새벽 3시부터 농부들이 "자연의 모든 산물을 가득 채운" 배를 타고 도착했고, 리옹의 방문객은 "당나귀 울음소리와 바구니를 짊어진 사람들의 번잡한 소리 때문에" 새벽 4시에 깼다. 가는 날짜는 장날과 달빛에 따라 결정되었다. 성곽 마을은 동이 트기 훨씬 전부터 대문을 열어두어야 했다. 대도시의 식욕은 꺼질 줄을 몰랐고, 시장은 이른 아침부터 적어도 땅거미가 내릴 때까지 열렸다. 1750년의 추산에 따르면 일주일 동안 런던에서 소비된 가축의 수는 소 1천 마리, 송아지 2천 마리, 양 6천 마리, 새끼 양 3천 마리, 돼지 3천5백 마리, 그리고 가금류 2만 마리 정도였다. 세라 쿠퍼는 "얼마나 많은 사람들이 하루종일 일을 하고 밤에 일어나 이 도시로 식량을 가져오는가?"라며 놀라워했다. 농민들은 기조르나 오말 같은 먼 마을에서 파리까지 왔다. 메르시에는 "밤 1시에 6천 명의 농민이 파리의 식량이 될 채소와 과일과 꽃을 갖고 도착했다"고 기록했다. 그는 레잘의 중앙 시장에 대해 이렇게 썼다.

> 시끄러운 목소리는 끊임없이 들리는데 빛은 조금도 보이지 않는다. 이들은 태양을 피해 동굴 속에 숨은 다른 인종이라도 되는지, 대부분의 거래가 어둠 속에서 이루어진다. 가장 먼저 온 생선 상인은 해를 전혀 보지 못하고, 가로등이 희미해질 무렵 동트기 직전 집으로 돌아간다. 눈은 제구실을 못해도 귀가 살아 있어, 모두들 큰 소리로 외친다.[41]

온도가 내려가기 시작하면 농촌 가정은 밤에 집에서 일을 했다. "겨울에는 불가로, 여름에는 들과 숲으로"라는 프랑스 속담은 낮뿐 아니라 밤에도 적용되었다. 1세기에 이미 콜루멜라는 『농촌의 사물』(Res Rustica)에서 "인공조명에 의지해 잘할 수 있는 많은 일들"에 대해 쓴 바 있다. 도시의 가정과 마찬가지로 농촌 가정에서도 천을 짜고 실을 자았다. 한 스웨덴 방문객은 거의 모든 농부들이 밤에는 직조공이 된다는 것을 알았다. 그들 일부는 너무도 가난해 달빛을 받아 양모를 다듬었다. 상업적 연결 고리가 벽지까지 침투하자, 농촌의 아낙네들도 지역 시장을 위한 직물을 생산했다. 1757년 조사이어 터커는 이렇게 기록했다. "요크셔의 여러 곳에서 모직물 산업은 소작농과 자유농에 의해 이루어지고 있다. 이 사람들은 양모를 사기도 하고 양을 기르기도 한다. 그들의 아내, 딸, 하인들이 긴 겨울밤에 양모를 잣는다."[42]

가족들은 밤에 구두나 옷을 수선하거나 연장을 고치고 다듬었다. 아마를 두드리거나 곡식을 도리깨질하기도 했다. 사과 주스를 만들 사과를 찧거나, 에일과 맥주를 만들기 위해 맥아를 갈기도 했다. 어느 2월 밤에 우드퍼드 목사는 새벽 3시에 일어나 "진한 맥주를 큰 통으로 하나 만들었다." 사흘 뒤에는 새벽 1시 이전에 일어나 두 가마를 만들었다. 레티프 드 라 브르톤은 단편소설 「농부의 아내」(The Ploughman's Wife)에서 "소년들은 포도넝쿨을 받칠 버팀대를 만들면서 이야기를 나누고, 소녀들은 아마 껍질을 벗기거나 물레를 돌리는" 겨울밤을 묘사했다. 생어는 자기 농장 일뿐 아니라, 친구 집이나 이웃집에서도 밤에 허드렛일을 했다. 달빛을 받으려고 문을 열어놓고 옥수수 껍질을 벗기거나 장작을 팼다. 그는 4월 초에 "틸리를 도와 밤새도록 수액을 끓였다"고 썼다.[43] 체서피크 만의 식민지에서 농장주들은 노예에게 달빛이나 촛불 아래 담배를 따거나 옥수수 껍질 벗기는 일을 시켰다. 사우스캐롤라이나 농장에서 노예들은 벼를 도리깨질하며 겨울밤을 보내곤 했는데, 이 때문에 추운 계절에도 적지 않은 노예들이 도주했다.[44] 밤에 일을 해야 했던 농촌의 다른 노동자들도, 심지어는 몇몇 농부들도 틀림없이 도주할 생각을 했을 것이다.

IV

밤에 하는 일과 낮에 하는 일은 같지 않다.

_존 테일러, 1643[45]

왜냐하면 하루종일 노동한 뒤 밤에도 일하는 것은 너무 고됐기 때문이다. 오랜 시간의 노동은 몸과 마음을 고갈시켰다. 중세 프랑스의 의류업 노동자들은 늦게까지 일하는 것이 "위험하고 몸을 크게 해친다"고 선언했다. 훨씬 뒤에 런던의 한 작가는 전형적인 농촌 노동자에 대해 이렇게 주장했다. "휴식과 생계를 원하나 그는 끊임없이 일해야 하고 그 때문에 몸이 크게 상한다. 그는 힘이 소진되고 병들어 빨리 늙는다." 오베르뉴에서는 가을 타작 때가 되면 농민들은 밤에 "몇 시간의 잠"조차 자지 못한다. 그런 상황에서 사고는 일어나게 마련이고, 그 결과 팔다리나 목숨을 잃는다. 뉴젠트 부인이 돌아본 자메이카 설탕 공장에는 기본적으로 비치된 장비가 노예의 손을 자르는 손도끼였다. 졸다가 손가락이 벨트에 걸린 노예의 손을 자르는 것으로, 뉴젠트 부인은 그것이 노예의 목숨을 구하기 위한 유일한 수단이었다고 기록했다.[46]

그에 못지않게 나빴던 것은 밤이 '노동 시간'이었던 노동자들의 운명이었다. 밤 근무를 하는 현대 노동자들에 대한 연구는 그들이 강도 높은 불면증, 피로, 소화 불량 증세를 보이고 있음을 보여준다. 한밤중에 인간 신체는 잠들도록 만들어졌고, 많은 음식을 소화하지도 못한다. 심야에 깨어 있거나 음식을 먹는 것은 24시간 주기의 생체 리듬과 장구한 세월에 걸쳐 이루어진 인간 진화 과정을 부정하는 짓이다. 1715년 익명의 어느 파리 제과점 도제는 팸플릿에서 다음과 같이 불평을 토로했다. "우리는 저녁에 하루 일과를 시작하여 밤에 반죽을 만든다. 잠깐 잘 틈도 없이 포로 상태로 밤을 보낸다. 휴식 시간인 밤이 우리에게는 고문이다." 사실 제빵업자들이 화를 잘 내고 일터 안팎에서 폭력적 성향을 보이는 사실에 대해, 그 시대 사람들은 밤에 일을 해서 그렇다고 설명했다.[47]

그러나 밤에는 심한 고통과 고된 노동과 육체적 고갈만 있었던 것이 아니라 노동자에게 좋은 점도 있었다. 한 예로, 더운 여름철에는 밭일을 하기에 밤이 더 좋았다. 노동자들은 밤에 일하기 위해 무더운 낮에는 기꺼이 잠을 잤다. 대장간이나 주물 공장도 선선한 밤 기온의 덕을 봤다.[48] 어떤 직종은 밤에 감독을 늦추어, 시간도 덜 빡빡하게 짰고 규율도 더 느슨했다. 1728년 하인 프랜시스 비들은 런던에 거주하는 주인의 물품을 "하루걸러 밤을 새우며" 지키라는 지시를 받고, 그 기회를 이용해 맥주 3배럴(1배럴은 약 160리터), 맥아 2부셸(1부셸은 8갤런), 에일 3퍼킨(1퍼킨은 약 40리터)을 훔쳤다. 어둠은 노동자들이 일터에서 쉽게 도둑질할 수 있게 해주었다. 마을과 도시에서 손쉬운 표적은 목재 야적장과 부두였다. 런던 같은 항구에 정박한 배는 뱃사람들에게 쉽게 당했다. 18세기 초 해군성은 왕립 조선소의 작업을 낮으로 국한시켰다. "어두워진 후에 노동자들이 저지르는 불량한 행동"을 막기 위해서였다. 베네치아 조선소에서는 밤에 야경대원들이 함께 어울리는 것을 금지하는 규정을 위반했을 뿐 아니라, 많은 양의 물품을

훔쳐 배에 타고 있는 공범들에게 넘겼다.[49]

성적인 부정행위의 기회도 훨씬 많았다. 세탁부들이 개울에 접해 있는 몇 개의 세탁소에 의존했던 뉘른베르크에서는 1552년에 해가 지면 세탁소의 문을 걸어 잠갔다. "정숙하지 못한 행동을 하는 세탁부들이 갈 곳이 없도록" 하기 위해서였다. 견습공 존 데인은 버컴스테드에 있는 주인의 가게에 혼자 있었는데 "모든 사람들이 잠들었을 시간에" 한 "하녀"가 성적인 밀회를 위해 찾아왔다. 그들은 "함께 시시덕거리기는 했지만," 그는 그녀의 간청을 마지못해 거절했다. 1662년 달이 빛나던 어느 날 밤, 매사추세츠의 농장주 이지 우드는 어머니의 심부름으로 그를 도와 옥수수 껍질을 까러 나온 메리 파월과 함께 밖에서 자리를 깔았다.[50]

또한 밤은 주인이 아니라 자신을 위해 일하는 시간이기도 했다. 낮일이 끝나면 많은 소작인들은 자신의 밭을 갈았다. 보통은 빌린 작은 땅이었다. 낮에 주인의 넓은 땅에서 일했던 소작인과 농장 노동자는 달빛 아래서 자신의 땅을 경작했다. 염소를 돌보는 일에 싫증이 난 스위스의 목동 울리히 브레커는 조그만 숲을 사들여 스스로 관리했다. "낮에는 아버지를 위해 일했다. 자유로워지면, 나 홀로 있게 되면, 날이 밝을 때 잘라뒀던 나무로 장작과 불쏘시개를 만들었다." 물론 많은 사람들은 자신의 땅에서만 일할 날을 고대했다. 1800년 한 작가는 농경 관련 잡지에 다음과 같이 불평했다. "소작인이 밤에 가족과 함께 경작해도 모자랄 만큼의 땅을 소유하게 되면, 농장주는 더이상 그에게서 한결같은 작업을 기대할 수 없다." 미래에 토머스 플래터의 아내가 될 스위스 하녀 안나는 "밤늦게 실을 잣는 날이 많아" 여주인을 위해 무명실을 많이 뽑아냈을 뿐 아니라 자신을 위해서도 "상당히 많은 옷"을 만들었다. 브레커가 어렸을 적 조부모와 함께 살았을 때 그의 어머니는 밤에 "조부모 몰래 쌈짓돈을 벌기 위해 등잔불을 켜놓고 은밀히 실을 잣곤 했다."[51]

작물을 심거나 돼지나 가금류를 키울 땅을 받은 아프리카계 미국 노예들도 근면하게 일했다. 농장 일과의 방해를 받지 않는 밤이 주로 일하는 시간이었다. 받은 땅의 크기는 조그만 땅뙈기에서 넓은 황무지에 이르기까지 다양했다. 1732년 체서피크 만의 한 관찰자는 노예들이 일요일과 밤에 뜰에서 감자, 콩, 호박 등을 키울 수 있었다고 말했다. 이로써 단조로운 식생활에 변화가 생겼을 뿐 아니라 노예들은 시장에 내다 팔 상품을 얻었다. 그들은 캐롤라이나 저지대와 서인도 제도에 정규적으로 물품을 조달했다. 한 보고서에 따르면 안티과의 시장에는 "수백 명의 흑인과 흑백 혼혈아가 모여 가금류, 돼지, 새끼 염소, 채소, 과일 등을" 팔았다. 노예들은 밤에 먼 길을 무릅쓰고 사냥과 낚시를 나가기도 했다. 사우스캐롤라이나에서 박물학자 윌리엄 바트램(William Bartram)은 한 늪지에서 "횃불을 이용해 잡은 산비둘기를 말 등에 가득 싣고 집으로 가는" 노예들을 목격했다. 자메이카에서는 밤에 잡히는 참게가 가난한 노동자들의 또다른 수입원이었다. 한 백인 주민은 이렇게 기록했다. "매일 밤 인근 농장의 흑인들이 떼를 지어 횃불과 양동이를 들고 집 앞을 지나갔다. 그들은 맞은편에 게가 서식하는 숲으로 갔는데, 자정 이전에 양동이를 가득 채워 돌아왔다."[52]

무엇보다도 밤에는 일과 놀이의 경계가 흐려졌다. 하루 중 밤에 일과 놀이가 가장 많이 겹쳤기 때문이다. 밤일의 특징은, 집단적으로 하는 일이 많아서 함께 즐기고 함께 나누는 것이었다. 이탈리아의 사회

얀 아셀레인, <밤에 게 잡기>, 17세기

고위층은 농민들이 "음란한 도리깨질과 금지된 놀이"를 한다며 비난했다. 빨래터에는 여인들이 하나둘 모여들었다. 1760년 어느 여름밤에 필라델피아에 있는 드링커의 집에서는 엘리자베스와 다른 여자들이 '빨래 놀이'를 했다. 스코틀랜드 남부에서 청어 잡이는 어두운 겨울밤에 행해졌지만, "남녀노소가 참여해 숯이 타는 램프를 들고 삼삼오오 어울려 경쟁과 즐거움과 설렘이 뒤섞인 소리를 지르며 돌아다녔다." 미국 초기의 옥수수 '껍질 벗기기'도 별반 다르지 않은 분위기에서 이루어졌고, 남부 농장의 땅콩 '껍질 벗기기'도 어두워진 다음에 시작되었다. 식민지 시대 뉴저지의 한 하인이 묘사했듯 "옥수수 껍질 벗기는 일을 이웃끼리 서로 도와주고, 럼주와 음료수를 대접받았다." 매사추세츠의 청교도 지도자인 코튼 매더는 들뜬 분위기 때문에 "'옥수수 껍질 벗기기'에 자주 뒤따르는 폭동"을 비난했다. 그는 지역의 농장주에게 "당신들 '쾌락의 밤'이 '두려움의 밤'으로 바뀌도록 하라"

고 설교했지만 허사였다.[53]

많은 사람이 지루한 일을 이웃이나 가족과 함께하며 만족스러워했던 것은 당연하다. 때로 그들의 동지애는 술로 굳건해졌다. 더 중요하게는, 밤은 즐거움과 유희를 억압하는 수많은 규칙과 의무, 낮의 제약으로부터의 자유를 의미했다. 그 무엇보다 밤은 정신의 한 상태였다. 친숙한 얼굴과 주고받는 도움 속에서 형식적인 겉치레는 물론 두려움과 모멸의 감정도 뒷전으로 물러났다. 어둠 속에서 친구들과 함께 웃고 일하다보면 어색함이나 거리낌 같은 감정도 물러났다. 웨일스 속담에 아침의 '존'이 밤에는 친근한 '잭'이 된다고 했다. 같이 일하며 횃불이나 램프를 같이 써서 소중한 연료를 아낄 수 있다는 것도 한 가지 이점이었다. 남녀가 살을 에는 추위를 피해 훈훈한 화롯가에 둘러앉았다. 일을 완수하는 것 이상으로, 친밀한 사람들 사이에서는 온기를 같이 나누는 것이 꼭 필요했다. 그렇게 침침하고 비좁은 상황에서 밤에는 친밀감과 동료 의식이 깊어졌다. 영국에는 "밤에 나눈 말은 아침의 말과 다르다"는 속담이 있다.[54]

그런 모임은 놀라울 정도로 널리 퍼져 있었다. 특히 겨울철에 실잣기나 뜨개질이 공동작업으로 이루어졌는데, 그 변형은 아주 많았다. 예컨대 프랑스에는 '밤샘 모임'(veillées)이, 독일에는 '실잣기 모임'(Spinnstuben), '실 감기 모임'(Rockenstuben), '등불 모임'(Lichstuben)이, 러시아에는 '밤 모임'(posidelki)이, 토스카나에는 '저녁 모임'(veglia)이 있었다. 건지 섬에서도 '밤샘 모임'(vueilles)이라는 실잣기 모임이 있었고, 아이슬란드에서도 13세기까지 거슬러올라가는 '저녁 모임'(kvöldvaka)이 있었다. 영국 전역에도 비슷한 모임이 있어, 아일랜드에는 '마실 모임'(céilidhe)과 '노래 모임'(áirneán)이, 스코틀랜드에는 '마을 모임'(rockings)이, 웨일스에는 '뜨개질의 밤'(y noswaith weu)이 있었다.[55] 이미 15세기 중엽에 장차 교황 비오 2세(Pius II, 1405~1464)가 될 에네아 실비오 피콜로미니(Enea Silvio Piccolomini)는 영국 북부를 여행하다가 한 무리의 여자들이 불가에 앉아 밤새 삼베를 빨며 대화를 나누는 모습을 목격했다. 윌리엄 호윗은 요크셔와 랭커셔 주민들에 대해 이렇게 말했다. "어두워지고 하루의 일상적인 임무가 끝나고 어린아이들을 재우고 나면 그들은 불을 끄고 외투를 입고 랜턴과 뜨개질감을 들고 이웃집으로 간다. 집마다 번갈아가며 이 모임을 연다."[56]

일주일에 하루나 이틀 밤 모였던 이런 모임은 새벽 한두 시까지 계속되기도 했다. 그러나 대부분은 저녁식사 뒤에 모여 자정 훨씬 전에 끝났다. 보통 열 명 남짓한 친한 이웃이 모였고 어떤 사람들은 어두운 밤에 랜턴을 들고 잘 아는 길을 따라 몇 마일을 걸어오기도 했다. 한 관찰자에 따르면 아일랜드 농촌의 농부들은 "늪지와 수렁을 지나 3~4마일을 걸어오기도 했다." 집과 일터뿐 아니라 마구간과 헛간도 모임 장소가 되었다. 추운 밤에는 짐승이나 비료에서 뿜어져 나오는 온기도 도움이 되었고 때로 오두막의 난로가 조금이나마 빛과 열을 제공했다. 할 일이 떨어지는 경우는 없었다. 삼베를 두드리고 옥수수 껍질을 벗기는 일 외에도 사람들은 호두를 까거나 바구니를 엮기도 했다. 가장 밝은 빛이 필요한 여인들이 앞에 앉아, 자기 일을 하기도 하고 이웃의 일을 해주기도 하면서 실을 잣고 뜨개질을 하고 직물을 짜고 양모를 다듬었다. 밤에는 어깨와 다리와 등 대신에 손과 팔이 일했다.[57]

일상적인 잡담과 함께 지역의 관리나 특히 종교 지도자를 비꼬는 농담이 사람들 입에 오르내렸다. 독일 마을의 '실잣기 모임'을 비판하는 어떤 사람은 "거기서는 남을 씹기만 한다"고 불만을 토했다. 마법 이야기도 인기가 높았다. 스위스의 히트나우 마을에서 어린 시절을 보낸 작가 야코프 슈투츠는 화롯가에서 바르바라 오트라는 이름의 '실 잣는 여자'가 해주던 옛날이야기를 많이 들었다. 그 여자는 옛날에는 자기가 날 수 있었다고 했다. 목소리가 은밀해지면서 시작되는 전설, 우화, 귀신 이야기는 밤이 주는 가장 즐거운 오락이었고, 많은 이야기들을 기억저장소에 보관하고 있는 구성진 이야기꾼에 의해 끝없이 반복되는 영원한 주제였다. "그렇게 옛이야기는 밤에 내 영혼을 따라 흘러갔다"고 스코틀랜드의 시인 제임스 맥퍼슨은 말했다. 아일랜드의 던기븐 마을 주민들은 옛 시가를 너무도 주의깊게 들어서, 읊다가 실수가 있으면 그 자리에서 지적했다. 한 관찰자는 "논쟁이 생기면 그 자리에서 투표에 부쳐졌다"고 전했다.[58]

산업화 이전 시대의 사람들에게 어둠은 이야기를 풀어놓기에 안성맞춤인 시간이었다. 서구와 비서구 문화권 모두에서, 신화나 옛이야기를 들려주는 것은 마치 전통적으로 깊은 밤에 이루어지는 신성한 의식의 분위기를 자아냈다. 어둠은 일상의 세속적인 요구로부터 마음과 정신을 분리했다. 다니엘로 바르톨리는 『현자의 휴식』(La Ricreazione del Savio)에서 모든 "신성한 기능은 어둠과 침묵을 요구한다"고 주장했다. 근대 초 가정의 불빛 희미한 방은 이야기꾼의 구성진 가락에 힘을 더해줬다. 이런 이야기꾼을 아일랜드에서는 '신체이드'(seanchaidhthe), 웨일스에서는 '쿠브리드'(cyfarwydd)라고 불렀다. 밤에는 다른 방해물이 없기 때문에 말이 아주 명확하게 들린다. 어둠 속에서는 상상의 날개가 펼쳐지고 소리가 더 잘 들린다. 몸짓이 아닌 말 자체가 정신에 중요한 심상을 형성한다. 더구나 음성은 듣는 사람들을 연결해준다. 음성은 안 듣고 지나치기 어렵고, 직설적으로도 은유적으로도 사람들을 서로 밀착시키는 응집력을 키운다. 등잔이나 난로의 은은한 불빛과 함께 이야기하는 행위는 아주 친밀한 분위기를 조성했다.[59] 또한 밤은 초자연적인 것에 대한 두려움에 근거한 각 지역 고유의 이야기에 적절한 극적 배경이 되었다. 모지스 히프는 어린 시절 랭커셔에서 들었던 이야기에 대해 다음과 같이 회상했다. "추운 겨울밤 늪지에서 불어오는 바람이 집 앞에서 울부짖을 때, 활짝 열린 난로 쇠살대 옆에서 듣는 무서운 이야기가 어린아이들에게 잘 먹힌 것은 당연하다." 어디서든 귀신과 유령과 마녀 이야기는 기본이었고, 거기에 강도나 도둑과 마주친 아슬아슬한 이야기가 더해졌다. 영국 역사가 헨리 번은 1725년 다음과 같이 기록했다. "시골에서 겨울밤에 식구들이 모두 불가에 모여 앉아 귀신과 유령의 이야기를 하는 것보다 더 흔한 일은 없다."[60]

폭력과 궁핍과 자연재해는 항상 등장하는 주제였지만, 속담과 도덕적 훈계와 알아두면 좋은 요령 같은 이야기들도 있었다. 이런 이야기들은 마법과 함께 삶의 위험에 맞서는 데 유용한 가르침을 주었다. 레티프는 『내 아버지의 삶』에서 긴 겨울밤에 "옛사람들의 고귀한 금언"이 담긴 교훈적 이야기를 들은 경험을 묘사했다. 더 흔한 유형으로는, '밤늦은 길손'이 도깨비불을 만났다는 노동자의 이야기였을 것이다. 도깨비불에 홀려 다가가던 길손은 "계곡에 흐르는 개울을 잘 알고 있어서" 빠져 죽는 것을 간신히 모면했다는 이야기이다. 스코틀랜드의 한 목사가 말했듯, 매일 일어나는 일들은 기껏해야 일시적인 것일 테지만, 어떤 영감 어린 이야기들은 "겨울밤의 두려움을 화려하게 빛냈다." 이야기에서는 부와 권력을 소유한 사람이 명예로운 자리에서 추락하기도 하고 가난한 사람들이 역경을 딛고 승리를 거두기도 했다. 프랑스의 노동자 로뱅 슈베는 자기 집에서 저녁 모임을 열고, 교훈과 재미를 동시에 주는 이야기들을 했다. 노엘 뒤 파유(Noël du Fail)의 『레옹 라뒬피 님의 시골 이야기』(Propos Rustiques de Maistre Léon Ladulfi, 1548)에는 이렇게 묘사되어 있다.

> 선량한 로뱅은 인상적인 침묵 후에, 짐승들이 말을 하던 시절(단 2시간 전이었다)에 대한 멋진 이야기를 시작하곤 했다. 여우 르나르가 생선 장수에게서 생선을 어떻게 훔쳤는지, 르나르가 낚시질을 배울 때 세탁부를 어떻게 꼬드겨서 늑대를 패주도록 만들었는지, 어떻게 개와 고양이가 여행을 떠났는지 이야기했다. 아네트가 숨은 것에 대해, 요정에 대해, 그가 어떻게 요정들과 다정하게 이야기를 주고받았는지, 그리고 저녁별이 빛날 때 울타리를 넘어간 그가 빨간 가죽 백파이프 음악에 맞춰 요정들이 춤추는 것을 본 이야기를 했다.[61]

옛 전쟁 시대에 뿌리를 둔 많은 이야기는 영웅 전사의 유명한 행적을 이야기했다. 아이슬란드의 영웅담 사거(saga)에서 러시아의 서사시 빌리나(bylina)에 이르기까지 모든 곳에서 사람들은 서사적 전설을 가슴에 새겼던 것으로 보인다. 호윗은 요크셔의 뜨개질의 밤 모임에서 "골짜기의 모든 옛이야기와 전통이 등장한다"는 사실에 주목했다. 어둠 속에서 뛰어난 이야기꾼은 암시에 걸리기 쉬운 사람들의 마음을 일상의 역경에서 멀리 떨어진 경이의 땅으로 인도했다. 피에르

장 자크 드 부아소, 〈마을의 저녁〉, 1800

자케 엘리아스에 따르면 나막신 장인이었던 그의 할아버지는 브르타뉴에서 "농가에 모인 농민들을 기사와 귀부인으로 바꾸어놓는" 능력으로 유명했다. 그렇게 해야지만 농촌 사람들은 "젖먹이 돼지 새끼나 일용할 빵이나 일요일의 고깃국의 가격"에 대한 걱정을 잊을 수 있었다고 엘리아스는 회상했다. 그런 이야기는 조지 필의 희극 『늙은 아내의 이야기』(The Old Wive's Tale, 1595)에도 나온다. 한 겨울밤에 난롯가에서 이야기를 해달라고 재촉받은 대장장이의 아내 매지는 이렇게 시작한다.

> 옛날에 눈처럼 하얗고 피처럼 붉은, 세상에서 가장 예쁜 딸을 가진 왕, 또는 주군, 또는 공작이 있었습니다. 그런데 어느 날 누가 그 딸을 훔쳐갔고, 그는 사람들을 모두 보내 딸을 찾았습니다.

…… 요술쟁이가 있었는데 이 요술쟁이는 무슨 일이든 할 수 있었습니다. 요술쟁이는 큰 용으로 둔갑해 공주님을 입안에 넣고 돌로 만든 성으로 데려갔습니다.[62]

어떤 지역에서는 여러 아낙네들이 물레와 실 감는 막대기를 들고 이웃집에 모이는 것이 흔한 일이었다. 프랑스 일부 지역에서는 그런 목적을 위해 겨울철마다 '작은 쉼터'(écreignes)라는 임시 오두막을 만들었다. 16세기에 에티엔 타부로(Etienne Tabourot)가 묘사한 부르고뉴의 이런 오두막은 텐트와 별반 다르지 않았다. 딸들에게 옆에서 따뜻하게 물레질할 난로도 마련해줄 수 없을 정도로 가난했던 와인 제조자들은 장대로 집밖에 울타리를 치고, 비료와 흙을 섞어서 단단하게 다져서 바닥에 깔았다. 후대의 관찰자에 따르면 이와 대조적으로 샹파뉴 지방의 '작은 쉼터'는 "지면 아래로 파고 들어간 집"으로서, 역시 분뇨를 깔았다. 아낙네 하나가 램프를 가져오면 그것을 가운데에 걸었다. "하나씩 도착한다. 실 감는 실패와 섬유 뭉치를 감은 막대기를 가지고, 반짇고리를 두 손에 들고, 그 위에 앞치마를 덮고, 서둘러 들어와서 자리에 앉는다."[63]

이런 모임은 여성들만의 일과 사교의 장이었다. 낮에는 이런 모임이 제한되었다. 여성들은 시장과 우물에서, 혹은 출산이나 상갓집의 밤샘 같은 공동의 경조사 때나 모일 수 있었다. 실잣기 모임에서는 오랫동안 아주 많은 대화가 오갔다. 활기찬 조롱과 농담과 노래 속에서 여성들은 소식을 전하고 들었다. 니콜러스 브레턴은 "겨울밤은 수다 떨기 좋아하는 사람들을 위한 것"이라고 생각했다. 그 시대의 또다른 사람에 따르면, "사람들은 아기에 대해, 사촌에 대해, 이웃에 대해, 삼베에 대해, 물레질에 대해 친근하게 이야기했다. 거위와 오리와 닭과 달걀에 대해 이야기했다. 치즈와 버터 만드는 일에 대해 이야기했고, 어쩌면 사악한 이웃이 우유를 상하게 했다거나 소젖을 말려버렸다는 이야기도 나눴을 것이다." 잡담은 사람과 사건에 대한 지역 사람들의 인식을 형성했다. 평범한 여성들은 말을 통해 남성들의 제도화된 권력과는 무관한 광범위한 영향력을 공동체 안에서 행사했다. 이탈리아에는 "말은 여성, 행동은 남성"이라는 속담이 있었다.[64]

가끔씩 여성들은 같이 일하는 여성들로부터 감정적인 도움을 받았는데, 동료 여성들의 공감은 가부장적인 가정의 부족한 부분을 기꺼이 메워주었다. 이런 말이 있다. "오랫동안 가슴을 짓누르던 수많은 바윗덩이는 많은 여자들의 경험과 해석과 설명과 전문적 지식의 도움으로 사라질 수 있다." 유디트나 에스더 같은 성서의 여주인공에 대한 이야기처럼 교훈적인 이야기도 있었고, 가정의 평화를 이루는 마법의 부적 같은 더 세속적인 정보도 있었다. 15세기로 거슬러올라가는 『물렛대 복음서』(Les Évangiles des Quenouilles)에는 폭력적인 남편의 성질을 부드럽게 만드는 주문 같은 정보도 들어 있었다. 복수심을 가진 아내는 그 책에 들어 있는 다른 방법을 택할 수도 있었다. "여자가 한밤중에 일어나 수탉이 세번째로 울기 전에 소변을 보고 가랑이를 벌려 남편 위에 올라타면, 남편의 사지가 뻣뻣하게 마비된다. 아내가 똑같은 장소를 거쳐 자기 자리로 돌아가야만 남편의 마비가 풀린다." 그에 더해 아낙네들은 악령을 막고 임신을 촉진하는 방법도 배웠다. 밤에 잠자리를 하면 딸을 얻을 것이고, 아침에 하면 아들을 얻으리라는 것이다.[65]

이러한 반란의 온상은 남자들의 심기를 불편하게 했다. 16세기에 이탈리아의 한 도덕가는 여성들이 "저녁 내내 음란한 이야기를 한다"고 비난했으며, 독일의 한 작가는 "충실한 동반자가 집밖으로 나갔을 때 남자들이 느끼는 질투"에 주목했다. 더 나쁜 것은 실잣기 모임이 그 성격상 마녀의 사바스에 대한 두려움을 유발했다는 사실이다. 어떤 마을에서는 이런 '말썽 많은' 모임을 금지하려 했지만 허사였다. 여전히 남성 침입자들은 욕을 먹거나 공격 당할 위험을 무릅써야 했다. 1759년 '실잣기 모임'을 찾아갔던 자작농 콘라트 휘겔은 여자들에게 실 감는 막대기로 심하게 얻어맞았다. 3주 동안 그는 빈사상태에 빠져 있었다. 휘겔이 점잖지 못하게 수작을 걸었기 때문에 그 처벌은 "정당한 권리"였다고 주장하며 아낙네들은 후에 "그를 더 혼내줬어야 했다"고 말했다.[66]

밤이 낮을 구해주었다. 일 모임은 동네 여자들이 모이는 광장 같은 역할을 하여, 낮의 일에서 받는 스트레스를 발산해주는 분출구였다. 새소식과 험담은 공개적으로 길거리에 퍼지기 전에 고려되고 논의되었다. 밤샘 모임 류의 모임은 사회 상류층의 견해나 취향과는 상관없이 공동체의 의식을 크게 반영했을 뿐 아니라 그것을 형성하고 정제했다. 더 넓게 본다면 이러한 행사는 오래된 전통에 활력적인 통로가 되어주고, 산업화 이전 사회의 구전 유산을 보존하고 보호했다. 스코틀랜드 고지대의 한 목사는 "밤의 즐거움은 난롯가에서 옛이야기를 하는 것"이라고 말했다. 겨울의 모임이 밤일의 고단함을 잊게 해주고 이웃들끼리 과거의 영광과 현재의 궁핍을 함께 나눌 수 있도록 해준 것은 확실하다. 한 아일랜드 방문객은 "노동은 더이상 고된 일이 아니었다"고 기록했다. 낮게 타오르는 불 옆에 앉은 행복한 청취자는 이야기꾼의 마법으로 멀리 떨어진 시간과 장소로 날아갔다. 농부들은 침침하고 허름한 오두막에서 소중한 몇 시간 동안 부유해지고 영주와 귀부인이 되었다. 한 동시대인은 그런 평범한 모임에 대해 이렇게 말했다. "밤샘 모임에서 들었던 민중의 이야기는 목사의 설교보다 더 큰 인상을 남겼다."[67]

7장

모두에게 베푸는 밤: 사교, 성, 고독

I

밤은 숨쉬는 모든 것에 베푼다.
가장 큰 행복이 땅 위에 퍼지는 것은 밤이 지배할 때이다.

_루이 세바스티엥 메르시에, 1788[1]

물론 노동 계급이라고 해서 매일 밤 일만 한 것은 아니었다. 부유한 사람뿐 아니라 보통 사람들도 자기가 하고 싶은 일을 하는 한가한 시간이 있었다. 16세기의 노래는 "밤에 하루 일과가 끝나고 즐겁고 유쾌한 밤을 보내는 것"이 노동자의 낙이라고 했다. 특히 남자들은 밤 시간의 대부분을 오락과 여흥으로 보냈다. 네덜란드의 한 작가는 "신이 고된 일로부터 안식처를 만드셨다"고 말했다.[2]

'여가'라는 현대적 개념은 산업화 이전 시대에는 아직 발전하지 않았고, '편안함', '즐거움', '놀이'와 같은 전통적인 관념이 모든 사회 계급에 공통적이었다. 서퍽의 농부 윌리엄 코는 '놀이'를 하며 보낸 밤에 대해 일기에 자주 기록했다. 1694년 1월에만 나흘 밤을 "자정까지 놀았다"고 적었다. 낮에 도시나 농촌에서 노동자들은 식사 시간과 휴식 시간에 쉬긴 하지만 잠시뿐이었고, 특히 주인이나 고용주가 부를 경우에는 더욱 그러했다. 그에 비해 일요일과 공휴일, 그리고 밤시간은 개인적 즐거움을 누릴 여유 시간이 길었다. 17세기 런던의 그로서스 극단(Grocer's Company)에서 올린 가면극에는 다음과 같이 즐거운 대사가 들어 있다. "우리는 낮에 내내 일하지만 밤에는 즐긴다./ 담배 피우고 농담하며 즐거운 놀이를 한다."[3]

물론 어떤 노동자들은, 특히 밭일이 아주 고된 여름철 농촌의 농민들은, 집에 돌아오면 저녁식사도 간신히 할 정도로 피로에 지쳐 쓰러졌다. 존 오브리는 남부 윌트셔의 노동자들이 "고된 일로 피곤해서 책을 읽고 종교에 대해 명상할 여유도 없이 침대로 들어가 쉰다"고 불평했다. 1777년 오트루아르의 한 의사는 농부들이 "근심과 고통에 시달리다가 저녁에 집으로 돌아간다"고 묘사했다.[4] 그렇지만 여전히 많은 사람들에게 밤시간은 일과 일 사이에 잠자는 막간이 아니었다. 수많은 위험이 있었지만, 사람들에게 소중했던 시간은 아침도 오후도 아닌 밤이었다.

중산 계급 가족들은 카드놀이, 주사위놀이 같은 노름을 즐겼다. 서식스에서 토머스 터너와 그의 아내는 휘스트(whist, 브리지의 전신), 브랙(brag, 포커의 전신), 크리비지(cribbage) 놀이를 즐겼던 반면, 우드퍼드 목사는 백개먼(backgammon, 서양식 윷놀이)을 즐겨 했다. 쿼드릴(quadrille) 놀이로 4실링을 딴 그는 "우리는 오늘밤 아주 즐겁게 늦게까지 놀았다"고 썼다. 술도 마셨다. 터너는 친구들과 하룻밤을 논 뒤 "술에 취하지 않고 잠든 사람은 하나도 없었다"고 말했다. "우리는

(통속적인 표현을 빌리자면) 말처럼 마셨고 심하게 취할 때까지 노래를 불렀다. 그러다가 춤을 추면서 가발과 모자를 벗어던졌다. 이렇게 광란은 계속되었다. 기독교도를 자처하는 사람이라기보다는 미친 사람처럼 놀았다." 지역 관리들이 이런 행동을 특히 엄하게 감시했던 초기 뉴잉글랜드의 법정 기록은 "적절하지 않은 밤시간"에 술판을 벌여 고발당한 사건으로 가득차 있다.[5]

네덜란드의 선생 다비트 베크의 세세한 일기를 통해 17세기 초 헤이그 중산 계급의 사교 생활을 엿볼 수 있다. 그의 관찰로 판단하건대, 도시의 가족과 친구 들은 달밤에 서로 자주 만났다. 최근에 아내를 잃은 베크는 유별나게 많이 걸어다녔지만, 결혼한 그의 친구들 사이에서는 특별한 일이 아니었다. 밤에 그가 만나는 사람들은 아주 다양했다. 그는 동생 헨드릭, 삼촌, 어머니와 장모는 물론 많은 친구들과 어울렸다. 그중에는 1월 어느 저녁에 "시간을 죽이기 위한 잔치"에 그를 초대한 칼 제작자도 있었다. 밤거리에는 칼부림이나 화재 사고와 같은 위험이 있었지만, 밤은 늦은 저녁식사와 재미있는 이야기와 음악과 "수천 가지 주제"에 대한 난롯가 대화로 가득차 있었다. 와인과 맥주가 얼마든지 흘러넘쳤다. 베크는 동생네서 보낸 어느 11월 밤에 "이야기를 하고 몸을 녹이며 수없이 건배를 외쳤다"고 기록했다. 며칠 뒤 그는 그의 양복을 만드는 재단사의 집에서 열린 작은 모임에 찾아가 "노래하고 춤추고 류트를 연주하며, 제멋대로 노는 헤이그의 아이들처럼 날뛰었다." 새벽 2시가 되어서야 그들은 "만취해서" 떠났다.[6]

왕정복고 시대 런던에 살았던 새뮤얼 피프스의 사교 생활이 여러 면에서 그와 흡사했다. 피프스의 친구들은 더 점잖았고 취향에 있어

베크보다 더 국제적이었다. 그 외에 그들의 오락거리는 비슷했다. 해군성에서 늦게까지 일하거나 밀회 약속이 있는 날을 빼면 피프스는 집이나 집밖에서 카드놀이, 음주, 식사, 음악 등으로 밤시간을 보냈다. 그는 1662년 1월 "저녁을 먹은 뒤 자정까지 카드놀이를 하며 앉아 있다가, 달빛에 의지해 집에 가서 잤다"고 기록했다. 또 어느 날 밤에는 해군총장 윌리엄 펜 경과 그의 정원에 있었다. 그들은 모두 밤공기에 신경을 쓰지 않았다. "달빛이 환했기 때문에, 우리는 적포도주 몇 통을 마시고 소금에 절인 생선 알과 빵을 먹으며 자정까지 이야기하고 노래했다. 그래서 아주 취해 늦게 잠들었다."[7]

산업화 이전 시대의 사람들은 술집에도 많이 몰려갔다. 크고 작은 마을에서 술집은 남자들의 사교 행위의 중요한 거점이었다. 손님들은 농담을 하고 카드놀이를 하고 소식을 주고받기 위해 저녁에 술집에 들렀으며, 대다수는 일과 가족과 일상적인 근심을 피할 따뜻한 도피처를 찾아서 왔다. 피곤한 여행자가 묵으며 음식과 술을 제공받는 여관과 달리, 술집은 집보다 더 좋은 물질적 안락을 누릴 수 있는 만남의 장소였다. 유럽 대륙에는 프랑스의 카바레(cabaret), 독일의 비르트하우스(Wirthaus), 에스파냐의 벤타(venta) 같은 술집이 있었다. 술집에는 조촐하게나마 의자와 식탁, 커다란 벽난로가 갖춰져 있었다. 사생활을 보장하기 위한 나무 칸막이도 있었다. 영국에서는 종교개혁 이후 몇십 년 동안 스포츠 경기나 종교 축제 같은 전통적인 대중 여흥이 줄어들면서 술집의 인기가 높아졌다. 토머스 플라터는 "내 평생 본 것보다 더 많은 술집이 런던에 있다"고 놀라워했다. 1628년 리처드 롤리지(Richard Rawlidge)는 16세기 말을 이렇게 회고했다.

> 오래된 친숙한 모임과 경기가 모두 금지되면 무슨 일이 뒤따랐을까? 당연히 술집에 가는 것이다. 가서 사람들과 만나 밖에서 즐겁게 보내거나, 아니면 술집에서 은밀히 취하거나 …… 목사들은 방종과 젊은 남녀가 함께 춤추는 것을 꾸짖었다. 그러나 이제 목사들이 술집에서 은밀하게 이루어지는 음주와 매춘을 꾸짖을 이유가 더 많아졌다.[8]

대체적으로 여관과 여인숙에는 부유한 고객들이 모인 반면, 술집에는 좀 더 낮은 계층이 모였다. 상인, 자작농과 돈 많은 장인(匠人)들도 술집을 드나들었지만, 주요 고객은 농부, 도제, 하인 같은 노동 계급이었다. 미혼과 기혼, 젊은이와 노인 모두가 고객이었다. 런던과 파리와 아우크스부르크의 술집에 대한 상세한 연구에 따르면, 저녁에 손님이 가장 많았다. 또한 낮에 일하는 동안 짬짬이 술집에 머무는 시간은 짧았지만, 밤에는 몇 시간씩 머물렀다. 1660년대 초에 런던을 방문했던 한 프랑스인은 "재단사나 제화공은 일이 그렇게 급하지 않으면 저녁에 일터를 나와 술을 마시러 가고, 때로는 늦게 집에 간다"고 기록했다. 『런던 크로니클』에는 "저녁마다 술집에서 서너 시간을 퍼마시는 어리석은 즐거움"을 비난하는 기사가 실렸다. 유럽 대륙의 많은 사람들이 에일이나 맥주나 와인을 마시며 즉각적인 즐거움을 얻었다. 17세기의 폴란드 시인은 이렇게 노래했다. "우리 주인은 큰 걱정거리다./ 우리를 거의 양처럼 벗겨 먹는다./ 한 잔의 맥주에/ 나쁜 일들을 흘려버리지 않으면,/ 마음 편히 앉아 있을 수가 없으니." 농부들에게는 술의 영양가도 중요했다. 한 작가는 "술이 없다면 미미한 영양분만을 얻거나 나쁜 음식밖에 섭취하지 못하는 농부들은 생존하

얀 스테인, 〈하트 에이스〉, 17세기

기 힘들 것"이라고 주장했다. 물이나 우유보다 더 안전한 마실거리였던 맥주와 에일은 온기의 원천이 되기도 했다. '물의 시인' 존 테일러(John Tayor)는 술을 "벌거벗은 사람의 가장 따뜻한 옷"이라고 했다.[9]

'성격 좋은' 사람들과 어깨를 비벼대고 맥주를 같이 마시며 동료들끼리 좋은 우정을 나눌 수 있는 기회가 있다는 것도 사람들의 마음을 끌었다. 대니얼 디포는 "좋은 술친구가 그들의 기쁨이었다. 그들은 낮에 번 돈을 밤에 썼다"고 기록했다. 매사추세츠 식민지에서 존 애덤스는 술집이 많은 이유를 "일에 지치고 친구를 찾는 가난한 농촌 사람들" 때문이라고 생각했다. 번잡한 술집에서 서로의 건강을 위해 건배하고, 도미노나 카드놀이를 하고, 담뱃대를 돌려 피우다보면 남자들 사이에서 동료 의식이 커졌다. 〈내 돈값을 하는 좋은 에일〉이라는 노래는 이렇게 말했다. "좋은 석탄불은 그들의 즐거움,/ 그 곁에 앉아 지껄이네./ 그들은 에일을 마시고 이야기를 하다가,/ 아침 일찍 집에 간다네." 부부싸움의 애환도 공통적인 주제였다. 어떤 사람은 "결혼에 대한 욕설"이 오고갔다고 말했다. 혀가 풀리기 시작하면 주인과 성직자와 지주가 안줏거리가 되었다. 한 동시대인은 "사람들은 술을 마시며 흥청대면서 호언장담과 저주를 동시에 퍼부었다."고 했다. 남성의 지위와 자존심에 꼭 필요했던 강인함과 힘의 과시도 있었다. 그리하여 프랑스의 한 도제는 '첫 한 방'(Frappe-d'abord)이라는 별명을 얻었다. 영국에는 "권투라는 고상한 예술"에 탐닉한 단골손님들에 대한 기록도 있다. "그들이 주먹을 쥐고 방어 자세를 취하면서 솜씨를 과시하면, 여기저기서 '네놈 따위 해치워주지' 하는 소리가 들렸다."[10]

술집에서는 성적(性的) 만남도 이루어졌다. 몇 안 되는 여성 고객은 하녀와 매춘부 들이었다. 한 작가는 술집을 '작은 소돔'이라고 불렀다. 매사추세츠 지역에서도 술집은 이와 비슷한 명성을 누렸다. 1761년 애덤스는 "여기에서 질병, 못된 버릇, 사생아, 입법자들이 자주 생겨난다"고 불만을 토로했다. 얀 스테인(Jan Steen), 아드리안 판 오스타더(Adriaen van Ostade) 등 북유럽의 화가들이 묘사했듯, 이 붐비고 침침한 곳에서 남자와 여자는 술을 마시고 구애하고 수작을 걸었다. 1628년 한 영국의 비판자는 성적 희롱질을 막기 위해 칸막이를 없애야 한다고 주장했다. 또한 남녀가 근처의 헛간이나 변소에서 섹스를 했음을 폭로하는 재판 기록도 있다. 날씨가 좋으면 근방의 어두운 들판도 이들에게 좋은 장소였고, 인근 교회 묘지도 섹스 장소로 이용되었다. 예컨대 체스터의 세라 배드렛은 '커크 과부 주막'에서 나와 곧 바로 성 요한 교회의 마당에서 "매춘을 하다가 잡혔다"고 한다. 존 윌킨슨과 엘렌 레이스웨이트라는 한 쌍이 1694년 위건의 술집에서 벌인 애정 행각은 덜 신중했다. "여자는 남자의 물건을 주무르고 남자의 손은 여자의 치마 트인 곳을 드나들며" 서너 시간 서로 껴안고 있다가 존이 엘렌을 벽에 붙이고 "육욕을 채웠다." 보통 그런 만남은 일시적인 것으로서 결혼은커녕 구애의 가능성도 별로 없었다. 결국 술집은 가정생활의 대체물이었다. 젊은 여자들에게 거짓 약속을 속삭이는 것으로 유명한 남성 구애자가 적지 않았다. 17세기 말에는 이런 노래가 있었다.

> 때로 나는 베티와 술집에 가네.
> 나는 참된 연인처럼 다정하게 굴지.
> 나는 키스하고 포옹하고 희롱하며,
> 결혼을 약속하지만, 그것이 언제일지는 모르네.[11]

II

밤이 주는 기회와 와인의 효과와 여인의 유혹만큼
젊은 남자의 삶에 매력적이고 전염성이 큰 것은 없다.

_바킬리데스, 기원전 5세기[12]

성행위는 엄격하게 통제되었지만, 밤은 모든 낭만적 관계를 위한 풍요로운 시간이었다. 교회와 국가 모두, 간음은 물론 혼전성교까지 결혼생활 외의 관계를 금지했다. 중세 말기에 느슨하게 실행되었던 법이 종교개혁 이후 가톨릭과 개신교 모두에게 큰 관심의 대상이 되었다. 기독교의 가르침에 따르면, 애무와 키스까지 포함하여 공공장소에서의 애정 표현은 죄악으로 간주되었다. 제노바 사람 안살도 체바는 다음과 같이 경고했다. "공화국의 행복을 위해 필요한 정절을 시민들이 지키는 데 육감적 사랑보다 더 방해가 되는 감정은 없다."[13]

성적인 태도의 지역적 차이는 항상 존재했다. 때로 그것은 도시와 농촌 간의 차이였다. 계급도 문제가 되었다. 유럽 여러 곳의 부유한 가정에서는 연애중인 젊은 여인을 아주 엄격하게 통제했다. 매사추세츠 식민지의 한 거주자는 "이곳에서도 계급과 지체가 높은 사람들은 딸을 한 번도 본 적 없는 남자에게 결혼시키려고 한다"고 말했다. 지중해 문화권에서는 더 보수적인 태도를 취했던 반면, 북유럽과 중앙 유럽에서는 성관계에 대해 더 관용적인 경향을 보였다. 그러나 그 차이는 정도의 차이일 뿐 본질적으로는 별로 다르지 않았다. 어디에서도 결혼하지 않은 사람들은 공개적으로 애정에 탐닉할 수 없었다. 다만 남녀 한 쌍이 공개적으로 감정을 밝히고 공식적인 연애 단계에 접어들었을 때만 정규적인 만남이 허용되었다. 섹스는 곧 결혼할 사람들을 제외하고는 금지되었다. 예컨대 데번셔의 애그니스 베넷은 약혼자 조지 피어스와 하룻밤을 같이 잤다고 놀림을 받자, "결혼할 뜻이 확실하다면 사랑하는 사람들 사이에서 그런 일은 아무것도 아니다" 하고 대답했다.[14]

이러한 규약을 무시하는 것은 특히 여성들에게 위험해서, 그들은 가혹한 처벌을 받았다. 낮에는 일과 사회의 감시 때문에 하층 계급과 중간 계급의 경우 성적 일탈의 기회가 적었다. "빛과 탐욕은 불구대천의 원수"라고 셰익스피어는 고찰했다. 시골에서도 술집을 제외하면 안전한 은신처가 거의 없었다. 투르 외곽의 숲에서 자크 루이 메네트라와 그의 친구는 "어린 목동과 젊은 여자 목동이 그 짓을 하는 걸 보았다." 놀란 소년은 연인을 남겨두고 알몸으로 도망쳤고, 메네트라는 그 여자를 강간했다. "나는 반쯤은 자발적으로, 반쯤은 폭력으로 즐겼다." 또다른 날에 메네트라는 벨빌 근처의 산기슭에서 "보는 사람이 없는" 줄 알고 유부녀와 관계를 갖다가 공격받았다. 그는 훗날 "그 일로 교훈을 얻었다"고 인정했다.[15]

그와는 딴판으로, 연인들은 밤을 반기는 것처럼 보였다. 시인 토머스 욜든(Thomas Yalden)은 "빛은 쾌락을 부정하며, 그늘은 언제나 쾌락을 낳는다"고 읊었다. 밤은 "낮이 허용하지 않는 '바로 그' 여유를 사랑에" 부여할 뿐 아니라, 어둠은 연인들에게 천연적인 도피처가 되었다. 『탐욕의 왕국』(Lusts Dominion, 1657)을 쓴 익명의 저자는 "밤이 질투하는 모든 눈을 가려준다"고 표현했다. 들, 교회의 묘지, 지하실, 마구간 등이 성적 욕망을 분출하는 장소가 되었다. 1682년 매사추세츠에서 토머스 웨이트와 세라 고윙은 버려진 양조장을 이용했다. 도시에서는 공원과 산책로에 연인들이 모여들었다. 오를레앙의 펠멜 길가에 있는 남녀에 대해 피터 헤일린(Peter Heylyn)은 이렇게 썼다. "따뜻하건 건조하건 밤이면 언제나 그곳에서 쌍을 이루고 있는 그들을 만날 수 있을 것이다." 불이 밝지 않은 길거리도 좋았다. 18세기에 로마의 한 방문객은 이렇게 적었다. "이 어둠 속에서 길거리에서 벌어지는 애욕의 밀회는 천한 사람들에게 흔한 일이었다." 사실 로마에서 모든 계급의 연인들은 랜턴을 든 행인이 다가오면 자신들의 프라이버시를 지키기 위해 "불을 돌려요"(Volti la luce)라고 외치는 것이 다반사였다.[16]

무엇보다도 어둠은 사랑의 말이 더 자유롭게 흘러나올 수 있는 친밀한 분위기를 만들었다. 촛불이나 등불의 희미한 불빛으로 남녀는 육체적으로나 감정적으로나 더 친밀해졌다. 이탈리아의 한 작가는 "어둠이 모든 것을 말하기 쉽게 만들어줬다"고 표현했다. 밤에는 시력이 어두워지고, 감정을 일으키는 데 더 위력적인 청각, 촉각, 후각이 더 중요해졌다. 로미오는 줄리엣에게 "밤에 연인의 목소리는 얼마나 옥구슬 같은가"라고 말한다. 마찬가지로, 남녀가 함께 있는 곳에서 촛불이나 등불을 끄는 것은 성욕으로 충만한 행동을 뜻했다. 매사추세츠의 한 술집에서 헤스터 잭슨이 촛불을 끄자 또다른 여인이 외쳤다. "저 여자는 용감한 갈보, 아니면 용감한 주부야." 헤스터는 유부녀였지만, 뱃사람의 손을 잡고 재빨리 밖으로 나갔다.[17]

전통적인 도덕에 상관없이 간통은 흔했다. 영국에서 '어두운 놈'(Dark Cully)이란 "발각될까 두려워 밤에만" 정부(情婦)와 만나는 유부남을 가리켰다. 한 작가는 욥기의 한 구절을 풀이하여 "간음하는 사람은 어둠을 기다린다"고 경고했다. 이 시대의 일기를 보면 결혼 서약을 어긴 부부가 적지 않았다. 결혼하여 두 아이를 둔 바젤의 바트 할러는 젊은 여자를 사귀었다. 그들은 "밤에 이웃에 피해를 주지 않기 위해" 그 여자의 집에서 카탈루냐산 양탄자 위에서 춤을 췄다. 밤에 벌어지는 부정행위는 초서의 희극적 이야기에서부터 디포와 필딩(Henry Fielding)의 맹렬한 서사물에 이르기까지 문학적 해학의 지속적인 원천이었다. 사람을 혼동하고 침대에 잘못 들어가 벌어지는 밤의 간통이 소설과 희곡과 시를 채우고 있다. 당연히 어떤 실수는 고의적이었다. 1620년 「어둠 속의 실수」(Mistaking in the Darke)의 작가는 이렇게 썼다. "오늘날에는 밤에 다양한 사람이 있어,/ 어둠 속에서 의도적으로 길을 잃어,/ 정숙한 아내의 침대로 가야 할 시간에,/ 아내 대신 하녀의 침대로 올라간다네." 보카치오(Boccaccio), 사케티(Sacchetti) 등 이탈리아 작가들의 이야기에는 밤의 밀회가 아주 많이 등장한다. 인기 높은 주인공인 부정한 아내는 어리숙한 남편이 없을 때 연인을 집으로 불러들인다. 총명한 아내가 대처하는 전형적인 방식으로는 하인을 매수하고 침실의 문을 걸어 잠그는 것 등이 있다. 그리고 캐묻기 좋아하는 이웃의 눈을 피해 꼭 어두울 때 연인을 불러들인다.[18]

새뮤얼 피프스는 간통을 무수히 저질렀다. 왜냐하면 그는 눈치를 보이는 유부녀나 과부에게 수작을 걸 기회를 놓치는 법이 없었기 때문이다. 손쉬운 상대로는 뎁 윌렛 같은 하녀가 있었다. 그녀는 잠자리에서 그의 머리를 빗겨주며 이를 잡아주었다. 1668년 8월 그는 몇 가지 언어를 섞어 이렇게 적었다. "오늘밤 나는 침대에 누워 뎁에게 내 물건을 손으로 만지게 했다. 아주 즐거웠다." 왕정복고 시대의 비교적 느슨한 기준에 비추어 보아도 피프스의 모험 중에는 충동적이고 무분별한 것이 많았다. 그가 일기를 썼던 1660~1669년 사이에 그는 50명 이상의 여인과 성적인 접촉을 했고, 그중 몇 명은 여러 번 만났으며, 섹스를 한 여자는 10명이 넘었다. 런던의 여러 지역을 다녀야 하는 공직자로서 그는 특히 은밀한 장소를 많이 알고 있었다. 피프스는 전세 마차의 창에 커튼을 치고 그 안에서 밀회를 즐기기도 했다. 그래도 피프스가 가장 열정적인 밀회를 가졌던 것은 밤의 어둠이 가려줄 때였다. 선장(船匠)의 아내인 '배그웰 부인'을 언제나 밤에 방문했는데, 어두울수록 더 좋았다. 6월의 어느 밤에는 이런 일도 있었다. "어두웠기 때문에 배그웰의 집에 가기로 약속했다. 거기에서 약간 장난질을 하고 입을 맞추다가 어둠 속에서 그 여자의 침대에 올라가 그 일을 해치웠다." 한번은 "어두워질 때까지 들판을 오르락내리락하며" 시간을 보냈다. 또다른 밀회 장소인 피시 스트리트 힐의 올드 스완 여인숙에서는 그리 큰 성공을 거두지 못했다. 피프스는 사랑하는 베티 미첼이 그 문 앞에 앉아 있는 것을 보았다. "어두워졌고, 나는 그녀와 이야기를 잠깐 나눴지만 오아시스는 얻지 못했다."[19]

나이든 사람들에게 자신들의 도덕적 일탈보다 더 곤혹스러웠던 것은 젊은이들의 성행위였다. 어두워진 뒤 벌어지는 청소년의 행동은 널리 걱정을 불러일으켰고, 한밤에 애정의 도피를 하거나 비밀 결혼을 하는 것보다 육욕의 탐닉이 더 큰 걱정거리였다. 다른 어떤 연령대도 이들보다 더 육감적 열정에 민감하지 않았다. 일상적인 작업을 마치면 독신의 젊은이들은 축제 같은 행사장에서 교제했다. 밤에 어른의 감시는 불규칙했다. 1583년 오월제 전야에 꽃을 모으는 전통적인 모임에 대해 청교도 필립 스텁스는 다음과 같이 불평했다. "나는 신중하고 명망 높은 사람들에게서 믿을 만한 이야기를 들었다. 40명, 60명, 또는 100명의 소녀들이 밤에 숲으로 가서 욕을 보지 않고 집으로 돌아가는 숫자는 3분의 1도 되지 않는다고 한다." 장날이나 축제에 더해 결혼식 피로연은 밤늦게까지 노래와 춤이 이어져 젊은이를 유혹했다. 16세기의 성직자 마일스 커버데일은 "아침에 비해 저녁은 얼마나 파렴치하고 술에 취해 있는가? 악과 무절제와 몰상식만 더 판칠 뿐"이라고 비난했다. 네덜란드를 지나가던 한 방문객은 "부모와 다른 어른들이 모두 잠든 뒤 밤새 춤추는" 남녀들을 많이 봤다.[20] 음식과 술과 좋은 기분으로 죽은 사람들을 (그리고 산 사람들도) 위로하기 위해 중세 전성기에 도입된 장례식의 밤샘도 그에 못지않게 무질서했다. 이 의식은 근세 초에 널리 퍼져 있었지만, 특히 아일랜드와 스코틀랜드에서는 술판과 춤과 '가상 결혼식'으로 악명 높았다. 1618년 아일랜드 아마 시의 가톨릭 평의회는 "즐거운 축일에도 불법적인 부적절한 노래와 몸짓"이 빈번한 것을 비난하면서 "어두운 일은 어둠과 연결되어 있다"고 선언했다.[21]

유럽 여러 지역에서 실잣기 모임은 긴 겨울에 함께 즐기고 구애를 하기 위한 더 일반적인 자리였다. 집이나 헛간에서 젊은 남자는 여성 동료들과 함께 일을 하고 이야기를 듣고, 결혼 상대로 적합한 여성을 찾기도 했다. 1677년 건지의 한 방문객은 그곳의 미혼녀에 대해 이렇게 기록했다. "이런 밤샘 모임에서 그녀들에게는 또다른 목적이 있었는데, 그것은 결혼할 생각이 전혀 없는 멋진 남자들을 만나거나 끌어들이는 것이었고, 이런 모임에서 결혼이 많이 성사되었다." 프랑스에서는 여성들만 모이는 모임도 때로 젊은 남자들의 참석을 허용했다. 16세기에 에티엔 타부로는 "이런 여자들의 모임에서 젊은 풋내기와 연인 들을 많이 볼 수 있었다"고 말했다. 시간이 지남에 따라 뜨개질이나 물레질은 '까막잡기' 같은 놀이나 "음란한 '이중 의미'"로 가득한 이야기에 자리를 내주었다. 노래도 많이 불렀지만, 가축이 놀랄 정도로 크게 부르지는 않았다. 어른들이 민망할 정도로 어떤 노래는 대놓고 음란했다. 한 소녀가 물렛가락을 떨어뜨리고 어떤 구혼자가 그것을 줍는지 알아보는 의식이 자주 열렸다. 더 심각한 일로는 소년들이 갑자기 불을 끄는 것이 있었다. 17세기 말 프랑스의 한 성직자는 "그들의 목적은 어둠 속에서 해치우는 것"이라고 주장했다. 당국도 이러한 '바느질' 모임에 대해 우려를 표명했다.[22]

그러나 대다수의 실잣기 모임은 어느 정도 부모의 감시를 받았다. 반대로 헛간이나 마구간에서 벌어지는 젊은이들의 스스럼없는 춤판은 그런 감시에서도 벗어났다. 17세기의 한 노래는 이렇게 외쳤다. "와서 퍼마시며 밤을 보내자. 결혼한 사람들은 잠이나 자게 하자." 에스파냐의 쿠엥카 시에서는 사당에서 연인들이 밤새 춤추며 마음껏 즐겼다. 매사추세츠의 케임브리지에서는 대부분이 하인인 스무 명의 흑인과 백인 젊은이들이 4개월 동안 밤마다 모여 춤을 추고 사과 주스와 럼주를 마시며 희롱질을 했다. (그 당시 한 인물이 진술한 바에 따르면, 낮에는 "젊은이들이 퀘이커 교도처럼 여자들 곁을 지나가면서도 모른 척해야 했다.") 종교 당국과 행정 당국은 젊은이들의 은밀한 춤판이 불법이라고 비판했다. 1627년 베른의 한 칙령이 "저녁과 밤에 이루어지는 점잖지 못한 노래와 춤"을 비난했던 것처럼, 한 영국 작가는 "서로 붙잡고 비벼대고 입맞추고 빨아대고 지저분하게 더듬

한스 제발트 베함, 〈실잣기 모임〉, 1524
농부들의 실잣기 모임에 대한 도시인의 삽화. 어른과 아이가 무절제하게 흥청거리는 모습을 보여준다.

고 불결한 손놀림을 하지 않는 춤판이 있는가?"라고 물었다. 가지각색의 어두운 그늘이 짓궂은 짓을 할 기회를 한층 더 늘렸다. 17세기의 속담은 "어둠 속에서는 결코 춤추지 말라"고 주의시켰다. 때로 마을의 지도층에서 청소년 모임을 낮시간으로 제한하려 한 것은 그리 놀랍지 않다. 그들은 "소년과 소녀 들은 적당한 시간에 주인과 안주인이 있는 집으로 돌아가야 한다"고 생각한 독일의 목사와 같은 생각이었을 것이다. 17세기 초에 스위스 마을 빌에서는 소녀들이 구혼자들의 방문을 한 해에 다섯 번만, 그것도 밤이 오기 전에만 받을 수 있도록 제한하려 했다.[23]

젊은 연인들이 어둠을 무서워하지 않고 기꺼이 밖에 나갔다는 사실이 놀라울지도 모르겠다. 엘리자베스 드링커는 아들 때문에 애가 탔다. "젊은이들이 먼 곳까지 연애를 하러 가면 일찍 와야 할 텐데. 그래야 밤에 2마일을 혼자 걸어오지 않지. 불량한 사람을 만날 위험도 있고, 감기 걸리기 쉬운 철인데. 그걸 심각하게 생각해야 하는데." 그러나 별로 그렇지 못했다. 어두운 밤도 젊은이들을 막지 못했다. 18세기 노래 〈애버딘 갈런드의 떠돌이 소녀들〉(The Roving Maids of Aberdeen's Garland)에 따르면 소녀들은 구애자들에게 나갈 수 있다는 표시로 하얀 앞치마를 입었다. "소녀들이 환하면 밤에 밖으로 나가지"라는 시구도 있다. 글로스터셔의 더슬리 마을에서는 남자들이 "셔츠의 끄트머리를 밖으로 내놓았다." 그것을 '더슬리 랜턴'이라고 불렀는데, 그것이 여자친구에게 길을 안내해줬다고 한다.[24]

젊은 남성은 어두운 밤에 자기가 강하다는 것을 증명할 기회를 즐겼을 것이다. 존 돕슨(John Dobson)의 시는 로빈이라는 시골 청년의 용기를 찬양했다. "개도 어둠도 총도 유령도 놀라게 할 수 없었다,/ 로빈이 수(Sue)를 즐겁게 해주기 위해서라면." 사교 모임이 끝나고 밤이 깊어지면 친밀해질 기회가 더 커졌다. "자신이 선택한 연인을 어둠 속에서 집까지" 호위해줄 기회가 생겼기 때문이다. 예컨대 17세기의 자작농 레너드 휘트크로프트는 몇 마일 떨어진 자기 집으로 돌아가는 더비셔의 연인을 열심히 배웅했다. "밤에 함께 집으로 돌아가는 길에 우리들 사이에는 아무런 사랑의 속삭임도 없었지만, 사랑이 부족한 것은 전혀 아니었다." 『소박한 사람의 삶』(The Life of a Simple Man, 1904)에서 노동자 티넌은 연인 테레즈와 함께 밤샘 모임에 참석한 뒤 차가운 빗속에 집으로 걸어가며 그녀에게 따뜻하게 키스하고, 가는 내내 용맹을 과시한다. "그 비바람이 치던 추운 겨울밤에 내 가슴은 푸른 하늘로 가득차 있었다"고 그는 회상한다.[25] 이런 것이 프랑스 농촌에서 음산한 밤에 젊은이들이 가졌던 맹목적 사랑의 힘이었다.

III

침대는 청혼을 하기에 훨씬 좋은 장소다.

_바디스 로쿠드, 19세기 초[26]

산업화 이전 사회에서 젊은이들 사이에 생겨난 '번들링'(bundling)이라는 관습은, 이러한 열정과 그 열정을 통제하고자 하는 어른들의 마음에서 나온 것이었다. 개괄적으로 말하자면, 번들링은 연인들이 여자 부모의 집에서 섹스는 하지 않고 밤을 새우는 관습이었다. 번들링은 구혼의 중간 단계로, 그에 앞서 함께 산책하고 공개된 장소에서 사람들을 만나는 구애 단계(wooing)가 있었다. 구애 단계에서 서로 애정을 확인해야 젊은 남녀는 번들링의 단계로 넘어갈 수 있었다. 그러나 이때에도 결혼 가능성이 높아질 뿐, 공식적인 혼담은 없었다.

일반적인 생각과는 달리 번들링은 뉴잉글랜드에서 성행했지만 미국 초기에 확립된 관습은 아니다. 그 기원이 모호하긴 하지만, 유럽의 농촌에 깊이 뿌리를 두고 있다. 영국 내에서는 웨일스에서 이 관습이 가장 흔했다. 18세기 말에도 웨일스의 한 주민은 "번들링이 시골 마을 여러 곳에서 크게 성행하고 있다"고 주장했다. 북해의 오크니 제도에서 젊은 남녀는 '긴 침대'(lang bed)라고도 하는 쌓아놓은 짚단 위에서 데이트를 하는 것이 일반적이었다. 스코틀랜드 교회의 반대에도 불구하고 스코틀랜드 남동부의 저지대에서는 번들링이 '지역의 관습'이었다. 1721년 이소벨 미디와 함께 침대를 썼다는 이유로 교회 법정에 선 노동자 덩컨 매커리는 "우리처럼 함께 누운 다른 사람들도 많다"고 항변했다. 아일랜드에서도 한 여행자는 "평민들 사이에서" 밤에 방문하는 전통을 발견했다.[27]

영국의 사료는 더 다양하다. 번들링이 북부에서 성행한 것은 확실하다. 예컨대 1663년 랭커셔의 젊은 포목상 로저 로는 메리 네일러와 "함께 앉아 있으려는" 계획을 세웠다. 그는 "내 생애 처음으로 구애하며 밤을 새운 날이었다"고 일기에 적었다. 그보다 훨씬 후에 요크셔의 시청 서기는 "젊은 남녀가 부모의 허락을 받고 밤새 같이 있는 이 지방의 관행"을 기록했다. 영국의 다른 지역의 경우에는 자료가 더 흩어져 있다. 예를 들어 덜링엄 마을의 월터 애플야드는 케임브리지셔에 있는 여자친구 집에 규칙적으로 방문했다. 한 보고서에 따르면 그는 "거기에서 여러 밤을 새웠고, 저녁에만 있었던 날도 많았으며, 침대로 가자고 조르지도 않았다. 때로는 하녀가 같이 있으며 시중을 들었고, 때로는 그들만 있었다." 서식스의 토머스 터너는 미래의 신부와 두 번

밤샘을 한 반면, 휘트크로프트는 더비셔의 연인과 여러 번 그런 기회를 가졌다. "나는 내게 큰 즐거움을 주는 사랑하는 사람과 또 하룻밤을 새우면서 달콤한 애정 표현을 많이 했다."[28]

유럽의 다른 곳에서도 여러 형태의 번들링이 있었는데, 지중해 지역은 예외여서 젊은 남성이 세레나데를 부르는 것이 관습적인 구애 방식이었다. 번들링은 네덜란드 일부 지역과 스칸디나비아에 퍼져 있었고, 네덜란드에서는 그것을 '담소하기'(queesting)라고 불렀다. 이러한 밤의 구애는 독일과 스위스에서도 성행했다. 사실 독일 농촌의 한 목사는 심방 보고서에서 소녀의 침실의 '불빛을 찾아가는 것'(zu Licht gehen)이 젊은이들 사이에서 밤에 누릴 수 있는 "권리이자 자유라고 간주되었다"고 기록했다. 17세기 사부아의 한 주민은 '알베르주망'(albergement)이라는 관습에 대한 기록을 남겼다. "젊은 농부들이 결혼 적령기에 있는 여자들과 함께 밤늦도록 시간을 보내다가, 집이 멀리 떨어져 있으니 침대를 같이 쓰자고 요청한다." 그러면 보통 "여자들은 거절하지 않는다."[29]

밤에 구애하는 관습은 거의 모든 곳에서 공통적인 유형을 따르고 있는 것처럼 보이며, 그것은 유럽에서 대중문화가 쉽게 전파되었다는 증거이다. 토요일과 일요일 밤이 남자들이 즐겨 방문한 날이었다. 촛불을 켜놓고 잠그지 않은 창문을 통해 들어가는 남자들도 있었다. 케임브리지셔의 노래에 따르면 "달이 환하게 비출 때, 당신은 등불을 보고 창문을 넘는다." 독일의 한 책자에 따르면, 젊은이들은 자신의 능력을 증명해 보이기 위해 사랑하는 사람의 집을 사다리로 타 넘는 것을 자랑스럽게 여겼다. 그래도 번들링은 거의 언제나 부모의 허락 아래 이루어졌다. 사실 그것은 부모에게 딸의 배우자를 감시할 수 있다는 이점도 주었다.[30] 물론 어떤 연인들은 부모가 잠든 뒤 허락 없이 만나기도 했지만, 도둑으로 오인될 수 있는 등 큰 위험이 따랐다. 1717년 서머싯의 한 목사는 밤에 깼다가 두 남자가 달빛 아래 마당을 지나가는 것을 보았다. 그는 총을 쐈고 한 명은 사망했다. 후에 그는 그 남자들이 그의 하녀들에게 구애하러 온 사람들이었다는 것을 알았다. "주인이나 여주인이 잠들었을 때 방문하는 것이 관례이고, 그들은 더 신나게 놀기 위해 밤의 모험을 벌이는 자리에 맥주, 에일, 사과주스, 빵, 치즈 등을 가져왔다"는 기록이 있다.[31]

부모의 통제 때문에 밤의 구애에는 의복과 행동의 수칙이 있었다. 이런 규제의 밑바탕에는 처녀의 결혼 자격을 위태롭게 할 수도 있는 섹스를 철저하게 막으려는 의도가 있었다. 사부아의 청년들은 소녀의 순결을 지켜주겠다는 서약을 해야 했고, 뉴잉글랜드의 청혼자들은 그런 서약을 "신성한 신뢰로 간주했다"고 전해진다. 어떤 지역에서는 양측 모두 앉아 있어야 한다고 했지만, 대개는 여자의 침대에 나란히 누워 있었다. 남자는 외투와 신발을 벗는 정도가 예의였다. 노르웨이에서는 젊은 여자가 청혼자 마을의 관습에 익숙하지 않아 남자가 겉옷을 벗자 소리치며 저항했다. "겉옷을 벗은 다음엔 바지를 벗을 거죠?" 여성은 슈미즈나 페티코트를 입었는데, 웨일스에서는 아래를 묶어놓았다. 특히 스코틀랜드에서는 여자의 허벅지를 함께 매어, 정절의 중요성을 상징적으로 강조했다. 초기의 미국에서 한 독일인 여행자는 이런 기록을 남겼다. "딸이 엄격하게 정절을 지킬지 걱정스러운 어머니는 딸의 두 다리를 큰 스타킹 하나에 함께 신기는 예방 조치를 취했다." 또한 뉴잉글랜드에서는 침대에 있는 젊은 남녀를 떨어뜨려 놓기 위해 "번들링 판자"(bundling board)를 사용했다고 전해진다.[32]

자려는 연인은 별로 없었다. 파인스 모리슨에 따르면 네덜란드에서는 "같이 먹고 이야기하며" 밤을 보냈다. 첫 방문 때는 아니어도 그 다음번 방문부터는 대화 이외에 약간의 신체 접촉도 있어서, 따뜻한 포옹과 키스를 했다. '짝짓고 뺨 맞대기'라고 표현한 웨일스의 시도 있다. 미국을 방문한 한 프랑스인 여행자는 성적 유희가 있었지만, "결혼한 사람들에게만 허용되는 행위에까지는 이르지 않았다"고 기록했다. 스칸디나비아 사람들은 신체의 어느 부위까지 애무해야 하는지 명확하게 정했고, 러시아에서도 남자가 여자친구의 가슴을 만지는 것까지만 허용했다(반면, 노브고로드 공국의 멜른키 지역에서는 여자의 생식기를 만지는 것까지 허용했다). 농민들 사이에서 때로 부드러운 애무는 거친 주먹질이 되기도 했는데, 그것은 감정을 표현하는 거친 놀이나 마찬가지였다. 서로 등을 때리는 것은 농촌 사회에서 결혼 상대자의 중요한 자질 가운데 하나인 강인함과 육체적 건강을 알아보려는 것이었다. 예방 조치에도 불구하고 성적인 유희가 도를 넘어설까봐 가족들이 근처에 있었다. 어떤 부모들은 보호자로서 같은 방에 머무르기도 했다. 대다수는 딸의 정직을 믿었지만, 부르기만 한다면 언제나 개입할 준비가 되어 있었다. 한 사람은 이런 기록을 남겼다. "만일 조그만 소리라도 여자에게서 새어 나간다면 남자를 불쌍히 여겨라. 집안의 모든 사람들이 방으로 들어가 성급한 행동을 한 그 사람을 패줄 것이기 때문에."[33]

아무리 명예로운 의도라도 갑작스러운 감정의 격발에 휩쓸려 갈 수 있었다. 웨일스의 한 노래는 "안락한 침대에서 큰 불행이 일어날 수 있다"고 했으며, 1786년 코네티컷의 한 발라드는 "바지도 속옷도 자물쇠도/ 격정적인 탐욕을 묶어놓을 수 없다"고 노래했다. 프랑스의 이야기꾼이 경고했듯, 대서양 양쪽에서 도덕가들은 "불이 부싯깃에 너무 가까이 있을 때" 일어날 수 있는 최악의 상황을 예고했다. 조금이나마 남아 있는 통계에 의하면, 그 두려움이 널리 퍼져 있었던 것으로 보인다. 이런저런 이유로 18세기 뉴잉글랜드에서 번들링이 성행하던 바로 그 시기에 부정행위의 비율도 높아졌다. 번들링에 반대하던 한 사람은 "이 저주받을 일은/ 비밀스러운 만남의 근원,/ 남자와 아내 사이의 다툼과 싸움과/ 그들을 닮은 사생아의 근원"이라고 말했다. 미국 독립 이후 뉴잉글랜드 농촌에서 신부들 셋 중 하나는 결혼할 때 임신중이었다. 유럽에서도 마찬가지였던 것으로 보인다. 웨일스를 방문했던 한 사람은 번들링의 "결과가 결혼식 이후 두세 달 만에 세상에 드러나는 것은 아주 흔한 일"이라고 결론 내렸다. 혼전 임신으로 얼마나 많은 혼인이 이루어졌는지는 알 수 없다. 여러 역사가들이 가정하듯, 결혼을 앞둔 연인들이 섹스를 했을 것이다. 이러한 견해에 따르면, 임신이 결혼의 원인이 아니라, 결혼 계획 속에 혼전성교가 들어 있었다. 미국에서 번들링이 성행하는 것을 확인한 유럽의 한 여행자는 "남자가 결혼을 약속하면 상대방은 주저 없이 응했다"고 기록했다.[34]

종교 당국의 주기적인 반대에도 불구하고 번들링은 유럽 일부 지역에서 19세기에 이르기까지 지속되었다. 그것이 그토록 인기가 높았던 이유는 청소년의 이성교제가 부모의 감시하에 집에서 이루어져야 한다는 믿음이 여러 세대에 걸쳐 공유되었기 때문이다. 16세기에 한 독일인은 이렇게 말했다. "이러한 친밀한 교제에 대해 물어보면 부모들은 '정숙하게 잠자는 것'(caste dormiunt)은 악의가 없는 놀이로서 여기에서부터 바람직하고 행복한 결혼이 준비되고 시작된다고 대답한다."[35] 게다가 어떤 사람들은 번들링이 연애하는 연인들의 가정에 '불과 양초' 비용을 절약해주려 고안되었다고 주장했다. 그러나 그런 주장은 따뜻한 여름밤에도 왜 젊은이들이 침대로 들어갔는지 설명해주지 못한다. 또한 그들이 구애하면서 앉아 있거나 엎드려 있을 때 촛불이 무슨 상관이 있었는지도 설명하지 못한다. 또한 최소한 한 관찰자는 번들링이 "아내 될 여자가 자식을 잘 낳을지 알아보기 위한 교묘한 술책"만은 아닐 거라고 추측했다.[36]

이러한 관행이 지속적으로 성행했던 이유를 더 설득력 있게 설명해주는 근거는 밤의 방문이 두 가지 기능을 수행했다는 사실에 있다. 첫째로 번들링을 통해 젊은 남녀는 친구와 이웃의 감시를 피해 은밀한 연애를 어느 정도 보장받을 수 있었다. 물론 엿보기나 엿듣기를 좋아하는 사람들로부터 언제나 자유로웠던 것은 아니다. 뉴햄프셔의 농부 애브너 생어는 사랑하는 내브 워시번의 집에 연적인 엉크션이 방문할 때면 몰래 엿봤다. 생어는 어느 날 아침 "엉크션이 아주 멋지게 차려입고 해가 뜨기 전에 워시번 노인의 집에서 나오는 것을 몰래 봤다"며 골이 나서 말했다. 그러나 대체로 어둠과 가정의 격리 때문에 연인들은 사생활의 자유를 상당히 누릴 수 있었다. 그 나이의 청년들에게 그것은 특별한 경우였다. 한 쌍의 연인이 행인들의 '엿보는' 눈을 어떻게 피했는지 묘사하고 있는 〈런던의 견습공〉(The London Prentice)이란 노래의 후렴은 "촛불을 불어 끄자"였다.[37]

번들링이 젊은이들에게 서로가 결혼 상대자로 적합한지 시험할 수 있는 시간이 되었다는 사실은 더 중요하다. 스위스의 목동 울리히 브레커는 "동이 틀 때까지 껴안고 희롱하고 이야기했다"고 묘사했다. 그는 사랑하는 안니와 교제했던 기간을 애틋하게 회상했다. "우리는 수천 번 수만 번 속삭였다." 부드러운 애원과 열정적인 포옹 속에서, 고요한 어둠 속에서 연인의 성격과 기질에 깊이 친숙해질 수 있는 귀한 기회였다. 뉴잉글랜드의 한 주민은 이렇게 기록했다. "여자들은 남자와 교제하면서 그들의 미래가 걸린 선택을 자유롭게 하는 데에만 관심이 있다." 연인들이 성적으로 서로 잘 맞는지 알아보려는 의도도 물론 있었다. 케임브리지셔의 한 젊은이는 비판적인 목사에게 이렇게 퉁명스럽게 말했다. "그렇지만 목사님, 목사님도 말을 살 때 잘 달리나 한번 타보고 사지 않습니까?" 사실 독일 일부 지역에서는 '환영의 밤'(welcome night)이라고 알려져 있는 구애의 밤을 몇 번 보낸 연인은 결국 결혼으로 이어질 수 있는 '시험의 밤'(trial night)이라는 더 강력한 단계로 접어들었다. 설사 일이 잘 풀리지 않아도 임신을 예방했기 때문에 쌍방 누구에게도 당혹스럽거나 불명예스러운 일이 아니었고, 각기 미래의 관계를 자유롭게 시작할 수 있었다.[38]

IV

이제 최종 원고가 인쇄되고 있는 이 방대한 서간집은
편지 하나하나마다 한밤중에 내가 불러온
뮤즈들의 증거가 될 것이다.

_라우라 체레타, 1486[39]

"밤보다 지혜에 더 도움이 되는 것이 있는가?"라고 예루살렘의 성 키릴루스는 물었다. 밤은 구애와 사교 활동의 기회를 주었을 뿐만 아니라, 산업화 이전 시대의 사람들에게 자신의 개성을 추구할 자유를 허용했다. 수많은 밤에 더 많은 사람이 1시간 이상을 홀로 정신적 성찰에 몰두하여 자의식을 고양했다. 종교 성인들이 밤에 명상을 했듯 이제 많은 사람은 특히 밤시간이 특히 명상에 적합하다는 것을 알았다. 밤에는 해야 할 일도 적었고, 고요한 정적은 자기 성찰을 위한 이상적인 환경이었다. 17세기에 프랑스의 한 작가는 밤이 "하루 중 다른 어떤 시간대보다 정신을 사용하는 데 적합하다"고 생각했다. 『현자의 휴식』의 저자는 이런 고찰을 남겼다. "낮은 노동에 의존하고 밤은 생각에 의존한다. 소란함은 전자에 도움이 되고 고요함은 후자에 도움이 된다."[40]

중간층과 상류층 사람들은 침실로 들어가서 개인적 성찰을 위한 최고의 기회를 즐겼다. 하층 계급은 혼자 있을 시간과 공간을 얻기가 훨씬 힘들었다. 그러나 17세기 중반에 이르면 많은 노동자 가정에는 방이 더이상 하나만 있지 않았다. 게다가 날이 좋은 밤에는 헛간이나 광에서 휴식을 취할 수도 있었다. 15세기 후반, 파리의 하인 장 스탕동크는 낮에 수도원에서 일하고 밤에는 종탑에 올라가 달빛으로 책을 읽었다. 밧줄 제조자의 견습공이었던 토머스 플래터는 주인의 명을 거역하고 밤이면 몰래 일어나 희미한 촛불에 조용히 그리스어를 공부했다. 잠드는 것을 막기 위해 그는 입안에 순무, 자갈 또는 찬물을 머금고 있기도 했다. 깨어 있기 위해 축축한 수건으로 머리를 감싸고 있었던 사람들도 있었다. 분명, "밤은 조언을 준다"는 잘 알려진 금언은 다양한 사회계층의 사람들에게 의미가 있었다.[41]

많은 사람들이 문맹이었지만 독서는 점점 일상적인 소일거리가 되어가고 있었다. 가난한 사람들이 인쇄물을 접할 수 있는 기회는 실잣기 모임이나 다른 사교 모임에서 낭독하는 것을 다 함께 듣는 것 정도였다. 그래도 근대 초에 글을 읽고 쓸 줄 아는 사람들은 생각보다 많았다. 중세 후기부터 성직자 이외에도 일부 사람들도 읽고 쓸 줄 알았으며, 그런 경향은 종교개혁과 인쇄술의 성장 이후 크게 가속되었다. 이미 17세기에 영국 농촌의 자작농과 기술자 들은 상당수가 글을 읽을 줄 알았고, 도시의 남자들도 마찬가지였다. 교육의 기회가 적었던 여성들에게는 그런 행운이 별로 따르지 않았지만, 예외도 많았다. 스튜어트 시대의 극작가 윌리엄 대버넌트 경은 "소름 끼치는 겨울밤에 순진한 하녀들이/ 즐겨 읽던 슬픈 사랑의 이야기"에 대해 썼다. 대체적으로 북부와 북동부 유럽에서 문맹률이 가장 낮았다. 18세기에는 성서를 개인적으로 연구해야 한다고 강조하는 신교 운동인 경건주의(Pietism)가 전파되면서, 많은 지역에서 문맹률이 급격히 낮아졌다.[42]

15세기에 교육을 잘 받은 가정에서는 크게 소리 내어 읽는 방식에서 묵독으로 중요한 변화가 이루어졌다. 이 자유로운 독서 방식은 곧 다른 계층으로 전파되었다. 혁명적으로 늘어난 묵독으로 사람들은 책을 더 쉽고 빠르게 음미할 수 있었다. 또한 친구나 가족이나 주인을 신경 쓰지 않고 혼자서 글을 읽을 수 있었다. 더 많은 사람들이 책을 읽고 깊이 생각하고 자신의 사상을 형성하면서, 독서는 더욱 개인적인 행위가 되었다. 마키아벨리는 1513년 한 편지에 다음과 같이 썼다.

> 저녁이 되면 나는 집으로 돌아가 서재에 들어간다. 문간에서 하루의 먼지와 땀이 묻은 옷을 벗어던지고 궁전과 왕궁의 옷을 입는다. 더 엄숙한 그 옷을 입고 고대인들의 옛 궁전에 들어가 그들의 환영을 받으며, 나에게 딱 맞는 나만의 음식을 맛본다. 그런 뒤 나는 용감해져서 그들과 이야기하고 그들 행동의 동기를 묻는다. 그

헤릿 도우, 〈지구본을 보고 있는 학자〉, 17세기

들은 자애롭게 대답해준다. 4시간 동안 나는 세상을 잊어버리고, 화나는 일도 떠올리지 않고, 가난도 두려워하지 않으며, 죽음에 더이상 벌벌 떨지 않는다. 나는 그들에게 완전히 빠져 있다.[43]

독서는 낮에도 했지만, 많은 사람들은 잠자기 전 1, 2시간을 독서에 썼다. 장원의 물품 조사 목록에 따르면, 개인 장서는 침실에 있는 경우가 흔했다. 예컨대 피프스도 종종 밤에 책을 읽었다. 1667년 5월 19일 그는 이렇게 기록했다. "다시 내 책으로 돌아가 『후커 씨의 삶』을 끝내고 잠들었다." 가끔씩 그는 저녁에 하인에게 책을 크게 읽어달라고 했다. 일기를 쓴 9년 동안 피프스는 약 125권의 책을 읽었고 대부분을 끝까지 다 읽었다. 그의 독서 취향은 광범위해서, 역사와 신학의 전통적인 저작은 물론 과학과 문학도 폭넓게 읽었다. 책은 자정이 지난 시간까지 다비트 베크의 시간을 빼앗기도 했다. 1624년 11월 어느 날 밤 그는 "집에 11시에 돌아와 요한복음서를 다 읽었다." 네덜란드의 이 신진 시인이 즐겨 읽던 작품에는 야코프 카츠(Jakob Cats)와 피에르 드 롱사르(Pierre de Ronsard)의 시가 포함되어 있었다. 서머싯의 청년 존 캐넌의 독서 취향은 아리스토텔레스와 성서는 물론 비학(秘學)까지 두루 아울렀다. 열여섯 살 때 그는 "자연의 숨겨진 비밀"을 알기 위해 산파술 책을 탐독하기도 했다. 근면한 농부였던 그는 자신을 고용한 삼촌의 반대에도 불구하고 책을 열심히 읽었다. 1705년 그는 이렇게 기록했다. "어렵고 힘든 일을 하면서도 나는 책을 소홀히 생각한 적이 없다. 책을 읽으면 이해력이 늘어나고, 낮에는 읽을 기회가 없어도 밤에는 모두가 잘 때 늦게까지 앉아 더 많이 읽을 수 있다."[44]

이 종교의 시대에 홀로 있는 밤은 무엇보다도 개인의 경건함을 표현하는 시간이었다. 종교개혁 이후 신학자들은 개인의 영적 체험의 중요성을 더 크게 강조했다. 교리의 차이는 있지만, 개신교와 가톨릭 지도자들 모두 기도를 통한 신과의 개별적 관계를 중요하게 생각했다. 가장 규칙적인 기도는 밤에 잠들기 전에 하는 기도였다. 그러나 그 전에도 사람들은 하루의 일과를 반성하고 종교적인 독서를 수행해야 했다. 세라 쿠퍼는 "명상과 사색이 우리의 기도로 알맞다"고 했다.[45] 유대교 신학자들은 "인간은 밤에 공부를 통해 지혜의 대부분을 얻는다"는 마이모니데스(Maimonides)의 생각을 믿으며 야간 학습을 장려했다. 18세기의 랍비 요나탄 아이베쉬츠에 따르면, 신은 '죄'를 저지른 '최초의 인간'에게 낮에 일하는 벌을 내렸다고 한다. 반대로 긴 겨울밤은 토라를 공부하는 시간이었다. 아이베쉬츠는 "사람이 공부하고 정신과 사고를 신에게 집중하도록 신은 세상을 어둡게 만들었다"고 설명했다.[46]

이를 위해서라면 인공조명의 위험과 비용을 감수해야 했다. 18세기에 토머스 라이트는 요크셔에서 지낸 어린 시절에 침대에서 촛불을 켜놓고 성서를 읽었던 일을 회상했다. "나는 성서를 12시나 1시 때로는 2시까지 읽고 잠들곤 했다. 위험한 일이었다." 어떤 젊은이들은 골풀 양초나 소나무 관솔이나 약간의 기름을 스스로 구해 읽어야 했다. 샤토브리앙 자작(子爵) 프랑수아 르네는 귀족 가문에서 태어났지만, 학생 시절에 클레르몽의 유명한 주교 장 바티스트 마시용의 설교집을 읽기 위해 교회에서 양초를 훔쳐야 했다. 16세기의 독일 학생 프리드리히 베하임은 이보다 운이 좋았다. 알트도르프에 거주하던 그는 뉘른베르크에 살던 어머니로부터 큰 양초를 받았다. 1578년 어

더비의 조지프 라이트, 〈촛불에 편지를 읽는 소녀와 어깨 너머로 훔쳐보는 젊은이〉, 1760~1762년경

머니는 이렇게 말했다. "작은 양초는 네가 몇 개 사서 읽고 쓰지 않을 때 사용해라. 큰 초는 공부할 때 쓰도록 하고."[47] 무슨 조명이든 간에 그 희미한 불빛 때문에 책을 읽기가 어려웠다. 피프스는 '아픈 눈' 때문에 고통받았고, 눈이 멀게 될까 두려워 서른여섯 살에 일기 쓰기를 중단했다. 사무실에서 늦은 시간까지 일하는 것이 큰 원인이었지만, 독서가 시력을 더욱 약화시켰다. 1666년 그는 "내 눈을 너무 혹사시켜서 촛불에 다가가기만 하면 아프다"고 한탄했다. 랭커셔의 한 의사는 "굵은 양초를 사용하여 한결같은 불빛을 유지하려" 노력했지만 "촛불에 의지해 너무 많이 읽고 쓴 결과" 시력을 잃었다고 불평했다.[48]

몇몇 사람들은 글을 쓰며 늦은 시간을 보냈다. 밤에 쓴 글에서는 "양초 냄새가 난다"는 말이 있었다. 『불평: 혹은 삶과 죽음과 불멸

에 대한 밤의 상념』(The complaint: or, Night-thoughts on life, death, & immortality)의 저자인 시인 에드워드 영은 당연히도 그 늦은 시간을 선망했다. 옥스퍼드에서 그는 한낮에도 창의성을 높이기 위해 방에 커튼을 치고 촛불을 켜놓기도 했다. 존 밀턴은 잠잘 시간에 책을 읽는 어릴 적부터의 습관 때문에 말년에 완전히 눈이 멀자, 밤에 머릿속으로 시를 써놓고 아침에 서기에게 구술했다. 일기는 자기 성찰을 위한 배출구로서 점점 더 인기가 높아졌다. 일기는 독자를 위한 것도 가족을 위한 것도 아니었고, 피프스와 같은 사람들은 일기를 암호로 썼다. 베크는 책을 읽고 일기를 쓰는 것 외에도 시를 창작하는 데 정열을 기울였다. 홀아비가 된 그는 죽은 아내 룰트예를 애도하는 시를 짓느라고 늦게까지 앉아 있었다. 1624년 1월 2일 그는 "밤 1시까지 사랑하는 아내의 죽음을 애도하는 두번째 시를 지었다"고 일기에 썼다. 친한 사람들에게 보내는 편지도 개인의 생각을 전하는 수단이었다. 편지 쓰기는 15세기 말 이탈리아 상인의 젊은 아내 라우라 체레타가 누리는 즐거움 가운데 하나였다. 자기 집뿐 아니라 부모 집까지 보살펴야 했던 체레타는 특히 집안의 남자들로부터 자유로워지는 시간인 소중한 밤에 자신의 재능을 키웠다. 그녀는 그 시간에 마음껏 책을 읽거나("감미로운 나의 밤샘 책읽기") 자수를 하며 보냈다. 야생 짐승 무늬가 있는 정교한 비단 숄에 수를 놓는 예술적 작업은 특별한 기쁨을 주었다. 그녀는 친한 친구에게 털어놓았다. "금지된 일을 밤에만 한다는 엄격한 규칙을 세우고 색깔을 심사숙고해서 만들었어. 이 일을 하느라 석 달 동안 밤잠을 자지 못했어." 무엇보다도 체레타는 고전에서 인용한 구절로 가득찬 아주 자성적인 긴 편지를 썼다. 그녀는 한 편지에서 이렇게 밝혔다.

밤시간을 최대한 생산적으로 활용하지 않으면 글을 쓰거나 공부를 할 여유가 없어. 난 잠을 거의 못 자. 시간이란, 재능과 노동력을 가족과 일을 위해 써야 하는 우리 같은 사람들에게는 끔찍할 정도로 부족한 소모품이지. 하지만 밤을 새우면 난 시간을 훔치는 도둑이 되어 하루의 다른 시간들과 격리된 공간을 만들 수 있어.[49]

이런 것이 산업화 이전 시대 사람들이 자유로운 밤에 즐겨 했던 일이다. 사람들 대부분은 태양과 함께 물러나는 것이 아니라 가족, 친구, 연인 등 같은 생각을 가진 좋은 사람들과 만나 저녁 시간을 연장시키고 싶어했다. 라우라 체레타처럼 홀로 연구하는 데 몰두한 문학적 소양인들도 약간 있었지만, 대부분의 사람들은 여유롭게 놀고 함께 즐기기를 좋아했다. 사람들이 붐비던 집이나 술집은 불빛이 밝지 않아도 활력이 넘쳤다. "아침 햇빛보다는 밤에 노래가 더 편하게 흐른다"는 속담도 있었다. 폴란드에서는 "절제란 낮을 위한 것, 저녁과 밤에는 즐거워야지"라는 노래가 불렸다. 이렇게 어둠은 다비트 베크나 새뮤얼 피프스와 같은 중산 계급뿐 아니라 양 극단 신분의 남녀에게, 즉 모든 사람에게 가장 큰 자유를 가져다주었다. 모두에게 베푸는 밤이 많은 사람에게 자유와 방종의 시간이었다 해도, 귀족과 평민 모두에게 아주 중요한 의미가 있기도 했다. 역설적이게도 어둠과 가장 깊이 관련된 사람들은 비천한 사람들과 권력자들이었다. 16세기의 한 발라드는 이렇게 단언했다. "밤을 환영하라,/ 가난한 사람과 귀족 모두에게 갑절의 즐거움이니."[50]

8장

밤의 기사들: 영주와 귀족

I

오라,
와서 또 한번 화려한 밤을 맞자. 나를 부르라,
나의 슬픈 대장들이여. 술잔을 또 한번 가득 채우자.
자정의 종소리를 조롱하자.

_윌리엄 셰익스피어, 1606~1607[1]

중세 말에는 영주와 기사가 밤의 영역에 대한 소유권을 주장했다. 깜깜한 시골 저쪽에 멀리 보이는 요새는 작은 탑과 흉벽을 횃불로 밝힌 채 외로운 빛의 전초 기지로 서 있었다. 성의 거대한 연회장에서 귀족들이 축제를 여는 밤에 영주의 권세를 보여주는 불빛은 자기 과시의 거대한 장관이었다. 타오르는 횃불과 촛불, 각종 시합이 열리는 가운데 차려진 거대한 연회는 봉건 시대의 호사스러움을 대변했다. 프랑스의 샤를 6세(Charles VI, 1368~1422)와 그 신하들이 1389년 성

볼프강 하임바흐, 〈밤의 연회〉, 1640

디오니시우스 축일을 기념하며 거행한 잔치는 그렇게 마상 창 시합으로 시작해서 매일 밤 무도회와 주연으로 끝을 맺으며 나흘간 계속되었다. 한 연대기 작가는 이렇게 기록했다. “밤을 낮으로 바꾸며 식탁 위의 성찬에 탐닉하던 영주들은 술에 취해 난잡해져, 국왕이 계신 자리인데도 거룩한 종교적 건물을 모독하고 방종과 간음에 몸을 맡겼다.”[2]

머지않아 16세기에 궁정 귀족이 나타나면서 귀족 집안은 더 세련된 도락을 즐겼다. 강력한 국민국가가 출현하면서 영주들 사이의 군사적 경쟁이 줄어들자, 귀족 생활의 즐거움은 궁정 예절을 지키며 향유하는 것으로 바뀌었고 거기에 지적 · 예술적 추구가 더해졌다. 동시에 도시가 성장하자 덜 고립적인 환경이 마련되어 밤의 즐거움을 제공했다. 상층 계급은 공개적으로 빛을 환하게 밝혀 권력과 재산을 과시한 것과 마찬가지로, 개인적인 즐거움을 위해 저녁 시간을 전유했다. 한 논평가의 말을 인용한다면 그들은 “자신의 쾌락을 길게 늘였다." 처음에는 낮도 궁정의 즐거움을 위한 시간이었지만 점차 왕가의 취향에는 밤이 더 적합하다고 여겨졌다. 독일의 한 작가는 이렇게 기록했다. "다른 사람들은 자고 있지만 그들은 즐거움을 탐닉하기 위해 깨어 있다." 상류층의 오락은 잠자리에 들 수밖에 없는 하류층과 달랐다. 『브렌트퍼드의 두 여왕』(The Two Queens of Brentford, 1721)에서 한 평민은 이렇게 비꼰다. "크게 웃고 떠드는 대신,/ 우리는 사랑하고 코를 골며/ 밤을 허비한다." 그와는 대조적으로 17세기 중반에 한 사람은 "궁정의 남녀들은 밤을 낮으로, 낮을 밤으로 바꾼다"고 지적했다.[3]

런던에서 빈에 이르기까지 유럽 전역의 궁정에서는 어두운 밤에 호사로운 구경거리를 무대에 올렸다. 1661년 피렌체에서 〈말 춤〉(The Horse Dance)이라는 제목의 오페라가 대공(大公) 궁정의 뒤뜰에서 무대에 올랐다. 2백 대 이상의 비올라와 바이올린이 연주하는 음악에 맞춰 '기마대'가 도열해 있는 가운데 천 개 이상의 횃불이 빛을 발했다. 한 영국인 관람객은 "무슨 말로도 표현할 수 없다"고 경탄했다. 새로운 조명 기술을 사용한 무대 공연과 함께 장관을 이루는 불꽃놀이가 엄청난 인기를 누렸다. 이사크 드 뱅스라드의 〈밤의 발레〉(Le Ballet de la Nuit, 1653)만큼 귀족들의 밤에 대한 친밀감을 열정적으로 표현한 찬가는 없다. 루이 14세를 기리기 위해 무대에 올린 이 작품은 뱅스라드의 초기 발레 중에서도 가장 호사스럽다. 화려한 의상과 스펙터클한 무대가 어우러진 바로크의 장관 속에서 젊은 왕이 직접 몇몇 배역을 맡았다. 아주 적절하게도, 최후의 막에서 왕은 깃털 달린 모자를 쓰고 나와 떠오르는 태양의 이미지를 보여주었다. 거지와 도둑 들이 등장하기는 하지만 〈밤의 발레〉는 천국이라는 정교한 배경에 신성이 가득한, 밤 생활의 초월적 모습을 제시했다. 여러 차례 공연된 이 발레는 궁정에서 인기가 대단했다.[4]

무도회, 음악회, 오페라는 도시 귀족들이 주로 즐기던 밤의 오락이었고, 횃불을 들고 무장한 하인들이 마차로 안락하게 그들을 호위했다. 한 작가는 "쇼, 마차, 허세, 만찬, 무도회"라고 묘사했다. 17세기 말에 이르러 귀족들은 공공 도로를 따라 마차를 타고 산책하는 것을 즐겼다. 마드리드의 프라도 거리와 런던의 세인트제임스 공원 등이 유명한 장소였다. 헤이그의 포르하우트 호텔에 대해 한 방문객은 이렇게 말했다. "저마다 화려한 제복과 많은 시종으로 부러움을 사려고 했다."[5] 18세기 초에는 런던의 래닐러(Ranelagh)와 복스홀(Vauxhall) 같이 조명 장식이 있는 유원지를 비롯하여, 우아한 즐거움을 누릴 수 있는 곳이 크게 늘었다. 스몰렛의 『험프리 클링커』(Humphry Clinker)에 등장하는 한 인물은 눈이 휘둥그레질 정도로 경탄하며 이렇게 외친다. "황금 등잔 수천 개로 불을 밝히고, 그림과 조각과 금박 장식으로 정교하게 꾸민 래닐러는 요괴에 홀린 궁전처럼 보인다." 우아함이 넘쳐흘렀다. 팔레르모에서 '대화'(conversazione)라는 저녁 파티에 초대받은 영국인 윌리엄 베크퍼드와 그의 친구는 가는 도중 마차를 강탈당했다. 그들이 걸어서 파티 장소에 도착한 것이 알려져 공개적인 망신을 당할까봐, 시칠리아인 안내자 필리포는 수고를 아끼지 않고 "자신만 알고 있는" 어둡고 미로 같은 골목길을 따라 횃불도 안 켜고 이들을 데려다주었다. 런던에서 모스크바에 이르기까지 상류층 사람들 사이에서는 사교 모임이나 파티가 크게 성행했다. 1717년 파리를 여행하던 한 사람은 사교 모임이 '매일 밤' 벌어지는 것을 목격했고, 프라하를 방문한 한 사람도 같은 것을 보았다. 런던의 한 작가는 이렇게 단언했다. "가면무도회, 가장무도음악회, 오페라, 무도회, 사교 모임, 연극, 정원 등등 잔뜩 부풀려진 온갖 사치가 우아한 삶의 취향을 보여주는 증거가 되었다."[6]

17세기에 일부 귀족 가문에서 장엄하게 거행했던 밤의 장례식도 재산과 특권을 과시하는 또다른 허례였다. 1730년에 런던의 한 주민은 그것을 "인간의 허영심이 바랄 수 있는 최대한의 허례허식"이라고 조롱했다. 1642년 리슐리외 추기경이 사망했을 때는 2천 개의 촛불과 횃불이 장례행렬에 불을 밝혔다. 독일의 상류층 루터교도 사이에서는 '밤의 장례'(Beisetzung)가 궁정 사회 구성원이 선망하는 명예로운 일이 되었다. 1686년 작센의 교회 법원은 선제후 요한 게오르크 3세(Elector Johann Georg III, 1647~1691)에게 "나날이 증가하는 밤의 장례가 기독교도의 매장을 천박한 육욕의 과시로 바꾸고 있다"고 불평했다.[7]

II

지금은 국왕의 쾌락을 위한 시간
밤을 낮으로 낮을 밤으로 바꾸라,
소동과 가면과 한밤의 주연을 준비하라,
그 모두는 욕망을 도발하는 귀한 것들이니.

_너새니얼 리처즈, 1640[8]

근대 초에 사람들이 가장 즐기던 여흥은 가면무도회였다. 유럽의 여러 수도에서 오랫동안 인기를 누린 가면무도회는 헨리 8세(1491~1547) 치세 기간에 영국 귀족의 중요한 오락이었다. 엘리자베스 1세 시대의 시인 토머스 캠피언은 "젊은 날의 환락, 가면, 궁정의 광경"에 대해 쓴 바 있다. 귀족의 궁정과 장원에 한정되어 있던 근대 초의 가면무도회는 손님들이 화려한 의상을 입고 춤추며 연기하는 극적인 장관이었다. 곧 춤과 대화가 가면무도회의 주요 매력이 되었지만, 언제나 일종의 변장을 한 채였다. 가면무도회의 신비로운 매력의 핵심은 익명성으로, 그것은 가면으로 얼굴을 가렸기 때문에 가능한 것이었다. 그런 생각에서 무도회에 참가한 사람들 사이에는 서로 소개하는 일이 보류되었고, 그것은 격식을 갖춘 예의범절과 첨예하게 대비되었다.[9]

가면무도회의 광범위한 인기를 이해하려면 평소 귀족 생활의 제약을 살펴보아야 한다. 궁정 귀족들은 말과 몸짓과 행동의 지침이 되는 세세한 규범에 따라 공손함과 예의범절을 지켜야 했다. 궁정에서의 성공은 특히 윗사람 앞에서 얼마나 겸손하고 자제심을 보여주느냐에 달려 있었다. 기침과 침 뱉기까지 개인적 행동의 모든 영역에 제약이 가해졌다. 아무리 가장된 것이라 할지라도 격식을 차린 행동이 승진에 필수적이었다. 17세기 초의 한 행동 지침서는 다음과 같이 가르쳤다. "궁정 귀족은 귀부인과 명예로운 여성들에게 봉사해야 하고, 높은 관리에게 충실해야 하며, 조언자들에게 고마워해야 하고, 동료들 사이에서 유쾌해야 하고, 하급자에게 친절해야 하고, 모든 사람에게 예의를 지켜야 한다." 뉴캐슬 공작부인 마거릿 캐번디시는 귀족의 예법을 하층 계급의 '자연적 행동'과 대비했다. "시골 농민들은 친절한 마음과 무사태평한 자유로움으로 친구들을 즐겁게 만나고 우호적인 사랑을 간직한 채 헤어진다. 반면 더 높은 사람들은 부자연한 격식으로 만나, 형식적인 대화를 나누고, 대체로 적의를 갖고 헤어진다.” 요컨대 승진이나 지위는 궁정 귀족들이 인위적인 배역을 연기하면서 연극적으로 “자기 형성”(self-fashioning)을 어떻게 하느냐에 달려 있었다.[10]

격식을 차리는 행동과는 대조적으로 가면무도회는 근대 초 궁정의 억압적인 환경에서부터 벗어날 기회였다. 이 바로크적 장관에서는 밀랍 양초의 현란한 불빛 속에 번쩍이는 비단과 공단의 호사스러운 의상이 돋보였다. 여러 차원에서 가면무도회는 궁정 예절과의 극적인 단절을 의미했다. 가면무도회에서는 사람들의 정체가 드러나지 않아 사회 계급의 차별이 없어짐으로써, 모든 참여자들이 동등하게 즐기는 분위기가 만들어졌다. 특권을 지닌 귀족들의 세계에서도 이것은 충분히 의미가 있었지만, 시간이 지나면서 더 전반적인 변화가 일어났다. 18세기 초에 런던에서는 가면을 쓰고 무장하지 않은 채로 입장권을 갖고 온 사람이라면 누구에게나 개방하는 자정의 가면무도회가 열렸다. 어떤 무도회에서는 무도장에 5백 개의 촛불이 불을 밝히고 여자들은 “아주 가지각색의 비싼 옷”으로 꾸몄다. 분명, 이런 모임은 여전히 화려한 여흥이었지만, 전에 없던 평준화의 기회가 되기도 했다. 당대의 한 사람은 가면무도회를 보고 “해방의 나라”라고 말했다. 입장권을 사는 가면무도회는 다른 도시에서도 열렸다. 1755년 맨체스터의 한 신문 기자는 이것이 초래할지 모르는 극단적인 결과를 다음과 같이 예견했다.

> 가면무도회장은 부도덕, 불경, 음란 및 모든 종류의 죄악을 저지를 기회를 파는 상점이라고 말하는 것이 합당할 것이다. 가장 타락한 창녀와 가장 방탕한 난봉꾼이나 사기꾼이 단돈 27실링에 최

주제페 그리조니, 〈왕립 오페라 하우스의 가면무도회〉, 1724

고의 귀족이나 귀부인들과 어울릴 특권을 산다.[11]

가장 중요한 것은 가면의 익명성이 부여하는 자유였다. 공적인 정체를 숨기고 내면의 자아를 노출하며, 솔직함과 자발성이 인위와 억제를 대체했다. 영국 극작가 헨리 필딩은 「가면무도회」(The Masquerade, 1728)에서 "얼굴에 가면을 쓰는 것"은 "마음의 가면을 벗기는 것"이라고 썼다. 대화는 더 과감하고 충동적으로 바뀌었다. 『미스트 위클리 저널』(Mist's Weekly Journal)에 따르면 "절대적인 언론의 자유"가 그곳의 규범이었다. 남녀 간의 불장난은 더 과감해졌고, 희롱은 더 노골적이 되었다. 궁정의 예의범절에 의해 딱딱해진 정중한 예법은 육체적 친밀함의 몸짓에 자리를 내줬다. 『젠틀맨스 매거진』에서 한 작가는 이렇게 개탄했다. "음란한 짓에 모두가 한통속이다. 누가 돈을 물 쓰듯 쓰든, 어떤 무례한 말을 하든, 평판에는 아무 영향이 없다." 가면무도회의 비판자들은 무도회장에 가는 남녀 모두의 방종에 불만의 소리를 높였지만, 특히 여자들이 전통적인 규범을 무시했다 하여 더 큰 비판을 받았다. 한 사람은 그들이 "순결과 정절이라는 낮의 가면"을 벗어던졌다고 표현했다. 더구나 후미진 골방이나 정원에서는 성행위가 이루어졌는데, 가면을 벗지도 않았으리라는 추측도 있다. 한 시인은 "부정과 음란이 횡행하고, 변장을 한 방탕한 모임에서 음탕하고 극악무도한 악행이 행해진다"고 비난했다.[12]

의상도 문제였다. 검은 비단 가운 대신 입었던 '도미노'(domino)라는 의상은 해방감을 더해주었다. 어떤 변장은 조롱이 그 목적이었고, 정부나 종교 당국이 그 대상일 때는 비판자들을 더 불쾌하게 만들었다. 그러나 대체로 손님들은 개인적인 환상을 만족시키기 위해 의상을 골라 입었고, 그렇게 함으로써 어느 정도 상상 속의 인물과 동일시된 것을 느낄 수 있었다. 하룻밤 동안 거지나 왕자가 될 수도, 신이나 악마가 될 수도 있었다. 『스펙테이터』에 기고한 조지프 애디슨에 따르면 가면무도회 덕분에 사람들은 자신이 "되고자 하는 대상"처럼 옷을 입을 수 있었다. 헨리 8세나 스코틀랜드의 메리 여왕 같은 역사적 인물로 변신할 수도 있었고 '낮'이나 '밤'과 같은 추상적인 모습으로 나타날 수도 있었다. 노동자 복장도 인기가 높았다. 낙농가의 여자, 목동, 창녀, 군인 모두 인기 있는 인물들이었다. 성별을 바꿔 입는 것도 유행이었다. 프랑스의 앙리 3세(1551~1589)는 보통 "진주 목걸이를 건 목"을 드러내는, 가슴이 깊게 파인 가운을 즐겨 입었다. 호러스 월폴은 어느 날 나이든 여인의 복장을 하고 나타났다. 1722년 한 작가는 이렇게 비난했다. "여자들, 음탕한 여자들이 남자의 옷을 입고 음탕함을 더 자유롭게, 자기와 같은 여자에게 발휘하려 한다. 남자는 여자의 옷을 입고 더럽고 추잡한 대화를 주고받는다."[13]

그렇게 가면무도회는 놀랄 정도로 방탕한 밤을 야기했다. 그러나 이 귀족의 여흥은 기껏해야 현실로부터의 순간적인 안식처였을 뿐, 일 년에 몇 번 산발적으로 연출되는 덧없는 환상에 불과했다. 또한 허례와 특권을 호사스럽게 과시하고 사치스러운 음식과 밀랍 양초로 이루어진 가면무도회가 진정한 평등주의의 정신을 구현한 것도 아니었다. 비판자들의 염려와는 달리, 사회적 평준화는 기껏해야 일순간에 불과했다. 귀족과 귀부인들은 올 때처럼 시종 무리가 호송하는 마차를 타고 떠났다. 덴마크의 한 작가는 이렇게 말했다. "하인은 주인이나 마찬가지이다." 단지 "가면무도회가 끝나기 전까지만."[14]

III

오, 그대 밤의 고요한 어두움이여,
처절한 용기와 신에 대한 혐오로 나를
무장시켜주시오. 목청 큰 사람들이여, 나는
마시고 뽐내고 양쪽 세계의 모든 권력을
조롱하기 위해 이 시간을 택한
용사들의 지혜에 박수를 보내오.

_**토머스 고프**, 1631[15]

상류 사회의 기조에 직접적으로 영향을 미친 것은 가면무도회보다는, 밤이 난폭한 탈선행위에 부여한 기회였다. 멋쟁이, '싸나이', 훈남, 탕아, 난봉꾼 등등, 상류 계급의 한량은 여러 이름으로 불렸다. 그들에게는 멋진 모양의 가면이 아니라 어둠이라는 자연의 가면이 궁정 생활로부터의 도피처가 되어주었다. 그들은 밤을 무한한 자유의 시간으로 받아들였다. 이처럼 예의바른 사회를 경멸한 귀족 혈통의 젊은이들이 많았다. 어느 한 도시만이 아니라 거의 모든 유럽의 수도와 대도시에 비행을 저지르는 귀족들이 있었다. 18세기 중엽에 이르면 미국 초기의 도시에도 약간의 '싸나이' 무리가 생겨나기 시작했다. 알렉산더 해밀턴 박사는 1744년 뉴욕을 방문했다가 "난봉질"을 하는 "세 명의 탕아"와 마주쳤다. 필라델피아에서는 "신사의 복장을 한" 여섯 명의 젊은이가 한 여자를 땅에 쓰러뜨리며 난폭한 짓을 했다. 17세기 말 영국의 왕정복고 시대처럼 그 수가 늘어난 시기는 있었지만, 그러한 한량이 없는 시기는 거의 없었다.[16]

그들의 행동은 부를 축적하기 위해 사회에 순응하고 위선을 행하는 것을 경멸하는 강렬한 개인주의를 대변했다. 권모술수와 거짓된 예의범절의 삶을 살고 있는 궁정 귀족, 성직자, 상인은 그 두 가지 이유로 유죄였다. 한량이 보기에 개인의 명예를 지키는 기사도의 이상은 이미 오래전에 굴종과 예의범절 및 국왕과 국가에 대한 충성에 자리를 내주었다. 방탕한 시인 찰스 처칠은 1761년에 방종에 바치는 시 「밤」(Night)을 발표했다.

> 자연의 위대한 기록 속의 중요한 빈 공간,
> 영혼이 없는 육체, 일의 노예들은
> 낮의 밝은 빛 속에 무의미를 찬미하게 하라.
> 우리는 근심을 치유해주거나 감춰주는 밤을 택하리니.

"기만에 물들지 않은" 그런 사람들은 "너무도 단호하여 모욕을 참지 못하고, 너무도 오만하여 아첨하지 못하며, 너무도 참되어 거짓말을 하지 못하고, 너무도 솔직하여 남의 호감을 사기 어렵다." 최소한 억압하는 힘이 가장 약한 어두운 밤에는 그러했다. 그러나 더 중요한 것은, 밤에는 사회적 의무와 억압이 없는 만족감, 쾌락을 제약 없이 추구할 수 있었다는 것이다. 『방탕자』(The Libertine, 1683)의 저자는 이렇게 말했다. "천국의 장황한 이야기는 바보들에게 하길,/ 우리는 균형을 맞추기 위해 향락에 빠진다." 이러한 방탕에 경악한 헨리 피첨(Henry Peacham)은 『완벽한 신사』(The Compleat Gentleman, 1622)에서 이렇게 경고했다. "술 취하고, 욕하고, 매춘하고, 유행을 따르고, 아무 일도 하지 않는 것이 오늘날 우리 신사 계급 대부분의 속성이자 특징이다."[17]

도시와 마을의 '멋쟁이'는 대개 낮에는 자고 해가 지면 술을 마시고 소란을 떨었다. 일부는 귀족들의 모임에서 공공연히 날뛰어, 덜 취한 사람들을 놀라게 했다. 1706년 한 음악회에서 리치먼드 공은 손님들이 "하고 싶은 대로 할 수 있게" 촛불을 모두 끄자고 제안했으나, 술이 덜 취한 사람들은 "아내와 친척이 있는데" 그럴 수는 없다고 반대했다. 젊은 남자들은 우아한 여흥을 아예 피하고 갈봇집이나 술집 같은 더 비천한 곳에서 즐기는 일이 흔했다. 한 비판자는 "두뇌를 술로 날려보내고, 재산을 오줌으로 흘려보낸다"고 표현했다. 새뮤얼 존슨은 그들을 "어리석음과 젊음과 술로 얼굴이 붉어진 길거리의 주인"이라 불렀다. 1730년에 런던의 한 신문은 "때로는 채신을 떨어뜨리는 짓에도 즐거움이 있다"고 강조했다.[18]

사실상 사회 지도층 대부분은 가난한 사람들에 대한 혐오감을 공

윌리엄 호가스, 〈난봉꾼의 편력〉 도판 3, 1735
술집에서 벌어진 이 난장판에서 야경꾼에게 빼앗은 깨진 램프와 곤봉이 젊은 한량의 발 아래 놓여 있고, 자신의 시계는 두 창녀들에게 빼앗긴 것에 주목하라.

언하면서도 그들의 "저속한 쾌락"을 시기했을지도 모른다. 리처드 스틸(Richard Steele)의 희극 『신사』(The Gentleman, 연대 미상)의 현재 남아 있는 부분으로 판단하건대, 그것이 바로 이 작품의 주제였다. 해리 세번 경은 하인 톰 딤플에게 "나는 너희들이 우리 주인들보다 더 행복하다고 생각해"라고 말하고는 하인과 함께 "낮은 세계"의 밤의 환락을 즐기러 나간다. 1718년 오를레앙 공작부인은 친구에게 이렇게 털어놨다. "슈베칭겐과 오프터스하임의 농부들이 모여 내게 이야기를 해주곤 하는데, 그들이 우리 모임의 공작부인들보다 더 재미있어." 다름 아닌 신성로마제국의 황제 카를 5세(1500~1558)도 브뤼셀 외곽에서 하룻밤을 보내야 했을 때 알게 된 한 농부의 저속한 태도에 즐거워했다고 한다. 농부가 황제의 정체를 모르고 소변을 보면서 상스러운 말을 하자 카를이 마음껏 웃었다고 전해진다. 카를이 "방귀를 뀌는군" 하고 꾸짖자 농부는 "오줌 누면서 방귀 뀌지 않는 말은 좋은 말이 아니야"라고 응수했다.[19]

훗날 오킨레크의 영주가 된 제임스 보즈웰은 주기적으로 밤에 창녀들과 어울리며 즐겼다. 독일을 여행한 그는 일기에 이렇게 기록했다. "저녁에는 나가서 드레스덴의 창녀들을 보고 런던에서처럼 즐겨야 한다. 저급하게, 저급하게." 육체적 만족 외에도 '저급한 방탕'은 그의 큰 관심사여서, 그는 여러 차례 변장을 하고 나갔다. 1763년 6월 런던에서 "왕께서 탄생하신 밤"을 기념하기 위해 나갈 때, 그는 "더러운 가죽 반바지와 검은 스타킹"에 검은 누더기옷을 입었다. "불량배가 되어서 볼 수 있는 모든 것을 보기로" 결심한 그는 런던 시를 여기저기 다니면서 자신을 이발사, 군인이라고 했다가, 마지막에는 화이트홀의 젊은 창녀에게 자신이 강도라고 말했다. "지쳐서 2시 정도에 돌아왔다"고 그는 일기에 적었다. 성직자들도 술집과 유곽에서 소란을 피우며 서약을 어겼다. 17세기 플랑드르의 수석 사제 헨리 비게르스(Henri Wiggers)와 참사회원 아르놀트 크리테르스는 "밤놀이"를 하며 술집에서 술을 마시고 노름을 했을 뿐 아니라 춤을 추고 싸움질까지 했다. "그놈을 해치워." 어느 소란스러운 밤에 '코로나' 술집에서 그 참사회원은 궁지에 몰린 친구에게 소리쳤다. 이탈리아를 여행하는 사람들은 이탈리아의 도시에 가로등이 없는 이유를 어둠 속에서 정사를 나누려는 고위 성직자들 탓으로 돌렸다. 한 로마 방문객은 "길거리의 어둠이 그리 영적이지 않은 목적을 가지고 있다"고 말했다.[20]

귀족 여성들도 밤의 매력에 무심한 것은 아니었다. 그들은 궁정 예법의 부담 외에도 가정의 억압에 직면했다. 다른 여성들보다 더욱 그들의 삶은 가정을 중심으로 움직였고, 개인적 성취나 독립의 기회는 더 적었다. 「사랑의 몰락」(Loves Downfall)이라는 발라드의 여주인공은 젊은 처녀들이 겪어야 하는 강제 결혼에 대해 이렇게 한탄한다. "내가 부엌데기였다면,/ 또는 신분 낮은 하녀였다면,/ 나를 사랑해줄 사람을 사랑한다 해도/ 두려워하지 않아도 될 텐데." 마거릿 캐번디시는 여성이 결혼하고 나면 진정한 자아를 숨기고 "언제나 가면을 쓰고 살아야 한다"고 탄식했다. 캐번디시의 『연설』(Orations, 1662)에 등장하는 한 여인은 남자들이 "우리를 무덤에 묻듯 집이나 침대 속에 묻으려 한다"고 했다. 그 결과 "우리는 우리 자신을 모르고, 남자들도 우리를 모른다."[21]

낮에는 가정에 묶여 있던 상류층의 아내와 딸 들은 호위하는 사람 없이 나가지 말라는 오래된 금기를 어기고 때로는 밤에 외출했다. 17세기에 떠돌던 어느 이야기에서 한 여인이 다른 여인에게 "낮에는 남자들이 당신의 자유를 가두어놨으니, 밤에는 스스로 찾으라"고 충고한다. 보카치오의 『일 코르바초』(Il Corbaccio, 1365년경)에 등장하는 한 인물은 여자들이 "유령, 혼령, 환영"을 두려워하면서도 불법적인 만남을 위해 밤에 먼 거리를 다니는 것에 놀란다. 어떤 유부녀들은 이중인격을 가졌다고 전해진다. 1599년 런던의 극작가 조지 채프먼은 "이 도시에 사는 수백의 귀부인들은 밤에는 한량들 사이에서 춤추고 환락에 빠져 있다가, 아침에는 마치 새로 세례받은 듯 정숙한 여성이 되어 남편의 침대로 들어간다"고 썼다. 귀족의 아내들은 가면무도회 같은 점잖은 여흥에도 참석했지만, 노름, 음주, 매춘까지도 불사했다.

윌리엄 호가스, 〈목욕탕〉(〈결혼 풍속〉의 도판 5), 1745
가면무도회 끝에 변호사 실버텅과 백작부인은 평판이 나쁜 목욕탕으로 갔고, 백작이 이 둘을 추적했다. 백작은 여기서 치명적인 상처를 입었다.

예컨대, 새뮤얼 피프스가 욕정을 품었던 왕정복고 시대 궁정의 캐슬메인 백작부인 바버라 파머 같은 문란한 여인들이 있었다. 그 여자는 노름을 광적으로 좋아해서 "하룻밤에 1만 5천 파운드를 따고 다음날 밤에는 2만 5천 5파운드를 잃었다"고 한다. 1683년 4월 어느 날 밤에는 "케임브리지의 세 귀족 여성"이 남자 가운을 입고 창문을 깬 뒤 여자 행인을 공격했다. 루시용 백작과 이혼한 뮈랑 부인은 "밤이나 낮이나 음란한 노래를" 동성애 연인과 함께 불렀을 뿐 아니라 "오랜 방탕" 끝에 파리의 집 "창문 밖으로 소변까지 보았다"는 이야기가 있다. 문학적 표현은 부정행위에 대한 여성혐오적인 두려움을 반영한 반면, 밤은 몇몇 여성들에게 집에서는 물론 때로는 집밖에서 개인적 자율성을 어느 정도 보장해주었다. 몽테스키외는 아침에 대해 "때로는 남편의 하루가 시작되는 시간이 아내의 하루가 끝나는 시간"이라고 했다.[22]

부유한 사람들이 더 낮은 계층 사람들 사이로 내려가서 어울린다는 것이 언제나 쉬운 것은 아니었다. 특히 익숙하지 않은 지역에서 밤에 즐기는 데에는 수많은 위험이 따랐는데, 그중에서도 불이 밝지 않은 더러운 길을 지나가는 일이 그러했다. 희곡 『올드샙 나리, 또는 밤의 모험』(Squire Oldsapp: or, the Night Adventures, 1679)에 등장하는 인물 헨리는 이렇게 한탄한다. "아, 밤 산책이라니. 집으로 돌아가는 길을 찾는 고통이 산책의 즐거움보다 반은 더 되겠군." 보즈웰은 그런 음주 원정을 떠났다가 "아주 지저분하고 멍든" 몸으로 돌아왔다. 호위를 받지 않은 여성은 점잖은 사교 모임에서조차 비난과 조롱 또는 그 이상의 모욕까지 당할 수 있었다. 1748년 샬럿 존스턴 부인은 두 친구와 함께 한밤중의 밀회 장소로 악명 높은 런던 복스홀 공원의 '어두운 산책로'에 감히 나섰다. 단지 음란한 호기심이 그들의 이유였을지 모르지만, 그들은 창녀로 오인받아 술 취한 견습공 대여섯 명에게 쫓겨 폭행을 당했다. 게다가 불량배처럼 옷을 입는 것과 그렇게 행동하는 것은 아주 다른 문제였다. 런던의 법학도 더들리 라이더는 창녀에 접근할 때마다 말을 더듬었다. 그는 "창녀에게 수작을 걸 때마다 이상하게도 당황스럽고 조급해져서 어떻게 해야 자연스럽게 말할 수 있을지 모르겠다"고 일기에 썼다. 보즈웰은 누더기 같은 옷을 입어도 창녀와 어울릴 때 자신의 정체를 숨기기 어렵다는 것을 알았다. 뒷날 그는 "옷을 그렇게 입어도 사람들은 언제나 나를 변장한 신사로 알아본다"고 사뭇 거만하게 기록했다.[23]

사람들과의 마찰은 불가피했다. 한 아일랜드인은 "하루종일 자신이 증오하는 사람들과 보낸 뒤" 밤에 "죽도록 그를 증오하는 사람들 사이에서" 악인이 되는, 지나치게 예의가 깍듯한 신사에 대해 썼다. 자칭 "신사이자 학자"인 프랜시스 우드매시는 술에 취해 라틴어로 이야기하다가 옆 탁자에 앉은 상인들과 시비가 붙었다. "멍텅구리", "주정뱅이", "아일랜드 새끼" 등 격한 욕설이 오간 뒤에 우드매시가 상대방 한 명을 칼로 살해했다. 그러나 다른 한량들은 싸움이 커지기 전까지는 하층 계급 사람들과 자유롭게 어울렸던 것으로 보인다. 어느 날 밤 코번트 가든의 한 술집에서 일어난 일에 대해 한 '야경대원'이 신문에 보도했다.

> 왈패, 창녀, 포주, 호객꾼, 영주, 난봉꾼, 멋쟁이, 한량, 도박꾼, 바이올린 연주자, 가수, 무용수 들이 기묘하게 섞여 있다. 영주가 포주와 깊은 대화를 나누거나 국회의원이 자신의 특권을 뚜쟁이에게 설명해주는 모습도 가끔 볼 수 있다. 난봉꾼에게 소란 피우지 말라고 아주 신중하게 부탁하는 포주, 경망스러운 창녀, 푸줏간 주인과 함께 있는 멋쟁이도 볼 수 있다. 아직은 모두가 친구를 잘 만났다고 즐거워한다. 그러다가 신사가 취하고 왈패, 노름꾼, 창녀, 포주, 호객꾼 들이 소동을 피우며 돈 있는 사람들을 벗겨 먹기 시작한다. 이제 최고의 장면이 시작된다. 칼, 막대기, 모자, 가발, 모든 것이 날아다닌다. 코피가 나고 눈에는 멍이 들고 머리가 터지고 컵과 병이 깨진다.[24]

취한 한량들은 무례한 행동이나 품위 없는 어떤 짓거리도 대수롭

작자 미상, 〈코번트 가든의 술 취한 난봉꾼과 야경꾼〉, 1735

지 않게 생각했다. 리즈에서는 "젊은 신사들이" 늦은 밤의 즐거움을 위해, 친구나 친척이 죽어가고 있다고 거짓말을 해 자고 있는 사람들을 불러모았다. 1676년 6월 방탕한 로체스터 백작 존 윌멋은 세 명의 친구들과 함께 "창녀"를 찾다가 실패하고 나서 엡슨의 경관을 심하게 팼다. 근처의 술집에서 그들은 이미 몇몇 악사들이 "연주를 거부했다는 이유로 담요에 싸서" 던져버리겠다고 협박했다. 그날 밤이 끝나기 전에 로체스터 백작은 칼을 꺼내들었고, 그 결과 그의 친구 한 명이 야경대원에게 살해당했다. 점잖은 체하지 않고 중산 계급의 감성을 가진 피프스조차 찰스 세들리 경과 버크허스트 경, 이 두 멋쟁이가 일으킨 소동에는 충격을 받았다. 그들은 "엉덩이를 드러낸 채 밤 내내" 런던의 길거리를 돌아다니다가 "마침내 싸움이 붙어 야경대원에게 얻어맞았다"고 했다. 또다른 날 밤에 피프스는 "두 명의 한량과 그들의 시종"이 "예쁜 계집아이를 강제로" 넘어뜨리는 것을 목격했다.

그는 이렇게 고백했다. "신이여, 용서하소서. 나도 저 자리에 있었으면 하고 바랐으니." '수컷들의 파티'가 내는 소음에 항의한 어느 여인숙 주인의 운명은 그보다 훨씬 더 불행했다. 그녀는 가구와 함께 이층 창문 밖으로 던져져 죽음을 맞았다.[25]

시민 사회의 보호와 제약을 모두 피해 간 한량들 사이에서 격렬한 싸움이 벌어지는 것은 불가피한 일이었다. 칼싸움과 술 취한 끝의 싸움은 젊은 혈기에 불을 질렀고, 그 때문에 밤의 소동은 더 영웅적으로 보였다. 로체스터 백작은 이렇게 썼다. "내가 창녀들을 공격한 얘기를 해주지. 주인들은 집에 있고,/ 포주의 숙소는 공격당하고, 요새도 점령당하고,/ 창문은 부서지고, 야경대원은 정복당하지." 리스본의 한 방문객은 한밤중에 "모험을 찾아 길거리를 쏘다니는 왈패들의 싸움"에 대해 불평했다. 대부분의 폭력은 이유가 없었고 도발을 받아 일어난 것도 아니었다. 1693년 12월의 어느 날 밤 런던의 솔즈베리 코트에 세 사람이 칼을 들고 행진하면서 "마주치는 다음 사람을 죽이겠다며 '할 거야', '할 거야', '할 거야'라고 소리쳤다." 창문, 대문, 가로등을 파괴하고 손상시키는 행패가 일상적으로 일어났다. 젊은 여성들은 얻어맞고 발에 차이며 공격의 표적이 되었다. 어떤 사람들은 침대에서 자다가 어두운 길거리로 끌려 나왔다. 야경대원들도 공격 대상이었는데, 그들은 왕권의 고독한 상징으로 지위가 상승하면서 오히려 더 큰 경멸의 대상이 되었다. 제임스 셜리(James Shirley)의 희곡 『노름꾼』(The Gamester, 1633)은 "갈보집에서 소란을 피우고, 창문을 부수고, 길거리에서 소동을 부리며,/ 자정에는 경관을 괴롭히고, 때로는,/ 죄 없는 종지기를 골탕 먹이는,/ 멋쟁이"에 대해 얘기했다. 몬머스 공과 리치먼드 공 같은 한량들은 가면무도회가 끝난 뒤 야경대원에게 치명적인 상처를 입혔고, 훗날 제임스 2세(1633~1701)로 왕좌에 오르는 요크 공도 같은 죄를 저질렀다. 1741년 4월 어느 날 밤, 프랑스 귀족 둘이 이끄는 패거리가 리부른 시장(市長)의 대문을 공격하여, 처음에는 도끼로 찍고 다음에는 공성(攻城) 망치로 두드렸다.[26]

어떤 도시에서는 한량들과 그들이 끌고 온 하인과 시종으로 구성된 밤의 무리배가 늘어났다. 그들은 엉성한 조직이었지만 폭력으로 악명이 높았다. 암스테르담에서는 '저주받은 패거리'(Damned Crue) 단원들이, 더블린에서는 '초커스'(Chalkers)라는 무리가 무고한 행인을 공격했다. 이탈리아의 도시들에서는 젊은 귀족과 신사 무리가 극성을 부렸다. 16세기 말 피렌체에서 한 여행자는 다음과 같은 사실을 발견했다.

> 신사들이 밤에 무리를 지어 칼과 가린 랜턴을 들고 길거리를 걷는다. 가린 랜턴이란 반은 밝고 반은 어두운 랜턴으로서, 밝은 쪽을 앞으로 향하게 해 길을 비추고, 어두운 쪽을 자신들 쪽으로 해서 얼굴이 안 보이도록 한 것이다. 길에서 다른 무리를 만나면 그들의 얼굴을 보기 위해 밝은 쪽을 그들에게로 돌린다. …… 그들이 친한 친구가 아니라면 싸움이 나거나, 아니면 최소한 말다툼이라도 하지 않고 지나치는 법이 없다.

로마에서는 화가 카라바조가 창녀와 경쟁 검객들을 괴롭히는 한량 집단에 속해 있었다. "희망도 없고 두려움도 없다"(Nec spe, nec metu)가 그들의 신조였다. 1606년 다른 갱단과 싸우다가 사람을 살해한 카라바조는 나폴리로 피신해야 했다.[27] 런던에서 1623년에 결성된 '뷰

글'(Bugles)은 "여러 기사와 몇몇 젊은 귀족과 신사"의 주도 아래 "술집과 그 밖의 방탕한 장소"의 낙오자들을 단원으로 모집했다. 그보다 뒤에 런던에서는 '스카우러'(Scowrers)와 '헥터'(Hectors)라는 갱단이 "자신들의 피를 마시기 위해" 정맥을 자르곤 했다. 피프스는 로체스터의 '볼러'(Ballers)에 대해, 그 단원들이 어느 날 밤 창녀들과 벌거벗고 춤을 췄다고 기록했다. 가장 큰 공포의 대상은 '모호크'(Mohocks)였다. 그들은 미국의 이로쿼이 추장 네 명이 런던을 방문한 직후 그 이름을 붙였다. 1712년 몇 달 동안 런던은 그 갱단의 잔혹성 때문에 공포에 떨었다. 그들은 행인의 얼굴을 칼로 그었을 뿐 아니라, 여자들을 물구나무 세워놓고 "야만적으로 추행했다." 그 당시의 한 전단지는 야경대원도 감히 모호크 단원들을 체포하지 못할 정도라고 조롱했다. 조너선 스위프트는 안전을 걱정하여 일찍 귀가했고, 밤에는 마차를 탔다. 그는 이렇게 기록했다. "그들이 내 얼굴을 베지는 않겠지. 나는 이대로가 좋아. 마차 비용이 최소한 일주일에 1크라운이 들어도." 세라 쿠퍼는 한탄했다. "영국의 백작과 영주와 신사 들이 야만스런 인디언의 방식을 따라 하려 하다니."[28]

영문학에서는 핼 왕자와 강인한 그의 친구 폴스태프만큼 소란을 피운 한 쌍의 귀족은 없었다. 『헨리 4세』(Henry IV, 1598)의 제1막에서 그 둘은 "장난"을 치기 위해, 다른 불량배들과 어둠 속에서 부유한 여행자들을 습격할 음모를 꾸민다. 폴스태프가 왕자에게 말한다. "당신이 10실링을 위해 싸우지 않는다면, 당신에게는 정직도 사내다움도 선한 우정도 없고, 당신은 왕가의 혈통도 아니지요." 헝가리의 농부 왕 마티아스(1440~1490), 프랑스의 프랑수아 1세(1494~1547), 그리고 밤에 행상으로 변장했다고 하는 밀라노의 프란체스코 공 등의 왕들이 실제로 그런 생활을 했다. 샤를 6세의 동생이었던 오를레앙 공 역시 "낮에는 아주 독실했지만," 술을 많이 마시고 창녀들과 어울리는 등 "밤에는 은밀하게 아주 무절제한 삶을 살았다"고 전해진다. 스칸디나비아의 군주 크리스티안 2세(1481~1559)는 왕자였을 때 코펜하겐의 술집에서 와인을 마시기 위해 궁정을 벗어났고, 경비대원에게 뇌물을 주어 성문을 열게 했다. 덴마크의 왕 크리스티안 4세(1577~1648)는 길거리에서 소란을 피우며 다른 젊은 귀족들처럼 창문을 부쉈다고 한다. 영국의 헨리 8세도 마찬가지여서, 젊었을 적 그의 "산책"은 17세기에 출판된 『왕과 구두장이』(The King and the Cobbler)라는 유명한 이야기의 소재가 되었다. 찰스 2세(1630~1685)는 로체스터와 "밤 산책"을 하던 중 "평소대로 변장"을 하고 뉴마켓의 유곽에 들렀다가 창녀에게 지갑을 소매치기 당했다. 가장 악명 높았던 인물은 아무래도 프랑스의 앙리 3세였을 것이다. 그는 낮에는 독실한 가톨릭 신자였지만, 밤에는 '예쁜이들'(mignons)이라는 충직한 궁정 신하들과 함께 파리의 밤거리에서 술판을 벌이곤 했다. 그 당시 한 사람은 그 '예쁜이들'에 대해 이렇게 불평을 토로했다. "그들이 하는 일이라곤 노름을 하고, 불경한 짓거리를 하고, 날뛰고, 춤추고, 싸우고, 음행을 저지르고, 왕을 따라다니는 것밖에 없다."[29]

9장

밤의 주인: 평민들

I

낮에 감히 소동을 벌이지 못하는 사람은
밤거리를 걸어야 한다.

_윌리엄 셰익스피어, 1596[1]

밤은 사회적 풍경에 혁명을 일으켰다. 어둠이 권력자들을 더 평민적으로 만들었다면, 수많은 약자들은 더 강하게 만들었다. 한 작가는 그들이 "머리에 쓴 왕관으로 하늘의 별들을 쓰러뜨리려는 듯 꼿꼿이 거만하게 길을" 걷는다고 한탄했다. 고된 일과 수모의 시간에서 벗어난 미국과 유럽의 대중은 해가 떨어지고 나면 새로운 목표를 세웠다. 일과 사회적 감시로부터 자유로울 수 있는 밤의 매력은 낮은 계층에게 더 의미가 컸다. 사회적 상급자가 아니라 동료인 가족이나 친구에 국한된 개인적 관계는 선택에 의한 것이었다. 이전에 노샘프턴셔의 울타리 만드는 일을 했던 존 클레어는 "차별 없는 밤에는 어떤 눈도/ 우리를 감시하거나 꾸짖지 않는다"고 묘사했다. 눈에 보이는 세계의 흔적을 밤이 가려준다는 사실을 감안하면 어둠의 매력은 더 풍요로운 의미를 갖는다. 검은 밤에는 복종과 존경과 함께 두려움을 주입시키려 고안된 제도적 권력과 특권을 상기시키는 모든 것들이 가려졌다. 가문의 문장(紋章)이나 십자가는 시야에서 물러나고, 시청이나 감옥은 덜 크게 보이고, 교회 종탑도 더이상 경관을 지배하지 않았다. 찰스 처칠은 이렇게 썼다. "현실의 모든 폐해는 어두운 망각 속에 있고, 상상이 만들어낸 즐거움이 그 자리를 대신한다."[2]

확실히 밤은 다양한 종류의 은신처를 제공했다. 낮에는 정체를 숨겨야 하는 반체제적인 소수파는 어둠 속에서 교회와 국가와 대중적 편견의 제약을 잘 피하며 새롭게 결의를 다졌다. 영국에서는 '제임스 2세 지지파'(Jacobites)와 같은 정치적 국외자들이 밤에 작당했을 뿐 아니라 불안이 고조된 시절에는 경쟁 파벌들이 어둠을 틈타 선동적인 전단을 돌렸다. 1688~1689년의 격렬한 명예혁명 시기에 런던 길거리는 아침마다 전단지로 뒤덮여 있었다. 몇 년 뒤 하노버 왕조 계승 위기 시에 쿠퍼 백작부인 메리는 이렇게 말했다. "비방을 늘어놓는 팸플릿이 뿌려지지 않고 지나가는 밤이 없다."[3]

종교적 반대파는 로마 시대에 박해받던 초기 기독교도처럼 밤에 모였다. 중세에 카타리파, 발도파 및 다른 이단 종파는 비밀리에 회합을 가졌다. 그들의 적은 그들이 밤에 만나 방탕한 주연을 벌인다는 소문을 퍼뜨렸다. 1427년 시에나의 수도승 베르나르디노는 한 이단 종파에 대해 이렇게 기록했다. "깊은 밤중에 그들은 남녀가 같은 방에 함께 뒤섞여 논다." 에스파냐의 '마라노'(marrano)처럼 박해에 못 이겨 기독교로 개종한 유대인들은 개인적으로 신앙생활을 하며 고립적

프랑수아 모렐롱 라 카브, 〈아담파의 밤 모임〉, 18세기
권위주의에 반대하는 종교 단체가 영국과 유럽의 여러 지역에 각기 다른 시기에 전래되었다. 에덴동산의 순수함을 되찾으려는 아담파 신자들은 나체로 예배했다.

인 저항을 했다. 그리하여 17세기 초 세비야에서는 산 이시드로 성당의 문 앞에 "모세의 율법 만세, 그것이 최고"라는 표지가 이틀 밤 연속 붙어 있었다. 1551년 어느 늦은 밤 몇몇 이탈리아 유대인들이 푸림절 축제 기간에 로마의 텅 빈 거리를 자유롭게 돌아다니면서 야경대원으로 가장하기도 했다.[4]

종교개혁 직후 개신교 소수파는 체포될까 두려워 결혼과 장례를 포함하여 밤에 예배 의식을 열었다. 프랑스의 신교도인 위그노(Huguenot)는, 위고(Hugo) 왕이라는 중세 군주의 유령이 떠돈다고 하는 투르 시에서 밤에 모임을 가져 그런 이름을 얻었다. 이것이 사실이건 아니건, 독서와 토론을 위한 비밀 모임은 프랑스의 여러 도시에서 일상적으로 열렸다. 박해받던 스트라스부르의 재세례파는 인근 숲에서 모였다. 1576년 한 목격자에 따르면 2백여 명의 남녀가 보초들이 지키는 비밀 "통로와 옆길"을 통해 모여들어서 기도를 하고 설교를 들었다. "불을 붙인 양초는 어두운 밤에 나무와 덤불 사이에서 반짝거리는 늑대의 눈처럼 보였다." 아마도 그랬을 것이다.[5]

영국에서 가톨릭을 믿는 국교 기피자들은 때때로 예배와 성사를 위해 밤에 만났다. 1640년 몬머스의 한 신사는 한 과부에 대해 "그 여자는 가톨릭교도였기 때문에 밤에 교회에 불법적으로 매장되었다"고 기록했다. 청교도 혁명 이후 영국 국교회의 우월성을 재확인한 『클래런던 법전』(Clarendon Code) 이후 수많은 비국교도들이 비밀리에 만났다. 요크셔의 올리버 헤이우드의 일기는 밤에 개인 가정집으로 가서 설교한 이야기로 가득 차 있는데, 어떤 곳은 너무도 사람이 많아 신도들이 다 들어가지도 못했다고 한다. 몇 년 뒤 또다시 영국 국교에 의한 박해가 휩쓸었을 때 맨체스터의 비국교도 토머스 졸리는 이렇게 기록했다. "우리의 특권을 박탈당할 위험 때문에 우리는 초기 기독교인을 본받아 주로 저녁과 밤에 모인다."[6]

질병에 걸린 사람들도 낮의 밝은 빛으로부터 도망 다녔다. 나환자나 다른 병자들은 육체적인 기형 때문에 낮에 밖에 나가면 조롱의 대상이 되었다. 흑사병이 발발했을 때 도시의 관리들은 환자와 그 가족을 집안에 가두고 문을 밖에서 걸어 잠갔고, 런던에서는 1519년부터 그 집 문에 붉은 십자가를 걸고 "주여 우리에게 자비를 베푸소서"라는 호소의 글을 새겼다. 때로 환자들은 친구의 도움은 물론 신선한 물과 음식을 얻을 수도 없었다. 그렇지만 밤에는 어떻게든 빠져나가 시골로 피신하거나, 식량을 구해 해가 뜨기 전에 집으로 돌아갔다. 피렌체에 흑사병이 돌았을 때 금박장(金箔匠) 알레산드로 콘티는 아들을 살리려는 일념으로 어느 날 밤 창문 아래로 몸을 던지기도 했다. 런던의 대역병에 대해 대니엘 디포는 밤에 "병자들이 길거리를 뛰어다니는데" 관리들이 그들을 제압하기란 거의 불가능했다고 기록했다.[7]

동성애자들도 밤에 돌아다녔다. 16세기에, 또는 그 이전부터 피렌체, 베네치아, 제네바 등의 유럽 도시에는 동성애자들의 조직이 있었고, 18세기에는 런던, 파리, 암스테르담이 그 뒤를 따랐다. 많은 지역에서 동성애는 중죄였고, 영국에서는 헨리 8세의 칙구에 따라 죽을 죄가 되었다. 1726년 런던에서는 '몰리의 집'(molly-house, 'molly'는 여성 역을 하는 남성 동성애자)이라고 알려져 있는 동성애자 유곽 26곳이 수색을 받았다. 마거릿 클랩의 집에는 "방마다 침대가 있었"는데 매일 밤 30~40명의 남자들이 모였다고 전해진다. 어디나 성적 만남을 위한 가장 안전한 시간으로 밤이 선호되었다. 토스카나에서 '밤'(la notte)은 동성애를 뜻하는 곁말이었다. 중세 말기에 동성애자 구형을 책임지던 피렌체의 법정은 '밤의 관청'이라는 칭호로 불렸다. 파리에서는 공원이 좋은 장소였는데, 달 밝은 밤에는 관목이나 나무숲이 은신처가 되었다. 1723년 어느 여름밤에 비외빌의 대수도원장은 튈르리 궁을 돌아다니던 한 사람에게 이렇게 말했다. "난 여기서 매일 밤 당신을 봅니다. 원한다면 나랑 같이 주목(朱木) 아래로 갑시다. 여기는 달빛이 너무 밝고 사람들이 너무 많아요." 가끔은 밤이 동성애자들에게 위험을 가져다주기도 했다. 피렌체에서 자코포 디 니콜로 파누치는 어두운 밤에 한 젊은 남자에게 "수치스러운 몸짓"을 해달라고 부탁하며 돈을 건넸는데, 알고 보니 그 "젊은이"는 경관이었다.[8]

II

사람들이 누리는 짧은 즐거움은
폭군들이 잠자는 동안 지속된다.

_앤 핀치, 1713[9]

종교적, 정치적 소수파와 병자나 장애인, 동성애자는 모두가 밤 세계의 나그네일 뿐 상주하는 주민은 아니었다. 그들은 어둠에 대한 소유권을 주장하기보다는, 프랑스의 속담처럼 "밤에 구멍을 내거나" 에스파냐의 랍비가 말했듯 "세상으로부터 숨으려" 했다. 이들은 뿔뿔이 흩어져 있어 익명성이 보장되었다. 하지만 이들과는 달리, 밤이 일시적인 안식처라기보다는 또다른 삶의 기회, 별개의 영역이었던 사람들도 많이 있었다.[10]

가난하고 소외된 사람들보다 더 열렬히 해가 지기를 기다린 사람은 없었다. 산업화 이전의 농촌에는 미숙련 노동자와 근근이 연명하는 농민들과 함께 부랑아와 거지가 있었는데, 그들 대부분은 전쟁이나 경제적 파탄으로 인한 난민들이었다. 그들은 독신 남성이 압도적으로 많았고, 도시로 흘러들어갔다. 경제 위기 시기에 도시의 빈곤층은, 보수적으로 잡아도 인구의 20~30%를 이루었다. 대니얼 디포의 말을 빌리면, 고용될 기회가 별로 없는 이 불행한 사람들이 "정말로 가진 게 없어 고통받는 비참한 사람들"을 이루고 있었다.[11]

밤에 가난한 남자와 여자는 용감해졌다. 어둠은 주인의 감시를 포함하여 상급자의 통제로부터 수많은 사람을 해방시켰다. 그 당시에 살았던 한 사람은 "그들은 하루종일 소굴이나 구멍 속에 누워 있다가 밤이면 먹잇감을 찾아 돌아다닌다"고 개탄했다. 불안한 상류층은 하

요한 콘라트 제카츠, 〈모닥불 앞의 집시들〉, 18세기

층민의 행동을 올빼미나 늑대 또는 다른 밤 짐승에 비유했다. 한 비평가는 "사악한 밤새들"이라고 불평했다. 매사추세츠의 솔로몬 스토더드는 "그들은 밤에 기어나오는 짐승과 같다"고 단언했다. 그러한 비유는 그들이 대담했고 밤에 주도권을 잡았음을 증언해주는 것이었다. 레오나르트 브라머르(Leonaert Bramer), 소(小) 다비드 테니르스(David Teniers the Younger), 요한 콘라트 제카츠(Johann Konrad Seekatz)처럼 서로 전혀 다른 화가들의 그림은 가난한 사람들의 밤 야영뿐 아니라 그들의 동료애와 음주벽을 보여준다. 1759년 올리버 골드스미스는 "그림 속 사람들은 더이상 낮의 가면을 쓰지도 않고, 저속함이나 비참함을 숨기려고 하지도 않는다"고 고찰했다.[12]

가부장의 권위를 참지 못하는 젊은이들도 밤에 이끌렸다. 견습공, 학생 같은 청소년들은 계급보다는 나이 때문에 복종해야 했다. 어른들에게 젊은이는 언제나 큰 골칫거리였다. 16세기의 학자 로저 애스

컴(Roger Ascham)은 열일곱부터 스물일곱까지의 나이가 "한 사람의 일생에서 가장 위험한" 시기라고 말했다. 도덕가들은 그들의 들떠 있는 기질과 긴밀한 통제의 필요성에 대해 경고했다. 주로 출신이 미천한 젊은 남자들이 많이 했던 견습공 생활은 그들에게 수공업이나 상업을 일정 기간 수련시키면서 직장 안팎에서 도덕적 감시를 가능하게 했다. 유럽 전역에서 이 제도는 값싼 노동력의 원천이자 청소년을 사회에 적응시키는 대중적 수단이었다. 많은 사람들이 이러한 훈련 과정을 완수하지 못했지만, 17세기 초에 런던에서만 2만 5천 명 이상의 견습공이 있었고, 이는 런던 주민의 약 12%에 해당했다. 그들은 주인집에서 거주해야 했을 뿐 아니라 식사 시간과 기껏해야 정오의 휴식을 제외한다면 자유 시간도 별로 없었다.[13]

낮에 그들은 주인의 지배 아래 있다가 밤이면 벗어났다. '밖에 눕기'(lying-out)라는 말은 종종 집안의 통행금지 시간을 무시하고 밤시간 대부분을 집밖에서 보내는 견습공들에게 쓰는 말이었다. 1705년 어떤 사람은 이렇게 말했다. "그들은 부모나 주인이 강요하는 질서나 제약이나 합당한 시간을 지키지 못한다." '밤의 주인'이라고 자칭했던 청소년들은 근대 초 도시 주민들에게 두려움의 대상이었다. 코튼 매더가 자신의 아들 인크리스 '크레시' 매더를 포함한 보스턴의 "방탕한 젊은이 일당"을 비난했던 것과 마찬가지로, 독일의 개신교의 장로회의는 "점잖은 사람들은 더이상 아무것도 확신할 수 없으며 가장 수치스러운 모욕이나 신체적 공격까지 두려워해야 한다"고 항의했다. 1673년 윌리엄 대버넌트 경은 런던의 상황에 대해 이렇게 밝혔다. "뛰어난 정부로 명성 높은 우리 도시가/ 이러한 밤의 폭동과 무질서 때문에,/ 노예들이 반란을 일으켜 관리를 사슬로 묶은/ 갤리선보다도 더 위험해졌다."[14]

예속된 노동자들에게도 밤은 흔치 않은 기회를 제공했다. 유럽에서는 때로 가난한 가정도 하녀 한 명은 둘 정도로 주종관계가 널리 퍼져 있었다. 18세기 파리에는 4만 명 정도의 가내 하인이 있었고, 런던에도 최소한 그 정도는 있었다. 견습공과 마찬가지로 하인들도 나이가 어려 대체로 15세에서 30세 사이였다. 그들도 직업을 자주 바꾸긴 했으나, 견습공 제도와 달리 예속이 경제적 독립을 위한 디딤돌이 되는 경우가 별로 없었다. 노동 조건은 가혹했다. 하인은 주인의 의지에 복종하고, 언어폭력과 신체 폭력을 감내해야 했다. 하녀는 성적 착취의 희생자가 되기도 했다. 계약 기간이 3~5년인 미국 식민지의 계약제 하인들의 생활은 더 심각했다. 영국에서 죄인으로 추방된 경우라면 7년 동안 노동해야 했다. 그래도 식민지의 계약제 하인의 운명은 아프리카 출신 노예들보다는 나았다. 특히 남부 농장 노예들은 강도 높은 노동과 야만적 규율로 생활이 더욱 비참했다.[15]

게다가 저녁 일과가 끝나면 주인들은 노동자들이 밖에 나가는 것을 막으려 애썼다. 1675년 매사추세츠의 주의회는 "하급자들이 밤에 있어야 할 가정에 있지 않는 죄"를 비난했다. 세라 쿠퍼는 "원하는 곳으로 가고야 마는 무분별한 비열한들"에 대해 불평했다. 스코틀랜드의 한 목사는 다음과 같이 기록했다. "농장주는 겨울날 새벽 서너 시에 일어나 밤새 홍청거리다 돌아온 하인들에게 문을 열어줘야 한다."[16] 노예들도 나돌아다니기를 좋아했다. 바베이도스의 한 백인 주민은 이렇게 언급했다. "남녀 불문하고 밤새 돌아다니는 일이 잦으며, 멀리 떨어진 친척에게 다녀온다." 『보스턴 이브닝 포스트』(Boston Evening-Post)의 한 기자는 "신중하지 못한 주인에게 허락받은 흑인들이 늦게 돌아다니며 저지르는 엄청난 혼란"을 비판했다. 요컨대 노스캐롤라이나의 한 농장 주인이 표현했듯, "밤은 그들의 낮"이었다.[17] 또한 도주하려는 견습공이나 하인이나 노예도 낮에 숲이나 늪지에 숨어 있다가 해가 진 뒤 별을 보고 길을 찾으며 도피했다. 독일에서는 1588년 3월 두 명의 견습 선원들이 강배에서 탈출하여 "어두운 밤의 도움을 받아" 본으로 도주했지만, 아침에 발각되었다. 도주한 하인을 찾는 미국 식민지의 신문 광고는 이렇게 경고했다. "그들은 주로 밤에 다니는 것으로 추정된다."[18]

어떤 점에서, 젊은 견습공, 하인, 노예, 빈민의 네 집단은 공통점이 별로 없다. 일부는 근대 초 공동체의 사회 주변부에 살았지만, 다른 사람들은 부분적이나마 사회에 융화되어 있었다. 캐롤라이나 흑인 노예들의 운명은 백인 하층 계급의 운명과 크게 달랐으며, 미래가 안 보이는 부랑자들의 운명도 젊은 하인들과는 크게 달랐다. 이 네 집단은 직업, 인종, 성별, 종교를 기준으로 더 세분될 수 있었다. 노예들 사이에서는 아프리카 출신인지, 미국이나 서인도제도 출신인지가 중요한 차이였다. 그럼에도 이 집단들은 중복되는 경우가 많았고, 따라서 그들을 나누는 경계선도 종종 흐려졌다. 예컨대 런던의 견습공 폭동에는 "절망적인 동료들"과 "주인 없는 사람들"이 참여했다는 소문이 떠돌았다. 무엇보다도 이 사람들은 배경은 서로 달랐지만, 한 가지 본질적인 측면에서는 비슷했다. 그들은 하나의 세계가 아니라 두 세계에 살고 있었다. 고통과 두려움으로 점철된 낮은, 기회와 약속의 밤에 자리를 내줬다. 낮의 현실에서 소외된 그들은 밤에만 자신들의 규칙에 따라 자신들과 비슷한 사람들끼리 일하고 놀 수 있었다. 노스캐롤라이나에서 도주한 한 노예는 이렇게 회상했다. "노예 시절에 우리는 해가 뜨는 것을 싫어했다. 그것은 또다른 고된 하루를 뜻했기 때문이다. 하지만 우리는 해가 지는 것을 보면 즐거웠다." 뉴잉글랜드의 한 목사는 젊은이들에 대해 이렇게 기록했다. "그들은 낮에 그들을 가두고 있는 제약에 진저리가 나 있기 때문에 해방이 되면 하루종일 갇혀 있던 물처럼 미쳐 날뛴다."[19]

밤에 수없이 많은 위험이 있다 해도 하층민들은 그 어둠을 헤쳐나갈 능력이 충분히 있었다. 대부분은 지리적 환경에 친숙했고, 자연의 신비를 잘 알았다. 하인과 견습공은 심부름을 가거나 어둠 속에 주인을 마중 나가는 등 늘 마을길을 다녀야 했다. 버지니아 식민지의 한 노예가 다른 농장에 사는 아내를 만나고 돌아오던 한밤중에 들판에서 사망하자, 그 주인은 술에 취한 것이 불운의 원인이라고 했다. "왜냐하면 그 노예는 길을 속속들이 잘 알고 있었기 때문"이었다. 최소한 하층민의 일부에게는 음주가 한밤의 두려움을 없애주었을 것이다. 예컨대 젊은 제임스 래킹턴의 아버지는 어느 음침한 밤에 "맥주를 엄청나게 마시고 두려울 것이 없었다." 이런 말도 많이 있었다. "밤은 수치를 모르고, 사랑과 와인은 두려움을 모른다."[20]

하층 계급에게는 해가 진 뒤에도 세상은 오랫동안 움직였다. 맑은 날 저녁이면 친구와 친척 들이 몇몇씩 모여 자정이 넘도록 밖에서 놀았다. 에일이나 맥주나 와인에 고무된 웃음과 우애가 그들의 시간에 활기를 불어넣었다. 17세기에 조반니 젤시는 이탈리아의 농부들에 대해 이렇게 표현했다. "매일 저녁 모든 마을에서 그들이 함께 어울리며 춤추는 것을 볼 수 있을 것이다. 우리를 보고 웃는 그들은 모두 즐겁다." 로마에서는 노동자와 걸인들이 나보나 광장에 모였고, 파리에서는 튈르리나 뤽상부르 같은 공원에 사람들이 모여들었다. 바이에른의 제수이트 수도사들은 "밤시간의 모임"을 "농민들의 뿌리깊은 습관"으로 설명했으며, 한 리스본 방문객은 술 마시며 흥청대는 사람들이 "해 질 때부터 해 뜰 때까지 뛰어다니고 춤추고 기타를 친다"고 썼다. 어느 런던 주민은 매일 저녁 공터에 모이는 "게으르고 무절제한 주정뱅이들과 노름꾼들"에 대해 불평했다.[21] 집과 마구간과 헛간에서 사람들은 카드놀이와 주사위 놀이를 하고, 잡담을 나누고, 풍자적인 노래를 불렀다. 버크셔의 경관은 어느 날 밤 여섯 쌍의 연인이 "벌거벗고 춤추는 모습"을 발견했다. 17세기의 발라드는 이렇게 선언했다.

> 마을의 덩치 큰 게으른 놈들은
> 술로 밤을 보내고
> 낮에는 종일 자게 하라.
> 그들이 통풍에 걸릴 때까지.
> 낮의 일은 큰 힘을 줘서
> 밤에 우리가 놀 수 있도록 해주고,
> 생생한 어떤 왕자보다
> 더 강한 불꽃으로
> 귀부인에게 입맞추게 해주네.[22]

노예들은, 특히 주인이 서로 다른 노예 부부일 경우 인접한 곳에서 만났다. 리치먼드의 변호사 조지 터커에 따르면 그들의 "놀이"에는 "전래 민요"와 "대화와 노래가 번갈아 나오는 이야기"가 있었다. "밤은 그들의 것"이었다. 버지니아를 여행했던 한 사람은 보통 노예들이 하루 일과가 끝나면 집으로 돌아가 쉬는 것이 아니라, "대개는 집을 나와 아무리 날씨가 더워도 6~7마일을 걸어 흑인들이 춤추는 장소로 간다. 거기에서 그들은 놀랄 정도로 경쾌하게 열정적으로 춤을 춘다"는 기록을 남겼다. 서아프리카에 기원을 둔 그들 공통의 예방책은 주전자나 단지였다. 그것을 거꾸로 놔두면 사람의 목소리나 그 밖의 소리가 잘 들린다는 것이었다. 달과 별로 시간을 아는 전래의 기술을 사용하여 노예들은 동이 트기 전에 집으로 돌아갔다. 달빛은 물론 불붙인 나무 양초는 길을 밝혀줬고 추운 밤에 온기를 더해주기도 했다. 한 해방 노예는 "소나무 관솔은 오래 타고 밝은 빛을 냈다"고 기록했다.[23]

물론 술집도 하층 계급을 상대했다. 릴의 '야만인 주점' 또는 암스테르담의 '에바의 창녀'나 '도둑 바'는 이름만 봐도 더이상의 어떤 곳일지 뻔하다. 1590년대에 아우크스부르크의 '어두운 방'은 악명 높은 도둑떼에게 은신처를 제공했다. 상층 계급의 눈으로 볼 때 가장 나쁜 곳은 밤새 문을 여는 술집이었다. 18세기 초에 이런 술집은 '밤의 술창고'라고 불리기 시작했는데, 불결하고 컴컴한 소굴이었다. 다른 술집과 비교해서 이곳은 값이 더 저렴했고, 상류층이 가기는 껄끄러웠다. 담배 연기, 토사물, 오줌 냄새가 진동하는 그곳에, 간단히 한잔 걸치려는 고객이 줄을 이었다. 예컨대 런던의 술집 '단검 세 자루'에서 포도주 상인 조슈아 트래버스는 아침 6시까지 친구들과 술을 마셨다. 한 런던 주민은 "여기에서는 욕설과 배설, 음란함과 몰상식, 불경함과 추잡함이 한꺼번에 배출된다"고 기록했다. 파리에서는 때때로 주정꾼들이 문 닫는 시간에도 나가지 않겠다고 버텼다. 1760년에 관리들은 이렇게 불평했다. "대부분의 술집 주인이 밤에 문을 열고 모든 신분의 사람들을 받아들이고, 때로는 음란한 여인, 군인, 걸인, 심지어는 도둑까지 숨겨준다." 17세기 중반에 스트라스부르의 이른바 '숙박소'들은 "온갖 음란 행위, 금지된 춤, 과음, 과식, 소란"으로 비난받았다. 버지니아에서도 농장주 랜던 카터는 '밤의 가게'가 번성하는 것을 비난하면서, 그곳이 노예와 가난한 백인들 사이에서 장물을 파는 곳으로 인기가 높다고 소리를 높였다. 그 가게에서는 럼주만 파는 것이 아니라 "아무에게나 무엇이든" 팔았다. 카터는 "그들은 팔기 위해 훔쳐야 했다"고 조롱했다.[24]

III

어둠은 인류의 작고 평범한 사람들에게 시적 능력을 부여한다.

-토머스 하디, 1886 [25]

스코틀랜드에는 "악한 일을 하는 사람은 불빛을 싫어한다"는 속담이 있다. 강도나 도둑이나 닳고 닳은 불량배 외에도 많은 사람들이 때로는 불법적인 목적으로 밤의 어둠을 이용했다. 경범죄는 덜 두렵긴 해도 그 건수는 훨씬 더 많았다. 밤은 가난한 가정에 모든 사회적, 법적 제약을 덜어줬다. 가난한 집에서는 사람이 죽으면 교회에 세금을 내지 않기 위해 밤에 시체를 묻었고, 그렇게 하면 가난한 도둑들로부터 매장한 장소를 보호할 수 있다는 장점도 있었다. 무덤 강도들은 옷과 관을 훔쳤고, '시체 도굴꾼'(resurrection man)은 교회 묘에 방금 묻힌 시체를 파내 의학 해부용으로 팔았다.[26] 한편 생활고에 힘든 산모는 키울 능력이 없는 신생아를 밤에 유기했다. 런던에서는 증권 거래소에 아이들이 많이 버려졌다. 파리의 어머니들은 버리는 아이들에게 성별과 생일과 이름을 적은 꼬리표를 붙였다. 18세기 초에 이르면 매년 약 2천 명에 달하는 버려진 아이들이 파리의 기아 보호소에 들어갔고, 그곳은 유럽 가톨릭 국가들의 수많은 기관 중 하나였다. 길거리에 아이를 버리기도 했다. 예를 들면 1760년 어느 어두운 겨울밤에 산모 제인 브루어턴은 요크셔의 채플 앨러튼 마을 길가에 사생아 딸을 버린 뒤, 한 부부가 그 아이를 발견할 때까지 멀리서 기다렸다.[27]

자존심 때문에 낮에 구걸하지 못하는 가난한 사람들은 일용할 양식을 위해 밤에 도시의 길거리로 나섰다. 암스테르담의 수도승 바울터르 야콥스존은 한 수녀에 대해 이렇게 말했다. "그 여자는 어두워지자 밖에 나갔다. 점잖은 사람인지라 낮에는 부끄러웠기 때문이다."[28] 체포될까봐 두려운 채무자나 다른 도피자들도 밤에는 자유롭게 돌아다녔다. 토마스 데커는 이렇게 썼다. "파산자, 범죄자, 빚진 사람은 체포나 법원의 영장이 두려워 달팽이처럼 하루종일 집안에 머리를 감추고 숨어 있다가, 밤에 껍데기에서 기어나오기 시작했다." 집세를 내지 못한 세입자들은 "가능한 한 소리를 죽이고 이사하면서" 달빛 아래 도주했다.[29] 또 가난한 사람들은 어둠을 틈타 도시의 헛간이나 농촌의 축사나 광 같은 건물에 들어가서 밤을 보냈다. 데커의 주장에 따르면 자작농들은 방화가 두려워 그들을 묵인했다. 영국 서부와 웨일스의 불법 거주자들은 더 영구적인 거주권을 주장했다. 기원이 불분명한 어느 지역 관습에 따르면, 일반적으로 '카반 우노스'(caban unnos)라는 진흙 오두막을 하룻밤 사이에 황무지나 공유지에 지으면 주거를 허용했다. 그 작업은 해가 지고 나서부터 뜨기 전까지 완성되어야 했고, 친구나 가족이 도와주는 것도 허용되었다.[30]

밤에는 마법을 사용할 기회도 있었다. 재산을 빼앗긴 대서양의 양쪽의 가난한 사람들은 특히 마을의 자선이 줄어드는 곤궁기에 마법에 의존했다. 16세기 마법의 한 권위자는 "가난을 자발적으로 선택하지도 않았고 그것을 참고 견디려 하지도 않는 사람들에게 때로 가난은 많은 악의 근원"이라고 말했다. 밤에, 경제적 곤궁에 몰린 사람들은 묻혀 있는 금과 은을 찾는 데 도움을 준다는 마법의 부적에 희망을 걸고 "초자연적 경제"에 열심히 참여했다. 18세기 프러시아의 장애인 대장장이 한스 하인리히 리히터가 사용한 부적은 기독교와 이교 모두에 기원을 둔 것이었다. 보물찾기에 가장 좋은 시간은 자정 이후였고, 달의 위상에 따라 날을 선택했다. 침묵을 지키는 것이 중요했다. 보물이 묻힌 곳으로 추정되는 장소에는 악령을 막기 위해 한 개 이상의 원을 그리는 것이 관행이었다. 당국의 경각심을 더 크게 불러일으킨 것은 사악한 유령이 깨어나 보물 발굴을 도와줄지도 모른다는 것이었다. 1542년 영국의 한 법령에 따르면, "물욕을 채우기 위해 금과 은이 묻혀 있는 장소를 알려고 유령을 불러내거나 마법을 쓰는" 사람은 사형에 처해졌다.[31]

어떤 절박한 사람들에게 마법은 그들을 박해한 사람들을 처벌하거나 그들의 불행을 보고도 못 본 체한 이웃을 혼내줄 수 있는 수단이었다. 어느 날 밤 우스터셔의 한 농부가 훔친 장작을 가득 안고 있는 노파를 붙잡자, 그 여자는 곧 무릎을 꿇고 손을 들어 기도했다. "이 사람이 더이상 따뜻함을 느끼지 못하게 해주소서. 이 사람이 불의 따뜻함을 알지도 못하게 해주소서." 어떤 사람들은 밀랍 인형을 가시로 찌르거나, 사탄의 도움을 직접 청하기도 했다. 노예들은 마법에 의존하여 압박에서 벗어나려고 했다. 켄터키에서 "마법과 마술을 철석같이 믿은" 헨리 비브는 나이 든 노예에게서 마법의 약 조제법을 배웠다. 그는 갓 나온 암소의 분뇨와 붉은 고추와 "백인의 머리카락"을 섞은

존 퀴더, 〈돈을 캐는 사람들〉, 1832

혼합물을 데우고 그것을 갈아서 밤에 주인의 방에 뿌렸다. 그는 훗날 이 모든 것이 "주인이 나를 어떤 식으로든 학대하는 것"을 막기 위해서였다고 썼다. 독일의 하인 요하네스 부츠바슈가 꾸민 계획은 훨씬 더 거창했다. 걸어서 주인으로부터 도주하기에는 너무도 겁이 났던 그는 "타고 하늘로 도망칠 수 있는 검은 암소"를 얻을 수 있을까 하여 "늙은 마녀"를 찾아갈 생각을 했었다.[32]

마법은 어떤 시간대에도 사용할 수 있었지만, 유령이 돌아다니는 시간에 그 효과가 가장 크다고 여겨졌다. 사람들은 어떤 저주와 주문은 밤에만 통한다고 생각했고, 그래서 어두워진 뒤 밖에 돌아다니는 독신 여성을 더욱 의심했다. 뉴잉글랜드 식민지에서는 "밤에 나돌아다니면" 마녀라는 의심을 키울 수 있으니 조심하라는 말은 여자들이 흔히 받는 경고였다. 1692년 세일럼의 마녀사냥 때 심문을 받은 17세의 리디아 니콜스는 "감히 어떻게 밤마다 숲속에 혼자 나갈 생각을 했느냐"는 질문에 "육체와 영혼을 악마에게 팔았기 때문에 아무것도 두렵지 않았다"고 대답했다. 1665년 코네티컷의 주민 존 브라운은 어느 날 밤늦게 이웃집에서 동생을 위해 사탄의 상징물을 꺼내 들었다는 의혹을 받았다. 한 목격자에 따르면, "그는 문으로 가서 동생을 불러 별들을 보라고 했다. 그리고 동생에게 별들 속에 사탄이 있다고 말한 뒤 집으로 들어가 종이를 태우고, 종이를 태우지 않는다면 악마가 곧 나타날 것이라고 말했다."[33]

그러나 훨씬 더 많은 사람이 밤에 저지른 것은 마법이나 다른 악행이 아니라 좀도둑질이었다. 하인, 노예, 견습공, 노동자, 농부 모두가 좀도둑질을 했다. 아서 영은 아일랜드의 빈민에 대해 "그들은 손이 닿는 모든 것을 훔친다"고 말했다. 「농촌 사람들의 본질에 대하여」(De Natura Rusticorum)라는 시는 이탈리아 농부들에 대해 이렇게 비난했다. "밤에 그들은 올빼미처럼 길을 가고,/ 도둑처럼 훔친다." 18세기 파리에서 노동자, 견습공, 도제가 저지른 좀도둑질은 전체 좀도둑질의 3분의 2에 달했다.[34] 도시 작업장을 터는 도둑질과 함께 가내 하인의 좀도둑질도 많았다. 새뮤얼 피프스는 지하 창고에 둔 와인이 절반 정도 사라진 것을 발견했다. 그는 "우리가 잠든 뒤" 하인들이 밤에 먹고 놀았을 것이라고 추측했다. 하인들의 도둑질이 극성을 부리자 1713년 의회는 남의 집에서 40실링 이상의 가치가 있는 물품을 훔칠 경우 성직자의 도움 없이도 중죄에 처하는 엄격한 법을 입안했다.[35]

농촌 지역에서는 수확물과 가축도 좋은 도둑질감이었다. 벌통과 양어장과 세탁물도 당하기 쉬웠다. 한 작가는 "어두워진 다음에는 절대 빨래를 널지 말라"고 충고했다. 지주가 감시하긴 했지만 들은 너무 넓고 밤은 너무 어두웠다. 1709년 스코틀랜드 캐스카트 교구의 아그네스 파크는 이웃집에서 완두콩, 강낭콩, 양배추, 건초를 훔치고 양조장에서 맥아를 훔쳤다. 한 아일랜드 방문객은 "순무가 마차에 실려 도둑질당하고 하룻밤에 2에이커의 밀이 뽑힌" 것을 보았다. 땅이 없는 농촌 가정은 훔친 건초로 가축을 먹였다. 때로는 밤에 가축을 이웃의 풀밭에 풀어놓기도 했다. 남의 젖소에게서 우유를 몰래 짜기 위해 외양간 문을 부수기도 했다. 버지니아의 농장주 랜던 카터는 그의 노예 크리스가 자식들을 시켜 "밤에 내 소의 젖을 짠다"고 불평했다. 그중에서도 가장 가치 있는 것은 산 것이든 죽은 것이든 나무였다. 나무는 여름에는 조리에, 겨울에는 난방에 쓰였다. 비바람에 떨어진 가지는 물론 살아 있는 가지도 나무에서 잘라냈고, 장원의 울타리에서 담장을 뜯어내기도 했다. "대문은 지어지자마자 조각조각 여러 장소로 실려 가고, 장정 열 명이 들어 옮겨야 할 사람 덩치만 한 나무도 하룻밤에 사라져버린다"고 영은 전했다.[36]

훔친 물건 대부분은 집에서 소비했지만, 최소한 일부는 지역 시장에 다시 나왔다. 예컨대 1664년 노퍽 법원은 밤에 이웃의 완두콩을 훔쳐 돼지에게 먹이고 나머지는 팔려고 한 세 여인을 기소했다. 미국에서 노예와 흑인 자유민은 훔친 물건은 물론 자신의 밭에서 생산한 것도 가정이나 소상인에게 팔며 활발히 거래했다. 버지니아를 방문한 한 모라비아 사람은 어느 날 밤 흑인들이 "도처에 돌아다니는 것"을 보고 이 식민지가 "도둑으로 가득차" 있다고 생각했다. 밤에 양을 잃은 조지 워싱턴은 개를 가진 노예의 탓으로 돌렸다. "개들이 그들의 명령을 잘 듣는 것을 보면 놀랍다." 메릴랜드의 한 주민은 흑인 자유민에 대해 이렇게 말했다. "이 흑인 자유민들은 밤에 닭과 과일을 훔쳐서 마을이나 도시의 시장에 파는 것으로 유명하다."[37]

시골에서는 소작인, 농부, 하인 등 많은 사람들이 밀렵을 하기 위해 덫과 그물과 총을 들고 밖으로 나갔다. 1599년 에드워드 쿡 경은 스태퍼드셔의 밀렵자들을 "아주 방탕하고 난폭하고 다루기 힘든 사람들로서, 사슴을 훔치는 밤도둑"이라고 묘사했다. 국왕의 숲뿐 아니라 귀족의 사슴 공원에서도 사냥은 금지되었다. 사냥의 표적은 주로 토끼, 메추리, 꿩, 사슴 등이었다. 밤낚시도 어떤 종류는 금지되었지만, 실지로는 널리 행해지고 있었다. 미국은 유럽보다 사냥 규제법이 훨씬 느슨했지만, 버지니아와 캐롤라이나는 '불 사냥'(fire-hunting)을 금지하는 법을 제정했다. 횃불을 이용해 짐승의 눈이 보이지 않게 하는 인디언 기원의 그 사냥 방식은 화재의 위험이 있었을 뿐 아니라 가끔 소나 말을 사슴으로 오인하는 경우가 있었다.[38]

영국 농촌 가정에서 밀렵은 즐거운 오락이자 때로는 소중한 수입원이었다. 〈링컨셔의 밀렵꾼〉(The Lincolnshire Poacher)이라는 유행가는 이렇게 노래했다. "유명한 링컨셔에서 견습공이었을 때,/ 나는 7년 넘게 주인을 위해 열심히 일했지./ 그러다가 당신도 알다시피 밀렵을 했는데,/ 이것이 일 년 중 한철 환한 밤에 나의 즐거움이었지." 밀렵꾼보다 산속의 사정을 더 잘 아는 이는 없었다. 그들은 사냥터지기나 사냥감의 냄새와 습관을 아는 것은 물론, 날씨의 변화와 달의 위상까지 꿰뚫고 있었다. 당대의 한 사람은 "부모가 자식에게 가르친다"고 했다. 한 은퇴한 밀렵꾼은 소년 시절에 대해 이렇게 회상했다. "우리는 마을을 속속들이 알고 있었고, 어둠은 우리의 친구였다."[39]

밤은 밀수꾼을 위한 시간이기도 했다. 유럽 대륙 도처에서 일상적이었던 밀수는 18세기에 영국에서도 위험한 수준에 도달했다. 브랜디, 담배, 차 같은 일용품에는 수입 관세가 부과되었기 때문에 밀수품의 암거래에는 거금이 걸려 있었다. 밀수꾼들은 주로 밤에 영국 해안 어느 곳에나 물품을 내려놨는데, 특히 남부 해안이 악명 높았다. 맨 섬과 채널 제도는 근해의 기항지 역할을 했다. 그물처럼 연결된 내륙의 암거래소와 배달꾼들에 의해 밀수품 대부분은 마침내 도시에 도달할 수 있었다. 1738년 런던의 한 신문은 다음과 같은 기사를 실었다. "오늘날 어두운 밤은 밀수꾼들의 작전에 아주 유리하기 때문에, 그들은 밤을 이용해 많은 양의 차와 값비싼 물건을 도시로 들여왔다." 버크셔의 마장수 아들이었던 조지프 주얼은 한 여인숙에서 일했는데, 그곳은 "밀수꾼들의 안식처"였다. 주얼은 자서전에 이렇게 밝혔다. "우리 주인도 직접 밀수를 해서, 나는 밤에 차와 술 등을 갖고 말을 타고 나가는 일이 많았다. 나는 2파운드 무게의 납이 끝에 달린 채찍을 갖고 다니곤 했는데, 혹시 징수관을 만날 경우 방어를 하기 위해서였다." "상품"을 숨기기 위해 그는 "길고, 헐겁고, 큰 외투"를 입었다.[40]

양모의 불법 밀수출도 활발하게 이루어졌다. 주로 밤에 이루어졌기 때문에 서식스와 켄트의 해안으로 밀수입된 술이 '달빛'(moonshine)이라고 불렸듯, 양모의 밀수출은 '올빼미질'(owling)이라고 했다. 1740년대의 호크허스트 갱단처럼 크고 때로는 폭력적인 밀수단이 서식스와 켄트의 해안에서 활동하여 정부 당국을 불안케 했다. 지역 주민들은 상품을 싸게 살 수 있었기 때문에 대체적으로 밀수를 환영했다. 예컨대 우드퍼드 목사는 '달빛'이라는 별명을 가진 마을의 대장장이가 그의 문 앞에 가져다주는 진(gin)을 주기적으로 받왔다. "오늘 아침 일찍 '달빛'이 가져온 진 두 통을 병에 옮겨 담느라 고 아침 내내 바빴다"고 우드퍼드는 일기에 기록했다. 말을 타고 밀수품을 전달한 수많은 밤 중 어느 날, 주얼은 밀수품을 한 노파에게 전하려고 15마일을 달렸다. 사람들이 밀수꾼을 별로 두려워하지 않았기 때문에, 1782년에는 도둑들이 서퍽의 옥스퍼드 마을에 들어가려고 밀수꾼으로 변장하기도 했다. 그 결과 "아무도 그들을 눈치채지 못했고" 이 도둑들은 밤이 깊은 뒤 여러 집을 털었다. 어떤 곳에서는 주민들이 방해할까봐 밀수꾼들은 때로 유령으로 변장하거나 귀신 들린 동굴이 있다는 소문을 퍼뜨리기도 했다. "유령과 마법사와 마녀는 밤에 돌아다니는 부랑자를 막는 데 가장 값싼 최고의 경비원이었다"고 한 노련한 밀수꾼은 회고했다.[41]

밀수꾼의 절대다수는 비천한 출신이었다. 우드퍼드의 거래인처럼 대부분은 빈약한 수입을 보충하기 위해 밀수에 일부 의존할 뿐인 엑스트라들이었다. 프랑스에 만연한 밀수는 주로 일용 노동자와 농부에 의해 이루어졌고, 그중 많은 사람들이 여자와 어린이였다. 1775년 12월 어느 날 밤, 농부가 대부분인 3백 명의 사람들이 배에 실려 온 담배를 넘겨받기 위해 브르타뉴 해안에 모였다. 권총과 곤봉으로 무장한 그들은 달빛에 얼굴이 드러날까봐 얼굴을 검게 칠하고 있었다.[42]

경제적 빈곤이 밤의 무법을 낳았다. 생존 자체가 결코 끝나지 않을 투쟁이었기 때문에 가난한 가정은 어쩔 수 없이 밀렵과 밀수를 했고 음식과 연료를 훔쳤다. 토비아스 스몰렛은 "모든 평민은 도둑이고 거지이며, 나는 극도로 가난하고 비참한 사람들은 언제나 그렇다고 믿는다"고 쓴 바 있다. 범죄는 긍지와 자존심의 문제일 수도 있었다. 즉, 집을 늑대로부터 보호하는 한편, 가족을 부양하고 보호해야 할 필요성이 범죄를 낳았던 것이다. 가난한 선생 존 캐넌은 "어떤 가난한 악마에게도 화를 내서는 안 된다"고 했다. 1752년 존 윌크스는 런던에서 마차를 털기 전에 친구에게 이렇게 털어놨다. "내가 집주인에게 집세가 밀렸으니, 너는 나와 같이 마차를 털어 집세를 갚도록 도와줘야 한다. 그러면 우리는 하루이틀 밤 사이에 인간이 될 거다." 도둑 대니얼 드러먼드도 리즈의 노동자에게 도움을 청하면서, "그들이 최대한 많은 돈을 훔쳐서 런던으로 가져갈 수 있다면 인간처럼 살 수 있을 것"이라고 맹세했다. 낮에 위축되었던 것을 밤에 만회하는 도둑질은 견습공, 하인, 노예로 산다는 사실이 주는 심리적 손상을 회복하는 데 도움이 되었다. 17세기 말 한 장원의 집사는 이렇게 말했다. "마치 영주가 공동의 적인 양, 모든 사람들이 담장을 뜯어내고 침입하여 우리를 잡아먹으려 한다." 수년 후, 영국의 바우어스 로 마을의 밀렵자들 사이에서는 "그가 하루종일 우리에게서 훔쳐가니, 밤에 우리가 그에게서 훔쳐오자"는 것이 신조였다고 한다. 들킬 위험에도 불구하고 어떤 밀렵자들은 '위업'의 기념물로 사슴뿔을 간직했다. 1641년 이스트서식스의 토머스 비시는 친구들에게 이렇게 허풍을 떨었다. "나는 리처드 웨스턴 경의 땅에서 일 년에 수사슴 두 쌍과 암사슴 두 쌍을 잡곤 했지. 하룻밤에 사슴 네 마리를 잡은 적도 있어."[43]

마지막으로, 파리 고등법원의 한 법조인이 말했듯, "때로 밤은 매춘을 가려준다." 생활에 도움을 주는 부수입원인 밀렵, 좀도둑질, 밀수와 달리 매춘은 15~30세 사이의 가난한 여인들에게 주 수입원이었다. 15세기와 16세기에 전통적인 직종에서 쫓겨나는 여성들이 점점 더 많아지면서 매춘이 점차 증가했다. 1526년의 인구조사에 따르면 베네치아의 주민 5만 5천 명 가운데 약 10분의 1이 거리의 여자였다. 대도시는 물론 지방 도시나 마을에도 창녀가 상당히 많았는데, 일부는 유곽에 거주했고 나머지는 길거리나 술집에 있었다. 1681년 노리치를 방문했던 사람은 이렇게 말했다. "이 마을에는 술집이 넘쳐나는데, 사람들은 그곳이 다 갈보집이라고 말한다." 이미 17세기 말에 보스턴과 필라델피아에는 창녀가 들끓었다. 뉴욕 시로 말하자면, 1744년 알렉산더 해밀턴 박사에게 한 친구가, 배터리 공원은 어두워진 뒤 "이방인이 창녀와 함께 가기에 좋은 장소"라고 말했다. 그 시기에 런던에는 적어도 3천 명의 창녀가 있었던 것으로 추산된다. 『퍼블릭 애드버타이저』(Public Advertiser)의 통신원은 밤에 런던 어느 곳을 가도 "창녀들로부터 심한 모욕을 받거나 가장 혐오스러운 추잡함을 목격하지 않고 지나가기는 거의 불가능하다"고 보도했다.[44]

교육을 받지 못한 가난한 젊은 여성에게는 매춘을 대신할 직업이 거의 없어서, 대개는 침모나 하녀 같은 고된 일에 한정되어 있었다. 폭력과 성병으로 고통받는 경우도 많았지만, 창녀는 가부장의 권위를 부정하는 직종이어서 상당한 자율권을 가졌다. 프란체스코 포나(Francesco Pona)의 『루체른 여인』(La Lucerna, 1630)에 등장하는 한 창녀는 "우리가 소유한 가장 소중한 보석은 자유이고, 그 속에 우리가 원하는 모든 것이 들어 있다"고 말한다. 더이상 그들은 "남편이나 부모의 독재에 예속되지 않았다." 창녀는 대부분의 여성들보다 취약했지만, 한편으로는 훨씬 더 독립적이었다. 특히 유곽 조직 외부에서 혼자 활동하는 창녀의 경우가 그러했다. 스스로 몸과 일을 관리하는 그들은 입버릇이 고약했고, 성격이 거칠었으며, 거리낌이 없었다. 한 마디로 "무례했다." 한 작가는 이렇게 말했다. "창녀는 여성을 나약하고 경멸스럽게 만드는 약점을 포기해야 하기 때문에 여자가 아니다."[45]

런던의 올드 베일리 형사 법정의 재판 기록으로 판단할 때, 창녀들은 폭력에 노출되어 있었다. 일부는 '기둥서방'의 보호를 받았지만, 대다수는 혼자였던 것으로 보인다. 그들은 너무 취했거나 지쳐서 신경쓰지 않는 고객들에게서 동전이나 시계를 훔쳤을 뿐 아니라 그들 스스로 잔인한 폭력을 쓰기도 해서, 칼로 찌르거나 팔을 꼼짝 못하게 누르고 주머니를 뒤졌다. 1743년 존 캐틀린은 두 여자가 "내 바지에서 돈을 꺼내갔다"고 증언했는데, 그중 한 명이 먼저 두 팔로 그의 가슴을 때렸다고 했다. 조지프 레이즈비는 골목길에서 두 창녀에게 강탈당했는데, 한 명이 그를 붙잡고 있는 동안 다른 한 명은 도주했다. "그 여자가 나를 위협하면서 놔주지 않았다. 나는 그 여자가 내 목을 찌르지 않을까 너무 무서웠다."[46]

때로는 젊은이들이 허세를 부리기 위해 무리를 지어 밤에 폭력을 행사하기도 했다. 파도바에서 뉴욕에 이르기까지 여러 나라의 수도와 도시는 정도의 차이는 있지만 근육을 과시하는 남성들이 일으키는 소동으로 골치를 앓았고, 그들은 방탕한 귀족의 수를 훨씬 넘어섰다. 젊음으로 사기가 충만한 견습공과 노동자가 무리를 이끌었고 어떤 날 밤에는 하인들이 가세하기도 했으며, 미국 식민지에서는 노예와 흑인 자유민이 함께 어울렸다. 18세기 초 라이프치히 시 평의회가 토로한 불만은 아주 전형적인 것이었다. "밤늦게 많은 견습공, 소년, 하녀, 미혼자들이 길거리에서 소리를 지르고 뛰어다니며 불량한 짓을 하고 있다." 18세기에 프랑스의 도시 라발에서는 "거의 매일 밤" 여러 곳에서 소동이 벌어졌다. 소동을 피우는 사람들은 "밤에 다니는 사람"(coureur de nuit)이라고 불렸고, 이탈리아에서는 그들을 '노톨로네'(nottolóne)라고 불렀다. 1605년 코번트리의 관리는 그 지역 주민들이 "음란한 젊은이들" 때문에 "두려워서 집에 안전하게 누워 있다"고 불평했다. "밤의 폭동과 무질서"는 물론 "소란스런 어른, 아이, 흑인 패거리"에 항의하는 진정서가 많았다. 피레네의 산간 마을 리무에서는 십여 명의 젊은이들이 "한집에 모여 그날 밤 무슨 소란을 벌일지 결정했다"고 한다.[47]

사람들을 놀라게 하기 위해서는 시끄러운 소리가 최고였다. 소리는 크면 클수록 좋았다. 성난 욕설, 음란한 노래, 아무데나 쏴대는 총소리가 밤에 젊은이들의 독립을 선언하며 항의할 테면 해보라는 듯 점잖은 가정에 도전했다. 독일 젊은이들은 요들(Jauchzen)을 부르는 것으로 악명이 높았고, 덴마크 젊은이들 사이에서는 길거리에서 미친듯이 뛰어다니는 것(grassatgang)이 유행하는 의식이었다. 1703년 어떤 사람은 스위스의 조그만 마을에서도 "결혼하지 않은 젊은 친구들이 고함을 치고 요들을 부르고 휘파람을 불고 떠들면서 길거리를 돌아다닌다"고 불평했다. 때로는 나팔이나 다른 악기를 사용해 불협화음을 일으켰고, 종탑의 종을 쳐서 잠자던 시민들이 화재 경보로 착각하고 깨어나기도 했다. 필라델피아에서는 "수많은 흑인을 포함한 사람들이" 매일 밤 법원 주변에 앉아 우유통을 북처럼 두드렸다. 자메이카의 사탕수수 농장에서 감독의 조카가 익사 사고로 사망한 뒤 노예들이 보인 반응은 훨씬 더 과감했다. 감독인 토머스 시슬우드는 일기에 다음과 같이 기록했다. "어젯밤 8시와 9시 사이에 강에서 소라고둥 소리가 울리고, 이어서 밤중에 총성이 두 번 들렸는데, 매번 흑인들의 집 쪽에서 만세 소리가 크게 뒤따랐다. 내 친척이 죽은 게 기뻐서 그러는 것이리라. 이 얼마나 이상스러운 뻔뻔함인가."[48]

때로는 건물이나 기물 파괴도 뒤따랐다. 주거지가 주요 표적이었다. 벽에는 진흙과 분변을 뿌리고, 청동 문고리는 떼어내고, 창문은 돌로 깨트렸다. 대문 앞에 죽은 고양이를 걸어놓기도 했다. 가로등이 특히 공격을 많이 받았다. 유리를 깨는 것이 파괴의 즐거움을 주기도 했지만, 가로등의 빛이 이들의 익명성을 위협했기 때문이다. 1752년 3월 어느 날 밤 맨체스터의 젊은이들은 "주요 도로의 거의 모든 가로등"을 파괴하고 나서 문고리를 많이 훔쳐갔다. 1667년 파리에 가로등이 설치된 지 얼마 지나지 않아 "가로등을 깨는 시종이나 하인은 물론 공공의 평화와 안녕을 깨트리는 모든 악질들"을 처벌하는 법령이 나왔다. 반대급부로, 라발의 한 상인이 길거리의 소란을 살펴보기 위해 집을 나섰을 때 "등잔을 가진 사람은 다 쏴라" 하고 동료들에게 외치는 젊은이를 보았다.[49]

시골이라고 이런 소란이 없는 것은 아니었다. 과수원, 헛간, 작은 별채는 물론 농촌의 가정도 밤의 공격의 목표가 되었다. 17세기 한 마을에서는 젊은이들 한 무리가 어느 농부의 잘 꾸며진 정원에 일상적으로 가서 "배변을 봤다." 늑대인간으로 분장을 하거나 동물의 등에 촛불을 매달아 유령처럼 보이도록 만드는 못된 장난도 있었다. 양어장에 독을 풀어 넣고, 나무뿌리를 뽑고, 건초에 불을 붙이는 등의 더 악랄한 짓도 했다. 『슬리피 할로의 전설』(The Legend of Sleepy Hollow)에서 워싱턴 어빙이 만들어낸 시골 사람 브롬 본즈와 "말을 거칠게 타는" 그의 패거리는 어느 날 밤 이카보드 크레인의 교사(校舍)를 난장판으로 만들어놓는다. "그리하여 불쌍한 학교 선생은 마을의 마녀가 모두 여기로 모였다고 생각하기 시작했다."[50]

이 젊은 패거리들은 담력과 힘을 증명해 보이기 위해 길거리에서 패싸움을 벌이고, 다음날 아침 상처를 자랑스럽게 보여주곤 했다. 그것을 증명하는 시간은 밤이었다. 이웃 교구나 이웃 마을에서 갑자기 한 떼가 몰려오는 것이 보이면 어김없이 이쪽에서도 젊은이들이 모여들었다. 1633년 건지에서는 젊은이들이 "큰 무리를 지어서 한 교구에서 다른 교구로, 한 장소에서 다른 장소로 뛰어다니고, 그 결과 여러 가지 폭행, 무절제, 타락이 일어난다"고 목사들이 불만을 토로했다. 1673년 노샘프턴셔의 하인 몇 명은 어느 봄날 밤 신선한 맥주를 마시고 돌아오다가 경쟁 마을 주민들에게 막대기로 심하게 맞았다. 램포트의 토머스 아이셤은 "백스터 씨의 하인은 여러 군데 머리뼈가 드러났고, 거의 골절되었다"고 전했다.[51]

행인들도 유혈 사태의 희생자가 되었다. 1513년 어느 날 밤 한 무리의 뮌헨 청소년들은 "길에서 처음 마주치는 사람을 때려죽이기"로 결의했다. 한 손밖에 없는 불쌍한 사람을 그냥 보낸 뒤 그들은 "담력을 시험하기 위해" 비르텐베르크 공작의 하인을 공격했다. 존 에벌린은 파도바의 학생들이 "밤에 야만스럽게 아무 짓이나 한다"는 것을 알았다. 그의 일행은 문을 '방어'하기 위해 권총으로 무장해야 했다. 대부분의 사람들은 말썽을 피우는 패거리들과 당연히 거리를 두려고 했다. 어느 초저녁, 피프스는 "밭에 나와 있는" 견습공들이 무서워 어두워지기 전에 집에 들어가도록 신경을 썼다.[52]

보통 이들 무리는 표적을 알아보는 식별력이 대단했다. 즐겨 공격하던 대상은 여행자와 같은 외부인들이었다. 파인스 모리슨은 함부르크에서 "이방인이 저녁을 먹은 뒤, 대체로 사람들이 술에 취해 있을 때 밖에 나가는 것은 안전하지 못하고, 영국인이라면 더욱 위험하다"는 사실을 알았다. 젊은 여자는 손쉬운 먹잇감이었다. 대체로 밀치거나 머리를 헝클어뜨리는 정도였지만, 거기에는 성적인 의미가 가득했다. 물론 더 심한 폭력이 없었던 것은 아니다. 15세기 디종에서는 장인(匠人)들과 노동자들이 집단 강간으로 악명을 높였다. 매년 20건 이상의 성폭행이 발생했고, 아마도 이 도시 성인 남성의 절반 이상이 젊었을 적에 그 범행에 가담했던 것으로 추산된다. 헤이그에서는 다비트 베크가 한 쌍의 부부와 함께 밤에 산책하다가 여섯 명이 넘는 하인들에게 포위당했다. 그들은 여자를 창녀로 오인하고 빼앗아가려 했다. 런던에서 하녀들이 공격당하는 것은 흔한 일이었다. 17세기 매사추세츠에서는 한 젊은 여인이 "한 떼의 거친 소년들"에게 램프를 빼앗기고 괴롭힘을 당했는데, 그 가운데 한 명은 몇 번이고 "손을 치마 밑으로 집어넣고 더러운 말을 해댔다." 젊은 여성의 정조를 빼앗는 것은 본질적으로, 결혼 전에 순결을 지켜야 한다는 기존 질서에 대한 야만적인 조롱이었다. 이것은 가해자가 미천한 신분일 경우 더 심각한 공격이었다.[53]

기존 질서의 기둥인 상인, 가게 주인, 지역의 관리도 매일 밤 위험에 처했다. 밤은 사회의 단층(斷層)을 드러냈다. 리무의 소금세 징수인은 "내가 받아보지 못한 모욕이 없다"고 불평했다. 외텔핑겐이라는 농촌 마을의 재정관은 "밤의 소년들의 원한"을 사는 바람에, 집 담장이 무너져 마당에 나무 여덟 조각으로 팽개쳐졌다. 성직자들은 고하를 불문하고 이들 무리에게 괴로움을 당했다. 1529년 스위스의 노동자들은 "쓰레기 같은 성직자들"을 "은신처에서" 몰아내자는 계획을 세우면서 "부활절에 삶은 계란 찾듯"이라고 표현했다. 아무리 신성하다 해도 공격에서 벗어나지 못했다. 1718년 청소년들의 소규모 패거리가 자정이 조금 지나 노퍽의 한 교회에 침입했다. 그들은 종을 치고, 도수 높은 맥주를 마시고, 신도들의 의자에 낙서를 하고, 비프스테이크를 굽기 위해 종탑에 불을 지폈다. 디종에서는 무장한 괴한(malvivantz)들이 고등법원 판사를 비롯하여 권위 있는 사람들 집의 창문을 깼다는 혐의를 받았다. 유부남들도 매력적인 목표였다. 프랑스 마을에서 중산 계급 예절의 모범을 보이는 그들은 길에서 잡히자 "가서 잠이나 자라! 가서 자!"를 외쳤다. 화난 젊은이 하나가 이렇게 소리쳤다. "당신 말을 들으라고? 유부남이군. 가서 마누라랑 잠이나 자셔."[54]

노예나 흑인 자유민은 더 큰 보복을 받을 위험이 있었기 때문에 폭력을 쓰는 일이 그렇게 많지 않았다. 백인에 대한 공격은 별로 없었지만, 놀랄 만한 예외도 있었다. 1703년 매사추세츠에서 통과된 법은 밤에 "인디언, 흑인, 흑백 혼혈 하인과 노예"가 범하는 "무질서와 무례한 행동과 도둑질"을 언급했다. 버지니아 주 노섬벌랜드 카운티에서는 1752년에 딕이라는 노예가 큰 도끼로 잠자는 주인의 목을 잘랐다. 2년이 채 지나지 않아서 바베이도스의 브리지타운에서는 "얼마 전의 많은 못된 짓"을 본받아, 네 명의 흑인이 "밤에 백인 한 명을 조용히 끌고 나가" 마구 때리고 베었다. 니콜러스 크레스웰은 바베이도스에서 어느 날 밤 친구와 걷다가 "홍수림에서 여러 흑인들이 던지는 돌 세례를 받았다." 몇 년 뒤 보스턴에서는 한 흑인이 몇몇 백인 신사들과 욕설을 주고받다가 떠나면서 이렇게 중얼거렸다. "밤이고 내 손에 곤봉만 있었다면 이놈들을 쫓아버렸을 텐데." 그렇지만 환한 대낮이었고, 그는 체포되어 무례한 행동에 대해 처벌받았다.[55]

근대 초 세계의 많은 곳에서 하층 계급은 밤의 풍경을 사실상 지배하면서 행인들을 서둘러 도주하게 하였다. 그들의 무기는 낮에 기존 질서를 교묘히 피하기 위해 사용하는 꾀병이나 시간 끌기 같은 전통적인 '약자의 무기'가 아니었다. 또한 그들은 사육제 같은 축제에 참여하는 사람들처럼 연기를 하는 것도 아니었다.[56] 목적이 분명했던 이들 무리는 어둠의 시간에 대한 소유권을 주장했다. "차링크로스의 과격한 재단사"인 프랜시스 플레이스는 동료 재단사들과 함께 "저녁에 템플 바에 가서 고함을 질러대고 그곳과 플리트 시장 사잇길에 있는 모든 사람들을 쫓아버리곤 했던" 일을 회상했다. 당시의 한 사람은 그들이 "마주치는 모든 사람"을 공격하고 램프를 부수고 매춘부에게 발길질하고 시계를 빼앗은 소동을 묘사했다. 젊은 그들에게 조금이라도 도전하는 것은 폭력을 불렀다. 어떤 사람은 런던의 견습공들이 "감히 그들을 꾸짖으려고 하는 사람은 누구나 때려눕혔다"고 기록했다. 파도바의 학생들은 마음대로 돌아다녔다. 파도바를 방문한 한 사람은 이렇게 표현했다. "밤에 사방을 휘젓고 다니는 학자와 학생이 두려워 누구도 감히 어두워진 뒤에 밖에 나오려고 하지 않는다. 그들은 20~30명씩 떼를 지어 다니며 소총이나 권총을 들었고, 모두가 검은 옷을 입었다." 사우스캐롤라이나 식민지의 찰스턴 시에서는 노예나 흑인 자유민까지 밤에 자유롭게 돌아다녀, 대배심원은 "밤이라면 언제든" 도시의 길거리에서 소란을 피우는 행위는 유죄라고 판결했다. 젊은이와 가난한 사람이 가장 밀집해 있던 도시 지역에서 그들의 세력이 가장 컸다. 그렇지만 작은 마을이라고 폭력이 없던 것은 아니다. 리무의 한 재단사가 길거리가 왜 소란스럽나 싶어 집밖에 나갔다가 돌에 맞았다. 한 젊은이가 그에게 으르렁거렸다. "이놈, 사방 천지가 우리 세상인데 감히 나오려 하다니! 너랑 이 마을은 우리가 접수한다."[57]

젊고 가난한 사람들은 너무 위협적이었고 그 수가 너무 많았기 때문에, 야경대원 중에서도 가장 강한 사람들만이 특히 생명의 위협이 없을 때 그들에게 감히 도전했다. 18세기의 보고서에 따르면 라발의 경호원들은 "더 큰 위험을 피하기 위해" 물러서곤 했다. 보스턴에서는 야경대원 셋이 새벽 2시에 젊은 무리를 만나 칼로 위협을 당한 뒤 체포하기를 단념했다. "야경대원 한 명은 겁에 질려 '살인이야' 하고 외쳤고, 다른 두 명은 도움을 받지 못하자 젊은이들을 놔주고 그 자리를 떠났다." 인원수도 적고 무기도 적었던 야경대원들 자신이 자주 표적이 되었다. 그들은 공공의 질서를 회복하기는커녕 빈번히 공격당했고, 젊은 무리가 자랑스럽게 하는 말로는 '소탕' 당했다. 코번트리의 젊은 패거리는 "야경대원을 쫓아버린 뒤 승리를 축하하려고 술집에 들렀다." 매춘부로 가득찬 런던의 세인트 제임스 공원의 야경대원도 그다지 용감하지 못했다. 1765년 한 신문기자는 이런 물음을 던졌다. "춥고 굶주려 반쯤은 죽을 지경에 처한 대여섯 명이, 절망에 빠지고 버려진 40~50명의 비참한 사람들에게 무엇을 할 수 있는가?"[58]

런던의 블랙보이 앨리 같은 어떤 지역은 벽돌 조각이나 병 세례를 받을 수 있기 때문에 공직자들이 극구 피하던 곳이었다. 낮에 걸려 있던 등불도 밤에는 떨어졌다. 그보다 더 위험한 곳은 존 필딩 경이 "야경대원의 공포"라고 한 지하실이었다. 한 지하실에 대해 야경대원은 이렇게 불평했다. "무슨 일로든, 언제 들어가든, 거기 들어가기가 무섭다. 들어가기만 하면 촛불이 모두 꺼지고 경관들은 심하게 맞는다."[59] 지방의 관리들도 더 나을 것이 없었다. 영국 남부에서는 밀수꾼이 뻔뻔스럽게 기병대를 공격했다. 디포는 이렇게 말했다. "때때로 아주 많은 밀수꾼이 공격하기 때문에 감히 저항하지 못한다. 저항했다가는 얻어맞아 부상을 당하거나 죽기까지 한다." 에스파냐의 한 방문객은

윌리엄 호가스, 〈창녀에게 속은 게으른 견습공〉(《근면과 나태》 도판 9), 1747
이 판화에서 보이는 것과 달리, 많은 야경꾼들은 현명하게도 이런 소란한 밤의 지하실 술집을 피했다. 톰과 아이들이 훔친 물건을 교환하고 있다. 난동이 벌어졌던 흔적이 있고, 한 군인은 뒤편 벽에 오줌을 누고 있다. 톰이 벌인 난동의 피해자는 시체가 되어 지하 창고로 던져지고 있다.

"낮에 군대를 보면 떨었던 농민들이 어두워지면 용감하게 칼을 들었다"고 말했다.[60]

모든 도시나 마을의 밤하늘에 하층 계급이 내지르는 승리의 고함소리가 울려퍼진 것은 아니다. 전형적인 노동자들은 많은 밤을 침대에 누워서 쉬면서 또다른 고된 하루를 준비했다. 또한 폭력이나 난동을 피우는 사람보다, 술을 마시거나 구애를 하거나 과수원에서 서리를 하는 사람들이 훨씬 더 많았다. 1600년 에식스의 한 하인이 두 친구와 함께 결혼식이 끝난 후 밀밭으로 가서 토끼를 잡으려고 덫을 놓았는데, 이것이 훨씬 더 일반적인 모습이었을 것이다. 버킹엄셔의 농장 노동자 조지프 메이엇이 어느 일요일 저녁에 한 일도 마찬가지였다. "나는 마을로 가서, 건초 만들던 시기에 내 주인을 도와 일했던 여자를 만났다. 나는 그 여자와 거의 자정이 될 때까지 함께 있다가 헤어졌다. 오는 길에 버릇 나쁜 두 친구를 만나 곧 배 서리를 하러 가기로 했다." 며칠 후 밤에 메이엇은 또 그 과수원에 갔다가, 다른 도둑들이 오는 것을 보고 황급히 피신했다.[61]

식민지의 폭력적 패거리들에는 여러 인종이 섞여 있었지만, 밤의 통일된 반(反) 문화 같은 것은 없었다. 그 대신, 서로 겹치기도 하는 하위문화가 지배적이었으며, 그중 어떤 것은 응집력이 더 컸다. 프랑스에서 밤에 소란을 피우는, 약간 체계 잡힌 청년들의 집단들보다 내부 기율이 강하고 오래 지속된 집단은 별로 없었다. 또한 서인도제도 노예들의 '밤의 왕국'은 군주와 군사와 깃발을 갖추고 있었다. 1805년 트리니다드에서는 제각기 신하와 군대를 갖고 있는 여러 '왕들'이 꾸민 노예 음모가 발각되었다.[62] 그렇지만 밤의 조직 대부분은 우연히 만들어진 것으로서, 내부에 계급이 있는 것도, 자체의 행사를 거행하는 것도 아니었다. 예를 들면, 길드와 달리 확립된 위계질서도 통일된 회원 자격도 확고한 행동 지침도 없었다. 그들이 개인적 자율과 자기 확신이라는 가치를 강조한 사실에 비추어보면 이는 당연한 일이었다. 반면 회원들은 우정을 나눴다. 소집단으로 떠돌아다니던 부랑아들은 서로를 '형제' 또는 '친구'라고 불렀으며, 어떤 자들은 동료를 결코 배신하지 않겠다고 "영혼에 걸고" 맹세했다. 1647년에 한 작가는, 런던 견습공들은 동료애가 너무도 강해서 "저놈을 때려눕혀라. 견습공에게 잘못을 저지른 놈이다"라는 신조를 본능적으로 실천에 옮긴다고 주장했다. 1749년 파리의 어느 겨울밤에는 젊은 하인들이 한데 모여 시의 야경대원이 군인 세 명을 감옥으로 호송하는 것을 보고 있다가 그중 한 명이 소리쳤다. "저놈들을 해치우자. 좋은 세 친구를 끌고 가도록 놔둘 수는 없다." 근처에 있다가 이 습격에 참가하려던 한 마부는 그의 부르주아 주인에게 제지당했다. 밤의 지리를 꿰뚫고 있는 하층 계급 사람들은 밤에 같은 곳에서 자주 모였을 뿐 아니라, 친숙한 노래와 속어도 함께 공유했다. 예컨대 런던의 한 신문에서는 "밤 지하실의 방언"에 대해 말한 바 있다. '은어'는 그들 사이의 사회적 유대를 강화시켰을 뿐 아니라, 그들의 대화를 상층 계급 사람들이 알아듣지 못하게 해주었다.[63]

무엇보다도 이러한 다양한 하위문화는 공동의 적은 물론, 환한 낮 세계와 모든 억압적인 지배자(어른, 부모, 고용주, 주인)로부터의 해방이라는 익숙한 삶의 방식을 함께 나누었다. 밤은 낮 생활과는 아주 다른 일관된 경험을 창출함으로써 하나의 심리 상태를 강화하고 격화시켰다. 이탈리아에는 "카사세로 집의 개들은 낮에는 서로 죽이려 하지만, 밤에는 같이 나가 도둑질을 한다"는 속담이 있다.[64]

IV

……밤에는 모든 생물이 잔다,
단지 자신의 운명에 맞서
불평하고 다투는 반항자만이……

_존 마스턴, 1600년경[65]

이러한 것이 근대 초 대서양의 양쪽에서 상당수 사람들이 점령했던 또다른 왕국이었다. 이 밤의 세계가 기존 질서의 관점에서 어떤 궁정적 가치를 가졌는가 하는 문제를 포함하여 이것이 낮 생활의 성격에 어떤 광범위한 영향을 미쳤는가에 대해서는 추측만이 가능할 뿐이다. 일부 젊은이들 집단이 공동의 도덕을 침해한 바람피우는 남녀, 폭력적인 남편 등을 벌함으로써 사회 통제에 기여한 것은 사실이다. 밤을 누비던 프랑스의 '샤리바리'(charivari), 이탈리아의 '마티나타'(mattinata), 영국의 '스키밍턴 라이드'(skimmington ride)는 도덕을 어긴 자들에게 야유와 비난을 쏟았고 때로는 육체적 폭력을 가하기도 했다. 이러한 전통적인 의식은 젊은이들 스스로 언젠가 해야 할 결혼의 성스러움을 재확인시켜주었다. 같은 이유로 미혼남들은 자기 지역 처녀들의 순결을 지키기 위해 경쟁 지역 젊은이들과 싸움을 벌였다고 한다. 또한 견습공들은 무리를 지어 매춘굴을 파괴하기도 했는데, 찰스 2세는 그 소식을 듣고 못 믿겠다는 듯이 "그럼 그들은 왜 거기를 가나?"라고 물었다.[66]

그렇다면 소란을 피우는 이 무리는 도덕을 수호하는 경비견이었던가, 아니면 양의 탈을 쓴 늑대였던가? 역사가 다니엘 파브르가 "무질서를 통해 질서를 얻는다"는 모순에 주목했듯이, 이러한 폭력의 분출은 소동을 벌이기 위한 구실에 불과했을지도 모른다. 18세기 초의 시 「탕아의 선택」(The Libertine's Choice)은 젊은이들이 유곽을 공격할 때 벌이는 해괴한 짓에 대해 노래하고 있다. "팔팔한 기운을 가득 채워,/ 우리는 출격해서 몸을 푼다,/ 유곽 창문을 깨뜨리고 미친 경비를 떨쳐버리고,/ 새로운 소동으로 밤의 방탕의 최후를 장식한다." 샤리바리는 보수적인 목적을 가지고 있었지만, 16세기부터 시민과 종교 지도자들의 비난을 받았다. 당국의 관점에서 보면, 이러한 '밤의 모임'은 폭동으로 변질되는 경우가 많았다. 프랑스에서 펠릭스 플라터는

"싸움이 빈번하게 벌어진다"고 기록했다.[67] 게다가 그런 대중적인 의식(儀式)은, 그것이 아무리 공동체의 가치를 표현하는 것이라 할지라도, 기존 사회 질서에 정반대되는 구호를 소리 높여 외치고 폭력을 자행하는 무리들로 인해 빛이 바랬다.

또한 정치의 영역에서, 밤시간 폭력의 위협은 단결심을 강화하기도 했다. 특히 18세기에 영국과 미국의 도시에서는 거리에 군중이 몰려나와 전쟁의 승리를 축하했는데, 집마다 창에 촛불을 켜놓으라고 강요하면서 더 과격한 주장을 외쳤다. 촛불로 연대를 표시하지 않은 집은 돌 세례를 받을 위험을 각오해야 했다. 1736년 어느 여름밤, 런던에 모인 반(反) 아일랜드 군중을 구경하던 사람은 이렇게 기록했다. "그날 밤늦게 평화를 깨는 수백 명이 모여들어 '모든 영국 사람은 창문에 불을 밝히라'는 자신들이 만든 규칙을 길거리에서 선언하고는 '아일랜드에 멸망을'이라고 외쳤다." 선동의 이유가 무엇이든, 법의 수호자가 아닌 그 '폭도'가 어두워진 후 길거리를 지배했다.[68]

당국자의 눈에 밤시간은 그 시대에 친숙한 개념이었던 '감정의 배출구'라는 기능을 했다. 인간의 죄악에 체념한 사람들은 이러한 밤의 소동을 옹호하면서 기존 질서에 최소한의 피해를 주는 방식으로 사람들의 욕구가 해결되기를 기대했다. 따라서 축일에 소란을 피우는 것도 화풀이의 효과가 있었다. 1444년 파리 대학교 신학부 앞에서 한 청원자가 '바보의 축제'를 옹호했다. "그러한 여흥은 필요하다. 왜냐하면 어리석은 행동은 인간의 제2의 천성이며 본연적인 것이어서 최소한 1년에 한 번은 발산되어야 하기 때문이다. 와인 통도 가끔씩 공기를 뽑아주지 않으면 폭발할 것이다."[69] 영국 농촌에서는 한 해 추수가 끝난 뒤 농장주들이 일꾼들을 불러 저녁에 잔치를 베푸는 것이 관습이었다. 이러한 '추수 만찬'은 음식과 술과 동료애를 관대하게 베푸는 것으로 유명했다. 헨리 번에 따르면 "이 만찬에서는 하인과 주인이 똑같으며, 모든 것이 평등한 자유에 따라 행해진다." 그러나 물론 이런 행사는 전체적으로 볼 때 일시적인 휴식일 뿐, 다시 정상적인 생활로 복귀해야 함을 예고했다. 1751년 헨리 필딩이 기록했듯, "사람들의 여흥은 특정 계절에만 국한되어 있었다." 사육제 후에는 엄격한 사순절 기간이 뒤따랐다. 추수 만찬에 대해 윌트셔의 시인 스티븐 덕은 이렇게 읊었다. "다음날 아침 곧 속임수가 드러나네./ 우리는 똑같은 일을 반복해야 하지."[70]

이와 대조적으로, 밤은 방종한 의식을 위한 무대도 아니었고 현실로부터의 일시적인 도피처도 아니었다. 오히려 산업화 이전 시대 사람들의 상당수에게 밤은 대안적인 현실이었고, 최소한 무미건조한 세상의 제도에 암묵적으로 도전하는 그 자체의 영역이었다. 메릴랜드의 한 주민은 노예에 대해 "그들은 낮에는 노예지만, 밤에는 그렇지 않다"고 말했다. 밤의 무절제는 어두운 시간에만 국한된 것이 아니었다. 밤의 쾌락의 여파는 동이 튼 뒤까지 이어지기도 했다. 한 작가는 전형적인 직공(職工)에 대해 이렇게 기록했다. "다음날 아침이면 그는 너무 아프고 일에 너무 태만해진다." 런던의 칼 제조업자의 견습공이었던 윌리엄 웨스트는 "술판"에서 돌아오면 술냄새를 풍기고 "욕설과 저주를 퍼부으며 연장을 집어던졌다." 어둠은 훔친 가축과 수확물, 술취한 하인, 지친 노예, 부서진 담장과 창문, 온갖 상처, 찰과상, 멍 같은 피해를 남겼다. 그리하여 엘리자베스 1세 시대에는 "한밤중의 잔치는 엄청난 낭비이며,/ 하인의 폭동은 주인을 파멸시킨다"는 말까지 생겼다.[71]

윗사람들은 자기 집에 딸린 사람들의 술판에 자주 좌절감을 표시했다. 대서양 양쪽에서 "과격"하고 "뻔뻔스럽고" "손버릇이 나쁘고" "사악하고" "무례한" 아랫사람들에 대한 불평이 넘쳐났다. 리즈의 한 주인은 하인을 필사적으로 채찍질하며 침실로 몰아넣었다. 어떤 사람들은 문에 자물쇠를 걸어 잠그기도 했다. 존 클레어는 정원사의 견습공이었던 시절에 과일을 훔치지 못하게 집밖에 있는 건물에 매일 밤 감금되었다.[72] 그러나 아랫사람들은 대개 식구들이 다 잘 때까지 기다리며 주인의 허를 찔렀다. 많은 하인들이 열쇠를 갖고 있었다. 클레어는 창문으로 빠져나가 인근 마을에 가서 "한밤의 술판"을 벌일 "모든 기회"를 훔쳤다. 더구나 노동자들은 직장이 너무 엄격하면 미래에 다른 주인을 택해 일할 수 있었고, 실로 많은 사람들이 "이곳저곳으로 옮겨 다녔다"고 한 비판자는 불평을 토로했다. 한 친구가 밤새 나가 놀았던 것 때문에 벌을 받았다며 탄식하자 리처드 윌킨슨은 이렇게 대꾸했다. "무슨 걱정이야? 교회보다 더 많은 게 주인인데."[73]

물론 노예에게는 그런 기회가 없었다. 그렇지만 그들도 주인과 감독의 거처에서 멀리 떨어진 농장 숙소에서 밤에 나올 마음만 먹으면 별 장애 없이 쉽게 나올 수 있었다. 주인이 할 수 있는 일은 별로 없었다. 보통은 노예들이 밤에 나들이하는 것에 간섭하지 않았던 랜든 카터는 어느 날 노예 지미가 다쳤다면서 일을 하지 않자 그날 밤에는 그를 감시했다. 카터는 "다쳐서 일을 할 수 없다는 게 거짓말이 아니라면, 밤에 2, 3마일을 걸을 수는 없을 것이다"며 불평했다. 조지 워싱턴은 대통령 재직 시절에 그의 노예들이 "피곤하고 졸려서 낮에 일을 못하는 것은 밤 나들이와 다른 일들 탓"이라고 했다. 부재(不在) 농장주였던 워싱턴은 노예들의 도둑질의 범위가 넓은 것에 놀라, 밤에 "노는" 게으른 감시자들을 비난했다. 19세기에 이르러서야 주인들은 노예의 밤 나들이를 막기 위해 유령 이야기를 체계적으로 퍼뜨렸고, 감독자들이 하얀 천을 뒤집어쓰고 유령 행세를 했다.[74]

밤의 술판이 만연하자 당국에서도 촉각을 세웠다. 밤시간이 갖는 정화(淨化)의 가치는 시간이 지나면서 더욱 줄어들었다. 개별적인 범죄 행위와 달리 떠돌아다니는 무리에 의한 폭력은 사회 혼란에 대한 두려움을 일으켰고, 지도층 시민들이 공격 목표일 때는 더욱 그러했다. 기존 권위에 대한 모욕은 개인에 대한 공격으로 비화되었다. 어떤 관리들은 질서를 복구하기 위해 중세의 제약과 별반 다르지 않은 통행금지에 의존하기도 했다. 크고 작은 도시에서 젊고 가난한 사람들을 선별하여 제재를 가하는 명령을 입안했다. 16세기와 17세기에 런던에서 주기적으로 폭동이 일어났을 때 런던의 관리들은 견습공에게 통행금지를 시행하려 했으나 허사로 끝났다. 18세기 초에 현 슬로바키아의 수도 브라티슬라바 시의 관리들은 빈자, 유대인 및 밤에 "무질서한 사람들"을 군에 징집하겠다고 위협했다. 미국 동부 해안에 있는 식민지에서도 하인, 노예, 흑인 자유민, 인디언, 청소년 들에게 대체로 9시까지는 집에 돌아가도록 명령했다.[75]

밤의 방종은 안전판 역할을 하기보다는 더 큰 무질서로 가는 길을 닦는 데 일조했다. 밤은 낮과는 또다른 삶의 방식을 주었지만, 어두워진 후 분출되는 하층 계급의 폭력을 조직하기도 했다. 전략적인 이유와 습관적인 이유로, 어둠은 그들이 가장 좋아하는 활동 무대였다. 영국에서는 견습공, 울타리 침입자, 스피털필즈의 직조공, 제임스 2세 지지파 등이 도로와 수로를 훼손하고 밤의 술판과 저항이라는 오랜 전통을 이어갔다. 1723년 '월섬 검둥이들'(Waltham Blacks, 얼굴을 검게 칠하고 살인과 사슴 사냥을 일삼던 갱단)의 한 단원은 "하룻밤에 2천 명을 동원할 수 있었다"고 자랑했다. 멀리 떨어진 장소에서 오랫동안 준비를 하려면 어둠이 필수적이었다. 1790년대 중반에 아일랜드의 자치를 위해 결성된 비밀 조직인 '아일랜드인 연합'(United Irishmen)에서 훈련받기 위해 청년 존 마이클 마틴은 부모가 잠든 뒤 집에서 나왔다. 그는 훗날 이렇게 회상했다. "그 모임은 매일 다른 장소에서 열렸고, 때로는 아버지의 집에서 가까웠지만 대체로 몇 마일씩 떨어진 곳일 때가 많았다."[76]

체서피크 만의 담배밭 방화범에서 중부 유럽의 '방화 살인'(Mordbrenner) 갱단에 이르기까지 거의 모든 곳에서 방화범들은 밤에 일을 벌였다. 1729년 햄프셔의 한 목사는 이렇게 한탄했다. "밤마다 우리는 집과 헛간이 불에 타지 않을까 하는 끔찍한 두려움에 떤다."[77] 1712년 뉴욕 시에서는 30명 이상의 노예들이 한 건물에 불을 지르고, 불을 끄러 나온 백인 몇 명을 살해했다. 노예의 반란은 언제나 한밤중에 일어났다. 예를 들면 바베이도스의 음모(1675, 1816), 사우스캐롤라이나의 스토노(Stono) 반란(1739), 자메이카의 태키(Tacky) 반란(1760), 버지니아의 가브리엘 프로서(Gabriel Prosser) 반란(1800)과 냇 터너(Nat Turner) 반란(1832) 모두 밤에 일어났다. 대부분의 음모는 밤의 은밀한 모임에서 전술이 짜였고, 전령은 소식을 전하려고 어둠 속에서 몇 마일씩 달렸고, 서인도제도에서는 음모자들을 불러내기 위해 북을 두드리거나 소라고둥을 불었다. 때로는 밤이 새벽의 폭력으로 이어지기도 했다. 미국 혁명 직전에 노예와 밤의 저항 세력 사이의 유대가 아주 밀접하여, 일부 독립 반대파는 독립파에 대항하는 흑인들의 지지를 꿈꾸기도 했다. 메릴랜드의 독립 반대파 한 사람은 이렇게 말했다고 전해진다. "몇몇 백인들의 지지를 더 얻는다면 이 지역 모든 검둥이들을 우리 편으로 끌어들일 수 있을 텐데. 그들은 백인들이 낮에 하는 것보다 훨씬 더 좋은 일을 밤에 할 수 있으니까."[78]

반란자들은 어둠을 이용해서 비밀을 보호하고 기습할 기회를 얻었을 뿐 아니라, 익숙하다는 이점도 누릴 수 있었다. 예컨대 1653년 영국 늪지대의 평민들은 노퍽의 하수도 시설을 보호하기 위해 파견된 수비군을 한밤중에 공격했다. 지역의 지리에 익숙하지 않은 군인들은 방어가 약할 수밖에 없었고, "한밤중에 패배했다." 러다이트(Luddite, 영국 산업혁명 당시 실직을 염려하여 기계 파괴 운동을 일으킨 직공단)는 먼 곳의 기병대 북소리도 밤에는 더 잘 들린다는 것을 알았다. 때로는 마법도 보조적인 역할을 했다. 1712년 뉴욕 폭동의 공모자들은 마법의 가루가 그들을 보이지 않게 해줄 거라고 믿었다. 1736년 안티과에서 실패로 끝난 노예 폭동 당시에는 마술사가 음모자들에게 의식을 거행해주었다. 남부 아일랜드의 '백의당'(White Boys)이라는 농민 반란자들은 기강을 확립하고 적을 겁주기 위해, 스스로를 '요정'이라고 부르며 밤에 수백 명이 모였다. 몇 년 뒤 프랑스의 농민 반란자들도 똑같은 목적에서 흰옷을 입고 "과거의 하얀 요정"이라는 의미로 '드무아젤'(Demoiselle)이라는 이름을 채택했다. 하층 계급에게는 밤이 낮이었기 때문에, 크고 작은 봉기는 밤에 일어났다. 러다이트는 밤의 어둠 속에서 훈련을 했으며, 소작인의 노래는 다음과 같이 이야기했다. "밤이면 밤마다, 모든 것이 고요하고,/ 달이 언덕 뒤에 숨었을 때,/ 우리는 뜻을 관철하기 위해 진군한다,/ 도끼와 죽창과 총을 들고."[79]

제4부

사적인 세계

전주곡

우리는 하루의 절반을 지구 그림자 속에서 보내어,
죽음의 동생*이 우리 삶의 3분의 1을 빼앗아간다.

_토머스 브라운 경[1]

존 밀턴은 이렇게 물었다. "밤이 잠과 무슨 관계가 있는가?" 인류의 시초에는 의외로 별 관계가 없었을 것이다. 일반적인 생각과는 달리 인간 최초의 조상들은 해가 진 뒤에 본능적으로 잠들지 않았을지도 모른다. 오늘날 어떤 심리학자들은 밤에 휴식하는 관습이 선사시대에 서서히 발전했을 것이라고 추측한다. 시간이 지나면서 이 최초의 인류는 포식 동물로부터 안전하게 동굴 속으로 피신하여 어둠의 위험을 잠으로 없애는 법을 배웠다. 잠을 자면 밤은 더 짧고 안전하게 느껴졌다. 『탈무드』에 따르면, 밤은 잠을 위해 만들어진 것이 아니라,

* 잠을 뜻하는 로마 시인 베르길리우스의 말.—옮긴이

자기 보존의 이유로 밤에 잠을 자게 되었다고 한다. 스탠리 코런은 "인간이 어두운 시간에 자는 것은 다른 일을 하기엔 너무 효용성이 없고 위험하기 때문"이라고 말했다. 꿈을 꾸는 사이에 일어나는 강렬한 생리적 활동은 보초와 같은 역할을 하여, 위험이 닥치면 신체가 재빨리 반응할 수 있도록 준비시킨다. 불규칙한 박동과 호흡, 근육의 경련과 눈의 움직임은 밤에 전투나 피신에 대비하여 깨어날 수 있도록 만들어줌으로써, 포식자의 희생이 될 가능성을 낮춰주었을 것이다.[2]

'낮의 인간'이 서서히 진화한 것인지 아니면 천지창조의 첫날부터 유전적으로 형성되어 순식간에 나타난 것인지는 알 수 없지만, 확실한 것은 근대 초에 이르러 밤의 휴식은 삶의 자연적 질서와 떼어놓을 수 없게 되었다는 사실이다. 어두워진 뒤에도 인간의 행동은 활발하게 이루어졌지만, 잠이 밤에 적합하다는 것에는 어떤 의심도 없었다. 맨체스터의 의사 토머스 코건은 "우리는 자연의 순리에 따라 낮에 일어나고 밤에 자야 한다"고 단언했다. 그래서 밤에만 소동이 벌어지는 가상의 나라 '라이거더메이니아'(Leigerdumaynians)에서는 도둑과 고리대금업자와 무뢰한이 군림했다. 엘리자베스 1세 시대의 풍자가 조지프 홀은 "그들은 해를 증오하고 달을 사랑한다"고 이야기했다.[3]

1753년 새뮤얼 존슨이 잠처럼 "관대하고 공정한 은인을 연구하는 역사가가 없다"고 불평한 이후에도, 옛 시대의 잠의 특징은 그다지 검토된 적이 없었다. 잠은 밤이라는 주제보다도 더 역사가들의 관심을 피해 갔다. 18세기의 학자 게오르크 크리스토프 리히텐베르크는 "우리의 역사는 깨어 있는 사람들의 역사일 뿐"이라고 개탄했다. 산업화 이전 시대의 잠은 전반적으로 연구된 적이 없었고, 단지 꿈만이 지속적인 연구 대상이었다.[4] 역사가들이 냉담했던 이유 가운데 하나는 자료의 부족 때문이기도 했다. 특히, 누구나 경험하지만 깨어 있는 세계에는 감춰져 있는 실존 상태에 대해 옛사람들이 별로 성찰하지 않았으리라는 우리의 잘못된 고정관념 때문이었다. 그러나 사실상 일기, 의학 서적, 창작 문학, 법률 서적 등등 서로 관련이 없는 수많은 자료 속에 잠이 꼭 언급되어 있다. 때로 그런 언급은, 유감스럽게도 간략하지만, 많은 사실을 드러낸다. 잠은 무시되기는커녕 사람들이 깊이 고찰한 주제였다.

또한 현대의 잠은 비교적 평온한 상태에서 이루어지기 때문에, 옛날에는 잠이 어떤 중요성을 가졌는지에 대한 인식이 무뎌졌다. 역사가들은 스코틀랜드의 성직자 로버트 워드로처럼 "잠을 우리 삶의 정당한 일부로 여길 수 없다"는 결론을 내린 것처럼 보인다. 낮의 삶은 활기차고 유동적이고 고도로 세분화되었지만, 그에 비해 잠은 수동적이고 단조롭고 밋밋해 보인다. 이런 성격으로는, 시간의 흐름에 따른 변화를 연구하고 빠르면 빠를수록 좋다고 여기는 역사가들의 열정을 불러일으키기에는 역부족이다. 『보편적 열정』(The Universal Passion, 1737)에 등장하는 포르코는 "잠이 어떻게 사람들한테 피해를 준다는 건지 모르겠다"고 주장했는데, 바로 이런 생각이 잠에 대해 우리가 무지한 이유를 설명해줄 것이다.[5]

10장

침실의 법령: 의식

I

잠보다 더 경이로운 동물의 기질은 아무것도 없다.

_『위클리 레지스터, 혹은 유니버설 저널』, 1738년 9월 22일[1]

학식 높은 권위자들은 밤잠을 잘 자는 것이 육체의 건강은 물론 지친 영혼에도 큰 도움이 될 것이라고 생각했다. 중세 후기까지 대부분의 의학적 견해는 수면 욕구가 '혼합'(concoction)이라는 과정에 의해 배에서 생겨난다는 아리스토텔레스의 믿음을 받아들였다. 토머스 코건이 『건강의 안식처』(The Haven of Health, 1588)에서 설명한 바에 따르면, 일단 음식이 위장에서 소화되면 증기가 머리까지 올라가는데 "두뇌가 차갑기 때문에 거기에서 증기가 응결되어 감각의 통로를 차단하기 때문에 잠이 온다"는 것이다. 밤시간은 "습기와 정적과 어둠 때문에" 휴식을 취하기 좋을 뿐 아니라 그런 특성은 '혼합'에도 아주 적합한 것으로 여겨졌다.[2] 1607년 윌리엄 본에 따르면, 잠은 "정신을 건강하게 해주고, 몸을 편안하게 해주고, 마음의 근심을 덜어주는" 건전한 효과가 있었다. 이탈리아에는 "침대가 약"이라는 속담이 있다.[3] 일찍 잠에 들어야 잠의 효과를 최대한으로 거둘 수 있다는 믿음도 있었다. 『장수하는 쉬운 방법』(An Easy Way to Prolong Life, 1775)의 저자는 "일찍 자고 일찍 일어남으로써 우리는 생기와 의욕이 가득 충전되어 깨어난다"고 주장했다. 이런 관념이 얼마나 널리 퍼져 있었나 하는 것은 "양과 함께 잠들어 종달새와 함께 깨어나라"는 속담이나, 그 훨씬 전에 벤저민 프랭클린이 말한 "일찍 자고 일찍 일어나면 건강하고 부유하고 현명해진다"는 격언으로 알 수 있다.[4]

그러나 돌이켜보건대 "일찍 자라"는 말에서 '일찍'이 가리키는 시간이 언제인가 하는 것은 명확하지 않다. 아마 눈꺼풀이 무거워지는 때였을 것이다. 일반적으로 휴식 시간은 해질녘이었을까 아니면 그보다 더 늦은 시간이었을까? "자정 이전의 1시간 잠은 이후의 3시간 잠과 같다"는 속담은 '일찍' 잠든다는 것이 어두워져서 잠자리에 드는 것과 아주 다른 의미일 수 있다는 사실을 암시한다.[5] 그 시대의 사람들은 잠이 사람의 건강에 주는 혜택을 칭찬하기도 했지만, 지나친 잠에 대해서는 빈번히 조롱했다. 『인간의 모든 의무』(The Whole Duty of Man, 1691)의 저자는 잠의 목적이 "우리의 나약한 신체"를 정신적, 육체적으로 "더 유익하게 만들어, 더 게을러지지 않도록" 하는 것이라고 강조했다. 영국과 미국의 청교도들은 강력한 노동 윤리에 물들어, 리처드 백스터(Richard Baxter)가 말한 바 "불필요한 게으름"을 비난했지만, 16세기에 이르러 시간을 더욱 의식하게 된 수많은 다른 사람들도 마찬가지였다. 많은 사람들이 지나친 잠을 게으름과 나태와 연결시켜 죄악이라고 비난했고, 그것은 건강에도 좋지 않은 것으로 여겨졌다. 방탕으로 이어지게 될 뿐 아니라, 지나친 잠은 소화불량, 혈액의 영양 부족, 그리고 정신의 피폐화를 초래할 수도 있었다. 1557년에 나온 『순결의 학교』(The School of Vertue)는 "지나친 잠은 질병과 고통을 만들어내고,/ 정신을 무디게 만들며 두뇌를 해친다"고 주장했다. 한 작가는 "우리의 건강이 허용하는 한 잠에서 최대한 많은 시간을 빼앗아, 죽음과 거의 비슷한 그 어둠의 상태로 시간을 허비하지 않는 것"이 훨씬 낫다고 말했다. 1680년대에 영국의 청교도 랠프 소러스비가 자명종을 만들어서 아침 5시에 일어나기로 결심한 이유는 "더 많은 '시간'을 '되찾기' 위해서"였다. 그는 "너무도 많은 귀중한 시간"이 잠으로 낭비되었다고 후회했다.[6]

도덕가와 의사의 눈에는 어느 정도가 적정한 수면 시간이었을까? 튜더 왕조 시대의 의사 앤드루 부어드 같은 권위자는 "사람의 안색"이 요구하는 것만큼 수면을 취할 필요가 있다고 믿었다. 한 작가는 짐꾼, 노동자, 조각사, 선원만은 권장 기준인 8시간보다 더 자야 한다고 규정했다.[7] 어떤 사람들은 여름에 8시간, 긴 겨울밤에는 9시간 자는 것이 좋다고, 계절에 따른 적정 시간을 권했다. 한때 찰스 1세(1600~1649)의 궁정 전속 목사였던 제러미 테일러는 극소수의 의견으로서 밤에 8시간 자는 것이 좋다고 처방했다.[8] 영국뿐 아니라 유럽 대륙 전역의 작가들은 6시간에서 8시간 자는 것이 좋다고 주장했다. 질병이나 우울증이나 또는 성대한 만찬 때문에 더 자야 하는 경우는 예외였다. 대다수의 근본적인 의견은 하루 24시간의 4분의 1에서 3분의 1 정도를 밤의 휴식에 할당해야 한다는 것이었다.[9]

적어도 이 주제에 대한 작가들의 논리는 그러했다. 1539년에 출판된 토머스 엘리엇(Thomas Elyot)의 『건강의 성』(Castel of Helthe)이 16세기에 12판 이상 나왔을 정도로 의학 서적이 많이 인쇄되었지만, 그 영향력이 얼마나 컸는지는 짐작하기 어렵다. 이러한 의견들이 대중의 관습을 형성했는지 아니면 반영한 것인지 알 수 없지만, 격언들은 적당한 수면 시간에 대해 비슷한 입장을 표현했다. "남자는 6시간, 여자는 7시간, 바보는 8시간"이라는 속담이 여러 가지로 변형되었다. 내용은 다르지만 논조는 비슷하게, "자연은 5시간, 관습은 7시간, 게으름은 9시간, 사악함은 11시간을 요구한다"는 속담이 있었다. 의사 굴리엘모 그라타롤로는 『문관과 학생의 건강을 위한 지침』(A Direction for the Health of Magistrates and Students, 1574)에서 "고대에" 히포크라테스가 충고했듯 더 오랜 시간을 자는 것보다는 "공통의 관습"에 따라 8시간을 자야 한다고 주장했다.[10]

어떤 노동자들은, 특히 여름철 농촌 지역에서 고된 하루를 보낸 사람들은 분명 일찍 잠자리에 들었다. 겨울에는 낮은 기온 때문에 사람들이 일찍 침대로 들어갔다. 교사인 다비트 베크는 1월 어느 날 밤 "추워서 아무것도 할 수 없었기 때문에" 일찍 잠자리에 들었다.[11] 연료와 불을 아끼려고 일찍 잠자리에 든 사람들도 있었다. 왕정복고 시대의 희극 『계획자들』(The Projectors, 1665)에 등장하는 한 인물은 "적게 먹고 적게 마시고 오래 자서 땔감과 촛불을 아끼라"고 지시한다.[12] 그러나 상류층이 아니라면 밤새도록은커녕 6시간에서 8시간이라도 잘 수 있는 성인은 없었다. 일과 사교 생활에 귀중한 시간을 들여야 했기 때문이다.

상류층에 치우쳐 있긴 하지만, 일기는 일반적으로 사람들이 잠드는 시간이 9시와 10시 사이라는 것을 알려준다. 세라 쿠퍼 부인은 "이 가족은 9시에서 10시 사이에 잠자리에 든다"고 기록했는데, 이는 다른 사회 계급에도 적용됐음직한 규칙이다. 독일 일부 지역에서 '바지 벗는 시간'이란 관습적으로 9시를 가리켰고, 17세기 영국의 속담은 "6시에 저녁을 먹고 10시에 잠자리에 들면 백 살까지 살 수 있다"는 교훈을 전했다. 1729년 한 런던 주민은 이런 기록을 남겼다. "하루종일 일터에서 열심히 일한 정직하고 신중한 사람의 삶을 생각해보자. 그는 저녁 시간을 가족이나 이웃 또는 직장 동료와 함께 순수하게 즐기고 때로는 술집에서 1, 2시간을 보내다가, 10시에 잠들어 5시나 6시면 일터에 가 있다." 한 덴마크 목사의 거실에는 이런 글귀가 새겨져 있었다. "9시까지 깨어 있으면 나의 친구고, 10시까지도 괜찮다. 그러나 11시까지 깨어 있다면 나의 적이다."[13]

물론 많은 사람들은 일상적으로 10시를 넘어서까지 깨어 있었을 뿐 아니라, 스스로 정하는 통행금지 시간도 쉽게 변했다. 작가 토머스 터서는 "겨울에는 9시, 여름에는 10시"라고 충고했지만, 계절에 따른 차이는 별로 크지 않았던 것 같다. 다른 전통적 문화에서처럼 취침 시각은 고정된 시간표가 아니라 해야 할 일이 있는가의 여부에 따라 정해졌다. 육체의 욕망과 정부 업무를 오가며 늦은 시간을 보냈던 새뮤얼 피프스는 아주 변칙적인 일정에 따라 움직였다. 도시와 농촌의 다른 사람들 역시 정상적인 취침 시각이 지나서도 일을 하거나 사람들과 만나 즐겼다. 서식스의 상점주인 토머스 터너는 "가능하다면 언제나 10시 또는 그전에 잠자리에 들라"고 썼다. 그는 7시간이나 8시간의 수면을 취하려고 노력했지만, 여타의 '절박한' 상황들 중에서도, 특히 교구의 일을 하느라고 또는 술이 마시고 싶어 휴식을 늦추는 일도 있었다. 어느 겨울밤 교구 모임을 마친 그는 "새벽 3시 20분에 꽤 취해서 집에 기어들어갔다." 그는 한탄했다. "오, 술이여, 우리를 얼마나 방종하게 만드는가!"[14]

II

오, 주여, 공포와 죽음과 슬픔의 증거인 밤이 왔으니,
저는 침대에 누워 잠을 자야 하고,
그것은 이 삶이 끝난 뒤 제 육신이 쉴 묘지의 모습입니다.
당신의 거룩한 성령이 저를 인도하고 보호하고 안내하고
위로하게 하소서.
그리하여 양심의 두려움도, 악마의 공격도, 죄악의 유혹도,
육신의 방탕도, 안락한 나태도, 슬픈 꿈도 저를 괴롭히지 못하도록 하소서.
_W. F. 1609[15]

1764년 『런던 크로니클』의 독자들은 프랑스 몽스 마을 근처의 "놀라울 정도로 잠을 많이 자는 사람"이 15년 동안 매일 새벽 3시부터 밤 8시나 9시까지 잠을 잤다는 기사를 읽었다. 기면 발작과 몽유병 같은 사례를 포함하여 잠의 그러한 신비는 문학 작품과 신문에서 장황하게 탐구되었다. 『맥베스』『헨리 5세』『줄리어스 시저』 등, 셰익스피어의 많은 작품은 공공연히 잠에 대한 사람들의 선입관에 호소했다. 오래도록 사람들을 매혹시킨 꿈만 그랬던 것이 아니다. 올리버 골드스미스는 『웨스트민스터 매거진』(Westminster Magazine)에 치릴로 파도바노에 대한 이야기를 기고했다. 독실한 파도바 주민인 그는 잠결에 걸어나가 수도원에서 도둑질을 하고 묘지를 약탈하여 "낮에 축복을 받았던 모든 선행"을 잠 속에서 무효로 만들었다. 잠이 자연의 "가장 설명하기 어렵고 놀라운" 경이 가운데 하나라고 생각했던 제임스 보즈웰은 일기에 자신과 또다른 검사가 침대에서 잠을 자면서 간

단한 대화를 나눈 사실을 기록했다.[16]

대체적으로 이런 기이한 일은 수면 상태와 깨어 있는 상태를 나누는 무의식의 지대에서 생겨난 비정상적인 행동이었다. 대부분의 사람들이 그보다 더 중요하게 생각했던 것은 잠의 질이었다. "푹 자는 것이 보물"이라는 이탈리아의 속담이 있었다. 이와 달리 잠을 잘 못 자는 것은 "사람의 삶에서 가장 큰 고통"이라고 니콜러스 브레턴은 생각했다. 프랑스의 한 작가는 결국 "자고 깨는 것이 우리 삶의 다른 모든 것이 달려 있는 축이라서, 만일 이것이 불규칙해지면 다른 모든 일에도 혼란과 무질서가 생길 수밖에 없다"고 설명했다. 그 정도로 중요했기 때문에 잠은 오늘날보다 훨씬 더 세세하게 분류되었다. '개잠', '고양이잠', '토끼잠' 같은 널리 쓰이는 표현은 가벼울 뿐 아니라 불안한 잠을 가리켰다. 성직자 토머스 풀러는 "그는 너무도 불안해서 눈을 뜨고 토끼처럼 잔다"고 기록했다. 스코틀랜드에는 "방앗간의 개처럼 잔다"는 말이 있었다.[17] 바람직한 잠은 "죽은듯" 자는 잠이나 "깊은" 잠으로, 보즈웰은 그것을 "절대적이고 느낌도 없고 의식도 없는" 잠이라고 묘사했다. 그래도 가장 선망하던 것은 때로 "부드럽고 고요한" 잠으로 묘사되던, 깊고도 연속적인 잠이었다. 한 옛 서적은 "조용한 잠은 짧게 자도 더 이롭다"고 강조했는데, 이는 사람이 아침에 깨어나서 편안함을 느끼는지의 여부는 밤에 잠을 깬 횟수에 달려 있음을 역설하는 현대의 연구에 의해 증명된다.[18]

가정에서는 잠을 평온하고 안전하게 잘 수 있도록 신경을 많이 썼다. 잘 시간이 다가오면 집에서는 정성스러운 의식을 따랐다. 강제적으로가 아니라 습관적으로 행했던 그런 의식은 잠에 몸을 내맡겨야 하는 사람들의 불안감을 줄이는 데 도움이 되었다. 18세기의 한 시인은 "우리는 우리 자신의 안전을 확보하기는커녕 그것을 생각하기조차 불가능하다"고 말했다. 보즈웰처럼 계몽주의적 코스모폴리탄 인물조차 "두려움에 떨며 누워서 무력감과 망각에 빠져들어가는 우울한" 밤에 대해 기록한 바 있다. 쿠퍼가 "언제나 깨어 있는 적"이라고 두려워했던 사탄과 그의 부하들이 돌아다닐 때는 도덕적 위험이 널려 있었다. 17세기의 한 기도문에서는 밤의 악마를, 양우리를 호시탐탐 노리는 사자에 비유했다. 정신적, 육체적 피로는 부절제한 감정에 대한 저항을 약화시켰고, 거기에는 사악한 '자위행위'가 포함되어 있었다. 작가들은 깨어 있든 잠들어 있든, 부드러운 침대가 호색적인 생각에 불을 붙인다고 경고했다. 12세기의 신학자 릴의 알랭은 기독교 신도들에게 "이 세상의 어둠 속에서 가장 두렵고 가장 회피해야 하는 육신의 동요와 악마의 공격을 피하라"고 촉구했다.[19]

죽음과 부상에 대한 위협도 그에 못지않게 컸다. 사람들은 문과 덧문을 점검한 뒤에 잠자리에 들었다. 작가 조지 허버트는 "많은 사람들이 건강하게 잠들었다가 죽어서 발견된다"고 단언했다. 1558년 크리스마스이브에 잠을 자다가 가족 전체가 사망한 프랑켄의 크네츠타 마을의 헤겐 가족이 바로 그런 운명을 맞았다. 한스와 그의 아내와 세 아들과 하녀 한 명이 사망했다. 그 전날 그들은 모두 "활기차고 건강하고 기분이 좋은 상태였다." 시체로 발견되었을 때 그들은 여전히 "자연적인 색깔"을 유지하고 있었고, 어떤 상처도 없었다. 16세기 말의 한 작가는, 이스보셋〔이스라엘 민족의 초대 왕 사울의 아들. 자신의 부하에게 살해되었다〕의 살해에서부터 머리카락을 잘린 삼손까지 역사적으로 많은 사람들이 잠자다가 적에게 희생되었다고 독자에게 상기시켰다. 그는 시스라〔이스라엘을 괴롭히던 북부 가나안 하솔의 장수. 자다가 살해

되었다)의 기이한 죽음이나 유디트의 홀로페르네스 참수도 쉽게 포함시킬 수 있었을 것이다.[20]

잠잘 준비를 하기 위해 식구들은 16세기에 영국에 상륙한 벼룩(pulex irritans)이나 빈대(cimex lectularius)를 가구와 침대에서 소탕하는 '사냥'을 했다. 이(pediculus humanus)는 빗질을 해서 머리에서 떼어내고 옷과 몸에서 잡아냈다. "빗처럼 더럽다"는 프랑스의 관용어는 아마도 밤에 하던 이런 일에서 유래했을 것이다. 개나 가축과 함께 살았기 때문에 벌레는 도처에 있었다. 각다귀를 쫓기 위해 이스트앵글리아의 늪지대 사람들은 침대 아래에 소의 분뇨를 걸어놓았고, 존 로크는 벌레에 물리지 않으려면 침대 근처에 강낭콩 잎을 두라고 충고했다.[21]

침대 시트는 빨래로 눅눅해져서는 안 되었다. 존 빙은 "죽는 것보다는 더러운 게 낫다"고 말했다. 추운 겨울에는 석탄을 넣은 구리 냄비로 침대를 덥혔고, 형편이 어려운 가정에서는 뜨거운 돌을 천에 싸서 사용했다.[22] 난로에 타다 남은 불을 살려놓고 집을 불태우지 않기 위해 난로의 불을 재로 덮은 뒤에는 기온이 급격히 내려갔다. 중세 러시아의 생활규범집인 『도모스트로이』(Domostroi)는 "저녁에 집안을 두루 살펴보고 불을 재로 덮어놓지 않았는지 주의를 기울여야 한다"고 충고했다. 어떤 가정에서는 난로에 마법을 걸어놓기 위해 노래를 부르기도 했다. 라트비아에는 "둥지 속의 생쥐처럼, 불아 잠들어라"라는 노래가 있다. 존 오브리에 따르면, 영국 가정에서는 기도하기 전에 재에 십자가 표시를 했다. 그리고 대부분의 불을 껐다. 한 작가는 도시 주민의 목조 가옥을 언급하며 "매일 밤 잠들 때 우리는 인화성 물질에 둘러싸여 있다"고 경고했다.[23]

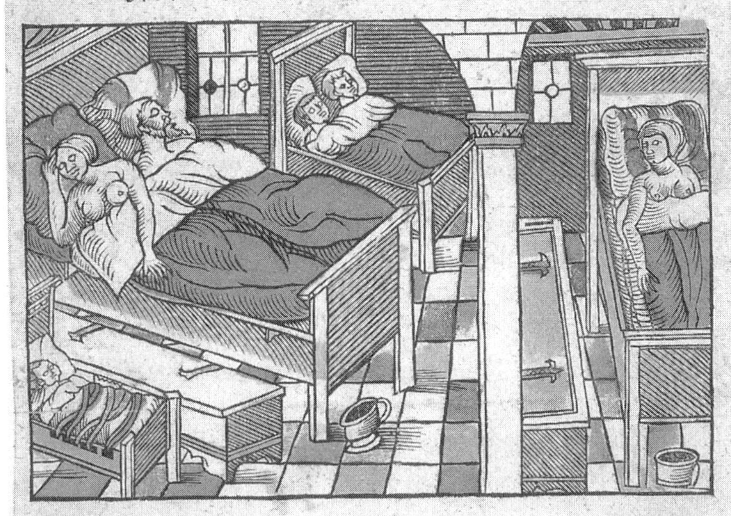

Ein ſehr abſcheülich vnnd aber gantz warhafftigs wunderwerck vnd geſchicht/im eingang diß lauffendē 1558. Jars/im Franckenland geſchehen/vñ freylich vns allen zur beſondern warnung dermaſſen ergangen.

AM Heyligen Chriſtabent diß anfahenden gegenwertigen 1558. Jars/iſt Hans Hegen ein Heckers man zu Knetzka im Franckenlande/zu angehender Nacht/mit ſampt ſeiner Ehewirtin/dreyen ſchönen Knaben/ſo jr baider aygne Söne geweſen/vnd einer Dienſtmayd/friſch/geſundt vnd wolgemüt zu beth an ſein rühe gegangen/vnnd hat ſich nyder gelegt vnd geſchlaffen. Aber auff volgenden morgen/hat man ſie ſamentlich vnd ſonderlich (dieweyl ſie auß des Herren vnerforſchlichen gewalt alle ſechs vrplützlich vnnd gähling verſtorben) todt gefunden/vnnd haben gleichwol jre natürliche farben vnnd gewonliche geſtalt gehabt/darob allermenigklich ein abſchewlich erſchrecken/vnd die gröſt verwunderung eingenommen vnd empfangen.

¶ Johannis am 8. cap. Warlich/warlich ich ſage euch/So jemandt mein wort wirdt halten/der wirdt den Todt nit ſehen ewigklich. Johañis am 11. cap. Ich bin die aufferſtehung vnd das leben/Wer an mich glaubet/der wirdt leben ob er gleich ſturbe: Vnd wer da lebet vñ glaubet an mich/der wirdt nymmermehr ſterbē.

¶ Gedruckt zů Nürnberg durch Georg Merckel/Wonhafft auff dem Newen baw/bey der Kalckhüten. Anno 1558.

게오르크 메르켈, 〈1558년 크리스마스이브에 벌어진 헤겐 가족의 이상한 죽음〉, 16세기

"밤의 유해한 공기를 막기 위해" 창문뿐 아니라 침실 문도 닫았다. 집에 커튼이 있다면, 달빛 아래 잠을 자면 걸린다고 하는 류머티즘 질환을 피하고 통풍구를 막기 위해 커튼을 쳐야 했다. 피프스는 감기에

걸리지 않기 위해 두 손을 침대 안에 묶어두기도 했다. 머리를 보호하기 위해서 잠잘 때 모자를 쓰는 것이 관습이었다. 보즈웰은 "밤공기의 습기로부터 머리를 보호하는 것보다 건강에 더 좋은 것은 없다"고 단언했다.[24] 16세기에 중상류층 가정에 도입되었던 잠옷은 대체로 슈미즈와 스목(smock) 같은 단순한 의복이었다. 여자들은 밤에 화장품을 지우기 위해 세수를 했는데, 한 에스파냐 사람은 그것을 이렇게 조롱했다. "왜 낮에는 속임수를 쓰다가 밤에는 깨끗해지려고 하는가?" 하층 계급은 조잡한 잠옷을 입거나 옷을 아예 입지 않고 자거나, 담요 비용을 절약하고 아침에 일찍 일어나기 위해 "낮에 입던 옷"을 입고 잤다. 웨스트모얼랜드의 하녀 마거릿 롤런드슨은 "아침 일찍 일어나 청소를 해야 했기 때문에 옷을 벗지 않고 잤다." 식민지 변경 지역에서 젊은 시절의 조지 워싱턴은 "검둥이처럼" 옷을 입고 잔 적이 있다고 썼다.[25]

부유한 가정에서는 하인들이 취침 전에 발을 씻어주고, 침대를 털어내고, 침실용 변기를 준비했다. 로렌스 스턴은 이러한 하인들의 의무를 '침실의 법령'(ordinances of the bedchamber)이라고 말했다. 피프스는 시중드는 훈련을 받던 한 소년에 대해 이렇게 기록했다. "나는 오늘밤 한 아이의 누나에게, 잠잘 때 내 시중드는 법을 동생에게 가르치라고 시켰다." 거기에는 촛불이나 골풀 양초 등 '밤의 등불'의 도움을 받아 주인에게 책을 읽어주거나 노래를 부르는 일도 포함되어 있었다. 헨리 8세만큼 '침실의 법령'이 장황했던 사람은 없었을 것이다. 매일 밤 열 명의 시종이 암살범에 대비하기 위해 침대 바닥의 매트리스를 단검으로 찔러본 뒤 베개와 시트와 담요를 '정열'했다.[26]

불안감을 막기 위해 사람들은 잠자리에 들 때 약을 복용하기도 했는데 프랑스에서는 그것을 '수면제'(dormitoire)라고 불렀다. 아편과 희석한 알코올로 만든 용액인 로더넘(laudanum)은 부유층에서 인기가 높았다. 서식스의 상인 새뮤얼 지크는 쉽게 잠들기 위해 독성이 있는 가지과 식물을 이마와 관자놀이에 붙이곤 했다. 종이봉투에 넣은 아니스의 열매를 콧구멍에 대거나 카밀레와 빵과 식초를 섞어 바른 헝겊을 발바닥에 붙여 "괴로울 정도로 뜨겁게" 하는 것도 숙면에 도움이 된다고 여겨졌다.[27] 술은 숙면을 돕고 추운 밤에는 온기를 더해주는 두 가지 역할을 했다. 파인스 모리슨에 따르면 독일 사람들은 "아무도 맑은 정신으로 잠드는 것"을 허용하지 않았다. 잠들기 전에 수면주(Schlafdrincke)를 마시는 것이 일상적이었다. "얼마나 많은 남자와 여자가 술에 취한 채 잠에 드는가?"라며 런던의 한 신문은 의문을 던졌다.[28]

한편, 복통을 피하기 위한 상식은 저녁을 많이 먹지 않는 것이었다. 육류는 위험했고, 먹은 뒤 곧바로 잠을 자는 것도 좋지 않았다. 스티븐 브래드웰이 주장했듯, "저녁을 먹고 나서 최소한 2시간이 지난 뒤" 자야 했다. 사회 지도층이 이러한 "대중의 잘못된 통념"을 조롱하기 시작한 18세기 후반까지도 많은 사람들은 케케묵은 관습을 따랐다. 예컨대, 사일러스 네빌은 저녁에 고기를 먹지 않았고, 토머스 터너는 수요일 저녁마다 아무것도 먹지 않았다. 한 영국의 속담은 "가벼운 저녁이 시트를 깨끗하게 만든다"고 조언했다.[29] 의학계 권위자들은 소화가 잘 되게 하려면 고대의 히포크라테스가 했듯이 최소한 "저녁에 먹은 고기가 위장 입구에서 내려갈 때까지" 오른쪽으로 누워 자야 한다고 주장했다. 16세기 초의 한 학자가 설명하기를, 그렇게 하면 먹은 것이 "간에 닿게 되고, 간이 솥 아래 불과 같은 역할을 해 소화가 된다"고 했다. 수많은 질병 중에서도 악몽이나 중풍을 막으려면 반듯이 누워 자는 것은 어리석은 짓이었다. 영국의 의사 윌리엄 불린은 "많은 사람들이 반듯하게 누워서 자다가 뻣뻣하게 굳어 죽었다"고 했다.[30]

가장은 잠잘 시간에 기도를 해서 식구들의 마음을 평온하게 만들 의무가 있었다. 이 마음의 '자물쇠'인 기도는 잠든 동안 경건한 생각을 하게 해주었다. 16세기에 이르면 잠자기 전의 기도는 일상적인 것이 되었다. 많은 가정에서 하인들까지 함께 모여 두 손을 모으고 기도했다. 가족의 기도는 개인의 기도를 대신하기도 했고 보충하기도 했다. 어느 일요일 밤에 피프스는 "와인을 너무 많이" 마셔 "하인들이 그의 상태를 알아챌까" 두려워 성경 구절을 읽어주지 않았다. 이스트앵글리아의 젊은 하인 아이작 아처는 "아이들이 함께 모여 기도를 하는 관습이 있었지만" 자신은 때때로 빠졌다고 회상했다. "왜냐하면 내가 말을 더듬어서 신이 내 말을 듣지 못할 거라고 다른 사람들이 말했기 때문"이라고 그는 일기에 썼다.[31]

개신교와 가톨릭 기도서의 특징은, 영적인 인도에 감사하고 평온한 잠을 요청하고 도덕적 잘못에 대한 용서를 구하는 한편 밤의 해악으로부터 신이 보호해주기를 호소하는 것이었다. "이제 몸을 뉘어 잠들려 하니,/ 주께서 제 영혼을 지켜주소서"라는 유명한 기도문은 중세에 기원을 두고 있다. 어떤 기도문은 "어둠의 작업"이나 "육체와 영혼의 적"이라는 말을 공식처럼 포함하고 있었지만,[32] 밤의 두려움에 대한 생생한 표현을 담고 있기도 했다. 17세기의 한 기도문은 "갑작스러운 죽음, 화재와 도둑, 폭우, 태풍 그리고 모든 두려운 것"으로부터의 구원을 청했다.[33] 프랑스 농촌의 가정에서는 갑자기 죽음이 닥치지 않도록 침대 곁에 성수를 두었다고 한다. "나는 성수를 두겠다.

마티아스 스톰, 〈기도하는 노파〉, 17세기

갑자기 내가 죽게 되면 그것이 내 마지막 성사가 될 것이니"라는 오래된 기도문도 있다. 앙주에서는 양동이에 물을 채워 부엌에 밤새도록 놔두면 죽은 사람의 영혼이 그 물로 씻는다고 믿었다.[34]

부유하지 못한 집에서는 잠잘 준비를 할 때 마법에 의존하기도 했다. 사람들은 자다가 오줌 싸는 것을 막아주는 물약을 먹고, 잠이 잘 오게 하는 주문은 물론 악몽을 막는 주문을 읊기도 했다. 초기 웨일스 기도문은 "어떤 나쁜 꿈도 그의 침대를 괴롭히지 말기를, 지옥은 그가 결코 밟지 않을 어두운 곳"이라며 위안을 주었다. 유럽 여러 지역에서 밤에 침대 맡에 구두를 엎어두면 악마를 쫓을 수 있다고 생각했다. 완고한 영국교도였던 쿠퍼 부인은 이런 방법으로 여주인의 복통을 낫게 하려던 하녀의 은밀한 노력에 대해 일기에 기록한 바 있다. 쿠퍼 부인은 "그렇게 해도 소용없다"고 주장하면서 하녀의 도움을 받지 않았다. 그녀는 그런 일이 악마의 소행이라고 생각하며 "어떤 득을 본다 해도 악마에게 사로잡히지 않을 것"이라고 확신했다. 그렇지만 쿠퍼는 그 도움을 거절한 뒤 무지하다는 이유로 "여러 사람들에게 큰 조롱을 받았다"고 기록했다.[35]

III

침대는 크고 길고
사람이 쉽게 몸을 던질 수 있도록 너무 높지 않아야 한다.

_토머스 코건, 1588[36]

산업화 이전 시대 사람들에게 수면이 아주 중요했다는 사실은 그들이 침대에 부여한 의미만 보아도 잘 알 수 있다. 침대는 집에서 가장 비싼 가구였다. 15세기와 17세기 사이에 유럽에서 침대는 발전을 거듭했다. 처음에는 맨땅 위에 짚단을 깔았다가 베개, 시트, 담요, 침대보, "양털 등으로 속을 채운" 매트리스를 갖춘 나무틀 침대까지 나왔다. 1557년 윌리엄 해리슨은 어린 시절에 대해 다음과 같이 회상했다. "아버지와 우리는 가끔 짚단 위에 시트 한 장만 덮은 거친 매트 위에 누워, 거친 모직물로 만든 이불을 덮고 베개 대신 둥근 통나무를 베었다." 그는 "베개는 여자들에게나 어울리는 것"이라고 썼다. 해리슨의 견해에 따르면 "영국에서 가장 경이롭게 변한 것" 가운데 하나가 침대였다. 16세기 중엽에 부유한 가정에서는 침대를 높이고 덮개를 달고 깃털 매트리스를 사용했으며, 두꺼운 커튼을 달아 바람과 벌레와 엿보는 눈을 막았다. 그런 침대의 내부는 아주 넓어 부유한 토스카나 사람들은 침대를 '방'이라고 부를 정도였다. 침구는 리넨 시트와 모직 담요와 누비이불 등으로 이루어졌다.[37]

고급 침대의 발전은 16세기에 이루어진 안락하고 편리한 가정생활의 혁신을 반영했다. 연기를 내보내면서 난로의 열을 보존하는 굴뚝, 공간의 용도에 맞춰 칸을 나눈 방, 온기를 보존하고 빛을 더 많이 받을 수 있는 유리 창문 등이 개량되었다. 이를 비롯해 집안 환경의 개선은 17세기 후반부터 급속하게 확산되었다. 이는 대량생산 혁명 덕분으로, 북대서양의 양쪽에서 많은 가정이 편리한 물건을 쉽게 구비할 수 있게 되었다. 그러나 이중에도 가장 각광받은 것은 침대의 개선이었다. 침대는 아끼는 상속인에게 가장 먼저 물려주는 유산이었으며, 신혼부부들이 가장 먼저 구입하는 품목이었다. 그다지 부유하지 못한 집에서는 침대가 전체 재산의 3분의 1을 차지하는 경우도 있었다. 가난한 집에서는 침대를 손수 만들기도 했지만, 침대는 '상품의 세계'에 들어서면 가장 먼저 구입하는 가구였다. 1598년 영국을 방문한 한 독일인은 "농부들조차 태피스트리로 덮인 침대"를 사용하는 것을 보고 놀랐다. 물질문화를 연구하는 한 역사가는 근대 초를 "침대의 시대"라고 이름 붙일 수 있을 것이라고 반농담조로 비꼬았다.[38]

작자 미상, 〈토비아스와 사라〉, 1530년경
구약에 나오는 부부가 16세기 부유한 가정을 대표하는 높은 침대의 호화로운 이부자리에서 잠들어 있다. 밤공기로부터 머리를 보호하는 수면모자(nightcap)는 물론, 베개와 두꺼운 이불, 슬리퍼에 주목하라. 요강 대신에 작은 상자 모양의 변기인 '클로스 스툴'(close-stool)이 침대 뒤의 벽감 속에 있는 것으로 보인다.

사람들은 사회적 위신의 표시는 물론 육체적인 안락을 위해 침대에 크게 투자했다. 물론 침대는 일생 동안 많은 역할을 했다. 대부분의 사람들이 침대에서 잉태되고 태어났으며, 질병에서 회복되고, 사랑을 나누고, 죽음을 맞았다. "침대는 인간의 행복이 인간의 불행에 가깝게 다가가는 것을 보여준다"고 이사크 드 뱅스라드는 묘사했다. 그러나 무엇보다도 침대의 가장 중요한 역할은 매일 편히 잠들 수 있도록 해주는 것이었다. 16세기 네덜란드의 의사 레비누스 렘니우스는 "조용하게 잘 자는 것만큼 건강에 좋은 것은 없기 때문에, 사람은 부드러운 침대에서 푹 쉬고 잠을 자야 할 필요가 있다"고 말했다. 또 다른 사람은 "침대는 부드러워야 하고 잘 털어내야 하며 발 쪽이 더 높아야 한다"고 했다. 1625년에 스티븐 브래드웰은 침대는 꼭 높아야 한다고 설명했다. "땅에 가까울수록 공기는 더 치명적이며, 차가운 땅의 직접적인 냉기는 아주 위험하다." 침대의 틀을 높이면 낮에 바퀴 달린 다른 침대를 그 밑에 보관할 수도 있었다.[39]

그러나 하층 계급의 많은 사람들은 여전히 누더기 같은 담요와 조잡한 매트리스로 고생했으며, 많은 가정에서는 그것조차 구할 형편이 안 됐다. 17세기 말 글로스터셔에서 수입이 50파운드를 넘지 못하는 가장(직조공, 소작인, 가난한 직공)들이 남긴 재산목록을 보면, 매트리스와 침대틀은 있어도 시트는 없었다. '물의 시인' 존 테일러가 방문한 헤이스팅스의 한 직조공은 어떤 안락한 세간도 없었다. "땅바닥밖에 잘 곳이 없고,/ 앉을 의자도 없고, 문에는 자물쇠도 없고,/ 밤에 누울 짚도 없다."[40] 스코틀랜드와 아일랜드에서는 가족 전체가 땅바닥에 골풀과 짚과 잡풀을 깔고 자기도 했다. 침대의 가격이 비싸기도 했지만, 비좁은 집에 큰 침대를 놓을 공간도 없었다. 17세기 말에 아일랜드를 방문했던 한 사람은 "비교적 좋은 오두막"에 대해 이렇게 말했다. "깃털값이 너무 비싸기 때문에 보통 깃털 침대는 하나밖에 없다. 그것은 주인 부부가 사용하고, 다른 사람들은 시트 한 장과 담요 한 장을 갖고 짚 위에 누웠고, 나머지는 옷을 입고 담요를 덮었다. 오두막의 바닥은 흙인 경우가 대부분이었다." 신랄한 작가 네드 워드는 이렇게 조롱했다. "'침대'는 단단한 기반 위에 있어서 지진만이 그것을 움직일 수 있다."[41]

주인 가족과 같이 살지 못하는 하인이라면 그들의 숙소도 별반 나을 것이 없었다. 16세기 초에 해리슨은 이렇게 기록했다. "하인들은 시트가 있으면 만족했다. 왜냐하면 그들 몸 아래에는 아무것도 없어서 짚단에서 삐져나온 짚이 살갗을 파고들었기 때문이다." 18세기에 이르기까지 프랑스에서는 아무리 운좋은 하인이라도 짚단으로 된 협소한 간이침대밖에 받지 못했다. 런던의 하녀 메리 클리퍼드는 1767년에 맞아 죽기 전에 종종 주인의 지하실에서 "자루 하나"와 "조그만 담요 하나"를 침대 삼아 자야 했다. 피프스도 어느 날 밤 어린 하녀에게 매질을 한 뒤 지하실에서 자도록 했다. 견습공과 직인은 주인의 상점 바닥을 포함하여 공간만 있으면 몸을 눕혔다. 따뜻한 화덕 위에서 밀가루 부대에 들어가 잠을 잤던 파리 빵 가게의 직인들은 운이 좋은 경우였다.[42]

거지와 부랑아의 처지가 가장 비참했다. 가난한 도시민들은 길가에 있는 문간에서 자거나 진열대를 받쳐주는 판자(bulk)의 위나 아래에서 잠을 청했다. 그리하여 영국에서는 이들에게 '판자인생'(bulker)이라는 별명이 붙었다. 15세기 프랑스의 시인 프랑수아 비용은 "푸줏간의 진열대 밑에 있는 부랑아"에 대해 쓴 적이 있다. 1732년 런던

윌리엄 호가스, 〈바다에서 돌아와 골방에서 창녀와 있는 게으른 견습공〉(《근면과 나태》 도판 7), 1747
톰 아이들과 창녀가 함께 누운 침대에는 시트와 담요가 있다. 하지만 불결한 방에는 쥐가 득실거리고 침대틀은 무너졌다.

시의회 재판소는 "많은 빈민 부랑아들이 밤에 판자나 진열대 등 공공 거리에 있는 여러 장소에 숨어들어가 잠을 잔다"고 보고했다. 몇 년 뒤에는 하이드파크의 속이 빈 나무에서 자는 아이들이 발견되었다. 건초 더미, 마구간, 헛간은 시골 부랑아들의 보금자리였다. 1636년 투크스베리 근처의 헛간에서는 30명의 남녀와 아이 들이 "짚 속에서 벌거벗은 채" 발견되었다. "별자리를 보고 눕는다"(coucher à l'enseigne de l'étoile)는 프랑스 표현은 수많은 가난한 사람들의 운명을 가리키는 것이었다. 나폴리나 필라델피아처럼 광범위한 곳의 많은 가난한 사람들은 밤에 동굴 속으로 피신했다.[43]

하층 계급 가정은 침대가 부족하여 두세 명 또는 그 이상이 한 침대에서 잠을 잤고, 때로는 묵고 가는 방문객도 함께 잤다. 방뿐 아니라 덮을 것을 함께 나누어 물자를 절약하고 추운 밤에는 온기를 낼 수 있었다. "좁은 침대에서는 가운데 있어야 한다"는 이탈리아 속담이 있다.[44] 대부분의 부모들은 유아가 아닌 자식들은 따로 재웠겠지만, 유럽의 농촌에는 대여섯 명에 달하는 식구 전체가 한 침대를 쓰는 일도 흔했다. 이에 대해 뚜렷한 불만족이 거의 없었다. 16세기의 이야기꾼 노엘 뒤 파유(Noël Du Fail)는 한 문답에서 "모두가 어려움 없이 함께 잤던 큰 침대가 기억나지 않는가?" 하고 물었다. 프랑스의 역사가 장 루이 플랑드랭이 지적하듯, 가난한 가정에서는 공동의 침대가 특별한 의미를 가졌다. 식사 이외에 가족이 함께할 수 있는 유일한 장소인 침대는 가정의 단결에 결정적인 역할을 했다.[45]

"돼지처럼 우글거린다"(to pig)는 표현은 한 명 이상의 사람들과 침대를 함께 사용하는 것을 가리키는 영국의 관용 표현으로, 연령과 성별에 따라 식구들의 잠자는 위치가 정해졌다. 19세기 초에 한 사람은 아일랜드 가정에 관해 이런 기록을 남겼다. "그들은 정숙하고 질서 있게 눕는다. 맏딸이 문에서 가장 먼 안쪽 벽에 붙어서 자고 딸들이 나이에 따라 그 옆에 눕고, 다음으로 어머니, 아버지, 아들들이 연달아 누운 뒤 외부인들이 눕는다. 외부인은 행상이나 재단사나 거지일 수도 있다." 남자들이 문 가까이에 누워서, 잠들기 전에 가족의 안위를 지켰다. 여자 식구들은 초대한 손님이나 예기치 않은 침입자로부터 꼭 격리시켰다. 지인의 집에서 하룻밤을 보내야 했던 자크 루이 메네트라는 침대의 한쪽 끝에서 잤고 집주인이 중간에, 그의 아내가 벽에 붙어 잠을 잤다.[46]

농촌 가정에서는 밤에 농장의 짐승들을 집안으로 들여왔고, 이것은 전통적인 사회에서 지금도 실행되고 있는 관습이다. 포식자로부터 가축을 보호하고 도둑으로부터 집을 보호하는 이점 외에, 이것은 "배설물의 악취"에도 불구하고 집안을 더 따뜻하게 만드는 이점도 있었다. 18세기 웨일스에서는 "모든 건물이 노아의 방주"였다고 하는데, 그 이유 중 하나는 소가 불을 보면 우유를 더 많이 생산한다는 웨일스 농민들의 믿음 때문이었다. 그리고 밤에는 실내에서 우유를 짜기가 더 쉬웠다. 때로 가축은 집에 딸린 운반대에 가뒀지만 돼지만은 자유롭게 돌아다니도록 풀어두었다. 스코틀랜드와 유럽 북부에서는 커튼을 친 침대를 벽에 붙박았는데, 가축에 더 큰 공간을 마련해주려는 것이 그 이유 가운데 하나였다. 1780년대에 헤브리디스 제도를 방문했던 사람에 따르면, 소의 오줌은 통에 받아 정기적으로 내버렸지만, 대변은 일 년에 한 번만 치웠다.[47]

IV

침대는 인류 최고의 회합 장소이다.

_토머스 오버베리 경, 1614[48]

때로는 부유한 사람들도 집을 떠나면 다른 사람과 침대를 함께 썼다. 특히 서로 모르는 사람들끼리는 침대 사용에 관한 암묵적인 규약을 지켜야 했다. 서양 사회의 새로운 예의범절 규범은 잠에까지 확대되었다. "사려 깊고 좋은 침대 친구"라면 움직이지 않고 조용히 누워서, 담요를 끌어가지 말아야 했다. 그리고 "할말이 다 끝나면" 같이 자는 사람에게 "잘 자라는 밤 인사"를 해야 했다. 프랑스를 여행하는 영국 사람들을 위한 회화책에는 다음과 같은 구절이 들어 있다. "당신은 나쁜 침대 친구입니다." "당신은 담요를 다 끌어갑니다." "당신은 자면서 발로 찹니다." 루이 14세의 유일한 형제였던 필리프 오를레앙(Philippe d'Orléans)만큼 침실의 특권을 열성적으로 지킨 사람은 없을 것이다. 그의 아내는 친구에게 이렇게 고백했다. "전하께서 내 침대에 주무실 때 나는 침대 가장자리로 밀려나서 자야 하기 때문에 가끔 침대에서 떨어져. 전하께서는 누가 닿는 것을 싫어하셔서, 혹시라도 내가 자다가 발을 뻗어 전하를 조금 건드리기만 하면 나를 깨워서 반시간 동안 야단을 치셔."[49] 18세기에 이르면 귀족 계급은 침대에서 같이 자는 것을 경멸하게 됐고, '침대의 동성애자'라는 모욕적인 말이 생겨났다. 산업화 이전 시대에, 상류층들 사이에 점점 증가하고 있던 개인적 프라이버시에 대한 관심이 이 영역만큼 분명하게 드러난 곳도 없다. 많은 종교 지도자들도 목소리를 보태, 같은 침대를 사용하는 가정의 도덕을 비난했다.[50]

그러나 중간 계급의 가정에서는 침대를 같이 쓰는 친구는 여전히 축복으로 여겨졌다. 가족이건 하인이건 친구건 친근한 사람 옆에서 잠을 자는 것은 온기를 나누고 침대를 더 구비해야 하는 비용을 절감하는 이상의 혜택을 가져다주었다. 그것은 안정감이었다. 특히 불길한 밤에는 친구와 친척 들이 공동의 두려움을 쫓기 위해 같은 이부자리에서 잠을 잤다. 밤이 오자 "우울한 두려움"에 사로잡힌 보즈웰은 "감히 혼자 있지 못해서" 친구를 졸라 같은 침대에서 잠을 잤다. 또다른 날 밤에는 유령에 대한 대화를 나눈 후에("나는 유령이 실제로 나타날까봐 무서웠다") 친구와 함께 있어야 했다. 펜실베이니아 주민 아이작 헬러는 악마가 너무 무서워서 "혼자 누워 있기보다는 일어나서" 그가 일하던 농장의 "흑인들의 침대로 간 적이 여러 번 있었다."[51]

침대의 친구와 친밀한 대화를 나누면서 생기는 강한 애정의 유대는 훨씬 더 매력적이었다. 물론 어떤 사람들은 피곤해서 일찍 곯아떨어졌다. 리처드 백스터는 노동자들이 밤에 "고된 일로 너무 지치고 피곤해 눈을 뜰 수도 없을 정도"라고 생각했으며, 1758년 런던의 어느 맥주 배달원은 "우리의 직업은 일이 너무 많아 침대에 들자마자 잠든다"고 증언했다.[52] 그러나 산업화 이전에 대부분의 사람들은 그리 빨리 잠들지 않았다. 오늘날 사람들이 잠드는 데 걸리는 시간은 10분에서 15분 사이지만, 300년 전에는 훨씬 더 길었을 것이다. 인공조명이 등장하기 전의 야간 상황을 가상으로 만들어놓은 실험에서 참가자들은 침대에 들어간 뒤 2시간 동안 깨어 있었다. 『시대의 예법』(The Manners of the Age, 1733)에 등장하는 성실한 딸이 따르는 일과가 그 시대에 훨씬 더 전형적이었을 것이다. "8시에 침대에 들었고, 7시에 기도했으며, 9시에 잠들었다." 엘리자베스 드링커는 이렇게 기록했다. "나는 11시 정도에 일을 끝낸다. 그렇지만 자정 전에 잠든 적은 별로, 아니 전혀 없다."[53]

깨어 있는 이 마지막 단계가 아무리 길다 해도, 같이 자는 잠은 낮에는 기대하기 어려운 친밀감을 만들어, 속을 털어놓을 수 있는 믿음직한 친구가 되도록 했다. 한 수필가는 이렇게 썼다. "사람들 대부분은 잠옷을 입었을 때 가장 자연을 따른다. 반면 바쁜 낮에는 격식에 맞춰 행동한다." 침대 친구들 간의 즐거운 시간은 '담요 시장'(blanket fair)이라는 수수께끼 같은 표현을 설명하는 데 도움이 될 것이다. 영국, 특히 셰필드 지방에서 그 표현은 침대로 들어간다는 뜻이었다.[54] 어떤 침대 친구는 자신의 속내를 털어놓기는커녕 "대화를 할 마음조차" 없었다. 예컨대 도싯셔의 한 매잡이는 잠자리에서 대화하기보다는 책 읽기를 더 좋아한다고 했다. 그러나 대부분의 관계는 긴밀해서, 서로를 '침대 친구' 또는 '동료'라고 부르며 아플 때는 간병을 해주고 서로의 비밀을 털어놓기도 했던 것으로 보인다. 학교에 다니지 못한 견습공 사이먼 포먼은 낮에 학교에 다니는 침대 친구 헨리에게 "밤에 교육을 받았다." 왕정복고 시대의 이야기 『클로리아 공주』(The Princess Cloria, 1661)에 등장하는 남자 로크리누스는 정치가 허크롬브로투스가 "너무도 다정하고 친근하게 이야기해, 그날 밤 내가 그의 침대 친구가 되어야 할 것 같았다"며 놀라움을 표현한다. 이와 반대로, 혼자 자는 사람들은 특권층이라 할지라도 쓰라린 고독감을 맛봤던 것 같다. 71세의 뉴포트 부인은 밤에 홀로 침대에서 대화를 나눌 앵무새를 몹시 탐내, 친구인 세라 쿠퍼를 놀라게 했다.[55]

어둠 속에 같이 누운 침대 친구들은 사회 규범을 어기는 일이 많았다. 같은 침대에 배정된 남자 하인들은 동성애 관계에 빠질 수 있었다. 마찬가지로 남녀 하인들이 좁은 집에서 같은 침대를 쓰면 사생아가 태어나기도 했다.[56] 함께 자는 것은 주인과 하인 사이의 관계를 바꿔놓기도 했다. 낮에 집안의 주종관계가 아무리 엄격하고 냉정하다 해도 취침 시간에는 대하는 태도가 바뀌는 일이 빈번했다. 『영국의 불한당』(The English Rogue, 1671)에서 여주인은 하녀와 침대를 같이 쓰면서 "아주 자유롭게 대화를 나누고" 그녀의 "연인을 포함하여 모든 일"을 하녀에게 알려줬다. 왕정복고 시대의 노래 〈그녀는 어둠 속에 침대로 갔다네〉에서 묘사되어 있는 여주인과 하녀 사이의 '방귀 경쟁'은 품위가 떨어지는 일이었다. 하녀는 여주인과 잠을 잘 때 폭력 남편으로부터 여주인을 보호하기도 했다. 요컨대 토머스 욜든의 「어둠의 찬가」(Hymn to Darkness)가 말하듯, "빛은 차별을 만들지만, 어둠은 평등을 준다." 행동 지침서의 저자들은 침대 친구들에게 윗사람을 존중해야 한다고 상기시켰다. "당신보다 나은 사람과 같이 눕게 되면 침대에서 그가 가장 만족할 자리를 내줘라." 리앙쿠르 부인은 손녀에게 절대 하녀와 같은 침대를 쓰지 말라고 충고했다. "마땅히 받아야 할 존경을 받지 못하고, 청결과 예의에 어긋날 수 있기" 때문이었다.[57]

침대에서 가장 많이 바뀐 것은 남편과 아내 사이의 유대감이었다. 육체적, 정서적 친밀감이 그렇게 커지는 경우도 별로 없었다. 어떤 남자들은 낮이나 마찬가지로 둔감해서, 폭력적이고 이기적이고 아내의 요청을 들어주지 않았다. 『무신론자』(The Atheist, 1684)에 등장하는 실비아는 전형적인 남편들이 "둔중하고 쓸모없고 침대에 쓰러져서는 짜증을 내며, 뒤척거리고 불평하고 코를 곤다"고 비난한다. 그보다 더 불쌍한 것은 매사추세츠의 메리 아서였다. 1754년에 그녀는 남편에게 세게 걷어차여 침대 밖으로 떨어졌는데, 어찌나 세게 떨어졌던지 집의 다른 곳에서 자던 사람은 지진이 일어난 줄 알고 걱정했을 정도였다.[58] 그러나 하루종일 떨어져 있다가 만난 부부는 침대에서 대화를 나누고 놀이를 하고 성적 쾌락을 즐겼다. 침대에서 나누는 대화는 그날 일어났던 일일 수도 있고 더 절박한 문제일 수도 있었다. 초서의 『캔터베리 이야기』의 '둘째 수녀의 이야기'에 나오는 여인 세실리아는 남편에게 이렇게 말한다. "오, 나의 사랑하는 친절하고 참된 남편, 당신과 함께 나눌 비밀이 있답니다." 워리스턴 경은 성서의 기도문에 대해 아내와 함께 "오랜 시간 동안 대화"를 나누었고, 피프스는 침대에서 "이야기하고 대화를 나누는 데서 큰 즐거움"을 얻었다. 피프스와 마찬가지로 성실하지 못한 남편이었던 보즈웰도 "좋은 침대와 사랑

하는 아내"에게서 떨어져 있을 때는 우울해했다.[59]

피곤한 사람들이 몸을 눕히면 아내와 남편 사이의 전통적인 차별도 낮아져, 가부장 중심의 가정 안에서 여성이 자율성을 찾는 귀한 시간이 주어졌다. 성적인 경계선이 새롭게 설정된 것이다. 어둠 속에서 침대에 누워 있으면 아내는 다른 시간에는 적절치 않았을 관심사를 표현할 수 있었다. 1702년 조슈아 스웨트먼은 이렇게 주장했다. "여자들은 재주를 부릴 시간을 알아서, 밤에 남자를 마음대로 주무른다." 아양과 재치가 그들이 자랑하는 무기였으며, 부부관계를 거절하거나 또는 남편들이 한탄하듯 몸을 '차갑게' 만들어서 침대에 들어오기도 했다. 한 권위자는 남자들에게 이렇게 충고했다. "침대의 불화를 절대 피하라. 그리하여 서로 걱정을 덜어줘야 할 즐거운 기회를 또다른 화근으로 만들지 말라." 중세 말기의 여성 혐오 저작인 『결혼의 열다섯 가지 즐거움』(The Fifteen Joys of Marriage)은 아내들이 남편을 손쉽게 조종하기 위해 사용하는 책략을 상세하게 설명하고 있다.[60] 가장 불쾌한 것은 '커튼' 설교 또는 '베개맡' 설교라고 하는 잔소리였다. 『웨일스의 상속녀』(The Welch Heiress, 1795)에 나오는 플림리먼 양은 잔소리가 "여성의 권리에 속하는 자산"이라고 주장한다. 코네티컷의 존 엘리엇이 기록한 일기는 몇몇 아내들이 잔소리에 얼마나 큰 권위를 행사했는지 생생하게 묘사하고 있다. 그는 자신의 아내에 대해 이렇게 썼다. "이 커튼 설교는 너무도 자주, 심하게, 오랫동안 이어졌다. 이틀 밤마다 내내 깨어 있으면서 그 잔소리를 들어야 했고, 때로는 매일 밤 그랬다. 아주 추잡하고 상스러운 말로 첫번째 아내와 두번째 아내, 첫번째 아이와 두번째 아이 등등에 관한 지난 이야기를 끄집어낸다." 엘리엇의 아내는 그의 옛 결혼들에 대해 힐난하고 침대에서 구애하

작자 미상, 〈베개맡 설교〉, 17세기

는 그에게 면박을 주었을 뿐 아니라, 남편에게 다른 방에서 자라고 고집하기도 했다. 도싯셔의 신사인 존 리처즈의 아내도 남편을 주방이나 지하실로 쫓아내곤 했다.[61]

남편에게 치명적인 폭력을 가하는 것도, 드물긴 하지만 침대에서 일어날 수 있는 일이었다. 독살의 위험까지는 가지 않는다 할지라도, 남편은 불만을 품은 아내에게 침대에서 가장 취약하게 노출되었다. 요크에서 남편의 폭력에 시달린 한 아내는 뻔뻔한 남편에게 "마음만 먹으면 밤에 침대에서 죽일 수 있다"고 경고했다. 독일 할바흐의 마르가레타 크라프트는 "결혼한 지 얼마 지나지 않아" 두 번째 남편을 침대에서 도끼로 살해하고, 토막 난 시체를 지하실의 거름 속에 감췄다. 1737년 코네티컷에서 한 남편은 코를 골다가 아내가 그의 벌어진 입에 쏟아부은 뜨거운 깜부기불 세례를 받아야 했고, 더비에서는 새뮤얼 스미스라는 이름의 양말 제조인이 어둠 속에서 잠을 자다가 여자 친구에게 음경을 칼로 찔렸다. 그 여자는 "그가 몇 년이나 사귀면서 결혼까지 약속했지만 언제나 속였다"고 항의했다. 스미스는 "상당히 많은 피를 흘리고 고통이 커진 뒤에야, 없어진 것이 무엇인지 알아차렸다."[62]

11장

뜨개질한 소매를 다시 풀기: 소란

I

자면서 문제를 해결할 수 있는 사람이 행복한 사람이다.

_기욤 부셰, 1584~1598[1]

산업혁명 이전의 잠에 대한 현대의 개념에는, 우리 선조들이 가난한 삶 속에서 잠만은 평온하게 잤으리라는 안타까운 믿음이 깔려 있다. 우리는 산업화 이전 시대에 실존하던 일상적인 고통을 알면서도, 대부분의 가정이 최소한 동이 틀 때까지 만족스럽게 휴식을 취했으리라고 생각하고 싶어한다. 밤의 고요함과 압도적인 어둠이 더해져 평화로운 휴식에 도움이 되었고, 게다가 일에 지친 보통 사람들은 피곤이 몰려와 더욱 깊게 잠들 수 있었다. 잠에 관한 현대의 한 권위자는 밖에서 야영을 하며 "더 원시적인 유형"을 재현해본 뒤 최근에 이렇게 표현했다. "별들만이 유일하게 빛을 발하는 이곳에서 우리는 옛 사람들의 꿈결 같은 잠으로 되돌아가 대자연의 따뜻한 품을 요람 삼아 잠들었다. 우리가 다음날 아침 그리도 생생하게 재충전되어 일어난 것은 놀라운 일이 아니다."[2]

우리의 항수는 서양 문학에 깊이 뿌리박고 있다. 16세기에 영국과 유럽 대륙에서 창작 활동이 폭발적으로 늘어나면서 평화로운 잠은 모든 형태의 문학에서, 특히 시극과 시에서 애호하는 주제가 되었다. 후에 새뮤얼 존슨은 시인들이 "생각으로부터 휴식"이 필요하기 때문에 자연적으로 "잠의 영향을 많이 받는다"고 주장했다. 잠은 "휴식을 주었을 뿐 아니라 그들을 더 행복한 곳으로" 데려다주었다. 낮의 고통 때문에 침대는 더욱더 평온의 오아시스로 보였다. 독일의 의사 크리스토프 비르중은 침대가 시인에게 "평온을 주는 유일한 것"이라고 치켜세웠다.[3] 작가들은 잠을 "감각을 근심으로부터" 막아주는 성스러운 장소로 추앙했다. 맥베스는 "걱정이라는 흐트러진 실타래를 곱게 짜주는 잠"이라는 유명한 대사를 말한다. 윌리엄 마운트포트는 경탄했다. "오, 잠이여! 너만이 상처받고 혼란스러운 영혼에 진심으로 대하는구나!"[4] 작가들이 잠을 죽음의 부드러운 포옹에 자주 비유한 것은 별로 놀랍지 않다. 프랑스의 제수이트 수도사 루이 리숌에 따르면 잠은 "작은 죽음"이었다. 토머스 브라운 경은 잠이 죽음과 "너무 닮아 기도가 없으면 잠을 못 믿겠다"고 했다.[5]

잠의 축복이 특권층에게만 국한되었던 것은 아니다. 에드먼드 스펜서가 말한 "잠의 망각"은 죽음과 마찬가지로 모두에게 평등했다. 차별이나 계급이나 특권이 서양 사회를 일상적으로 지배하던 시대에 잠은 "비참한 사람들을 축복받은 사람들과 같게 만들었다." 필립 시드니 경은 잠이 "가난한 사람들의 재산, 죄수의 해방,/ 높고 낮은 사람들 사이의 공평한 판관"이라고 말했다. 『돈키호테』(1605)의 산초 판사에게 잠은 "목동을 왕과, 하찮은 자를 현인과 동등하게 만들어주는 저울추였다."[6] "정당한 사람들의 잠"이라는 중세의 관념에 뿌리를 둔 이러한 가설은 사실상 가장 건강한 잠은 단순한 정신과 못 박인 손을 가진 노동 계급에 속한다는 믿음을 낳았다. 프랑스의 한 시인은 "과도하게 긴장된 피곤한 사지를 회복시켜주는 달콤한 잠과 휴식"에 대해 썼다. 피로에 쓰러진 소박한 농촌 사람들은 부유한 권력자들의 잠을 괴롭히는 불안감 하나 없이 잠들었다. 『헨리 5세』에서 셰익스피어는 "훌륭한 침대에 자고 있는 어느 누구도,/ 튼튼한 몸과 텅 빈 정신으로/ 휴식을 취하고 있는/ 비참한 노예보다 더 잘 자지는 못한다"고 묘사했다.[7]

확실히 잠은 모든 계급의 피곤한 남녀에게, 어렵게 얻은 휴식일 뿐 아니라 낮의 근심을 덜어내고 어느 정도 안식을 취할 수 있는 기회를 제공했다. 근대 초에 크고 작은 고난을 어깨에 지지 않은 가정은 별로 없었다. 잠은 사람들에게 육체적 도움만이 아니라 심리적 도움도 주었다. 따라서 이스트앵글리아의 속어에 따르면, 잠드는 것은 "세상을 잊는 것"이었다. 세라 쿠퍼는 "그 즐거움이 순전히 부정적인 것이라 해도, 잠은 삶의 축복 가운데 하나로 꼽힐 수 있을 것"이라고 결론 내렸다. "영혼이 고갈되면 우리는 현재 상황에 지쳐, 노인이 죽음을 찾듯 잠을 찾는다"고 그녀는 썼다. 사실 쿠퍼는 남편인 윌리엄 경이 자신을 피하기 위해 일찍 잠든다고 불평한 바 있다. 밤잠이 없는 사람들에게도 때로는 잠이 안식처가 되었다. 또 한번의 '광란의 술판'에서 살아남은 제임스 보즈웰은 화난 아내를 피하기 위해 "침대 속으로 숨어 들어갔다." 훗날 그는 이렇게 털어놓았다. "'숨어들었다'고 한 것은, 그곳이 진정한 도피처였기 때문이다."[8]

또한 사람들이 잠으로부터 얻는 위안은 그들 삶의 질에 반비례했을 수도 있다. 하인이나 노예 같은 최하층민들이 잠자는 시간을 가장 간절히 기다렸다. 프랑스의 한 성직자는 "잘 때는 왕도 신하보다 더 나을 것이 없다"는 사실에 주목했다. 침대에서 왕은 왕관을, 주교는 주교관을, 주인은 하인을 포기했다. 자메이카 노예들의 속담에 "잠은 주인이 없다"고 했다. 대부분의 노동자들은 깨어 있는 시간의 고된 노동을 떠나서 얇은 짚단으로 된 매트리스라 해도 침대로 돌아가는 시간을 환영했다. 안락을 주는 다른 가구가 없기에 더욱 그랬다. 어느 날 밤 새뮤얼 피프스는 하인들을 깨우려고 애쓰다가 "정말로 죽은듯 자는군" 하고 불평했다. 또다른 밤에 피프스는 아내가 종을 쳐서 하녀를 부르려다가 실패하자 더 큰 종을 구해주겠다고 약속했다.[9]

그런데 잠이 사람들에게 진정한 안식처가 되었을까? 수면제와 베개와 귀마개가 없던 시절에 사람들이 방해를 받지 않고 휴식을 취할 수 있었을까? 잠의 특징 가운데 하나가 의식 있는 정신과 외부 세계를 차단하는 장벽을 쌓는 것이라면, 또다른 특징은 그러한 잠을 보호하는 장벽이 쉽게 무너진다는 것이다. 마취나 기절이나 동면으로 인한 유사 수면 상태와는 달리 잠 자체는 비교적 쉽게 방해받는다. 엘리자베스 1세 시대의 토머스 내시는 "쉬기 위해 일에서 손을 떼도 고통받고 괴롭힘을 당하는 우리의 정신"에 대해 쓴 바 있으며, 쿠퍼는 일기에 "잠 그 자체도 불안감에서 완전히 자유로운 것은 아니니다" 하고 썼다.[10]

II

어떤 한탄의 외침도 비탄의 눈물도
안에서든 밖에서든 밤에 들리지 않게 하라.

_에드먼드 스펜서, 1595[11]

지금보다 단순했던 시대에 잠이 목가적이었다는 상투적인 허상을 우리가 갖고 있을지 몰라도, 근대 초의 사람들은 자는 중에 많은 방해를 받았으며, 십중팔구 오늘날보다 훨씬 심했을 것이다. 잠에 대한 과거의 묘사를 보면 '잠을 이룰 수 없는', '고통스러운', '두려운'과 같은 형용사가 많았다. 17세기의 기도서는 쉴 때 "많은 사람들을 괴롭히는 공포, 환각, 소음, 꿈, 고통"에 대해 이야기했다. 작가 프랜시스 퀄스는 이렇게 썼다. "가끔 잠에는 두려움이 따르지,/ 혼란스러운 밤의 악몽과 밤의 위험 때문에." 이 시기의 어떤 일기들은 불충분한 휴식에 대한 불평으로 가득차 있다. 피터 올리버에게 있어서 "기억도 나지 않을 만큼 오래전부터 가장 좋은 밤의 휴식은 침대에 몸을 눕힌 뒤 깨어나지 않는 것"이었다. 델라웨어 식민지에서 잠을 자던 한 사람은 "전혀 잠을 이루지 못하는 남자 침대 친구" "양초 농의 악취" "빈대" "모기" "옆방에서 잠든 사람의 불평 섞인 잠꼬대" 두 번이나 밖에 내놔야 했던 "고양이의 울음소리" 등에 시달렸다![12]

질병은 모든 사회 계급에서 가장 큰 고충이었다. 발작이나 심장마비는 밤에 더 빈번하게 일어났고, 편두통, 출혈성 심장마비, 가슴앓이, 통풍, 담낭염, 치통, 위궤양 등등 다른 병의 증상도 밤에 더 악화되었다.[13] 호흡기 계통 질환의 환자는 때로 침대 옆에 '침 뱉을 수건'을 걸어놓았는데, 편리를 위해서뿐 아니라 타액의 피를 검사하기 위해서였다. 진드기가 우글거리는 침대와 엎드려 눕는 자세는 천식을 유발했다. 엘리자베스 프리크의 남편은 천식이 심해서 두 달 이상을 의자에서 잤고, 간병인들이 그의 머리를 받쳐줘야 했다. 물론 침대를 같이 쓰는 것은 전염병을 퍼뜨리기만 할 뿐이었다. 스코틀랜드의 한 목사는 "환자와 건강한 사람이 한 침대를 쓰는 것"이 고지대 교구에서 폐병이 만연하는 이유 가운데 하나라고 보고했다.[14]

질병이 더욱 성가신 것은 환자들이 밤에 고통을 더 민감하게 느끼기 때문이다. 밤의 고통을 생생하게 기록한 다른 일기 작가들처럼 쿠퍼도 등의 통증이 "밤시간에" 악화된다고 확신했고, 남은 '이뿌리'를 뽑기 전날 밤에 치통도 악화되었다. 비슷한 고통에 시달린 매사추세츠의 목사 에버니저 파크먼은 쇠똥 거름과 돼지기름을 혼합하여 밤마다 얼굴에 붙였다. 그는 "이렇게 하는 것이 혐오스러워 보여도 효과는 확실하다"고 단언했다. 오늘날처럼 의료 행위나 시술이 없던 시대에 신체 질병은 오랫동안 쉬지 못하게 만들거나, 잠을 자지 못하게 만들었다. 웨일스에는 "병과 잠은 서로 떨어져 있다"는 속담이 있다. 또한 『하층민의 생활, 또는 세상의 절반은 다른 절반이 어떻게 사는지 모른다』(Low-Life or One Half of the World Knows Not How the Other Half Live..., 1750)의 저자 토머스 레그는 밤 1시와 2시 사이의 런던 주민들에 대해 이렇게 기록했다. "병들고 다친 사람들이 걱정에 휩싸여 초췌해져서는 낮의 햇빛이 나오기를 기도하고 있다."[15]

질병은 수면 장애의 해로운 요인인 불안감과 좌절감을 더욱 키웠다. 영국 작가 로버트 버턴은 『우울증의 해부』(The Anatomy of Melancholy, 1621)에서 "지속적인 근심과 두려움과 슬픔 때문에 잠에서 깨는 것은 우울증에 걸린 사람의 치명적인 증상"이라고 밝혔다. 불

윌리엄 호가스, 〈침대에 있는 프란시스 매슈 슈츠〉, 1750년대 후반

면증은 17세기의 치료사 리처드 네이피어(Richard Napier)가 다룬 정신질환 환자에 대한 보고서에서 가장 흔한 증상이었다. 수십 년에 걸쳐 진찰한 2천여 명의 환자들 가운데 20퍼센트에 해당하는 4백여 명이 불면증을 호소했다. 슬픔에서 분노에 이르기까지 모든 불쾌한 감정이 휴식을 방해했다. 빚 때문에 고통을 받던 농부 울리히 브레커는 "진땀과 잠 못 이루는 밤"을 한탄했다. 스코틀랜드의 목사 조지 리드패스는 "아흐레나 열흘 동안 평소보다 절반도 못 잤다"고 불평했다. 쿠퍼는 "육신의 병이 좀 나으면 정신의 고통이 이어져서 밤에 휴식을 방해했다"고 불평했다.[16]

초기의 작가들이 주장했던 것처럼 부유한 계층이 정신적 고통 때문에 깊은 잠을 못 잤다면, 하층 계급 역시 좌절감과 같은 심리적 장

애를 겪었다. 삶의 문제를 해결할 능력이 없는 사람들이 불면증에 걸릴 가능성이 높았다. 도시의 빈민에 대해 한 사람은 이렇게 말했다. "그들은 잠을 자지만 추위와 오물과 비명과 아이들 울음소리와 그 밖의 수천 가지 걱정 때문에 잠을 방해받는 기분을 느낀다."[17] 가난한 가정은 매일 밤 침침한 어둠에 빠질 수밖에 없어, 특히 "나쁜 계절"인 겨울에 우울과 불편함이 더 심해졌다. 북부 사람들이 느끼는 심리적 침체가 햇빛 부족 때문에 두뇌 호르몬 멜라토닌이 비정상적 수준으로 떨어지기 때문이라는 '계절성 우울증'(SAD)에 대한 임상적 진단이 나오기 훨씬 전부터 사람들은 심리적 침체와 어둠 사이의 연관성을 느꼈다. 16세기 프랑스의 의사 앙드레 뒤 로랑(André Du Laurens)은 "불결하고 어둡고 우울하고 악취 나는 공기는 아주 해롭다"고 말했다. 의학자 벤저민 러시에게 우울증은 육체적 질병을 밤에 악화시키는 원인 가운데 하나였다. 그는 "밤에 투정부리던 환자들이 아침 햇살만 나타나면 괜찮아지는 것을 얼마나 자주 봤던가"라고 했다.[18]

인간의 감정 중에서 잠을 가장 많이 방해한 것은 두려움이었다. 일반적으로 포유류 가운데 가장 안전한 곳에서 잠을 자는 포식 동물이 가장 만족스러운 잠을 자고, 공격을 받을 위험이 가장 큰 동물이 더 얕은 잠을 잔다. 근대 초 사회의 인간들도 예외가 아니었다. 토머스 오버베리 경은 "안전한 사람이 잘 잔다"고 말했다. 사람들의 불안감이 밤에 심해지는 데에는 그럴듯한 이유가 있다. 부신 호르몬이 오전 4시에서 8시 사이에 가장 많이 분비되고, 사람들은 이른 아침에 고독감을 느낀다. 헨리 네빌 페인은 "고독과 밤과 두려움 때문에 나의 위험은 두 배로 커 보인다"고 썼다. 게오르크 크리스토프 리히텐베르크는 다음과 같이 고찰했다. "나는 어떤 문제에 대해 별로 신경을 쓰지 않고 잠들었다가 새벽 4시 정도부터 초조하게 그 문제를 걱정하기 시작해서 몇 시간이나 뒤척이는 경우가 종종 있다. 그러다가 9시나 그 전에 무관심해지거나 낙관적으로 바뀐다."[19]

모든 두려움이 다 근거 없는 것은 아니었다. 현실적인 위험이 크게 느껴지면 사람들은 더 불안해져, 프랑스 속담이 말하듯 "한쪽 눈을 뜨거나" "주먹을 쥐고" 잠을 잤다. 더들리 라이더는 런던 집에서 도둑이 훔쳐 갈 수도 있는 아래층에 칼을 둔 뒤 침대에서 밤새 뒤척였다. 헤이그의 다비트 베크는 한밤중에 "소란스러운 소리"를 듣고 침대 친구와 함께 벌거벗은 채 침대에서 뛰쳐나와 칼과 쇠가래를 들고 살펴봤더니, 고양이들이 장난치는 소리였다.[20] 악령에 대한 만연한 두려움

헨리 푸젤리, 〈악몽〉, 1781

도 사람들을 잠 못 들게 했다. 코네티컷 식민지의 주민 해너 히턴이 어렸을 적부터 노년까지 쓴 일기에는 밤에 사탄과 전투를 벌이다가 잠을 이루지 못했다는 이야기가 나온다. 어느 날 밤의 일기는 이러했다. "나는 악마가 내 옷을 잡아당기는 것을 느꼈다. 나는 놀라서 뛰쳐나가 밭으로 달려갔다. 그리스도께서 와서 심판해주시지 않을까 기대하며 밤에 창문을 내다본 적은 얼마나 많았던가." 버턴은 "많은 사람들이 마녀와 환각 때문에 잠을 이루지 못하는데, 그것은 어떤 장소에서는 자주 출몰한다"고 했다.[21]

잠이 든 뒤에도 악몽에 시달릴 위험은 언제나 있었다. 많은 사람들은 그것을 불쾌한 꿈 정도가 아니라 악령이 먹이를 질식시키려는 시도로 보았다. 웨스트콘월에는 악몽의 피해자를 가리켜 '내그리든'(nag-ridden)이라 불렀다. 1730년에 한 지침서는 하인들에게, 부름을 받으면 즉시 달려가라고 했다. 왜냐하면 "즉시 도움을 받지 못하고 악몽 때문에 죽는 사람이 많았기 때문이다. 종을 칠 힘밖에 없는 사람은 하녀가 눈을 비비고 촛불을 켜고 모자를 고쳐 쓰는 사이에 질식해버릴 것이다." 갓난아이는 돌연사하는 일이 흔했기 때문에 특히 위험하다고 여겨졌다. 벤 존슨의 『여왕의 가면』(The Masque of Queens, 1609)에 등장하는 마녀는 "어린아이가 잠자는 밤에/ 나는 그의 숨을 빨아먹지"라며 떠벌린다.[22]

III

누추한 오두막에 사는 사람은
폭풍우 치는 밤에는 감히 잠을 자지 않는다.

_토머스 애덤스, 1629 [23]

성가신 주변 환경도 정신과 육체의 고통을 악화시켰다. 거의 예외 없이, 잠잘 곳은 평화로운 휴식에 적합하지 않았다. 도시의 주거지는 대부분이 도로를 접하고 있었고, 덧문과 유리창을 갖출 여유가 있는 사람들이 사는 건물조차 방음이 제대로 되지 않았다.[24] 밤에 시계(視界)가 흐려지면 청각 신경이 더 예민해졌을 뿐 아니라, 일단 잠들고 나면 외부 세계와의 주요 연결점은 청력이었다.[25] 만일 도시나 마을이 술 취한 주정꾼이나 일하는 직공이나 자정이 지나 농산물을 갖고 오는 농촌 사람들로 밤마다 시끄럽지 않았다면 이 모든 것은 그리 문제가 되지 않았을 것이다. 조종(弔鐘) 소리는 이웃의 죽음을 의미했다. 도시 지역의 청각적 환경은 대체로 목조 가옥이었기 때문에 그런 소음을 더욱 확대시켰다. 1673년의 희곡 『엡솜 웰스』(Epsom-Wells)는 지방 한 마을에서 보낸 밤에 대해 "밤새도록 사악한 소음이 있다"고 증언했다. 부알로는 파리에 대해 이렇게 불평했다. "맙소사! 무슨 소음이란 말인가. 어떤 고통스러운 소리가/ 내 귀를 공격하고 내 눈을 못 감게 만드는가?" 1700년 런던의 한 주민은 런던에 대해 "휴식과 정적이, 어두운 밤에 감히 그 얼굴을 보이지 못하는 곳"이라고 표현했다.[26] "특이하고 황급하면서도 단조로운 경보"[27]인 화재 경종 소리가 아무리 두려워도, 도시 주민들은 야경대원을 가장 짜증스러워했다. 많은 사람들은 그들이 외치는 소리에 전혀 익숙해지지 않았다. 단 엘리자베스 드링커는 예외여서, 그녀는 1794년 다음과 같은 기록을 남겼다. "나는 밤에 일상적인 소음 때문에 고생한 적이 전혀 없었다. 많은 소음은 그 이유를 알 수 있는 것이었고, 그렇게 크지는 않았기 때문이다." 그렇지만 때로 그녀 역시 잠을 자다가 소음에 시달리기도 했다. 어느 날 밤 드링커는 "길거리의 비명소리, 개가 짖는 소리,

그리고 집안에서 나는 듯한 쿵쿵 소리"를 들었다. 그뒤에는 "불이야"라는 고함소리가 뒤따랐다. 그날 밤 그녀는 "밤새도록 1시간도 자지 못했다"고 일기에 썼다.[28]

시골의 밤은 인구가 분산되어 있고 경작지가 넓으며 훨씬 덜 번잡스러워서 도시와는 많이 달랐다. 윌리엄 베크퍼드는 어느 날 밤 에스파냐의 외딴 마을에 들어서다가 동료가 기침을 하자 "주민들 절반이 우리에게 저주를 퍼부었다"고 불평했다. 시골에서는 인간의 소리가 아니라 동물 왕국의 다른 종족들이 수면을 위협했다. 개구리와 여치에서 짖는 개와 발정난 고양이는 물론 배고픈 가축에 이르기까지 그들이 내는 소리는 시간이 지난다고 익숙해지는 것이 아니었다. 이스트앵글리아의 낙농 지역에서 "황소의 정오"는 황소들이 목청을 다해 암소를 향해 우는 자정을 가리키는 일상적인 표현이었다. 암소가 황소를 향해 우는 경우도 있었다. 서머싯의 한 주민은 일기에 다음과 같이 불평했다. "기분이 좋지 않은 암소 한 마리가 일찍부터 우리 창문 아래에서 뛰어다니며 소리를 질러 아주 성가시게 굴었다. 너무 시끄러워서 황소에게 보내야 했다."[29]

특히 땅에 고정된 목조 집에서는 소란스러운 쥐 때문에 벽과 서까래가 붕괴될 지경에 이르기도 했다. 1677년 스코틀랜드를 방문했던 한 여행객은 "쥐들이 우리의 얼굴 위에서 회합을 가지지 않았다면 쉴 수 있었을 것"이라고 했다. 잘못 지은 집은 목재가 수축되거나 널빤지가 헐겁거나 문이 제대로 맞지 않거나 창문이 깨지거나 굴뚝이 뚫리는 불협화음을 냈다. 날씨가 나쁘면 그 모든 조건이 악화되었다. 열쇠 구멍에서 휘파람 소리가 날 뿐 아니라, 돌쩌귀와 나사가 풀리기도 하고 지붕이 새기도 했다. 이스트헨드레드의 조지 우드워드는 "기와

나 초가 지붕은 폭풍우가 천성적으로 싫어하는 것들"이라고 했다. 폭풍우가 몰아치는 와중에 깨어난 가족이 비바람이 잦아들 때까지 침실로 다시 들어가지 않은 것은 당연한 일이다. 1703년 토머스 네이시(Thomas Naish) 부부와 하녀는 새벽 2시 무렵 "격렬한 폭풍우" 때문에 깨어났다가 "기와가 덜커덕거리는 엄청난 소음과 집이 내 위로 무너져 내릴지도 모른다는 공포 때문에 침대에 있지 못하고 거실로 내려가 기도했다."[30]

겨울에는 추운 날씨도 잠을 방해했다. 16세기에서 18세기 사이에 서유럽과 북아메리카 북부는 "작은 빙하 시대"(Little Ice Age)를 겪었기 때문에 더욱 그러했다. 식물의 성장 시기는 짧았고, 겨울은 가혹했으며, 템스 강도 열여덟 번이나 얼어붙었다. 인간을 포함하여 대부분의 포유류는 섭씨 21도와 29도 사이에서 잠을 잘 자며 가장 쾌적한 온도는 25도이다. 사람은 편안함을 느끼는 온도보다 훨씬 낮으면 선잠에 들어 자주 깨어난다. 추위를 차단하지 못하고 바닥의 한기를 느끼며 뒤엉켜 살던 근대 초의 주민들은 그 사실을 너무나 잘 알고 있었다. 코튼 매더에 따르면 매사추세츠의 1월 어느 날은 너무 추워 땔감 한쪽의 잘린 끝에서 수액이 흘러나오자마자 얼어붙었다. 비교적 안락한 거주지라도 겨울에는 잉크통이나 물동이나 요강이 밤중에 얼어붙었다. 1767년 『로이즈 이브닝 포스트』(Lloyd's Evening Post)의 독자들에게 '딜레니우스'라는 사람은 이렇게 불평을 늘어놓았다. "발과 다리가 시려서 몇 시간이나 잠들지 못하는 경우가 종종 있다. 옷을 껴입고 자도 소용없다. 나는 간신히 몸을 댈 수 있을 정도로만 침대를 덥혔다. 그렇게 밤이면 밤마다 나는 좌절해서 겨우내 떨고 지냈다." 제임스 우드퍼드 목사는 "침대에 들어가기에는 너무 심한 추위"라고

말했다. 일단 침대에 들어갔다면 많은 사람들은 다음날 아침에 이불에서 나오기 싫어했을 것이다.[31]

물론, 이불에서 나오지 않으면 벌레들이 먼저 잔치를 벌였다. 침대는 근대 초 곤충학의 사악한 삼위일체인 이와 벼룩과 빈대의 서식처로 악명 높았다. 인간의 피부는 밤 11시에 가려움증에 가장 민감하게 반응하기 때문에 그 괴로움은 더 컸다. 영국 사람들은 이탈리아 같은 따뜻한 국가의 사람들처럼 잘 때 독거미나 전갈 같은 해충 때문에 고통받지는 않았다. 또한 그들은 북아메리카의 영국 식민지에서 여름에 창궐하는 식성 좋은 모기와 싸울 필요도 없었다. 버지니아의 하인 존 해로워는 어느 날 밤 베개 밑에서 뱀을 발견하기까지 했다. 또 인상적인 사실은, 영국인들이 잠자리의 해충을 군사 용어로 부르는 경우가 많아서, 벌레들의 '중대' '파견대' '연대' '군대'와 같은 말들을 사용했다는 것이다. 레그는 『하층민의 생활, 또는 세상의 절반은 다른 절반이 어떻게 사는지 모른다』에서 "침대에 누워 있다가 …… 불을 붙여 벌레를 잡기 위해 부싯돌 통을 찾는 가난한 사람들"을 묘사한 바 있다. 길거리에서 불리던 노래 〈한 주일에 25실링이 어떻게 낭비되었나〉에는 "매일 밤 벼룩과 빈대를 잡느라 허비되는 3파딩의 골풀 양초"가 나온다. 벌레를 잡는 사람들은 당연히 인공조명의 가격을 고려했고, 그래서 "양초를 허비하고 벼룩을 찾는다"는 경고의 말이 생겨났다.[32]

최소한 부유층에서는 침대 자체가 단잠을 깨우는 일이 적었다. 많은 돈을 투자했음에도 너무 부드러워서 오히려 움직이기가 불편한 게 아니라면, 매트리스의 두께와 그 내용물이 문제가 된 경우는 생각보다 그리 많지 않았을 것이다. 어떤 사람들은 침대가 딱딱하고 베개

헤릿 판 혼트호르스트, 〈벼룩 사냥〉, 1621

에 깃털이 들어가지 않았다고 불평하기도 했지만, 그런 불만은 대개 낯선 곳에서 쉬어야 했던 여행자들에게서 나왔다. 훗날 토링턴 자작이 된 존 빙은 비록 가난하긴 했지만, 그가 "방문했던 거의 모든 집"에서 "삶의 최고 안락"인 좋은 침대가 없으니 그것을 갖춰야 한다고 요구했다. 그는 자신의 침대처럼 "부드럽고 푹신하고 6피트 정도로 넓은" 침대가 아니라면 결코 잠을 자지 않았다. 문화적 편견이 가장 문제였다. 몽테뉴는 다음과 같이 말했다. "독일 사람은 매트리스 위에 눕히면 병에 걸린다. 이탈리아 사람은 깃털 침대 위에 눕히면 화를 낸다. 프랑스 사람은 커튼이 없는 침실에 재우면 화를 낸다." 1646년 존 에벌린은 스위스에 머물면서 "나뭇잎으로 채운 침대에서 자야 했던 것"을 불평했다. "그것은 계속 부스럭거렸고, 이불잇 사이로 삐져나와 피부를 찔러댔다." 그러나 스위스 상류층 사람들은 짚보다는 너도밤

나무 잎을 채워 만든 매트리스를 훨씬 더 좋아했다.[33] 불행하게도 가장 열악한 거주지에 살았던 산업화 이전 시대 사람들은 침대에 대한 직접적인 인상을 거의 남겨놓지 않았다. 존 로크는 좋은 잠은 "부드러운 침대에서 자건 딱딱한 판자 위에서 자건 문제되지 않는다"고 주장했지만, 딱딱한 맨바닥이 아니라 얇은 매트리스 위에서 자는 것조차 지방질이 아주 적은 여윈 인간의 골격에는 분명 불편했을 것이다.[34]

잘 만들어진 침대라도 많은 사람이 같이 자면 편안하지 못했다. 1624년 다비트 베크는 다른 두 사람과 자면서 "청어처럼 포장되었다"고 표현했다. 〈둘보다는 혼자서 잘 잔다〉(One Sleeps Better than Two)는 프랑스 노래는 다음과 같이 불평한다. "한 명은 기침하고 한 명은 말한다. 한 명은 춥고 한 명은 덥다./ 한 명은 졸리고 한 명은 안 졸리다." 친하지 않은 사람들이 한 침대에서 자며 뒤척이는 경우가 최악이었다. 어느 날 밤 친구와 함께 자신의 침실에서 잠을 자야 했던 피프스는 "잠자리 준비가 잘못되었고 친구의 잠버릇이 고약해 밤새 잠을 자지 못했다." 스코틀랜드계 미국인 의사였던 앤드루 해밀턴 역시 델라웨어에서 두 사람과 함께 같은 방에서 잠을 자게 되었는데, 그중 "아일랜드 놈"이었던 한 사람이 밤새 뒤척이면서 "오, 예수님" 하고 잠꼬대를 해댔다.[35]

습기 찬 밤공기 속에서 요강이 악취를 뿜었다. "너무도 야만적인 악취"가 여인숙에서 같은 방에 든 두 여인을 감싸, 처음에 그들은 "잠시 서로를 비난하다가" 침대의 머리맡에 있는 요강을 발견했다. 왕정복고 시대의 노래 〈어느 날 밤 아민타는 오줌을 누었다네〉(Aminta One Night had Occasion to Piss)는 밤에 요강을 쓰려고 일어난 두 친구 사이의 대화를 라블레풍으로 세세하게 묘사한다. 그들은 서로를 꾸짖는다. "네 뒤쪽에서 터져나온 태풍은/ 내 눈을 잘 피해 가긴 했으나,/ 곤혹스러운 공기가 내 코를 찌르는군." 요강과 변소에 대해 묻는 여행객에게 하녀는 "보이지 않아도 냄새로 충분히 찾을 수 있을 겁니다"라고 대답했다.[36] 요강이 뒤집히거나 깨지는 당혹스러운 일도 가끔 벌어졌다. 작은 병 모양의 소변기에 의존하는 것은 더 위험했다.[37] 특히 하층 계급은 그 대안으로 대문 밖에서 소변을 보았고, 그보다 더 흔하게는 화로에 방뇨했다. 토머스 터서는 이렇게 불평했다. "어떤 사람들은 굴뚝 요강에서 더러운 하수도 냄새가 나게 만든다." 요강이 없던 피프스는 하룻밤에 두 번 "굴뚝에 방뇨"한 적이 있고, 요크셔의 노동자 에이브럼 잉엄은 "물을 채우기 위해 구두"를 사용했다. 이탈리아의 속담은 그 모든 것이 실패할 경우 "침대에서 오줌을 싸고 땀을 흘렸다고 말하라"고 충고했다.[38]

IV

잠을 자지 못해 죽을 지경인데 어떻게 잘 지낼 수 있단 말인가?

_콜리 시버와 존 밴브루 경, 1728[39]

부유한 가정에서는 향을 태워 썩은 냄새를 숨기는 것이 유행이었고, 요강은 언제나 침실에서 숨길 수 있었다. 토스카나 공작 코시모는 자신의 요강을 하인의 방에 두었던 것으로 보인다.[40] 그러나 다른 여러 경우와 마찬가지로 이 문제에 있어서도 하층 계급은 잠을 자는 데 특히 불리한 점이 많았다. 해로운 냄새가 그들의 숙소를 더 더럽혔을 뿐만 아니라 시끄러운 소음, 추위, 피에 굶주린 해충에게도 더 많이 시달렸다. 분명 하층 가정은 원치 않는 침입자에게 더 쉽게 노출되었다. 파리에서는 조용한 숙소를 구하려면 비용이 많이 들어서 부알로는 이렇게 언급한 바 있다. "다른 물건과 마찬가지로 잠도 파는 물건이라서,/ 휴식을 취하려면 금으로 사야 한다."[41] 침대 두 개를 쓸 여유가 있다면, 열이 있는 사람은 "깨어나서 침대가 너무 뜨거우면 서늘한 침대로 옮겨가는 대단한 사치를 누릴 수 있다"고 벤저민 프랭클린은 충고했다. 아내의 질병이나 임신 때문에 불편하면 피프스와 같은 남편은 다른 방에서 쉴 수 있었다. 실상 18세기에 이르면 프랑스의 귀족 부부는 각자 다른 침실을 사용했다. 궁핍한 가정에서는 침실에 바람막이 커튼을 달 수도 없었고, 벌레에 시달리면 하인과 침대를 바꾸곤 했던 노스캐롤라이나 식민지의 신사 같은 선택권도 없었다.[42]

시인이나 극작가 들이 때때로 주장했던 것처럼, 어쩌면 노동자들은 피로와 떳떳한 양심 때문에, 잠잘 때 당하는 어려움이 덜했을지도 모른다. 버지니아의 가정교사 필립 피시언은 밤마다 녹초가 될 때까지 공부를 해 잠을 "깨지 않고 편하게" 잤고, "저주스러운 벌레"에게 고통받지도 않았다.[43] 그러나 니콜러스 제임스의 『궁핍의 불평』(The Complaints of Poverty, 1742)에 나오는 다음 구절은 그리 유명하진 않아도 가장 현실성 있다.

> 원기를 되찾고 고통을 가라앉히기 위한
> 마지막 구제책을 잠자리에서 찾으려 하나,
> 벼룩의 안식처인 누더기 같은 담요는
> 차가운 몸에 충분한 온기를 주지 못하고,
> 밤마다 괴롭히는 아이의 울음소리에
> 그는 먼지 덮인 베개에 피곤한 몸을 누인다.

토머스 롤런드슨, 〈쉬고 있는 건초 노동자들〉, 1798

조지 허버트 역시 1657년에 “하루종일 고되게 일하고, 밤이 오면 음식과 휴식이 부족해서 고통이 커지는 수많은 사람들”에 대해 쓴 바 있다. 『노예 상태』(L'État de Servitude, 1711)의 저자는 “문도 없고 자물쇠도 없는 다락방에,/ 겨울 내내 찬바람이 드는,/ 더럽고 불결한 다락방에,/ 썩은 매트리스가 바닥에 놓여 있다”고 불평했다.[44]

잠은 가난한 사람에게는 안락함이자 죄수에게는 해방이었을까? 대체로는 그렇지 않았던 것 같다. 더 고된 하루 일과로부터 잠시 놓여날 뿐인 고통스러운 휴식이었다. 대부분의 사람들이 오래 푹 자지 못한 건 아니라 해도, 잠자는 사람 자신도 모르게 잠깐씩 깨어나는 상태가 계속되면 몸과 마음에 모두 무리가 올 수 있다.[45] 평범한 남녀는 축복받은 휴식은 고사하고 어느 정도의 수면 장애로 고통받았을 가능성이 크며, 밤에 잠들 때와 마찬가지로 새벽에 깨어날 때도 피로를 느꼈다. 그 결과 깨어나는 시간에는 더욱더 힘들었고, 수면 부족이 누적되고 게다가 상급자가 동정을 베풀지 않으면 더욱 그러했다. 윌리엄 버드 2세는 어느 날 밤 런던의 숙소로 돌아와서 하인이 자는 것을 보자마자 매질을 했고, 요크셔의 자작농 애덤 에어도 하녀가 게으르다며 때렸다. 깊은 밤까지 논 다음날에는 견습공이나 하인이나 노예의 피로는 더욱 가중되었다.[46]

만일 불평하는 쪽을 믿는다면 노동자들의 작업은 실수가 잦고 그들의 행동은 굼떴다. "죽은 듯한 느림"이 농촌 노동자들을 표현하는 말이었다. 필킹턴 주교는 16세기 말의 전형적인 노동자에 대해 "그는 정오까지 자려고 한다"고 불평했다. 이전의 역사가들은 그런 행동을 산업화 이전의 작업 윤리의 산물이라고 설명했지만, 근대 초 사람들 대부분을 괴롭힌 만성 피로가 그 원인일 수도 있다는 여지를 남겨두어야 한다. 오늘날 서구 사회와 비교하면 수면 시간이 밤에만 국한되지 않아, 낮잠이 보편적이었던 것처럼 보인다.[47] 의심할 바 없이 피로는 수면 장애의 다른 증상을 초래하기도 했다. 쉽게 성을 내거나 사람들과 마찰을 일으키는 것은 물론, 의욕과 육체적 건강도 잃었다. 볼로냐의 한 성직자는 가난한 사람들의 불면증에 대해 이런 말을 남겼다. "쓰레기 더미보다 더 불결한 침대에서 잤기 때문이건 아무것도 못 덮고 잤기 때문이건, 그들이 얼마나 큰 피해를 입고 있는지 그 누가 설명할 수 있겠는가?"[48]

12장

우리가 잃어버린 잠: 리듬과 계시

I

깨어 있는 사람들에게는 하나의 공통적인 세계가 있을 뿐이다.
그렇지만 잠들면 제각기 자신만의 세계로 들어간다.

_헤라클리투스, 기원전 500년경[1]

"나는 깨어 있지만, 일어날 시간은 아니고, 잠도 충분히 자지 못했습니다. …… 나는 깨어 있지만, 수천의 다른 사람들처럼 고통이나 불안이나 공포 속에 있지 않습니다." 한밤중에 읽도록 만들어진 17세기의 종교 기도문이다. 질병과 험한 날씨와 벼룩으로도 모자랐는지, 산업화 이전 사회에서는 당대 사람들이 알아채지 못한, 잠을 방해하는 또다른 원인이 있었다. 밤에 잠을 깨는 것은 너무도 일상적으로 일어나서 그 당시에는 오히려 이에 대한 언급이 별로 없었다. 역사가들도 이 문제에 대해 체계적으로 조사하기는커녕 별 관심도 두지 않았다. 그러나 이전 시대에는 중요한 일상이라서 20세기 초의 시골 사람들은 이 문제를 알고 있었다.[2] 지금도 알고 있는 사람들이 있을 것이다.

근대 초가 끝날 때까지 서유럽 사람들은 거의 매일 밤 자던 중에 깨어 두 번 잠을 잔 셈인데, 두 잠 사이에 1시간 남짓 조용히 깨어 있었다. 이 현상에 대한 자세한 설명이 없기 때문에, 구술을 녹취한 여러 언어로 된 문서들이나 일기에서부터 창작 문학에 이르는 자료의 단편들로부터 이 수수께끼 같은 휴식의 기본적인 성격에 대한 실마리를 찾을 수 있다. 첫 수면은 보통 '첫잠'(first sleep), 드물게는 '첫 선잠'(first nap)이나 '죽은 잠'(dead sleep)이라고 불렸다.[3] 프랑스어로는 'premier sommeil' 또는 'premier somme'(첫잠)[4], 이탈리아어로는 'primo sonno' 또는 'primo sono'(첫잠)[5], 라틴어로는 'primo somno'(첫잠) 또는 'concubia nocte'(첩의 밤)이었다.[6] 두번째 잠은 '두번째 잠' 또는 '아침잠'이라고 불렀고, 중간에 깨어 있는 시간은 통칭인 '야경'(watch 또는 watching)이라고 부르는 것 외에는 다른 이름이 없었다. 두 개의 문서에서는 그 대안으로 '첫 깸'(first waking)이라는 용어를 사용했다.[7]

두 단계의 잠은 길이가 거의 비슷했고, 사람들은 자정이 지난 후에 잠에서 깨어났다가 다시 잠들었다. 물론 모든 사람들의 수면 시간표가 같은 것은 아니었다. 잠자리에 늦게 드는 사람일수록 첫잠 이후 더 늦게 깨어났다. 자정 넘어 잠들었다면 여명이 틀 때까지 깨어나지 않을 공산이 컸다. 예컨대 『캔터베리 이야기』의 「견습 기사 이야기」에서 캐너시는 "어둠이 내리자 곧" 잠에 들어 '첫잠'을 잔 뒤 새벽에 일찍 일어났지만, 그녀의 동료들은 늦게까지 깨어 있다가 "날이 한창 밝았을 때까지 누워 자고 있었다." 윌리엄 볼드윈의 풍자극 『고양이를 조심해』(Beware the Cat)에서는 "이제 막 침대로 들어온" 주인공과 "이

미 첫잠을 자고 난" 친구 둘 사이의 말다툼이 나온다.[8]

사람들은 한밤중에 깨어나는 것이 설명조차 필요 없는 상식인 양 두 잠을 언급했다. 스튜어트 왕조 시대의 시인 조지 위더는 "한밤중에 잠에서 깨어났을 때"라고 묘사했다. 한편 존 로크의 견해에 따르면 "모든 인간이 잠을 나누어 자는 것"은 정상적인 삶의 모습이었으며, 그것은 짐승 세계까지 확대되었다.[9] 13세기 카탈루냐 철학자 라몬 룰(Ramón Lull)은 첫잠이 자정부터 새벽까지 이어진다고 한 반면, 윌리엄 해리슨은 『영국 묘사』(Description of England, 1557)에서 "사람들이 첫잠, 또는 죽은 잠에 빠져 있는, 한밤중, 즉 자정"이라고 언급했다.[10]

관용어법은 '첫잠'이, 깨어 있는 시간으로 이어지는 별개의 시간을 이루고 있었다는 사실을 확인해준다. 잠에서 깨어난 사람이 첫잠을 '가졌다' '취했다' 또는 '얻었다'고 말하는 전형적인 표현이 있었다. 17세기 초 스코틀랜드의 한 법정 조서는 직조공인 존 콕번이 "첫잠을 얻은 뒤 한동안 깨어 있었다"고 언급했고, 노엘 타유피에의 『유령의 논고』(A Treatise of Ghosts, 1588)는 "한 사람이 첫잠에서 깨어나는 자정에 대해"라고 더 직접적으로 밝히고 있다. 희곡 『엔디미온』(Endimion, 1591)의 주인공은 "그리하여 나는 짧고 조용한 첫잠을 취했다"고 말했다. 조지 파쿼의 『사랑과 병』(Love and a Bottle, 1698)에 등장하는 하인 클럽은 "내가 첫잠을 얻었으니 자정이 지났으리라 생각되는군"이라고 단언한다. 『불행한 연인들』(The Unfortunate Lovers, 1643)에서 람피노는 "차가운 벤치에서/ 첫잠을 자고 난 순경보다/ 내가 더 망을 잘 보지"라고 말한다.[11]

이웃집에서 벌어지는 말다툼이나 개 짖는 소리에 첫잠에서 일찍 깨어났다는 기록도 있지만, 현존하는 방대한 사료는 수면 장애나 가

위 때문이 아니라 자연스레 깨어나는 것이 일상적이었음을 보여준다. 15세기부터 18세기까지의 많은 의학 서적은 소화 불량을 막고 평온하게 자려면 "첫잠 때" 오른쪽으로 눕고 "첫잠 다음에는 왼쪽으로 누우라"고 충고했다.[12] 프랑스의 역사가 에마뉘엘 르 루아 라뒤리는 이 문제에 대해 더 깊이 연구하지는 않았지만, 14세기 몽타유에 대한 연구에서 "첫잠의 시간"은 "첫잠을 반쯤 잔 시간"과 마찬가지로 밤 시간을 구분하는 인습적인 방식이었음에 주목한다. 사실 '첫잠'이라는 용어는 "촛불 켜는 시간", "한밤중" 또는 "닭 우는 시간"만큼 빈번하게 사용되지는 않았지만, 18세기 말까지 밤시간을 구분하는 통상적인 용어로 남아 있었다. 니콜라 레미(Nicolas Rémy)의 『악마 숭배』에는 다음과 같은 표현이 있다. "땅거미여 내리라. 그런 뒤 밤이 내려 어둠이 다가오고, 첫잠의 시간이 온 뒤 한밤중에 도달하리라."[13]

첫눈에도 이러한 유형의 단속(斷續)적인 잠을 초기 기독교도의 경험에 뿌리를 둔 문화적 유물로 보고 싶은 유혹이 생긴다. 6세기에 성 베네딕투스가 수도승들에게 자정 이후 일어나서 기도와 찬송을 하라고 요구했던 이래로("밤에 우리는 일어나 주님께 고백할 것이다"), 이것은 베네딕투스 수도회의 다른 규약과 마찬가지로 프랑스와 독일에서 늘어나고 있던 수도원으로 전파되었다. 중세 전성기에 가톨릭교회는 어둠 속의 고요한 시간인 이른 새벽에 기도하라고 적극 권장했다. 12세기에 릴의 알랭은 이렇게 단언했다. "밤샘 기도는 이유 없이 제도화된 것이 아니다. 밤샘 기도 때문에 우리는 한밤중에 일어나 밤의 기도를 노래해야 하고, 그리하여 신을 칭송하지 않고 지나가는 밤은 없기 때문이다." 17세기 영국에서는 가톨릭교회와 국교회 모두 늦은 밤의 기도를 지시했지만, 이러한 목적으로 가장 유명한 것은

『영혼의 어두운 밤』(The Dark Night of the Soul, 1588년경)의 저자인 십자가의 성 요한이었다. 청교도 성직자인 리처드 백스터는 "우리의 잠을 중단하는 것이 신을 즐겁게 하는 일이라고 생각하는 것은 신과 우리에 대한 허식이자 모욕"이라고 생각했지만, 이보다는 『자정의 단상』(Mid-Night Thoughts, 1682)의 저자가 "새로 태어난 인간은 자정에 깨어날 때야말로 자신의 영혼을 천국으로 격상시킬 수 있다"라고 표현한 신념이 더 널리 확산되어 있었다.[14]

기독교의 가르침이 이른 새벽의 기도를 의무로 만드는 데 기여하긴 했지만 단속적인 잠을 받아들인 것이 교회의 책임은 아니었다. 교회에서 두 잠 사이에 깨어 있을 것을 아무리 많이 '주입'했다 해도, '첫잠'은 기독교 교회의 초기 성장 단계보다 앞서 언급되어 있다. 파우사니아스와 플루타르코스 같은 교회 외부의 인물들뿐만 아니라, 기원전 1세기에 저작 활동을 했던 로마사의 리비우스나 『아이네이스』(Aeneis)의 베르길리우스, 기원전 8세기 말이나 7세기 초에 씌어진 『오디세이아』(Odysseia)의 호메로스 등, 초기 고전 작가들도 글에서 그 용어를 상기시켰다. 『구약성서』에는 첫잠에 대한 직접적인 언급은 없지만, 암시하는 구절은 여럿 있다. 삼손이 한밤중에 일어나 가자의 성문을 뽑아버리는 판관기 16장 3절이 대표적이다.[15] 반대로, 기독교가 아닌 종교를 가진 비서구 문화권은 20세기에도 여전히 산업화 이전의 유럽 사람들과 아주 흡사한 분할된 잠의 유형을 보여준다. 예컨대 인류학자들은 아프리카의 티브족, 차가족, 그위족 마을에서 어른 아이 할 것 없이 자정 이후에 다시 일어나 놀랄 정도로 활발하게 움직이는 것을 발견했다. 나이지리아 중부에서 자급자족하며 살아가는 농부들인 티브족에 대한 1969년의 연구는 이렇게 기록했다. "그들은 원하면 밤에 일어나 오두막 안에 깨어 있는 다른 사람들과 이야기를 나눈다." 티브족은 전통적인 시간대를 가리키는 말로 '첫 잠'과 '두번째 잠'이라는 용어까지도 사용했다.[16]

이렇듯 근본적인 수수께끼는 여전히 남아 있다. 이 신기한 이례를 어떻게 설명할 것인가? 아니, 오늘날 우리가 경험하고 있는 단절 없는 잠이라는 진정한 신비를 어떻게 설명할 것인가? 많은 야생 동물이 보여주고 있는 분할된 잠이 인류만큼 기원이 오래된, 현대 이전의 자연스러운 잠의 유형이라고 믿을 만하다. 메릴랜드의 베데스다에 있는 국립정신보건원(National Institute of Mental Health)의 최근 실험 결과가 시사하듯, 아마도 근대 이전의 가정을 휩싸고 있던 어둠에서 그 설명을 찾을 수 있을 것이다. '선사시대'의 잠의 조건을 재현해본 토머스 웨어 박사와 그의 동료들은 피실험자들이 몇 주에 걸쳐 인공조명 없이 살면 산업화 이전 시대 사람들처럼 자주 끊기는 잠의 유형을 보인다는 사실을 발견했다. 매일 밤 14시간까지 인공조명을 켜지 않은 결과, 웨어의 실험 대상자들은 처음 2시간 동안 침대에 누워 깨어 있다가 4시간 동안 잠을 자고 나서 2, 3시간 동안 조용히 휴식을 취하고 명상을 한 뒤 다시 4시간 동안 잠들었다가 완전히 깨어 일어났다. 두 잠 사이의 "깨어 있는 평온한 시간"은 프로락틴의 분비량이 현저하게 높아지는 "그 자체의 내분비학"을 갖고 있었다. 프로락틴은 산모의 수유를 촉진하고 닭이 오랜 시간에 걸쳐 만족스럽게 달걀을 품도록 하는 뇌하수체 호르몬이다. 실지로 웨어 박사는 이 깨어 있는 시간을 명상과 다르지 않은 변성의식 상태와 비슷한 것에 비유했다.[17]

근대의 조명이 혹은 조명의 부재가 잠에 미치는 엄청난 생리학적 영향에 대해서는 폭넓은 동의가 이루어지고 있다. 생체시계학자인 찰스 차이슬러는 "우리는 잠을 자는 방식에 영향을 미치는 약품을 무심결에 먹고 있다"고 말했다. 가장 두드러지게 보이는 결과는 뇌호르몬인 멜라토닌과 체온의 변화이다. 산업화 이전 시대의 사람들, 웨어 박사의 실험 참가자들, 여전히 끊기는 잠을 자는 비서구인들의 공통점은 인공조명이 없다는 것으로서, 근대 초 세계에서는 중간 계급과 하층 계급에 가장 크게 작용했다.[18] 흥미롭게도, 중간에 깨는 잠에 대한 언급은 사회 최고 부유층을 제외한 모든 사람들이 쓰거나 구술한 자료에서 가장 명백하게 나타나며, 상류층이 남긴 엄청난 양의 개인적 문서에서는 드문드문 보인다. 특히 17세기 말부터 인공조명과 "늦은 시간"까지 깨어 있는 것이 부유한 가정에서 점점 더 정착되면서 그런 경향은 더욱 심해진다. 풍부한 일기 기록을 남긴 피프스와 보즈웰은 스스로 고백하건대 한밤중에 일어나는 일이 별로 없었다. 이들은 특별히 부유하지는 않았지만, 런던의 상류 사회를 배회하면서 호사스런 나이트클럽과 여러 집에 드나들었다. 1710년 리처드 스틸은 이렇게 불만을 토로했다. "태양보다는 석탄과 촛불을 좋아하고 한밤중의 환락과 방탕의 즐거움을 위해 이 상쾌한 아침 시간을 버리면서 스스로 예의바른 사람이라고 생각하는 이 타락한 무리를 이상하게 생각하지 않을 사람이 어디 있겠는가?"[19]

II

어둠 속에서 침대에 누워 이전에 연구했던 형상의 주요 윤곽을
상상 속에서 다시 재구성하거나, 독창적인 사고로 고안해낸
주목할 만한 것들을 다시 생각해보는 것은 큰 도움이 된다.

_레오나르도 다 빈치[20]

산업화 이전 시대에는 보통 자정이 지나면 사람들이 움직이기 시작했다. 침대를 벗어나는 대부분의 사람들은 소변을 보러 갔다. 의사 앤드루 부어드는 "첫잠에서 깨어나 방광이 꽉 찬 느낌이 들면 소변을 보라"고 충고했다. 1700년 무렵 아일랜드를 방문했던 한 영국인은 "사람들이 집 가운데 있는 화로로 걸어가서 재에 소변을 보는 소리를 듣고 엄청 놀랐지만" 그 자신도 "요강이 없었기 때문에 그렇게 할 수밖에 없었다."[21] 그러나 어떤 사람들은 일어난 김에 담배를 피우거나 몇시인지 보거나 불을 지피기도 했다. 리즈의 가난한 의복상이었던 토머스 저브는 자정이 넘어 일어난 뒤 "카우 레인으로 가서 시계가 12시를 치는 것을 듣고 집으로 돌아와 다시 잠들었다." 일기 작가 로버트 샌더슨은 개 때문에 첫잠을 일찍 깬 적도 있었는데, 어떤 날 밤에는 병든 아내를 돌본 뒤 담배를 피우기도 했다. 영국의 초기 발라드 「포팅게일의 늙은 로빈」(Old Robin of Portingale)은 이렇게 충고했다. "첫잠에서 깨어나/ 뜨거운 음료를 만들면,/ 다음 잠에서 깨어날 때/ 슬픔이 누그러지리라." 의사들은 이렇게 깨어났을 때 소화불량이나 통증이나 천연두에 듣는 물약 등을 먹으라고 충고했다.[22]

할 일이 있는 사람들도 있었다. 바스의 의사인 토비아스 베너는 "학생들은 반드시 밤에 깨어나 공부해야 하고, 첫잠을 자고 어느 정도 원기를 되찾은 후에 해야 한다"고 권고했다. 세스 워드는, 예전 침대 친구에 따르면, 솔즈베리 주교 시절에 개인적인 공부를 목적으로 "첫잠을 자고 일어나 불을 붙이고 초를 태운 뒤 날이 밝기 전에 다시 침대로 돌아갔다." 파리의 고등법원장이었던 에마르 드 라노네도 그와 비슷한 방식을 습관화했다. 17세기 엘름스웰의 농부 헨리 베스트는 떠도는 가축이 그의 밭을 망치는 것을 막기 위해 "자정쯤"에 일어나곤 했다.[23] 여자들은 아이를 돌보는 것 외에도 수많은 허드렛일을 하기 위해 침대에서 일어났다. 하녀 제인 앨리슨은 어느 날 밤 웨스트모얼랜드의 주인을 위해 맥아를 만드느라 자정부터 새벽 2시까지 깨어 있었다. 메리 콜리어(Mary Collier)는 「여성의 노동」(The Woman's Labour)에서 "때때로 우리는 일어나 일을 한다"고 불평했다. 『농부 피어스』에서는 여자 농부에 대해 이렇게 단언한다. "그들 역시 배고픔에 고통받고,/ 슬프게도 겨울철에는 밤마다 깨어나/ 침대 곁에서 일어나 요람을 흔들고,/ 양털을 다듬고 빗고 붙이고 닦으며,/ 아마를 문지르고 실을 감고 골풀을 벗긴다." 집안일에는 끝이 없었다고만 말해두자.[24]

어떤 강인한 사람들은 휴식을 취한 뒤 깨어 있기도 했다. 바스와 웰스의 주교였던 토머스 켄은 "보통 아주 일찍 일어나 두번째 잠을 절대 자지 않았다"고 한다. 스몰렛의 『페러그린 피클의 모험』(The Adventures of Peregrine Pickle, 1751)에서는 한 의사가 주인공에게 "첫잠에서 즉시 일어나 아침 산책을 하라"고 충고한다.[25] 벤저민 프랭클린의 습관인 풍욕도 기운을 돋워주었다. 그는 당시 유행하던 찬물 목욕보다 이것이 더 개선된 '활력소'라고 생각했다. 런던에 있을 때 그는 "거의 매일 아침" 침실에 벌거벗고 앉아 1시간 정도 독서를 하거나 글을 썼다. 그는 지인에게 이렇게 설명했다. "그후에 침대에 누우면 가장 쾌적한 1, 2시간의 잠으로 밤의 휴식을 보충할 수 있다."[26]

한밤중에 일어나는 것은 가난한 사람들에게 다른 종류의 기회를 가져다주었다. 이 시간은 밤의 어느 때보다 가벼운 범죄를 저지르기 좋은 시간대였다. 조선소나 그 밖의 다른 도시 작업장에서 좀도둑질을 하거나, 시골에서는 땔감을 훔치거나 밀렵을 하거나 과수원에서 과일을 훔치기가 쉬웠다. "밤에 저지른 범죄를 숨기기 위해 밤에 잠을 자고 아침에 다른 사람들이 볼 때 일어나는 것이 도둑들의 술책"이라는 스코틀랜드 법원의 주장은 과장일지 모르지만, 이른 새벽에 불법 행위가 기승을 부린 것은 사실이다. 1727년 그레이트 드리스필드의 노동자 길버트 램버트는 자고 있던 친구 토머스 니콜슨을 자정 무렵 불러내 "한 무리의 양떼"를 모는 것을 도와달라고 청했는데, 나중에 결국 훔친 양으로 밝혀졌다. 조지 허버트는 "어떤 사람들은 나쁜 짓을 모의하거나 행하기 위해 밤에 일어난다"고 단언했다. 물론 훨씬 나쁜 범죄도 있었다. 성직자 앤서니 호네크는 "약탈하고 살인하기 위해 밤에 일어나는 강도와 도둑"을 비난했다. 사례는 쉽게 찾을 수 있다. 요크셔의 노스라이딩에서 이른 새벽에 살인을 한 죄로 기소된 루크 앳킨슨에 대해 그의 아내는 "그가 밤중에 일어나 나를 침대에 남겨두고 다른 사람들의 집에 간 것이 그때가 처음이 아니었다"고 시인했다. 1697년에 어린 제인 로스의 어머니는 "첫잠을 자고 나서 침대에서 일어나 화로 옆에서 담배를 태운 뒤" 남자 동료 둘과 전날 아침에 꾸몄던 계획에 따라 그들이 "작은 창문으로 그녀를 부르자 채비를 하고 떠났다." 아홉 살 제인에게 어머니는 "가만히 누워 있으면 아침에 돌아오겠다"고 말했지만, 하루이틀 지난 뒤 어머니의 시체가 발견되었다.[27]

마법을 행하기 위해 일어난 사람들도 있었을까? 마법에 관련된 소규모 모임에 관한 기록들 때문에 마녀들의 사바스를 꼭 믿어야 할 필요는 없다. 레미의 『악마 숭배』나 프란체스코 마리아 구아초의 『마녀 개요』(Compendium Maleficarum, 1608)에 나오는 마녀의 처형 기록은 잠든 남편의 곁을 떠나 한밤중에 모임에 참석했다는 여인들에 대한 흥미로운 보고서를 포함하고 있다. 예컨대 페라의 한 화부는 깊은 잠에 빠진 척하고 있다가 아내가 침대에서 일어나 "숨겨놓은 병"에서 기름을 바른 뒤 "즉시 사라지는 것"을 보았다고 증언했다. 로렌에서는 '마녀'임을 자백한 어떤 사람은 자신이 없는 동안 남편이 깨어나지 않도록 주문을 걸어두었다고 증언했다. "그녀는 사바스에 가고 싶을 때 바르는 것과 똑같은 연고를 남편의 귀에 오른손으로 바른 뒤, 남편의 귀를 여러 번 비틀었다." 또한 네덜란드의 오스트브루크 마을에서는 한 과부가 하인들이 잠들었다고 생각하면 나쁜 마술을 행하려고 헛간으로 갔다고 그녀의 하인이 증언했다.[28]

한밤중의 사악한 세력에 대해 교회만큼 잘 알고 있는 곳도 없었다. 호네크 목사는 이렇게 물었다. "어둠의 일을 하기 위해 잠에서 깨어난다면, 빛의 자식에 어울리는 일을 하기 위해 잠에서 깨어날 수도 있지 않은가?" 16세기 말 포르투갈의 주교였던 아마도르 아라이스 역시 밤에 깨어 있어야 할 필요성을 역설했다. "군주, 지도자, 철학자, 시인, 가장뿐 아니라 도둑과 비적도 밤새 깨어 있다. 우리는 악의 동맹자인 잠을 혐오해야 하지 않는가? 우리를 살해하기 위해 밤새 깨어 있는 살인자들에 대항하여 우리도 깨어 있어야 하지 않는가?" "한밤중에 깨어났을 때" 또는 "처음 깨어났을 때" 암송하도록 만들어진 기도문이 넘쳐나도록 많았으며, 완전히 다른 기도문이 있는 새벽이나 "일어나는 시간"과 혼동해서는 안 된다. 한밤중의 기도문은 사람들에게 신의 영광과 사탄의 타락을 상기시키고, "악마의 맹렬한 쇄창" "유혹의 화살" "불결한 탐욕"에 저항할 욕구를 불러일으켰다.[29] 일화 속의 증거들에 따르면 많은 사람들이 이른 새벽 시간을 이용하여 기도했다. 윌리엄 쿠퍼의 3연작시 「밤시간에 하느님 우러르기」(Watching

Unto God in the Night Season)는 한밤중에 올리는 그의 기도를 이야기한다. 한 부모는 딸에게 이렇게 가르쳤다. "너와 우리에게 가장 유용한 시간은 잠을 자고 난 후의 한밤중일 것이다. 고기가 소화되고 세상의 일들이 버려지고 오직 신만이 너를 보실 시간이다." 『자정의 단상』의 저자는 "(첫잠 후의) 밤의 명상이 습관이 되어 잠보다 더 쾌적할 정도였다."[30]

대부분의 사람들은 일어난 다음에도 침대를 떠나지 않거나 잠시만 자리를 비웠다. 그들은 기도를 하기도 하고, 침대 친구와 대화를 나누거나 자식과 배우자의 잠자리를 보살폈다. 메리 사이크스는 "첫잠 후에" 딸 세라와 함께 누워 있다가 "세라가 떨면서 두 손을 꽉 쥐고 있는 것을 보고 어디가 아프냐고 물었다."[31] 부부 사이에는 성적인 친밀감이 커지기도 했다. 한 아내에 따르면, 그녀의 "남편은 밤중에 일어나서 그녀를 손으로 더듬고는 다시 누워 잠이 드는 것이 습관이었다." 루이 세바스티앵 메르시에는 한밤중에 돌아다니는 파리의 마차에 대해 농담조로 이렇게 말했다. "상인은 마차 소리에 첫잠에서 깨어나 자진해서 아내에게로 몸을 돌린다." 유대인들의 오랜 신조에 따르면 "한밤중에" 성관계를 가지면 남편들은 "사람들의 목소리"를 듣지 못하고 "다른 여자들"을 생각하지 못한다고 했다.[32]

근대 초의 인구학을 보면, 중간에 깨는 잠은 부부의 임신 능력을 높였을 것이다. 보통 생식 능력은 휴식의 도움을 받기 때문이다. 실지로 16세기 프랑스의 의사였던 로랑 주베르는 이른 새벽의 성관계 때문에 농부나 기술자나 노동자들이 아이를 많이 가지게 되었다는 결론을 내렸다. 노동자들은 처음 침대에 누울 때는 너무 피곤해서 섹스를 하지 못하고, 보통 첫잠을 자고 난 후 "더 즐겁게 더 잘" 그 일을 치

얀 산레담, 〈밤〉, 17세기

렸다. 주베르는 임신을 원하는 사람들에게 이렇게 충고했다. "일이 끝난 뒤 가능하면 곧바로 잠을 자고, 그것이 불가능하다면 최소한 침대에서 함께 즐겁게 이야기하면서 휴식을 취하라." 의사 토머스 코건 역시 부부관계를 "잠자기 전이 아니라 고기가 소화된 뒤 아침 이전에 갖고, 그다음에는 잠시 잠을 자라"고 조언했다.[33]

그러나 사람들이 두 잠 사이의 고독한 시간에 더 많이 한 일은 명상이었다. 전날 있었던 일을 되짚어보면서 다가오는 새벽을 맞았던 것이다. 특히 번잡한 집에서는 낮이건 밤이건 이때보다 더 정신을 집중할 수 있는 시간도, 사생활이 보장되는 시간도 없었다. 이탈리아의 학자 지롤라모 카르다노는 "침대에서 잠을 자지 않고 누워 있을 때 나는 항상 무언가에 대해 깊이 생각했다"고 말했다. 토머스 제퍼슨은 잠들기 전에 습관적으로 윤리학 서적을 읽고, "두 잠 사이에 그에 대해서 곰곰이 생각했다." 윤리학자 프랜시스 퀄스에게 어둠은 고요함 못지않게 내적 성찰에 도움이 되었다. 그는 "(특히 상상력이 가장 많이 필요한 문제에서) 자신을 최대한 활용하려면" 다음과 같이 하라고 권했다.

> 첫잠이 끝나면 휴식에서 깨어 일어나라. 그때 당신의 몸이 가장 상태가 좋을 것이다. 그때 당신의 영혼에 장애물이 가장 작을 것이다. 그때 당신의 귀를 괴롭힐 소음도 하나 없을 것이다. 아무것도 당신의 눈을 어지럽히지 않을 것이다.[34]

밤의 명상이 고통스러운 경우도 당연히 있었다. 제임스 1세 시대의 희극 『십인십색의 여인들』(Everie Woman in Her Humor, 1609)에 등장하는 한 인물은 "매일 밤 첫잠을 자고 난 이후에 그의 적인 불길한 운명에 불평하는, 사랑에 번민하는 소네트"를 썼다. 좋든 싫든 간에, 두 잠 사이의 이 시간 때문에 밤은 "충고의 어머니"라는 널리 퍼진 평판을 얻었다.[35] 17세기의 상인 제임스 보비는 열네 살부터 "밤새도록 촛불을 밝히고, 머리에 떠오른 생각을 펜과 잉크로 종이에 써내려갔다"고 한다. 한편 독일의 한 변호사는 침대 옆에 검은 대리석 탁자를 놔두고 떠오른 생각을 기록했다. 1748년의 한 보고서에 따르면, 18세기 중엽에 이르러 한밤중의 사색을 더 잘 보존하려는 목적으로 "낮이나 촛불을 켜놨을 때나 마찬가지로 어둠 속에서도 똑바로 글을 쓰는 방식"이 고안되었다. 20년 뒤 런던의 상인 크리스토퍼 핀치베크 2세는 양피지에 희미한 가로선을 그어놓은 "밤의 비망록"(Nocturnal Remembrancer)에 대한 특허권을 획득한 뒤 이렇게 광고했다. 그 줄에 맞추어 "철학자, 정치가, 시인, 성직자, 천재, 상인, 사색가 들이 때로는 후회스럽기도 하지만 행복한 생각, 한번 날아가버리면 다시 찾을 수 없는 생각, 명상하며 깨어 있는 밤에 빈번히 떠오르는 생각들을 적어 넣을 것이다."[36]

그렇다고 조지 왕조 시대가 특수하다고 생각할 필요는 없다. 첫잠 후의 왕성한 지적 활동이 있었다면, 애초에 잠든 것도 아니고 깨어 있는 것도 아닌 상태도 있었다. 프랑스 사람들은 이 모호한 반(半) 의식 상태를 '깨어 있는 잠'(dorveille)이라고 불렀고, 영국 사람들은 '잠과 깸 사이'(twixt sleepe and wake)라고 이름 붙였다. 뒤숭숭한 꿈을 꾸지 않았다면 첫잠에 곧바로 이어지는 시간은 두 가지 특성이 있었다. 즉 '제 마음대로' 방황하는 혼란스러운 생각과 명백한 만족감이 교차했다.[37] 윌리엄 쿠퍼는 "내 마음은 자유롭고 가볍다"고 썼다. 너새니얼 호손은 「신들린 정신」(The Haunted Mind)에서 '한밤중의 잠'에서 깨어난 상황에 대해 생생하게 묘사하며 다음과 같이 주장했다. "당신이 밤에 1시간 동안 깨어 있어야 한다면 이때가 되어야 한다. …… 세상사가 끼어들지 않는 중간 시간을 찾아야 한다. 지나가는 순간들이 머물러 있어, 진정 현재가 되는 때이다." 해머스미스의 목사 존 웨이드는 "밤이나 이른 아침에 깨어나는 고독한 시간"에 대해 그다지 낙관적이지 않았다. 1692년 그는 인간의 "불안정한 고립된 사고" "헛되고 쓸모없는 생각" "침대에서 꾸미는 못된 짓"에 대해 불평했다.[38]

III

전제주의의 차고에 채워진 그 죄수는
그의 감옥에서 멀리 떨어진 곳에 앉아, 군중에게 독재자를 비난한다.
인간들 사이의 가증스러운 불평등은 어느 정도 멈췄다.

_루이 세바스티앵 메르시에, 1788[39]

때로 사람들은 첫잠에서 빠져나와, 꿈에서 만들어진 약간 흐릿하면서도 생생한, 결정체 같은 이미지들로 이루어진 만화경을 곰곰이 생각하기도 했다. 테르툴리아누스는 그것에 '잠의 작업'이라는 알맞은 이름을 붙였다. 그리하여 영국 초기의 한 이야기에서 돌피누스 황제는 "첫잠 후에" 예언적인 환각을 보았고, 「견습 기사 이야기」에서 캐너시는 "첫잠을 잔 뒤에 그녀의 마음속에서 아주 큰 반가움이 일어나" 따뜻한 꿈의 빛 속에서 깨어난다. 신비주의자 제인 리드는 1676년 3월의 어느 날 밤에 대해 이렇게 기록했다. "밤에 첫잠을 자다가 많은 마법 같은 일들과 생각이 내게 떠올랐다." 불행하게도 올리버 헤이우드는 "첫잠을 자다가" 그의 아들이 "마법과 사악한 술책의 연구에 빠지는 끔찍한 꿈"을 꾸었다. 『램 앨리』(Ram Alley, 1611)에서 올리버 경은 닭이 울기 전 "하녀들이 첫잠에서 깨어나,/ 꿈에 속아 울기 시작하는" 시간에 대해 말한다.[40]

이전 시대와 마찬가지로 근대 초의 삶에서도 꿈은 중요한 역할을 했으며, 민중의 정서로는 과거에 일어난 일에 대한 미래의 전망을 보여주는 것으로 여겨졌다. 꿈의 다양한 기원에 대해 스튜어트 왕조 시대의 시인 프랜시스 휴버트는 다음과 같이 썼다.

> 꿈은 가장 허황한 가지각색의 어머니에게서 태어난
> 고요한 밤의 딸들,
> 어떤 것은 낮의 대화에서, 또는 낮의 즐거움에서,
> 어떤 것은 머리에까지 불김을 쏴대는 배(stomacke)에서.
>
> 어떤 것은 안색에서 생겨나지. 다혈질은
> 가면과 연극과 환락과 노래를 꿈꾸고,
> 우울증의 진정한 결과인
> 죽은 뼈다귀와 음침한 유령을 꿈꾼다네.
>
> 어떤 꿈은 개인의 목적으로만 만들어지고,
> (의심할 바 없이) 어떤 것은 예언적이니,
> 자애로운 하느님이 자비를 베풀어 우리에게 보내
> 무엇을 피하고 무엇을 해야 할지 경고하시네.[41]

18세기 말에 식자층이 해몽을 '저속하다'고 비웃기 훨씬 전부터 토머스 브라운 경 같은 비평가들은 밤에 태어난 "이야기와 허구"를 비난했다. 토머스 내시에게 꿈이란 다름 아닌 "상상력의 덧없는 찌꺼기나 거품"에 불과했다.[42] 그렇지만 비판자들도 꿈의 환상에 대해 사람들이 느끼는 매력을 인정했다. 1689년 작가 토머스 트라이언은 "수많은 무식한 사람들(어리석은 여자들과 나약한 남자들)이 언제나 그랬듯이, 오늘날에도 꿈에서 우스꽝스럽고 미신 같은 생각을 이끌어낸다"고 썼다. 1732년 『위클리 레지스터』(Weekly Register)는 "꿈을 철석같이 믿는 사람들이 있다"고 밝혔다.[43] 비판자들 역시 때로는 모호한 태도를 보이기도 했다. 예컨대 브라운은 꿈이 사람들에게 "자기 자신을 더 분별 있게 이해하도록" 해준다고 인정했다. 매사추세츠의 지도자 존 윈스럽은 꿈이 "믿을 것도 관심을 둘 것도" 못 된다고 공언했지만, 일기에는 한 식민지 주민이 꿈에 신의 개입을 보았다는 사실을 경건하게 기록했다.[44]

1767년 「솜니퍼」(Somnifer, '잠 오게 하는'이라는 뜻)라는 글에서 고찰했듯, "영국 국민들은 꿈을 꾸는 것으로 언제나 유명했다"는 사실은, 다양한 꿈을 때로는 아주 상세하게 해석하는 책(소책자, 역서, 개론서 등)의 치솟는 판매로 증명되었다. 18세기 중엽에 단돈 1~6펜스에 거래되던 해몽서는 그 지역 점쟁이한테 가는 것보다 더 쉽게 구할 수 있었다. 두꺼운 책들도 많았는데, 그 가운데 지금까지 남아 있는 꿈에 대한 고대 지침서는 2세기에 에페수스의 아르테미도로스가 쓴 『꿈의 해석』(The Interpretation of Dreams)이다. 16세기에 그 책은 많은 독자층을 확보하여 이탈리아어, 프랑스어, 독일어, 라틴어, 영어 등으로 번역될 정도였고, 1740년에 이르면 영어 번역본 하나만 24판까지 나왔다. 런던에서 출판된 국내 경쟁 서적으로는 1571년과 1576년에 초기 판본이 출간된 토머스 힐의 『가장 유쾌한 해몽술』(The Moste Pleasuante Arte of the Interpretacion of Dreames...)과 1706년에 초판이 나온 『밤의 환락, 또는 보편적 해몽서』(Nocturnal Revels: or, a Universal Dream-Book...)가 있었다. '친지'(acquaintance)에서 '글쓰기'(writing)까지 알파벳 순으로 주제를 배열한 『밤의 환락』은 수백 가지의 꿈을 예시하면서 그 속에 숨겨진 전조를 풀어냈다. 한 예를 들면, "흰 닭이 거름 더미 위에 있는 꿈을 꾸었다면, 무고로 인해 모욕을 당하리라."[45]

일반 대중은 꿈이 갖는 예언적 성격뿐 아니라 인간의 영혼과 육체에 대해 갖는 깊은 의미도 높이 평가했다. 옛날에 아리스토텔레스와 히포크라테스가 주장했듯, 어떤 꿈은 인간의 건강 상태에 근거한다고 말하는 의사들도 있었다. 16세기 프랑스의 의사 앙브루아즈 파레(Ambroise Paré)는 이렇게 단언했다. "점액질은 홍수와 눈과 소나기와 범람에 관한 꿈과 높은 곳에서 떨어지는 꿈을 꾼다." 다혈질은 다행스럽게도 "결혼, 무도회, 여자를 포옹하는 것, 만찬, 농담, 웃음, 과수원, 정원에 관한 꿈을 꾼다."[46] 민간전승에 따르면, 어떤 꿈들은 한 사람의 성격 내면을 비춰주었다. 19세기의 낭만주의 철학자들과 그후의 지그문트 프로이트보다 훨씬 이전에 유럽 사람들은 꿈이 인간과 신의 관계를 계시하는 등 개인적인 통찰에 기여하는 바가 크다고 생각했다. 1628년 수필 작가 오언 펠텀에 따르면 "현명한 사람은 낮의 밝은 빛만큼이나 밤의 짙은 어둠으로도 자신을 아는 법을 배운다." 그 둘 중에 밤이 더 잘 가르치는데, 왜냐하면 "잠을 잘 때 우리는 우리 영혼의 꾸밈없고 자연스러운 생각"을 가질 수 있기 때문이다. 꿈의 예언적 기능을 부정한 트라이언에게 꿈은 "개개인의 영혼의 현재 상태뿐만 아니라 우리의 성향과 안색과 기질이 깨우고 있는 그 무엇까지도 보여준다."[47]

어떤 계시는 환영받지 못했다. 청교도 성직자 랠프 조슬린은 일기에 이렇게 썼다. "꿈이 사람의 기질을 말해준다고들 하는데, 오늘밤 나는 나와 내 아이에게 잘못한 사람에게 노발대발하는 꿈을 꾸어 부끄럽다. 신이시여 나를 그 죄악으로부터 보호해주소서." 영국 국교회의 대주교 윌리엄 로드는 "로마 교황청과 타협하는" 꿈 때문에 큰 고통을 받았고, 새뮤얼 슈얼은 "하늘로 가는 계단"이 아무 곳으로도 통하지 않는 꿈 때문에 놀랐다.[48]

낮의 삶을 더 고되게 만드는 억압적인 의식과 규칙은 무한히 자유로운 꿈의 세계에는 덜 적용되었다. 그리하여 "개는 빵에 대한 꿈을 꾸고, 들판을 떠돌아다니고 사냥하는 꿈을 꾼다"는 속담이 있었다. 1762년 카라촐리 후작에 따르면 영혼은 마침내 "보고 말하고 들을 수 있다. …… 우리는 잘 때 새로운 세계를 얻는다." 낮에 외국어를 써야 하는 사람들은 밤에 모국어로 꿈을 꿀 수 있었다. 꿈속에서 자유롭게 욕설을 하거나 외설적 환상을 즐기는 사람들도 있었다. 아내들은 곁눈질하기 좋아하는 남편들이 아내의 곁을 떠나지 않으면서도 간음을 했다고 의심했다. 피프스는 특히 런던에 흑사병이 최고조에 달했을 때 그런 꿈들을 더욱 소중하게 간직했다. 캐슬메인 부인과 "내가 원했던 모든 희롱을 부리며" 정사를 나누는 "최고의" 꿈을 꾼 뒤 피프스는 이렇게 기록했다. "무덤 속에서도 꿈을 꿀 수 있다면, 이런 꿈만 꾼다면 얼마나 행복할까." 그는 덧붙였다. "그렇다면 흑사병이 만연하는 이런 시대에도 죽음이 두렵지 않을 텐데." 피프스의 아내는 남편의 꿈

야코프 요르단스, 〈꿈 혹은 밤의 유령〉, 17세기

을 의심하여 그가 잠을 잘 때 발기했나 보려고 그의 음경을 건드려보곤 했다. 그와는 대조적으로 존 캐넌은 "다양한 자세와 체위"로 가득 찬 "멋진 꿈"을 꾸다가 마지막에 그 정사의 상대가 자신의 아내임을 알았다.[49]

일기 작가들이 얼마나 많은 꿈들을 기록하지 않았을지는 짐작할 수밖에 없다. 대부분의 꿈은 너무 일상적이어서 기록할 필요가 없어 보였을 것이다. 로드 대주교는 1623년부터 1643년 사이에 꿈에 대해 서른두 번, 조슬린은 1644년부터 1683년까지 서른세 번 기록했다.[50] 카르다노는 자서전에서 "나는 대수롭지 않은 꿈에 대해서는 깊이 생각할 뜻이 없고" 그 대신 "가장 생생하고 결정적인 것으로 보이는 꿈의 중요한 측면"만을 선택하여 이야기했다고 설명했다. 안타깝게도 카르다노가 중요하지 않다고 여겼던 것들이, 즉 그가 "써봐야 무슨 소용이 있단 말인가?"라고 했던 꿈들이 어쩌면 더 많은 사실을 드러냈을지도 모른다. 게다가 그는 독자들에게 "믿기지 않을 정도로 멋진 꿈들"에 대해서도 "이야기하고 싶지 않다"고 밝혔다. 이렇듯 그는 지나치게 평범하거나 지나치게 선정적인 꿈들을 배제했다. 18세기 버지니아 식민지의 한 주민은 일기가 "나쁜 사람들의 손에 들어갈까" 두려워 "추한 꿈"을 기록하지 않았다. 현대에 가장 유명한 꿈의 해석 옹호자 프로이트조차 역사적 인물의 꿈을 통해 그의 내면으로 들어가는 것에 대해서는 비관적이었다.[51]

그러나 개인들이 기록한 꿈에 근거하여 전체적인 인상은 얻을 수 있다. 분명 대부분의 꿈은 일상적인 관심사를 반영하는 지극히 평범한 내용이었다. 노스웨일스를 방문했던 한 사람은 "영원히 바위에 오르는" 꿈을 꾼 한편, 한 학자는 잃어버린 책과 찾은 책에 관한 꿈을 꿨다.[52] 한 역사가는 19세기 이전의 꿈은 대체로 천국과 지옥의 상징에 대한 것이었다고 주장했지만, 신성하고 세속적인 다양한 이미지가 꿈을 채웠다. 성직자들의 꿈이라고 항상 영적이었던 것은 아니다. 1686년 새뮤얼 슈얼은 그리스도가 몸소 보스턴을 방문하여 "헐 목사의 집"에서 하룻밤을 보내는 꿈을 꾸었다. 그러나 토머스 졸리는 "때로 나의 꿈은 거룩하고 그 안에서 앞뒤가 맞지만, 보통은 허황된 것임을 하느님은 알고 계신다"고 인정했다.[53]

불쾌한 꿈도 많았다. 일기에 기록된 많은 꿈들은 불안, 슬픔, 분노의 감정을 반영했다. 마거릿 캐번디시는 "좋은 꿈보다 나쁜 꿈이 더 많다"고 한탄했다.[54] 20세기의 꿈에 대한 분석과 비교할 때 부정적 감정의 빈도는 그다지 차이가 나지 않지만, 일기를 쓴 사람들의 불편한 감정의 근원이 좀더 세세하게 드러나 있다. 어떤 사람들은 경제적 문제나 법적 소송 또는 정치적 술책이나 군대의 공격의 희생양이 되지 않을까 하는 두려움에 꿈을 꿨다. 예컨대 슈얼은 프랑스 군대가 보스턴을 침공하는 꿈을 두 번 꾸었다.[55] 그러나 더 본질적인 관심사가 지배적이었다. 육체적 질병, 특히 오늘날에도 끊임없는 불안감의 근원인 충치가 큰 두려움이었다. 로드 대주교는 괴혈병에 걸려 이가 모두 빠지는 꿈을 꾸었다.[56] (지옥불뿐 아니라 잠자고 있는 침대에 붙는 불까지) 화재에서부터 미친개에 쫓기는 것까지(미친 동물은 큰 걱정거리였다) 여러 공포감이 있었다. 엘리자베스 드링커는 아들이 돼지구이의 껍데기에 질식하는 꿈을 꾸기도 했다.[57] 공통된 두려움은 다른 사람에게 폭력을 당하는 것이었다. 소름 끼치는 죽음과 독살도 많은 사람이 두려워했다. 일라이어스 애슈몰은 아버지가 감옥에서 탈출하다가 머리에 한 대 얻어맞고 "허벅지에서 사타구니까지 오른쪽 다리를 칼로 베이는" 꿈을 꿨다. 보즈웰은 에든버러를 여행할 때 "가난한 거지가 런던에서 두엄더미 위에 벌거벗고 누워 있고, 한 불량배가 소가죽을 벗기는 칼로 그의 피부를 벗기는" 꿈을 꿨다.[58] 지옥은 물론 친숙한 배경에서도 사악한 귀신이 나타나는 꿈도 많았다. 감리교도 벤저민 레이킨은 예배를 보고 집으로 돌아오는 길에 악령을 만나 피하는 꿈을 꾸었다.[59]

죽음은 꿈에서도 피할 수 없었다. 조슬린, 슈얼, 우드포드 목사, 윌리엄 버드 2세는 자신들이 죽는 꿈을 꿨다. 1582년 존 디의 꿈은 그의 죽음과 할복을 예고했고, 1708년 케임브리지의 시의원 새뮤얼 뉴턴은 자신의 무덤을 파는 꿈을 꿨다. 조슬린과 슈얼은 아내와 자식들의 죽음에 대한 꿈을 꿨고, 보즈웰은 자기와 관계가 소원한 딸과 자신의 아버지가 죽는 꿈을 세 번 꿨다.[60] 사산과 흑사병에 의한 죽음이 나오는 꿈도 있었다. 1695년 뉴턴은 "많은 사람들"이 시체를 옮기는 꿈을 꾸었다. 로드 대주교의 일기에는 이런 내용이 들어 있다. "나는 누군지 모르는 사람이 매장되는 꿈을 꾸었다. 나는 묘지 옆에 서 있다가 슬퍼하며 깨어났다."[61]

죽었거나 멀리 떨어져 있는 사랑하는 사람들을 찾아가는 더 기분 좋은 꿈은 사망률이 높았던 시절에 적지 않은 위안이 되었다. 『자정의 단상』의 저자는 "우리가 잠들었을 때 죽은 친구들과 나누는 빈번한 대화"에 대해 쓴 바 있다. 베네치아의 랍비 레온 모데나는 존경하는 은사와 어머니와 재회한 기쁨을 기록했다. "이제 곧 너도 나와 함께 있을 게다"라고 어머니가 알려주었다. 한편 웬트워스 부인은 멀리 떨어져 있는 아들에 대한 꿈을 꿨다. 1710년 그녀는 아들에게 이렇게 편지했다. "지난 사흘 밤 동안 나는 낮보다 훨씬 행복했단다. 너와 같이 있는 꿈을 꾸었거든." 알프스 일부 지역에서는 많은 사람들이 무당의 꿈에 나타나는 죽은 사람들, 즉 '밤의 환영'(Nachtschar)이 실재한다고 믿었다. 바이에른의 목동 오베어스트도르프의 콘라트 슈퇴클린 같은 몇몇 신성한 사람들은 잘 때 유령들의 만찬에 참여할 수 있는 신비한 능력을 갖고 있다고 여겨졌다. 슈퇴클린과 무당들에 따르면 이 만찬에는 춤과 즐거운 노래가 곁들여졌다. 미국에서는 노예들이 꿈속에서 고향인 서아프리카로 날아갔다. 뉴잉글랜드의 한 노예는 "선한 정령"의 도움을 받고 떠난 여행에 대해 이야기했다. "마침내 우리는 아프리카 해안에 도착해서 니제르를 보았다. 밤의 어둠은 흩어져버린 것 같았고, 갑자기 그는 내게 고향인 데아우우야의 아름다운 경치를 보여주었다."[62]

극작가와 시인 들이 낭만적으로 묘사했듯이, 잠이 피곤하고 압박받던 사람들을 달래줬다면 그들의 가장 큰 위안은 꿈으로부터 왔을 것이다. 때로는 불쾌한 꿈도 있지만, 꿈을 꾸는 행위 자체가 영혼의 독립성을 증명해주었다. 1665년 프랑스의 작가가 고찰했듯, "몸과 마음"의 피로를 풀어주는 잠의 능력보다 잠이 "영혼"에 부여하는 "자유"가 더 중요했다. 때로 잠 자체는 불만족스러워도, 꿈은 자기 인식에 이르는 길, 일상적인 고통으로부터 도피하는 길이었다. 꿈의 매력은 가톨릭교회가 군주와 성직자들만이 의미 있는 꿈을 경험할 수 있다는 원칙을 고수한 중세 이후에 더 커졌을 것이다. 장 드 라퐁텐의 우화에 나오는 한 등장인물은 이렇게 주장한다. "운명은 내 삶을 황금실로 엮어주지 않았고,/ 내 침대 곁에는 화려한 커튼도 없지만,/ 나의 밤은 가치가 있고 꿈은 깊으니,/ 더없는 행복이 여전히 내 잠을 찬미하네."[63]

·

풍자작가 윌리엄 킹(William King)이 언급했듯, 어떤 가난한 사람들에게 "밤은 낮의 노동을 반복하는 것"이었다. 그렇지만 다른 사람들은 꿈으로부터 위안을 받았다. 18세기 신문의 한 통신원은 "침대는 일반적으로 꿈을 만들어내고, 따라서 다른 어느 것도 줄 수 없는 행복을 준다"고 썼다. 아픈 사람들이 건강에 대한 꿈을 꿨다면, 짝사랑하는 사람은 행복한 결혼을, 가난한 사람은 큰 재산을 꿈꿨다. 노퍽의 민간설화에 따르면, 스왜펌 마을에 살던 한 행상이 런던교에서 '즐거운 소식'이 그를 기다리고 있는 꿈을 세 번이나 꿨다. 오랜 여행 끝에 런던

장오노레 프라고나르, 〈거지의 꿈〉, 1769년경.
한 늙은 거지가 가족들과 함께했던 행복한 어린 시절의 꿈을 꾸고 있다.

교에 도착한 그가 인내심을 갖고 기다리고 있는데, 지나가던 상점 주인이 "그렇게 어리석은 일로 긴 여행을 할 정도로 바보냐"고 물었다. 이야기는 계속되어, 그 상점 주인은 전날 밤 스왜펌에 있는 어느 행상의 집 뒤뜰에 묻혀 있는 보물 더미를 발견하는 꿈을 꿨다고 말했다. 상점 주인은 그보다 더 어리석은 이야기가 어디 있겠냐고 물었다. 행상은 그에게 고맙다는 인사를 하고 집으로 돌아가 뒤뜰에서 보물을 파냈다.[64]

그리 잦지는 않지만, 꿈은 비천한 사람들에게 악과 싸우고 과거의 악행에 복수할 기회를 주기도 했다. 키레네의 신학자 시네시우스는 5세기에 폭군조차 신민의 꿈을 통제할 수 없음을 찬양했다. 조지 스타이너가 언급했듯, 꿈은 "자유의 마지막 도피처이자 저항의 보루"가 될 수 있었다. 이것은 근대 초에 풍요 의식을 거행하던 이탈리아 프리울리 지역의 농민들 사이에서 발생한 사건이 가장 유명한 예이다. 베난단티(benandanti)라고 불리던 그들은 꿈속에서 수확물과 가축을 보호하기 위해 마녀들과 싸웠다. 베난단티의 일원이었던 바티스타 모두코는 이렇게 설명했다. "나는 보이지 않게 영혼만 가고 육체는 남아 있습니다. 우리는 그리스도를 받들고 마녀들은 악마를 받드니, 우리는 서로 싸웁니다. 우리는 회향풀 단으로 싸우고 그들은 사탕수숫대로 싸웁니다."[65] 〈시인의 꿈〉(The Poet's Dream)이라는 영국 노래는 법이 "가난한 사람들이 신음할 정도로 부담을 지운다"고 불평했다. 그 노래에 따르면, "꿈에서 깨어났을 때 나는 세상이 뒤집힌 줄 알았다." 영국 청교도 전쟁 당시 디거 파(Diggers, 17세기 중엽 공유지의 공동 경작과 재산의 재분배를 주장한 영국의 급진적 인물들)의 지도자였던 윌리엄 에버래드는 자신의 급진주의를 옹호하기 위해 신이 등장한 꿈을 인용했다. 사실 디거 파가 서리에 있는 세인트조지힐을 그들의 평등주의 공동체의 거점으로 삼은 것도 꿈 때문이었다.[66]

학대받은 몇몇 사람들은 잠을 자며 폭력적인 꿈을 행동에 옮기기도 했다. 이는 현대의 정신분석 연구에 의해 확인된 성향이다. 15세기 중엽의 한 에스파냐 논문은 "잘 알려진 것처럼 영국에서 있었던" 살인적인 몽유병 환자를 다루었다. 프랑스에서는 한 학생이 친구와 다투었고, 그 일이 꿈에까지 연결되어 잠을 자다가 일어나 단검으로 그 친구를 찔렀다. 스코틀랜드의 견습공 맨시 워치는 꿈속에서 아내가 자신을 극장에서 끌어내려고 하는 주인이라고 생각해 두들겨 팰 뻔했다. 훗날 워치는 "나는 잠을 자면서도 자유의지를 좋아하는 것 같

다"고 생각했다. 아마도 깨어 있는 시간보다는 잠을 잘 때 더욱 그랬을 것이다.[67]

산업화 이전 사회에서 꿈의 영향력은 여러 비서구 사회에서 훨씬 더 오래 지속되었다. 몇몇 아프리카 문화권에서 꿈은 여전히 중대한 행동 지침의 근원일 뿐 아니라, 개별적인 사회 구조를 갖는 대체 현실이다. 인도네시아의 알로르 지역 주민들은 새로 꾼 꿈을 이야기해 주려는 식구들 때문에 매일 밤 여러 차례 가족 모두가 깨어난다.[68] 근대 초의 사회 역시 꿈에 큰 비중을 두었다. 많은 사람들이 "상쾌한 꿈을 얻는 기술"을 실천하여, 잠들기 전에 책을 읽거나 가볍게 식사하거나 베개 밑에 케이크 한 조각을 놔두었다. 미신을 좋아하지 않던 프랭클린도 쾌적한 꿈을 주제로 수필 한 편을 쓰면서, 무엇보다도 적절한 식사와 신선한 공기를 권했다. 시골 처녀들은 미래의 남편 모습을 보기 위해 부적에 의존했다고 한다. 영국의 한 소책자에 실린 16세기의 한 부적은 소녀들에게 베개 밑에 양파를 놔두고 짧은 주문을 외우라고 했다. 그런 다음에 "팔을 벌리고 누워서 가능한 한 빨리 잠들면 첫 잠에 미래의 남편 꿈을 꾸게 되리라"는 것이었다.[69] 이런 꿈의 내용은 가족과 이웃 간에, 편지와 일기로 반복되어 널려 퍼졌다. 1745년 늦여름 에버니저 파크먼은 "빌링스 부인의 꿈 이야기가 돌아다녀서 조사해보니, 부인이 사실임을 확인해주었다"고 기록했다. 1776년에 한 비판자는 이렇게 목소리를 높였다. "여전히 자신의 어리석은 꿈 이야기로 스스로와 이웃들에게 고통을 주는 사람들이 많다." 그로부터 거의 30년 뒤에 한 사람이 펜실베이니아 주의 저먼타운에 지진이 닥쳐오는 꿈을 꾸어, 그에게 귀띔을 받은 여러 주민들이 피신했다.[70]

지금에 와서, 꿈이 과거의 개인들과 그들의 관계에 어떤 영향을 미

헨리 푸젤리, 〈자정〉, 1765
두 사람이 (아마도 첫잠 뒤에) 침대에서 대화를 나누고 있다. 한 명은 악몽 때문에 놀란 기색이 확연해 보인다.

쳤을지 상상하기는 어렵다. 꿈의 여운은 단 몇 분 사이에 사라져버리기도 하고, 드물게는 한평생 지속되기도 했다. 일기 작가들은 꿈에서 깨어나 '동요되었다' '혼란스러웠다' '큰 고통을 받았다'는 등의 감정을 기록했다. 살인과 화재에 대한 마거릿 백스터의 꿈은 남편 리처드에 따르면 "현실의 절반 정도로 아내에게 위험했다." 1712년 『스펙테이터』의 한 기고자는 "깨어 있을 때의 생각이 잠잘 때의 생각에 완전히 매몰되는 사람들이 많다"고 기록했다. 우정이 깨지기도 하고, 연애 감정이 불붙기도 하고, 기분이 좋아지기도 나빠지기도 했다. 버지니아 식민지 개척자인 존 롤프가 인디언 처녀 포카혼타스와 결혼하기로 결심한 것도 꿈 때문이었다. 1738년 조지 2세는 죽은 아내의 꿈을 꾸고 너무 심란하여 한밤중에 마차를 타고 웨스트민스터 사원으로 가서 아내의 관을 보았다.[71] 어떤 사람들은 꿈에서 종교적 영감을 얻어 삶을 풍요롭게 만들었다. 코네티컷의 해너 히턴은 꿈을 '모래로 된 기반'이라고 말하면서도, 다른 많은 사람들처럼 "꿈이 영혼을 신과 그의 말씀으로 인도하는 좋은 일도 한다"고 믿었다. 랭커셔의 한 의사 역시 꿈에 관해 "지나치게 미신적이거나 캐묻기를 좋아하면 기독교인답지 않다"고 생각하면서도, "비범한 경우의 비범한 꿈"을 믿었다.[72]

꿈은 영향력이 지대하고 "잠의 특권"이 너무도 방대하여 깨어 있는 세계와 보이지 않는 세계 사이의 경계선이 흐려지기도 했다. 꿈속의 사건이 며칠 지나면 실제 사건처럼 여겨지기도 했다. 애버딘의 한 목사는 창밖에서 이상한 광경을 목격한 뒤 훗날 "그가 꿈을 꾼 것인지 실제로 본 것인지" 기억하지 못했다. 『서식스 위클리 애드버타이저』(Sussex Weekly Advertiser)의 한 통신원은 "우리는 매일 얼마나 많은 꿈 이야기를 들으며, 말하는 사람 자신이 깨어 있었다고 믿는 경우가 또 얼마나 많은가"라고 주장했다. 1783년 올드 베일리 법정에서 리처드 디빌은 네 개의 철근을 훔친 절도가 주인의 동의를 얻은 것이라고 변론했다. 디빌에 따르면 그 동의가 꿈이었다는 사실은 나중에 생각났다고 한다. 더 놀라운 것은 그 말을 믿은 배심원들이 그에게 무죄를 선고한 것이다.[73]

산업화 이전 시대의 사람들이 새벽까지 뒤척이지 않고 잤다면, 자기 현시, 위안, 영성의 많은 꿈들은 침대 맡에서 사라져버렸을 것이다. 어떤 꿈은 한창 잘 때 잊히고, 어떤 꿈은 하루의 번잡한 일 때문에 흩어져버렸을 것이다. 시인 존 웨일리는 "돌아온 빛과 함께 날아갔다"고 묘사했다. 존 드라이든은 『오이디푸스』(Oedipus, 1679)에서 "아침의 꿈처럼 낮의 일 속에서 사라졌다"고 했다.[74] 그러나 첫잠을 자고 난 뒤 한밤중에 깨어나는 습관 덕분에 많은 사람들은 다시 무의식의 세계로 돌아가기 전에 꿈을 생생하게 흡수할 수 있었다. 소음이나 질병 같은 방해물이 없다면 그들의 기분은 여유롭고 집중도도 완벽했을 것이다. 사실 프로락틴 호르몬의 분비량 상승으로 영향력이 커진 어떤 꿈들은 밤시간의 짜증을 막아주었다. 깨어난 다음에는 꿈이 그 최초의 "흐트러진 상들의 혼돈"에서 "자체의 구조를 얻기"까지 많은 시간이 걸렸다. 잠자다가 깨는 법이 거의 없던 보즈웰이 매일 아침 일어났을 때 꿈에 대한 기억이 거의 없었던 것은 우연이 아닐 것이다. 반대로 『번창하는 새로운 기술』(The New Art of Thriving, 1706)의 진지한 저자는 꿈에 대해 깊이 생각하지 말라고 독자들에게 경고했다.

> 삶의 절반을 꿈과 잠으로 보내는 것은 얼마나 큰 수치인가? 첫잠에서 깨어났을 때 침대를 떠나라. 당신의 몸이 게을러지고 당신의 마음이 불명확한 생각의 감옥이 되지 않기 위해서.[75]

거의 이백 년 전에 유럽의 심리학자인 지기스문트 에렌라이히 그라프 폰 레더른(Sigismund Ehrenreich Graf von Redern)은 "첫잠에서 거칠게 깨어난 사람"은 "중요한 일을 하다가 방해받은 사람과 같은 감정"을 느낀다고 추론했다. 국립정신보건원의 임상 실험은 두 단계의 잠을 경험하는 피실험자들이 자정 무렵 깨어나기 직전에 꿈과 직접적으로 관련된 수면 단계인 렘(REM, Rapid Eye Movement) 상태에 있는 것을 확인했다. 더구나 토머스 웨어 박사는 "수면에서 각성으로의 전환은 생생한 꿈을 동반하는 강렬한 렘 단계에서 일어날 가능성이 가장 크며" 그 꿈은 "이야기의 성격"을 가지고 있어서 실험 대상들

이 어둠 속에서 그것을 곰곰이 생각한다는 사실을 발견했다.[76]

1592년 신년 첫날 밤 엘리자베스 여왕을 포함한 관객 앞에서 공연되었던 연극 『갈라시아』(Gallathea)에 등장하는 인물 유로타는 “내 잠은 조각났고 꿈으로 가득찼다”고 했다. 니콜러스 브레턴은 밤 1시쯤에 “근면한 사람들의 정신이 꿈으로부터 빠져나오기 시작한다”고 단언했다. 해너 히턴은 신이 보낸 천사가 소식을 전해주는 꿈 때문에 밤중에 깨어났다. 그녀는 일기에 이렇게 기록했다. “그날 밤 내내 나는 이 사랑스런 꿈을 잊어버리지 않도록 조심했다.” 랭커셔의 리처드 케이는 이렇게 회고했다. “어떤 꿈을 꾸었는데, 꿈에서 깨어난 어둡고 고요한 밤중에도 나는 무릎을 꿇고 깊이 뉘우쳤다.”[77]

닭이 울 때

I

오늘날 유령과 마녀는 별로 모습을 드러내지 않는다.
더 좋은 철학이 이들을 눕히고,
우리의 교회 표지를 덜 무서운 곳으로 만들었다.

_『젠틀맨스 매거진』, 1755[1]

18세기부터 도시와 마을의 밤시간은 극적으로 변했다. 1746년에 파리의 한 주민은 "밤의 지배가 마침내 끝나고 있다"고 선언했다. 서구 역사상 1730년부터 1830년까지의 기간만큼 밤의 영역에 지속적인 공격이 가해진 때는 없었다. 사람들은 늦게까지 깨어 있었고, 더 중요하게는 점점 더 많은 사람들이 즐거움과 이윤을 찾기 위해 어두워진 후에도 밖으로 나섰다. 홀로 걷는 산책이건 부를 과시하기 위한 산책이건, 저녁 산책은 그 자체로 대중적인 소일거리가 되었다. "나는 달이 빛나는 밤에 걷는 것을 무척 좋아한다"고 엘리자베스 드링커는

18세기 말에 언급한 바 있다. 통행금지를 알리는 종소리가 여전히 울리는 마을에서는 그 구슬픈 소리가 지나간 시절에 경의를 표하는 것처럼 들렸다. 스코틀랜드의 외진 마을 엘진을 지나가던 한 사람은 이런 말을 남겼다. "통행금지 종소리는 여전히 울리지만, 이것은 촛불을 끄라기보다는 켜라는 신호 같다." 밤의 특징을 암시하는 '밤시간'(night season)이라는 용어조차 점차 일상 용례에서 사라져갔다.[2]

도시 생활에서 이 놀라운 변화가 갖는 중요성은 아무리 강조해도 지나치지 않다. 특히 중산층에게, 한때 어둠이 지배하던 시간은 좀 더 친숙한 시간이 되었다. 사람들이 함께 나누는 공공장소는 더 크고 더 번잡해졌다. 마차와 보행인이 큰길을 메웠듯이, 광장과 공터는 소동과 활동의 중심지가 되었다. 관찰자들은 생기 찬 도시의 거리에 대해 여러 번 언급했다. 1777년 파리의 한 방문객은 센 강의 퐁뇌프 다리에 대해 "밤 내내 쉴새없이 보행자들이 갈 길을 가고 있다"고 썼다. 로버트 셈플은 나폴리에서 해가 진 뒤에도 큰 길거리가 사람들로 가득차 있는 것을 보았다. 1801년에 한 사람은 런던에 대해 "밤새도록 깨어 있다"고 말했다. 미국 초기의 도시들에서도 통행량이 늘어났다. 『보스턴 뉴스레터』(Boston Newsletter)에 실린 한 편지는 이렇게 적고 있다. "친구나 친지를 만나거나 사업상 또는 즐기기 위해 저녁에 거의 모든 사람들이 밖에 나간다." 1796년 필라델피아를 방문했던 한 사람은 길거리가 어두워진 다음에도 '흥분'으로 가득차 있음을 보았다.[3]

이러한 밤의 혁명의 기원은 다양했다. 분명 그것은 계몽주의의 초기 단계에서 급속히 확산된 과학적 합리주의에 힘입은 바 크다. 18세기 초에 대서양 양쪽의 학식 있는 사람들은 과거 산업화 이전 시대의 세계관을 거부했다. 막스 베버가 주장하여 유명해졌듯, 문자 해독률의 증가, 성직자에 대한 적대감, 자본주의의 성장과 함께 계몽주의 신조는 서양 세계에 대한 '환멸'로 꾸준히 이어졌다. 부유층에서는 이성과 회의주의가 마법과 미신을 이겼다. 미국 식민지와 마찬가지로 유럽 대륙에서도 17세기 말에 이르면 마녀 박해가 거의 모든 지역에서 크게 줄어들었다. 영국 최후의 마녀 재판이 1712년에 있었는데, 의회는 24년 후에 마녀사냥에 관한 법 조항을 공식적으로 철회했다. 1762년 『퍼블릭 에드버타이저』(Public Advertiser)에는 이런 글이 실렸다. "과학과 학문이 진보하면서 정령, 유령, 마녀, 악마에 대한 천박한 관념이 줄어들고 자멸하고 있음을 우리는 매일 경험한다."[4]

헛경고가 때때로 있었던 것도 사실이다. 18세기에 런던, 브리스틀, 더블린에서는 '사악한 정령'과의 만남이 널리 광고되었다. 그런 사건은 빈번하지 않기에 더욱 선정적으로 다루어졌다. 1762년 런던의 '콕레인 유령 사건'이 가장 유명한데, 새뮤얼 존슨이 조사한 결과 고의적인 조작이었던 것으로 판명 났다. 1788년에 이르러 한 신문은 이렇게 보도했다. "이제 런던에서 유령이 나타난다는 건물은 단 한 채도 없다." 런던은 유령을 버렸다. 거의 비슷한 시기에 스코틀랜드의 한 목사는 "유령, 귀신, 마녀, 요정이 이 나라를 떠났다"고 확언했다.[5]

마법에 대한 믿음이 약해지면서 대다수 도시 가정은 밤을 덜 두려워하게 되었다. 자연계 전반이 그랬듯이, 어둠은 공포와 신비의 기운을 크게 잃었다. 예전에 학식 있는 계층에서도 두려움의 대상이었던 밤은 이제 어떤 사람들에게는 경외와 찬미의 대상이 되었다. 한때는 유해하다고 생각되었던 밤공기조차 이제는 달콤하고 신선하게 여겨졌다. 아주 많은 사람들이 망원경을 사용하면서, 유성 같은 밤하늘의 광경은 두려움보다는 황홀감을 불러일으켰다. 예술가, 여행자, 시인 모두 밤의 아름다움과 영광을 찬미했다. 1787년 유럽 대륙을 방문한 런던의 한 출판업자는 "저녁은 고요하고 평온했으며, 하늘은 완벽한 아름다움으로 빛나는 수백만의 별들로 더할 나위 없이 평온했다"고 칭찬했다. 프랑스를 찾은 한 여행객 역시 "고요한 밤에 달빛 속에서 여행하는 것보다 더 즐거운 일은 없다"고 생각했다. 더 많은 수필가들이 밤의 "고유한 아름다움"에 초점을 맞췄다. 과장된 칭찬도 마다하지 않았다. 1795년에 한 작가는 "초월적으로 아름답다"고 찬탄했다. 실로 『리터러리 매거진』(Literary Magazine)에 실린 「발베르디」(Valverdi)라는 글은 이렇게 주장했다. "빛나는 하늘에서 찬란한 태양이 이글거리며 화려한 장관을 보여주는 낮도 한결 온화한 밤의 감동적인 아름다움보다는 못하다. 밤은 부드럽지만 무미건조하지 않으며, 영광스러우나 타오르지 않고, 아름다우면서도 장엄하다."[6]

18세기에 밤은 덜 불길해 보였고, 동시에 더 이로워지기도 했다. 어둠은 영국과 유럽 대륙 여러 지역을 휩쓸었던 상업혁명으로 촉진된 상업주의와 초기 산업화에 굴복하고 말았다. 통신 수단의 발전과 더불어 개선된 도로와 물길의 체계는 국내외 시장을 확대시켰다. 북서 유럽에서 규모와 재산이 팽창한 도시 신흥 중산층은 18세기에 국내 소비의 물결에 일조했다. 직인, 상점 주인, 사무원 들은 기본적인 필수품 외에도 사치품에도 눈길을 돌렸다. 많은 도시와 마을에서 사람들이 붐비는 상점과 시장과 아케이드는 어둠이 내린 뒤에도 문을 열었다. 1789년 런던의 한 방문객은 "모든 상점들이 밤 10시까지 문을 열고, 조명이 아주 잘 되어 있다"고 했다. 헤이그의 시장에서 상점 주인들은 달빛과 램프에 의존하여 자정이 넘도록 물건을 전시했다. 파리에서는 팔레루아얄이 저녁 소비자들의 중심지였다. 한 여행자는 이렇게 기록했다. “아름다운 궁정의 광장을 연상하라. 그 아래에는 무수히 많은 상점에서 온 세계의 보물이 빛을 발하고 있다. 그 모든 것이 밝고 현란한 많은 색깔의 조명을 받으며 멋지게 진열되어 있다.” 상업 계급은 밤에 사업을 마음껏 할 수 있다고 단언했다.[7]

한편 초기의 제조업자들은 공장과 기계에 큰 자본을 투자하여 하루 종일 작업해서 생산성을 높였다. 1790년에 한 여행객은 미들랜드에 있는 리처드 오크와이트 경의 방적 공장이 “절대 작업을 중단하지 않았다”고 썼다. 그는 “어두운 밤에 공장에 불이 켜지면 가장 밝게 아름다워 보인다”고 놀라워했다. 하늘로 연기와 화염을 보내는 주철 공장의 수도 늘어났다. 슈롭셔의 콜브룩데일에 있는 유명한 공장에 대해 한 방문객은 “용광로에서 나오는 불이 어둠 속에서 타올랐다”고 말했다.[8] 특히, 상품이 내륙의 시장으로 흘러 들어가고 농부들이 가축과 작물을 도시로 갖고 오면서 상업 활동은 늦은 시간까지 이루어

필립 제임스 드 라우더버그, 〈콜브룩데일의 밤〉, 1801

졌다. 마차와 짐차가 시골길을 누볐고, 18세기 중엽에는 말을 탄 우체부와 우편 마차가 가세했다. 제임스 에식스는 1773년 켄트의 시팅번 마을의 여인숙에서 하루를 묵으며 이렇게 불평했다. "마차와 짐차가 시도 때도 없이 드나들어 밤새 많이 괴로웠다."[9]

도시 팽창, 군사 기술의 발전과 더불어 교역은 급속하게 도시의 성벽을 폐물로 만들어버렸다. 원래 적을 물리치기 위해 만들었던 이 거대한 요새는 상업에 장애가 되었고, 도시 성문이 닫히는 밤에는 더욱 그러했다. 18세기 말에 이르러 유럽 전역의 거의 모든 도시와 마을에서는 성벽을 포기하거나 파괴했다. 1715년 한 사람은 보르도 성벽에 대해 이렇게 생각했다. "그것은 성밖 지역의 확대를 미처 따라가지 못하는 과거의 유물로, 항구의 발전을 가로막으며 전쟁 기술의 발전이나 경제적 필요, 도시의 성장에 장애가 된다." 성벽이 아직 남아 있어도 보행자나 마차를 위한 산책로의 역할밖에 하지 못했다. 18세기에 외벽이 아직 절반 정도 남아 있었던 파리에서는 성벽을 따라 달리는 마차를 볼 수 있었다.[10]

도시의 가정이 여유로운 풍요를 누릴 수 있게 된 것도 중요한 사실이다. 모임, 유원지, 가장무도회, 노름, 연극이 그 어느 때보다도 상류사회의 저녁을 장식했다. '사교의 시간'은 늦게야 왔다. 1779년 런던의 한 비평가는 이렇게 썼다. "보통 저녁 6시에 시작되던 밤의 여흥은 이제 8시나 9시에 시작된다." 요크와 바스는 모임 장소로 유명했고, 스카버러에서 턴브리지 웰스에 이르기까지 수많은 지방 도시들이 그 뒤를 따랐다. 유럽의 다른 곳에서는 품위 있는 여흥이 더 큰 풍요를 반영했다. 나폴리에서는 모임이 아침 5시가 넘어야 파하곤 했다. 1786년 독일의 한 잡지는 이렇게 선언했다. "사치와 오락 욕구가 계속 증가하고 있는 모든 대도시에서 저녁과 밤의 향락이 유행하고 있다." 맨 섬의 더글러스 마을에서는 카드놀이와 사교 모임이 빈번했다. 18세기에 나름대로 번영을 누렸던 미국에서 한 남부 주민은 이렇게 자랑했다. "우리는 언제나 모임을 갖고 여러 가지 여흥도 즐긴다."[11]

한때는 귀족들이 독점했던 모임을 이제는 부유한 부르주아 계층이 열심히 따라 했다. 새로운 부와 고상함에 대한 꿈이 전통적으로 즐겨 찾던 장소와 습관을 바꿔놓았다. 1733년에 런던의 한 신문은 이렇게 기록했다. "상인들은 예전에 우리가 그랬던 것처럼 파이프 담배와 커피 한 잔을 즐기기보다는 연극과 오페라와 뮤지컬로 몰려다닌다." 그 다음 해인 1734년에는 "모든 계급의 사람들"이 더블린의 극장에 운집했다고 전해지고, 1739년 베네치아를 방문한 한 사람은 가면무도회가 "귀족과 평민 모두가 즐기는 여흥"이라는 것을 알았다. 상류층의 불평으로 판단하건대, 수많은 신흥 부자들이 귀족들의 여흥에 참가했다. 극장이나 모임이나 유원지 같은 곳은 그 성격이 상업적이기 때문에 입장을 제한할 수 없었다. 런던 극장의 관객은 대부분 중산층이었다. 프랑크푸르트암마인의 부르주아 가정들은 개인적인 연회장에서 제외되자 "그들끼리 같은 종류의 모임을 가졌다." 영국과 미국 식민지에서 폭발적으로 늘어난 클럽도 아주 인기가 높았다. 다양한 직종의 사업가들이 모인 이러한 클럽은 친교와 술자리를 위한 사적인 분위기를 조성해주었고, 많은 클럽은 모일 때 술집이나 커피집을 예약했다. 가장 유명한 것은 버밍엄에 있었던 '루너 학회'(Lunar Society)로서, 이래즈머스 다윈(Erasmus Darwin), 제임스 와트(James Watt), 조사이어 웨지우드(Josiah Wedgwood) 같은 인물들이 조직했다. 과학적 진보에 헌신한 루너 학회는 역설적이게도 보름달이 떠서 여행이 가

장 안전한 때에 모임을 열어 그 이름을 얻었다.[12]

II

음탕한 범법자들이 길거리 안팎에서 단번에 제재를 받는다면,
그들이 즐겼던 곳에서 그들을 받아들이지 않는다면,
유명한 유곽과 술집과 환락의 장소가 문을 닫아 철저히 감시받고,
길거리와 골목이 잘 정비되어 불이 밝혀지고,
법이 정한 대로 무절제한 사람들이 구금되어 처벌을 받는다면,
…… 악은 마을에서 버림받아 사라졌을 텐데.

_『브리티시 저널』, 1730년 9월 12일[13]

그렇다면 부유한 유한계급이 성장하면서, 도시와 마을을 오랫동안 괴롭혀온 밤의 무질서에 대한 경각심도 훨씬 높아졌을 것이다. 18세기에 도시를 홀리던 유령들은 사라졌어도 절도, 파괴, 폭력 등은 고질적인 위험으로 남아 있었다. 범죄는 대서양 양측에서 증가하고 있는 것처럼 보였다. 특히 유럽에서는 인구 증가와 대규모 실업과 식량 가격의 폭등으로 하층 계급이 더 심한 곤경에 처했다. 18세기 영국에서 살인율은 줄었지만, 재산과 관련된 범죄는 증가했다. 헨리 필딩은 가난한 사람들이 "그들 사이에서는 굶주리고 추위에 떨고 타락하지만, 그들보다 높은 사람들에게는 구걸하고 도둑질하고 약탈했다"고 묘사했다. 한 신문은 "평민들 중에서도 특히 런던 주민들은 그 선조들보다 더 파렴치하다"고 경고했다. 점점 증가하는 범죄에 대한 정확한 인식을, 시 관료들에게는 시의 통치권을 누가 갖느냐 하는 중요한 문제였다. 누가 밤시간을 지배해야 하는가? 도둑, 창녀, 불량배인가, 아니면 그들보다 우위의 신흥 부르주아 계급인가? 1754년에 사회개혁자 조

너스 핸웨이는 불만을 토로했다. "스트랜드 가(런던의 유흥가) 같은 공공장소에서 저녁과 밤에 얼마나 많은 무례한 일을 겪는가?" 프랑스의 여러 도시에서는 "밤에 일 때문에 밖에 나와야 하는 시민들을 모욕하고 괴롭히는 '밤의 부랑자들'"에 대한 불만이 컸다. 제네바에서 필라델피아에 이르기까지 중심 도시들은 점점 심해지는 무법 상태에 속수무책으로 당하고 있었지만, 그중에서도 런던이 가장 큰 근심거리를 안고 있었다. 런던에서는 범죄가 너무 빈번하게 일어난 나머지, 1774년에는 수상 프레더릭 노스 경(Lord Frederick North)마저 도둑을 맞았다. 게다가 1780년에 반(反) 가톨릭 폭동이 런던을 뒤흔들어 300명에 달하는 희생자를 냈고, 미국독립혁명 이후 10년 동안 절도와 폭력이 빈발했다. 1785년에 한 런던 주민은 이렇게 탄식했다. "외국으로 갈 수도 없고 집의 침대에서 편안하게 잠들 수도 없다."[14]

런던을 비롯한 여러 도시의 당국자들은 더 강력한 규제를 위해 여러 조치를 취했다. 그런 조치들의 대부분은, 이미 도로포장이나 위생문제를 개선하기 위해 노력중이던 공공장소에서 범죄를 추방하기 위한 것이었다. 정부 규제의 가장 손쉬운 표적은 늦게까지 문을 여는 술집이었다. 1785년에 한 신문은 밤에 문을 여는 술집은 모두 폐쇄해야 한다고 촉구했다. 그곳은 "대중을 먹이로 삼아 평화를 어지럽히는 모든 악당의 실질적인 회합 장소"라는 것이었다.[15]

그러나 더욱 중요한 것은, 많은 도시에서 비슷한 과정을 따라 전개된 두 가지 전면적인 공세였다. 첫 번째는 공공 조명의 개선이었다. 18세기에 널리 보급된 진보의 상징이었던 인공조명은 사회 통제의 무기로서 엄청난 잠재력을 지니고 있었다. 1736년 런던 시는 일 년 사계절 내내 밤마다 켜둘 석유램프 5천 개를 받았다. "길거리를 더 잘 밝히기 위한" 의회의 법조문 전문에 따르면, 런던에는 "빈번한 살인, 절도, 강도" 및 "그 밖의 중죄"가 밤시간에 일어나고 있다는 것이다. 고래 무역에서 얻는 기름으로 불을 붙인 가로등은 18세기 대서양 양쪽에 큰 전환점을 가져왔다. 1775년에 제네바의 청원자들은 "범죄가 거의 언제나 밤에 저질러진다는 것을 사람들은 너무나 잘 알고 있다."며 조명을 더 밝힐 것을 요구했다. 1780년대 중엽 런던에 도입된 아르강 기름등은 더 높은 온도에서 불이 붙는, 완전히 새롭게 고안된 심지를 사용했다. 등의 불빛을 보호하는 새로운 유리 원통과 함께 이러한 혁신은 눈에 띄게 더 밝은 빛을 만들어냈다.[16]

더 중요한 것은, 19세기로 넘어가면서 석탄 가스를 쓰는 가로등이 도입되었다는 사실이다. 1807년 초 런던의 펠멜 가에서 가로등이 처음 선보인 뒤 『타임스』는 이렇게 찬탄했다. "항해 이래 영국 영토에 이보다 더 중요한 일은 없었다." 실제로 한 가스등에서 나오는 불빛은 촛불이나 구식 석유램프보다 10~12배 더 밝았다. 이러한 가스등이 런던의 주요 간선을 따라 전파되면서 그 불빛을 완화시키기 위해 젖빛 유리가 필요하게 되었다. 1823년에 이르면 거의 4만 개의 가로등이 2백 마일의 런던 길거리를 밝혔다. 영국의 다른 많은 도시와 마을은 물론 파리, 베를린, 볼티모어 같은 외국 도시들도 그 뒤를 따랐다. 가스등의 인기는 하늘을 찔러, 『리버풀 머큐리』(Liverpool Mercury)는 "우리의 길거리와 상점에서 밤새도록 낮의 빛이 비칠 날이 곧 올 것"이라고 선언했다. 제인 오스틴의 『샌디션』(Sandition, 1817)에 등장하는 시드니 파커는 가스등이 "앨프리드 대왕 시대 이래 그 어떤 영국인보다도 범죄 예방을 위해 큰일을 하고 있다"고 단언했다.[17]

법 집행의 개혁 역시 공공 안전에 중요했다. 1758년 『런던 크로니

토머스 롤런드슨, 〈팰맬 가의 가스등 구경〉, 1809
한 창녀가 말한다. "이 등을 끄지 않으면 우리는 일을 그만둬야 해. 가게문을 닫아야 해." 한 행인이 대답한다. "맞아. 사랑을 하거나 돈을 주고받기에 좋은 어두운 골목이 아니네."

클』에서 단언했듯 "불빛과 야경대원이 불량배들 최대의 적이다." 18세기에 야경대원은 규모와 능력 면에서 성장했다. 소방대가 별도로 설치되면서 이제 야경대원은 범죄와 싸우는 데 집중할 수 있었다. 실제로 파리는 이미 훈련된 경찰력에 의존하고 있었고, 여러 유럽 도시들도 마찬가지였다. 전통적으로 권위적인 힘에 의존하는 것을 꺼리던 영국의 지방들은 경찰력에 별 관심을 보이지 않았다. 1755년 브리스틀의 야경대를 개혁하려는 의회 법안에 대해 비판자들은 밤의 산책자들을 체포할 수 있는 경찰과 야경대원의 특권 때문에 "가장 훌륭한 시민들의 자유가 위협받을 수 있다"고 불평했다. 『퍼블릭 애드버타이저』의 한 기고자 역시 프랑스 경찰의 명령에 따라 "어디에서나 우리를 놀라게 할" 야간 순찰대의 창설에 강력히 반발했다.[18]

그러나 범죄가 증가하면서 여론이 점차 변하기 시작했고, 런던에서도 서서히 야경대를 개혁했다. 런던에서 "정규적으로 확립된 경찰"을 초기부터 옹호하던 한 사람은 1762년에 이렇게 기록했다. "우리 집은 화재로부터, 우리 가족은 도둑의 공격으로부터 안전할 것이다. 게으른 견습공들이 길거리를 배회하는 것이 허용되지 않을 것이며, 뻔뻔한 매춘부들이 신중하지 못한 사람들을 유혹하는 일도 없을 것이다." 웨스트민스터에서 시작하여 순찰대는 더 잘 조직되고 숫자도 많아지고 더 공격적으로 바뀌었다. 1829년 런던 경찰국(Metropolitan Police)의 창설에서 마침내 그 절정에 달했고, 몇 년 뒤에 의회는 지방 경찰의 창설을 승인했다. 런던 경찰국의 가장 강력한 옹호자였던 내무부장관 로버트 필 경(Sir Robert Peel)은 수상에게 이런 편지를 썼다. "저는 자유가 범죄 조직에게 집을 털리고 런던의 주요 거리들을 밤에 술 취한 창녀와 불량배에게 넘기는 데 있는 것이 아니라는 걸 사람들에게 가르치고 싶습니다."[19]

19세기에 가스등과 직업 경찰은 대서양 양쪽의 밤 생활을 변화시켰다. 그 둘은 낮과 밤 사이의 경계를 흐리게 만들어, 사람들의 삶의 속도와 범위를 바꾸어놓았다. 아이러니컬하게도, 산업공해에 시달리던 지역에서는 연기와 검댕이 낮의 길거리를 어둡게 만들었기 때문에 밤이 더 밝았다. 도시와 마을에서는 그 어느 때보다 시간적으로나 공간적으로나 밤에 움직일 수 있는 자유가 더 커졌다. 보행자들이 많아 길거리와 광장은 더 안전해 보였다. 1829년에 이미 런던의 한 방문객은 이런 기록을 남겼다.

수천의 가로등이 기다란 불빛 사슬을 이루며 엄청나게 먼 거리까지 뻗어 있다. 고객을 끌기 위해 아주 현란하게 불을 밝혀놓고 귀중한 상품으로 가득 채워놓은 상점의 진열장은 수많은 거울 때문에 더욱 빛나며 효과가 만점이다. 길거리는 사람들로 붐비고, 수천의 우아한 마차는 약속된 저녁 연회장으로, 또는 파스타 카페의 음악을 들으러 굴러간다. 야경대원도 현대판 도그베리(셰익스피어의 『헛소동』에 등장하는 경관)를 앞세워 돌아다닌다. 그들은 외투를 걸치고 랜턴과 곤봉을 들고 교구의 방범 초소에서 둘씩 자신의 구역으로 떠난다. 무뚝뚝한 권위와 맹렬한 결심으로 가득찬 그들은 국왕의 평화를 지킨다.

1853년 뉴욕의 한 주민도 비슷한 얘기를 했다. "저녁에 외출하기가 훨씬 편해졌고, 많은 길거리에서 저녁에 산책하는 것은 낮과 다름없이 안전하고 쾌적하다." 또한 집안의 조명도 더 밝고 안전해졌다. 촛불 의존도가 낮아지고 가연성이 낮은 건축 자재를 사용함으로써, 도시의 화재 빈도가 줄어들어 더 많은 가정에서 밤에 불을 밝혔다.[20]

어둠을 밀어냄으로써 생활이 계속 풍요로워졌는지는 분명치 않다. 석탄 가스는 역한 냄새가 날 뿐 아니라 공해의 원인이 되었다. 비판자들은 불빛이 너무 거슬린다고 불평했다. 공장에서는 교대 근무가 확대되었고, 주인의 감시도 늘어났다. 밤 생활이 더 용이해지면서 직장 안팎에서 사생활은 줄어들었다. 인간의 눈이 더 먼 거리를 볼 수 있게 됐을 뿐 아니라 공공장소에서 감시하는 눈도 훨씬 많아졌다. 그 대표적인 것은 경찰의 눈이었다. 당국이 그들의 뜻을 관철하는 능력이 더 커지면서 도심지는 경찰의 통제를 받는 사회가 되었다. 모든 사람이 밤에 더 많은 검문을 당했으며, 때로는 당혹스러운 결과로 이어졌다.

1825년, 런던 변호사 조지 프라이스는 메이든 레인에 있는 가로등에 소변을 봤다는 이유로 부적절한 노출 혐의로 기소되었고, 이 작은 소송 사건은 유명해졌다. 어두운 밤에 그런 행위를 하는 것은 당시까지만 해도 일상적인 일이었다. 공공장소에서의 개인의 행동은 필연적으로 더 억압받았다. 주정, 싸움 등 모든 거친 행동이 사회적 통제를 받았다. 낭만적인 몸짓이라 할지라도 성적 접촉은 더 신중해져야 했고, 육체적 충동 또한 잘 다스려야 했다. 프랑스의 한 시인은 불법 행위에 대해 이렇게 표현했다. "이러한 모든 신비의 증인은 어두운 구석마다 있는 가로등이다."[21]

조명과 직업 경찰의 발전은 공공 안전과 개인의 사생활 사이에 갈등을 야기했다. 랠프 월도 에머슨만큼 그 갈등을 우아하게 표현한 사람은 없었다. "가스등이 최고의 야간 경찰이듯, 세계는 무정한 공공성으로 스스로를 지킨다." 때로는 영국의 여러 도시에서 경찰이 가로등을 관리했을 뿐 아니라 가로등 자체가 '경찰등'으로 불렸다. 개선된 조명 때문에 가정의 내부까지도 행인에게 더 잘 보이게 되었고, 이웃집을 엿보기 위해 밤에 산책하러 나가는 사람들도 있었다. 1868년 『베를린은 대도시가 되고 있다』(Berlin Becomes a Metropolis)의 저자는 거의 과장 없이 다음과 같이 말했다. "가스등이 발명된 이후 우리의 밤 생활은 형언할 수 없이 강렬해졌고, 심장 박동은 빨라졌고, 신경은 더 흥분되었다. 우리는 외관과 행동과 관습을 바꿔야 했다. 전과 다른 불빛에 적응해야 했기 때문이다."[22]

하루가 길어지면서 수면 패턴은 더 간결해졌다. 또한 더 많은 사람들이 이제 잠을 계속 이어 자는 중요한 변화가 일어났다. 17세기 말부터 도시와 마을에서는 잠을 나누어 자는 것이 점차 줄어들었다. 처음에는 부유층에서 시작되었지만, 점차 조명이 개선되고 잠자리에 드는 시간이 늦어지면서 다른 사회계층에도 전파되었다. 집에서건 야외에서건 인공조명에 노출되는 시간이 많아지면서 인류의 역사만큼 오래된 24시간 주기의 생활 리듬이 바뀌었다. 19세기 중엽에는 조명의 비용을 댈 수 없는 사람들만이 일찍 잠들어 잠을 나누어 잤을 것이다. 예컨대 『위대한 서민』(The Great Unwashed)을 쓴 노동 계급 출신의 저자는 1868년에 이렇게 말했다. "아침에 일찍 일어나야 하는" 노동자들은 마을의 길거리가 "아직도 꽤 번잡한" 밤에 "이미 첫잠에 들었다." 밤 꿈의 상대적인 중요성도 변했다. 더이상 사람들은 한밤중에 깨어나서 꿈에 대해 깊이 생각하지 않았다. 이제 짧은 수면 시간에 집중적으로 자는 수면 형태로 바뀌면서 많은 사람들이 꿈과의 연결점을 잃어버렸고, 그와 함께 가장 깊은 감정에 이르는 통로도 잃었다. 밤을 낮으로 바꿈으로써 현대의 기술이 인간 심리에 도달하는 가장 오래된 경로를 가로막는 데 일조했다는 사실은 사소한 역설(逆說)이 아니다. 옛 시인의 말을 바꾸어 쓴다면, 그것은 가장 큰 손실로서 "우리의 첫잠을 없애버리고 우리의 꿈과 상상을 기만했다."[23]

III

이제 우리는 전등에서 나오는 수천의 빛의 화살이
당신의 신비롭고 메스껍고 유혹적인 그림자를
냉혹하게 조각내어 벗겨버리기 원한다.

_필리포 토마소 마리네티, 1912[24]

몇몇 대도시는 인공조명의 개선을 거부했다. 로마 교황 그레고리

16세(1765~1846)는 사람들이 폭동을 선동하기 위해 불빛을 사용한다는 이상한 논리로 가로등을 금지했다. 쾰른에서도 가로등을 반대하여, 1801년에 한 방문객은 "과학과 기술의 발전에 있어 독일의 다른 지역보다 최소한 두 세기 뒤져 있다"고 했다. 1819년 『쾰르니셰 자이퉁』(Kölnische Zeitung)은 장황한 논설을 실었는데, 거기에는 가로등이 "밤에 어둠을 배정한 신의 계획"에 방해된다는 확신이 들어 있었다. 영국에서는 셰필드, 레스터, 노리치 같은 지방 중심지들이 돈을 절약하기 위해 1820년대까지도 "칠흑 같은 밤"에만 가로등을 켰다.[25] 가스등이 있는 도시에서도 모든 길이 똑같이 밝지는 않았다. 중앙대로와 쇼핑 구역과 부유층의 거주 지역에 가로등이 밝혀질 공산이 가장 컸다. 인공조명은 도시 차별의 상징이자 그 결정 요인이 되었다. 수많은 뒷길과 곁길과 골목에는 가로등이 없었다. 한 작가는 베를린에서 보낸 어린 시절을 이렇게 회상했다. "곁길로 한 발짝 들어서면 몇 세기 전으로 돌아간 것처럼 느껴졌다." 하층 계급은 주요 통행로나 부유층의 거주 지역과 달리 불이 밝지 않은 지역에 모여 살았다. 그들의 선조는 한때 밤에 마음대로 도시와 마을을 배회하여 방대한 영역에서 권력을 행사했지만, 이제 가난한 사람들은 귀스타프 도레(Gustave Doré)가 판화로 포착한 런던 빈민가처럼 범죄로 가득 찬 어두운 곳에서 살았다. 19세기 중엽에 뉴욕 시의 한 부유한 주민은 빈한한 사람들의 거주지에 대해 "문명의 영역을 넘어섰다"고 표현했다.[26]

도시 소요가 발생했을 때 맨 처음 피해를 본 것은 가로등이었다. 교황의 두려움과는 반대로, 불빛은 기존 질서의 친구였다. 이러한 정부 감시의 무기는 밀라노에서 예테보리에 이르기까지 전략적이고 상

Eine Nacht-Scene vom 13. auf den 14. März 1848 in der Nähe der k. k. Stallungen.

작자 미상, 〈빈의 랜턴 부수기, 1848〉, 1849

징적인 이유에서 파괴의 대상이 되었다. 1830년 폭동이 일어난 파리를 배경으로 한 빅토르 위고의 유명한 소설 『레미제라블』(Les Misérables, 1862)에서 '도시의 말썽꾼은 가로등의 적'이라는 제목의 장은 고아 가브로슈가 부르주아 주거 지역에서 랜턴을 파괴하는 장면을 묘사하고 있다. 7월혁명의 첫날 밤에 대한 한 설명은 "가로등과 함께 음험한 국왕 권위의 모든 상징이 파괴되었다"고 쓰여 있다. 1848년 혁명이 일어난 빈의 한 사람도 이렇게 회상했다. "대부분이 하층민인 많은 사람들이 글라치스 구역에 모여 가스등을 부수고 가로등 기둥을 파괴했다. 관에서 가스가 새어나와 거대하고 붉은 불기둥을 만들어냈다."[27]

분명 장관이었을 테지만, 이것이 현대의 가로등에 대한 마지막 저항은 아니었다. 19세기 내내 어둠은 시골에서 도피처를 찾았다. 시골은 여전히 상업과 교통과 통상의 발달에 적대적인 농촌 근본주의의 보루였다. 그곳에서 현대화의 힘은 일시적으로 저지되거나 적어도 농촌의 방식에 맞추어졌다. 1830년대 랭커셔 방직 공장에서는 어린 노동자들이 졸지 못하도록 공장 바닥에 유령 인형을 세워놓았다. 시골 가정에서는 인공조명으로 여전히 수지 양초, 골풀 양초와 석유램프에 의존했다. 그리하여 1887년 웨스트요크셔 퍼지 마을의 한 주민은 "참견하기 좋아하는 사람들의 저속한 침입"을 피했다고 자랑했다. "가스등도 가로등도 없고, 주거지에도 빛이 거의 보이지 않는다." 여전히 신비롭고 예측 불가능한 유럽의 시골은 요정, 화롯가 이야기, 밀렵, 한밤중의 못된 장난의 세계였다. 1892년에 스태퍼드셔의 한 직조공은 "그 당시 거리에는 가스등이 없었다"고 회상했다. "불행과 유령을 쫓아버린 이 물건은 그때에는 이용 가능한 문명의 자원이 아니었다."[28]

20세기로 넘어갈 무렵 현대의 다른 경이와 함께 가스등과 전등이 농촌 사회를 무자비하게 바꿔놓았다. 제1차세계대전에 이르면 시골은 전통적 삶의 방식의 무덤이 되었다. 서리의 수레바퀴 제조공 조지 스터트는 작은 고전 『촌락의 변화』(Change in the Village, 1912)에서 "시끄러운 자동차"와 "새로운 가로등"과 "불 켜진 저택의 창문"이 "고요한 어둠의 심연"을 깨뜨렸다고 묘사했다. 스터트는 '첫잠'에 대해서도 썼지만, 그것 역시 곧 사라질 것이었다.[29]

오늘날 우리는 가정과 직장의 안팎에 전등이 잘 밝혀져 있는, 중단 없는 문화 속에 살고 있다. 일상생활에서 현대 진보의 가장 큰 상징인

인공조명에 지금만큼 의존했던 적은 없었다. 밤새 방송하는 텔레비전과 라디오, 24시간 운영하는 역과 슈퍼마켓이 있을 뿐 아니라, 밤은 밤에 부업을 하는 사람들은 물론 서양 노동력이 점점 더 비중 있게 고용되는 주요 시간이기도 하다. 어둠은 상업이 확장될 수 있는 최대의 변경으로 남아 있다. "미개인을 인공조명이 있는 환경에 데려다 두면 그는 개선될 것이다"라는 토머스 에디슨의 명언은 낮뿐 아니라 밤에도 적용되었다. 유럽과 북아메리카에는 '24시간' 도시로 스스로를 광고하는 대도시들이 넘쳐난다. 수면 역시 현대적 삶의 빠른 속도와 바쁜 일정에 희생되었다. 오늘날 미국에서는 30%에 달하는 성인들이 하루에 6시간 이하의 수면을 취하고 있으며, 깨어 있는 시간을 연장하려는 사람들이 늘어나면서 그 비율도 늘어나고 있다. 많은 청소년들은 잠을 시간 낭비로 경멸하면서 텔레비전, 컴퓨터 같은 감각적 자극으로 수면을 해치고 있다. 한편, 미국군은 전투에서 유리한 고지를 점령하기 위해 군인들을 7일까지 깨어 있도록 하는 방법을 연구하기 시작했다.[30]

존 드라이든의 희극 『암피트리온』(Amphitryon, 1690)에서 고대의 신 메르쿠리우스는 밤에게 이렇게 묻는다. "사랑과 간음을 빼면 네가 무슨 소용인가?" 오늘날 기술 발전의 궤적을 생각해보면, 우리도 똑같은 질문을 던질 수 있을지 모른다. 우리는 밤을 더 활용하기 좋은 시간으로 만들기보다는 그것을 서서히 제거하는 위험을 무릅쓰고 있다. 경외와 경이의 오랜 원천이었던 하늘도 실외 조명의 불빛 때문에 흐려졌다. 외진 지역에서만 은하수의 장관을 볼 수 있다. 별자리는 보이지 않고 텅 빈 하늘만 남았다. 분할된 잠과 그와 함께 우리의 내적 자아에 대한 이해도 잃어버림으로써 환상적인 꿈 세계는 더 멀어졌

〈유럽의 밤〉, W. 설리번

다. 실제적인 목적에서 밤이 낮이 되어버릴 시간을 상상하는 것도 어렵지 않다. 즉 아침부터 자정에 이르기까지 전통적인 시간 단계가 원래의 모습을 잃고 24시간 7일 사회가 오리라는 것이다.[31] 러시아 정부는 실험적인 '우주 거울'을 설치하여 태양빛을 반사시켜 선별한 지역의 밤을 황혼으로 만드는 시도까지 했었다.[32]

밤하늘에 남아 있는 아름다움, 어둠과 빛이 바뀌는 주기, 낮의 빛과 소리의 세계로부터의 규칙적인 안식처, 이 모든 것이 더 밝아진 조명에 손상될 것이다. 야간의 섭생에 나름의 질서를 갖고 있는 생태계도 엄청난 고통을 받을 것이다. 어둠이 줄어들면서 사생활과 친밀감과 자아 성찰의 기회도 훨씬 드물어질 것이다. 기어이 그 밝은 날이 오는 순간, 우리는 시간을 뛰어넘는 소중한 우리 인간성의 절대 요소를 잃게 될 것이다. 이는 어두운 밤의 심연에서 지친 영혼이 숙고해봐야 할 긴박한 전망이다.

감사의 말

"아빠는 너무 느려요." 잘 웃는 열 살배기 내 딸 셸던이 얼마 전 글 쓰는 속도를 갖고 나를 놀렸다. 글이 쉽게 나올 수만 있다면! 그나마 더 끌지 않고 책이 나올 수 있었던 것은 친구와 가족은 물론 대서양 양쪽 연구소의 친절한 도움이 있었기 때문이다. 이 책을 쓰기 위한 영감은 오래전 대학원의 절친한 친구였던 안드레 필립 카츠에게서 왔다. 그와 공동으로 집필하려 했지만, 다른 일들 때문에 그는 참여하지 못했다. 그가 참여하였더라면 그의 놀라운 지성과 상상력의 덕을 크게 보았을 것이다.

여러 곳에서 연구와 저술을 위한 재정 지원을 받았다. 국립인문학재단(National Endowment for the Humanities), 존 사이먼 구겐하임 추모재단(John Simon Guggenheim Memorial Foundation), 미국학회협의회(American Council of Learned Societies), 미국철학학회(American Philosophical Society), 버지니아 인문학센터(Virginia Center for the Humanities), 미국역사학회(American Historical Association)에 깊은 고마

움을 느낀다. 버지니아 공과대학교는 연구 지원은 물론 안식년을 제공했다.

지난 20년 동안 나는 수많은 훌륭한 기관의 직원과 자료를 이용할 수 있었다. 이전에는 (런던의 큐뿐 아니라 챈서리 레인에도 있었던) 국립기록보관소(Public Record Office), 영국도서관(British Library), 런던의 길드홀 기록보관소(Guild-hall Records Office), 런던경제대학(London School of Economics) 소재 영국정치경제학도서관(British Library of Political & Economic Science), 옥스퍼드 대학교의 보들리언 도서관(Bodleian Library), 케임브리지 대학교 도서관, 케임브리지 대학교의 세인트존스칼리지(St. John's College), 맨체스터의 체텀 도서관(Chetham Library), 도싯과 하트퍼드셔의 기록보관소, 헤리퍼드 시립도서관(Hereford City Library), 로텐솔 구립중앙도서관(District Central Library in Rawtensall), 서머싯 고고학자연사학회(Somerset Archaeological and Natural History Society), 브리스틀 중앙도서관(Bristol Central Library), 더블린 대학교 아일랜드 민속학과, 에든버러에 있는 스코틀랜드 국립도서관과 문서보관소, 뱅고어의 웨일스 대학교, 애버리스트위스의 웨일스 국립도서관, 주네브 문서보관소(Archives Geneve)의 도움을 많이 받았다. 미국에서는 국회도서관, 버지니아 대학교의 올더먼 도서관(Alderman Library), 윌리엄앤드메리대학교의 얼그렉스웸 도서관(Earl Gregg Swem Library), 뉴욕 공립도서관, 예일 대학교의 바이네케 도서관(Beinecke Library), 루이스월폴 도서관(Lewis Walpole Library), 코네티컷의 노스헤이븐 역사학회(North Haven Historical Society), 버몬트의 베닝턴 역사학회(Bennington Historical Society), 하버드 대학교 법대도서관, 하버드 대학교의 호턴

도서관(Houghton Library), 보스턴의 서픽 카운티 법원의 도움을 얻었다. 리치먼드에 있는 버지니아 주립도서관에서는 샌드라 트레드웨이와 그녀의 동료들에게서 특별한 도움을 얻었다. 따로 명시한 기관들도 이 책에 수록된 예술작품을 제공했다. 그들에게도 깊은 고마움을 느낀다.

집과 가까운 곳에서는 부지런하고 친절한 버지니아 공과대학교 뉴먼 도서관(Newman Library) 직원들의 도움을 얻었다. 고(故) 도로시 매컴스와 브루스 펜첵, 또한 그 누구보다도 샤론 고트키비츠, 루시 콕스, 재닛 블랜드, 낸시 위버, 미셸 캔터베리, 로버트 켈리는 물론 해리 크리즈가 이끄는 도서관 상호대출실의 직원들이 그들이다. 그들은 나를 위해 지칠 줄 모르고 언제나 쾌활하게 일했다. 예술사에 대한 전문 지식을 갖고 있는 아네트 버에게도 감사한다. 로어노크 카운티 도서관(Roanoke County Public Library)의 루스 리프닉 존슨과 베키 우드하우스도 엄청난 도움이 되었다. 세일럼에 있는 신도들의 가계보를 사용하게 해준 말일성도교회에도 감사한다. 로어노크의 베스 이스라엘 시너고그의 훌륭한 도서관 사용을 허락해준 랍비 메인스 코건에게도 감사한다.

많은 사람의 번역 덕분에, 프랑스어와 라틴어에 대한 나의 짧은 지식을 훨씬 넘어서는 광범위한 비영어권 자료를 이용할 수 있었다. 특히 코닐리어 베이드, 트루디 해링턴 베커, 메이베 니 브로인, 블랜턴 브라운, 미셸 댐론, 도린 에버트, 크리스토퍼 유스티스, 디니아 페이틴, 제니퍼 하이에크, 크리스틴 휴질, 버윈 프리스 존스, 앤디 클래트, 랍비 메인스 코건, 이근팔, 프란체스카 로루소-카푸티, 윌리엄 매콘, 미셸 맥냅, 아니크 미하일로프, 비올렌 모랑, 루치아노 나르도네, 세라 오너, 리다 오우핸드, 조지프 피에로, 섀넌 프린스, 하인고니리나 라마로손, 알렉산더 셰퍼, 캐어리 스미스, 줄리아나 테일러, 나오미드 울프가 꼭 필요한 도움을 주었다.

연구와 저술에 도움을 준 버지니아 공과대학교의 동료들은 린다 아널드, 마크 배로 2세, 글렌 뷰, 데이비드 버, 고(故) 앨버트 모이어, 스티븐 소퍼, 로버트 스티븐스, 피터 월런스타인, 조지프 위진스키, 웡 영추이다. 그 누구보다도 프레더릭 봄가트너는 반복적인 질문에 대답해주고 유용한 자료로 나의 관심을 이끌어줌으로써 큰 힘이 되었다. 봄가트너와 리처드 허시는 초기 단계부터 시간을 들여 원고를 읽어주었다. 린다 파운틴, 재닛 프랜시스, 론다 페닝턴은 이 책의 기획을 쉽게 만들어줬고, 많은 학생들이 나와 함께 생각을 나누거나 그림을 스캔하거나 참고문헌 작업에 자원하여 도움을 주었다. 특히 세라 테일러, 제이미 라이프, 앤 엘리자베스 윌키, 데이비드 페로, 에스테어 앨스턴, 브리지트 디하트, 니콜 에번스, 도리스 존슨, 에릭 로버트슨, 앨 해리슨, 래리 매콜, 칼턴 스피너에게 감사한다. 강수는 아주 많은 시간을 들여 마이크로필름으로 된 18세기의 신문을 뒤지며 나를 도와줬고, 샬러츠빌에서 린지 메츠는 설명되지 않고 남아 있는 미진한 부분들을 끝까지 추적했다. 제이슨 크러프는 나의 자료 정리를 친절하게 도와줬다. 키스 와일더는 에든버러에서 전문적인 도움을 주었다.

많은 친구들과 학문적 지인들이 다양한 참고 자료나 연구 결과를 함께 나눴다. 제임스 액스텔, 조너선 배리, 섀런 블록, 마크 보먼, 에이미 터너 부시넬, 캐리 카슨, 존 크롤리, 데이비드 다우어, 코넬리아 데이턴, 칼 이스터브룩, 폴 핑클먼, 잰 가넷, 칼라 지로나, 데이비드 홀,

바버라 하나월트, 루스 윌리스 헌든, 윌리엄 리 할러데이, 마랴 홀밀라, 스티븐 휴즈, 크레이그 코슬로프스키, 앨런 큐글, 마이클 메란즈, 캐스린 메리 올레스코, 데이비드 스몰렌, 존 스토든마이어 신부, 키스 토머스, 마크 와이스블러스에게 감사한다. 로버트 기퍼드와 제니퍼 바이치는 실내 조명에 대한 나의 질문에 답해주었다. 토머스 웨어의 의학적 통찰력은 산업혁명 이전 시기 수면의 복합성을 풀어나가는 과정에서 엄청난 도움이 되었다.

언제나 그랬듯 조지 스타이너와 잭 그린은 친근한 격려의 말을 해주었다. 티머시 브린, 리처드 던, 조안나 이니스는 일찍부터 도움을 주었다. 버나드 베일린은 책의 구상 단계에서부터 큰 도움을 주었다. 그가 빌려준 참고 자료도 무척 고맙지만, 그것을 넘어 그의 지지와 격려는 내 연구를 끝마치는 데 핵심적 역할을 했다. 역사학에 종사하는 수많은 친구들이 공을 들여 내 원고 전체 또는 일부를 세심하게 읽어주었다. 충고와 비판을 해준 토머스 브레넌, 로버트 브루거, 피터 클라크, 토머스 코언, 루돌프 데커, 폴 그리피스, 길버트 켈리, 린 마틴, 필립 모건, 새라 틸먼 놀, 폴 패스코프, 브루스 스미스, 대니얼 윌슨에게 감사한다. 이들이 엄청난 도움을 주었다. 조이스와 리처드 월코미어 부부는 날카로운 질문으로 지적 자극을 주었다. 덧붙여 내 연구의 일부를 존스홉킨스 대학교, 루이지애나 주립대학교, 오하이오 주립대학교, 올버니의 뉴욕 주립대학교, 시드니 대학교에서 발표했을 때 그들이 해준 논평에 대해서도 감사한다. 한번은 (현) 오모헌드로 미국초기역사문화연구소(Omohundro Institute of Early American History and Culture)에서 객원 편집자로 재직하던 해에 그곳에서 강연할 기회가 있었는데, 그 연구소의 직원들에게, 특히 내가 머문 기간에 많은 친절함을 베풀어준 새드 테이트에게 감사한다. 내 연구의 일부는 『미국 역사학보』(American Historical Review) 2001년 4월호에 「우리가 잃어버린 잠: 영국 산업혁명 이전의 잠」이라는 제목으로 실린 바 있다. 앨런 로버츠와 마이클 그로스버그를 비롯한 이 학회 편집진에 감사한다.

알레산드라 바스탈리, 메리 헬렌 윌렛, 재닛 번, 엘린 청, 닐 후스, 에번 카버 등등 노턴 출판사의 직원들은 물론 뛰어난 편집자인 앨레인 살리에르노 메이슨의 귀중한 도움에 따뜻한 감사의 말을 표한다. 예술작품에 대한 깊은 지식으로 도움을 준 이드 로트하우스에게도 감사한다. 조르주와 발레리 보르샤르는 이 책의 진행 과정에서 비판적 제언을 해주었다. 나는 조르주의 지혜와 선의에 감사한다. 클라이드와 비키 퍼듀 부부, 존과 메리 칼린 부부, 메리 제인 엘킨스와 작고한 그의 남편 빌, 캐럴린과 에디 호닉 부부 등 몇몇 옛 친구들에게도 감사의 말을 전하고 싶다. 토비 크러프는 나와 나의 아내 앨리스의 버팀목이었다.

1697년 프랑스에서 추방당한 토머스 더피는 "밤, 사랑, 운명이 세상의 거대한 일들을 지배한다"고 썼다. 지난 20년의 대부분에 걸쳐 '밤'과 가족이 나의 일을 지배했다. 돌아가신 부모님 아서와 도로시 에커치가 큰 힘이 돼주셨고, 누이 셰릴과 카릴, 그리고 매부인 프랭크와 조지 역시 큰 도움을 주었다. 나의 장인과 장모님 이근팔과 이순은 내가 국회도서관을 뻔질나게 드나들 때마다 그들의 집과 마음을 열어주었다. 애너, 돈, 아네트, 데이비드와 그의 가족들에게도 감사한다. 나는 염치를 무릅쓰고 돈과 데이비드의 의학 지식에 의존했다. 자신의 영역에서 훌륭한 일을 하고 있는 앨리스는 이 책이 만들어지는 과정에서 계속 나를 구원해주었다. 덕분에, 그리고 그 밖의 많은 도움으로 나는 큰 축복을 받았다.

거의 30년 전 내가 처음으로 버지니아 공과대학교가 있는 블랙스버그에 왔을 때 지혜로운 선배 교수께서, 대부분의 학자들은 나이가 들어가며 책보다는 자식 생각을 더 많이 한다는 말을 들려주었다. 내 마음속에, 그리고 과거와 현재와 다가올 모든 내일 속에 존재할 내 자식들 알렉산드라, 셸던, 크리스천에게 사랑을 담아 이 책을 바친다.

참고문헌 약어 일람

(참고문헌 전문은 www.wwnorton.com 참고)

Add. Mss.	Additional Manuscripts, British Library, London
AHR	*American Historical Review*
Assi 45	Northern Assize Circuit Depositions, Public Record Office, London
Bargellini, "Vita Notturna"	Piero Bargllini, "La Vita Notturna," in *Vita Privata a Firenze nei Secoli XIV e XV* (Florence, 1966), 75-89
BC	*British Chronicle* (London)
Beattie, *Crime*	J. M. Beattie, *Crime and Courts in England, 1600-1800* (Princeton, N.J., 1986)
Beck, *Diary*	David Beck, *Spiegel van Mijn Leven; een Haags Daboek uit 1624,* ed. Sv. E. Veldhijesn (Hilversum, 1993)
Best, *Books*	Donald Woodward, ed., *The Farming and Memorandum Books of Henry Best of Elmswell, 1642* (London, 1984)
BL	British Library, London
Bodl.	Bodleian Library, Oxford
Bourne, *Antiquitates Vulgares*	Henry Bourne, *Antiquitates Vulgares; or, the Antiquities of the Common People . . .* (Newcastle, Eng., 1725)

Bräker, *Life*	Ulrich Bräker, *The Life Story and Real Adventures of the Poor Man of Toggenburg,* trans. Derek Bowman (Edinburgh, 1970)
Brand 1777	John Brand, *Observations on Popular Antiquities...* (New Castle upon Tyne, 1777)
Brand 1848	John Brand et al., *Observations on the Popular Antiquities of Great Britain . . . , 3* vols. (London, 1848)
Breton, *Works*	Alexander B. Grosart, ed., *The Works in Verse of Nicholas Breton* . . . , 2 vols. (1879; rpt. edn., New York, 1966)
Burke, Popular	Peter Burke, *Popular Culture in Early Modern Europe* (London, 1978) *Culture*
Burt, *Letters*	Edward Burt, *Letters from a Gentleman in the North of Scotland to His Friend in London* . . . , 2 vols. (London, 1754)
Canon, Diary	Memoirs of the Brith, Education, Life, and Death of Mr. John Cannon, 1684-1742, Somerset Archaeological and Natural History Society, Taunton, England
Carter, *Diary*	Jack P. Greene, ed., *The Diary of Colonel Landon Carter of Sabine Hall, 1752-1778,* 2 vols. (Charlottesville, Va., 1965)
Clegg, *Diary*	Vanessa S. Doe, ed., *The Diary of James Clegg of Chapel en le Frith, 1708-1755,* 2 vols. (Matlock, Eng., 1978)
Cohens, *Italy*	Elizabeth Storr Cohen and Thomas V. Cohen, *Daily Life in Renaissance Italy* (Westport, Ct., 2001)
Cole, *Diary*	Francis Griffin Stokes, ed., *The Blecheley Diary of the Rev. William Cole . . . 1765-67* (London, 1931)
Cowper, *Diary*	Diary of Dame Sarah Cowper, Hertfordshire County Record Office, Hertford, England
Crusius, *Nocte*	Jacobus Andreas Crusius, *De Nocte et Nocturnis Officiis, Tam Sacris, Quam prophanis, Lucubrationes Historico-philologico-Juridicae* (Bremen, 1660)

Defoe, *Tour*	Daniel Defoe, *A Tour thro' the Whole Island of Great Britian* . . . , 2 vols. (1724-1726; rpt. edn., London, 1968)
Dekker, *Writings*	Thomas Dekker, *The Wonderful Year Etc and Selected Writings*, ed. E. D. Pendry (Cambridge, Mass., 1968)
Dietz, *Surgeon*	Master Johann Dietz, *Surgeon in the Army of the Great Elector and Barber to the Royal Court: From the Old Manuscripts in the Royal Library in Berlin*, trans. B. Miall (London, 1923)
Drinker, *Diary*	Elaine Forman Crane et al., eds., *The Diary of Elizabeth Drinker*, 3 vols. (boston, 1991)
DUR	*Daily Universal Register* (London)
Dyer, Diary	Diary of William Dyer, 2 vols., Bristol Central Library, Bristol
East Anglian Diaries	Matthew Storey, ed., *Two East Anglian Diaries, 1641-1729: Isaac Archer and William Coe* (Woodbridge, Eng., 1994)
ECR	George Francis Dow, ed., *Records and Files of the Quarterly Courts of Essex County, Massachusetts*, 8 vols. (Salem, Mass., 1911-1921)
Evelyn, *Diary*	Esmond Samuel De Beer, ed, *The Diary of John Evelyn*, 6 vols. (Oxford, 1951)
F. Platter, *Journal*	Seán Jennett, ed., and trans., *Beloved Son Felix: The Journal of Felix Platter, a Medical Student in Montpellier in the Sixteenth Century* (London, 1962)
Falkus, "Lighting"	Malcolm Falkus, "Lighting in the Dark Ages of English Economic History: Town Streets before the Industrial Revolution," in D. C. Coleman and A. H. John, eds., *Trade, Government, and Economy in Pre-Industrial England: Essays Presented to F. J. Fisher* (London, 1976), 248-273
Flaherty, *Privacy*	David H. Flaherty, *Privacy in Colonial New England* (Charlottesville, Va., 1972)

FLEMT	David I. Kertzer and Marzio Barbagli, eds., *Family Life in Early Mondern Times,* Vol. 1 *of the History of the European Family* (New Haven, 2001)
G and LDA	*Gazetteer and London Daily Advertiser*
G and NDA	*Gazetteer and New Daily Advertiser* (London)
Garnert, *Lampan*	Jan Garnert, *Anden i Lampan: Etnologiska Perspektiv påljus Och Mörker* (Stockholm, 1993)
GM	*Gentleman's Magazine* (London)
Griffiths, *Youth*	Paul Griffiths, *Youth and Authority: Formative Experiences in England, 1560-1640* (Oxford, 1987)
Grose, *Dictionary*	Francis Grose, *A Classical Dictonary of the Vulgar Tongue* (London, 1785)
Harrison, *Description*	William Harrison, *The Description of England*, ed. Georges Edelen (Ithaca, N.Y., 1968)
Heywood, *Diaries*	J. Horsfull Turner, ed., *The Rev. Oliver Heywood, B.A., 1630-1702; His Autobiography, Diaries, Anecdote and Event Books* . . . , 4 vols. (Brighouse, Eng., 1882)
HMM and GA	*Harrop's Manchester Mercury and General Advertiser*
HPL Ⅱ	Georuges Duby, ed., *Revelations of the Medieval World*, trans. Arthur Goldhammer, Vol. 2 of Philippe Ariès and Grorge Duby, eds., *History of Private Life* (Cambridge, Mass., 1988)
HPL Ⅲ	Roger Chartier, ed., *Passions of the Renaissance*, trans. Arthur Godhammer, Vol. 3 of Philippe Ariès and Grorges Duby, eds., *History of Private Life* (Cambridge, Mass., 1989)
HWW Ⅲ	Natalie Zemon Davis and Arlette Farge, eds., *Renaissance and Englightened Paradoxes*, Vol. 3 of Geroges Duby and Michelle Perrot, eds., *A History of Women in the West* (Cambridge, Mass., 1993)
Isham, *Diary*	Norman Marlow, ed., *The Diary of Thomas Isham of Lamport (1658-81)* . . (Farnborough, Eng., 1971)
Janekovick-Römer,	Zdenka Janekovick-Römer, "'Post Tertiam Campanam';

"Dubrovniks"	Das Nachtleben Dubrovniks im Mittelalter," *Historische Anthropologie* 3 (1995), 100-111
JIH	*Journal of Interdisciplinary History*
Josselin, *Diary*	Alan Macfarlane, ed., *The Diary of Ralph Josselin* (London, 1976)
JRAI	John Cameron and John Imrie, eds., *The Justiciary Records of Argyll and the Isles, 1664-1742*, 2 vols. (Edinburgh, 1949, 1969)
JSH	*Journal of Social History*
JUH	*Journal of Urban History*
Jütte, *Poverty*	Robert Jütte, *Poverty and Deviance in Early Modern Europe* (Cambridge, 1994)
Kay, *Diary*	W. Brockbank and F. Kenworthy, eds., *The Diary of Richard Kay, 1716-51 of Baldingstone, Neary Bury: A Lancashire Doctor* (Manchester, 1968)
Koslofsky, "Court Culture"	Craig Koslofsky, "Court Culture and Street Lighting in Seventeenth-Century Europe," *Journal of Urban History* 28 (2002), 743-768
Lavater, *Spirites*	Lewes Lavater, *Of Ghostes and Spirites Walking by Nyght, 1572*, ed. John Wilson Dover and May Yardley (1572; rpt. ed., Oxford, 1929)
LC	*London Chronicle*
LDA	*London Daily Advertiser*
Lean, *Collectanea*	Vincent Stuckey Lean, *Lean's collectanea* . . . , 4 vols. (Bristol, 1902-1904)
Legg, *Low-Life*	*Thomas Legg, Low-life or One Half of the World, Knows not How the Other Half Live* . . . (London, 1750)
Le Loyer, *Specters*	Pierre Le Loyer, *A Treatise of Specters of Straunge Sights, Visions, and Apparitions* . . . (London, 1605)
LEP	*Lloyd's Evening Post* (London)
LE-P	*London Evening-Post*
Lewis, Diary	Diary of John Lewis, 1718-1760, Bodleian Library, Oxford, MS. Eng. misc. f. 10

LM	*Leeds Mercury*
Lottin, *Chavatte*	Alain Lottin, *Chavatte, Ouvrier Lilloes: Un Contemporain de Louis XIV* (Paris, 1979)
Lowe, *Diary*	W. L. Sachse, ed., *The Diary of Roger Lowe* (New Haven, 1938)
Matthiessen, *Natten*	Hugo Matthiessen, *Natten: Stuier I Gammelt Byliv* ([Copenhagen], 1914)
Ménétra, *Journal*	Jacques-Louis Ménétra, *Journal of My Life*, ed. Daniel Roche, trans. Arthur Goldhammer (New York, 1986)
Moryson, *Itinerary*	Fynes Moryson, *An Itinerary Containing His Ten Yeeres Travell* . . . , 4 vols. (Glasgow, 1907)
Moryson, *Unpublished Itinerary*	Charles Hughes, ed., *Shakespeare's Erope: A Survey of the Condition of Europe at the End of the 16th Century, being Unpublished Chapters of Fynes Moryson's Itinerary (1617)* . . . (New York, 1967)
Muchembled, *Violence*	Robert Muchembled, *La Violence au Village: Sociabilitié et Comportements Populaires en Artois du XVe au XVIIe Siècle* (Turnhout, France, 1989)
Nashe, *Works*	Ronald B. Mckerrow, ed., *The Works of Thomas Nashe*, 5 vols. (Oxford, 1958)
NHCR I	Charles J. Hoadly, ed., *Records of the Colony and Plantation of New Haven*, 1638-1649 (Hartford, Ct., 1857)
NHCR II	Charles J. Hoadley, ed., *Records of the Colony or Jurisdiction of New Haven*, 1653 to the Union (1663) (Hartford, Ct., 1858)
NHTR	Franklin Bowditch Dexter and Zara Jones Powers, eds., *New Haven Town Records*, 3 vols. (New Haven, 1917-1962)
NYWJ	*New York Weekly Journal*
O'Dea, *Lighting*	William T. O'dea, *The Social History of Lighting* (London, 1958)
OBP	*The Proceedings on the King's Commissions of the Peace, Oyer and Terminer, and Gaol Delivery for the*

City of London; and also Gaol Delivery for the County of Middlesex, Held at Justice-Hall in the Old Bailey

OSNB — *Oxford Dictionary of National Biography* (Oxford, 2004)

OED — *Oxford English Dictionary*, 1st edn. (Oxford, 1888-1928)

PA — *Public Advertiser* (London)

Parkman, *Diary* — Francis G. Walett, ed., *The Diary of Ebenezer Parkman 1703-1782* (Worcester, Mass., 1974)

Paroimiographia — *Paroimiographia: Proverbs, or Old Savves & Adages, in English (or the Saxon toung) Italian, French, and Spanish, whereunto the British, for Their Great Antiquity and Weight are Added. . .* (London, 1659)

Patten, *Diary* — *The Diary of Matthew Patten of Bedford*, N. H. (Concork, N. H., 1903)

Pepys, *Diary* — Samuel Pepys, *The Diary of Samuel Pepys*, ed. Robert Latham and William Matthews, 11 vols. (Berkeley, Calif., 1970-1983)

PG — *Pennsylvania Gazette* (Philadelphia)

Pinkerton, *Travels* — John Pinkerton, ed., *A General Collection of the Best and Most Interesting Voyages and Travels in all Parts of the World. . .*, 17 vols. (London, 1808-1814)

Pitou, "Coureurs de Nuit" — Frédérique Pitou, "Jeunesse et Désorde Social: Les Coureurs de Nuit á Laval au XVIIIe Siècle," *Revue d'Histoire Moderne et Contemporaine 47* (2000), 69-92

PL — *Public Ledger* (London)

PL 27 — Palatinate of Lancaster Depositions, Public Record Office, London

Pounds, *Culture* — Norman John Greville Pounds, *The Culture of the English People: Iron Age to the Industrial Revolution* (Cambridge, 1994)

Pounds, *Home* — Norman John Greville Pounds, *Hearth & Home: a History of Material Culture* (Bloomington, Ind., 1989)

PP — *Past and Present*

RB — William Chappell and J. W. Ebsworth, eds., *The*

	Roxburghe Ballads, 9 vols. (1871-1899; rpt. edn., New York, 1966)
Remarks 1717	Remarks on Severall Parts of Flanders, Brabant, France, and Italy in the Yeare 1717, Boldleian Library, Oxford
Ripae, *Nocturno Tempore*	Polydori Ripae, *Tractatus de Nocturno Tempore: In quo Absoluta Criminalium Praxis, Canonicaeq; Materiae, Beneficiorum Praecipuè Continentur. Contractus Etiam, Seruitutes, Judicia Civilia, Vltimae Voluntates ad Susceptam Prouinciam Obseruantur* (Venice, 1602)
Roche, *Consumption*	Daniel Roche, *A History of Everyday Things: The Birth of Consumption in France, 1600-1800*, trans. Brian Pearce (Cambridge, 2000)
Ruff, *Violence*	Julius R. Ruff, *Violence in Early Modern Europe, 1500-1800* (Cambridge, 2001)
Ryder, *Diary*	William Matthews, ed., *The Diary of Dudley Ryder, 1715-1716* (London, 1939)
SAI	William Shaw Mason, comp., *A Statistical Account, or Parochial Survey of Ireland, Drawn Up from the Communications of the Clergy*, 3 vols. (Dublin, 1814-1819)
Sanderson, Diary	Robert Sanderson Diary, St. John's College, Cambridge
Sanger, *Journal*	Lois K. Stabler, ed., *Very Poor and of a Lo Make: The Journal of Abner Sanger* (Portsmouth, N. H., 1986)
SAS	Sir John Sinclair, ed., *The Statistical Account of Scotland: Drawn up from the Communications of the Ministers of the Different Parishes*, 21 vols. (Edinburgh, 1791-1799)
Schindler, "Youthful Culture"	Norbert Schindler, "Guardians of Disorder: Rituals of Youthful Culture at the Dawn of the Modern Age," in Givanni Levi and Jean-Claude Schmitt, eds., *A History of Young People in the West* (Cambridge, Mass., 1997), 240-282
Schindler, *Rebellion*	Norbert Schindler, *Revellion, Community and Custom in Early Modern Germany*, trans. Pamela E. Selwyn

	(Cambridge, 2002)
Scott, *Witchcraft*	Reginald Scott, *The Discoverie of Witchcraft* (Carbondale, I11., 1964)
Select Trials	*Select Trials at the Sessions-House in the Old-Bailey* (1742; rpt. edn., New York, 1985)
Sewall, *Diary*	Milton Halsey Thomas, ed., *The Diary of Samuel Sewall, 1674-1729*, 2 vols. (New York, 1973)
SH	*Social History*
SJC	*St. James Chronicle* (London)
SWA or LJ	*Sussex Weekly-Advertiser: or, Lewes Journal*
Swift, *Journal*	Jonathan Swift, *Journal to Stella*, ed. Harold Williams (Oxford, 1948)
SWP	Paul Boyer and Stephen Nissenbaum, eds., *The Salem Witchcraft Papers: Verbatim Transcripts of the Legal Documents of the Salem Witchcraft Outbreak of 1692*, 3 vols. (New York, 1977)
T. Platter, *Jorunal*	Seán Jennett, ed. and trans., *Journal of a Younger Brother: The Life of Thomas Platter as a Medical Student in Montpellier at the Close of the Sixteenth Century* (London, 1963)
Taillepied, *Ghosts*	Noël Taillepied, *A Treatise of Ghosts . . .* , trans. Montague Summers (1933; rpt. edn., Ann Arbor, Mich., 1971)
Thomas, *Religion and the Decline of Magic*	Keith Thoams, *Religion and the Decline of Magic: studies in Popular Beliefs in sixteenth and Seventeenth Contury England* (London, 1971)
Thoresby, *Diary*	Joseph Hunter, ed., *The Diary of Ralph Thoresby*, 2 vols. (London, 1830)
Tilley, Proverbs	Morris Palmer Tilley, ed., *A Dictionary of the Proverbs in England in the sixteenth and Seventeenth Centuries* . . . (Ann Arbor, Mich., 1966)
Torriano, *proverbi in England*	Giovanni Torriano, *Piazza Universale Di Proverbi Italiani: or, a Common Place of Italian Proverbs* (London, 1666)
Torrington, *Diaries*	John Byng, 5th Viscount Torrington, *The Torrington Diaries* . . . , ed. C. Bryan Andrews, 4 vols. (New York, 1935)

Turner, *Diary*	David Vaisey, ed., *The Diary of Thomas Turner 1754-1765* (Oxford, 1985)
UM	*Universal Magazine*
US and WJ	*Universal Spectator, and Weekly Journal* (London)
Verdon, *Night*	Jean Verdon, *Night in the Middle Ages*, trans. George Holoch (Noter Dame, Ind., 2002)
VG	*Virginia Gazette* (Williamsburg)
Watts, *Works*	George Burder, comp., *The Works of the Reverend and Learned Isaac Watts* . . . , 6 vols. (London, 1810)
Weinsberg, *Diary*	K. Höhlbaum et al., eds., *Das Buch Weinsberg, Kölner Denkwürdigkeiten aus dem. 16. Jahrhundert*, 5 vols. (Leipzig-Bonn, 1886-1926)
Wilson, *English Proverbs*	F. P. Wilson, ed., *The Oxford Dictionary of English Proverbs* (Oxford, 1970)
WJ	*Weekly Journal* (London)
WMQ	*William and mary Quarterly*
Wood, *Life*	Andrew Clark, comp., *The Life and Times of Anthony Wood, Antiquary, of Oxford, 1632-1695* . . . , 5 vols. (Oxford, 1891-1900)
Woodforde, *Diary*	John E. Beresford, ed., *The Diary of a Country Parson*, 5 vols. (London, 1924-1931)
WR or UJ	*Weekly Register, or, Universal Journal* (London)
York Depositions	*Depositions from the Castle of York, Relating to Offences Committed in the Northern Counties in the Seventeenth Century* (London, 1861)

주

머리말

1) Tryon, *Wisdom's Dictates: Or, Aphorisms & Rules ...* (London, 1691), 68.
2) Middleton, *A Mad World, ...* (London, 1608); Rousseau, *Emile: or On Education*, trans. Allan Bloom (New York, 1979), 133. 현대인의 기억 속에 밤에 대한 역사적 관심이 없었다는 것을 지적한 최초의 인물은 조지 스타이너(George Steiner)로서 그는 1978년에 다음과 같이 말했다. "사회사가들의 주목을 받지 못했지만, 인류의 대다수는 그 삶의 큰 부분을 일몰과 일출 사이의 다양한 불투명한 그늘 속에서 보냈다." (*A Reader* [New York, 1984], 351). 실상 밤시간이라는 주제는 서양문화사 개관에서부터 학술 전공 논문에 이르기까지 모든 수준의 역사 연구에서 계속 무시되고 있다. 오래되었고 불명확한 부분이 있긴 하여도 밤에 대한 최고의 설명은 Matthiessen, *Natten*에서 찾을 수 있다. 밤의 역사를 모색한 다른 저작에는 다음이 있다. Maurice Bouteloup, "Le Travail de Nuit dans la Boulangerie" (Ph. D. diss., Université de Paris, 1909); A. Voisin, "Notes sur la Vie Urbaine au XV. Siècle: Dijon la Nuit," *Annales de Bourgogne* 9 (1937), 265-279; Bargellini, "Vita Notturna." 최근에도 방대한 사회사나 문화사의 대상으로서 총체적인 밤을 연구한 시도는 없지만, 학자들은 밤 생활의 특정 부분을 탐색하기 시작했다. 다음을 볼 것. Elisabeth Pavan, "Recherches sur la Nuit Vénitienne à la Fin du Moyen Age," *Journal of Medieval History* 7 (1981), 339-356; Peter Reinhart Gleichmann, "Nacht und Zivilisation," in Martin Caethge & Wolfgang Essbach, eds., *Soziologie: Entdeckungen im Alltäghchen* (Frankfurt, 1983), 174-194; Silvia

Mantini, "Per un'Immagine Della Notte fra Tercento e Quattrocento," *Archivio Storico Italino* 4 (1985), 565-594; Wolfgang Schivelbusch, *Disenchanted Night: The Industrialization of Light in the Nineteenth Century*, trans. Angela Davies (Berkeley, Calif., 1988); Corinne Walker, "Esquisse Pour une Histoire de la Vie Nocturne: Genéve au XVIIIe Siècle," *Revue du Vieux Genève* 19 (1989), 73-85; Piero Camporesi, *Bread of Dreams: Food and Fantasy in Early Modern Europe*, trans. David Gentilcore (Chicago, 1989), 92-102; Robert Muchembled, "La Violence et la Nuit sous l'Ancien Régime," *Ethnologie Française* 21 (1991), 237-242; Mario Sbriccoli, ed., *La Notte: Ordine, Siccurezza e Disciplinamento in Età Moderna* (Florence, 1991); Janekovick-Römer, "Dubrovniks"; Joachim Schlör, *Nights in the Big City: Paris, Berlin, London 1840-1930*, trans. Pierre Gottfried Imhof & Dafydd Rees Roberts (London, 1998); Paul Griffiths, "Meanings of Nightwalking in Early Modern England," *Seventeenth Century* 13 (1998), 212-238; Bryan D. Palmer, *Cultures of Darkness: Night Travels in the Histories of Transgression* (New York, 2000); Pitou, "Coureurs de Nuit"; Schindler, "Youthful Culture"; Verdon, *Night*; Schindler, *Rebellion*; Koslofsky, "Court Culture."

3) G. C. Faber, ed., *The Poetical Works of John Gay ...* (London, 1926), 204; Edward Ward, *The Rambling Rakes, or, London Libertines* (London, 1700), 58; Christopher Sten, "'When the Candle Went Out': The Nighttime World of Huck Finn," *Studies in American Fiction* 9 (1981), 49. '시즌'에 대해 성경의 유명한 구절은 다음과 같이 선언한다. "모든 일에는 다 때가 있다. 세상에서 일어나는 일마다 알맞은 때가 있다." (전도서 3:1)

4) Michael McGrath, ed. & trans., *Cinnine Amhiaoibh Ui Shuileabháin: The Diary of Humphrey O'Sullivan*, 4 vols. (London, 1936-1937); Émile Guillaumin, *The Life of a Simple Man*, ed. Eugen Weber, trans. Margaret Crosland (Hanover, N. H., 1983); Thomas Hardy, *Tess of the d'Urbervilles: A Pure Woman* (1891; rpt. edn., London, 1993), 18.

5) Eugen Weber, *Peasants into Frenchmen: The Modernization of Rural France, 1870-1914* (Stanford, Calif., 1976), 419.

문 닫을 때

1) Fletcher & Francis Beaumont, *Fifty Comedies and Tragedies* (London, 1679), 217.

2) Lorus Johnson Milne & Margery Joan Milne, *The World of Night* (New York, 1956), 22; Thomas Hardy, *The Return of the Native* (1880; rpt. edn., London 1993), 19; Nov. 5, 1830, Michael McGrath ed., *Cinnine Amhiaoibh Ui Shuileabháin: The Diary of Humphrey O'Sullivan* (London, 1936), II, 355-356; John Florio, comp., *Queen Anna's New World of Words, or Dictionarie of the Italian and English Tongues (London, 1611), 79.* 전통적으로 올빼미의 울음소리는 죽음을 예고하는 것으로 여겨졌다. Gilbert White, *The Natural History and Antiquities of Selborne* (London, 1994), 142-143; Brand 1848, III, 209-210.
3) Shakespeare, *The Merchant of Venice*, V, 1, 124; and *Measure for Measure*, IV, 1, 56-57.

제1부 죽음의 그림자

전주곡

1) Daniel Boorstin, *The Discoverers* (New York, 1983), 26.
2) Edmund Burke, *A Philosophical Enquiry into the Origins of Our Ideas of the Sublime and Beautiful* (1757; rpt. edn., New York, 1971), 272-281; John Locke, *An Essay Concerning Human Understanding*, ed. Peter H. Nidditch (Oxford, 1975), 397-398.
3) Juliette Favez-Boutonier, *L'Angoisse* (Paris, 1945), 134-150.
4) *The Iliad*, trans. Robert Fitzgerald (New York, 1992), 338; Kevin Coyne, *A Day in the Night of America* (New York, 1992), 35; Richard Cavendish, *The Powers of Evil in Western Religion, Magic and Folk Belief* (New York, 1975), 88-89; Geoffrey Parrinder, *Witchcraft: European and African* (London, 1970), 123-124; Norman Cohn, *Europe's Inner Demons: An Enquiry Inspired by the Great Witch-Hunt* (New York, 1975), 206-207.
5) Psalms 23:4; John 1:5; Matthew 27:45; Cavendish, *Powers of Evil,* 87-91; Ernst Cassirer, *The Philosophy of Symbolic Forms*, trans. Ralph Manheim (New Haven, 1964), 98-99.
6) Alan Macfarlane, *Witchcraft in Tudor and Stuart England: A Regional and Comparative Study* (London, 1970), 212; Lucy Mair, *Witchcraft* (New York, 1969), 42-43; B. Malinowski, "The Natives of Mailu: Preliminary Results of the Robert Mond Research Work in British New Guinea," in *Transactions and Proceedings of the Royal Society of South Australia* 39 (1915), 647-648;

Parrinder, *Witchcraft*, 134-146; John Middleton & E. H. Winter, eds., *Witchcraft and Sorcery in East Africa* (London, 1969), passim.

7) Rolfe Humphries, trans., *The Satires of Juvenal* (Bloomington, Ind., 1966), 43-44; Mark J. Bouman, "Luxury and Control: The Urbanity of Street Lighting in Nineteenth-Century Cities," *JUH* 14 (1987), 9; Hazel Rossotti, *Fire* (Oxford, 1993), 59; O'Dea, *Lighting*, 14-16, 220.

8) Richard M. Dorson, ed., *America Begins: Early American Writing* (Bloomington, Ind., 1971), 280, 282; Theodore M. Andersson, "The Discovery of Darkness in Northern Literature," in Robert B. Burlin & Edward B. Irving, Jr., eds., *Old English Studies in Honour of John C. Pope* (Toronto, 1974), 9-12.

1장 밤의 공포: 하늘과 땅

1) Nashe, *Works*, I, 345.

2) J. Parival, *The Historiy of this Iron Age: Wherein is Set Down the True State of Europe as It Was in the Year 1500 ...*, trans. B. Harris (London, 1659), 2; George Herbert, *Jaculum Prudentium: or Outlandish Proverbs ...* (London, 1651), 70; "Quid Tunc," *SJC*, Aug, 29, 1767; Honoré de Balzac, *The Human Comedy* (New York, 1893), II, 6; William G. Naphy & Penny Roberts, eds., *Fear in Early Modern Society* (Manchester, 1997).

3) Richard Steele, *The Husbandsman's Calling ...* (London, 1670), 270; Shakespeare, *Henry V*, IV, 0, 4; Shakespeare, *The Rape of Lucrece*, 764-767; Anthony J. Lewis, "The Dog, Lion, and Wolf in Shakespeare's Descriptions of Night," *Modern Language Review* 66(1971), 1-11; Anthony Harris, *Night's Black Agents: Witchcraft and Magic in Seventeenth-Century English Drama* (Manchester, 1980); Jean-Marie Maguin, *La Nuit dans le Théâtre de Shakespeare et ed ses Prédécesseurs*, 2 vols. (Lille, 1980).

4) John Hayward, *Hell's Everlasting Flames Avoided ...* (London, 1712), 30; Shakespeare, *Love's Labour's Lost*, IV, 3, 252; Thomas Granger, *The Light of the World ...* (London, 1616), 29; Piero Camporesi, *The Fear of Hell: Images of Damnation and Salvation in Early Modern Europe*, trans. Lucinda Byatt (University Park, Pa., 1991), 42; Nashe, *Works*, I, 346; John Dreyden & Nathaniel Lee, *Oedipus* (London, 1679), 27; Jean Delumeau, *La Peur en Occident, XIVe-XVIIIe Siècles: Une Cité Assiégée* (Paris, 1978), 97; Robert Muchembled, "La Violence et la Nuit sous l'Ancien Régime," *Ethnologie Française* 21 (1991), 241.

5) Anthony Synnott, "The Eye and the I: A Sociology of Sight," *International Journal of Politics, Culture and Society* 5 (1992), 619, 618; Constance Classen, *Worlds of Sense: Exploring the Senses in History and Across Cultures* (New York, 1993), 58.
6) Maria Bogucka, "Gesture, Ritual, and Social Order in Sixteenth- to Eighteenth-century Poland," in Jan Bremmer & Herman Roodenburg, eds., *A Cultural History of Gesture* (Ithaca, N. Y., 1992), 191.
7) 예를 들어 다음을 참고할 것. *US & WJ*, July 9, 1737.
8) Thomson, *The Seasons*, ed. James Sambrook (Oxford, 1981), 192.
9) Mill, *A Nights Search: Discovering the Nature and Condition of all Sorts of Night Walkers ...* (London, 1639); *Herberts Devotions ...* (London, 1657), 231; Mark Warr, "Dangerous Situations: Social Context and Fear of Victimization," *Social Forces* 68 (1990), 892-894.
10) R. B., "A Serious Address to the Common Council of the City of London," *G & NDA*, July 16, 1768; Thomas Middleton, *The Wisdom of Solomon Paraphrased* (London, 1597); July 18, 1709, Cowper, Diary. 다음도 참고할 것. Henry Chettle, *Piers Plainnes Seauen Yeres Prentiship* (London, 1595); Shakespeare, *Julius Caesar*, II, 1, 77.
11) Lavater, *Spirites*, 10
12) Richard Jackson, June 7, 1656, *York Depositions*, 74; Heywood, *Diaries*, III, 187.
13) Mar. 3, 1727, "The Diary of George Booth," *Journal of the Chester and North Wales Architectural Archaeological and Historic Society*, New Ser., 28 (1928), 38; *Perpetual and Natural Prognostications ...* (London, 1591), 27; T. F. Thiselton-Dyer, *Old English Social Life as told by the Parish Registers* (1898; rpt. edn., New York, 1972), 233; Heywood, *Diaries*, II, 218; Sara Schechner Genuth, *Comets, Popular Culture, and the Birth of Modern Cosmology* (Princeton, 1997).
14) 1719, Lewis, Diary, 25; June 5, 1742, "Diary of Rev. Jacob Eliot," *Historical Magazine and Notes and Queries ...* , 2nd. Ser., 5 (1869), 34.
15) May 21, 1668, Pepys, *Diary*, 208; Walter L. Strauss, ed., *The German Single-Leaf Woodcut, 1550-1600* (New York, 1975), III, 968-969; T. Platter, *Journal*, 217; Heywood, *Diaries*, II, 232; Steven Ozment, *The Three Behaim Boys Growing up in Early Modern Germany: A Chronicle of Their Lives* (New Haven, 1990), 52.
16) M. de Fontenelle, *Conversations on the Plurality of Worlds*, trans. H. A.

Hargreaves (Berkeley, Calif., 1990), 130; Charles Stevens & John Liebault, *Maison Rustique, or, the Countrey Farme*, trans., Richard Surflet (London, 1616), 30; Thomas B. Forbes, "By What Disease of Casualty: The Changing Face of Death in London," *Journal of the History of Medicine and Allied Sciences* 31 (1976), 408; Thomas, *Religion and the Decline of Magic*, 296-297.

17) Niccols, *A Winter Night's Vision ...* (London, 1610), 831; Francis T. Havergal, comp., *Herefordshire Words & Phrases ...* (Walsall, Eng., 1887), 13; François Joseph Pahud de Valangin, *A Treatise on Diet, or the Management of Human Life ...* (London, 1768), 275; High Court of Justiciary, Small Papers, Main Series, *JC* 26/42-43, passim, Scottish Record Office, Edinburgh, *JRAI*, passim.

18) Laurent Joubert, *The Second Part of the Popular Errors*, trans. Gregory David de Rocher (Tuscaloosa, Ala., 1995), 280-282. 이와 비슷한 비판은 다음을 참조할 것. *The Second Lash of Alazonomastix ...* (London, 1655), 234.

19) Owen Feltham, *Resolves, a Duple Century* (1628; rpt. ed., Amsterdam, 1975), 211. 다음도 참조할 것. Denham, *The Sophy* (London, 1642), 20.

20) Camporesi, *Fear of Hell*, 13; Thomas Dekker, *The Gull's Hornbook*, ed., R. B. McKerrow (New York, 1971), 23; Jan. 12, 1706, Cowper, Diary; Caufurd Tait Ramage, *Ramage in South Italy ...*, ed., Edith Clay (London, 1965), 6; J. Churton Collins, ed., *The Plays & Poems of Robert Greene* (Oxford, 1905), II, 249; Angelo Celli, *The History of Malaria in the Roman Campagna from Ancient Times*, ed. Anna Celli-Fraentzel (London, 1933), 130-154.

21) Anglicus, *On the Properties of Things*, trans. John Trevisa (Oxford, 1975), I, 540: Thomas Amory, *Daily Devotion Assisted and Recommended, in four Sermons ...* (London, 1772), 15.

22) Leon Kreitzman, *The 24 Hour Society* (London, 1999), 90-91; Solomon R. Benatar, "Fatal Asthma," *New England Journal of Medicine* 314 (1986), 426-427; Sharon A. Sharp, "Biological Rhythms and the Timing of Death," *Omega* 12 (1981-1982), 17.

23) Hanway, *Domestic Happiness ... Calculated to Render Servants in General Virtuous and Happy ...* (London, 1786), 101; Mary J. Dobson, *Contours of Death and Disease in Early Modern England* (New York, 1997), 247, 252; Pounds, *Culture*, 239, 245-246.

24) Anna Brzozowska-Krajka, *Polish Traditional Folklore: The Magic of Time* (Boulder, Colo., 1998), 115.

25) Francis B. Gummere, "On the Symbolic Use of the Colors Black and White in

Germanic Tradition," *Haverford College Studies 1* (1889), 116; John Fletcher, *The Nightwalker, or the Little Thief* (London, 1640); Daniel Defoe, *A System of Magick ...* (London, 1727), 380-381; Norman Cohn, *Europe's Inner Demons: An Enquiry Inspired by the Great Witch-Hunt* (New York, 1975), 66.

26) C. Scott Dixon, *The Reformation and Rural Society: The Parishes of Brandenburg-Ansbach-Kulmbach, 1528-1603* (Cambridge, 1996), 191; Thomas, *Religion and the Decline of Magic*, 472, 473-477; Nashe, *Works*, I, 346; George C. Schoolfield, *The German Lyric of the Baroque in English Translation* (New York, 1966), 199.

27) Nashe, *Works*, I, 346, 348; Bella Millet & Jocelyn Wogan-Browne, *Medieval English Prose for Women: Selections from the Katherine Group and Ancrene Wisse* (Oxford, 1990), 91; Jacob Bauthumley, *The Light and Dark Sides of God ...* (London, 1650), 29.

28) Hale, *A Collection of Modern Relations of Matter of Fact, Concerning Witches & Witchcraft ...* (London, 1693, 16, 12-13; Thomas, *Religion and the Decline of Magic*, 472.

29) *SAS*, XIII, 652; Le Loyer, *Specters*, fo. 78; July 1, 1712, Donald F. Bond, ed., *The Spectator* (Oxford, 1965), III, 572; *Essex People, 1750-1900: From Their Diaries, Memoirs and Letters* (Chelmsford, Eng., 1972), 32.

30) Brand 1777, II, 430-431; *A View of London and Westminster: or, the Town Spy, etc.* (London, 1725), 1-2; Robert Holland, comp., *A Glossary of Words Used in the Country of Chester* (1886; rpt. ed., Vaduz, Liecht, 1965), 182; Brand 1848, II, 507-512; Minor White Latham, *The Elizabethan Fairies: The Fairies of Folklore and the Fairies of Shakespeare* (1930, rpt. edn., New York, 1972), 219-262.

31) Georgina F. Jackson, comp., *Shropshire Word-Book ...* (London, 1879), 117; Samuel Butler, *Hudibras, the First Part* (London, 1663), 19.

32) Mr. Pratt, *Gleanings through Wales, Holland, and Westphalia* (London, 1798), 142, 136; T. Campbell, *Philosophical Survey of the South of Ireland ...* (London, 1777), 280; *Archaeologia: or Miscellaneous Tracts Relating to Antiquity* (London, 1814), 144; R. D. Heslop, comp., *Northumberland Words ...* (London, 1892), I, 257; Brand 1777, II, 359.

33) A. J. Gurevich, *Categories of Medieval Culture*, trans. G. L. Campbell (London, 1985), 107-108; Lewis, Diary, 17; Thomas, *Religion and the Decline of Magic*, 587-606.

34) Thomas Alfred Spalding, *Elizabethan Demonology ...* (London, 1880), 54; *WJ*, Nov. 5, 1726; John Holloway, ed., *The Oxford Book of Local Verses* (Oxford, 1987), 215-216; Cannon, Diary, 134; Jean Claude Schmitt, *Ghosts in the Middle Ages: The Living and the Dead in Medieval Society* (Chicago, 1998), 185; Nov. 29, 1667, Pepys, *Diary*, VIII, 553; Brand, 1777, II, 430.
35) John Carr, *The Stranger in Ireland: or, a Tour in the Southern and Western Parts of that Country in the Year 1805* (1806; rpt. edn., Shannon, Ire., 1970), 264-265; Anne Plumptre, *A Narrative of a Three Years' Residence in France ...* (London, 1810), III, 179; *Craftsman* (London), May 20, 1732; Dietz, *Surgeon*, 166-167; Pierre Goubert, *The Ancien Régime: French Society 1600-1750*, trans. Steve Cox (London, 1973), 280; Caroline Frances Oates, "Trials of Werewolves in the Franche-Comte in the Early Modern Period" (Ph.D. diss., Univ. of London, 1993); Le Loyer, *Specters*, fo. 101.
36) Scott, *Witchcraft*, 29; Geert Mak, *Amsterdam*, trans. Philipp Blom (Cambridge, Mass., 2000), 48; E. S. De Beer, ed., *The Correspondence of John Locke* (Oxford, 1976), 421-422; Francis Grose, *A Provincial Glossary* (1787; rpt. edn., Menston, Eng., 1968), 17.
37) Saint Basil, *Exegetic Homilies*, trans. Sister Agnes Clarke Way (Washington, D.C., 1963), 26; Ellery Leonard, trans., *Beowulf* (New York, 1939), 8, 5; Martha Grace Duncan, "In Slime and Darkness: The Metaphor of Filth in Criminal Justice," *Tulane Law Review* 68 (1994), 725-801; James Sharpe, *Instruments of Darkness: Witchcraft in England, 1550-1750* (New York, 1996), 15; Cavendish, *Powers of Evil*, 87, 96-97; Cohn, *Europe's Inner Demons*, 207-210.
38) Muchembled, "La Nuit sous l'Ancien Régime," 239-241; Schmitt, *Ghosts in the Middle Ages*, 177; Thomas, *Religion and the Decline of Magic*, 455; Harris, *Night's Black Agents*, 25-26, 33; Nancy Caciola, "Wraiths, Revenants and Ritual in Medieval Culture," *PP* 152 (1996), 3-45; Pierre Jonin, "L'Espace et le Temps de la Nuit dans les Romans de Chrétien de Troyes," *Mélanges de Langue et de Littérature Médiévals Offerts à Alice Planche* 48 (1984), 235-246.
39) Cohn, *Europe's Inner Demons*, 71-74, 97, 100-101; Lynn A. Martin, *Alcohol, Sex, and Gender in Late Medieval and Early Modern Europe* (New York, 2001), 79; Thomas, *Religion and the Decline of Magic*, 454-456.
40) G. R. Quaife, *Wanton Wenches and Wayward Wives: Peasants and Illicit Sex in Early Seventeenth Century England* (London, 1979), 31; S. Taylor,

"Daily Life—and Death—in 17th Century Lamplugh," *Transactions of the Cumberland & Westmorland Antiquarian & Archaeological Society*, New Ser. 44 (1945), 138-141; Thomas, *Religion and the Decline of Magic*, 455-461, 498-499.

41) Cohn, *Europe's Inner Demons*, 105; *VG*, Aug. 19, 1737; Christina Larner, *Enemies of God: The Witch-Hunt in Scotland* (Baltimore, 1981), 22-25; Robin Briggs, "Witchcraft and Popular Mentality in Lorraine, 1580-1630," in Brian Vickers, ed., *Occult and Scientific Mentalities in the Renaissance* (Cambridge, 1984), 346-347; Thomas, *Religion and the Decline of Magic*, 560-569.

42) Jon Butler, "Magic, Astrology, and the Early American Religious Heritage, 1600-1760," *AHR* 84 (1979), 322.

43) Scott, *Witchcraft*, 25; Taillepied, *Ghosts*, 94.

44) Wilson, *English Proverbs*, 203.

45) Mrs. Bray, *Traditions, Legends, Superstitions, and Sketches of Devonshire ...* (London, 1838), I, 168-169; Kingsley Palmer, *The Folklore of Somerset* (Totowa, N. J., 1976), 23; Taillepied, *Ghosts*, 29, 30. 다음도 참고할 것. Nashe, *Works*, I, 358; Brand 1848, III, 52.

46) *SAS*, IX, 748; Cohen, *Italy*, 150-151; Roy Porter, "The People's Health in Georgian England," in Tim Harris, ed., *Popular Culture in England, c.1500-1850* (New York, 1995), 139-142; P. E. H. Hair, "Accidental Death and Suicide in Shropshire, 1780-1809," *Transactions of the Shropshire Archaeological Society* 59 (1969), 63-75; Robert Campbell, "Philosophy and the Accident," in Roger Cooter & Bill Luckin, eds., *Accidents in History: Injuries, Fatalities, and Social Relations* (Amsterdam, 1997), 19-32.

47) Apr. 16, 1769, Diary of Sir John Parnell, 1769-1783, 57, British Library of Political and Economic Science, London School of Economics; Christopher Hibbert, *The English: A Social History* (London, 1988), 348-349.

48) Watts, *Works*, II, 189; Marsilio Ficino, *Three Books on Life*, ed. & trans. Carol V. Kaske & John R. Clark (Binghampton, N. Y., 1989), 127; Stanley Coren, *Sleep Thieves: An Eye-Opening Exploration into the Science and Mysteries of Sleep* (New York, 1996), 97, 185; Lydia Dotto, *Losing Sleep: How Your Sleeping Habits Affect Your Life* (New York, 1990), 53.

49) *VG*, Jan. 5, 1739; Dec. 15, 1744, C. E. Whiting ed., *Two Yorkshire Diaries: The Diary of Arthur Jessop and Ralph Ward's Journal* (Gateshead on Tyne, Eng., 1952), 95; 1721, Dec. 26, 1713, Oct. 26, 1698, *East Anglian Diaries*, 251, 236, 208; Heywood, *Diaries*, II, 302.

50) *The True-Born English-man ...* (London, 1708), 16; *New England Weekly Journal* (Boston), July 6, 1736; Penry Williams, *The Later Tudors: England, 1547-1603* (Oxford, 1995), 216; Thomas, *Religion and the Decline of Magic*, 17-19; Ruff, *Violence*, 126.
51) John D. Palmer, *The Living Clock: The Orchestrator of Biological Rhythms* (New York, 2002), 32-34.
52) Edward Burghall, *Providence Improved* (London, 1889), 155, 157, 159; *WJ*, Aug. 14, 1725; Helen Simpson, ed. & trans., *The Waiting City: Paris 1782-88 ...* (Philadelphia, 1933), 227; Clifford Morsley, *News from the English Countryside: 1750-1850* (London, 1979), 143.
53) Defoe, *Tour*, I, 308; *PG*, Nov. 1. 1733; Dobson, *Death and Disease*, 245.
54) J. W. Goethe, *Italian Journey, 1786-1788* (New York, 1968), 347; P. E. H. Hair, "Deaths from Violence in Britain: A Tentative Secular Survey," *Population Studies* 25 (1971), 5-24.
55) Peter Borsay, *The English Urban Renaissance: Culture and Society in the Provincial Town 1660-1770* (Oxford, 1989), 3-11; Christopher R. Friedrichs, *The Early Modern City, 1450-1750* (London, 1995), 20-21.
56) Raffaella Sarti, *Europe at Home: Family and Material Culture, 1500-1800*, trans. Allan Cameron (New Haven, 2002), 109-111.
57) Aug. 16, 1693, Michael Hunter & Annabel Gregory, eds., *An Astrological Diary of the Seventeenth Century: Samuel Jeake of Rye, 1652-1699* (Oxford, 1988), 224; Elborg Forster, ed. and trans., *A Woman's Life in the Court of the Sun King: Letters of Liselotte von der Pfalz, 1652-1722* (Baltimore, 1984), 246; *Some Bedfordshire Diaries* (Streatley, Eng., 1960), 8.
58) June 30, 1766, Diary of Mr. Tracy and Mr. Dentand, 1766, Bodl., 14; John Spranger, *A Proposal or Plan for an Act of Parliament for the Better Paving, Lightning, and Cleaning the Streets ...* (London, 1754); Paul Zumthor, *Daily Life in Rembrandt's Holland* (New York, 1963), 23-24; Walter King, "How High Is Too High? Disposing of Dung in Seventeenth-Century Prescot," *Sixteenth Century Journal* 23 (1992), 446-447; James Clifford, "Some Aspects of London Life in the Mid-18thCenthury," in Paul Friz and David Williams, eds., *City & Society in the 18thCentury* (Toronto, 1973), 19-38; Sarti, *Europe at Home*, trans. Cameron, 110-114.
59) Martin Lister, *A Journey to Paris in the Year 1698* (London, 1699), 24; Marcelin Defourneaux, *Daily Life in Spain: The Golden Age*, trans. Newton Branch (New York, 1971), 63; G. M. Trevelyan, *English Social History, a Survey of Six*

Centuries: Chaucer to Queen Victoria (New York, 1965), 438; G. E. Rodmell, ed., "An Englishman's Impressions of France in 1775," *Durham University Journal* (1967), 85; Joseph Palmer, *A Four Months Tour through France* (London, 1776), II, 58-60; Bargellini, "Vita Notturna," 80; A. H. de Oliveria, *Daily Life in Portugal in the Late Middle Ages* (Madison, Wise, 1971), 101-102, 141.

60) Mar. 17, 1709, Sewall, *Diary*, II, 616; Thomas Pennant, *The Journey from Chester to London* (London, 1782), 166; June 30, 1666, Pepys, *Diary*, VII, 188; *WJ*, Jan. 2, 1725; James K. Hosmer, ed., *Winthrop's Journal: "History of New England," 1630-1649* (New York, 1908), II, 355.

61) Burton E. Stevenson, *The Home Book of Proverbs, Maxims and Familiar Phrases* (New York, 1948), 1686; Cotton Mather, *Frontiers Well-Defended: An Essay, to Direct the Frontiers of a Countrey Exposed unto the Incursions of a Barbarous Enemy* (Boston, 1707), 14; Oct. 19, 1691, Sewall, *Diary*, I, 283; Vito Fumagalli, *Landscapes of Fear: Perceptions of Nature and the City in the Middle Ages* (Cambridge, 1994), 136-148.

62) *A General Collection of Discourses of the Virtuosi of France, upon Question of All Sorts of Philosophy, and other Natural Knowledge ...*, trans. G. Havers (London, 1664), 204.

2장 위험한 인간: 약탈, 폭력, 방화

1) Jean Delumeau, *La Peur en Occident, XIVe-XVIIIe Siècles: Une Cité Assiégée* (Paris, 1978), 90.

2) P. M. Mitchel, trans. *Selected Essays of Lubvig Holberg* (Westport, Ct., 1976), 51; John Worlidge, *Systema Argiculturae: The Mystery of Husbandry Discovered ...* (1675; rpt. edn., Los Angeles, 1970), 220; Lawrence Wright, *Warm and Snug: The History of the Bed* (London, 1962), 120.

3) Sara Tilghman Nalle, *Mad for God: Bartolomé Sánchez, the Secret Messiah of Cardenete* (Charlottesville, Va., 2001), 129; Samuel Rowlands, *The Night-Raven* (London, 1620); *The Ordinary of Newgate, His Account of the Behaviour, Confession, and Dying Words, of the Malefactors Who were Executed at Tyburn*, Nov. 7, 1750, 10.

4) Marjorie Keniston McIntosh, *Controlling Misbehavior in England, 1370-1600* (Cambridge, 1998), 66-67; Jütte, *Poverty*, 163; F. Alteri, *Dizionario Italiano ed Inglese ...* (London, 1726); Paul Griffiths, "Meanings of Nightwalking in Early

Modern England," *Seventeenth Century* 13 (1998), 213, 216-217.

5) *OBP*, Jan. 15-18, 1748, 54; *Midnight the Signal: In Sixteen Letters to a Lady of Quallity* (n.p., 1779), I, 9, passim; John Crowne, *Henry the Sixth, the First Part ...* (London, 1681), 18; Griffiths, "Nightwalking," 217-238.

6) *OBP*, May 17, 1727, 6.

7) 방대한 양의 근대 초의 범죄에 대한 자료의 개괄로는 다음을 참고할 것. J. A. Sharpe, *Crime in Early Modern England, 1550-1750* (London, 1984); Joanna Innes & John Styles, "The Crime Wave: Recent Writings on Crime and Criminal Justice in Eighteenth-Century England," *Journal of British Studies* 25 (1986), 380-435; Ruff, *Violence*.

8) Kyd, *The Spanish Tragedie* (London, 1592); Watts, *Works*, II, 190.

9) Hadrianus Junius, *The Nomenclator ...* (London, 1585), 425; *The Works of Monsieur Boileau* (London, 1712), I, 199; Heywood, *Diaries*, II, 286; *OBP*, Sept. 7, 1737, 163; S. Pole, "Crime, Society and Law Enforcement in Hanoverian Somerset" (Ph.D. diss., Cambridge Univ., 1983), 302-303; Julius Ralph Ruff, "Crime, Justice, and Public Order in France, 1696-1788: the Senechausee of Libourne" (Ph.D. diss., Univ. of North Carolina at Chapel Hill, 1979), 238; *Select Trials*, II, 234; Beattie, *Crime*, 167-192.

10) Sept. 8, 1666, Aug. 21, 1665, Pepys, *Diary*, VII, 282, VI, 200; *OBP*, Sept. 6-11, 1738, 146; M. Dorothy George, *London Life in the 18th Century* (New York, 1965), 10-11; Beattie, *Crime*, 148-154.

11) Jeremy Black, *British Abroad: The Grand Tour in the Eighteenth Century* (New York, 1992), 177; Joseph Jacobs, ed., *Epistolae Ho-Elianeae: The Family Letters of James Howell ...* (London, 1990), 45; *DUR*, Dec. 26, 1788; Marcelin Defourneaux, *Daily Life in Spain: The Golden Age*, trans. Newton Branch (New York, 1971), 68; Moryson, *Itinerary*, I, 141.

12) *An Effectual Scheme for the Immediate Preventing of Street Robberies, and Suppressing All Other Disorders of the Night ...* (London, 1731), 65; Colm Lennon, *Richard Stanyhurst the Dubliner, 1547-1618* (Blackrock, Ire., 1981), 148; Beattie, *Crime*, 180-181; J. A. Sharpe, *Crime in Seventeenth-Century England: A County Study* (Cambridge, 1983), 103.

13) Richard Head, *The Canting Academy: or Villanies Discovered ...* (London, 1674), 69; Thomas Evans, Feb. 8, 1773, Assi 45/31/1/78; Ann Maury, *Memoirs of a Huguenot Family ... from the Original Autobiography of Rev. James Fontaine ...* (New York, 1852), 303; Beattie, *Crime*, 152-161; Alan Macfarlane, *The Justice and the Mare's Ale: Law and Disorder in Seventeenth-Century*

England (Oxford, 1981), 136-140; James A. Sharpe, "Criminal Organization in Rural England 1550-1750," in G. Ortalli, ed., *Bande Armate, Banditti, Banditismo* (Rome, 1986), 125-140.

14) William Lithgow, *The Totall Discourse of the Rare Adventures & Painefull Peregrinations ...* (Glasgow, 1906), 310; Ruff, *Violence*, 31, 64-65, 217-239; Pierre Goubert, *The Ancien Régime: French Society 1600-1750*, trans. Steve Cox (London, 1973), 104; Uwe Danker, "Bandits and the State: Robbers and the Authorities in the Holy Roman Empire in the Late Seventeenth and Early Eighteenth Centuries," in Richard J. Evans, ed., *The German Underworld: Deviants and Outcasts in German History* (London, 1988), 75-107.

15) *OBP*, Jan. 17-20, 1750, 30, Dec. 7-12, 1743, 82, Jan. 12, 1733, 45; B., *Discolliminium: or a Most Obedient Reply to a Late Book ...* (London, 1650).

16) William Keatinge Clay, ed., *Private Prayers, Put Forth by Authority during the Reign of Queen Elizabeth* (Cambridge, 1851), 444; Sir Edward Coke, *The Third Part of the Institutes of the Laws of England ...* (1628: rpt. edn., New York, 1979), 63; Sir William Blackstone, *Commentaries on the Laws of England*, ed. William Draper Lewis (Philadelphia, 1902), IV, 1615; Beattie, *Crime*, 163-165.

17) Head, *Canting Academy*, 179; Eric Partridge, ed., *A Dictionary of the Underworld* (Ware, Eng., 1989), 43, 469; John Poulter, *The Discoveries of John Poulter* (London, 1753), 43; Jan. 30, 1665, Pepys, *Diary*, VI, 25.

18) *OBP*, Jan. 16, 1734, 55; Beattie, *Crime*, 163; *WJ*, July 20, 1728.

19) July 11, 1664, Pepys, *Diary*, V, 201; *Hanging Not Punishment Enough, for Murtherers, Highway Men, and House-Breakers* (London, 1701), 6.

20) *OBP*, Dec. 10-13, 1707; *Select Trials*, I, 306; Michel Porret, *Le Crime et ses Circontances: De l'Esprit de l'Arbitraire au Siècle des Lumière selon les Réquisitoires des Procureurs Genève* (Geneva, 1995), 258; Beattie, *Crime*, 164-165.

21) Mill, *A Nights Search: Discovering the Nature and Condition of all Sorts of Night-Walkers ...* (London, 1639); Awnsham Churchill, comp., *A Collection of Voyages and Travels ...* (London, 1746), VI, 726; Beattie, *Crime*, 161-167; Sharpe, *Seventeenth-Century Crime*, 107; *A New Journey to France* (London, 1715), 85; Henry Swinburne, *Travels Through Spain, in the Years 1775 and 1776 ...* (London, 1779), I, 348-350.

22) John L. McMullan, *The Canting Crew: London's Criminal Underworld, 1550-1770* (New Brunswick, N. J. 1984), 162; *A Warning for House-Keepers*

... (London, 1676), 4; Heywood, *Diaries*, III, 206; Cynthia B. Herrup, *The Common Peace: Participation and the Criminal Law in Seventeenth-Century England* (Cambridge, 1987), 27, 30-31, 170-171; Ruff, *Violence*, 221-224; George Huppert, *After the Black Death: A Social History of Early Modern Europe* (Bloomington, Ind., 1986), 107-109.

23) Florike Egmond, *Underworlds: Organized Crime in the Netherlands 1650-1800* (Cambridge, 1993), 33, 188-191; Schindler, *Rebellion*, 222; Ruff, *Violence*, 221; Albrecht Keller, ed., *A Hangman's Diary: Being the Journal of Master Franz Schmidt, Public Executioner of Nuremberg, 1573-1617*, trans. C. V. Calvert & A. W. Gruner (Montclair, N. J., 1973), 130.

24) Elizabeth Crouzet-Pavan, "Potere Politico e Spazio Sociale: Il Controllo Della Notte a Venezia nei Secoli XIII-XV," in Mario Sbriccoli, ed., *La Notte: Ordine, Sicurezza e Disciplinamento in Età Moderna* (Florence, 1991), 48; Daniel Defoe, *Street-Robberies Consider'd ...* (1728: rpt. edn. Stockton, N. J., 1973), 68; Alan Williams, *The Police of Paris, 1718-1789* (Baton Rouge, 1979), 287.

25) Dekker, *Writings*, 193; *The Confessions & c. of Thomas Mount ...* (Portsmouth, N. H., [1791?]), 19; *Select Trials*, II, 236; Charles Dorrington, Feb. 10, 1764, Assi 45/27/2/125; *OBP*, Jan. 15-19, 1742, 31, Sept. 6, 1732, 188; *Select Trials*, I, 303.

26) John Nelson, Aug. 25, 1738, Assi 45/21/3/126.

27) *OBP*, May 15-17, 1746, 149.

28) *OBP*, June 28-July 2, 1744, 159, Apr. 25-30, 1750, 68, July 11-14, 1750, 87; Macfarlane, *Justice and the Mare's Ale*, 132; *OBP*, Dec. 5-10, 1744, 7, Dec. 5-10, 1744, 142.

29) *OBP*, Oct. 17-19, 1744, 257, Aug. 30, 1727, 4.

30) Lavater, *Spirites*, 22; Jeannine Blackwell & Susanne Zantop, eds., *Bitter Healing: German Women Writers from 1700 to 1830: An Anthology* (Lincoln, Neb., 1990), 60; Brand 1848, II, 314; Danker, "Bandits," 88. 다음도 참고할 것. Taillepied, *Ghosts*, 31.

31) Crusius, *Nocte*, ch. 11.9; Keller, ed., *Hangman's Diary*, trans. Calvert & Gruner, 110; Brand 1848, I, 312, III, 278-279; Marjorie Rowling, *The Folklore of the Lake District* (Totowa, N. J., 1976), 26; Matthiessen, *Natten*, 94-95. 다음도 참고할 것. Bargellini, "Vita Notturna," 84; John McManners, *Church and Society in Eighteenth-Century France* (Oxford, 1999), II, 232.

32) Karl Wegert, *Popular Culture, Crime, and Social Control in 18th Century Württemberg* (Stuttgart, 1994), 101; Keller, ed., *Hangman's Diary*, trans. Calvert

& Gruner, 112-113; Brand 1848, I, 312; *Times* (London), July 3, 1790.

33) Torriano, *Proverbi*, 171.

34) Pinkerton, *Travels*, II, 565; Elisabeth Crouzet-Pavan, *Venice Triumphant: The Horizons of a Myth*, trans. Lydia G. Cochrane (Baltimore, 2002), 161; Ruff, *Violence*, 120-121.

35) Alessandro Falassi, *Folklore by the Fireside: Text and Context of the Tuscan Veglia* (Austin, 1980), 6; J. Mitchell & M. D. R. Leys, *A History of London Life* (London, 1958), 73; Claude Fouret, "Douai au XVIe Siècle: Une sociabilité de l'Agression," *Revue d'Histoire Moderne et Contemporaine* 34 (1987), 9-10; Robert Muchembled, "La Violence et la Nuit sous l'Ancien Régine," *Ethnologie Française* 21 (1991), 237; Rudy Chaulet, "La Violence en Castille au XVIIe Siècle," *Crime, Histoire & Sociâetâes* 1 (1997), 14-16. 다음도 참고할 것. Barbara A. Hanawalt, "Violent Death in Fourteenth- and Early Fifteenth-Century England," *Comparative Studies in Society and History* 18 (1976), 305, 319.

36) J. R. Hale, ed., *The Travel Journal of Antonio de Beatis ...* , trans. J. R. Hale & J. M. A. Lindon (London, 1979), 82; James Casey, *The Kingdom of Valencia in the Seventeenth Century* (Cambridge, 1979), 212; Moryson, *Unpublished Itinerary*, 463, 163; Cleone Knox, *The Diary of a Young Lady of Fashion in the Year 1764-1765* (New York, 1926), 220; Ménétra, *Journal*, 86; S. Johnson, *London: A Poem ...* (London, 1739), 17; James Hervey, *Meditations and Contemplations* (New York, 1848), II, 33; J. S. Cockburn, "Patterns of Violence in English Society: Homicide in Kent, 1560-1985," *PP* 103 (1991), 86; Matthiessen, *Natten*, 141.

37) Dec. 21, 1494, Luca Landucci, ed., *A Florentine Diary from 1450 to 1516 ...* trans. Alice De Rosen Jervis (1927; rpt. edn., Freeport, N. Y., 1971), 77; Remarks 1717, 238, 241; Ruff, *Violence*, 75-76; Jonathan Walker, "Bravi and Venetian Nobles, C. 1550-1650," *Studi Veneziani* 36 (1998), 85-113.

38) Aug. 18, 1692; Wood, *Life*, V, 398; G. C. Faber, *The Poetical Works of John Gay ...* (London, 1926), 81; Robert Shoemaker, "Male Honour and the Decline of Public Violence in Eighteenth-Century London," *SH* 26 (2001), 190-208.

39) *The Rules of Civility* (London, 1685), 114-115, passim; Norbert Elias, *The Civilizing Process: The Development of Manners ...* , trans. Edmond Jephcott, 2 vols. (New York, 1978-1982); Ruff, *Violence*, 7-8; Penelope Corfield, "Walking the City Streets: The Urban Odyssey in Eighteenth-Century England," *JUH* 16 (1990), 132-174; Jan Bremmer & Herman Roodenburg, eds., *A Cultural History of Gesture* (Ithaca, N. Y., 1992), passim.

40) Sir Thomas Overbury, *His Wife* (London, 1622); Feb. 8, 1660, Pepys, *Diary*, I, 46; Schindler, "Youthful Culture," 275; Thomas Bell, May 2, 1666, *York Depositions*, 142; *WJ*, Mar. 23, 1723.

41) Richard A. Page & Martin K. Moss, "Environmental Influences on Aggression: The Effects of Darkness and Proximity of Victim," *Journal of Applied Social Psychology* 6 (1976), 126-133.

42) Francis Lenton, *Characterismi: or, Lentons Leasures ...* (London, 1631); Robert E. Thayer, *The Origin of Everyday Moods: Managing Energy, Tension, and Stress* (New York, 1996), passim.

43) Carolyn Pouncy, ed., *The "Domostroi": Rules for Russian Households in the Time of Ivan the Terrible* (Ithaca, N. Y., 1994), 81; Arne Jansson, *From Swords to Sorrow: Homicide and Suicide in Early Modern Stockholm* (Stockholm, 1998), 125.

44) F. G. Emmison, ed., *Elizabethan Life: Disorder; Mainly from Essex Sessions and Assize Records* (Chelmsford, Eng., 1970), 206; Matthiessen, *Natten*, 133; Ruff, *Violence*, 126; Muchembled, *Violence*, 31-32.

45) Francis Henderson, June II, 1777, Assi 45/33/1/14a; *Plain Advice to Hard-Drinkers ...* (London, 1796), 10; Pieter Spierenburg, "Knife Fighting and Popular Codes of Honor in Early Modern Amsterdam," in Pieter Spierenburg, ed., *Men and Violence: Gender, Honor, and Rituals in Modern Europe and America* (Columbus, Ohio, 1998), 109; Julius R. Ruff, *Crime, Justice, and Public Order in Old Regime France: The Sénéchausées of Libourne and Bazas, 1696-1789* (London, 1984), 80-81.

46) Dietz, *Surgeon*, 194; Johnson, *London*, 17; Muchembled, *Violence*, 32; Beattie, *Crime*, 93; Schindler, *Rebellion*, 215-216.

47) Matthiessen, *Natten*, 96.

48) "Palladio," *Middlesex Journal, or, Chronicle of Liberty* (London), July 30, 1769; Shakespeare, *Othello*, I, 1, 75; William Davenant, *The Wits* (London, 1636); Thomas, *Religion and the Decline of Magic*, 15; Johan Goudsblom, *Fire and Civilization* (London, 1992), 144-145.

49) James Gabriel Fyfe, ed., *Scottish Diaries and Memoirs, 1550-1746* (Stirling, Scot., 1928), 259; Samuel H. Baron, ed. & trans., *The Travels of Olearius in Seventeenth Century Russia* (Stanford, Calif., 1967), 112; Penny Roberts, "Agencies Human and Divine: Fire in French Cities, 1520-1720," in William G. Naphy & Penny Roberts, eds., *Fear in Early Modern Society* (Manchester, 1997), 9.

50) Stephen Porter, "Fires in Stratford-upon-Avon in the Sixteenth & Seventeenth Centuries," *Warwickshire History* 3 (1976), 103, passim.

51) Thomas, *Religion and the Decline of Magic*, 333; Mar. 16, 1701, Cowper, Diary; Matthiessen, *Natten*, 121-122.

52) Sir Richard Blackmore, *Prince Arthur* (London, 1695), 190; E. L. Jones et al., *A Gazetteer of English Urban Fire Disasters, 1500-1900* (Norwich, 1984).

53) Roy Porter, *London, a Social History* (Cambridge, Mass., 1995), 85; Sept. 4, 1666, Evelyn, *Diary*, III, 454; Neil Hanson, *The Great Fire of London: In that Apocalyptic Year* (Hoboken, N. J., 2002).

54) *NYWJ*, Sept. 26, 1737; *SJC*, Aug. 4, 1785; Roberts, "Fire in French Cities," 9-27.

55) Mar. 30, 1760, "Stow, and John Gate's Diary," *Worcester Society of Antiquity Proceedings* (1898), 270; Carl Bridenbaugh, *Cities in the Wilderness: The First Century of Urban Life in America, 1625-1742* (Oxford, 1971), 55-63, 206-213, 364-372; Carl Bridenbaugh, *Cities in Revolt: Urban Life in America, 1743-1776* (Oxford, 1971), 18, 100-105, 292-294.

56) Ludwig Holberg, *Moral Reflections & Epistles*, ed., P. M. Mitchell (Norvik, Eng., 1991), 169; "The Diary of George Booth," *Journal of the Chester and North Wales Architectural Archaeological and Historic Society*, New Ser., 28 (1928), 40; Enid Porter, *Cambridgeshire Customs and Folklore* (New York, 1969), 205.

57) John Bancroft, *The Tragedy of Sertonius* (London, 1679), 20. 다음도 참고할 것. Benjamin Keach, *Spiritual Melody* (London, 1691), 28; Rowlands, *Night Raven*.

58) Benjamin Franklin, *Writings*, ed., J. A. Leo Lemay, ed., (New York, 1987), 220-221; "Philanthropos," *LEP*, Jan. 25, 1763; Carl Bridenbaugh, *Vexed and Troubled Englishmen, 1590-1642* (New York, 1967), 144; *The Life and Errors of John Dunton ...* (London, 1818), II, 606.

59) *Paroimiographia* (English), 5; Thomas Tusser, *Five Hundred Pointes of Good Husbandrie*, eds., V. Payne & J. Sidney (London, 1878), 179; Jan. 13, 1669, Josselin, *Diary*, 545; Nov. 3, 1710, Raymond A. Anselment. ed., *The Remembrances of Elizabeth Freke, 1671-1714* (London, 2001), 270; Mar. 22, 1683, J. E. Foster, ed., *The Diary of Samuel Newton* (Cambridge, 1890), 84; *PG*, Feb. 18, 1729.

60) Hugh Platte, *The Jewall House of Art and Nature ...* (1594; rpt. edn., Amsterdam, 1979), 50.

61) July 20, 1709, Sewall, *Diary*, II, 622; George Lyman Kittredge, *The Old Farmer*

and His Almanack ... (Cambridge, Mass., ca. 1904), 147; *DUR*, July 11, 1787.

62) Marybeth Carlson, "Domestic Service in a Changing City Economy: Rotterdam, 1680-1780" (Ph.D. diss., Univ. of Wisconsin, 1993), 157-158; Wilson, *English Proverbs*, 167.

63) *Grub Street Journal* (London), May 16, 1734.

64) *PA*, July 15, 1763; *William Langland's Piers Plowman: The C Version*, trans. George Economou (Philadelphia, 1996), 25; Christopher R. Friedrichs, *The Early Modern City, 1450-1750* (London, 1995), 276-277.

65) William Hector, ed., *Selections from the Judicial Records of Renfrewshire* ... (Paisley, Scot., 1876), 239; Bernard Capp, "Arson, Threats of Arson, and Incivility in Early Modern England," in Peter Burke et al., eds., *Civil Histories: Essays Presented to Sir Keith Thomas* (Oxford, 2000), 197-213; Matthiessen, *Natten*, 121.

66) Goudsblom, *Fire and Civilization*, 158; Roberts, "Fire in French Cities," 22; *Country Journal: or the Craftsman* (London), June 24, 1738.

67) *SJC*, May 25, 1769; Frank McLynn, *Crime and Punishment in Eighteenth-Century England* (London, 1989), 85; Ruff, "Crime, Justice, and Public Order," 262; *BC*, May 20, 1761.

68) Augustus Jessopp, ed., *The Autobiography of the Hon. Roger North* (London, 1887), 41; *WJ*, Aug. 15, 1724; *Effectual Scheme*, 69-70.

69) Bob Scribner, "The Mordbrenner Fear in Sixteenth-Century Germany: Political Paranoia or the Revenge of the Outcast?," in Evans, ed., *German Underworld*, 29-56; Penny Roberts, "Arson, Conspiracy and Rumor in Early Modern Europe," *Continuity and Change* 12 (1997), 9-29.

70) Jacqueline Simpson, *The Folklore of Sussex* (London, 1973), 135-136; Capp, "Arson," 204; Thomas D. Morris, *Southern Slavery and the Law, 1619-1860* (Chapel Hill, N. C., 1996), 330-332.

71) Weinsberg, *Diary*, I, 125; *SJC*, Nov. 4, 1769; Thomas, *Religion and the Decline of Magic*, 531-533.

72) Grose, *Dictionary*; 6 Anne c.31; *PG*, Apr. 30, 1730. 다음도 참고할 것. *Effectual Scheme*, 69; Michael Kunze, *Highroad to the Stake: A Tale of Witchcraft*, trans. William E. Yuill (Chicago, 1987), 147.

73) Nashe, *Works*, I, 386.

74) Rudolph Braun, *Industrialisation and Everyday Life*, trans. Sarah Hanbury Tenison (Cambridge, 1990), 84.

제2부 자연의 법칙

전주곡

1) James M. Houston, ed., *The Mind on Fire: An Anthology of the Writings of Blaise Pascal* (Portland, Ore., 1989), 165.
2) [Foxton], *The Night-Piece: A Poem* (London, 1719), 10. 낮의 삶을 관리하던 제도에 대해서는 다음을 참고할 것. Pounds, *Culture*, 255-301; Cohens, *Italy*, 51-52, 116-125; David H. Flaherty, "Crime and Social Control in Provincial Massachusetts," *Historical Journal* 24 (1981), 339-360.
3) Ken Krabbenhoft, trans. *The Poems of St. John of the Cross* (New York, 1999), 19; James Scholefield, ed., *The Works of James Pilkington, B. D., Lord Bishop of Durham* (London, 1842), 340; Verdon, *Night*, 199-215; Paulette Choné, *L'Atelier Des Nuits: Histoire et Signification du Nocturne dans l'Art d'Occident* (Nancy, France, 1992), 146-150; John M. Staudenmaier, "Denying the Holy Dark: The Enlightenment Ideal and the European Mystical Tradition," in Leo Marx & Bruce Mazlish, eds., *Progress: Fact or Illusion* (Ann Arbor, Mich., 1996), 184-185.
4) Daniello Bartoli, *La Ricreazione del Savio* (Parma, 1992), 191-192; John Northbrooke, *A Treatise wherein Dicing, Dauncing, Vaine Playes or Enterluds with Other Idle Pastimes ...* (London, 1577), 20; John Clayton, *Friendly Advice to the Poor ...* (Manchester, 1755), 38.
5) Piero Camporesi, *Exotic Brew: The Art of Living in the Age of Enlightenment* (Malden, Mass., 1994), 13.
6) Thomas Amory, *Daily Devotion Assisted and Recommended ...* (London, 1772), 20; George Economou, trans., *William Langland's Piers Plowman: The C Version* (Philadelphia, 1996), 188; Cotton Mather, *Meat Out of the Eater* (Boston, 1703), 129; Keith Thomas, *Man and the Natural World: A History of the Modern Sensibility* (New York, 1983), 40.

3장 당국의 나약함: 교회와 국가

1) Moryson, *Unpublished Itinerary*, 350.
2) Lean, *Lean's Collectanea*, I, 352; Gerhard Dohrn-van Rossum, *History of the Hour: Clocks and Modern Temporal Orders*, trans. Thomas Dunlap (Chicago, 1996), 204; Remarks 1717, 160; Sigridin Maurice & Klaus Maurice, "Counting

the Hours in Community Life of the 16th Century," in Klaus Maurice & Otto Mayr, eds., *The Clockwork Universe: German Clocks and Automata, 1550-1650* (New York, 1980), 148.

3) T. P. Wiseman, *Remus: A Roman Myth* (Cambridge, 1995), 125; James D. Tracy, ed., *City Walls: The Urban Enceinte in Global Perspective* (Cambridge, 2000); R. A. Butlin, "Land and People, c. 1600," in T. W. Moody et. al. eds., *Early Modern Ireland, 1534-1691* (Oxford, 1991), 160-161; Remarks 1717, 160; Matthiessen, *Natten*, 18; Ripae, *Nocturno Tempore*, ch. 19.

4) Adam Walker, *Ideas ... in a Late Excursion through Flanders, Germany, France, and Italy* (London, 1790), 69; Verdon, *Night*, 81; *Batavia: or the Hollander Displayed ...* (Amsterdam, 1675), 50; Alexander Cowan, *Urban Europe, 1500-1700* (London, 1998), 138-142.

5) John Chamberlayne, *Magna Britannia Notitia; or, the Present State of Great Britain ...* (London, 1723), I, 255; Cowan, *Urban Europe*, 39-40.

6) Anglicus, *On the Properties of Things*, trans. John Trevisa (Oxford, 1975), I, 539; Christopher R. Friedrichs, *The Early Modern City, 1450-1750* (London, 1995), 23.

7) Corinne Walker, "Esquisse Pour une Histoire de la Vie Nocturne: Genéve au XVIIIe Siècle," *Revue du Vieux Genève* 19 (1989), 74; Moryson, *Itinerary*, I, 41; Remarks 1717, 101-104; Gerhard Tanzer, *Spectacle Müssen Seyn: Die Freizeit der Wiener im 18. Jahrhundert* (Vienna, 1992), 55.

8) *OED*, s.v. "curfew"; Raphael Holinshed, *Holinshed's Chronicles of England, Scotland, and Ireland*, ed., Charles Lethbridge (1807; rpt. edn., New York, 1965), II, 9.

9) Toulin Smith ed., *English Gilds: The Original Ordinances of More than One Hundred Early English Gilds ...* (1870; rpt. edn., London, 1963), 194; Falkus, "Lighting," 249-251; William M. Bowsky, "The Medieval Commune and Internal Violence: Police Power and Public Safety in Siena, 1287-1355," *AHR* 73 (1967), 6; A. Voisin, "Notes sur la Vie Urbaine au XV. Siècle: Dijon la Nuit," *Annales de Bourgogne* 9 (1937), 267.

10) Matthiessen, *Natten*, 21-22; Gerald Strauss, *Nuremberg in the Sixteenth Century: City Politics and Life Between Middle Ages and Modern Times* (Bloomington, Ind., 1976), 190-191; J. R. Hale, "Violence in the Late Middle Ages: A Background," in Lauro Martines, ed., *Violence and Civil Disorder in Italian Cities, 1200-1500* (Berkeley, Calif., 1972), 23; Verdon, *Night*, 81; Journal of Sir John Finch, 1675-1682, Historical Manuscripts Commission, *Report on*

the Manuscripts of Allan Finch, Esq ... (London, 1913), I, 69.

11) Paul Griffiths, "Meanings of Nightwalking in Early Modern England," *Seventeenth Century* 13 (1998), 224-225; *The Lawes of the Market* (1595, rpt. edn., Amsterdam, 1974); Falkus, "Lighting," 250-251, passim.

12) W. O. Hassall, comp., *How They Lived: An Anthology of Original Accounts Written Before 1485* (Oxford, 1962), 207; Griffiths, "Nightwalking," 218, passim; Marjorie Keniston McIntosh, *Controlling Misbehavior in England, 1370-1600* (Cambridge, 1998), 66-67; Bronislaw Geremek, *The Margins of Society in Late Medieval Paris*, trans. Jean Birrell (Cambridge, 1987), 126, 217; Moryson, *Itinerary*, I, 196; Walker, "Genève," 75; T. Platter, *Journal*, 204; Christopher Black, *Early Modern Italy: A Social History* (London, 2001), 102.

13) Benjamin Ravid, "The Venetian Government and the Jews," in Robert C. Davis & Benjamin Ravid, eds., *The Jews of Early Modern Venice* (Baltimore, 2001), 8, 21; Orest & Particia Ranum, comps, *The Century of Louis XIV* (New York, 1972), 168; Black, *Early Modern Italy*, 154-156; R. I. Moore, *The Formation of a Persecuting Society: Power and Deviance in Western Europe, 950-1250* (Oxford, 1987), 87.

14) Dekker, *Lanthorne and Candle-Light* (London, 1608); Kathryn Norberg, *Rich and Poor in Grenoble, 1600-1814* (Berkeley, Calif., 1985), 44; Griffiths, "Nightwalking," passim; Robert B. Shoemaker, *Prosecution and Punishment: Petty Crime and the Law in London and Rural Middlesex, c. 1660-1725* (Cambridge, 1991), 179-181; Luigi Cajan & Silva Saba, "La Notte Devota: Luci e Ombre Delle Quarantore," in Mario Sbriccoli, ed., *La Notte: Ordine, Sicurezza e Disciplinamento in Età Moderna* (Florence, 1991), 74.

15) 13 Edward I c. 4; Sir Andrew Balfour, *Letters Written to a Friend* (Edinburgh, 1700), 86; Bartholomäus Sastrow et al., *Social Germany in Luther's Time: Being the Memoirs of Bartholomew Sastrow*, trans. H. A. L. Fisher (Westminster, Eng., 1902), 172; Moryson, *Unpublished Itinerary*, 405, 163; Ruth Pike, "Crime and Punishment in Sixteenth-Century Spain," *Journal of European Economic History* 5 (1976), 695; Andrew Trout, *City on the Seine: Paris in the Time of Richelieu and Louis XIV* (New York, 1996), 173-174, 217.

16) A. R. Myers, ed., *English Historical Documents, 1327-1485* (London, 1969), 1073; David Chambers & Trevor Dean, *Clean Hands and Rough Justice: An Investigating Magistrate in Renaissance Italy* (Ann Arbor, Mich., 1997), 100; Elisabeth Pavan, "Recherches sur la Nuit Vénitienne à la Fin du Moyen Age,"

Journal of Medieval History 7 (1981), 354-355.

17) Verdon, *Night*, 75; Pavan, "Nuit Vénitienne," 353.

18) E. S. De Beer, "The Early History of London Street-Lighting," *History* 25 (1941), 311-324; Falkus, "Lighting," 251-254; O'Dea, *Lighting*, 94; Paul Zumthor, *Daily Life in Rembrandt's Holland* (New York, 1963), 20.

19) Angelo Raine, ed., *York Civic Records* (Wakefield, Eng., 1942), III, 110; Falkus, "Lighting," 251-254; J. H. Thomas, *Town Government in the Sixteenth Century ...* (London, [1933]), 56-57; Carl Bridenbaugh, *Vexed and Troubled Englishmen, 1590-1642* (New York, 1967), 153-154.

20) Charles Knight, *London* (London, 1841), I, 104; De Beer, "London Street-Lighting," 311-324; Matthiessen, *Natten*, 26.

21) Jean Shirley, trans. *A Parisian Journal, 1405-1449* (Oxford, 1968), 51; Thoresby, *Diary*, I, 190; Matthiessen, *Natten*, 24, 118; David Cressy, *Bonfires and Bells: National Memory and the Protestant Calendar in Elizabethan and Stuart England* (London, 1989), 74; Bargellini, "Vita Notturna," 79.

22) James S. Amelang, ed., *A Journal of the Plague Year: The Diary of the Barcelona Tanner Miquel Parets, 1651* (New York, 1991), 86; Koslofsky, "Court Culture," 746; Lord Herbert, ed., *Henry, Elizabeth and George* (1738-80): *Letters and Diaries of Henry, Tenth Earl of Pembroke and His Circle* (London, 1939), 371; Luca Landucci, ed., *A Florentine Diary from 1450 to 1516*, trans. Alice De Rosen Jervis (London, 1927), 161, 29; May 29, 1666, Pepys, *Diary*, VII, 136; Cressy, *Bonfires and Bells*, 85-92.

23) A. W. Verity, ed., *Milton's Samson Agonistes* (Cambridge, 1966), 7; Phillip Stubbes, *Anatomy of the Abuses in England ...*, ed. Frederick J. Furnivall (London,1877), I, 342; Dec. 6, 1764, Frederick A. Pottle, ed., *Boswell on the Grand Tour: Germany and Switzerland, 1764* (New York, 1953), 243; Eamon Duffy, *The Stripping of the Altars: Traditional Religion in England, c.1400-c.1580* (New Haven, 1992), 407, 419. 다음도 참고할 것. Moryson, *Itinerary*, I, 167, 235, 310.

24) Schindler, *Rebellion*, 196; Remarks 1717, 69; John McManners, *Church and Society in Eighteenth-Century France* (Oxford, 1999), II, 219.

25) John Ray, *Observations Topographical, Moral & Physiological ...* (London, 1673), 317; Moryson, *Unpublished Itinerary*, 448; J. W. Goethe, *Italian Journey, 1786-1788* (New York, 1968), 344; Schindler, *Rebellion*, 195-201; Roche, *Consumption*, 116-118.

26) Apr. 16, 1708, Cowper, Diary; Stewart E. Fraser, ed., *Ludwig Holberg's*

Memoirs ... (Leiden, 1970), 115; "Description of the City of Rome," *Town and Country Magazine* 24 (1792), 260; Henry Swinburne, *Travels in the Two Sicilies ...* (London, 1783), II, 72-73; Cohens, *Italy*, 156-157; Sara T. Nalle, *God in La Mancha: Religious Reform and the People of Cuenca, 1500-1650* (Baltimore, 1992), 154-156.

27) J. M. Beattie, *Policing in London, 1660-1750: Urban Crime and the Limits of Terror* (Oxford, 2001), 172; Edward MacLysaght, *Irish Life in the Seventeenth Century* (New York, 1969), 197; Eugène Defrance, *Histoire de l'Éclairage des Rues de Paris* (Paris, 1904), 36; Falkus, "Lighting," 254-264; Lettie S. Multhauf, "The Light of Lamp-Lanterns: Street Lighting in 17th-Century Amsterdam," *Technology and Culture* 26 (1985), 236-252; Ruff, *Violence*, 3; Cohens, *Italy*, 116-117; Jonathan Irvine Israel, *The Dutch Republic: Its Rise, Greatness, and Fall, 1477-1806* (New York, 1995), 681-682; Voisin, "Dijon la Nuit," 278.

28) J. P. Marana, *Lettre Sicilienne* (1700; rpt. edn., Paris, 1883), 50-51; Martin Lister, *A Journey to Paris in the Year 1698*, ed. Raymond Phineas Stearns (Urbana, Ill., 1967), 25; John Beckman, *A History of Inventions, Discoveries, and Origins*, trans. William Johnston (London, 1846), 180-182; Koslofsky, "Court Culture," 748-752; Defrance, *Histoire de l'Éclairge*, 35-38; Leon Bernard, *The Emerging City: Paris in the Age of Louis XIV* (Durham, N. C., 1970), 162-166; Falkus, "Lighting," 254-260; Peter Borsay, *The English Urban Renaissance: Culture and Society in the Provincial Town, 1660-1770* (Oxford, 1989), 72-74.

29) *SJC*, Oct. 25, 1783; De Beer, "Street-Lighting," 317-320; Beckman, *Discoveries*, trans. Johnston, 180; Matthiessen, *Natten*, 26.

30) John Scott, *A Visit to Paris in 1814 ...* (London, 1815), 40; Defrance, *Histoire de l'Éclairge*, 47; G. E. Rodmell, ed., "An Englishman's Impressions of France in 1775," *Durham University Journal* (1967), 78. 다음도 참고할 것. Maurice Déribéré & Paulette Déribéré, *Préhistoire et Histoire de la Lumière* (Paris, 1979), 117.

31) Koslofsky, "Court Culture," 759; Corinne Walker, "Du Plaisir à la Nécessité: l' Apparition de la Lumière dans les Rues de Genève à la Fin du XVIIIe Siècle," in François Walter, ed., *Vivre et Imaginer la Ville XVIIIe-XIXe Siècles* (Geneva, 1998), 107; Henry Hibbert, *Syntagma Theologcum ...* (London, 1662), 31; Beattie, *Policing*, 170.

32) Smollet, *Humphry Clinker ...* (New York, 1983), 113.

33) R. G. Bury, trans. *Plato in Twelve Volumes* (Cambridge, Mass., 1963), XI, 69;

Crusius, *Nocte*, ch. 5.5.

34) 13 Edward I c.4; Beckman, *Discoveries*, trans. Johnston, 188; Joachim Schlör, *Nights in the Big City: Paris, Berlin, London 1840-1930*, trans. Pierre Gottfried Imhof & Dafydd Rees Roberts (London, 1998), 73.

35) Moryson, *Unpublished Itinerary*, 365-366; Clare Williams, ed., *Thomas Platter's Travels in England, 1599* (London, 1937), 174; Raine, ed., *York Civic Records*, V, 102; Bowsky, "Medieval Commune," 9-10; Alan Williams, *The Police of Paris, 1718-1789* (Baton Rouge, 1979), 67.

36) Carl Bridenbaugh, *Cities in the Wilderness: The First Century of Urban Life in America, 1625-1742* (Oxford, 1971), 64-67.

37) Beckman, *Discoveries*, trans. Johnston, 189; Joachim Schlör, *Nights in the Big City*, trans. Imhof & Roberts, 74; Duke of Ormond, "Whereas by the good and wholsome lawes of this realm ... night-watches should be kept ..." (Dublin, 1677); Ruff, *Violence*, 92; M. De La Lande, *Voyage en Italie ...* (Paris, 1786), 154.

38) *Memoirs of François-René Vicomte de Chateaubriand*, trans. Alexander Teixera de Mattos (New York, 1902), IV, 27; William Young, *The History of Dulwich College ... with a Life of the Founder, Edward Alleyn, and an Accurate Transcript of His Diary, 1617-1622* (London, 1889), II, 356; A. F. J. Brown, *Essex People, 1750-1900* (Chelmsford, Eng., 1972), 40; Robert C. Davis, *Shipbuilders of the Venetian Arsenal: Workers and Workplace in the Preindustrial City* (Baltimore, 1991), 157.

39) Mr. Ozell, trans., *M. Misson's Memoirs and Observations in His Travels over England* (London, 1719), 358-359; Beattie, *Policing*, 169-197; Williams, *Police of Paris*, 67; 2003년 11월 16일 Paul Griffiths와의 이메일; Frank McLynn, *Crime and Punishment in Eighteenth-Century England* (London, 1989).

40) *NHCR*, I, 33; Beattie, *Policing*, 181; Matthiessen, *Natten*, 52; Thomas Forester, ed., *Norway and Its Scenery ... the Journal of a Tour by Edward Price ...* (London, 1853), 181-182; Pinkerton, *Travels*, I, 265; John Carr, *A Northern Summer or Travels Round the Baltic ...* (Hartford, Ct., 1806), 129; *An Accurate Description of the United Netherlands ...* (London, 1691), 65; Bridenbaugh, *Cities in the Wilderness*, 64-67.

41) Robert Poole, *A Journey from London to France ...* (London, 1741), 10; Moryson, *Itinerary*, I, 18, 413; Moryson, *Unpublished Itinerary*, 365-366, 385; Sir Richard Carnac Temple & Lavina Mary Anstey, eds., *The Travels of Peter Mundy in Europe and Asia, 1608-1667* (London, 1914), IV, 169; Mr. Nugent,

The Grand Tour, or, a Journey through the Netherlands, Germany, Italy and France ... (London, 1756), I, 87; *A Tour through Holland, etc.* (London, 1788), 80-81; John Barnes, *A Tour throughout the Whole of France ...* (London, 1815), 6; *NHCR* I, 485; Matthiessen, *Natten*, 13, 31-32; Theodor Hampe, *Crime and Punishment in Germany...*, trans. Malcolm Letts (London, 1929), 7-8.

42) Thomas Dekker, *Villanies Discovered by Lanthorne and Candle-Light ...* (London, 1616); Walter George Bell, *Unknown London* (London, 1966), 213; Félix-L. Tavernier, *La Vie Quotidienne a Marseille de Louis XIV à Louis-Philippe* (Paris, 1973), 96; Hana Urbancovà, "Nightwatchmen's Songs as a Component of the Traditional Musical Culture," *Studies*, 48 (2000), 14; John F. Curwen, *Kirkbie-Kendall ...* (Kendall, Eng., 1900), 116. 다음도 참고할 것. Einar Utzon Frank, ed., *De Danske Vaegtervers* (Copenhagen, 1932).

43) Matthiessen, *Natten*, 48; Moryson, *Unpublished Itinerary*, 350.

44) Samuel Rowlands, *Heavens Glory, Seeke it* (London, 1628); Henry Alexander, trans. *Four Plays by Holberg ...* (Princeton, N. J., 1946), 170; "Insomnis," *PA*, Oct. 8, 1767; Colm Lennon, *Richard Stanihurst the Dubliner, 1547-1618* (Blackrock, Ire., 1981), 147.

45) *Second Report of the Record Commissioners of the City of Boston, Containing the Boston Records 1634-1660 ...* (Boston, 1877), 151; Louis-Sébastien Mercier, *The Picture of Paris Before & After the Revolution* (New York, 1930), 132; Pounds, *Culture*, 132-134; Bridenbaugh, *Cities in Wilderness*, 374; Schindler, *Rebellion*, 218; Jacques Rossiaud, "Prostitution, Youth and Society in the Towns of Southeastern France in the Fifteenth Century," in Robert Forster & Orest Ranum, eds., *Deviants and the Abandoned in French Society: Selections from the Annales Economies, Sociétés, Civilisations*, trans. Elborg Forster & Patricia Ranum (Baltimore, 1978), 45 n.85; Matthiessen, *Natten*, 115, 117.

46) Awnsham Churchill, comp., *A Collection of Voyages and Travels ...* (London, 1745), I, 147; Sept, II, 1663, Pepys, *Diary*, IV, 304.

47) Thomas Pennington, *Continental Excursions ...* (London, 1809), I, 242; Fabian Philips, *Regale Necessarium: or the Legality, Reason and Necessity of the Rights and Priviledges Justly Claimed by the Kings Servants ...* (London, 1671), 580; William Edward Hartpole Lecky, *A History of England in the Eighteenth Century* (New York, 1892), II, 106-107; Edward Ward, *Nuptial Dialogues and Debates ...* (London, 1723), 258; Shoemaker, *Prosecution and Punishment*, 264-265.

48) N. M. Karamzin, *Letters of a Russian Traveler: 1789-1790* ... trans. Florence Jonas (New York, 1957), 305.
49) *The Midnight-Ramble: or, the Adventures of Two Noble Females* ... (London, 1754), 20; Sept. 19, 1771, Basil Cozens-Hardy, ed., *The Diary of Sylas Neville, 1767-1788* (London, 1950), 117; Matthiessen, *Natten*, 23.
50) *New England Courant* (Boston), Nov. 16, 1724. 런던의 법 집행에 관한 뛰어난 논의로는 다음을 참고할 것. Beattie, *Policing*, 77-225.
51) Walter Rye, ed., *Extracts from the Court Books of the City of Norwich, 1666-1688* (Norwich, 1905), 140-141; *OBP*, May 1, 1717, 5; *A Report of the Record Commissioners of the City of Boston, Containing the Boston Records from 1660 to 1701* (Boston, 1895), 8; *The Way to be Wiser* ... (London, 1705), 28; Urbancová, "Nightwatchmen's Songs," 6; Beattie, *Policing*, 172-174.
52) *The Humorist: Being Essays Upon Several Subjects* ... (London, 1724), II, 88; Dekker, *Writings*, 107; Shakespeare, *Much Ado About Nothing*, III, 3, 56-57.
53) Thomas Brennan, *Public Drinking and Popular Culture in Eighteenth-Century Paris* (Princeton, N. J., 1988), 304; Legg, *Low-Life*, 15; Edward Phillips, *The Mysteries of Love & Eloquence* ... (London, 1658), 101; *ECR*, VI, 439-440; Matthiessen, *Natten*, 41, 46; Walker, "Genève," 76; Keith Wrightson, "Two Concepts of Order: Justices, Constables and Jurymen in Seventeenth-Century England," in John Brewer & John Styles, eds., *An Ungovernable People: The English and Their Law in the Seventeenth and Eighteenth Centuries* (London, 1980), 21-46, passim.
54) *Augusta Triumphans: or, the Way to Make London the Most Flourishing City in the Universe* ... (London, 1728), 47; Richard Mowery Andrews, *Law, Magistracy, and Crime in Old Regime Paris, 1735-1789* (Cambridge, 1994), 521; Margaret J. Hoad, *Portsmouth Record Series: Borough Sessions Papers, 1653-1688* (London, 1971), 50; Janekovick-Römer, "Dubrovniks," 107; Matthiessen, *Natten*, 137-139; Schindler, *Rebellion*, 218-219; De La Lande, *Voyage en Italie*, 122.
55) Herbert, *Jaculum Prudentium: or Outlandish Proverbs* ... (London, 1651), 54.
56) Jean Carbonnier, *Flexible Droit: Textes Pour une Sociologie de Droit sans Rigueur* (Paris, 1976), 46-51.
57) S. P. Scott, ed. & trans., *The Civil Law: Including the Twelve Tables* ... (New York, 1973), I, 58; Crusius, *Nocte*, ch. 7.3, 7 passim, 13.6, 15.3; Ripae, *Nocturno Tempore*, passim; Nina Gockerell, "Telling Time without a Clock," in Maurice & Mayr, eds., *Clockwork Universe*, 137.

58) Matthew Hale, *Historia Placitorum Coronae: The History of the Pleas of the Crown* (1736; rpt. edn., London, 1971), I, 547; David H. Flaherty, *Privacy in Colonial New England* (Charlottesville, Va., 1972), 88; Matthew Bacon & Henry Gwillim, *A New Abridgement of the Law* (London, 1807), II, 346.
59) Legg, *Low-Life*, 101.
60) Ripae, *Nocturno Tempore*, ch. 91.11; *DUR*, Dec. 23, 1785; Tommaso Astarita, *Village Justice: Community, Family, and Popular Culture in Early Modern Italy* (Baltimore, 1999), 153-154; Patricia H. Labalme, "Sodomy and Venetian Justice in the Renaissance," *Legal History Review* 52 (1984), 221-222; Samuel Cohn, "Criminality and the State in Renaissance Florence, 1344-1466," *JSH* 14 (1980), 222; Guido Ruggiero, *Violence in Early Renaissance Venice* (New Brunswick, N. J., 1980), 6, 19; Matthiessen, *Natten*, 137; Aug. 17, 1497, Landucci, ed., *Florentine Diary*, trans. Jervis, 125-126.
61) Bowsky, "Medieval Commune," 4; Ripae; *Nocturno Tempore*, ch. 24:3, passim; *JRAI*, I and II, passim; High Court of Justiciary, Small Papers, Main Series, JC 26/42-43, passim, Scottish Record Office, Edinburgh; Julius R. Ruff, *Crime, Justice and Public Order in Old Regime France: The Sénéchaussées of Libourne and Bazas, 1696-1789* (London, 1984), 115; Matthiessen, *Natten*, 129.
62) Beattie, *Crime*, 148; Ian W. Archer, *The Pursuit of Stability: Social Relations in Elizabethan London* (Cambridge, 1991), 247; Ian Cameron, *Crime and Repression in the Auvergne and the Guyenne, 1720-1790* (Cambridge, 1981), 155-156; Edgar J. McManus, *Law and Liberty in Early New England: Criminal Justice and Due Process, 1620-1692* (Amherst, Mass., 1993), 30-31.
63) "Justus Sed Humanus," *London Magazine*, April 1766, 204; Sir William Blackstone, *Commentaries on the Laws of England*, ed. William Draper Lewis (Philadelphia, 1902), IV, 1579; Scott, ed. & trans., *Civil Law*, 59; Katherine Fischer Drew, trans., *The Lombard Laws* (Philadelphia, 1973), 58; F. R. P. Akehurst, ed., *The Coutumes de Beauvaisis of Philippe de Beaumanoir* (Philadelphia, 1992), 429-430; Ripae, *Nocturno Tempore*, ch. 24; Crusius, *Nocte*, ch. 11.5-8; Samuel E. Thorne, ed., *Bracton on the Laws and Customs of England* (Cambridge, Mass., 1968), II, 408; Porret, *Crime et ses Circonstances*, 288-289.
64) Lottin, *Chavatte*, 356; *JRAI*, II, 488; Blackstone, *Commentaries*, ed. Lewis, IV, 1618.
65) *An Effectual Scheme for the Immediate Preventing of Street Robberies,*

and Suppressing All Other Disorders of the Night ... (London, 1731), 62; Edmond-Jean-François Barbier, *Journal d'un Bourgeois de Paris sous le Règne de Louis XV* (Paris, 1963), 169; Matthiessen, *Natten*, 12; Jeffry Kaplow, *The Names of Kings: The Parisian Laboring Poor in the Eighteenth Century* (New York, 1972), 22-23.

4장 한 사람의 집은 그의 성이다: 가정의 요새화

1) Apr. 6, 1745, Parkman, *Diary*, 114.
2) Bräker, *Life*, 67; John Milton, *Complete Prose Works* (New Haven, 1953), I, 228; Nina Gockerell, "Telling Time without a Clock," in Klaus Maurice & Otto Mayr, eds., *The Clockwork Universe: German Clocks and Automata, 1550-1650* (New York, 1980), 131-143.
3) Giambattista Basile, *The Pentamerone ...*, ed. & trans. Stith Thompson (1932: rpt. edn., Westport, Ct., 1979), I, 297; Randle Cotgrave, *A Dictionarie of the French and English Tongues* (London, 1611); Muchembled, *Violence*, 53; Thomas Hardy, *The Woodlanders* (1887; rpt. edn. London, 1991), 99-100; Gockerell, "Telling Time," 134-136.
4) Phineas Fletcher, *The Purple Island, or the Isle of Man* (n.p., 1633), 46; Wilson J. Litchfield, *The Litchfield Family in America* (Southbridge, Mass., 1906), V, 344; Sept. 30, 1774, Patten, *Diary*, 330, 385.
5) Henry Swinburne, *Travels in the Two Sicilies ...* (London, 1783), II, 269; William Sewall, *A Large Dictionary English and Dutch* (Amsterdam, 1708), 79; Shakespeare, *Macbeth*, I, 5, 51.
6) "Fantasticks," Breton, *Works*, II, 15.
7) Oct. 23, 1676, Sewall, *Diary*, I, 28; May 10, 1776, Andrew Oliver, ed., *The Journal of Samuel Curwen, Loyalist* (Cambridge, Mass., 1972), 156; Philippe Contamine, "Peasant Hearth to Papal Palace: The Fourteenth and Fifteenth Centuries," in *HPL* II, 499; W. Carew Hazlitt, ed., *English Proverbs and Proverbial Phrases ...* (London, 1882), 291.
8) Barbara A. Hanawalt, *The Ties That Bound: Peasant Families in Medieval England* (New York, 1986), 44; Sir Edward Coke, *The Reports ...* (London, 1658), 453; Burt, *Letters*, II, 206.
9) *OBP*, Apr. 29-May 1, 1747, 152, May 14, 1741, 12, July 15-17, 1767, 244; David Ogborne, *The Merry Midnight Mistake, or Comfortable Conclusion* (Chelmsford, Eng., 1765), 34; Timothy J. Casey, ed., *Jean Paul: A Reader*, trans.

Erika Casey (Baltimore, 1992), 338; *FLEMT*, xi-xii.

10) Pounds, *Home*, 184-186; Hanawalt, *Ties That Bound*, 38; *A Warning for House-Keepers ...* (n.p., 1676), 4.

11) Pinkerton, *Travels*, I, 517; John E. Crowley, *The Invention of Comfort: Sensibilities & Design in Early Modern Britain & Early America* (Baltimore, 2001), 36-44, 62-69; Pounds, *Culture*, 118-120.

12) Edward Clarke, *Letters Concerning the Spanish Nation ...* (London, 1763), 344; June 20, 1766, Diary of Mr. Tracy & Mr. Dentand, Bodl.,; John Fielding, *Thieving Detected ...* (London, 1777), 9; Monsieur du Sorbiere, *A Voyage to England ...* (London, 1709), II.

13) Paolo da Certaldo, *Libro di Buoni Costumi*, ed. Alfredo Schiaffini (Florence, 1945), 30; Nov. 12, Oct. 21, 1666, Pepys, *Diary*, VII, 367, 336; Ann Feddon, Apr. 20, 1751, Assi 45/24/3/42; John Cooper, Dec. 13, 1765, Assi 45/28/2/137; Contamine, "Peasant Hearth to Papal Palace," 502; Eugen Weber, "Fairies and Hard Facts: The Reality of Folktales," *Journal of the History of Ideas* 42 (1981), 101-102.

14) Dec. 13, 1672, Isham, *Diary*, 175; John Worlidge, *Systema Agriculturae: The Mystery of Husbandry Discovered ...* (1675; rpt. edn., Los Angeles, 1970), 221; *London Gazette*, Oct. 1, 1694; John Houghton, *A Collection for Improvement of Husbandry and Trade*, July 20, 1694; William Hamlet, *The Plan and Description of a Machine ... against Fire and House-breaking* (Birmingham, 1786).

15) C. G. Crump, ed., *The History of the Life of Thomas Ellwood* (New York, 1900), 7; *An Account of a Most Barbarous Murther and Robbery ... 25th of October, 1704* (London, 1704/1705); *OED*, s.v. "bedstaff"; Francis Bamford, ed., *A Royalist's Notebook: The Commonplace Book of Sir John Oglander* (New York, 1971), 55; Ruff, *Violence*, 49.

16) Mar. 21, 1763, Frederick A. Pottle, ed., *Boswell's London Journal, 1762-1763* (New York, 1950), 224; Leonard R. N. Ashley, ed., *A Narrative of the Life of Mrs. Charlotte Clarke ...* (1755; rpt. edn., Gainesville, Fla., 1969), 45; J. S. Cockburn, "Patterns of Violence in English Society: Homicide in Kent, 1560-1985," *PP* 130 (1991), 86-87.

17) Thoresby, *Diary*, I, 345; George Murray, Jan. 10, 1778 Assi 45/33/2/150; Oct. 25, 1704, A. H. Quint, "Journal of the Reverend John Pike," *Massachusetts Historical Society Proceedings*, 1st Ser., 14 (1875-1876), 139; *The Province and Court Records of Maine* (Portland, Maine, 1958), IV, 341.

18) *OED*, s.v. "bandog"; Harrison, *Description*, 339-348; Thomas Kirk & Ralph Thoresby, *Tours in Scotland, 1677 & 1681*, ed. P. Hume Brown (Edinburgh, 1892), 27; *OBP*, Apr. 9-11, 1746, 118; Keith Thomas, *Man and the Natural World* (New York, 1983), 101-104; Mrs. Reginald Heber, *The Life of Reginald Heber ...* (New York, 1830), I, 217; George Sand, *Story of My Life ...*, ed. Thelma Jurgrau (Albany, 1991), 631.

19) Augustin Gallo, *Secrets de la Vraye Agriculture ...* (Paris, 1572), 204; Harrison, *Description*, 343; Daniel Defoe, *Street-Robberies Consider'd ...* (1728; rpt. edn. Stockton, N. J., 1973), 68; M. Conradus Heresbachius, comp., *Foure Bookes of Husbandry*, trans. Barnabe Googe (London, 1577), fo. 154-156; Charles Stevens & John Liebrault, *Maison Rustique, or, the Countrey Farme*, trans. Richard Surflet (London, 1616), 120-122; Worlidge, *Systema Agriculturae*, 162, 222; *Times*, Jan. 16, 1790.

20) Campion, *The Discription of a Maske* (London, 1607).

21) Aug. 2, 1708, Cowper, Diary; Thomas, *Religion and the Decline of Magic*, passim, 특히 493-497.

22) George Peele, *The Old Wives Tale*, ed. Patricia Binnie (Manchester, 1980), 42 n. 104; Edward Young, *Night Thoughts*, ed. Stephen Cornford (Cambridge, 1989), 121; Casey, ed., *Jean Paul*, trans. Casey, 338; R. Sherlock, *The Practical Christian ...* (London, 1699), 322; Taillepied, *Ghosts*, 169.

23) W. M., *Hesperi-neso-graphia: or, a Description of the Western Isle ...* (London, 1716), 8; Thomas, *Religion and the Decline of Magic*, 496-497; Robert Muchembled, "Popular Culture," in Robert Muchembled et al., *Popular Culture* (Danbury, Ct., 1994), 11.

24) *SAS*, V, 335; C. Scott Dixon, *The Reformation and Rural Society: The Parishes of Brandenburg-Ansbach-Kulmbach, 1528-1603* (Cambridge, 1996), 183, 180-181, 194-195; George Saintsbury, ed., *The Works of John Dryden* (Edinburgh, 1884), IX, 443; Thomas, *Religion and the Decline of Magic*, 222-231; Burke, *Popular Culture*, passim.

25) *OED*, s.v. "night-spell"; Minor White Latham, *The Elizabethan Fairies: The Fairies of Folklore and the Fairies of Shakespeare* (1930; rpt. edn., New York, 1972), 38; Ralph Merrifield, *The Archaeology of Ritual and Magic* (London, 1987), 137-158.

26) Scott, *Witchcraft*, 27; Catherine Maloney, "A Witch-Bottle from Dukes Place, Aldgate," *Transcations of the London & Middlesex Archaeological Society* 31 (1980), 157-159; John Demos, *Remarkable Providences: Readings on Early*

American History (Boston, 1991), 437-438; Merrifield, *Archaeology*, 159-178.

27) Roderick A. McDonald, *The Economy and Material Culture of Slaves: Goods and Chattels on the Sugar Plantations of Jamaica and Louisiana* (Baton Rouge, 1993), 40; Carla Mulford et al., eds., *Early American Writings* (New York, 2002), 508.

28) Anna Brzozowska-Krajka, *Polish Traditional Folklore: The Magic of Time* (Boulder, Colo., 1998), 122; Matthiessen, *Natten*, 100; Anonymous, Travel Diary, 1795, Chetham's Library, Manchester, Eng.; *OED*, s.v. "mezuzah."

29) Sewall, *Diary*, I, 400; David D. Hall, "The Mental World of Samuel Sewall," in David Hall et al., eds., *Saints and Revolutionaries: Essays on Early American History* (New York, 1984), 80; Brand 1848, II, 73, III, 20-21; Kingsley Palmer, *The Folklore of Somerset* (Totowa, N. J., 1976), 45; Mrs. Gutch, *County Folk-Lore: Examples of Printed Folk-Lore Concerning the East Riding of Yorkshire* (London, 1912), 64; Karl Wegert, *Popular Culture, Crime, and Social Control in 18th Century Württemberg* (Stuttgart, 1994), 71.

30) Trenchard, *The Natural History of Superstition* (London, 1709), 24; Thomas, *Religion and the Decline of Magic*, 636-637, 647-648.

31) *UM*, May, 1751, 220.

32) Henry Bull. comp., *Christian Prayers and Holy Meditations ...* (Cambridge, 1842), 75.

33) *BC*, July 1, 1761; Brand 1848, III, 180-182, 228; Brzozowska-Krajka, *Polish Folklore*, 67, 204; R. W. Scribner, *Popular Culture and Popular Movements in Reformation Germany* (London, 1987), 32; Mrs. M. MacLeod Banks, *British Calendar Customs: Scotland* (London, 1941), III, 112, 116-117; 2002년 1월 29일 David Bromwich와의 이메일. Somerset Archaeological and Natural History Society, Taunton, Eng.; Muchembled, "Popular Culture," 24.

34) Dec. 7, 1758, Dyer, Diary; June 3, 1662, Pepys, *Diary*, III, 101; Ian Cameron, *Crime and Repression in the Aubergne and the Guyenne, 1720-1790* (Cambridge, 1981), 127.

35) Eugen Weber, *Peasants into Frenchmen: The Modernization of Rural France, 1870-1914* (Stanford, Calif., 1976), 161; Pounds, *Culture*, 109-117; Roche, *Consumption, 125-130;* Raffaella Sarti, *Europe at Home: Family and Material Culture, 1500-1800,* trans. Allan Cameron (New Haven, 2002), 92-93.

36) William Carr, ed., *The Dialect of Craven, in the West-Riding of the County of York* (London, 1828), I, 30; Joseph Lawson, *Letters to the Young on Progress in Pudsey during the Last Sixty Years* (Stanningley, Eng., 1887), 23; Annik

Pardailhe Galabrun, *The Birth of Intimacy: Privacy and Domestic Life in Early Modern Paris*, trans. Jocelyn Phelps (Philadelphia, 1991), 120.

37) Pounds, *Culture*, 110-112; Roche, *Consumption*, 130-131; Tobias George Smollett, *Travels through France and Italy*, ed. Frank Felsentein (Oxford, 1979), 209.

38) John Earl Perceval, *The English Travels of Sir John Percival and William Byrd II*, ed. Mark R. Wenger (Columbia, Mo., 1989), 137; Defoe, *Tour*, II, 676; Mr. Ozell, trans. *M. Misson's Memoirs and Observations in His Travels over England* (London, 1719), 37-39; Celia Fiennes, *The Illustrated Journeys of Celia Fiennes, 1685-c.1712* (London, 1982), 147, 161; Joan Thirsk, *The Agrarian History of England and Wales* (London, 1967), IV, 453.

39) Caroline Davidson, *A Woman's Work is Never Done: A History of Housework in the British Isles, 1650-1950* (London, 1982), 73-75; *SAS*, V, 424, XII, 297, 747; *SAI*, I, 4, 198; James Ayres, *Domestic Interiors: The British Tradition, 1500-1850* (New Haven, 2003), 16.

40) *SAS*, XVIII, 480; Edward Ward, *A Journey to Scotland ...* (London, 1699), 9; Thirsk, *Agrarian History*, IV, 453; Davidson, *Woman's Work*, 81-87; E. Veryard, *An Account of Divers Choice Remarks ... in a Journey ...* (London, 1701), 19; Paul Zumthor, *Daily Life in Rembrandt's Holland* (New York, 1963), 45-46, 302.

41) Robert W. Malcolmson, *Life and Labour in England, 1700-1780* (New York, 1981), 46-47; Davidson, *Woman's Work*, 76-77; Carl Bridenbaugh, *Vexed and Troubled Englishmen, 1590-1642* (New York, 1967), 99.

42) Llewellynn Jewitt, ed., *The Life of William Hutton ...* (London, 1872), 160; Davidson, *Woman's Work*, 101.

43) Pounds, *Culture*, 120; A. Alvarez, *Night: Night Life, Night Language, Sleep, and Dreams* (New York, 1995), 6.

44) Anne Elizabeth Baker, comp., *Glossary of Northamptonshire Words and Phrases* (London, 1854), I, 89; Wilson, *English Proverbs*, 377.

45) Joan Wildeblood & Peter Brinson, *The Polite World: A Guide to English Manners and Deportment from the Thirteenth to the Nineteenth Century* (London, 1965), 84; Witold Rybczynski, *Home: A Short History of an Idea* (New York, 1986), 138; O'Dea, *Lighting*, 217. 2만 8,000리브르는 대략 900파운드와 맞먹었다. W. S. Lewis et al., eds., *Horace Walpole's Correspondence with Hannah More ...* (New Haven, 1961), 80. 영국의 양초 가격에 대해서는 다음을 참고할 것. Lord Beveridge et al., *Prices and Wages in England: From the*

Twelfth to the Nineteenth Century (London, 1939), I, passim.

46) Eric Sloane, *Seasons of America Past* (New York, 1958), 107; Shakespeare, *Cymbeline*, I, 6, 110-111; O'Dea, *Lighting*, 35-37, 43; Crowley, *Comfort*, 112-115; Davidson, *Woman's Work*, 104-105, 110; R. D. Oliver Heslop, comp., *Northumberland Words ...* (London, 1894), II, 666; S. K. Tillyard, *Aristocrats: Caroline, Emily, Louisa, and Sarah Lennox, 1740-1832* (New York, 1994), 202.

47) Nov. 1, 1794, Dec, 25, 1799, Woodforde, *Diary*, IV, 150, V, 231.

48) 8 Anne c.9; Sarti, *Europe at Home*, trans. Cameron, 105.

49) Cobbett, *Cottage Economy ...* (1926; rpt. edn. New York, 1970), 144; *SAS*, V, 335; Gilbert White, *The Natural History and Antiquities of Selborne ...* (1789; rpt. edn. Menston, Eng., 1972), 197-199; John Caspall, *Making Fire and Light in the Home Pre-1820* (Woodbridge, Eng., 1987), 171-179.

50) "A Dissertation on the Instruments that Communicate Light," *UM*, May, 1749, 229; Max J. Okenfuss, ed., *The Travel Diary of Peter Tolstoi, a Muscovite in Early Modern Europe* (DeKalb, Ill., 1987), 304; Oct. 8, 1773, Frederick A. Pottle & Charles H. Bennett, eds., *Boswell's Journal of a Tour to the Hebrides with Samuel Johnson, L.L.D., 1773* (New York, 1961), 281; Pinkerton, *Travels*, I, 766, III, 587; O'Dea, Lighting, 40-41; Crowley, *Comfort*, 111-113; Davidson, *Woman's Work, 106, 109;* Maurice Vaussard, *Daily Life in Eighteenth Century Italy*, trans. Michael Heron (New York, 1963), 194.

51) Caspall, *Making Fire and Light*, 176; Journal of James Robertson, 1767, 91-92, Manuscripts, National Library of Scotland, Edinburgh; "16th Century Lighting in Sweden," *Rushlight* 15 (1949), 4; *Rushlight* 39 (1973), 8; Jean Kathryn Berger, "The Daily Life of the Household in Medieval Novgorod (Russia)" (Ph.D. diss., Univ. of Minnesota, 1998), 92-94; Davidson, *Woman's Work*, 107-108; James Brome, *Travels over England, Scotland and Wales* (London, 1700), 99, 218; Perceval, *English Travels*, ed. Wenger, 139; Burt, *Letters*, II, 127-128; Ménérra, *Journal*, 32.

52) Everett Emerson, ed., *Letters from New England: The Massachusetts Bay Colony, 1629-1638* (Amherst, Mass., 1976), 36; Thomas Coulson, "The Story of Domestic Lighting," *Journal of the Franklin Institute* 256 (1953), 207-208; Caspall, *Fire and Light*, 262.

53) Tilley, *Proverbs in England*, 144; June 6, 1712, Louis B. Wright & Marion Tinling, eds., *The Secret Diary of William Byrd of Westover, 1709-1712* (Richmond, 1941), 540.

54) Garnert, *Lampan*, 104-105, 278-279; Magnús Gíslason, *Kvällsvaka: En*

Inländsk Kultur-tradition Belyst Genom Studier i Bondebefolkningens Vardagsliv ... (Uppsala, 1977), 144, 149; Jonathan Swift, *Directions to Servants: and Miscellaneous Pieces, 1733-1742*, ed. Herbert John Davis (Oxford, 1959), 20.

55) George Washington Greene, ed., *The Works of Joseph Addison* (Philadelphia, 1883), I, 314; O'Dea, *Lighting*, 2; *Domestic Management ...* (London, n.d.), 22, 48.

56) J. J. Evans, ed., *Welsh Proverbs: A Selection, with English Translations* (Llandysul, Wales, 1965), 31; Jean-Jacques Rousseau, *Emile: or On Education*, trans. Allan Bloom (New York, 1979), 133; Craufurd Tait Ramage, *Ramage in South Italy ...*, ed. Edith Clay (London, 1965), 150; Garnert, *Lampan*, 76-77; Robert Cleaver, *A Godly Forme of Houshold Government* (London, 1621); Tour of Sotterley Plantation, Md., Oct. 11, 1992.

57) Alice Morse Earle, *Customs and Fashions in Old New England* (1893; rpt. edn., Detroit, 1968), 127; Henry Davidoff, *World Treasury of Proverbs ...* (New York, 1946), 81; *UM*, May, 1751, 220; Peter Thornton, *The Italian Renaissance Interior, 1400-1600* (New York, 1991), 276; Moryson, *Itinerary*, IV, 201-202.

58) Cotgrave, *Dictionarie*.

59) Ruff, *Violence*, 76; Rétif de la Brétonne, *My Father's Life*, trans. Richard Veasey (Gloucester, Eng., 1986), 6; Rudolf Dekker, *Childhood, Memory and Autobiography in Holland: From the Golden Age to Romanticism* (New York, 2000), 33.

60) Apr. 30, 1645, Josselin, *Diary*, 39; May 18, 1668, Pepys, *Diary*, IX, 204.

61) James Gregory, Nov. 26, 1773, Assi 45/31/2; Sept. 6, II, 1794, June 6, 1795, Drinker, *Diary*, I, 590, 592, 689; Dec. 2, 1766 & Feb. 8, 1767, Cole, *Diary*, 161, 184.

62) Vittore Branca, ed., *Mercanti Scrittori: Ricordi Nella Firenze Tra Medioevo e Rinascimento* (Milan, 1986), 379; Mar. 31, 1771, Carter, *Diary*, I, 554-555; Dec. 15, 1780, Apr. 14, 1781, Apr. 13, 1785, Dec. 28, 1794, Mar. 14, 17, 1795, Woodforde, *Diary*, I, 298, 307, II, 184, IV, 163, 182, 183.

63) Pinkerton, *Travels*, II, 94; May 20, 1786, Diary of Dr. Samuel Adams, 1758-1819, New York Public Library, and passim; June 7, 1745, Kay, *Diary*, 97, and passim.

64) Laurel Thatcher Ulrich, "Martha Ballard and Her Girls: Women's Work in Eighteenth-Century Maine," in Stephen Innes, ed., *Work and Labor in Early America* (Chapel Hill, N. C., 1988), 70; D. B. Horn & Mary Ransome, eds.,

English Historical Documents, 1714-1783 (New York, 1957), 671-672; Apr. 10, 1785, Oct. 1, 1804, "Mrs. Ballard's Diary," in Charles E. Nash, *The History of Augusta, Maine* (Augusta, Maine, 1904), 237, 421, and passim. PL, Oct. 22, 1765; Laurel Thatcher Ulrich, *A Midwife's Tale: The Life of Martha Ballard, Based on Her Diary, 1785-1812* (New York, 1990), 203; Anthony F. Aveni, *Empires of Time: Calendars, Clocks, and Cultures* (New York, 1989), 35.

65) Apr. 1, 1657, Josselin, *Diary*, 395; Apr. 14, 1768, Woodforde, *Diary*, I, 74.

66) Abel Boyer, *Dictionaire Royal ...* (Amsterdam, 1719); Marvin Lowenthal, trans., *The Memoirs of Glückel of Hameln* (n.p., 1932), 120; Frank D. Prager, ed., *The Autobiography of John Fitch* (Philadelphia, 1976), 41; Mary J. Dobson, *Contours of Death and Disease in Early Modern England* (New York, 1997), 274-276.

67) *Paroimiographia* (English), 8; Apr. 6, 1669, *East Anglian Diaries*, 119; Benjamin Franklin, *Writings*, ed. J. A. Leo Lemay (New York, 1987), 221; Thoresby, *Diary*, I, 7.

68) Smith, *De Republica Anglorum*, ed. Mary Dewar (Cambridge, 1982), 107; *OBP*, passim; Bretonne, *Father's Life*, trans. Veasey, 119; Henry Brisker, Apr. 9, 1776, Assi 45/28/2/124; Elizabeth S. Cohen, "Honor and Gender in the Streets of Early Modern Rome," *JIH* 22 (1992), 614.

69) Dec. 13, 1672, Isham, *Diary*, 175: Henry Preston, Assi 45/14/1/135; *OBP*, Apr. 24-27, 1745, 137.

70) *OBP*, May 10, 1722, 7; *Select Trials*, I, 305.

71) *ECR*, VIII, 101; *OBP*, Oct. 16-21, 1728, Apr. 15, 1724, 4-5, Apr. 8-14, 1752, 131.

72) Jean-Louis Flandrin, *Families in Former Times: Kinship, Household and Sexuality*, trans. Richard Southern (Cambridge, 1979), 44; Oct. 5, 1725, Sanderson, Diary, 80-81; *OBP*, Jan. 16-18, 1745, 62-63; Samuel H. Baron, ed. & trans., *The Travels of Olearius in Seventeenth-Century Russia* (Stanford, Calif., 1967), 150. 다음도 참고할 것. A. Voisin, "Notes sur la Vie Urbaine au XV. Siécle: Dijon la Nuit," *Annales de Bourgogne* 9 (1937), 276.

73) Bonaventure Des Périers, *Cymbalum Mundi: Four Very Ancient Joyous and Facetious Poetic Dialogues* (New York, 1965), 66. 다음도 참고할 것. *OBP*, May 2-5, 1739, 86; *Select Trials*, III, 336; *The Authentick Tryals at large of John Swan and Elizabeth Jeffryes ...* (London, 1752), 10, 11.

5장 보이는 어둠: 밤의 세계에서 헤매기

1) Davenant, *The Platonick Lovers* (London, 1636).
2) Aug. 28, 1624, Beck, *Diary*, 159-160; Nov. 27, 1683, Heywood, Diaries, II, 341; Sandford Fleming, *Children & Puritanism* (New York, 1969), 148.
3) Suzanne Chantal, *La Vie Quotidienne au Portugal, après le Tremblement de Terre de Lisbonne de 1755* (Paris, 1962), 245.
4) Dec. 24, 1647, *Yorkshire Diaries & Autobiographies in the Seventeenth and Eighteenth Centuries* (Durham, Eng., 1886), 81-82; Jan. 5, 1763. Frederick A. Pottle, ed., *Boswell's London Journal, 1762-1763* (New York, 1950), 125; Aug. 7-31, 1732, Clegg, *Diary*, I, 151-152.
5) Samuel Briggs, *The Essays, Humor, and Poems of Nathaniel Ames, Father and Son, of Dedham, Massachusetts, from their Almanacks, 1726-1775* (Cleveland, 1891), 67; May 21, 1707, Cowper, Diary; Robert Malcolmson, *Life and Labour in England, 1700-1780* (New York, 1981), 95-96; Burke, *Popular Culture*; Robert Muchembled, *Popular Culture and Elite Culture in France, 1400-1750*, trans. Lydia Cochrane (Baton Rouge, 1985), 1-107.
6) Rousseau, *Emile: or On Education*, trans. Allan Bloom (New York, 1979), 63.
7) Bacon, *Essays* (Oxford, 1930), 3; Le Loyer, *Specters*, fo. 105; Lucretius, *On the Nature of Things: De Rerum Nautra*, ed & trans. Anthony M. Esolen (Baltimore, 1995), 93; Leon Battista Alberti, *The Family in Renaissance Florence*, trans. Renée Neu Watkins (Columbia, S. C., 1969), 63.
8) Bacon, *Essays*, 3; Scott, *Witchcraft*, 139; Herman W. Roodenburg, "The Autobiography of Isabella de Moerloose: Sex, Childrearing, and Popular Belief in Seventeenth Century Holland," *JSH* 18 (1985), 522, 521, 523-524; Rudolf Dekker, *Childhood, Memory and Autobiography in Holland: From the Golden Age to Romanticism* (New York 2000), 28, 81-84; Mark Motley, *Becoming a French Aristocrat: The Education of the Court Nobility, 1580-1715* (Princeton, N. J., 1990), 48-49.
9) H. C. Barnard, trans., *Fénelon on Education* (Cambridge, 1996), 8; Pinkerton, *Travels*, II, 757; Timothy J. Casey, ed., *Jean Paul: A Reader,* trans., Erika Casey (Baltimore, 1992), 339; Olwen Hufton, "Women, Work, and Family," in *HWW* III, 40; Linda A. Pollock, "Parent-Child Relations," in *FLEMT,* 197.
10) Thomas Bewick, *A Memoir of Thomas Bewick*, ed., Iain Bain (London, 1975), 16.
11) *Dialogues on the Passions, Habits, and Affections Peculiar to Children ...*

(London, 1748), 40; William Hazlitt and Elbridge Colby, eds., *The Life of Thomas Holcroft* (New York, 1968), I, 14-15. 다음도 참조할 것. *Hibernicus: or Memoirs of an Irishman ...* (Pittsburgh, 1828).

12) Rousseau, *Emile*, trans., Bloom, 137; Mollie Harris, *A Kind of Magic* (London, 1969), 104-105; Restif de la Bretonne, *Monsieur Nicolas: or, the Human Heart Laid Bare* (London, 1966), 29; *Autobiography of John Younger, Shoemaker, St. Boswells* (Kelso, Eng., 1881), 45; Mrs. Laura M., Oct. 7, 14, 1938, "Game Songs and Rhymes," American Life Histories: Manuscripts from the Federal Writers' Project, 1936-1940, Manuscripts Division, Library of Congress, Washington, D. C.; Perey B. Green, *A History of Nursery Rhymes* (1899; rpt., edn., Detroit, 1968), 78-80.

13) Thomas Balston, *The Life of Jonathan Martin ...* (London, 1945), 3. 한 예로 다음도 참고할 것. Joseph Bougerel, *Vie de Pierre Gassendi ...* (1737; rpt., edn., Geneva, 1970), 3.

14) Torriano, *Proverbi*, 171.

15) Mar. 7, 1787, Diary of Dr. Samuel Adams, Diary, 1758-1819, New York Public Library; Jan. 4, 1705, Cowper, Diary.

16) Grigffiths, *Youth*, 135; Robert Morgan, *My Lamp Still Burns* (Llandysul, Wales, 1981), 64; Bräker, *Life*, 57-58, 63, 67; Ménétra, *Journal*, 24; Valentin Jamerey-Duval, *Memoires: Enfance et Éducation d'un Paysan au XVIIIe Siècle*, ed. Jean Marie Goulemot (Paris, 1981), 114; Pounds, *Culture*, 273-274, 409.

17) Joachim Schlör, *Nights in the Big City: Paris, Berlin, London 1840-1930*, trans. Pierre Gottfried Imhof and Dafydd Rees Roberts (London, 1998), 57; Alberti, *Family in Renaissance Florence*, trans. Watkins, 107.

18) *PG*, Feb. 11, 1789.

19) *OED*, s.v. "cat's eye"; T. Row, "Hints for Constructing Glasses to Shew Objects if the Night," *GM*, 1777, 59; Lorus Johnson Milne and Margery Joan Milne, *The World of Night* (New York, 1956), 8-9; Faber Birren, *The Power of Color ...* (Secaucus, N. J., 1997), 228-229. 다음도 참고할 것. C. E. Roybet, ed., *Les Serées de Guillaume Bouchet Sieur de Brocourt* (Paris, 1874), III, 238-239.

20) John Caspall, *Making Fire and Light in the Home Pre-1820* (Woodbridge, Eng., 1987), 223-227; O'Dea, *Lighting*, 70-76.

21) Nov. 15, 1729, Sanderson, Diary, 30; *OBP*, Apr. 4, 1733, 119; Thomas Wright, *The Homes of Other Days; A History of Domestic Manners and Sentiments in England ...* (New York, 1871), 460.

22) Eric Patridge, *A Dictionary of the Underworld ...* (New York, 1950), 448;

Eugène Defrance, *Histoire de l'Éclairage des Rules de Paris* (Paris, 1904), 30-33; Christopher Hibbert, *Venice: The Biography of a City* (New York, 1989), 166; Jeremy D. Popkin, ed., *Panorama of Paris: Selections from Le Tableau de Paris, Louis-Sébastien Mercier* (University Park, Pa., 1999), 132.

23) Defoe, *Second Thoughts Are Best ...* (London, 1729), 15; G. C. Faber, ed., *The Poetical Works of John Gay ...* (London, 1926), 81; Popkin, ed., *Panorama of Paris*, 132; *The Novels and Miscellaneous Works of Daniel Defoe* (London, 1885), 515.

24) *OBP*, Oct. 4, 1719, 5.

25) Donald E. Crawford, ed., *Journals of Sir John Lauder* (Edinburgh, 1900), 120; Harry Ross-Lewin, *With "The Thirty-Second" in the Peninsular and other Campaigns*, ed., John Wardell (Dublin, 1904), 146.

26) Torriano, *Proverbi*, 89; Shakespeare, *Venus and Adonis*, 825-826. 또한 지역마다 점차 횃불의 사용을 제한했다. 횃불은 화재의 위험이 있었기 때문에, 17세기 후반에 이르러 도시들은 랜턴의 사용을 권장하기 시작했다. 1725년에 스톡홀름은 왕가에서만 횃불을 사용할 수 있도록 했다. Matthiessen, *Natten*, 28.

27) Tilley, *Proverbs in England*, 471; Anne Elizabeth Baker, comp. *Glossary of Northamptonshire Words and Phrases ...* (London, 1854), 95; G. F. Northall, comp. *A Warwickshire Word-Book ...* (1896; rpt., edn., Vaduz, Liecht, 1965), 167; J. W. Goethe, *Italian Journey, 1786-1788* (New York, 1968), 325; *OED*, s.v. "night-sun."

28) Victor Hugo Paltsits, "Journal of Benjamin Mifflin on a Tour from Philadelphia to Delaware and Maryland, July 26 to Aug. 14, 1762," *Bulletin of the New York Public Library* 39 (1935), 438; Mary Yates, Dec. 11, 1764, Assi 45/28/1/16.

29) William Dickinson, comp. *A Glossary of Words and Phrases Pertaining to the Dialect of Cumberland* (London, 1878), 103; *OBP*, Sept. 15-18, 1762, 164; *Street Lighting Manual: Prepared by the Street and Highway Lighting Committee of the Edison Electric Institute* (New York, 1969), 63-64; Milne and Milne, *World of Night*, 10.

30) Robert Bator, *Masterworks of Children's Literature, 1740-1836: The Middle Period* (New York, 1983), 254; "A.B.," *SJC, Sep.13, 1764;* Margaret Spufford, *Small Books and Pleasant Histories: Popular Fiction and Its Readership in Seventeenth-Century England* (Athens, Ga., 1981), 2; Michael O'Malley, "Time, Work and Task Orientation: A Critique of American Historiography," *Time & Society* 1 (1992), 350.

31) Bradford Torrey, ed. *The Writings of Henry David Thoreau* (Boston, 1906), II, 372; Nov. 21, 1786, Woodforde, *Diary*, II, 284; Edward Browne, *Journal of a Visit to Paris in the Year 1664,* ed. Geoffrey Keynes (London, 1923), 22; Feb. 28, 1664, Pepys, *Diary,* V, 68, I-IX, passim; Swift, *Journal,* I, 356, passim; Nov. 9, 1792, Dorothy Heighes Woodforde. ed., *Woodforde Papers and Diaries* (London, 1932), 80.

32) *OBP*, Dec. 8, 1742, 16; *OED*, s.v. "shepherd's lamp"; John Clare, *Cottage Tales*, ed. Eric Robinson et al. (Manchester, 1993), 88; Baker, comp., *Northamptonshire Glossary*, III, 225; H. J. Deverson, ed., *Journey into Night* (New York, 1966), 138; *OBP*, May 30-31, 1745.

33) *Universal Magazine of Knowledge and Pleasure* 12 (Jan. 1753), 3; *OED*, s.v. "Milky Way," "Walsingham," "Watling street"; Eveline Camilla Gurdon, *Suffolk* (London, 1893), 166; "Impressions of a Night Sky Unaffected by Light Pollution," International Dark-Sky Association, Information Sheet #111, Web: www.darksky.org.

34) Torrey, ed., *Thoreau Writings*, II, 383.

35) June 24, 1801, Drinker, *Diary*, II, 1422; M. McGrath, ed., *Cinnine Amhiaoibh Ui Shuileabháin: The Diary of Humphrey O'Sullivan* (London, 1936-1937), I-IV, passim; Peter Barber, "Journal of a Traveller in Scotland, 1795-1796," *Scottish Historical Review* 36 (1957), 43.

36) Mansie Wauch, *The Life of Mansie Wauch, Tailor in Dalkeith* (Edinburgh, 1827), 85; *ECR*, VIII, 387; William H. Cope, ed., *A Glossary of Hampshire Words and Phrases* (1883; rpt. edn., Vaduz, Liecht., 1965), 23; Walter W. Skeat, ed., *A Collection of English Words ...* (London, 1874), 57, 87, 93; Baker, comp., *Northamptonshire Words and Phrases,* II, 119; Frederic Thomas Elsworthy, comp., *The West Somerset Word-Book ...* (1886; rpt. edn., Vaduz, Liecht., 1965), 575; Jan. 18, 1666, Pepys, *Diary*, VII, 18; Giuseppe Marco Antonio Baretti, *A Dictionary, Spanish and English ...* (London, 1794); *OBP*, Apr. 24-May 1, 1754, 183.

37) Jan. 23, 1786, Woodforde, *Diary*, II, 226; William Hazlitt, *Notes of a Journey through France and Italy* (London, 1826), 179.

38) Diary of Robert Moody, 1660-1663, Bodl., Rawlinson Coll. D. 84; Crawford, ed., *Lauder Journals*, 177; George P. Rawick, ed., *The American Slave: A Composite Autobiography* (Westport, Ct., 1972) XIII, 109. 다음도 참조할 것. Oct. 9, 1662, Pepys, *Diary*, III, 217; Oct. 1, 1794, Woodforde, *Diary*, IV, 138; Barber, "Traveller," 49.

39) William Cobbett, *Rural Rides in Surrey, Kent, and Other Counties* (London, 1948), II, 139; Winslow C. Watson, ed., *Men and Times of the Revolution: or, Memoirs of Elkanah Watson, Including Journals of Travels* (New York, 1856), 59. 다음도 참조할 것. Thomas Hardy, *The Woodlanders* (1887; rpt. edn., London, 1991), 12.

40) George Edward Dartnell and Edward Hungerford Goddard, comp., *A Glossary of Words Used in the County of Wiltshire* (London, 1893), 192; *Autobiography of the Rev. Dr. Alexander Carlyle, Minister of Inveresk ...* (Edinburgh, 1860), 125-126; Barber, "Traveller," 48.

41) Burton E. Stevenson, ed., *The Home Book of Proverbs, Maxims and Familiar Phrases* (New York, 1948), 168; Walter W. Skeat, ed., *Five Reprinted Glossaries ...* (London, 1879), 95; Bernard J. Hibbitts, "Making Sense of Metaphors: Visuality, Aurality and the Reconfiguration of American Legal Discourse," *Cardozo Law Review* 16 (1994), 229-356; Donald M. Lowe, *History of Bourgeois Perception* (Brighton, Eng., 1982), 6-8.

42) Shakespeare, *A Midsummer Night's Dream*, III, 2; Bruce R. Smith, *The Acoustic World of Early Modern England: Attending to the O-Factor* (Chicago, 1999), 58-59.

43) John M. Hull, *Touching the Rock: An Experience of Blindness* (New York, 1990), 166, 83; Julian Jaynes, *The Origin of Consciousness in the Breakdown of the Bicameral Mind* (Boston, 1977), 96-97.

44) Barber, "Traveller," 39; Diary of Rev. William Bennet, 1785, Bodl., Eng. Misc. f. 54, fo. 74; E. P. Thomson, *Customs in Common* (New York, 1991), 362; Joshua Lucock Wilkinson, *The Wanderer ... through France, Germany and Italy in 1791 and 1793* (London, 1798), I, 58; Jasper Danckaerts, *Journal of a Voyage to New York and a Tour in Several of the American Colonies in 1679-80*, ed. and trans. Henry C. Murphy (New York, 1867), 125.

45) Sep. 20, 1971, Walter Johnson, ed., *Gilbert White's Journals* (1931; rpt. edn., New York, 1970), 394; Milne and Milne, *World of Night*, 13-14, 94; Claire Murphy and William Cain, "Odor Identification: The Blind are Better," *Physiology & Behavior* 37 (1986), 177-180. Memories of pungent scents stay with us long after we have forgotten most visual scenes. J. Douglas Porteous, *Landscapes of the Mind; Worlds of Sense and Metaphor* (Toronto, 1990), 34-36.

46) W. Carew Hazlitt, ed., *English Proverbs and Proverbial Phrases ...* (London, 1882), 94; Edward Ward, *The London Spy* (1709; rpt. edn., New York, 1985),

40; Barber, "Traveller," 39; M. Betham-Edwards, ed., *The Autobiography of Arthur Young* (1898; rpt. edn., New York, 1967), 194. 다음도 참고할 것. Sept. 15, 1779, Andrew Oliver, ed., *The Journal of Samuel Curwen, Loyalist* (Cambridge, Mass., 1972), 560.

47) *OED*, s.v. "blind road"; Sept. 16, 1795, "Dr. Pierce's Manuscript Journal," *Massachusetts Historical Society Proceedings*, 2nd Ser., 3 (1886-1887), 52; Laurel Thatcher Ulrich, *A Midwife's Tale: The Life of Martha Ballard, Based on Her Diary, 1785-1812* (New York, 1990), 202; Hull, *Touching the Rock*, 103.

48) Faber, ed., *Gay Works,* 83.

49) Descartes, *Selected Philosophical Writings*, trans. John Cottingham et al. (Cambridge, 1988), 58; Harry Porter, *The Pleasant History of the Two Angry Women of Abington* (n.p., 1599); Oct. 2, 1724, Parkman, *Diary*, 6.

50) Cecil Aspinall-Oglander, ed., *Admiral's Wife: Being the Life and Letters of the Hon. Mrs. Edward Boscawen from 1719 to 1761* (London, 1940), 235; Monique Savoy, *Lumiéres sur la Ville: Introduction et Promotion de l'Electricité en Suisse; L'Éclairage Lausannois, 1881-1921* (Lausanne, 1988), 50.

51) L'Estrange, *Fables of Aesop and Other Eminent Mythologists: With Morals and Reflections* (London, 1699), I, 103.

52) Torrey, ed., *Thoreau Writings,* III, 340

53) *Farley's Bristol Journal*, Feb. 18, 1769; Ward, *London Spy*, III, 48-49; Aileen Riberio, *Dress in Eighteenth-Century Europe, 1715-1789* (New Haven, 2002), 85.

54) *OBP*, July 9-11, 1740, 174; Joseph Lawson, *Letters to the Young on Progress in Pudsey during the Last Sixty Years* (Stanningley, Eng., 1887), 33; Torriano, *Proverbi*, 170.

55) Hadrianus Junius, *The Nomenclator ...* (London, 1585), 160-161; *OED*, s.v. "great-coat"; John Owen, *Travels into Different Parts of Europe, in the Years 1791 and 1792 ...* (London, 1796), II, 81; Tobias Smollett, *The Life and Adventures of Sir Launcelot Greaves* (London, 1762), 239; Daniel Defoe, *The life of ... Robinson Crusoe* (London, 1729), 180; Henry Swinburne, *Travels in the Two Sicilies ...* (London, 1783), II, 308; Jonas Hanway, *An Historical Account of the British Trade over the Caspian Sea ...* (London, 1753), II, 336; Riberio, *Dress,* 22-24, 30-31, 87.

56) W. Hooper, ed., *Letters of Baron Bielfeld ...* (London, 1768), IV, 166; *OED*, s.v. "night-kerchief," "mob"; Tilley, *Proverbs in England*, 296; John Owen, *Travels*

into Different Parts of Europe, in the Years 1791 and 1792 ... (London, 1796), II, 81; Apr. 24, 25, 1665, Pepys, *Diary*, VI, 89; F. Pomey and A. Lovell, *Indiculus Universalis: or, the Universe in Epitome ...* (London, 1679), 68; Riberio, *Dress*, 49.

57) Thomas Burke, *English Night-Life: From Norman Curfew to Present Black-Out* (New York, 1971), 54; Andrew Henderson, ed., *Scottish Proverbs* (Edinburgh, 1832), 69; *OBP*, Oct. 4, 1719, 6; Cohens, *Italy*, 49.

58) Torrington, *Diaries*, III, 290.

59) Nov. 28, 1785, Woodforde, *Diary*, II, 216; James Peller Malcolm, *Anecdotes of the Manners and Customs of London during the Eighteenth Century ...* (London, 1810), I, 145. 다음도 참고할 것. July 30, 1755, Parkman, *Diary*, 293.

60) *LC*, Aug. 18, 1785.

61) Varro, *On the Latin Language*, trans. Roland G. Kent (Cambridge, Mass., 1957), I, 177-179; Censorinus, *De Die Natale*, trans. William Maude (New York, 1900), 40; Henry Hibbert, *Syntagma Theologicum ...* (London, 1662), 30.

62) Augustin Gallo, *Secrets de la Vraye Agriculture ...* (Paris, 1572), 213; Leonard Lawrence, *A Small Treatise betwixt Arnalte and Lucenda* (London, 1639), 7; Nina Gockerell, "Telling Time without a Clock," in Klaus Maurice and Otto Mayr, eds., *The Clockwork Universe: German Clocks and Automata, 1550-1650* (New York, 1980), 137. 이 시간에 대해서는 많은 일차 사료를 읽고 구성한 것이다.

63) Ralph Knevet, *Rhodon and Iris ...* (London, 1631); *OED*, s.v. "hen and chickens,""seven stars"; Weinsberg, *Diary*, I, 59; Gockerell, "Telling Time," 137.

64) Barber, "Traveller," 42; Crusius, *Nocte*, ch. 3.12; Shakespeare, *Hamlet*, I, 2, 198; *The Rape of Lucrece,* 113-119.

65) *OBP*, Oct. 12, 1737, 205; M. D'Archenholz, *A Picture of England ...* (London, 1789), II, 79; Ménétra, *Journal*, 195-196.

66) *SWP*, I, 99; Shakespeare, *Hamlet*, I, 1, 143; Bourne, *Antiquitates Vulgares,* 38; Alan Gailey, "The Bonfire in North Irish Tradition," *Folklore* 88 (1977), 18; Crusius, *Nocte*, ch. 3.36.

67) William Howitt, *The Boy's Country Book* (London, n.d.), 196; Bourne, *Antiquitates Vulgares*, 87, 84, passim; Francis Grose, *A Provincial Glossary* (1787; rpt. ed., Menston, Eng., 1968), 3, 2. 다음도 참고할 것. James Dawson Burn, *The Autobiography of a Beggar Boy*, ed. David Vincent (London, 1978), 67; Bartholomäus Sastrow et al., *Social Germany in Luther's*

Time: Being the Memoirs of Bartholomew Sastrow, trans. H. A. L. Fisher (Westminster, Eng., 1902), 291.

68) Lynn Doyle, *An Ulster Childhood* (London, 1926), 61; Charles Jackson, ed., *The Diary of Abraham De la Pryme, the Yorkshire Antiquary* (Durham, Eng., 1870), 39. 다음도 참조할 것. *Life and Struggles of William Lovett ...* (London, 1876), 11.

69) *OBP*, Jan. 16-20, 1752, 48; Mattiessen, *Natten*, 63; Oct. 27, 1771, Basil Cozens-Hardy, ed., *The Diary of Sylas Neville, 1767-1788* (London, 1950), 132; Richard Cobb, *Paris and Its Provinces, 1792-1802* (New York, 1975), 45; Paul Zumthor, *Daily Life in Rembrandt's Holland* (New York, 1963), 249; James Lackington, *Momoirs of the First Forty-Five Years ...* (London, 1792), 34.

70) June 23, 1745, Lewis, Diary, 184; "Journal of P. Oliver, 1776-1810," Egerton Mss. 2672, I, fo. 68, BL; Diary of John Leake, 1713, Rawlinson Mss., D. 428, fo. 37, Bodl.; F. Platter, *Journal*, 36.

71) Taillepied, *Ghosts*, 78; Moryson, *Itinerary*, IV, 294; *Early Prose and Poetical Works of John Taylor the Water Poet (1580-1653)* (London, 1888), 156; *Letters from Minorca ...* (Dublin, 1782), 213; Matthiessen, *Natten*, 24.

72) Clare Williams, ed., *Thomas Platter's Travels in England, 1599* (London, 1937), 150; Sept. 19, 1662, Pepys, *Diary*, III, 201; Paolo Da Certaldo, *Libro di Buoni Costumi*, ed. Alfredo Schiaffini (Florence, 1945), 14; *OBP*, Oct. 17-19, 1749, 163; Mrs. Grant, *Essays on the Superstitions of the Highlanders of Scotland ...* (New York, [1831?]), I, 121; Jackson, ed., *De la Pryme Diary*, 71; Schindler, *Rebellion*, 215.

73) Yves-Marie Bercé, *History of Peasant Revolts; The Social Origins of Rebellion in Early Modern France*, trans. Amada Whitmore (Ithaca, N. Y., 1990), 278; Diary of James Scudamore, ca. 1710, Hereford City Library, Eng.; Feb. 13, 14, 1667, Pepys, *Diary*, VIII, 60, 62; Lawrence F. Stone, *The Family, Sex and Marriage in England, 1500-1800* INew York, 1977), 94.

74) Nov. 18, 1762, Frederick A. Pottle, ed., *Boswell's London Journal, 1762-1763* (New York, 1950), 43. 다음도 참조할 것. Dec. 17, 1769, Woodford, *Diary*, I, 95.

75) Brian Hill, *Observations and Remarks in a Journey through Sicily and Calabria* (London, 1792), 49; Journal of Twisden Bradbourn, 1693-1967, 1698, 103, Miscellaneous English Manuscripts C. 206, Bodl. 노엘 타유피에는 "성수 예절을 지키면 악령의 악의와 공격으로부터 확실한 보호를 받을 수 있다"고 썼다. *Ghosts*, 174.

76) Grose, *Provincial Glossary*, 70; R. D. Oliver Heslop, comp., *Northumberland*

Words ... (London, 1894), I, 204; Brand 1848, III, 15; Muchembled, *Popular Culture*, trans. Cochrane, 84-85; Enid Porter, *Cambridgeshire Customs and Folklore* (New York, 1969), 62; Paul-Yves Sébillot, *Le Folklore de la Bretagne* ... (Paris, 1968), II, 132; Jean Delumeau, *La Peur en Occident, XIVe-XVIIIe Siècles: Une Cité Assiégée* (Paris, 1978), 92; William Dillon Piersen, *Black Yankees: The Development of an Afro-American Subculture in Eighteenth-Century New England* (Amherst, Mass., 1988), 85.

77) Faber, ed., *Gay Works*, 81; Rousseau, *Emile*, trans. Bloom, 148; John Burnap, July 10, 1766, Assi 45/28/2/97c. 다음도 참조할 것. Thomas Hardy, *The Trumpet-Major* ... (1912; rpt, edn., New York, 1984), 274.

78) Remarks 1717, 175; Watson, ed., *Men and Times,* 115; Bernard Mandeville, *An Enquiry into the Causes of the Frequent Executions at Tyburn,* ed. Malvin R. Zirker, Jr. (Los Angeles, 1964), 10; Muchembled, *Violence*, 65, 120-121.

79) Schindler, *Rebellion*, 223; Muchembled, *Violence*, 120-123, 259; William Mowfitt, Aug. 14, 1647, Assi 45/2/1/229; T. Platter, *Journal*, 197; Pinkerton, *Travels*, I, 224; Mily Harrison and O. M. Royston, comp., *How They Lived* ... (Oxford, 1965), II, 253; *OBP*, May 2-5, 1739, 73; Rousseau, *Emile*, trans. Bloom, 138.

80) Anna Brzozowska-Krajka, *Polish Traditional Folklore: The Magic of Time* (Boulder, Colo., 1998), 63; Sébillot, *Folklore de la Bretagne*, II, 162; *Autobiography of the Blessed Mother Anne of Saint Bartholomew* (St. Louis, 1916), 15; Casey, ed., *Jean Paul*, trans. Casey, 339; F. Platter, *Journal*, 104.

81) Abel Boyer, *Dictionaire Royal* ... (Amsterdam, 1791); Paul Monroe, *Thomas Platter and the Educational Renaissance of the Sixteenth Century* (New York, 1904), 161, 107; Dietz, *Surgeon*, 110-111. 다음도 참조할 것. Stephen Bradwell, *A Watch-Man for the Pest* ... (London, 1625), 39.

82) Llewellynn Jewitt, ed., *The Life of William Hutton* ... (London, 1872), 159; Bräker, *Life*, 58; David Pulsifer, ed., *Records of the Colony of New Plymouth in New England* (Boston, 1861), XI, 106; Dec. 13, 1765, Frank Brady and Frederick A. Pottle, eds., *Boswell on the Grand Tour: Italy, Corsica, and France, 1765-1766* (New York, 1955), 232.

83) Feb. 7, 1704, Cowper, Diary.

84) Jan. 29, 1735, Clegg, *Diary*, I, 217; June 14, 1757, Turner, *Diary*, 100.

85) *SWP*, II, 560-561; Oct. 28, 1833, McGrath, ed., *O'Sullivan Diary*, III, 247.

제3부 밤의 영토

전주곡

1) L. E. Kastner, ed., *The Poetical Works of William Drummond of Hawthornden ...* (New York, 1968), I, 46.
2) Flaherty, *Privacy*, 94; David Levine & Keith Wrightson, *The Making of an Industrial Society: Whickham, 1560-1765* (Oxford, 1991), 280.
3) Penry Williams, *The Later Tudors: England, 1547-1603* (Oxford, 1995), 515; G. R. Quaife, *Wanton Wenches and Wayward Wives: Peasants and Illicit Sex in Early Seventeenth Century England* (London, 1979), 180-181.
4) Gottfried Von Bulow, ed., "Diary of the Journey of Philip Julius, Duke of Stettin-Pomerania, through England in the Year 1602," *Transactions of the Royal Historical Society*, New Ser., 6 (1892), 65.
5) Oct. 16, 1773, Frederick A. Pottle & Charles H. Bennett, eds., *Boswell's Journal of a Tour to the Hebrides with Samuel Johnson, LL.D., 1773* (New York, 1961), 312; *A View of London and Westminster ...* (London, 1725), 5-6.
6) Mar. 27, 1782, Sanger, *Diary*, 409; Yves Castan, "Politics and Private Life," in *HPL* III, 49; Lorna Weatherill, *Consumer Behavior and Material Culture in Britain, 1660-1760* (London, 1988), 76-77, 80, 88, 168.
7) "B," *Westminster Magazine* 8 (1780), 16. 다음도 참고할 것. Georg Christoph Lichtenberg, *Aphorisms*, ed. R. J. Hollingdale (London, 1990), 44-45; Lena Cowen Orlin, ed., *Elizabethan Households: An Anthology* (Washington, D.C., 1995), 119-120; *SAS*, II, 311.
8) Norman Egbert McClure, ed., *The Letters of John Chamberlain* (Philadelphia, 1939), I, 283; May 17, 1709, PL 27/2; *OBP*, Apr. 28-May 3, 1742, 77; *SAS*, II, 311; Levine & Wrightson, *Making of an Industrial Society*, 281; Roger Thompson, "'Holy Watchfulness' and Communal Conformism: The Functions of Defamation in Early New England Communities," *New England Quarterly* 56 (1983), 513.
9) John Aubrey, *Miscellanies upon Various Subjects* (London, 1857), 215; *British Magazine*, 2 (1747), 441; Alexandre Wolowski, *La Vie Quotidienne en Pologne au XVIIe Siècle* (Paris, 1972), 184; Breton, *Works*, II, 11.
10) Kathleen Elizabeth Stuart, "The Boundaries of Honor: 'Dishonorable People' in Augusburg, 1500-1800" (Ph.D. diss., Yale Univ., 1993), 26, 38-40; Jütte. *Poverty*, 164; Ruth Mellinkoff, *Outcasts: Signs of Otherness in Northern*

European Art of the Late Middle Ages (Berkeley, Calif., 1993), 43–47, 184–190; Raffaella Sarti, *Europe at Home: Family and Material Culture, 1500-1800*, trans. Allan Cameron (New Haven, 2002), 207–211.

11) *Weekly Rehearsal* (Boston), Apr. 24, 1732; Schindler, *Rebellion*, 288–289; Mellinkoff, *Outcasts*, 188–193.

12) *OED*, s.v. "privacy," "private," "privy," "privity"; *The Bastard* (London, 1652), 71; *Herbert's Devotions* ... (London, 1657), 217; Flaherty, *Privacy*, 1–13; Ronald Huebert, "Privacy: The Early Social History of a Word," *Sewanee Review*, 105 (1997), 21–38.

13) Frederick J. Furnivall, ed., *Philip Stubbes's Anatomy of the Abuses in England in Shakespeare's Youth, A.D. 1583* (London, 1877), I, 329; Natalie Zemon Davis, *Society and Culture in Early Modern France* (Stanford, Calif., 1975), 97–123; Maria José del Rio, "Carnival, the World Upside Down," in Robert Muchembled et al., *Popular Culture* (Danbury, Ct., 1994), 83–84.

14) Harrison, *Description*, 36; David Cressy, *Bonfires and Bells: National Memory and the Protestant Calendar in Elizabethan and Stuart England* (London, 1989), passim; Griffiths, *Youth*, 156–158; Burke, *Popular Culture*, 194–196.

15) Richard Lassels, *An Italian Voyage* ... (London, 1698), II, 118; Iain Cameron, *Crime and Repression in the Auvergne and the Guyenne, 1720-1790* (Cambridge, 1987), 197–198; David Chambers & Trevor Dean, *Clean Hands and Rough Justice: An Investigating Magistrate in Renaissance Italy* (Ann Arbor, Mich., 1997), 20. 다음도 참고할 것. Donald E. Crawford, ed. *Journals of Sir John Lauder* (Edinburgh, 1900), 118; Schindler, *Rebellion*, 200–201.

16) *The Works of Mr. Thomas Brown in Prose and Verse* ... (London, 1708), III, 114; *The Poems of the Late Christopher Smart* ... (London, 1790), II, 9; Charles Gildon, *The Post-Boy Rob'd of His Mail* ... (London, 1692), 147; Mr. Dibdin, *The Lamplighter* ([London, 1790?]); Kenneth J. Gergen et al., "Deviance in the Dark," *Psychology Today* 7 (1973), 129–130.

17) Alastair Fowler, ed., *The New Oxford Book of Seventeenth Century Verse* (Oxford, 1991), 416; Bernard Bailyn, "The Boundaries of History: The Old World and the New," in *The Dedication of the Casperen Building* ... (Providence, 1992), 36; *The London Jilt: or, the Politick Whore* ... (London, 1683), Pt. II, 156; Aphra Behn, *Five Plays* ..., ed. Maureen Duffy (London, 1990), 35; Dionysius, "Contemplations by Moonlight," *European Magazine* 34 (1798), 307.

18) Rétif de la Bretonne, *Les Nuits de Paris, ou le Spectateur-Nocturne*, eds. Jean

Varloot & Michel Delon (Paris, 1986), 38; Edward Young, *Night Thoughts*, ed. Stephen Cornfield (Cambridge, 1989), 122; Bernard le Bovier de Fontenelle, *Conversations on the Plurality of Worlds*, trans. H. A. Hargreaves (Berkeley, Calif., 1990), 10; J. W. Goethe, *Italian Journey, 1786-1788* (New York, 1968), 182; Lewis, Diary, 161.

6장 밤의 작업: 일

1) Mill, *A Nights Search: Discovering the Nature and Condition of all Sorts of Night-Walkers ...* (London, 1639).
2) John 9:4; *Paroimiographia* (Spanish), 22; Georgina F. Jackson, comp., *Shropshire Word-Book ...* (London, 1879), 38; Grose, *Dictionary*.
3) Gerhard Dohrn-van Rossum, *History of the Hour: Clocks and Modern Temporal Orders*, trans. Thomas Dunlap (Chicago, 1996), 293, 235, 246; Torriano, *Proverbi*, 171; Verdon, *Night*, 110-112; Monica Chojnacka & Merry E. Wiesner-Hanks, eds., *Ages of Woman, Ages of Man: Sources in European Social History, 1400-1750* (London, 2002), 159; Wilson, *English Proverbs*, 122; Henri Hauser, *Ouvriers du Temps Passé XVe-XVIe Siècles* (Paris, 1927), 82-83.
4) Dohrn-van Rossum, *History of the Hour*, trans. Dunlap, 311-312, 294; G. C. Coulton, ed., *Life in the Middle Ages* (Cambridge, 1929), 99; Hauser, *Ouvriers*, 82-85; Silvia Mantini, "Per Un'Immagine Della Notte," *Archivio Storico Italiano* 4 (1985), 578-579; Maurice Bouteloup, "Le Travail de Nuit dans la Boulangerie" (Ph.D. diss., Université de Paris, 1909), 2.
5) Jan. 13, 1573, I. H. Van Eeghen, ed., *Dagboek Van Broeder Wouter Jacobsz (Gaultherus Jacobi Masius Prior Van Stein: Amsterdam, 1572-1578, En Montfoort, 1578-1579)* (Gronningen, Neth, 1959), I, 134; R. H. Tawney & Eileen Power, eds., *Tudor Economic Documents: Being Select Documents Illustrating the Economic and Social History of Tudor England* (London, 1953), I, 342; Pierre Goubert, *The French Peasantry in the Seventeenth Century*, trans. Ian Patterson (Cambridge, 1986), 100; Helen Simpson, ed. & trans., *The Waiting City: Paris 1782-88 ...* (Philadelphia, 1933), 75.
6) Anthony Horneck, *The Happy Ascetick, or, the Best Exercise* ([London], 1680), 409; Torriano, *Proverbi*, 104; Erskine Beveridge, comp., & J. D. Westwood, ed., *Fegusson's Scottish Proverbs from the Original Print of 1641 ...* (Edinburgh, 1924), 266.
7) Burkitt, *The Poor Man's Help ...* (London, 1694), 16.

8) Thompson, "Time, Work-Discipline, and Industrial Capitalism," *PP* 38 (1967), 73, 56-97, passim.

9) "John Dane's Narrative," *New England Historical and Geneological Register* 8 (1854), 150; *ECR*, II, 150; Ménétra, *Journal*, 32-33; *OBP*, Sept. 7, 1722.

10) Wilson, *English Proverbs*, 169; Thomas Dekker, *The Seven Deadly Sinnes of London*, ed. H. F. B. Brett-Smith, ed. (New York, 1922), 30; *OBP*, Feb. 2-Mar. 2, 1765, 120; John Clayton, *Friendly Advice to the Poor ...* (Manchester, 1755), 37; Franco Sacchetti, *Tales from Sacchetti*, trans. Mary G. Steegman (1908, rpt. edn., Westport, Ct., 1978), 231.

11) Gaetano Zompini, *Le Arti Che Vanno per Via Nella Città di Venezia* (Venice, 1785), plate 15, passim; Max J. Okenfuss, trans., *The Travel Diary of Peter Tolstoi: A Muscovite in Early Modern Europe* (DeKalb, Ill., 1987), 301; Marybeth Carlson, "Domestic Service in a Changing City Economy: Rotterdam, 1680-1780" (Ph.D. diss., Univ. of Wisconsin, 1993), 158; Tim Meldrum, *Domestic Service and Gender, 1660-1750: Life and Work in the London Household* (Harlow, Eng., 2000), 150-51; *OBP*, Oct. 12, 1726, 3; Thompson, "Time, Work-Discipline," 60; Legg, *Low-Life*, 10; Restif de la Bretonne, *Oeuvres* (Geneva, 1971), II, 148-149.

12) Mar. 25, 1661, Pepys, *Diary*, II, 60; J. W. Goethe, *Italian Journey, 1786-1788* (New York, 1968), Part II, 315; *OED*, s.v. "bunter."

13) Beveridge, comp., & Westwood, ed., *Scottish Proverbs*, 25; Jan. 18, 1624, Beck, *Diary*, 34; *A General Description of All Trades ...* (London, 1747), 204, passim; John Collinges, *The Weaver Pocket-Book, or, Weaving Spiritualized ...* (n.p., 1695), 87; William Howitt, *The Boy's Country Book* (London, n.d.), 12-13.

14) Dec. 24, 1660, Pepys, *Diary*, I, 322; Joan Wake & Deborah Champion Webster, eds., *The Letters of Daniel Eaton to the Third Earl of Cardigan, 1725-1732* (Kettering, Eng., 1971), 72; R. Campbell, *The London Tradesman; Being a Compendius View of All the Trades, Professions, Arts, both Liberal and Mechanic now Practised in the Cities of London and Westminster* (London, 1747), passim; *Descriptions of Trades*, passim.

15) Steven L. Kaplan, *The Bakers of Paris and the Bread Question, 1700-1775* (Durham, N.C., 1996), 227, passim; Bouteloup, "Travail de Nuit," 3-5; *Descriptions of Trades*, 10-11.

16) Campbell, *London Tradesman*, 264, 332; *OBP*, Jan. 17, 1728, Apr. 24-27, 1745, 104; Apr. 2, 8, 1777, Clement Young Sturge, ed., *Leaves from the Past: The*

Diary of John Allen, Sometime Brewer of Wapping (1757-1808) ... (Bristol, 1905), 30, 34.

17) Celia Fiennes, *The Illustrated Journeys of Celia Fiennes, 1685-c.1712*, ed. Christopher Morris (London, 1982), 70; "Speculations," *PA*, July 15, 1763; *The Memoirs of Charles-Lewis Baron de Pollnitz ...* (London, 1739), I, 410; Bouteloup, "Travail de Nuit," 2; *The Lawes of the Market* (London, 1595).

18) T. Platter, *Journal*, 46; Woodward, ed., *Books*, 108; Goubert, *French Peasantry*, trans. Patterson, 140; John Webster, *The Displaying of Supposed Witchcraft ...* (London, 1677), 299.

19) Edward Halle, *The Union of the Two Nobles and Illustrious Families of Lancaster & Yorke ...* (n.p., 1548), fo. xli; Sigrid Maurice & Klaus Maurice, "Counting the Hours in Community Life of the 16th and 17th Centuries," in Klaus Maurice & Otto Mayr, eds., *The Clockwork Universe: German Clocks and Automata, 1550-1650* (New York, 1980), 149; Moryson, *Itinerary*, I, 22-23; Pinkerton, *Travels*, I, 329.

20) Margaret Killip, *The Folklore of the Isle of Man* (Totowa, N. J., 1976), 170; Garnet, *Lampen*, 102, 278; Schindler, *Rebellion*, 194; James Orchard Halliwell, *A Dictionary of Archaic and Provincial Words ...* (London, 1865), II, 924; Robert Greene, *A Quip for an Upstart Courtier* (1594, rpt. edn., Gainesville, Fla., 1954); George Latimer Apperson, *English Proverbs and Proverbial Phrases: A Historical Dictionary* (London, 1929), 78; Paul Mantoux, *The Industrial Revolution in the Eighteenth Century: An Outline of the Beginnings of the Modern Factory System in England* (London, 1952), 77; LE-P, Nov., 6, 1760.

21) Marjorie McIntosh, "The Diversity of Social Capital in English Communities, 1300-1640 (with a Glance at Modern Nigeria)," *JIH* 26 (1995), 471; Carol F. Karlsen, *The Devil in the Shape of a Woman: Witchcraft in Colonial New England* (New York, 1984), 171; Thomas Tusser, *Five Hundred Pointes of Good Husbandrie*, eds. V. Payne & Sidney J. Herrtage (London, 1878), 162; Raffaella Sarti, *Europe at Home: Family and Material Culture, 1500-1800*, trans. Allan Cameron (New Haven, 2002), 190-191.

22) Wilson, *English Proverbs*, 909; *RB*, III, Pt. 1, 302-303; Laurel Thatcher Ulrich, *A Midwife's Tale: The Life of Martha Ballard, Based on Her Diary, 1785-1812* (New York, 1990), 210; Stephen Duck, *The Thresher's Labour* (1736); Mary Collier, *The Woman's Labour* (1739) (rpt. edn., Los Angeles, 1985), 15; *Province and Court Records of Maine* (Portland, Maine, 1928), I, 140; Caroline

Davidson, *A Woman's Work is Never Done: A History of Housework in the British Isles, 1650-1950* (London, 1982), 15.

23) Nov. 20, 1660, Pepys, *Diary*, I, 297; Mary Stower, Dec. 15, 1727, Assi 45/18/15/84; *OBP*, Apr. 28-May 4, 1756, 179; Davidson, *Woman's Work*, 136-152.

24) Collier, *Woman's Labour*, 16; Helen & Keith Kelsall, *Scottish Lifestyle 300 Years Ago: New Light on Edinburgh and Border Families* (Edinburgh, 1986), 97; Timothy J. Casey, ed., *Jean Paul: A Reader*, trans. Erika Casey (Baltimore, 1992), 339; *SAS*, XIV, 320, XV, 125; Richard Harvey, "The Work and Mentalité of Lower Orders Elizabethan Women," *Exemplaria* 5 (1993), 418-419.

25) *OBP*, Dec. 3, 1729, 6; "Extract of a Letter from Edinburgh, dated June 27," *SJC*, July 6, 1769; Catherine Parker, Jan. 7, 1773, Assi 45/31/1/55; *OBP*, Dec. 7-12, 1763, 2.

26) Grose, *Dictionary*; Tusser, *Good Husbandrie*, ed. Payne and Herrtage, 58; July 7, 1663, Pepys, *Diary*, IV, 220; Ferdinando Bottarelli, *The New Italian, English and French Pocket-Dictionary ...* (London, 1777), III; Gerald Strauss, *Nuremberg in the Sixteenth Century: City Politics and Life Between Middle Ages and Modern Times* (Bloomington, Ind., 1976), 192; James Clifford, "Some Aspects of London Life in the Mid-18th Century," in Paul Fritz & David Williams, eds., *City & Society in the 18th Century* (Toronto, 1973), 23-24; Burt, Letters, I, 25; Susan B. Hanley, "Urban Sanitation in Preindustrial Japan," *JIH* 18 (1987), 1-26.

27) Donald Lupton, *London and the Countrey Carbonadoed and Quartered into Severall Characters* (1632; rpt. edn. Amsterdam, 1977), 94-96; Kathleen Elizabeth Stuart, "The Boundaries of Honor: 'Dishonorable People' in Augsburg, 1500-1800 (Ph.D. diss., Yale Univ., 1993), 171-175; Mar. 5-7, 1799, Drinker, *Diary*, II, 1142-1143; Clifford, "London Life," 27.

28) Daniel Defoe, *A Journal of the Plague Year ...* (1722; rpt. edn., London, 1927), 223, 233, passim; James S. Amelang, *A Journal of the Plague Year: The Diary of the Barcelona Tanner Miguel Parets, 1651* (New York, 1991), 82; *OED*, s.v. "vespillon"; F. Altieri, *Dizionario Italiano* ed. Inglese ... (London, 1726), I; *A Report of the Record Commissioners of the City of Boston, Containing the Selectmen's Minutes from 1764 to 1768* (Boston, 1889), 12; Aug. 15, 20, 1665, Pepys, *Diary*, VI, 192, 199; Michael Kunze, *Highroad to the Stake: A Tale of Witchcraft*, trans. William E. Yuill (Chicago, 1987), 163.

29) *The Ecologues and Georgics of Virgil*, trans. C. Day Lewis (Garden City, N. Y.,

1964), 105.

30) Oct. 21, 1807, Diary of Hiram Harwood (typescript), Bennington Historical Society, Bennington, Vt.; *A Journal for the Years 1739-1803 by Samuel Lane of Stratham New Hampshire*, ed. Charles J. Hanson (Cornford, N. H., 1937), 29; "Mus Rusticus," *SJC*, Apr. 27, 1773; Crusius, *Nocte*, ch. 4.25; Lucius Junius Moderatus Columella, *On Agriculture and Trees*, trans. E. S. Forster & Edward H. Heffner (Cambridge, Mass., 1955), III, 57.

31) Nov. 4, 1777, Sanger, *Journal*, 165; passim; *SAS*, XVII, 597; July 1, 1767, Cole *Diary*, 236; May 7, 1665, James M. Rosenheim, ed., *The Notebook of Robert Doughty, 1662-1665* (Aberystwyth, Wales, 1989), 54.

32) Aug. 27, 1691, H. J. Morehouse & C. A. Hulbert, eds., *Extracts from the Diary of the Rev. Robert Meeke* (London, 1874), 43; Awnsham Churchill, comp., *A Collection of Voyages and Travels ...* (London, 1746), VI, 729; Journal of James Robertson, 1767, 118, Manuscripts, National Library of Scotland, Edinburgh; William W. Hagen, *Ordinary Prussians: Brandenburg, Junkers and Villagers (1500-1840)* (Cambridge, 2002), 120.

33) John Brown, Mar. 19, 1777, Assi 45/33/10c; Augustin Gallo, *Secrets de la Vraye Agriculture ...* (Paris, 1572), 16; Tusser, *Good Husbandrie*, ed., Payne & Herrtage, 177; Charles Stevens & John Liebault, comps., *Maison Rustique, or, the Countrey Farme*, trans. Richard Surflet (London, 1616), 22.

34) Apr. 25, 1698, Diary of John Richards, 52, Dorset Record Office, Bournemouth, Eng.; Best, *Books*, 124; Feb. 27, 1692, Sewall, *Diary*, I, 288; Patten, *Diary*, 190; July 26, 1749, Parkman, *Diary*, 199; Aug. 21, 1782, Sanger, *Journal*, 432; Cole, *Diary*, 90.

35) Halliwell, *Archaic and Provincial Words*, I, 149; Giacomo Agostinetti, *Cento e Dieci Ricordi Che Formano il Bvon Fattor di Villa* (Venice, 1717), 230; Feb. 23, 1764, Carter, *Diary*, I, 257, passim, II, passim; Aug. 14, 1672, Isham, *Diary*, 139; "Henry Vagg," *B. Chron.*, June 28, 1788; Howitt, *Country Book*, 71; Henry Fielding, *The History of the Adventures of Joseph Andrews* (New York, 1950), 158; *Yorkshire Diaries & Autobiographies in the Seventeenth and Eighteenth Centuries* (Durham, Eng., 1886), 106; Best, *Books*, 145.

36) Stevens & Liebault, comps., *Maison Rustique*, trans. Surflet, 24-26; Leonard Digges & Thomas Digges, *A Prognostication Everlasting ...* (London, 1605), fo. 6; Piero Camporesi, *The Anatomy of the Senses: Natural Symbols in Medieval and Early Modern Italy* (Cambridge, 1994), 196-197.

37) Best, *Books*, 152; Nov. 7, 1774, Feb. 5, 1776, Mar. 13, 1779, Sanger, *Journal*, 13,

86, 236; James Kelly, *A Complete Collection of Scottish Proverbs ...* (London, 1818), 212; Jasper Charlton, *The Ladies Astronomy and Chronology ...* (London, 1735), 35; "Charles Ley," *SWA* or *LJ*, Dec. 10, 1770; "On the Harvest Moon," *SJC*, Sept., 1, 1774.

38) *SAS*, XVII, 557; Robert Southey, *Journal of a Tour in Scotland*, ed. C. H. Hertford (London, 1929), 113-114; P. Brydone, *A Tour through Sicily and Malta ...* (London, 1773), 220; Patten, *Diary*, passim; *SAS*, XIII, 602.

39) Jonas Hanway, *An Historical Account of the British Trade over the Caspian Sea ...* (London, 1753), II, 216; "A Visit to Rome in 1736," *GM* 39 (1853), 264; Gallo, *Secrets de la Vraye Agriculture*, 370, 204; Moryson, *Unpublished Itinerary*, 355; Pinkerton, *Travels*, VI, 370; Samuel Deane, *The New England Farmer ...* (Worcester, Mass., 1790), 327.

40) *NYWJ*, May 4, 1741; John Lough, *France Observed in the Seventeenth Century by British Travellers* (Stockfield, Eng., 1984), 44; Cohens, *Italy*, 168, 268-269. 다음도 참고할 것. William Langland, *Piers Plowman: The C Version*, trans. George Economou (Philadelphia, 1996), 43.

41) Hester Lynch Piozzi, *Observations and Reflections Made in the Course of a Journey through France, Italy, and Germany*, ed. Herbert Barrows (Ann Arbor, Mich., 1967), 103-104; Joseph Palmer, *A Four Months Tour through France* (London, 1776), II, 13; Jan. 28, 1708, Cowper, Diary; Jeremy D. Popkin, ed., *Panorama of Paris: Selections from Le Tableau de Paris, Louis-Sébastien Mercier* (University Park, Pa., 1999), 96; *NYWJ*, Aug. 20, 1750; Richard Cobb, *Paris and Its Provinces, 1792-1802* (New York, 1975), 18-19, 26-27.

42) *Paroimiographia* (French), 21; Columella, *On Agriculture and Trees*, trans. Forster & Heffner, III, 123; Josiah Tucker, *Instructions for Travellers, 1757* (New York, n.d.), 243; Patricia James, ed., *The Travel Diaries of Thomas Robert Malthus* (London, 1966), 73; G. E. Fussell & K. R. Fussell, *The English Countrywoman: A Farmhouse Social History, A. D. 1500-1900* (New York, 1971), 38, 69-70.

43) Feb. 9, 12, 1767, Woodforde, *Diary*, I, 62; Rétif de la Brétonne, *My Father's Life*, trans. Richard Veasey (Gloucester, Eng., 1986), 162; Apr. 8, 1777, Sanger, *Journal*, 139, passim; *Markham's Farewell to Husbandry ...* (London, 1620), 146.

44) Philip D. Morgan, *Slave Counterpoint: Black Culture in the Eighteenth-Century Chesapeake and Lowcountry* (Chapel Hill, N.C., 1998), 153, 168, 191, 195.

45) Taylor, *A Preter-Pluperfect ...* (n.p., 1643), 1.

46) Verdon, *Night*, 113-114; "Mus Rusticus," *SJC*, Apr. 27, 1773; Jeffry Kaplow, *France on the Eve of Revolution: A Book of Readings* (New York, 1971), 145; *OBP*, Apr. 17-20, 1765, 174; Frank Cundall, ed., *Lady Nugent's Journal: Jamaica One Hundred and Thirty-eight Years Ago* (London, 1939), 86; Michael Sonenscher, "Work and Wages in Paris in the Eighteenth Century," in Maxine Berg et al., eds., *Manufacture in Town and Country before the Factory* (Cambridge, 1983), 167.

47) Bouteloup, "Travail de Nuit," 3; Lydia Dotto, *Losing Sleep: How Your Sleeping Habits Affect Your Life* (New York, 1990), 226, 229; Kaplan, *Bakers of Paris*, 264-265.

48) *SAS*, IX, 480.

49) *OBP*, Aug. 28, 1728; Peter Linebaugh, *The London Hanged: Crime and Civil Society in the Eighteenth Century* (Cambridge, 1992), 377; Robert C. Davis, *Shipbuilders of the Venetian Arsenal: Workers and Workplace in the Preindustrial City* (Baltimore, 1991), 160-161; Beattie, *Crime*, 175-178. 다음도 참고할 것. Kaplan, *Bakers of Paris*, 244.

50) Marry E. Wiesner, *Working Women in Renaissance Germany* (New Brunswick, N. J., 1986), 94; "Dane's Narrative," 150; *ECR*, II, 373.

51) Bräker, *Life*, 76, 56; Thompson, "Time, Work-Discipline," 77; Paul Monroe, ed., *Thomas Platter and the Educational Renaissance of the Sixteenth Century* (New York, 1904), 155-156. 다음도 참고할 것. Émile Guillaumin, *The Life of a Simple Man*, ed. Eugen Weber, trans. Margaret Crosland (Hanover, N.H., 1983), 74.

52) Evangeline W. & Charles M. Andrews, eds., *Journal of a Lady of Quality: Being the Narrative of a Journey from Scotland to the West Indies, North Carolina, and Portugal, in the Years 1774 to 1776* (New Haven, 1923), 108; Morgan, *Slave Counterpoint*, 138, 140, 251-253, 358-376, passim; Roderick A. McDonald, *The Economy and Material Culture of Slaves: Goods and Chattels on the Sugar Plantations of Jamaica and Louisiana* (Baton Rouge, 1993), 47.

53) Piero Camporesi, *Bread of Dreams: Food and Fantasy in Early Modern Europe*, trans. David Gentilcore (Chicago, 1989), 96; June 15, 1760, Drinker, *Diary*, I, 66; *SAS*, XI, 110; William Moraley, *The Infortunate: or, the Voyage and Adventures of William Moraley ...* (NewCastle, Eng., 1743), 51; George Lyman Kittredge, *The Old Farmer and His Almanack ...* (New York, 1967), 172-173; Roger D. Abrahams, *Singing the Master: The Emergence of African*

American Culture in the Plantation South (New York, 1982), 81.

54) J. J. Evans, ed., *Welsh Proverbs ...* (Llandysul, Wales, 1965), 23; Tilley, *Proverbs in England*, 753.

55) Abel Boyer, *Dictionaire Royal ...* (Amsterdam, 1719); Mr. Ozell, trans., *M. Misson's Memoirs and Observations in His Travels over England* (London, 1719), 332; Suzanne Tardieu, *La Vie Domestique dans le Mâconnais Rural Préindustriel* (Paris, 1964), 154-161; Verdon, *Night,* 117-123; Hans Medick, "Village Spinning Bees: Sexual Culture and Free Time among Rural Youth in Early Modern Germany," in Hans Medick & David Warren Sabean, eds., *Interest and Emotion: Essays on the Study of Family and Kinship* (Cambridge, 1984), 317-339; Stephen P. Frank, "'Simple Folk, Savage Customs?' Youth, Sociability, and the Dynamics of Culture in Rural Russia, 1856-1914," *JSH* 25 (1992), 716, 711-737, passim; Alessandro Falassi, *Folklore by the Fireside: Text and Context of the Tuscan Veglia* (Austin, 1980), 3, 248, passim; Dec. 16, 1783, Lady T. Lewis, ed., *Journals and Correspondence of Miss Berry* (London, 1865), I, 53; Darryl Ogier, "Night Revels and Werewolfery in Calvinist Guernsey," *Folklore* 109 (1998), 54-56; Magnús Gíslason, *Kvällsvaka: En Isländsk Kulturtradition Belyst Genom Studier i Bondebefolkningens Vardagsliv och Miljö Under Senare Hälften av 1800-Talet och Början av 1900-Talet* (Uppsala, 1977); James H. Delargy, "The Gaelic Story-Teller, with Some Notes on Gaelic Folk-Tales," *Proceedings of the British Academy 3*1 (1945), 191-192; SAS, VI, 482-483; Mrs. Grant, *Essays on the Superstitions of the Highlanders of Scotland ...* (New York, [1831?]), I, 103; Hugh Evans, *The Gorse Glen* (Liverpool, 1948), 146.

56) Leona C. Gabel, ed., *Memoirs of a Renaissance Pope: The Commentaries of Pius II, an Abridgement*, trans. Florence A. Gragg (New York, 1962), 35; G. E. Mingay, "Rural England in the Industrial Age," in G. E. Mingay, ed., *The Victorian Countryside* (London, 1981), I, 14.

57) Robert Bell, *A Description of the Conditions and Manners ... of the Peasantry of Ireland ...* (London, 1804), 20.

58) Medick, "Spinning Bees," 322-323; Jacob Stutz, *Siebenmal Sieben Jahre aus Meinem Leben: Als Beitrag zur Näheren Kenntnis des Volkes* (Frauenfeld, Switz., 1983), 66-67; James Macpherson, *The Poems of Ossian* (Edinburgh, 1805), II, 341; *SAI*, I, 318.

59) Daniello Bartoli, *La Ricreazione del Savio* (Parma, 1992), 336; Burke, *Popular Culture*, 105-106; Bernard J. Hibbitts, "Making Sense of Metaphors: Visuality,

Aurality and the Reconfiguration of American Legal Discourse," *Cardozo Law Review* 16 (1994), 343-344; Crusius, *Nocte*, ch. 63; Takashi Tomita, *Yoru no Shinrijutsu: Hiru Kara Yoru e no Kåodåo, Kokoro no Henka o* (Tokyo, 1986), 24-25; Henrie Glassie, *Passing the Time in Ballymenone: Culture and History of an Ulster Community* (Philadelphia, 1982), 40-41, 74, 105; Mircea Eliade, *Myth and Reality* (London, 1964), 10; Raffaele Pettazzoni, *Essays on the History of Religions* (Leiden, 1954), 13-14.

60) Moses Heap, "My Life and Times, or an Old Man's Memories, Illustrated with Numerous Anecdotes and Quaint Sayings," 3, District Central Library, Rawtenstall, Eng.; Bourne, *Antiquitates Vulgares*, 76; Garnert, *Lampan*, 114.

61) Brétonne, *My Father's Life*, trans. Veasey, 111; Eric Robinson et al., eds., *The Early Poems of John Clare, 1804-1822* (Oxford, 1989), II, 126; *SAS*, XVII, 518; Roger Chartier, "Leisure and Sociability: Reading Aloud in Early Modern Europe," in Susan Zimmerman & Ronald F. E. Weissman, eds., *Urban Life in the Renaissance* (Newark, Del., 1989), 112.

62) William Howitt, *The Rural Life of England* (1844; rpt. edn., Shannon, Ire., 1972), 238; Pierre-Jakez Hélias, *The Horse of Pride: Life in a Breton Village*, trans. June Guicharnaud (New Haven, 1978), 73-74; George Peele, *The Old Wive's Tale* (London, 1595).

63) Jean-Louis Flandrin, *Families in Former Times: Kinship, Household and Sexuality*, trans. Richard Southern (Cambridge, 1979), 108-109.

64) Breton, *Works*, II, 10; Medick, "Spinning Bees," 334; *Paroimiographia* (Italian), 7; Schindler, "Youthful Culture," 257.

65) Medick, "Spinning Bees," 334; Martine Segalen, *Love and Power in the Peasant Family: Rural France in the Nineteenth Century*, trans. Sarah Matthews (Chicago, 1983), 126; Madeline Jeay, ed., *Les Évangiles des Quenouilles ...* (Paris, 1985), passim; Verdon, *Night*, 121-122; Rozsika Parker, *The Subversive Stitch: Embroidery and the Making of the Feminine* (London, 1984), 98.

66) Rudolf M. Bell, *How to Do It: Guides to Good Living for Renaissance Italians* (Chicago, 1999), 249; Medick, "Spinning Bees," 333, 331; Lyndal Roper, *The Holy Household: Women and Morals in Reformation Augsburg* (Oxford, 1989), 179.

67) *SAS*, VIII, 417; Bell, *Peasantry of Ireland*, 20-21; Harvey Mitchell, "The World between the Literate and Oral Traditions in Eighteenth-Century France: Ecclesiastical Instructions and Popular Mentalities," in Roseann Runte, ed.,

Studies in Eighteenth Century Culture: Volume 8 (Madison, Wisc., 1979), 55; Jean-Michel Boehler, *La Paysannerie de la Plaine d'Alsace* (Strasbourg, 1995), II, 1963.

7장 모두에게 베푸는 밤: 사교, 성, 고독

1) Mercier, *The Night Cap* (Philadelphia, 1788), 4.
2) *RB*, I, 87; Sean Shesgreen, *Hogarth and the Times-of-the-Day Tradition* (Ithaca, N. Y., 1983), 47.
3) Jan. 10, 1694, *East Anglian Diaries*, 207, passim; John Holloway, ed., *The Oxford Book of Local Verses* (Oxford, 1987), 15; Keith Thomas, "Work and Leisure in Pre-Industrial Society," *PP* 29 (1964), 50-62; Peter Burke, "The Invention of Leisure in Early Modern Europe," *PP* 146 (1995), 136-151; Joan-Lluis Marfany, "The Invention of Leisure in Early Modern Europe: Comment," *PP* 156 (1997), 174-192.
4) John Aubrey, *Aubrey's Natural History of Wiltshire* (1847; rpt. edn., New York, 1969), 11; Edward Shorter, *The Making of the Modern Family* (New York, 1975), 76.
5) Sept. 10, 1758, Woodforde, *Diary*, IV, 226, passim; July 26, 1761, Mar. 7, 1758, Turner, *Diary*, 232, 141, passim; *ECR*, passim.
6) Jan. 14, Mar. 14, Nov. 10, 15, 1624, Beck, *Diary*, 32, 61, 203, 206, passim; Jeroen Blaak, "Autobiographical Reading and Writing: The Diary of David Beck (1624)," in Rudolph Dekker, ed., *Egodocuments and History: Autobiographical Writing in Its Social Context since the Middle Ages* (Hilversum, 2002), 61-87.
7) Jan. 23, 1662, June 5, 1661, Pepys, *Diary*, III, 17, II, 115, passim.
8) Clare Williams, trans., *Thomas Platter's Travels in England, 1599* (London, 1937), 189; Keith Wrightson, "Alehouses, Order and Reformation in Rural England, 1590-1660," in Eileen & Stephen Yeo, eds., *Popular Culture and Class Conflict, 1590-1914: Explorations in the History of Labour and Leisure* (Sussex, Eng., 1981), 10, passim; Burke, *Popular Culture*, 110; Peter Clark, *The English Alehouse: A Social History* (London, 1983), passim; Thomas Brennan, *Public Drinking and Popular Culture in Eighteenth-Century Paris* (Princeton, N. J., 1988); B. Ann Tlusty, *Bacchus and Civic Order: The Culture of Drink in Early Modern Germany* (Charlottesville, Va., 2001).
9) Monsieur Sorbiere, *A Voyage to England ...* (London, 1709), 62; LC, June 6, 1761; William W. Hagen, "Village Life in East-Elbian Germany and Poland,

1400-1800: Subjections, Self-Defence, Survival," in Tom Scott, ed., *The Peasantries of Europe: From the Fourteenth to the Eighteenth Centuries* (Harlow, Eng., 1998), 146; Wrightson, "Alehouses," 2; Thomas, *Religion and the Decline of Magic*, 19; Hans-Joachim Voth, *Time and Work in England 1750-1830* (Oxford, 2000), 80-81; Brennan, *Public Drinking*, 160-171; Tlusty, *Bacchus*, 150, 158, 187, passim.

10) *OED*, s.v. "kidney"; Daniel Defoe, *The True-Born English-Man ...* (London, 1708), 15; L. H. Butterfield et al. eds., *Diary and Autobiography of John Adams* (Cambridge, Mass., 1961), I, 214; *RB*, I, 414; *LC*, Jan. 23, 1762, 76; A. M., *The Reformed Gentleman ...* (London, 1693), 49; *LE-P*, June 23, 1763; Yves-Marie Bercé, *History of Peasant Revolts: The Social Origins of Rebellion in Early Modern France*, trans. Amanda Whitmore (Ithaca, N. Y., 1990), 59.

11) *The Works of Mr. Thomas Brown in Prose and Verse ...* (London, 1708), 3; May 30, 1760, Butterfield et al. eds., *Adams Diary and Autobiography*, I, 130; John Addy, *Sin and Society in the Seventeenth Century* (London, 1989), 141; A. Lynn Martin, *Alcohol, Sex, and Gender in Late Medieval and Early Modern Europe* (New York, 2001), 89-91; *RB*, VII, 231; Richard Rawlidge, *A Monster Late Found Out ...* (London, 1628), 6.

12) *A Curtain Lecture* (London, 1638), 7.

13) David Herlihy, *Cities and Society in Medieval Italy* (London, 1980), 136; Jeffrey R. Watt, "The Impact of the Reformation and Counter-Reformation," in *FLEMT*, 147-150; Edward Muir, *Ritual in Early Modern Europe* (Cambridge, 1997), 135.

14) Jan. 6, 1761, Butterfield et al., eds., *Adams Diary and Autobiography*, I, 195; Sara Mendelson & Patricia Crawford, *Women in Early Modern England, 1550-1720* (Oxford, 1998), 119.

15) Shakespeare, *The Rape of Lucrece*, 674; Ménétra, *Journal*, 37-38, 168. 다음도 참고할 것. Jack Ayres, ed., *Paupers and Pig Killers: The Diary of William Holland: A Somerset Parson, 1799-1818* (Gloucester, Eng., 1984), 19.

16) David P. French, comp., *Minor English Poets, 1660-1780* (New York, 1967), III, 318; *Paroimiographia* (British), 4; John S. Farmer, ed., *Merry Songs and Ballads Prior to the Year A.D. 1800* (New York, 1964), IV, 6; *Lusts Dominion, or, the Lascivious Queen* (London, 1657); John Lough, *France Observed in the Seventeenth Century by British Travellers* (Boston, 1985), 119; "A New and Accurate Description of the City of Rome ...," *Town and Country Magazine* 24 (1792), 261; *ECR*, IX, 29.

17) Maurice Andrieux, *Daily Life in Venice in the Time of Casanova*, trans. Mary Fitton (London, 1972), 128; Shakespeare, *Romeo and Juliet*, II, 2, 165; Hannah Richards, n.d., Suffolk Court Files #874, Suffolk County Court House, Boston; J. Douglas Porteous, *Landscapes of the Mind: Worlds of Sense and Metaphor* (Toronto, 1990), 7; Takashi Tomita, *Yoru no Shinrijutsu: Hiru Kara Yoru e no Kåodåo, Korkoro no Henka o* (Tokyo, 1986), 13; Darrell L. Butler & Paul M. Biner, "Preferred Lighting Levels: Variability Among Settings, Behaviors, and Individuals," *Environment and Behavior* 19 (1987), 696, 702, 709, 710.

18) Grose, *Dictionary*; Robert Abbot, *The Young Mans Warning-Piece ...* (London, 1657), 35 (욥기 24:15에서 따온 것); F. Platter, *Journal*, 80; Samuel Rowlands, *The Night-Raven* (London, 1620); Wendy Doniger, *The Bedtrick: Tales of Sex and Masquerade* (Chicago, 2000), passim; Joanne Bailey, *Unquiet Lives: Marriage and Marriage Breakdown in England, 1660-1800* (Cambridge, 2003), 140-167.

19) Aug. 18, June 2, 1668, Nov. 8, 1665, Apr. 9, 1667, Pepys, *Diary*, IX, 282, 221, VI, 294, VIII, 159, passim; Lawrence Stone, *The Family, Sex and Marriage in England 1500-1800* (New York, 1977), 552-561.

20) Frederick J. Furnivall, ed., *Phillip Stubbes's Anatomy of the Abuses in England in Shakespeare's Youth A.D. 1583* (London, 1877), I, 149; David Cressy, *Birth, Marriage & Death: Ritual, Religion, and the Life-Cycle in Tudor and Stuart England* (Oxford, 1997), 352; Moryson, *Unpublished Itinerary*, 380.

21) Brand 1848, II, 229; Clodagh Tait, *Death, Burial and Commemoration in Ireland, 1550-1650* (New York, 2002), 34-35; Cressy, *Birth, Marriage & Death*, 427; Margo Todd, *The Culture of Protestantism in Early Modern Scotland* (New Haven, 2002), 212-213; Edward MacLysaght, *Irish Life in the Seventeenth Century* (1950; rpt. edn., New York, 1970), 318.

22) Darryl Ogier, "Night Revels and Werewolfery in Calvinist Guernsey," *Folklore* 109 (1998), 54; Jean-Louis Flandrin, *Families in Former Times: Kinship, Household and Sexuality*, trans. Richard Southern (Cambridge, 1979), 108-109; John McManners, *Church and Society in Eighteenth-Century France* (Oxford, 1999), II, 203; Steven Ozment, *Flesh and Spirit: Private Life in Early Modern Germany* (New York, 1999), 208.

23) Farmer, ed., *Songs and Ballads*, II, 82; Gloria L. Main, *Peoples of a Spacious Land: Families and Cultures in Colonial New England* (Cambridge, Mass., 2001), 7; C. Scott Dixon, *The Reformation and Rural Society: The Parishes of Brandenburg-Ansbach-Kulmbach, 1528-1603* (Cambridge, 1996), 112,

128; Griffiths, *Youth*, 258; *Paroimiographia* (British), 25; Thomas Willard Robisheaux, "The Origins of Rural Wealth and Poverty in Hohenlohe, 1470-1680" (Ph.D. diss., Univ. of Virginia, 1981), 170; Sarah Tilghman Nalle, *God in La Mancha: Religious Reform and the People of Cuenca, 1500-1650* (Baltimore, 1985), 28-29; Schindler, "Youthful Culture," 256.

24) Aug. 19, 1794, Drinker, *Diary*, I, 584; *The Roving Maids of Aberdeen's Garland* ([Edinburgh?], 1776); Feb. 10, 1873, William Plomer, ed., *Kilvert's Diary: Selections from the Diary of the Rev. Francis Kilvert ...* (London, 1971), II, 322. 다음도 참고할 것. Charles Woodmason, *The Carolina Backcountry on the Eve of the Revolution ...*, ed. Richard J. Hooker (Chapel Hill, N. C., 1953), 100.

25) Roger Lonsdale, *The New Book of Eighteenth-Century Verse* (Oxford, 1984), 405; George Parfitt & Ralph Houlbrooke, eds., *The Courtship Narrative of Leonard Wheatcroft, Derbyshire Yeoman* (Reading, Eng., 1986), 52; Émile Guillaumin, *The Life of a Simple Man*, ed. Eugen Weber, trans. Margaret Crosland (Hanover, N. H., 1983), 41, 43-44.

26) Lochwd, *Ymddiddan Rhwng Mab a Merch, Y'nghylch Myned I Garu yn y Gwely* (n.p., [1800s]), 4.

27) *A Tour in Ireland in 1775* (London, 1776), 103-104; Ernest W. Marwick, *The Folklore of Orkney and Shetland* (Totowa, N. J., 1975), 86; Rosalind Mitchison & Leah Lenman, *Sexuality and Social Control: Scotland, 1660-1780* (Oxford, 1989), 180; *A Tour in Ireland in 1775* (London, 1776), 103. 뉴잉글랜드뿐 아니라 뉴저지와 펜실베이니아를 포함하는 미국 초기에 대해서는 다음을 참고할 것. Richard Godbeer, *Sexual Revolution in Early America* (Baltimore, 2002), 246-255; Laurel Thatcher Ulrich & Lois K. Stabler, "'Girling of it' in Eighteenth-Century New Hampshire," *Annual Proceedings*, Dublin Seminar for New England Folklife (1985), 24-36; "John Hunt's Diary," *New Jersey Historical Society Proceedings* 53 (1935), 111, 112, 122; John Robert Shaw, *An Autobiography of Thirty Years, 1777-1807*, ed. Oressa M. Teagraden & Jeanne L. Crabtree (Columbus, Ohio, 1992), 108; Bernard Chevignard, "Les Voyageurs Europeens et la Pratique du 'Bondelage'(Bundling) en Nouvelle-Angleterre a la Fin du XVIIIe Siècle," in *L'Amerique et l'Europe: Réalitées et Représentations* (Aix-en-Provence, 1986), 75-87.

28) May 5, 1663, William L. Sachse, ed., *The Diary of Roger Lowe of Ashton-in-Markerfield, Lancashire, 1663-74* (New Haven, 1938), 20, passim; *Reports of Special Assistant Poor Law Commissioners on the Employment of*

Women and Children in Agriculture (1843; rpt. edn., New York, 1968), 365; Griffiths, *Youth*, 259-261; Apr. 5, 18, 1765, Turner, *Diary*, 318, 320; Parfitt & Houlbrooke, eds., *Courtship*, 53, passim.

29) *Tour in Ireland*, 103-104; Rudolf Braun, *Industrialization and Everyday Life*, trans. Sarah Hanbury Tension (Cambridge, 1990), 44; J.-L. Flandrin, "Repression and Change in the Sexual Life of Young People in Medieval and Early Modern Times," in Robert Wheaton & Tamara K. Hareven, eds., *Family and Sexuality in French History* (Philadelphia, 1980), 34-35.

30) Enid Porter, *Cambrigdeshire Customs and Folklore* (New York, 1969), 5; *Les Nuits d'Épreuve des Villageoises Allemandes ...* (Paris, 1861), 8.

31) Cannon, Diary, 137.

32) Howard, C. Rice, Jr., & Anne S. K. Brown, trans. and eds., *The American Campaigns of Rochambeau's Army 1780, 1781, 1782, 1783* (Princeton, N. J., 1972), I, 245; Michael Drake, *Population and Society in Norway 1735-1865* (Cambridge, 1969), 144; Henry Reed Stiles, *Bundling: Its Origin, Progress and Decline in America* (1871; rpt. edn., New York, 1974), 33; Stone, *Family, Sex and Marriage*, 606.

33) Moryson, *Unpublished Itinerary*, 385; Hugh Jones, *O Gerddi Newyddion* (n.p., [1783?]), 3; Rice, Jr., & Brown, trans. and eds., Rochambeau's Army, I, 32, 169; Drake, *Population,* 144; Christine D. Worobec, *Peasant Russia: Family and Community in the Post-Emancipation Period* (Princeton, N. J., 1991), 138-139; Flandrin, "Repression," 36.

34) Lochwd, *Ymddiddan Rhwng Mab a Merch*, 4; Stiles, *Bundling*, 96, 29-30; Flandrin, "Repression," 36; Dana Doten, *The Art of Bundling: Being an Inquiry into the Nature & Origins of that Curious but Universal Folk-Custom ...* (Weston, Vt., 1938), 156; History and Journal of Charles Joseph de Losse de Bayac, 1763-1783, I, Manuscripts Department, Alderman Library, University of Virginia, Charlottesville; Jack Larkin, *The Reshaping of Everyday Life, 1790-1840* (New York, 1988), 193-195, 199; Martine Segalen, *Historical Anthropology of the Family*, trans. J. C. Whitehouse & Sarah Matthews (Cambridge, 1986), 130-131.

35) Flandrin, "Repression," 35-36; John R. Gillis, *For Better, For Worse: British Marriages, 1600 to the Present* (New York, 1985), 30-31; Moryson, *Unpublished Itinerary*, 385.

36) *Jollie's Sketch of Cumberland Manners and Customs ...* (1811; rpt. edn., Beckermet, Eng., 1974), 40; Bernard Capp, *English Almanacs, 1500-1800:*

Astrology and the Popular Press (Ithaca, N. Y., 1979), 122.

37) Feb. 8, 1779, Sanger, *Journal*, 29; Farmer, ed., *Songs and Ballads*, IV, 220-222.

38) Bräker, *Life*, 96; Rice, Jr., & Brown, trans. & eds., *Rochambeau's Army* I, 245; Baker, *Folklore and Customs of Rural England*, 139; *Les Nuits d'Épreuve*, 9; Sara F. Matthews Grieco, "The Body, Appearance, and Sexuality," in *HWW* III, 69; Stone, *Family*, 607; Gillis, *British Marriages*, 30; Shorter, *Family*, 103.

39) Cereta, *Collected Letters of a Renaissance Feminist*, ed. Diana Maury Robin (Chicago, 1997), 34.

40) Leo P. MaCauley, S. J. & Anthony A. Stephenson, trans., *The Works of Saint Cyril of Jerusalem* (Washington, D. C., 1969), I, 188; *Another Collection of Philosophical Conferences of the French Virtuosi of France ...* , trans. G. Harver & J. Davies (London, 1665), 316-317; Daniello Bartoli, *La Ricreazione del Savio* (Parma, 1992), 192-193.

41) Burton E. Stevenson, *The Home Book of Proverbs, Maxims and Familiar Phrases* (New York, 1948), 1686; Lucien Febvre, *Life in Renaissance France*, ed. & trans. Marion Rothstein (Cambridge, Mass., 1977), 34-36; *ODNB*, s.v. "Elizabeth Carter" and "John Scott""; Cecile M. Jagodzinski, *Privacy and Print: Reading and Writing in Seventeenth-Century England* (Charlottesville, Va., 1999), 13; Raffaella Sarti, *Europe at Home: Family and Material Culture, 1500-1800*, trans. Allan Cameron (New Haven, 2002), 138-139.

42) William Davenant, *The Work ...* (London, 1673); Roger Chartier, "The Practical Impact of Writing," in *HPL* III, 111-124.

43) J. R. Hale, *Machiavelli and Renaissance Italy* (London, 1972), 112; Chartier, "Writing," 124-157; Jagodzinski, *Privacy and Print*, 2-6; Anthony Grafton, "The Humanist as Reader," in Guglielmo Cavallo & Roger Chartier, *A History of Reading in the West*, trans. Lydia G. Cochrane (Amherst, Mass., 1999), 179-181.

44) May 19, 1667, Pepys, *Diary*, VIII, 223, X, 34-39; Nov. 4, 1624, Beck, *Diary*, 199-200, passim; Cannon, Diary, 41, 56; Blaak, "Reading and Writing," 64-76, 83-87.

45) Apr. 27, 1706, Cowper, *Diary*, passim; Jagodzinski, *Privacy and Print*, 20, 25-43; François Lebrun, "The Two Reformations: Communal Devotion and Personal Piety" & Chartier, "Writing," in *HPL* III, 96-104, 130-134.

46) Yehonatan Eibeshitz, *Yearot Devash* (Jerusalem, 2000), 371; Rabbi Aviel, ed. *Mishnah Berurah: Laws Concerning Miscellaneous Blessings, the Minchah Service, the Ma'ariv Service and Evening Conduct ...* (Jerusalem, 1989), 413;

Salo Wittmayer Baron, *The Jewish Community: Its History and Structure to the American Revolution* (Westport, Ct., 1972), II, 169, 176, III, 163.

47) Thomas Wright, *Autobiography ... 1736-1797* (London, 1864), 24; Steven Ozment, *Three Behaim Boys Growing Up in Early Modern Germany: A Chronicle of Their Lives* (New Haven, 1990), 103; Alexander Teixeira de Mattos, trans., *The Memoirs of François René Vicomte de Chateaubriand ...* (New York, 1902), I, 54.

48) Dec. 31, 1666, Pepys, *Diary*, VII, 426, X, 174-176, passim; Apr. 26, 1740, Kay, *Diary*, 34.

49) Tilley, *Proverbs in England*, 79; Jan. 2, 1624, Beck, *Diary*, 27-28, passim; Cereta, *Letters*, ed. Robin, 101, 31-32, passim; Lorraine Reams, "Night Thoughts: The Waking of the Soul: The Nocturnal Contemplations of Love, Death, and the Divine in the Eighteenth-Century and Nineteenth-Century French Epistolary Novel and *Roman-Mémoire*" (Ph.D. diss., Univ. of North Carolina or Chapel Hill, 2000), 138; William Riley Parker, *Milton: A Biography* (Oxford, 1968), I, 578, II, 710; Blaak, "Reading and Writing," 79-87; Chartier, "Writing," Madeleine Foisil, "The Literature of Intimacy," & Jean Marie Goulemont, "Literary Practices: Publicizing the Private," in *HPL* III, 115-117, 157-159, 327-332, 380-383.

50) Henry Halford Vaughan, ed., *Welsh Proverbs with English Translations* (1889; rpt. edn., Detroit, 1969), 94; Michael J. Mikos, ed., *Polish Renaissance Literature: An Anthology* (Columbus, Ohio, 1995), 168; *RB*, I, 84.

8장 밤의 기사들: 영주와 귀족

1) Shakespeare, *Anthony and Cleopatra*, III, 13, 184-187.

2) Verdon, *Night*, 127-131; Pierre Jonin, "L'Espace et le Temps de la Nuit dans les Romans de Chrètiens de Troyes," *Mélanges de Langue et de Littérature Médiévales Offerts à Alice Planche* 48 (1984), 242-246; Gary Cross, *A Social History of Leisure Since 1600* (State College, Pa., 1990), 17-18.

3) Edward Ward, *The London Spy* (1709; rpt. edn., New York, 1985), 43; Koslofsky, "Court Culture," 745-748; Thomas D'Urfey, *The Two Queens of Brentford* (London, 1721); *Another Collection of Philosophical Conferences of the French Virtuosi ...*, trans. G. Havers & J. Davies (London, 1665), 419; Schindler, *Rebellion*, 194-195.

4) Diary of Robert Moody, 1660-1663, Rawlinson Coll. D. 84, Bodl.; Marie-Claude

Canova-Green, *Benserade Ballets pour Louis XIV* (Paris, 1997), 93-160.

5) Ben Sedgley, *Observations on Mr. Fielding's Enquiry into the Causes of the Late Increase of Robbers ...* (London, 1751), 8; "A Short Account, by Way of Journal, of What I Observed Most Remarkable in My Travels ...," June 2, 1697, Historical Manuscripts Commission., 8th *Report,* Part I (1881), 99-100; Marcelin Defourneaux, *Daily Life in Spain: The Golden Age,* trans. Newton Branch (New York, 1971), 70-71; Koslofsky, "Court Culture," 745-748; Thomas Burke, *English Night-Life: From Norman Curfew to Present Black-Out* (New York, 1971), 11-22.

6) Tobias George Smollet, *Humphry Clinker*, ed. James L. Thorson (New York, 1983), I, 87; P. Brydone, *A Tour through Sicily and Malta ...* (London, 1773), II, 87-90; Remarks 1717, 56; Sedgley, *Observations*, 8; *The Memoirs of Charles-Lewis, Baron de Pollnitz ...* (London, 1739), I, 222; Burke, *Night-Life*, 23-70, passim.

7) *US and WJ*, Feb. 28, 1730; Vanessa Harding, *The Dean and the Living in Paris and London, 1500-1670* (Cambridge, 2002), 197, passim; Craig M. Koslofsky, *The Reformation of the Dead: Death and Ritual in Early Modern Germany, 1450-1700* (New York, 2000), 138, 133-152, passim; Clare Gittings, *Death, Burial and the Individual in Early Modern England* (London, 1984), 188-200.

8) Richards, *The Tragedy of Messallina* (London, 1640).

9) Walter R. Davis, ed., *The Works of Thomas Campion ...* (New York, 1967), 147; Terry Castle, "The Culture of Travesty: Sexuality and Masquerade in Eighteenth-Century England," in G. S. Rousseau & Roy Porter, eds., *Sexual Underworlds of the Enlightenment* (Manchester, 1987), 158; Terry Castle, *Masquerade and Civilization: The Carnivalesque in Eighteenth-Century English Culture and Fiction* (Stanford, Calif., 1986).

10) *The Rich Cabinet ...* (London, 1616), fo. 20; Sara Mendelson, "The Civility of Women in Seventeenth-Century England," in Peter Burke et al., eds., *Civil Histories: Essays Presented to Sir Keith Thomas* (Oxford, 2000), 114; Stephen J. Greenblatt, *Renaissance Self-Fashioning: From More to Shakespeare* (Chicago, 1980).

11) Castle, *Masquerade*, 25, 1-109, passim; Castle, "Culture of Travesty," 166-167; *HMM and GA*, Jan. 28, 1755.

12) Castle, *Masquerade*, 73, 1-109, passim; "W.Z.," *GM* 41 (1771), 404; *WJ*, May 16, 1724; *Occasional Poems, Very Seasonable and Proper for the Present Times ...* (London, 1726), 5; Amanda Vickery, *The Gentleman's Daughter: Women's*

Lives in Georgian England (New Haven, 1998), 243.

13) Castle, *Masquerade*, 73, 1-109, passim; Nancy Lyman Roelker, ed. & trans., *The Paris of Henry of Navarre, as Seen by Pierre de l'Estoile: Selections from His Mémoires-Journaux* (Cambridge, Mass., 1958), 58; Bulstrode Whitelock, *The Third Charge ...* (London, 1723), 21.

14) Henry Alexander, trans., *Four Plays by Holberg* (Princeton, N. J., 1946), 171.

15) Goffe, *The Raging Turk* (London, 1631).

16) Alexander Hamilton, *Gentleman's Progress: The Itinerarium of Dr. Alexander Hamilton, 1744*, ed. Carl Bridenbaugh (Chapel Hill, N. C., 1948), 177; *PG*, Dec., 23, 1762.

17) Douglas Grant, ed., *The Poetical Works of Charles Churchill* (Oxford, 1956), 52, 55; John S. Farmer, ed., *Merry Songs and Ballads prior to the Year A.D. 1800* (New York, 1964), III, 67; Anna Bryson, *From Courtesy to Civility: Changing Codes of Conduct in Early Modern England* (Oxford, 1998), 245, 246-275, passim.

18) May 31, 1706, Cowper, Diary; *The Works of Mr. Thomas Brown in Prose and Verse ...* (London, 1708), III, 3; S. Johnson, *London: A Poem ...* (London, 1739), 17; *US* & *WJ*, Apr. 11, 1730; Bryson, *Courtesy to Civility*, 248-249; Vickery, *Daughter*, 213-214; G. J. Barker-Benfield, *The Culture of Sensibility: Sex and Society in Eighteenth-Century Britain* (Chicago, 1992), 50-51.

19) Elborg Forster er. & trans. *A Woman's Life in the Court of the Sun King: Letters of Liselotte von der Pfalz, 1652-1722* (Baltimore, 1984), 219; M. Dreux du Radier, *Essai Historique, Critique, Philologique, Politique, Moral, Litteraire et Galant, sur les Lanternes ...* (Paris, 1755), 92-96; Jeffrey Kaplow, *The Names of Kings: The Parisian Laboring Poor in the Eighteenth Century* (New York, 1972), 106.

20) Oct. 10, 1764, Frederick A. Pottle, ed., *Boswell on the Grand Tour: Germany and Switzerland, 1764* (New York, 1953), 135; June 4, 1763, Frederick A. Pottle, ed., *Boswell's London Journal, 1762-1763* (New York, 1950), 272-273, 264 n.1, passim; Craig Harline & Eddy Put, *A Bishop's Tale: Matthias Hovius Among His Flock in Seventeenth-Century Flanders* (New Haven, 2000), 253-254; John Owen, *Travels into Different Parts of Europe, in the Years 1791 and 1792 ...* (London, 1796), II, 85.

21) Sara Mendelson & Patricia Crawford, *Women in Early Modern England, 1550-1720* (Oxford, 1998), 109; Jerome Nadelhaft, "The Englishwoman's Sexual Civil War: Feminist Attitudes towards Men, Women, and Marriage, 1650-

1740," *Journal of the History of Ideas* 43 (1982), 573, 576; Linda Pollock, "'Teach Her to Live under Obedience': The Making of Women in the Upper Ranks of Early Modern England," *Continuity and Change* 4 (1989), 231-258.

22) *Westward for Smelts, Or, the Water-man's Fare of Mad-Merry Western Wenches* ... (London, 1620), 24; Giovanni Boccaccio, *The Corbaccio*, ed. & trans. Anthony K. Cassell (Urbana, Ill., 1975), 28; George Chapman, *An Humerous Dayes Myrth* (London, 1599), 9; Feb. 14, 1668, Pepys, *Diary*, IX, 71; April 1683, Wood, *Life*, 42; Jeffrey Merrick & Bryant T. Ragan, Jr., eds., *Homosexuality in Early Modern France: A Documentary Collection* (New York, 2001), 38; Piero Camporesi, *Exotic Brew: The Art of Living in the Age of Enlightenment* (Malden Mass., 1994), 12.

23) Thomas D'Urfey, *Squire Oldsapp: or, the Night Adventures* (London, 1679), 29; Dec. 27, 1775, Charles Ryskamp & Frederick A. Pottle. eds., *Boswell: The Ominous Years, 1774-1776* (New York, 1963), 206, passim; Cecil Aspinall-Oglander, *Admiral's Widow: Being the Life and Letters of the Hon. Mrs. Edward Boscawen from 1761 to 1805* (London, 1942), 88-89; July 13, 1716, William Matthews, ed., *The Diary of Dudley Ryder, 1715-1716* (London, 1939), 274, passim; June 5, 1763, Pottle, ed., *Boswell's London Journal*, 273.

24) "A City Night-piece in Winter," *Walker's Hibernian Magazine* 9 (1779), 272; *OBP*, Apr. 28, 1731, 16-17; "The Watchman's Description of Covent Graden at Two o'Clock in the Morning," *Weekly Amusement* (London), May 5, 1764.

25) "X.Y.," *LM*, Jan. 26, 1773; Graham Greene, *Lord Rochester's Monkey, Being the Life of John Wilmot, Second Earl of Rochester* (London, 1974), 106; Oct. 23, 26, 1668, Feb. 3, 1664, Pepys, *Diary*, IX, 335-336, 338-339, V, 37; "The Connoisseur," *HMM and GA*, Mar. 18, 1755; Bryson, *Courtesy to Civility*, 250. 254-255; James Grantham Turner, *Libertines and Radicals in Early Modern London: Sexuality, Politics, and Literary Culture, 1630-1685* (Cambridge, 2002), 226-227.

26) Harold Love, ed., *The Works of John Wilmot, Earl of Rochester* (Oxford, 1999), 45; Guy Chapman, ed., *The Travel-Diaries of William Beckford of Fonthill* (Cambridge, 1928), II, 55; Robert Shoemaker, "Male Honour and the Decline of Public Violence in Eighteenth-Century London," *SH* 26 (2001), 200; Bryson, *Courtesy to Civility*, 249; Barker-Benfield, *Sensibility*, 47; May 3, 1709, Cowper, Diary; Julius R. Ruff, *Crime, Justice, and Public Order in Old Regime France: The Sénéchausées of Libourne and Bazas, 1696-1789* (London, 1984), 91.

27) Thornton Shirley Graves, "Some Pre-Mohock Clansmen," *Studies in Philology* 20 (1923), 395-421; Grose, *Dictionary*; Moryson, *Unpublished Itinerary*, 463; Helen Langdon, *Caravaggio: A Life* (New York, 1999), 133, 312-314.
28) Graves, "Pre-Mohock Clansmen," 399, 395-421, passim; Bryson, *Courtesy to Civility*, 249; May 30, 1668, Pepys, *Diary*, IX, 218-219; *The Town-Rakes: or, the Frolicks of the Mohocks or Hawkubites* (London, 1712); Swift, *Journal*, II, 524-525, 508-515, passim; Mar. 20, 1712, Cowper, Diary; Daniel Statt, "The Case of the Mohocks: Rake Violence in Augustan London," *SH* 20 (1995), 179-199.
29) Shakespeare, *1 Henry IV*, I, 2, 137-139, 159; Verdon, *Night*, 46; *US and WJ*, Apr. 11, 1730; *A Pleasant and Delightful Story of King Henry the VIII, and a Cobbler* (n.p., [1670?]); Theophilius Cibber, *The Lives of the Poets of Great Britain and Ireland* (1753; rpt. edn., Hildesheim, Ger., 1968), II, 289; Roelker, ed. & trans., *Paris of Henry of Navarre*, 52, 47, 77; Edouard Fournier, *Les Lanternes: Histoire de l'Ancien Éclairage de Paris* (Paris, 1854), 15; Matthiessen, *Natten*, 134, 132; Benjamin Silliman, *A Journal of Travels in England, Holland, and Scotland ...* (New Haven, 1820), I, 179; Frederic J. Baumgartner, *France in the Sixteenth Century* (New York, 1995), 222.

9장 밤의 주인: 평민들

1) Shakespeare, *King John*, I, 1, 172.
2) Thomas Dekker, *The Seven Deadly Sinnes of London*, ed. H. F. B. Brett-Smith (1606; rpt. edn., New York, 1922), 31; Eric Robinson et al., eds., *The Early Poems of John Clare, 1804-1822* (Oxford, 1989), II, 197; Douglas Grant, ed., *The Poetical Works of Charles Churchill* (Oxford, 1956), 58; E. P. Thompson, "Eighteenth-Century English Society: Class Struggle without Class?," *SH* 3 (1978), 158; Mihaly Csikszentmihalyi & Eugene Rochberg-Halton, *The Meaning of Things: Domestic Symbols and the Self* (Cambridge, 1981), 16-52, passim.
3) May 23, 1693, May 25, 1686, Wood, *Life*, V, 423, 187; E. S. De Beer, ed., *Diary of Mary, Countess Cowper* (London, 1864), I, 19; Legg, *Low-Life*, 93.
4) Franco Mormando, *The Preacher's Demons: Bernardino of Sienna and the Social Underworld of Early Renaissance Italy* (Chicago, 1999), 85; Nov. 27, 28, 1625 [Andrés De La Vega], *Memorias de Sevilla, 1600-1678*, ed. Francisco Morales Padrón (Córdoba, 1981), 50; Thomas V. Cohen, "The Case of the

Mysterious Coil of Rope: Street Life and Jewish Persona in Rome in the Middle of the Sixteenth Century," *Sixteenth Century Journal* 19 (1988), 209-221; Elliot Horowitz, "The Eve of the Circumcision: A Chapter in the History of Jewish Nightlife," *JSH* 23 (1989), 48; Anna Foa, *The Jews of Europe after the Black Death*, trans. Andrea Grover (Berkeley, Calif., 2000), 143.

5) M[aster] Elias Schad, "True Account of an Anabaptist Meeting at Night in a Forest and a Debate Held There with Them," *Mennonite Quarterly Review* 58 (1984), 292-295; E. Veryard, *An Account of Divers Choice Remarks ... Taken in a Journey ...* (London, 1701), 75; Famiano Strada, *De Bello Belgio: The History of the Low-Countrey Warres*, trans. Sir Robert Stapylton (London, [1650?]), 61-62; Henry Hibbert, *Syntagma Theologicum ...* (London, 1662), 252; Natalie Zemon Davis, *Society and Culture in Early Modern France* (Stanford, Calif., 1975), 214.

6) Jan. 20, 1640, Joseph Alfred Bradney, ed., *The Diary of Walter Powell of Llantilo Crosseny in the County of Monmouth, Gentleman: 1603-1654* (Bristol, 1907), 25; Henry Fishwick, ed., *The Note Book of the Rev. Thomas Jolly A.D. 1671-1693* (Manchester, 1894), 54, passim; David Cressy, *Agnes Bowker's Cat: Travesties and Transgressions in Tudor and Stuart England* (Oxford, 2001), 116-137; Heywood, *Diaries*, I, passim.

7) F. P. Wilson, *The Plague in Shakespeare's London* (Oxford, 1957), 61; Giula Calvi, *Histories of a Plague Year: The Social and the Imaginary in Baroque Florence*, trans. Dario Biocca & Bryant T. Ragan, Jr. (Berkeley, Calif., 1989), 90-91; Daniel Defoe, *A Journal of the Plague Year ...* (1722; rpt. edn., London, 1928), 233, passim; Walter George Bell, *The Great Plague in London in 1665* (1924; rpt. edn., London, 1979), 210.

8) Angeline Goreau, "'Last Night's Rambles': Restoration Literature and the War Between the Sexes," in Alan Bold, ed., *The Sexual Dimension in Literature* (London, 1983), 51; *OBP*, Apr. 20, 1726, 6; Michael Rocke, *Forbidden Friendships: Homosexuality and Male Culture in Renaissance France* (New York, 1996), 151-152, 154-155; Jeffrey Merrick & Bryant T. Ragan, Jr., eds., *Homosexuality in Early Modern France: A Documentary Collection* (New York, 2001), 59.

9) Katherine M. Rogers, ed., *Selected Poems of Anne Finch, Countess of Winchilsea* (New York, 1979), 157.

10) *Paroimiographia* (French), 28; Richard L. Kagan & Abigail Dyer, eds., & trans. *Inquisitorial Inquiries: Brief Lives of Secret Jews and Other Heretics*

(Baltimore, 2004), 97.

11) Joyce M. Ellis, *The Georgian Town, 1680-1840* (New York, 2001), 74; Jütte, *Poverty*, 52-59, 146-149; Olwen H. Hufton, *The Poor of Eighteenth-Century France, 1750-1789* (Oxford, 1974).

12) *An Effectual Scheme for the Immediate Preventing of Street Robberies, and Suppressing All Other Disorders of the Night ...* (London, 1731), 33; Schindler, "Youthful Culture," 271; Solomon Stoddard, *Three Sermons Lately Preach'd at Boston ...* (Boston, 1717), 104; Arthur Friedman, ed., *Collected Works of Oliver Goldsmith* (Oxford, 1966), 431.

13) Susan Brigden, "Youth and the English Reformation," *PP* 95 (1982), 38, 44; Griffiths, *Youth*, 36, passim; Gary Cross, *A Social History of Leisure Since 1600* (State College, Pa., 1990), 15.

14) *Nicetas: or, Temptations to Sin ...* (Boston, 1705), 35; Schindler, "Youthful Culture," 243, 278; June 5, 1713, *Diary of Cotton Mather* (New York, [1957?]), I, 216; William Davenant, *The Works ...* (London, 1673).

15) David Garrioch, *The Making of Revolutionary Paris* (Berkeley, Calif., 2002), 36; Tim Meldrum, *Domestic Service and Gender, 1660-1750: Life and Work in the London Household* (Harlow, Eng., 2000), 34-67, 92-110; Bridget Hill, *Servants: English Domestics in the Eighteenth Century* (Oxford, 1996), 101, 105-106; Griffiths, *Youth*, 314-321; Anne Kussmaul, *Servants in Husbandry in Early Modern England* (Cambridge, 1981); Cissie Fairchilds, *Domestic Enemies: Servants & Their Masters in Old Regime France* (Baltimore, 1984); Richard S. Dunn, "Servants and Slaves: The Recruitment and Employment of Labor," in Jack P. Greene & J. R. Pole, eds., *Colonial British America: Essays in the New History of the Early Modern Era* (Baltimore, 1984), 157-194; Philip D. Morgan, *Slave Counterpoint: Black Culture in the Eighteenth-Century Chesapeake and Lowcountry* (Chapel Hill, N. C., 1998).

16) Nathaniel B. Shurtleff, ed., *Records of the Govenor and Company of the Massachusetts Bay in New England* (Boston, 1854), V, 62; Aug. 27, 1705, Cowper, Diary; *SAS*, XIV, 397.

17) Hillary Beckles, *Black Rebellion in Barbados: The Struggle Against Slavery, 1627-1838* (Bridgetown. Barbados, 1987), 70; David A. Copeland, *Colonial American Newspapers: Character and Content* (Newark, Del., 1997), 134; Sarah McCulloh Lemmon, ed., *The Pettigrew Papers* (Raleigh, N. C., 1971), I, 398; Morgan, *Slave Counterpoint*, 524-526, passim.

18) Weinsberg, *Diary*, IV, 11; *PG*, Aug. 2, 1750; Peter H. Wood, *Black Majority:*

Negroes in Colonial South Carolina from 1670 through the Stono Rebellion (New York, 1974), 257.

19) Tim Harris, "Perceptions of the Crowd in Later Stuart London," in J. F. Merritt, ed., *Imagining Early Modern London: Perceptions and Portrayals of the City from Stow to Strype, 1598-1720* (Cambridge, 2001), 251; George P. Rawick, ed., *The American Slave: A Composite Autobiography* (Westport, Ct., 1972), XV, 365; Samuel Phillips, *Advice to a Child ...* (Boston, 1729), 49, passim.

20) Feb. 3, 1772, Carter, *Diary*, II, 648; James Lackington, *Memoirs of the First Forty-Five Years ...* (London, 1792), 35; Edward Ward, *The Rambling Rakes, or, London Libertines* (London, 1700), 9; Meldrum, *Domestic Service*, 168-169.

21) Piero Camporesi, *The Land of Hunger* (Cambridge, Mass., 1996), 132; Louis Châtellier, *The Religion of the Poor: Rural Missions in Europe and the Formation of Modern Catholicism, c.1500-c.1800*, trans. Brian Pearce (Cambridge, 1997), 171; Guy Chapman, ed., *The Travel-Diaries of William Beckford of Fonthill* (Cambridge, 1928), II, 54; "An Inhabitant of Bloomsbury," *PA*, Aug. 8, 1770; Bronislaw Geremek, *Poverty: A History* (Oxford, 1994), 215; Jeffry Kaplow, *The Names of Kings: The Parisian Laboring Poor in the Eighteenth Century* (New York, 1972), 108.

22) John Bruce, ed., *Diary of John Manningham ...* (1868; rpt. edn., New York, 1968), 83; *The Vocal Miscellany: A Collection of Above Four Hundred Celebrated Songs ...* (London, 1734), 120.

23) Willie Lee Rose, ed., *A Documentary History of Slavery in North America* (New York, 1976), 19; J. F. D. Smyth, *A Tour in the United States of America* (London, 1784), I, 46; Roger D. Abrahams, *Singing the Master: The Emergence of African American Culture in the Plantation South* (New York, 1982), 5; Mark M. Smith, "Time, Slavery and Plantation Capitalism in the Ante-Bellum American South," *PP* 150 (1996), 160.

24) Lottin, *Chavatte*, 141; Pieter Spierenburg, "Knife Fighting and Popular Codes of Honor in Early Modern Amsterdam," in Pieter Spierenburg, ed., *Man and Violence: Gender, Honor, and Rituals in Modern Europe and America* (Columbus, Ohio, 1998), 108; Ann Tlusty, "The Devil's Altar: The Tavern and Society in Early Modern Augsburg (Germany)" (Ph.D. diss., Univ. of Maryland, 1994), 184; *OBP*, Sept. 11, 1735, 110; *The Countryman's Guide to London, or Villainy Detected ...* (London, 1775), 78; Thomas Brennan, *Public Drinking and Popular Culture in Eighteenth-Century Paris* (Princeton, N. J.,

1988), 282-283, passim; Mary E. Wiesner, *Working Women in Renaissance Germany* (New Brunswick, N. J., 1986), 133-134; Daniel Roche, *The People of Paris: An Essay in Popular Culture in the 18th Century*, trans. Marie Evans (Leamington Spa, Eng., 1987), 255; Feb. 3, 1772, Carter, *Diary*, II, 649.

25) Hardy, *The Life and Death of the Mayor of Casterbridge: A Story of a Man of Character* (New York, 1984), 307.

26) Erskine Beveridge, comp., & J. D. Westwood, ed., *Fergusson's Scottish Proverbs ...* (Edinburgh, 1924), 39; Legg, *Low-Life*, 21; Bargellini, "Vita Notturna," 83; F. Platter, *Journal*, 89-90; Fernando de Rojas, *The Celestina: A Novel in Dialogue*, trans. Lesley Byrd Simpson (Berkeley, Calif., 1971), 81; Ernest A. Gray, ed., *The Diary of a Surgeon in the Year 1751-1752* (New York, 1937), 74-75; *WJ*, Mar. 20, 1725.

27) Laura Gowing, "'The Freedom of the Streets': Women and Social Space, 1560-1640," in Mark S. R. Jenner & Paul Griffiths, eds., *Londinopolis: Essays in the Cultural and Social History of Early Modern London* (Manchester, 2000), 143; Linda A. Pollock, "Parent-Child Relations," in *FLEMT*, 215-217; Alan Williams, *The Police of Paris, 1718-1789* (Baton Rouge, 1979), 196; Jane Brewerton, Feb. 29, 1760, Assi 45/26/4/6.

28) Jan. 23, 1574, I. H. Van Eeghen, ed., *Dagboek Van Broeder Wouter Jacobsz (Gaultherus Jacobi Masius Prior Van Stein: Amsterdam, 1572-1578, En Montfoort, 1578-1579)* (Gronningen, Neth., 1959), 359.

29) Thomas Dekker, *The Seven Deadly Sinnes of London*, ed. H. F. B. Brett-Smith (New York, 1922), 41; Nicolas-Edme Restif de la Bretonne, *Les Nuits de Paris or The Nocturnal Spectator* (New York, 1964), 68; *Select Trials*, II, 11; Legg, *Low-Life*, 100; Wilson, *English Proverbs*, 542; *OED*, s.v. "Flitting."

30) Dekker, *Writing*, 230; Richard Head, *The Canting Academy; or Villanies Diecovered ...* (London, 1674), 37, 40; Roger B. Manning, *Village Revolts: Social Protest and Popular Disturbances in England, 1509-1640* (Oxford, 1988), 173; ; Gilbert Slater, *The English Peasantry and the Enclosure of Common Fields* (1907; rpt. edn., New York, 1968), 119-120; Hugh Evans, *The Gorse Glen*, trans. E, Morgan Humphreys (Liverpool, 1948), 70.

31) Carol F. Karlsen, *The Devil in the Shape of a Woman: Witchcraft in Colonial New England* (New York, 1987), 159; Alan Taylor, "The Early Republic's Supernatural Economy: Treasure Seeking in the American Northeast, 1780-1830," *American Quarterly* 38 (1986), 6-34 (내게 논문을 제공해준 앨런 테일러에게 감사한다); William W. Hagen, *Ordinary Prussians: Brandenburg, Junkers*

and Villagers, 1500-1840 (Cambridge, 2002), 479; W. R. Jones, "'Hill-Diggers' and 'Hell-Raisers': Treasure Hunting and the Supernatural in Old and New England," in Peter Benes, ed., *Wonders of the Invisible World: 1600-1900* (Boston, 1995), 97-106. 다음도 참고할 것. Benjamin Franklin, *Writings*, ed. J. A. Leo Lemay (New York, 1987), 113-115.

32) *PA*, Jan. 3, 1786; Rose, ed., *Slavery*, 460; Malcolm Letts, "Johannes Butzbach, a Wandering Scholar of the Fifteenth Century," *English Historical Review* 32 (1917), 31; Thomas, *Religion and the Decline of Magic*, 506-523; H. C. Erik Midelfort, "Were There Really Witches," in Robert M. Kingdon, ed., *Transition and Revolution: Problems and Issues of European Renaissance and Reformation History* (Minneapolis, 1974), 198-199; David Thomas Konig, *Law and Society in Puritan Massachusetts: Essex County, 1629-1692* (Chapel Hill, N. C., 1979), 145-179, passim.

33) Karlsen, *Shape of a Woman*, 140; *SWP*, II, 413; *NHTR*, II, 130-131.

34) Pinkerton, *Travels*, III, 316; *Carmina Medii Aevi* (Torino, 1961), 35; Jütte, *Poverty*, 152-153. 다음도 참고할 것. *Letters from Barbary, France, Spain, Portugal ...* (London, 1788), II, 113.

35) June 2, 1663, Pepys, *Diary*, IV, 171; Beattie, *Crime*, 173-175. 다음도 참고할 것. Best, *Books*, 35.

36) *Domestic Management, or, the Art of Conducting a Family: with Instructions to Servants in General* (London, 1740), 59; Pinkerton, *Travels*, III, 316; Mar. 22, 1770, Carter, *Diary*, I, 372; John Greaves Nall, ed., *Etymological and Comparative Glossary of the Dialect of East Anglia* (London, 1866), 521; William Hector, ed., *Selections from the Judicial Records of Renfrewshire ...* (Paisley, Scot., 1876), 203-204.

37) Newton D. Mereness, ed., *Travels in the American Colonies, 1690-1783* (New York, 1916), 592, 606-607; John C. Fitzpatrick, ed., *The Writings of George Washington* (Washington, D.C., 1939), XXXII, 264; Richard Parkinson, *The Experienced Farmer's Tour in America* (London, 1805), 446-447; James M. Rosenheim, ed., *The Notebook of Robert Doughty, 1662-1665* (Norfolk, 1989), 39; Morgan, *Slave Counterpoint*, passim.

38) Manning, *Village Revolts*, 296, 284-305, passim; Rachel N. Klein, "Ordering the Back-country: The South Carolina Regulation," *WMQ*, 3rd. Ser., 38 (1981), 671-672.

39) Robert Bell, *Early Ballads ...* (London, 1889), 436-437; David Davies, *The Case of Labourers in Husbandry ...* (Dublin, 1796), 77; Spike Mays, *Reuben's*

Corner (London, 1969), 197; Frank McLynn, *Crime and Punishment in Eighteenth-Century England* (London, 1989), 172-197. 다음도 참고할 것. *Walker's Hibernian Magazine*, April 1792, 296.

40) *LEP*, Oct. 5, 1738; Arthur Walter Slate, ed., *Autobiographical Memoir of Joseph Jewell, 1763-1846* (London, 1964), 134; Cal Winslow, "Sussex Smugglers," in Douglas Hay et al., *Albion's Fatal Tree: Crime and Society in Eighteenth-Century England* (New York, 1975), 119-166; Hufton, *Poor of Eighteenth-Century France*, 284-305.

41) Defoe, *Tour*, I, 123; *OED*, s.v. "owler"; McLynn, *Crime and Punishment*, 177; Burton E. Stevenson, *The Home Book of Proverbs, Maxims and Familiar Phrases* (New York, 1948), 1623; Eric Partridge, ed., *A Dictionary of the Underworld ...* (New York, 1950), 449; Dec. 13, 1794, Woodforde, *Diary*, IV, 160, passim; Slater, ed., *Jewell Memoir*, 135; "Extract of a Letter from Oxford," *LC*, March 23, 1782; John Kelso Hunter, *The Retrospect of an Artist's Life: Memorials of West Countrymen and Manners of the Past Half Century* (Kilmarnock, Scot., 1912), 42.

42) T. J. A. Le Goff & D. M. G. Sutherland, "The Revolution and the Rural Community in Eighteenth-Century Brittany," *PP* 62 (1974), 100; Jütte, *Poverty*, 153-156. 밀수와 달리 바닷가 주민들이 난파선에서 약탈하는 '난파선 뒤지기'(wrecking)는 밤에만 일어나는 범죄가 아니었다. 배를 해안으로 꾀어 들이기 위해 밤에 가짜 등대로 신호를 보냈다는 주장은 증거가 별로 없다. 약탈자들은 시간에 상관없이 가능할 때면 언제나 물건을 가져갔다. 다음을 볼 것. "An Act for Enforcing the Laws Against Persons Who Shall Steal or Detain Shipwrecked Goods ... ," 26 George II c.19; W. H. Porter, *A Fenman's Story* (London, 1965), 129; John G. Rule, "Wrecking and Coastal Plunder," in Hay et al., eds., *Albion's Fatal Tree*, 180-181.

43) Tobias Smollet, *Travels through France and Italy* (Oxford, 1979), 215; Cannon, Diary, 183; *OBP*, Sept. 18, 1752, 244; Richard Jefferson, Oct. 16, 1734, Assi 45/20/1/9; D. R. Hainsworth, *Stewards, Lords, and People: The Estate Steward and His World in Later Stuart England* (Cambridge, 1992), 208-209; Jim Bullock, *Bowers Row: Recollections of a Mining Village* (Wakefield, Eng., 1976), 163; Douglas Hay, "Poaching and the Game Laws on Canock Chase," in Hay et al., eds., *Albion's Fatal Tree*, 201-202; Manning, *Village Revolts*, 293; Douglas Hay, "War, Dearth and Theft in the Eignteenth Century: The Record of the English Courts," *PP* 95 (1982), 117-160. E. P. 톰슨이 말하듯 "낮에 지주에게 인사를 하고 예의범절의 모범으로 역사에 기록될 만한 바로 그 사람이 밤에는

지주의 양을 죽이고 꿩에 덫을 놓고 개에 독을 먹인다." (*Customs in Common: Studies in Traditional Popular Culture* [New York, 1991], 66).

44) Robert M. Isherwood, *Farce and Fantasy: Popular Entertainment in Eighteenth-Century Paris* (New York, 1986), 208; Roger Thompson, *Unfit for Modest Ears: A Study of Pornographic, Obscene and Bawdy Works Written or Published in the Second Half of the Seventeenth Century* (Totowa, N. J., 1979), 59; Alexander Hamilton, *Gentleman's Progress: The Itinerarium of Dr. Alexander Hamilton*, 1744, ed. Carl Bridenbaugh (Chapel Hill, N. C., 1948), 46; "T.S.C.P.," *PA*, Nov. 13, 1767; Kathryn Norberg, "Prostitutes," in HWW III, 459-474.

45) Helen Langdon, *Caravaggio: A Life* (New York, 1999), 144; Ferrante Pallavicino, *The Whores Rhetorick ...* (London, 1683), 144; *OBP*, passim; Norberg, "Prostitutes," 462, 472-474.

46) *OBP*, Dec. 7-12, 1743, 13, Dec. 9-11, 1747, 15; J. M. Beattie, "The Criminality of Women in Eighteenth-Century England," *JSH* 8 (1975), 90.

47) Koslofsky, "Court Culture," 759; Fréderique Pitou, "Jeunesse et Désordre Social: Les 'Coureurs de Nuit' à Laval au XVIIIe Siècle," *Revue d'Histoire Moderne et Contemporaine* 47 (2000), 69; Ferdinando Bottarelli, *The New Italian, English and French Pocket-Dictionary ...* (London, 1795), I; S. A. H. Burne, ed., *The Staffordshire Quarter Sessions Rolls, 1581- 1606* (Kendall, Eng., 1940), V, 238; *PA*, July 30, 1762; Davenant, *Works: The Acts and Resolves, Public and Private, of the Province of Massachusetts Bay* (Boston, 1881), III, 647; Daniel Fabre, "Families: Privacy versus Custom," in *HPL* III, 546-561.

48) Schindler, *Rebellion*, 210; Matthiessen, *Natten*, 137; Rudolf Braun, *Industrialization and Everyday Life*, trans. Sarah Hanbury Tension (Cambridge, 1990), 84; *Minutes of the Common Council of the City of Philadelphia, 1704-1776* (Philadelphia, 1847), 405; J. R. Ward, "A Planter and His Slaves in Eighteenth-Century Jamaica," in T. C. Smout, ed., *The Search for Wealth and Stability: Essays in Economic and Social History Presented to M. W. Flinn* (London, 1979), 19.

49) *HMM and GA*, Mar. 10, 1752; Koslofsky, "Court Culture," 760; Pitou, "Coureurs de Nuit," 72, 82-84; Elisabeth Crouzet-Pavan, "Potere Politico e Spazio Sociale," in Mario Sbriccoli, ed., *La Notte: Ordine, Sicurezza e Disciplinamento in Età Moderna* (Florence, 1991), 61; Maurice Andrieux, *Daily Life in Venice in the Time of Casanova*, trans. Mary Fitton (London, 1972), 29; Elizabeth S.

Cohen, "Honor and Gender in the Streets of Early Rome," *JIH* 22 (1992), 597-625; Matthiessen, *Natten*, 129; Schindler, "Youthful Culture," 258-260; Auguste Philippe Herlaut, "L'Éclairage des Rues à Paris à la Fin du XVIIe Siècle et au XVIIIe Siècles," *Mémoire de la Société de l'Histoire de Paris et de l'Ile-de-France* 43 (1916), 221-222, 226.

50) Iona Opie & Moira Tatem, eds., *A Dictionary of Superstitions* (Oxford, 1989), 142; Washington Irving, *History, Tales and Sketches*, ed. James W. Tuttleton (New York, 1983), 1071-1072; Darryl Ogier, "Night Revels and Werewolfery in Calvinist Guernsey," *Folklore* 109 (1998), 56-57; Lavater, *Spirites*, 21-22; A. Voisin, "Notes sur la Vie Urbaine au XVe Siècle: Dijon la Nuit," *Annales de Bourgogne* 9 (1937), 271.

51) D. M. Ogier, *Reformation and Society in Guernsey* (Rochester, N. Y., 1996), 137; Apr. 30, 1673, Isham, *Diary*, 207; Pavan, "Nuit Vénitienne," 345; Muchembled, *Violence*, 124.

52) Schindler, "Youthful Culture," 275; Evelyn, *Diary*, II, 472; Mar. 25, 1668, Pepys, *Diary*, IX, 133.

53) Moryson, *Itinerary*, IV, 373; Hannah Miurk(?), Feb. 28, 677, Suffolk Court Files #1549, Suffolk County Court House, Boston; Janekovick-Römer, "Dubrovniks," 103; Koslofsky, "Court Culture," 755; Jacques Rossiaud, "Prostitution, Youth, and Society," in Robert Forster & Orest Ranum, eds., *Deviants and the Abandoned in French Society: Selections from the Annales Economies, Sociétés, Civilisations*, trans. Elborg Forster & Patricia Ranum (Baltimore, 1978), 12-13; Aug. 16, 1624, Beck, *Diary*, 152; T. Platter, *Journal*, 249; George Huppert, *After the Black Death: A Social History of Early Modern Europe* (Bloomington, Ind., 1986), 38.

54) Fabre, "Families," 547; Schindler, "Youthful Culture," 261; Dec. 26, 1718, Lewis, Diary; James R. Farr, *Hands of Honor: Artisans and Their World in Dijon, 1550-1650* (Ithaca, N. Y., 1988), 211; Muchembled, *Violence*, 124; Pitou, "Coureurs de Nuit," 73-74. 다음도 참고할 것. Nov. 20, 1680, Heywood, *Diary*, I, 276.

55) Eli Faber, "The Evil That Men Do: Crime and Transgression in Colonial Massachusetts" (Ph.D. diss., Columbia Univ., 1974), 168; *VG*, Aug. 28, 1752; *Boston Gazette*, Jan. 8, 1754; Sept. 6, 1744, *The Journal of Nicholas Cresswell* (New York, 1924), 35; *NYWJ*, May 22, 1738; Morgan, *Slave Counterpoint*, 394-398.

56) James C. Scott, "Everyday Forms of Peasant Resistance," in James C. Scott &

Benedict J. Kerkvliet, eds., *Everyday Forms of Peasant Resistance in Southeast Asia* (London, 1986), 6. 이것은 사육제가 특히 밤에 열리게 된 이후 예상치 못한 무질서를 만들어냈다는 사실을 부정하려는 것이 아니다. 다음을 참고할 것. Davis, *Society and Culture*, 103-104, 117-119, 122-123; Mikhail Bakhtin, *Rabelais and His World*, trans. Helene Iswoldky (Cambridge, Mass., 1968).

57) M. Dorothy George, *London Life in the XVIIIth Century* (London, 1925), 280; Joe Thompson, *The Life and Adventures ...* (London, 1788), I, 93; "Advice to Apprentices," *Walker's Hibernian Magazine* (1791), 151; Awnsham Churchill, comp., *A Collection of Voyages and Travels ...* (London, 1746), VI, 542; Philip D. Morgan, "Black Life in Eighteenth-Century Charleston," *Perspectives in American History*, New Ser., 1 (1984), 324-325; Fabre, "Families," 550, 548.

58) Pitou, "Coureurs de Nuit," 88; *A Report of the Record Commissioners of the City of Boston, Containing the Selectmen's Minutes from 1764 to 1768* (Boston, 1889), 100; *OED*, s.v. "scour"; Burne, ed., *Staffordshire Quarter Sessions*, V, 238. 다음도 참고할 것. Matthiessen, *Natten*, 137-139; "John Blunt," *G and NDA*, Oct. 31, 1765.

59) George, *London Life*, 400 n.101; *OBP*, Sept. 7, 1737, 187, 190.

60) Defoe, *Tour*, I, 123; Robert Semple, *Observations on a Journey through Spain and Italy to Naples ...* (London, 1807), II, 218.

61) F. G. Emmison, *Elizabethan Life: Disorder* (Chelmsford, Eng., 1970), 245; Ann Kussmaul, ed., *The Autobiography of Joseph Mayett of Quainton (1783-1839)* (London, 1979), 14-15.

62) V. S. Naipaul, *The Loss of El Dorado: A History* (London, 1969), 251-257; Davis, *Society and Culture*, 97-123; Bernard Capp, "English Youth Groups and 'The Pinder of Wakefield,'" *PP* 76 (1977), 128-129; Griffiths, *Youth*, 169-175; Janekovick-Römer, "Dubrovniks," 110; Ilana Krausman Ben-Amos, *Adolescence and Youth in Early Modern England* (New Haven, 1994), 176-177. "서로 겹치기도 하는 하위문화"에 대해서는 다음을 참고할 것. Bob Scribner, "Is a History of Popular Culture Possible?" *History of European Ideas* 10 (1989), 184-185; David Underdown, "Regional Cultures? Local Variations in Popular Culture during the Early Modern Period," in Tim Harris, ed., *Popular Culture in England, c.1500-1800* (New York, 1995), 29.

63) Jütte, *Poverty*, 180-185; Schindler, *Rebellion*, 275; *The Honour of London Apprentices: Exemplified, in a Brief Historical Narration* (London, 1647); Richard Mowery Andrews, *Law, Magistracy, and Crime in Old Regime Paris, 1735-1789* (Cambridge, 1994), 521-535; "A Constant Correspondent," *PA*, Apr.

22, 1763; Dekker, *Writings*, 187-191; Schindler, "Youthful Culture," 248-249; A. L. Beier, *Masterless Men: The Vagrancy Problem in England, c.1560-1640* (London, 1985), 125-126.

64) Torriano, *Proverbi Italiani*, 34; Robert W. Malcolmson, *Popular Recreations in English Society, 1700-1850* (Cambridge, 1973), 75.

65) Marston, *The Malcontent*, ed. M. L. Wine (Lincoln, Ned., 1964), 64.

66) Griffiths, *Youth*, 151-152; Davis, *Society and Culture*, 104-123; Fabre, "Families," 533-556, passim; Thompson, *Customs in Common*, 467-533; Burke, *Popular Culture*, 199-201.

67) Fabre, "Families," 555-556; *The Libertine's Choice ...* (London, 1704), 14-15; F. Platter, *Journal*, 172; Schindler, "Youthful Culture," 252-253; Griffiths, *Youth*, 397.

68) *American Weekly Mercury* (Philadelphia), Oct. 21, 1736; John Brewer, *Party Ideology and Popular Politics at the Accession of George III* (Cambridge, 1976), 186-188; Stanley H. Palmer, *Police and Protest in England and Ireland, 1780-1850* (Cambridge, 1988), 129-130.

69) Jean Delumeau, *Sin and Fear: The Emergence of a Western Guilt Culture, 13th-18th Centuries*, trans. Eric Nicholson (New York, 1990), 128; Muchembled, *Violence*, 241; Malcolmson, *Recreations*, 60-61, 75-76, 81-84; Burke, *Popular Culture*, 190, 201-203.

70) Bourne, *Antiquitates Vulgares*, 229-230; Henry Fielding, *An Enquiry into the Causes of the Late Increase of Robbers and Related Writings*, ed. Malvin R. Zirker (Middletown, Ct., 1988), 81; Stephen Duck, *Poems on Several Occasions* (London, 1736), 27.

71) Parkinson, *Farmer's Tour*, 440; *G and NDA*, Sept. 15, 1767; Paul S. Seaver, "Declining Status in an Aspiring Age: The Problem of the Gentle Apprentice in Seventeenth-Century London," in Bonnelyn Young Kunze & Dwight D. Brautigam, eds., *Court, Country and Culture: Essays on Early Modern British History in Honor of Perez Zagorin* (Rochester, N. Y., 1992), 139-140; Dekker, *Writings*, 173.

72) Oct. 13, 1703, May 20, 21, 1704, Jan. 27, 1707, Cowper, Diary; Oct, 15, 1780, Nov. 25, 1782, Woodforde, *Diary*, I, 293, II, 45; Carter, *Diary*, I, 359; Henry Wakefield, Aug. 4, 1729, Assi 45/18/7/1; Eric Robinson, ed., *John Clare's Autobiographical Writings* (Oxford, 1983), 62.

73) Robinson, ed., *John Clare's Autobiographical Writings*, 167; *OBP*, Oct. 16, 1723, 7; May 24, 1711, Cowper, Diary; Marybeth Carlson, "Domestic Service

in a Changing City Economy: Rotterdam, 1680-1780" (Ph.D. diss., Univ. of Wisconsin, 1993), 132; Fairchilds, *Domestic Enemies*, 209; Patricia S. Seleski, "The Women of the Laboring Poor: Love, Work and Poverty in London, 1750-1820" (Ph.D. diss., Stanford Univ., 1989), 89.

74) Jan. 24, 1770, Carter, *Diary*, I, 348; Fitzpatrick, ed., *Washington Writings*, XXXII, 246, XXXIII, 369, 444; Gladys-Marie Fry, *Night Riders in Black Folk History* (Knoxville, Tenn., 1975), 60-73; Morgan, *Slave Counterpoint*, 524-526.

75) Griffiths, *Youth*, 78; Manning, *Village Revolts*, 72-73, 97, 197, 207; Mihoko Suzuki, "The London Apprentice Riots of the 1590s and the Fiction of Thomas Deloney," *Criticism* 38 (1996), 181-182; Matthiessen, *Natten*, 139; Thomas Willard Robisheaux, *Rural Society and the Search for Order in Early Modern Germany* (Cambridge, 1989), 119; Koslofsky, "Court Culture," 759; Martina Orosová, "Bratislavskí Zobráci V 18. Storicí," *Slovenska Archivistika* 34 (1999), 95; Faber, "Evil That Men Do," 169-171; William M. Wiecek, "The Statutory Law of Slavery and Race in the Thirteen Mainland Colonies of British America," *WMQ*, 3rd Ser., 34 (1977), 272; Carl Bridenbaugh, *Cities in the Wilderness: The First Century of Urban Life in America, 1625-1742* (Oxford, 1971), 219.

76) *WJ*, Apr. 20, 1723; *Life of Michael Martin, Who Was Executed for Highway Robbery, December 20, 1821* (Boston, 1821), 6-7; Keith Lindley, *Fenland Riots and the English Revolution* (London, 1982), passim; Manning, *Village Revolts*, 217-218; *G and NDA*, Aug. 24, Sept. 9, 13, 1769; J. R. Dinwiddy, "The 'Black Lamp' in Yorkshire, 1801-1802," *PP* 64 (1974), 118-119; Assi 45/25/2/30; *Whitehall Evening-Post* (London), Aug. 3, 1749; Andrew Barrett & Christopher Harrison, eds., *Crime and Punishment in England: A Sourcebook* (London, 1999), 169-170.

77) E. P. Thompson, "The Crime of Anonymity," in Hay et al., eds., *Albion's Fatal Tree*, 278; Thomas D. Morris, *Southern Slavery and the Law, 1619-1860* (Chapel Hill, N. C., 1996), 330-332; Bob Scribner, "The Mordbrenner Fear," in Richard J. Evans, ed., *The German Underworld: Deviants and Outcasts in German History* (London, 1988), 29-56; Penny Roberts, "Arson, Conspiracy and Rumor in Early Modern Europe," *Continuity and Change* 12 (1997), 9-29; André Abbiateci, "Arsonists in Eignteenth-Century France: An Essay in the Typology of Crime," in Forster & Ranum, eds., *Deviants and the Abandoned*, trans. Forster & Ranum, 157-179; Bernard Capp, "Arson, Threats of Arson,

and Incivility in Early Modern England," in Peter Burke, et al., eds., *Civil Histories: Essays Presented to Sir Keith Thomas* (Oxford, 2000), 199-200.

78) Morgan, *Slave Counterpoint*, 309; Kenneth Scott, "The Slave Insurrection in New York," *New York Historical Quarterly* 45 (1961), 43-74; Rose, ed., *Slavery*, 99-101, 104, 109-113; Michael Craton, *Testing the Chains: Resistance to Slavery in the British West Indies* (Ithaca, N. Y., 1982), passim; Wood, *Black Majority*, 308-326; James Sidbury, *Ploughshares into Swords: Race, Rebellion, and Identity in Gabriel's Virginia, 1730-1810* (New York, 1997); David Barry Gasper, *Bondmen & Rebels: A Study of Master-Slave Relations in Antigua* (Baltimore, 1985), 222; Elsa V. Goveia, *Slave Society in the British Leeward Inlands at the end of the Eighteenth Century* (Westport, Ct., 1980), 184; Beckles, *Black Rebellion*, passim; Gwendolyn Midlo Hall, *Africans in Colonial Louisiana: The Development of Afro-Creole Culture in Eighteenth Century* (Baton Rouge, 1992), 354-355.

79) Lindley, *Fenland Riots*, 179; E. P. Thompson, *The Making of the English Working Class* (New York, 1964), 559, 565; Gaspar, *Bondmen & Rebels*, 246-247; Craton, *Testing the Chains*, 122-123; Scott, "Slave Insurrection in New York," 47; James S. Donnelly Jr., "The Whiteboy Movement, 1761-5," *Irish Historical Studies* 21 (1978), 23; Peter Sahlins, *Forest Rites: The War of the Demoiselles in Nineteenth-Century France* (Cambridge, Mass., 1994), 42-47.

제4부 사적인 세계

전주곡

1) Geoffrey Keynes, ed., *The Works of Sir Thomas Browne* (London, 1931), III, 230.

2) Alastair Fowler, ed., *The New Oxford Book of Seventeenth Century Verse* (Oxford, 1991), 416; Stanley Coren, *Sleep Thieves: An Eye-Opening Exploration into the Science and Mysteries of Sleep* (New York, 1996), 9; "Why Did the Caveman Sleep? (Not Just Because He Was Tired)," *Psychology Today* 16 (March 1982), 30; Burton E. Stevenson, ed., *The Home Book of Proverbs, Maxims and Familiar Phrases* (New York, 1948), 1685; Carol M. Worthman & Melissa K. Melby, "Towards a Comparative Ecology of Human Sleep," in Mary A. Carskadon, ed., *Adolescent Sleep Patterns: Biological, Social and Psychological*

Influences (Cambridge, 2002), 102-103.

3) Thomas Cogan, *The Haven of Health* (London, 1588), 233; [Joseph Hall], *The Discovery of a New World* (Amsterdam, 1969), 219-244.

4) *The Adventurer*, Mar. 20, 1753, 229; Craig Tomlinson, "G. C. Lichtenberg: Dreams, Jokes, and the Unconscious in Eighteenth-Century Germany," *Journal of the American Psychoanalytic Association* 40 (1992), 781. '잠의 역사'를 계획했던 프랜시스 베이컨을 제외하면 그 연구의 중요성을 부각하는 데 가장 열성적이었던 사람은 조지 스타이너(George Steiner)다. 스타이너는 잠의 역사가 "사회사가와 망탈리테 역사가들이 우리에게 제시하고 있는 의복의 역사, 음식의 역사, 어린이 양육의 역사, 정신적 육체적 질병의 역사에 못지않게, 도덕과 감수성의 발전 과정에 대한 이해에 핵심적이다"라고 논했다. *No Passion Spent: Essays 1978-1996* (London, 1996), 211-212. 최근에는 대니얼 로슈(Daniel Roche)가 "잠의 사회적 역사를 꿈꾸게 해달라"(Let us dream of a social history of sleep) 고 간청했다. (*Consumption*, 182). 꿈에 대한 역사적 설명으로는 다음을 참고할 것. Peter Burke, "L'Histoire Sociale des Rêves," *Annales Economies, Sociétés, Civilisations* 28 (1973), 329-342; Richard L. Kagan, *Lucrecia's Dreams: Politics and Prophecy in Sixteenth-Century Spain* (Berkeley, Calif., 1990); Steven F. Kruger, *Dreaming in the Middle Ages* (Cambridge, 1992); Carole Susan Fungaroli, "Landscapes of Life: Dreams in Eighteenth-Century British Fiction and Contemporary Dream Theory" (Ph.D. diss., Univ. of Virginia, 1994); S. R. F. Price, "The Future of Dreams: From Freud to Artemidorous," *PP* 113 (1986), 3-37; Manfred Weidhorn, *Dreams in Seventeenth-Century English Literature* (The Hague, 1970); David Shulman & Guy G. Stroumsa, eds., *Dream Cultures: Explorations in the Comparative History of Dreaming* (New York, 1999); Mechal Sobel, *Teach Me Dreams: The Search for Self in the Revolutionary Era* (Princeton, N. J., 2000). 고대부터 20세기에 이르기까지 잠에 대한 태도는 다음에 개괄되어 있다. Jaume Rosselló Mir et al., "Una Aproximacion Historica al Estudio Cientifico de Sueño: El Periodo Intuitivo el Pre-Cientifico," *Revista de Historia de la Psicologia* 12 (1991), 133-142. 중세의 잠에 대한 간략한 개괄은 다음을 참고할 것. Verdon, *Night*, 203-217. 근대 초의 잠에 대한 핵심적 의학 관련 자료는 다음을 볼 것. Karl H. Dannenfeldt, "Sleep: Theory and Practice in the Late Renaissance," *Journal of the History of Medicine* 41 (1986), 415-441. 좀더 최근에 필리프 마르탱(Phillipe Martin)은 18세기 가톨릭 작가들의 잠에 대한 태도를 분석했다. "Corps en Repos ou Corps en Danger? Le Sommeil dans les Livres de Piété (Seconde Moitré du XVIIIe Siècle)," *Revue d'Histoire et de Philosophie Religieuse* 80 (2000), 255.

5) Wodrow, *Analecta: or, Materials for a History of Remarkable Providences ...* , ed. Matthew Leishman (Edinburgh, 1843), III, 496; James Miller, *The Universal Passion* (London, 1737), 46.

10장 침실의 법령: 의식

1) *WR or UJ*, Sept. 22, 1738.
2) Cogan, *The Haven of Health* (London, 1588), 232-233; Karl H. Dannenfeldt, "Sleep: Theory and Practice in the Late Renaissance," *Journal of the History of Medicine* 41 (1986), 422-424.
3) Vaughan, *Naturall and Artificial Directions for Health ...* (London, 1607), 53; Henry Davidoff, ed., *World Treasury of Proverbs ...* (New York, 1946), 25; Dannenfeldt, "Renaissance Sleep," 7-12.
4) John Trusler, *An Easy Way to Prolong Life ...* (London, 1775), 11; F. K. Robinson, comp., *A Glossary of Words Used in the Neighbourhood of Whitby* (London, 1876), 55; Tilley, *Proverbs in England*, 36.
5) Wilson, *English Proverbs*, 389.
6) *The Whole Duty of Man ...* (London, 1691), 188-189; Stephen Innes, *Creating the Commonwealth: The Economic Culture of Puritan New England* (New York, 1995), 124; *The School of Vertue, and Booke of Good Nourture ...* (London, 1557); *An Essay on Particular Advice to the Young Gentry ...* (London, 1711), 170; David Hackett Fischer, *Albion's Seed: Four British Folkways in America* (New York, 1989), 160-161.
7) Andrew Boorde, *A Compendyous Regyment or a Dyetary of Health ...* (London, 1547); Levinus Lemnius, *Touchstone of Complexions ...* , trans. T. Newton (London, 1576), 57.
8) Robert Macnish, *The Philosophy of Sleep*, ed., Daniel N. Robinson (Washington, D. C., 1977), 279; Boorde, *Compendyous Regyment*; Lawrence Wright, *Warm and Snug: The History of the Bed* (London, 1962), 195.
9) William Bullein, *A Newe Boke of Phisicke Called y Goveriment of Health ...* (London, 1559), 91; Boorde, *Compendyous Regyment*; Tobias Venner, *Via Recta ad Vitam Longam ...* (London, 1637), 279-280; *Directions and Observations Relative to Food, Exercise and Sleep* (London, 1772), 22; Dannenfeldt, "Renaissance Sleep," 430.
10) Wilson, *English Proverbs*, 738; Torriano, *Proverbi*, 76; Wright, *Warm and Snug*, 194; Gratarolus, *A Direction for the Health of Magistrates and Students*

(London, 1574); Sir Thomas Elyot, *The Castel of Helthe* (New York, 1937), iii; Dannenfeldt, "Renaissance Sleep," *JHM*, 420.

11) Jan. 29, 1624, Beck, *Diary*, 39.

12) John Wilson, *The Projectors* (London, 1665), 45.

13) Nov. 27, 1705, Cowper, Diary; Schindler, *Rebellion*, 216; Lean, *Collectanea*, I, 503; Wright, *Warm and Snug*, 117; Matthiessen, *Natten*, 8-9.

14) Eric Sloane, *The Seasons of America Past* (New York, 1958), 26; Feb. 8, 1756, Dec. 26, 1763, Turner, *Diary*, 26-27, 283; Carol M. Worthman & Melissa K. Melby, "Toward a Comparative Developmental Ecology of Human Sleep," in Mary A. Carskadon, ed., *Adolescent Sleep Patterns: Biological, Social, and Psychological Influences* (Cambridge, 2002), 79.

15) W. F., *The Schoole of Good Manners* (London, 1609).

16) "Letter of M. Brady," *LC*, July 31, 1764; Arthur Friedman, ed., *Collected Works of Oliver Goldsmith* (Oxford, 1966), II, 214-218; James Boswell, *The Hypochondriack*, ed. Margery Bailey (Stanford, Calif., 1928), II, 110; George Steiner, *No Passion Spent: Essays, 1978-1996* (London, 1996), 211-212; Simon B. Chandler, "Shakespeare and Sleep," *Bulletin of the History of Medicine* 29 (1955), 255-260.

17) Torriano, *Proverbi*, 77; "Wits Private Wealth," in Breton, Works, II, 9; *Another Collection of Philosophical Conferences of the French Virtuosi ...* , trans. G. Havers & J. Davies (London, 1665), 419; Richard Oliver Heslop, comp., *Northumberland Words ...* (1892; rpt. edn., Vaduz, Liecht., 1965), I, 248, II, 659; Alexander Hislop, comp., *The Proverbs of Scotland* (Edinburgh, 1870), 346.

18) William Rowley, *All's Lost By Lust* (London, 1633); Thomas Shadwell, *The Amorous Bigotte* (London, 1690), 43; *The Dramatic Works of Sir William D'Avenant* (New York, 1964), 146; Boswell, *Hypochondriack*, ed. Bailey, II, 112; Erik Eckholm, "Exploring the Forces of Sleep," *New York Times Magazine*, Apr. 17, 1988, 32.

19) James Hervey, *Meditations and Contemplations ...* (London, 1752), II, 42; Boswell, *Hypochondriack*, ed., Bailey, II, 110; N. Caussin, *The Christian Diary* (London, 1652), 35; June 2, 1706, Cowper, Diary; Alan of Lille, *The Art of Preaching*, trans. G. R. Evans (Kalamazoo, Mich., 1981), 135. 잠과 관련된 '신경증적 의식'에 관한 프로이트의 중요한 논의는 다음을 볼 것. "Obsessive Actions and Religious Practices," in James Strachey, ed., *The Standard Edition of the Complete Psychological Works of Sigmund Freud* (London, 1975), IX, 117-

118; Barry Schwartz, "Notes on the Sociology of Sleep," *Sociological Quarterly* 11 (1970), 494-495.

20) *Herbert's Devotions ...* (London, 1657), 237; Walter L. Straus, ed., *The German Single-Leaf Woodcut, 1550-1600: A Pictorial Catalogue* (New York, 1975), II, 739; Stephen Bateman, *A Christall Glasse of Christian Reformation ...* (London, 1569).

21) Eugen Weber, *My France: Politics, Culture, Myth* (Cambridge, Mass., 1991), 85; Thomas Moffett, *The History of Four-Footed Beasts and Serpents ...* (London, 1658), II, 956-957; July 16, 1678, John Lough, ed., *Locke's Travels in France, 1675-1679* (Cambridge, 1953), 207; John Southall, *A Treatise of Buggs ...* (London, 1730); J. F. D. Shrewsbury, *The Plague of the Philistines and Other Medical-Historical Essays* (London, 1964), 146-161.

22) July 16, 1784, Torrington, *Diaries*, I, 174; James P. Horn, *Adapting to a New World: English Society in the Seventeenth-Century Chesapeake* (Chapel Hill, N. C., 1994), 318-319. 사일러스 네빌은 여행에서 돌아오기 전날, 가정부와 딸에게 그의 침대를 '길들여'놓으라는 전갈을 보냈다. Basil Cozens-Hardy, ed., *The Diary of Sylas Neville, 1767-1788* (London, 1950), 162.

23) Carolyn Pouncy, ed., *The "Domostroi": Rules for Russian Households in the Time of Ivan the Terrible* (Ithaca, N. Y., 1994), 170; Anna Brzozowska-Krajka, *Polish Traditional Folklore: The Magic of Time* (Boulder, Colo., 1998), 119; *PA*, Mar. 20, 1764.

24) Steven Bradwell, *A Watch-man for the Pest ...* (London, 1625), 39; Oct. 20, 1763, Frederick A. Pottle, ed., *Boswell in Holland, 1763-1764* (New York, 1952), 49-50; Venner, *Via Recta*, 275; Israel Spach, *Theses Medicae de Somno et Vigilia ...* (Strasbourg, 1597).

25) Jon Cowans, ed., *Early Modern Spain: A Documentary History* (Philadelphia, 2003), 121; Alan Macfarlane, *The Justice and the Mare's Ale: Law and Disorder in Seventeenth-Century England* (Oxford, 1981), 56; John C. Fitzpatrick, ed., *The Writings of George Washington ...* (Washington, D. C., 1931), I, 17. 잠옷에 관한 자료는 별로 많지 않지만 다음을 참고할 것. C. Willett & Phillis Cunnington, *The History of Underclothes* (London, 1951), 41-43, 52, 61; Almut Junker, *Zur Geschichte der Unterwäsche 1700-1960: eine Ausstellung des Historischen Museums Frankfurt, 28 April bis 28 August 1988* (Frankfurt, 1988), 10-78; Norbert Elias, *The Civilizing Process: The Development of Manners ...* trans. Edmund Jephcott (New York, 1978), I, 164-165, 옷을 입지 않고 자는 사람들에 대해서는 다음을 참고할 것. Edmond

Cottinet, "La Nudité au Lit Selon Cathos et l'Histoire," *Le Moliériste* (April, 1883), 20-25 (June 1883), 86-89; Dannenfeldt, "Renaissance Sleep," 426.

26) Randle Cotgrave, *A Dictionary of the French and English Tongues* (London, 1611); Laurence Sterne, *The Life & Opinions of Tristram Shandy, Gentleman* (New York, 1950), 568; Sept, 22, 1660, Pepys, *Diary*, I, 251; Alison Weir, *Henry VIII: The King and His Court* (New York, 2001), 84.

27) *The Queens Closet Opened ...* (London, 1661), 60-61, 101-102; Aug. 11, 1678, Michael Hunter & Annabel Gregory, eds., *An Astrological Diary of the Seventeenth Century: Samuel Jeake of Rye, 1652-1699* (Oxford, 1988), 140; Christof Wirsung, *Praxis Medicinae Universalis; or a Generall Practise of Phisicke ...* (London, 1598), 618.

28) Moryson, *Itinerary*, IV, 44; "T. C.," *PL*, Dec. 5, 1765. 다음 소설의 주인공은 술에 대해 이렇게 말한다. "겨울밤에 술보다 더 좋은 난로는 없지. 오늘처럼 세 병을 마시고 잠들면 밤새 추위를 느끼지 못하거든." Fernando de Rojas, *Celestina: A Novel in Dialogue*, trans. Lesley Byrd Simpson (Berkeley, Calif., 1971), 104.

29) Bradwell, *Watch-man*, 38; "W.," *LC*, Oct. 9, 1763; Henry G. Bohn, *A Handbook of Proverbs ...* (London, 1855), 28; May 25, 1767, Cozens-Hardy, ed., *Neville Diary*, 8; Feb. 29, 1756, Turner, *Diary*, 32.

30) Thomas Elyot, *The Castel of Helthe* (London, 1539), fo. 46; Governal, *In this Tretyse that Is Cleped Governayle of Helthe* (New York, 1969); Bullein, *Goveriment of Health*, 90.

31) Sept. 29, 1661, Pepys, *Diary*, II, 186; *East Anglian Diaries*, 51; Thomas, *Religion and the Decline of Magic*, 113-128; François Lebrun, "The Two Reformations: Communal Devotion and Personal Piety," in *HPL* III, 96-97. 밤의 '자물쇠'에 관한 언급은 다음에서 찾을 수 있다. Owen Feltham, *Resolves* (London, 1628), 406; Oct. 2, 1704, Cowper, Diary; Andrew Henderson, ed., *Scottish Proverbs* (Edinburgh, 1832), 48.

32) John Bartlett, *Familiar Quotations ...* , ed. Emily Morison Beck et al. (Boston, 1980), 320; *Whole Duty of Man*, 388; Thomas Becon, *The Early Works ...*, ed. John Ayre (Cambridge, 1843), 403.

33) *Thankfull Remembrances of Gods Wonderful Deliverances ...* (n.p., 1628). 다음도 참고할 것. July 18, 1709, Cowper, Diary. 콘월 지방의 다음 기도문은 잘 알려져 있다. "혼령과 유령, 다리 긴 짐승과 밤에 뛰어다니는 것들로부터, 주여, 우리를 구해주소서." Bartlett, *Familiar Quotations*, ed. Beck et al., 921.

34) Martine Segalen, *Love and Power in the Peasant Family: Rural France in the Nineteenth Century*, trans. Sarah Matthews (Chicago, 1983, 124-125; Phillipe

Martin, "Corps en Repos ou Corps en Danger? Le Sommeil dans les Livres de Piété (Second Moitié du XVIIIe Siècle)," *Revue d'Histoire et de Philosophie Religieuses* 80 (2000), 253.

35) Gwyn Jones, comp., *The Oxford Book of Welsh Verse in English* (Oxford, 1977), 78; July 15, 1705, Cowper, Diary; Gervase Markham, *Countrey Contentments ...* (London, 1615), 31; William Lilly, *A Groatsworth of Wit for a Penny; or, the Interpretation of Dreams* (London, [1750?]), 18.

36) Cogan, *Haven of Health*, 235.

37) Harrison, *Description*, 200-201; Raffaella Sarti, *Europe at Home: Family and Material Culture, 1500-1800*, trans. Allan Cameron (New Haven, 2002), 120; John E. Crowley, *The Invention of Comfort: Sensibilities & Design in Early Modern Britain & Early America* (Baltimore, 2001), 73-76; Anne Fillon, "Comme on Fait son Lit, on se Couche 300 Ans d'Histoire du Lit Villageois," in *Populatiens et Cultures ... Etudes Réunies en l'Honneur de François Lebrun* (Rennes, 1989), 153-161.

38) Stephanie Grauman Wolf, *As Various as Their Land: The Everyday Lives of Eighteenth-Century Americans* (New York, 1993), 66; Carole Shammas, "The Domestic Environment in Early Modern England and America," *JSH* 14 (1990), 169, 158; Dannenfeldt, "Renaissance Sleep," 426 n. 31; Crowley, *Comfort*, passim; F. G. Emmison, *Elizabethan Life: Home, Work & Land* (Chelmsford, Eng., 1976), 12-15; Roche, *Consumption*, 182-185.

39) Bartlett, *Familiar Quotations*, ed. Beck et al., 290; Lemnius, *Touchstones of Complexions*, trans. Newton, 73; Cogan, *Haven of Health*, 235; Bradwell, *Watch-man*, 39.

40) Alan Everitt, "Farm Labourers," in Joan Thirsk, ed., *The Agrarian History of England and Wales, IV, 1500-1640* (London, 1967), 449; Horn, *Adapting to a New World*, 310-311, 324-325.

41) A. Browning, ed., *English Historical Documents, 1660-1714* (New York, 1953), 729; [Ward], *A Trip to Ireland ...* (n.p., 1699), 5

42) Harrison, *Description*, 201; *OBP*, Sept., 9-16, 1767, 259; Feb. 19, 1665, Pepys, *Diary*, VI, 39; Cissie Fairchilds, *Domestic Enemies: Servants & Their Masters in Old Regime France* (Baltimore, 1984), 39; Steven L. Kaplan, *The Bakers of Paris and the Bread Question, 1700-1775* (Durham, N. C., 1996), 259. 메릴랜드 식민지의 한 하인은 이렇게 불평했다. "우리가 할 수 있는 휴식은 담요를 몸에 감고 땅바닥에 눕는 것이었다." Elizabeth Sprigs to John Sprigs, Sept. 22, 1756, in Merrill Jenses, ed., *English Historical Documents: American Colonial*

Documents to 1776 (New York, 1955), 489. 노예들의 사정도 그와 별로 다르지 않았다. 어떤 노예 숙소에는 널빤지로 된 침대가 있기도 했지만, 대체로 노예는 짚, 헝겊 따위를 깔고 땅바닥에서 잤고, 운이 좋으면 조잡한 담요를 덮을 수도 있었다. *Morgan,* Slave Counterpoint, 114.

43) *OED*, s.v. "bulkers"; John Heron Lepper, *The Testaments of François Villon* (New York, 1926), 12; Order of Nov. 28, 1732, London Court of Common Council, BL; Menna Prestwich, *Cranfield: Politics and Profits Under the Early Stuarts* (Oxford, 1966), 529; *Paroimiographia* (French), 18; H. S. Bennett, *Life on the English Manor: A Study of Peasant Conditions, 1150-1400* (Cambridge, 1967), 233; Richard Parkinson, ed., *The Private Journal and Literary Remains of John Byrom* (Manchester, 1854), I, Part 2, 407.

44) *RB*, VI, 220; Torriano, *Proverbi*, 127.

45) Alain Collomp, "Families: Habitations and Cohabitations," in *HPL* III, 507; Flandrin, *Families*, trans. Southern, 98-99; Flaherty, *Privacy*, 76-79.

46) Constantia Maxwell, *Country and Town in Ireland under the Georges* (London, 1940), 123; Ménétra, *Journal*, 137; Flandrin, *Families*, trans. Southern, 100. "돼지처럼 우글거리다"라는 표현은 *OED*를 참고할 것; Journal of Twisden Bradbourn, 1693-1694, 1698, 19, Miscellaneous English Manuscripts c. 206, Bodl.; Edward Peacock, comp., *A Glossary of Words Used in the Wapentakes of Manley and Corringham, Lincolnshire* (Vaduz, Liecht., 1965), 191.

47) John Dunton, *Teague Land, or a Merry Ramble to the Wild Irish: Letters from Ireland, 1698*, ed. Edward MacLysaght (Blackrock, Ire., 1982), 21; Howard William Troyer, *Five Travel Scripts Commonly Attributed to Edward Ward* (New York, 1933), 5, 6; Maxwell, *Ireland*, 125; Patricia James, ed., *The Travel Diaries of Thomas Robert Malthus* (London, 1966), 188; Pinkerton, *Travels*, III, 667.

48) James E. Savage, ed., *The "Conceited Newes" of Sir Thomas Overbury and His Friends* (Gainesville, Fla., 1968), 260.

49) Elias, *Civilizing Process*, trans. Jephcott, I, 160-163; Abel Boyer, *The Complete French-Master ...* (London, 1699), 6; Elborg Forster, ed. & trans., *A Woman's Life in the Court of the Sun King: Letters of Liselotte von der Pfalz, 1652-1722* (Baltimore, 1984), 149.

50) John Greaves Nall, ed., *An Etymological and Comparative Glossary of the Dialect and Provincialism of East Anglia* (London, 1866), 512; Elias, *Civilizing Process*, trans. Jephcott, I, 166-168.

51) May 4, 1763, Frederick A. Pottle, ed., *Boswell's London Journal, 1762-1763*

(New York, 1950), 253; June 14, 1765, Frank Brady & Frederick A. Pottle, eds., *Boswell on the Grand Tour: Italy, Corsica, and France, 1765-1766* (New York, 1955), 253; Isaac Heller, *The Life and Confession of Isaac Heller ...* (Liberty, Ind., 1836). 다음도 참고할 것. Mary Nicholson, Feb. 28, 1768, Assi 45/29/1/169; Mar. 23, 1669, Pepys, *Diary*, IX, 495.

52) Milly Harrison & O. M. Royston, comps., *How They Lived* (Oxford, 1965), II, 235; *OBP*, Sept. 13-16, 1758, 291.

53) Thomas Newcomb, *The Manners of the Age ...* (London, 1733), 454; June 22, 1799, Drinker, *Diary*, II, 1180; Thomas A. Wehr, "The Impact of Changes in Nightlength (Scotoperiod) on Human Sleep," in F. W. Turek & P. C. Zee, eds., *Neurobiology of Sleep and Circadian Rhythms* (New York, 1999), 263-285.

54) *LDA*, June 10, 1751; Sidney Oldall Addy, comp., *A Supplement to the Sheffield Glossary* (Vaduz, Liecht., 1965), 19; Kenneth J. Gergen et al., "Deviance in the Dark," *Psychology Today* 7 (October 1973), 130.

55) Richard Bovet, *Pandaemonium* (Totowa, N. J., 1975), 118; James Orchard Halliwell, ed., *The Autobiography and Personal Diary of Dr. Simon Forman ...* (London, 1849), 8-9; *The Princess Cloria: or, the Royal Romance* (London, 1661), 530; Dec. 15, 1710, Cowper, Diary.

56) Helmut Puff, *Sodomy in Reformation Germany and Switzerland, 1400-1600* (Chicago, 2003), 77-78; *OBP*, Sept. 10-16, 1755, 309; G. R. Quaife, *Wanton Wenches and Wayward Wives: Peasants and Illicit Sex in Early Seventeenth-Century England* (London, 1979), 73; Michael Rocke, *Forbidden Friendships: Homosexuality and Male Culture in Renaissance Florence* (New York, 1996), 156.

57) *The English Rogue ...* (London, 1671), Part III, 31; David P. French, comp., *Minor English Poets, 1660-1780* (New York, 1967), III, 318; Elias, *Civilizing Process*, trans. Jephcott, I, 161; Maza, *Servants and Masters*, 184.

58) J. C. Ghosh, ed., *The Works of Thomas Otway: Plays, Poems, and Love-Letters* (Oxford, 1968), II, 340; Joanna Brooker, Nov. 21, 1754, Suffolk Court Files #129733b, Suffolk County Court House, Boston.

59) Geoffrey Chaucer, *Canterbury Tales* (Avon, Ct., 1974), 440-441; Geroge Morison Paul, ed. *Diary of Sir Archibald Johnston of Wariston* (Edinburgh, 1911), 56; Jan. 1, 1663, Pepys, *Diary*, IV, 2; Nov. 29, 1776, Charles McC. Weiss & Frederick A. Pottle, eds., *Boswell in Extremes, 1776-1778* (New York, 1970), 62; Dec. 28, 1780, Joseph W. Reed & Frederick A. Pottle eds., *Boswell: Laird of Auchinleck, 1778-1782* (New York, 1977), 281.

60) Joshua Swetman, *The Arraignment of Lewd, Idle, Froward* (sic), *and Unconstant Women* ... (London, 1702), 43-44; May 11, 1731, Clegg, *Diary*, I, 118; Rudolph M. Bell, *How to Do It: Guides to Good Living for Renaissance Italians* (Chicago, 1999), 232; *The Fifteen Joys of Marriage*, trans. Elisabeth Abbott (London, 1959), 22-24, 72-84.

61) Edward Jerningham, *The Welch Heiress* (London, 1795), 70; Diary of John Eliot, 1768, 3, passim, Connecticut Historical Society, Hartford; July 21, 1700, Diary of John Richards, Dorsetshire Record Office, Dorchester. 다음도 참고할 것. *Autobiography of the Rev. Dr. Alexander Carlyle, Minister of Inveresk* ... (Edinburgh, 1860), 545.

62) P. J. P. Goldberg, *Women in England, c. 1275-1525: Documentary Sources* (Manchester, 1995), 142; Ulinka Rublack, *The Crimes of Women in Early Modern Germany* (Oxford, 1999), 227; *Boston Post-Boy*, Aug. 17, 1752; *NYWJ*, Dec. 12, 1737.

11장 뜨개질한 소매를 다시 풀기: 소란

1) C. E. Roybet, ed., *Les Sérées de Guillaume Bouchet, sieur de Brocourt* (Paris, 1874), III, 154.

2) William C. Dement, *The Promise of Sleep* (New York, 1999), 101.

3) *Adventurer* 39, Mar. 20, 1753, 228; Christof Wirsung, *Praxis Medicinae Universalis: or a Generall Practise of Phisicke* ... (London, 1598), 618.

4) T. D. Gent, *Collin's Walk through London and Westminster* ... (London, 1690), 43; Shakespeare, *Macbeth*, II, 2, 35; William Mountfort, *The Injur'd Lovers* ... (London, 1688), 49.

5) Sylvain Matton, "Le Rêve Dans les 《Secrètes Sciences》: Spirituels, Kabbalistes Chrétiens et Alchimistes," *Revue des Sciences Humaines* 83 (1988), 160; *Adventurer* 39, Mar. 20, 1753, 229. 물론 그리스 신화에서 '잠'(hypnos)과 '죽음'(thantos)은 밤의 두 아들로 여겨지고 있다.

6) J. C. Smith & E. De Selincourt, eds., *Spenser: Poetical Works* (London, 1969), 606; Burton E. Stevenson, ed., *The Home Book of Proverbs, Maxims and Familiar Phrases* (New York, 1948), 2134; Philip Sidney, *Astrophel and Stella* ... (London, 1591); Miguel de Cervantes Saavedra, *The Adventures of Don Quixote*, trans. J. M. Cohen (Baltimore, 1965), 906.

7) Joshua Sylvester, trans., *Du Bartas: His Divine Weekes and Workes* (London, 1621), 465; Shakespeare, *King Henry V*, IV, 1, 264-267; Verdon, *Night*, 203-

206. "노동자의 잠은 달콤하다"라는 믿음은 다음에서 찾을 수 있다. *Ecclesiastes* V, 12.

8) George Laurence Gomme, ed., *The Gentleman's Magazine Library: Being a Classified Collection of the Chief Contents of the Gentleman's Magazine from 1731 to 1868: Popular Superstitions* (London, 1884), 122; July 22, Feb. 13, 1712, Cowper, Diary; Oct. 4, 1776, Charles McC. Weiss & Frederick A. Pottle, eds., *Boswell in Extremes, 1776-1778* (New York, 1970), 39.

9) Jean-François Senault, *Man Become Guilty, or the Corruption of Nature by Sinne*, trans. Henry Earle of Monmouth (London, 1650), 243; Philip D. Morgan, "British Encounters with Africans and African Americans, circa 1600-1780," in Bernard Bailyn & Philip D. Morgan, eds., *Strangers within the Realm: Cultural Margins of the First British Empire* (Chapel Hill, N. C., 1991), 206; Nov. 16, 1664, Oct. 6, 1663, Pepys, *Diary*, V, 322, IV, 325.

10) Nashe, *Works*, I, 355; July 22, 1712, Oct. 12, 1703, Cowper, Diary; Dement, *Promise of Sleep*, 17.

11) Spenser, *Amoretti and Epithalamion* (1595; rpt. edn., Amsterdam, 1969).

12) *Herbert's Devotions ...* (London, 1657), 1; Alexander B. Grosart, ed., *The Complete Works in Prose and Verse of Francis Quarles* (New York, 1967), II, 206; Apr. 4, 1782, Journal of Peter Oliver, Egerton Manuscripts, BL; Benjamin Mifflin, "Journal of a Journey from Philadelphia to the Cedar Swamps & Back, 1764," *Pennsylvania Magazine of History and Biography* 52 (1928), 130-131.

13) Kenneth Jon Rose, *The Body in Time* (New York, 1989), 87-88; Jane Wegscheider Hyman, *The Light Book: How Natural and Artificial Light Affect Our Helath, Mood and Behavoir* (Los Angeles, 1990), 140-141; Gay Gaer Luce, *Body Time* (London, 1973), 151, 178.

14) November 21, 1662, Pepys, *Diary*, III, 262; May 25, 1709, Cowper, Diary; *OED*, s.v. "spitting"; *SAS*, XI, 124-125; Jan. 1, Feb. 21, 1706, Raymond A. Anselment, ed., *The Remembrances of Elizabeth Freke, 1671-1714* (Cambridge, 2001), 84; Hyman, *Light Book,* 140-141; Mary J. Dobson, *Contours of Death and Disease in Early Modern England* (Cambridge, 1997), 242, 252-253; Carol M. Worthman & Melissa K. Melby, "Toward a Comparative Developmental Ecology of Human Sleep," in Mary A. Carskadon, ed., *Adolescent Sleep Patterns: Biological, Social, and Psychological Influences* (Cambridge, 2002), 74.

15) Charles Severn, ed., *Diary of the Rev. John Ward ...* (London, 1839), 199; Sept. 24, 1703, Oct. 18, 1715, Cowper, Diary; Sullen Hoy, *Chasing Dirt: The*

American Pursuit of Cleanliness (Oxford, 1995), 5; Henry Vaughan, *Welsh Proverbs with English Translations* (Felinfach, Wales, 1889), 85; Legg, *Low-Life*, 9.

16) Burton, *The Anatomy of Melancholy* (New York, 1938), 597; Bräker, *Life*, 82; Nov. 28, 1759, James Balfour Paul, ed., *Diary of George Ridpath ... 1755-1761* (Edinburgh, 1922), 288; Oct., 1, 1703, Cowper, Diary; Michael MacDonald, *Mystical Bedlam: Madness, Anxiety, and Healing in Seventeenth-Century England* (Cambridge, 1981), 245.

17) Piero Camporesi, *Bread of Dreams: Food and Fantasy in Early Modern Europe*, trans. David Gentilcore (Chicago, 1989), 64; John Wilson, *The Projectors* (London, 1665), 18; Lydia Dotto, *Losing Sleep: How Your Sleep Habits Affect Your Life* (New York, 1990), 157.

18) M. Andreas Laurentius, *A Discourse of the Preservation of the Sight ...*, trans. Richard Surphlet (London, 1938), 104, 96; Dagobert D. Runes, ed., *The Selected Writings of Benjamin Rush* (New York, 1974), 200; Hyman, *Light Book*, 87, 96-97, passim.

19) Thomas Overbury, *The "Conceited Newes" of Sir Thomas Overbury and His Friends*, ed. James E. Savage (1616; rpt. edn., Gainesville, Fla., 1968), 262; Henry Nevil Payne, *The Siege of Constantinople* (London, 1675), 51; Georg Christoph Lichtenberg, *Aphorisms*, trans. R. J. Hollingdale (London, 1990), 83-84; Luce, *Body Time*, 204-210.

20) Stevenson, ed., *Proverbs*, 2132; Henry Bachelin, *Le Serviteur* (Paris, 1918), 216; Nov. 6, 1715, William Matthews, ed., *The Diary of Dudley Ryder, 1715-1716* (London, 1939), 105; May 20, 1624, Beck, *Diary*, 99. 다음도 참고할 것. Jan. 30, 1665, Pepys, *Diary*, VI, 25.

21) Heaton, "Experiences or Spiritual Exercises" (typescript), 4, North Haven Historical Society, North Haven, Ct.; Burton, *Anatomy of Melancholy*, 465; Barbara E. Lacey, "The World of Hannah Heaton: The Autobiography of an Eignteenth-Century Connecticut Farm Woman," *WMQ*, 3rd Ser., 45 (1988), 284-285.

22) M. A. Courtney & Thomas Q. Couch, eds., *Glossary of Words in Use in Cornwall* (London, 1880), 39; *OED*, s.v. "nightmare"; Edward Phillips, *The Chamber-Maid ...* (London, 1730), 57; *The Works of Benjamin Jonson* (London, 1616), 951.

23) Joseph Angus & J. C. Ryle, eds., *The Works of Thomas Adams ...* (Edinburgh, 1861), II, 29.

24) Charles P. Pollak "The Effects of Noise on Sleep," in Thomas H. Fay, ed., *Noise and Health* (New York, 1991), 41-60.

25) Wilson, *English Proverbs*, 169; R. Murray Schafer, *The Tuning of the World* (Philadelphia, 1977), 59; Luce, *Body Time*, 141.

26) Thomas Shadwell, *Epsom-Wells* (London, 1672), 83; *The Works of Monsieur Boileau* (London, 1712), I, 193-194, 200-201; *The Works of Mr. Thomas Brown in Prose and Verse ...* (London, 1708), III, 15; Bruce R. Smith, *The Acoustic World of Early Modern England: Attending to the O-Factor* (Chicago, 1999), 52-71. 물론 프랜시스 베이컨이 고찰했듯, 근대 초에 졸졸거리는 물소리나 부드러운 노래 소리처럼 잠드는 데 도움이 되는 소음도 있었다. James Spedding et. al., eds., *The Works of Francis Bacon* (London, 1859), II, 579-580.

27) Joseph Leech, *Rural Rides of the Bristol Churchgoer*, ed. Alan Sutton (Gloucester, Eng., 1982), 70; Mar. 16, 1706, Cowper, Diary.

28) Oct. 24, 1794, Oct. 19, 1796, Drinker, *Diary*, II, 610, 853.

29) William Beckford, *Dreams, Waking Thoughts and Incidents*, ed., Robert J. Gemmett (Rutherford, N. J., 1972), 165; Robert Forby, comp., *The Vocabulary of East Anglia* (Newton Abbot, Eng., 1970), I, 43; June 15, 1800, Jack Ayres, ed., *Paupers and Pig Killers: The Diary of William Holland, a Somerset Parson* (Gloucester, Eng., 1984), 38.

30) P. Hume Brown, ed., *Tours in Scotland, 1677 & 1681 ...* (Edinburgh, 1892), 33; Donald Gibson, ed., *A Parson in the Vale of White Horse: George Woodward's Letters from East Hendred, 1753-1761* (Gloucester, Eng., 1982), 37; Nov. 26, 1703, Doreen Slatter, ed., *The Diary of Thomas Naish* (Devizes, Eng., 1965), 51; Pounds, *Culture*, 364-365; Smith, *Acoustic World*, 71-82.

31) Alice Morse Earle, *Customs and Fashions in Old New England* (1893; rpt edn., Detroit, 1968), 128; *LEP*, Jan. 12, 1767; Dec. 19, 1799, Woodforde, *Diary*, V, 230; Brian Fagan, *The Little Ice Age: How Climate Made History, 1300-1850* (New York, 2000), 113-147; Stanley Coren, *Sleep Thieves: An Eye-Opening Exploration into the Science and Mysteries of Sleep* (New York, 1996), 164.

32) Legg, *Low-Life*, 4; John Ashton, comp., *Modern Street Ballads* (New York, 1968), 51; Stevenson, ed., *Proverbs*, 280; Lynne Lamberg, *Bodyrhythms: Chronobiology and Peak Performance* (New York, 1994), 111-112; Remarks 1717, 193-194; Aug. 3, 1774, Edward Miles Riley, ed., *The Journal of John Harrower: An Indentured Servant in the Colony of Virginia, 1773-1776* (Williamsburg, 1963), 52.

33) Torrington, *Diaries*, III, 317; Evelyn, *Diary*, II, 507; Robert Southey, *Journal of a Tour in Scotland* (1929; rpt edn. Edinburgh, 1972), 91-92.
34) John Locke, *The Works ...* (London, 1963), IX, 23; Coren, *Sleep Thieves*, 160-161.
35) Apr. 4, 1624, Beck, *Diary*, 71; Lawrence Wright, *Warm and Snug: The History of the Bed* (London, 1962), 199-200; Oct. 22, 1660, Pepys, *Diary*, I, 271; Carl Bridenbaugh, ed., *Gentleman's Progress: The Itinerarium of Dr. Alexander Hamilton* (Chapel Hill, N. C., 1948), 195; F. P. Pankhurst & J. A. Horne, "The Influence of Bed Partners on Movement during Sleep," *Sleep* 17 (1994), 308-315.
36) A. Aspinall, ed., *Lady Bessborough and Her Family Circle* (London, 1940), 111-112; John S. Farmer, ed., *Merry Songs and Ballads Prior to the Year A.D. 1800* (New York, 1964), I, 202-203; Lawrence Wright, *Clean and Decent: The Fascinating History of the Bathroom & the Water Closet ...* (New York, 1960), 78; Pounds, *Culture*, 366-367.
37) 참고로 다음을 볼 것. Thomas Brewer, *The Merry Devill of Edmonton* (London, 1631), 44; *OED*, s.v. "urinal"; Mar. 27, 1706, Sewall, *Diary*, I, 543; Jonathan Swift, *Directions to Servants ...* (Oxford, 1965), 61; Burt, *Letters*, II, 47.
38) James T. Henke, *Gutter Life and Language in the Early "Street" Literature of England: A Glossary of Terms and Topics Chiefly of the Sixteenth and Seventeenth Centuries* (West Cornwall, Ct., 1988), 51; Sept., 28, 1665, Pepys, *Diary*, VI, 244; John Greenwood, Mar. 9, 1771, Assi 45/30/1/70; *Paroimiographia* (Italian), 16.
39) Colley Cibber & Sir John Vanbrugh, *The Provok'd Husband; or a Journey to London* (London, 1728), 76.
40) Peter Thornton, *The Italian Renaissance Interior 1400-1600* (New York, 1991), 248, 249-251; *Seventeenth-Century Interior Decoration in England, France, and Holland* (New Haven, 1978), 324-326, 328.
41) Boileau, *Works*, I, 201.
42) Benjamin Franklin, *Writings*, ed. J. A. Leo Lemay (New York, 1987), 1121-1122; Feb. 16, 17, 1668, Pepys, *Diary*, IX, 73, 75; Louis B. Wright & Marion Tinling, ed., *Quebec to Carolina in 1785-1786: Being the Travel Diary and Observations of Robert Hunter Jr. ...* (San Marino, Calif., 1943), 278-279; Rafaella Sarti, *Europe at Home: Family and Material Culture, 1500-1800*, trans. Allan Cameron (New Haven, 2002), 122.
43) July 9, 1774, Philip Vickers Fithian, *Journal & Letters of Philip Vickers Fithian,*

1773-1774: A Plantation Tutor of the Old Dominion, ed. Hunter Dickinson Farish (Williamsburg, 1943), 178.

44) Nicholas James, *Poems on Several Occasions* (Truro, Eng., 1742), 13; *Herbert's Devotions*, 223; Sarah C. Maza, *Servants and Masters in Eighteenth-Century France: The Uses of Loyalty* (Princeton, N. J., 1983), 183 n. 61. 노동 계급 출신 작가였던 존 영거(John Younger)는 "고상한 소설을 쓰는 상류층 작가들"을 조롱했다. 그들은 "농민 문제에 대해 어떤 현실적인 지식도 갖지 못하고, 코를 골며 자는 농민들이 행복한 무지를 즐긴다고 묘사한다"는 것이 그 이유였다. *Autobiography of John Younger, Shoemaker, St. Boswells ...* (Edinburgh, 1881), 133.

45) Pollak, "Effects of Noise," 43.

46) Apr. 13, 1719, William Byrd, *The London Diary (1717-1721) and Other Writings*, ed., Louis B. Wright & Marion Tinling (Oxford, 1958), 256; Oct. 9, 1647, *Yorkshire Diaries and Autobiographies in the Seventeenth and Eighteenth Centuries* (Durham, Eng., 1875), I, 67; Coren, *Sleep Thieves*, 72-74, 286. 근대 초 유럽에서 신화적인 "게으름뱅이의 천국"(Land of Cockaigne)이 하층 계급 사이에서 큰 반향을 불러일으킨 것도 놀라운 일은 아니다. 이 유토피아 같은 천국에서는 "비단 침대"에서 쉬는 즐거움을 누릴 수 있었고, "가장 잠을 많이 자는 사람이 가장 많이 벌었다." Piero Camporesi, *The Land of Hunger*, trans. Tania Croft-Murray (Cambridge, Mass., 1996), 160-164.

47) Mechal Sobel, *The World They Made Together: Black and White Values in Eighteenth-Century Virginia* (Princeton, N. J., 1987), 24; James Scholefield, ed., *The Works of James Pilkington, B. D., Lord Bishop of Durham* (New York, 1968), 446; E, P. Thompson, "Time, Work-Discipline, and Industrial Capitalism," *PP* 38 (1967), 56-97.

48) Camporesi, *Bread of Dreams*, 68-69; Coren, *Sleep Thieves*, passim.

12장 우리가 잃어버린 잠: 리듬과 계시

1) Philip Wheelwright, *Heraclitus* (Princeton, N. J., 1959), 20.

2) *Herbert's Devotions ...* (London, 1657), 236; Robert Louis Stevenson, *The Cevennes Journal: Notes on a Journey through the French Highlands*, ed. Gordon Golding (Edinburgh, 1978), 79-82.

3) "첫잠"이라는 용어에 대해 나는 1300-1800년 사이의 72개 자료에서 83번 사용된 용례를 발견했다. 그 사례는 본문을 참조할 것. "첫 선잠"과 "죽은 잠"에 대한 언급은 다음을 참고할 것. A. Roger Ekirch, "Sleep We Have Lost: Pre-industrial Slumber

in the British Isles," *AHR* 106 (2001), 364. 이렇게 쪼개 자는 잠에 대한 언급이 미국 초기의 자료에서는 덜 발견된다는 사실은 이런 현상이 북아메리카에도 있긴 했지만 유럽보다는 널리 퍼져 있지 않았음을 말해준다. 그 이유는 낮과 밤의 비율의 차이에서부터 식민지에 인공조명 시설이 더 잘되어 있었던 사실 등을 꼽을 수 있을 것이다. 다음의 두 자료는 "첫 선잠"이라는 표현을 포함하고 있다. Benjamin Franklin, "Letters of the Drum," *PG*, Apr. 23, 1730; Hudson Muse to Thomas Muse, Apr. 19, 1771, in "Original Letters," *WMQ* 2 (1894), 240. 다음도 참고할 것. Ekirch, "Sleep We Have Lost," 364.

4) 나는 17세기와 18세기의 19개 자료에서 이 용례를 21번 발견했다. Ekirch, "Sleep We Have Lost," 364.

5) 이탈리아어 용례에 대해서는, 이탈리아 어휘 전집(Opera del Vocabolario Italiano)에서 제공한 이탈리아 초기 문학 데이터베이스에서, 14세기에서만 32개 자료에서 57번 언급된 것을 확인할 수 있었다. 다음을 참고할 것. www.lib.uchicago.edu/efts/ARTFL/projects/OVI/

6) 라틴어에서는 이 '첫잠'이나 그 변형(primus somnus, 또는 primi somni)이 16개 자료에서 19번 사용된 것을 발견했다. 그 자료의 절반은 13세기 이전으로 거슬러 올라간다. 다음을 참고할 것. Ekirch, "Sleep We Have Lost," 364-365. '첩의 밤'이라는 용례에 대해서는 다음을 참고할 것. D. P. Simpson, *Cassell's Latin Dictionary* (London, 1982), 128.

7) *Mid-Night Thoughts, Writ, as Some Think, by a London-Whigg, or a Westminster Tory ...* (London, 1682), A 2, 17; William Keatinge Clay, ed., *Private Prayers, Put Forth by Authority during the Reign of Queen Elizabeth* (London, 1968), 440-441; *OED*, s.v. "watching."

8) Geoffrey Chaucer, *The Canterbury Tales* (Avon, Ct., 1974), 403; William Baldwin, *Beware the Cat*, ed. William Ringler, Jr., & Michael Flachmann (San Marino, Calif., 1988), 5.

9) George Wither, *Ivvenila* (London, 1633), 239; Locke, *An Essay Concerning Human Understanding* (London, 1690), 589. 다음도 참고할 것. Francis Peck, *Desiderrata Curiosa ...* (London, 1732), II, 33. 동물의 '첫잠'에 대한 언급은 다음에서 사례를 찾을 수 있다. James Shirley, *The Constant Maid* (London, 1640); Samuel Jackson Pratt, *Harvest-Home ...* (London, 1805), II, 457.

10) Raimundus Lullus, *Liber de Regionibus Sanitatis et Informitatis* (n.p., 1995), 107; Harrison, *Description*, 382. 다음도 참고할 것. Crusius, *Nocte*, ch. 3.11.

11) *The Dramatic Works of Sir William D'Avenant* (New York, 1964), III, 75; J. Irvine Smith, ed., *Selected Justiciary Cases, 1624-1650* (Edinburgh, 1974), III, 642; Taillepied, *Ghosts*, 97-98; Richard Hurst, trans., *Endimion: An Excellent*

Fancy First Composed in French by Monsieur Gombauld (London, 1639), 74; Shirley Strum Kenny, ed., *The Works of George Farquhar* (Oxford, 1988), I, 100.

12) Governal, *In this Tretyse that Is Cleped Governayle of Helthe* (New York, 1969); William Bullein, *A Newe Boke of Phisicke Called y Goveriment of Health ...* (London, 1559), 90; Andrew Boorde, *A Compendyous Regyment or a Dyetary of Health ...* (London, 1547); André Du Laurens, *A Discourse of the Preservation of the Sight ...*, ed. Sanford V. Larkey, trans. Richard Surfleet ([London], 1938), 190.

13) Emmanuel Le Roy Ladurie, *Montaillou: The Promised Land of Error*, trans. Barbara Bray (New York, 1978), 277, 227; Nicolas Rémy, *La Démonolâtrie*, ed. Jean Boës (1595; rpt. edn., Lyons, n.d.), 125. 다음도 참고할 것. Jean Duvernoy, ed., *Le Régistre d'Inquisition de Jacques Fournier, Évêque de Pamiers (1318-1325)* (Toulouse, 1965), I, 243.

14) Anthony C. Meisel & M. L. del Mastro, trans., *The Rule of St. Benedict* (Garden City, N. Y., 1975), 66; Alan of Lille, *The Art of Preaching*, trans. Gillian R. Evans (Kalamazoo, Mich., 1981), 136; Richard Baxter, *Practical Works ...* (London, 1838), I, 339; *Mid-Night Thoughts*, 158-159; Abbot Gasquet, *English Monastic Life* (London, 1905), 111-112; C. H. Lawrence, *Medieval Monasticism: Forms of Religious Life in Western Europe in the Middle Ages* (London, 1984), 28-30; John M. Staudenmaier, S. J., "What Ever Happened to the Holy Dark in the West? The Enlightenment Ideal & the European Mystical Tradition," in Leo Marx & Bruce Mazlish, eds., *Progress: Fact or Illusion?* (Ann Arbor, Mich., 1996), 184.

15) *Livy with an English Translation in Fourteen Volumes*, trans. F. G. Moore (Cambridge, Mass., 1996), VI, 372-373; Virgil, *The Aeneid*, trans. Robert Fitzgerald (New York, 1992), 43; Pausanias, *Description of Greece*, trans. W. H. S. Jones & H. A. Ormerod (Cambridge, 1996), II, 311; Plutarch, *The Lives of the Noble Grecians and Romans*, trans. John Dryden (New York, 1979), 630, 1208; Allardyce Nicoll, ed., *Chapman's Homer: The Iliad, The Odyssey and the Lesser Homerica* (Princeton, N. J., 1967), II, 73.

16) Paul Bohannan, "Concepts of Time among the Tiv of Nigeria," *Southwestern Journal of Anthropology* 9 (1953), 253; Paul & Laura Bohannan, *Three Source Notebooks in Tiv Ethnography* (New Haven, 1958), 357; Bruno Gutmann, *The Tribal Teachings of the Chagga* (New Haven, 1932); George B. Silberbauer, *Hunter and Habitat in the Central Kalahari Desert* (Cambridge,

1981), 111.

17) Thomas A. Wehr, "A 'Clock for All Seasons' in the Human Brain," in R. M. Buijs et al., eds., *Hypothalamic Integration of Circadian Rhythms* (Amsterdam, 1996), 319-340; Thomas A. Wehr, "The Impact of Changes in Nightlength (Scotoperiod) on Human Sleep," in F. W. Turek & P. C. Zee, eds., *Neurobiology of sleep and Circadian Rhythms* (New York, 1999), 263-285; Natalie Angier, "Modern Life Suppresses Ancient Body Rhythm," *New York Times*, Mar. 14, 1995; 1996년 12월 23일과 31일에 있었던 토머스 웨어 박사와의 대화.

18) Warren E. Leary, "Feeling Tired and Run Down? It Could be the Lights," *NYT*, Feb. 8, 1996; Charles A. Czeisler, "The Effects of Light on the Human Circadian Pacemaker," in Derek J. Chadwick & Kate Ackrill, eds., *Circadian Clocks and Their Adjustment* (Chichester, End., 1995), 254-302; William C. Dement, *The Promise of Sleep* (New York, 1999), 98-101. 웨어 박사는 그의 실험에서 어둠 말고도 다른 요인들이 두 번 나누어 자는 유형을 만들어냈을 가능성도 있다고 추론한다. 그 요인들이란 지루함이라든가, 실험 대상에게 휴식이 강요되었다는 사실과 같은 것이다. 그는 이렇게 적고 있다. "어둠 그 자체 또는 어둠과 관련된 다른 요인들이 우리가 실험 대상에서 관찰한 차이점의 원인이었는지, 그렇다면 어느 정도였는지 결정하기 위해서는 추가 연구가 필요하다." Thomas A. Wehr et al., "Conservation of Photoperiod-responsive Mechanisms in Humans," *American Journal of Physiology* 265 (1993), R855. 그렇지만 산업화 이전 시대의 방대한 자료에서 암시하는 첫잠과 두번째 잠에서는 그런 요인들이 별로 나타나지 않는 것이 확실하다. 그 사례에서 휴식은 강요된 것이 아니었고 단조로운 환경의 결과도 아니었다.

19) Dec. 14, 1710, George Aitken, ed., *The Tatler* (1899; rpt. edn. New York, 1970), IV, 337, 339; Apr. 9, 1664, Pepys, *Diary*, V, 118; Mar. 19, 1776, Charles Ryskamp & Frederick A. Pottle, eds., *Boswell: The Ominous Years, 1774-1776* (New York, 1963), 276.

20) Edward MacCurdy, ed., *The Notebooks of Leonardo Da Vinci* (New York, 1938), II, 256-257.

21) Boorde, *Compendyous Regyment*, viii; John Dunton, *Teague Land, or A Merry Ramble to the Wild Irish: Letters from Ireland, 1698*, ed. Edward MacLysaght (Blackrock, Ire., 1982), 25.

22) Thomas Jubb, Nov. 17, 1740, Assi 45/22/1/102; Nov. 12, 1729, Nov. 30, 1726, Jan. 4, 1728, Robert Sanderson, Diary, St. John's College, Cambridge: Francis James Child, ed., *The English and Scottish Popular Ballads* (New York, 1965),

II, 241; Robert Boyle, *Works ...* (London, 1772), V, 341; Richard Wiseman, *Eight Chirurgical Treatises ...* (London, 1705), 505; Lyne Walter, *An Essay towards a ... Cure in the Small Pox* (London, 1714), 37.

23) Tobias Venner, *Via Recta ad Vitam Longam ...* (London, 1637), 272; Walter Pope, *The Life of the Right Reverend Father in God Seth, Lord Bishop of Salisbury ...* (London, 1697), 145; Best, *Books*, 124; Vosgien, *An Historical and Biographical Dictionary ...*, trans. Catharine Collignon (Cambridge, 1801), IV.

24) Jane Allison, Mar. 15, 1741, Assi 45/22/2/64B; Stephen Duck, *The Thresher's Labour* (Los Angeles, 1985), 16; A. R. Myers, ed., *English Historical Documents, 1327-1485* (London, 1969), 1190.

25) *Notes and Queries*, 2nd Ser., 5, no. 115 (Mar. 13, 1858), 207; Tobias Smollett, *Peregrine Pickle* (New York, 1967), II, 244.

26) Franklin, *Writings*, ed. J. A. Leo Lemay (New York, 1987), 835.

27) *JRAI*, II, 376; Thomas Nicholson, June 2, 1727, Assi 45/18/4/39-40; *Herbert's Devotions*, 237; Anthony Horneck, *The Happy Ascetick, or, the Best Exercise* ([London], 1680), 414; Mary Atkinson, Mar. 9, 1771, Assi 45/30/1/3; Jane Rowth, Apr. 11, 1697, Assi 45/17/2/93.

28) Nicolas Remy, *Demonolatry*, ed. Mantague Summers & trans. E. A. Ashwin (Secaucus, N. J., 1974), 43-46; Francesco Maria Guazzo, *Compendium Maleficarum*, ed. Montague Summers & trans. E. A. Ashwin (Secaucus, N. J., 1974), 33-48.

29) Horneck, *Happy Ascetick*, 415; M. Lopes de Almeida, *Diálogos de D. Frei Amador Arrais* (Porto, 1974), 19; *The Whole Duty of Prayer* (London, 1657), 13; Richard and John Day, *A Booke of Christian Praiers...* (London, 1578), 440-441; R. Sherlock, *The Practical Christian: or, the Devout Penitent ...* (London, 1699), 322-323; Frederick James Furnivall, ed., *Phillip Stubbes's Anatomy of the Abuses in England in Shakespeare's Youth, A. D. 1583* (London, 1877), 221.

30) Cowper, *The Works* (London, 1836), IX, 45-50; Danielle Régnier-Bohler, "Imagining the Self," in *HPL* II, 357; *Mid-Night Thoughts.*

31) Dorothy Rhodes, Mar. 18, 1650, *York Depositions*, 28. 다음도 참고할 것. Geoffroy de La Tour-Landry, *Book of the Knight of La Tour Landry* (London, 1906), fo. 3b; Jan. 4, 1728, Sanderson, Diary.

32) *The Deceyte of Women ...* (n.p., 1568); Helen Simpson, ed. & trans., *The Waiting City: Paris, 1782-88. Being an Abridgement of Louis-Sébastian Mercier's "Le Tableau de Paris"* (Philadelphia, 1933), 76; Aviel Orenstein, ed.,

Mishnah Berurah: Laws Concerning Miscellaneous Blessings, The Minchah Service, the Ma'ariv Service and Evening Conduct ... (Jerusalem, 1989), 435.

33) Laurent Joubert, *Popular Errors*, trans. Gregory David de Rocher (Tuscaloosa, Ala., 1989), 112-113; Thomas Cogan, *The Haven of Health* (London, 1588), 252. 다음도 참고할 것. Boorde, *Compendyous Regyment*; Orenstein, ed., *Mishnah Berurah*, 441.

34) Cardano, *The Book of My Life* (New York, 1962), 82; Thomas Jefferson, *Writings*, ed. Merrill D. Peterson (New York, 1984), 1417; Francis Quarles, *Enchiridion ...* (London, 1644), ch. 54.

35) *Everie Woman in Her Humor* (London, 1609); Wilson, *English Proverbs*, 566. 다음도 참고할 것. July 12, 1702, Cowper, Diary; May 24, 1595, Richard Rogers & Samuel Ward, *Two Elizabethan Puritan Diaries*, ed. Marshall Mason Knappen (Gloucester, Mass., 1966), 105.

36) Oliver Lawson Dick, ed., *Aubrey's Brief Lives* (London, 1950). 131; Crusius, *Nocte*, ch. 15; *GM* 18 (1748), 108; *G and NDA*, Feb. 11, 1769; Rita Shenton, *Christopher Pinchbeck and His Family* (Ashford, Eng., 1976), 29.

37) Régnier-Bohler, "Imagining the Self," 390; Edmund Spenser, *The Works, ...*, ed. Edwin Greenlaw (Baltimore, 1947), II, 249; Richard Brome, *The Northern Lasse* (London, 1632); William Davenant, *The Platonick Lovers* (London, 1636); Cowper, *Works*, IX, 45.

38) Roy Harvey Pearce, ed., *Nathaniel Hawthorne: Tales and Sketches ...* (New York, 1982), 200-201; John Wade, *Redemption of Time ...* (London, 1692), 187. 자위행위의 가능성에 대해 걱정하던 또다른 도덕가는 잠에 드는 사람에게 "첫잠에서 깨어나자마자 즉시 일어나는 것을 습관으로 하라"고 주의시켰다. S. A. D. Tissot, *Onanism: Or a Treatise upon the Disorders Produced by Masturbation ...* (London, 1767), 122.

39)Mercier, *The Night Cap*, (Philadelphia, 1788), 4.

40) Tertullian, *Apologetical Works*, trans. Rudolph Arbesmann et al. (New York, 1950), 288; Sidney J. H. Herrtage, ed., *Early English Versions of the Gesta Romanorum* (London, 1879), 207; Chaucer, *Canterbury Tales*, 403-404; Mar. 11, 1676, Jane Lead, *A Fountain of Gardens ...* (London, 1697), 121; Jan. 6, 1677, Oliver Heywood, *Diaries*, I, 340; Peter Corbin & Douglas Sedge, eds., *Ram Alley* (Nottingham, 1981), 56.

41) Hubert, *Egypts Favourite. The History of Joseph ...* (London, 1631). 다음도 참고할 것. William Vaughan, *Naturall and Artificial Directions for Health ...* (London, 1607), 55.

42) *Looker-On*, May 22, 1792, 234; Geoffrey Keynes, ed., *The Works of Sir Thomas Browne* (London, 1931), V, 185; Nashe, *Works*, I, 355.
43) Thomas Tryon, *A Treatise of Dreams & Visions ...* (London, 1689), 9; *WR or UJ*, Dec, 30, 1732; Thomas, *Religion and the Decline of Magic*, 128-130.
44) Keynes, ed., *Browne Works*, V, 185; James K. Hosmer, ed., *Winthrop's Journal: "History of New England," 1630-1649* (New York, 1908), I, 121.
45) "Somnifer," *PA*, Oct. 24, 1767; S. R. F. Price, "The Future of Dreams: From Freud to Artemidorous," *PP* 113 (1986), 31-32; Thomas Hill, *The Most Pleasuante Arte of the Interpretacion of Dreames ...* (London, 1571); *Nocturnal Revels: or, a General History of Dreams ...*, 2 vols. (1706-1707).
46) Thomas Johnson, trans., *The Workes of that Famous Chirurgion Ambrose Parey* (London, 1649), 27; Ripa, *Nocturno Tempore*, ch. 9.27; Levinus Lemnius, *The Touchstone of Complexions ...*, trans. T. Newton (London, 1576), 113-114.
47) Feltham, *Resolves* (London, 1628), 18, 163; Thomas Tryon, *Wisdom's Dictates: or, Aphorisms & Rules ...* (London, 1691), 68.
48) Sept., 12, 1644, Ralph Josselin, *Diary*, 20; Mar. 8, 1626, *The Works of the Most Reverend Father in God, William Laud ...* (Oxford, 1853), III, 201; July 31, 1675, Sewall, *Diary*, I, 12.
49) Lemnius, *Touchstone*, trans. Newton, 114; Phillipe Martin, "Corps en Repos ou Corps en Danger? Le Sommeil dans les Livres de Piété (Seconde Moitié du XVIIIe Siècle)," *Revue d'Histoire et de Philosophie Religieuses* 80 (2000), 255; Aug. 15, 1665, Feb. 7, 1669, Pepys, *Diary*, VI, 191, IX, 439; Cannon, Diary, 344. 꿈의 내용과 상관없이 음경은 꿈을 꿀 때 일상적으로 발기된다. 사실 정상적인 남자는 밤에 잘 때 너덧 차례 발기를 경험하며, 그것은 각기 5분에서 10분 정도 지속된다. Kenneth Jon Rose, *The Body in Time* (New York, 1989), 54. 95.
50) Charles Carlton, "The Dream Life of Archbishop Laud," *History Today* 36 (1986), 9-14; Alan Macfarlane, *The Family Life of Ralph Josselin, a Seventeenth-Century Clergyman* (Cambridge, 1970), 183-187.
51) Cardano, *Book of My Life*, 156, 161; July 24, 1751, James MacSparran, *A Letter Book and Abstract of Our Services, Written during the Years 1743-1751*, ed. Daniel Goodwin (Boston, 1899), 45; James Strachey, ed., *The Standard Edition of the Complete Psychological Works of Sigmund Freud* (London, 1975), XXI, 203.
52) Torrington, *Diaries*, I, 165; Aug. 2, 1589, Aug. 6, 1597, J. O. Halliwell, ed., *The Private Diary of Dr. John Dee* (London, 1842), 31, 59.

53) Jan, 2, 1686, Sewall, *Diary*, I, 91; Henry Fishwick, ed., *The Note Book of the Rev. Thomas Jolly, A. D. 1671-1693* (Manchester, 1894), 100; Jean Bousquet, *Les Thèmes du Rêve dans la Littérature Romantique* (Paris, 1964).

54) Lady Marchioness of Newcastle, *Orations of Divers Sorts ...* (London, 1662), 300.

55) Apr. 4, 1706, Aug. 22, 1716, Sewall, *Diary*, I, 544, II, 829.

56) Sept. 4, 1625, *Laud Works*, III, 173; Oct. 17, 1588, Halliwell, ed., *Dee Diary*, 29; Mar. 20, 1701, Robert Wodrow, *Analecta: or, Materials for a History of Remarkable Providences ...*, ed. Matthew Leishman (Edinburgh, 1842) I, 6; Feb. 17, 1802, Woodforde, *Diary*, V, 369.

57) Nov. 20, 1798, Drinker, *Diary*, II, 112. 예로서 다음을 참고할 것. Cardano, *Book of My Life*, 89; Wodrow, *Analecta*, II, 315, III, 339; July 15, 1738, Benjamin Hanbury, *An Enlarged Series of Extracts from the Diary, Meditations and Letters of Mr. Joseph Williams* (London, 1815), 131.

58) Jan. 7, 1648, C. H. Josten, ed., *Elias Ashmole (1617-1692) ...* (Oxford, 1967), II, 467; Jan. 6, 1784, Irma Lustig & Frederick Albert Pottle, eds., *Boswell, The Applause of the Jury, 1782-1785* (New York, 1981), 175.

59) Feb. 10, 1799, William Warren Sweet, *Religion on the American Frontier, 1782-1840: The Methodists ...* (Chicago, 1946), IV, 217-218.

60) June 30, 1654, Feb. 15, 1658, Josselin, *Diary*, 325, 419; June 16, 1689, Mar. 18, 1694, Feb. 13, 1705, Sewall, *Diary*, I, 219, 328, 518; May 28, 1789, Woodforde, *Diary*, III, 108; Dec. 2, 1720, William Byrd, *The London Diary (1717-1721) and Other Writings*, ed. Louis B. Wright & Marion Tinling (Oxford, 1958), 481; Oct. 12, 1582, Halliwell, ed., *Dee Diary*, 17; Jan. 29, 1708, J. E. Foster, ed., *The Diary of Samuel Newton* (Cambridge, 1890), 118; Aug. 27, Oct. 14, 1773, Frederick A. Pottle & Charles H. Bennett, eds., *Boswell's Journal of a Tour to the Hebrides with Samuel Johnson, LL.D., 1773* (New York, 1961), 87-88, 303-304; Feb. 3, 15, 1776, Ryskamp & Pottle, eds., *Ominous Years*, 230, 235.

61) May 30, 1695, Foster, ed., *Newton Diary*, 109; Dec. 21, 1626, *Laud Works*, III, 197; Carlton, "Dream Life of Laud," 13.

62) *Mid-Night Thoughts*, 34; Mark R. Cohen, ed. & trans., *The Autobiography of a Seventeenth-Century Venetian Rabbi: Leon Modena's Life of Judah* (Princeton, N. J., 1988), 94, 99; James J. Cartwright, *The Wentworth Papers, 1705-1739* (London, 1883), 148; Wolfgang Behringer, *Shaman of Oberstorf: Chonrad Stoeckhlin and the Phantoms of the Night*, trans. H. C. Erik Midelfort (Charlottesville, Va., 1998); Boyereau Brinch, *The Blind African Slave ...* (St.

Albans, Vt., 1810), 149-150; Michael Craton, *Testing the Chains: Resistance to Slavery in the British West Indies* (Ithaca, N. Y., 1982), 250.

63) *Another Collection of Philosophical Conferences of the French Virtuosi ...*, trans. G. Havers & J. Davies (London, 1665), 3; Jean de La Fontaine, *Selected Fables*, ed. Maya Slater & trans. Christopher Wood (Oxford, 1995), 283; Jacques Le Goff, *The Medieval Imagination*, trans. Arthur Goldhammer (Chicago, 1988), 234. 다음도 참고할 것. Torriano, *Proverbi*, 261.

64) David P. French, comp., *Minor English Poets, 1660-1780; A Selection from Alexander Chalmers' The English Poets* (New York, 1967), II, 259; "Meditations on a Bed," *US and WJ*, Feb. 5, 1737; Enid Porter, *The Folklore of East Anglia* (Totowa, N. J., 1974), 126-127; David Simpson, *A Discourse on Dreams and Night Visions; with Numerous Examples Ancient and Modern* (Macclesfield, Eng., 1791), 61.

65) 따라서 나치 당원 로베르트 라이의 다음과 같은 공갈도 가능했다. "독일에서 아직도 사생활을 누리는 사람은 자고 있는 사람뿐이다." George Steiner, *No Passion Spent: Essays 1978-1996* (London, 1996), 211. Augustine FitzGerald, ed., *The Essays and Hymns of Synesius of Cyrene ...* (London, 1930), 345; Carlo Ginzburg, *The Night Battles: Witchcraft & Agrarian Cults in the Sixteenth & Seventeenth Centuries*, trans. John & Anne Tedeschi (London, 1983).

66) *RB*, VII, 11-12; Thomas, *Religion and the Decline of Magic*, 148; Mercier, *Night Cap*, I, 4; Robert L. Van De Castle, *Our Dreaming Mind* (New York, 1994), 333-334.

67) "수면중 비정상적인 행동"에 대해서는 다음을 참고할 것. Jonathan Woolfson, Oct. 30, 1997, H-Albion; D. M. Moir, ed., *The Life of Mansie Wauch: Tailor in Dalkeith* (Edinburgh, 1828), 273-274; Dement, *Promise of Sleep*, 208-211.

68) Erika Bourguignon, "Dreams and Altered States of Consciousness in Anthropological Research," in Francis L. K. Hsu, ed., *Psychological Anthropology* (Cambridge, Mass., 1972), 403-434; Vilhelm Aubert & Harrison White, "Sleep: A Sociological Interpretation. I," *Acta Sociologica* 4 (1959), 48-49; Beryl Larry Bellman, *Village of Curers and Assassins: On the Production of Fala Kpelle Cosmological Categories* (The Hague, 1975), 165-178; Cora Du Bois, *The People of Alor: A Social-Psychological Study of an East Indian Island* (New York, 1961), I, 45-46.

69) John Ashton, ed., *Chap-Books of the Eighteenth Century* (New York, 1966), 85; Franklin, *Writings*, ed., Lemay, 118-122. 다음도 참고할 것. Jan. 5, 1679, Josselin, *Diary*, 617.

70) Sept. 16, 1745, Parkman, *Diary*, 124; "On Dreams," *Pennsylvania Magazine, or American Monthly Museum*, 1776, 119-122; July 2, 1804, Drinker, *Diary*, III, 1753. 다음도 참고할 것. Simpson, *Discourse on Dreams*, 59; John Robert Shaw, *An Autobiography of Thirty Years, 1777-1807*, ed. Oressa M. Teagarden & Jeanne L. Crabtree (Columbus, Ohio, 1992), 131.

71) Patricia Crawford, "Women's Dreams in Early Modern England," *History Workshop Journal* 49 (2000), 140; "Titus Trophonius," Oct. 4, 1712, Donald F. Bond, ed., *The Spectator* (Oxford, 1965), V, 293-294; Karen Ordahl Kupperman, *Indians and English: Facing Off in Early America* (Ithaca, N. Y., 2000), 128-129; Cartwright, ed., *Wentworth Papers*, 538; Thomas, *Religion and the Decline of Magic*, 130.

72) Lacey, "Hannah Heaton," 286; Aug. 20, 1737, Kay, *Diary*, 12, 39; Mechal Sobel, "The Revolution in Selves: Black and White Inner Aliens," in Ronald Hoffman et al., eds., *Through a Glass Darkly: Reflections on Personal Identity in Early America* (Chapel Hill, N. C., 1997), 180-200; David Hackett Fischer, *Albion's Seed: Four British Folkways in America* (New York, 1989), 519.

73) William Philips, *The Revengeful Queen* (London, 1698), 39; Jan. 1723, Wodrow, *Analecta*, ed., Leishman, III, 374; *SWA or LJ*, Sept. 3, 1770; *OBP*, June 4, 1783, 590.

74) John Whaley, *A Collection of Original Poems and Translations* (London, 1745), 257; John Dryden & Nathaniel Lee, *Oedipus* (London, 1679), 14.

75) Marcel Foucault, *Le Rêve: Études et Observations* (Paris, 1906), 169-170; Jan. 16, 1780, Joseph W. Reed & Frederick A. Pottle, eds., *Boswell: Laird of Auchinleck, 1778-1782* (New York, 1977), 169; *The New Art of Thriving; or, the Way to Get and Keep Money ...* (Edinburgh, 1706); Van De Castle, *Dreaming Mind*, 466.

76) Jean Anthelme Brillat-Savarin, *The Psychology of Taste, or, Meditations on Transcendental Gastronomy*, trans. M. F. K. Fisher (New York, 1949), 222; Wehr, "Clock for All Seasons," 338; Wehr, "Changes in Nightlength," 269-273; 1996년 12월 23일과 31일에 있었던 웨어 박사와의 개인적 대화.

77) Carter A. Daniel, ed., *The Plays of John Lyly* (Lewisburg, Pa., 1988), 123; Breton, *Works*, II, 12; Barbara E. Lacey, ed., *The World of Hannah Heaton: The Diary of an Eighteenth-Century New England Farm Woman* (DeKalb, Ill., 2003), 83; Aug. 20, 1737, Kay, *Diary*, 12, 39. 기억이 나고 내면화될 가능성은 적지만 꿈은 아침이나 두번째 잠에서도 일어난다. Ekirch, "Sleep We Have Lost," 382.

닭이 울 때

1) *GM*, 25 (1755), 57.
2) M. De Valois d'Orville, *Les Nouvelles Lanternes* (Paris, 1746), 4; May 10, 1797, Drinker, *Diary*, II, 916; R. L. W., *Journal of a Tour from London to Elgin Made About 1790 ...* (Edinburgh, 1897), 74; Hans-Joachim Voth, *Time and Work in England, 1750-1830* (Oxford, 2000), 67-69.
3) Elkan Nathan Adler, ed., *Jewish Travellers: A Treasury of Travelogues from 9 Centuries* (New York, 1966), 350; Robert Semple, *Observations on a Journey through Spain and Italy to Naples ...* (London, 1808), II, 83; Humphrey Jennings, *Pandaemonium, 1660-1886: The Coming of the Machine as Seen by Contemporary Observers* (New York, 1985), 115; *Boston Newsletter*, Feb. 27, 1772; Duke de la Rochefoucault Liancourt, *Travels through the United States of North America ...* (London, 1799), II, 380.
4) *PA*, July 15, 1762; Thomas, *Religion and the Decline of Magic*, 650-655; James Sharpe, *Instruments of Darkness: Witchcraft in England, 1550-1750* (New York, 1996), 229-230, 257-275, 290-293; Alan Macfarlane, *The Culture of Capitalism* (Oxford, 1987), 79-82, 100-101.
5) *DUR*, Sept. 4, 1788; *SAS*, XII, 244; "Your Constant Reader," & "A Bristol Conjurer," *BC*, Feb. 17, 1762; "Crito," *LEP*, Mar. 15, 1762; Jonathan Barry, "Piety and the Patient: Medicine and Religion in Eighteenth Century Bristol," in Roy Porter, ed., *Patients and Practitioners: Lay Perceptions of Medicine in Pre-Industrial Society* (Cambridge, 1985), 160-161.
6) Diary of James Robson, 1787, Add. Mss. 38837, fo. 9, BL; Winslow C. Watson, ed., *Men and Times of the Revolution; or, Memoirs of Elkanah Watson, Including Journals of Travels* (New York, 1856), 96; Bryan Edwards, "Description of a Nocturnal Sky, as Surveyed Nearly Beneath the Line," *Massachusetts Magazine* 7 (1795), 370; "Valverdi," *Literary Magazine* 7 (1807), 449; Macfarlane, *Culture of Capitalism*, 80-81, 102-103. 망원경의 인기에 대해서는 다음을 참고할 것. Nov. 12, 1720, *The Family Memoirs of the Rev. William Stukeley, M. D. ...* (London, 1882), I, 75; Sept. 30, 1756, J. B. Paul, ed., *Diary of George Ridpath* (Edinburgh, 1910), 92; June 22, 1806, Drinker, *Diary*, III, 1940.
7) M. D'Archenholz, *A Picture of England ...* (London, 1789), I, 136; Nikolai Mikhailovich Karamzin, *Letters of a Russian Traveler, 1789-1790 ...* (New York, 1957), 181, 268; Mr. Pratt, *Gleanings through Wales, Holland, and Westphalia* (London, 1798), 167; Peter Borsay, *The English Urban Renaissance: Culture

and Society in the Provincial Town, 1660-1770 (Oxford, 1989), 22, 34.

8) Torrington, *Diaries*, II, 195, 196, I, 20; John Henry Manners, *Journal of a Tour through North and South Wales* (London, 1805), 64; Gary Cross, *A Social History of Leisure since 1600* (State College, Pa., 1990), 59.

9) James Essex, *Journal of a Tour through Part of Flanders and France in August 1773*, ed., W. M. Fawcett (Cambridge, 1888), 2.

10) Pierre Goubert, *The Ancient Régime: French Society, 1600-1750*, trans. Steve Cox (London, 1973), 223; William Edward Mead, *The Grand Tour in the Eighteenth Century* (New York, 1972), 222, 359; Christopher Friedrichs, *The Early Modern City, 1450-1750* (London, 1995), 25.

11) *Midnight the Signal: In Sixteen Letters to a Lady of Quality* (London, 1779), I, 147, passim; Koslofsky, "Court Culture," 744; Barbara DeWolfe Howe, *Discoveries of America: Personal Accounts of British Emigrants to North America during the Revolutionary Era* (Cambridge, 1997), 217; Pinkerton, *Travels*, II, 790.

12) *US and WJ*, Oct. 13, 1733; *A Humorous Description of the Manners and Fashions of Dublin* (Dublin, 1734), 5; *The Memoirs of Charles-Lewis, Baron de Pollnitz ...* (London, 1739), I, 411; Robert Anderson, *The Works of John Moore, M. D. ...* (Edinburgh, 1820), 171; Roy Porter, *The Creation of the Modern World: The Untold Story of the British Enlightenment* (New York, 2000), 435-436; Peter Clark, *British Clubs and Societies, 1580-1800: The Origins of an Associational World* (Oxford, 2000).

13) *British Journal*, Sept. 12, 1730.

14) Henry Fielding, *An Enquiry into the Causes of the Late Increase of Robbers and Related Writings*, ed. Malvin R. Zirker (Middletown, Ct., 1988), 231; *LC*, Sept. 9, 1758, Mar. 19, 1785; Jonas Hanway, *Letter to Mr. John Spranger ...* (London, 1754), 34; Fréderique Pitou, "Jeunesse et Désordre Social: Les 'Coureurs de Nuit' à Laval au XVIIIe Siècle," *Revue d'Histoire Moderne et Contemporaine* 47 (2000), 70; *G & NDA*, Nov. 27, 1767; Horace Walpole, *Correspondence with Sir Horace Mann*, ed. W. S. Lewis et al., (New Haven, 1967), VIII, 47; Bruce Lenman & Geoffrey Parker, "The State, the Community and the Criminal Law in Early Modern Europe," in V. A. C. Gatrell et al., eds., *Crime and the Law: The Social History of Crime in Western Europe since 1500* (London, 1980), 38; J. Paul De Castro, *The Gordon Riots* (London, 1926); Carl Bridenbaugh, *Cities in Revolt: Urban Life in America, 1743-1776* (Oxford, 1971), 300-303.

15) *DUR*, Nov. 30, 1785; Borsay, *Urban Renaissance*, passim; Peter Clark, *The English Alehouse: A Social History* (London, 1983), 256-259.

16) 9 George II. c.20; "Mémoire sur Necessité d'Éclairer la Ville, Présenté par Quelques Citoyens au Conseil," Jan. 26, 1775; Archives Geneve, Geneva; J. M. Beattie, *Policing and Punishment in London, 1660-1750: Urban Crime and the Limits of Terror* (Oxford, 2001), 221-223; Wolfgang Schivelbusch, *Disenchanted Night: The Industrialization of Light in the Nineteenth Century*, trans. Angela Davies (Berkeley, Calif., 1988), 9-14.

17) *Times*, May 14, 1807; "F. W.," *LM*, Jan. 6, 1815; Jane Austen, *Sandition* (Boston, 1975), 221; O'Dea, *Lighting*, 98; Pounds, *Home*, 388; Brian T. Robson, *Urban Growth: An Approach* (London, 1973), 178-183; John A. Jakle, *City Lights: Illuminating the American Night* (Baltimore, 2001), 26-37.

18) *LC*. Jan. 17, 1758; "Case of the Petitioners against the Bill, for Establishing a Nightly-Watch within the City of Bristol," 1755, BL; *PA*, July 15, 1785; Alan Williams, *The Police of Paris, 1718-1789* (Baton Rouge, 1979), 71; Ruff, *Violence*, 88-91.

19) *BC*, Aug. 11, 1762; David Philips & Robert D. Storch, *Policing Provincial England, 1829-1856: The Politics of Reform* (London, 1999), 63; Beattie, *Crime*, 67-72; Elaine A. Reynolds, *Before the Bobbies: The Night Watch and Police Reform in Metropolitan London, 1720-1830* (Stanford, Calif., 1998); Stanley H. Palmer, *Police and Protest in England and Ireland, 1780-1850* (Cambridge, 1988), passim; David Philips, "'A New Engine of Power and Authority': The Institutionalization of Law-Enforcement in England 1780-1830," in Gatrell et al., eds., *Crime and the Law*, 155-189; James F. Richardson, *Urban Police in the United States* (Port Washington, N. Y., 1974), 19-28.

20) "Night Hawk," *Mechanics Free Press* (Philadelphia), Nov. 7, 1829; Louis Bader, "Gas Illumination in New York City, 1823-1863" (Ph.D. diss., New York Univ., 1970), 334; Mary Lee Mann, ed., *A Yankee Jeffersonian: Selections from the Diary and Letters of William Lee of Massachusetts* (Cambridge, Mass., 1958), 37; Pounds, *Home*, 388; Johan Goudsblom, *Fire and Civilization* (London, 1992), 150, 176-178. 가로등이 미친 건전한 영향, 또는 범죄에 대한 영향에 대해서는 다음을 볼 것. Jane Jacobs, *The Death and Life of Great American Cities* (New York, 1961), 41-42; Kate Painter, "Designing Out Crime—Lighting, Safety and the Urban Realm," in Andrew Lovatt et al., eds., *The 24-Hour City ...* (Manchester, 1994), 133-138.

21) Maurice Rollinat, *Oeuvres* (Paris, 1972), II, 282. Allan Silver, "The Demand for

Order in Civil Society: A Review of Some Themes in the History of Urban Crime, Police and Riot," in D. Bordua, ed., *The Police: Six Sociological Essays* (New York, 1967), 1-24; Anna Clark, *Women's Silence, Men's Violence: Sexual Assault in England, 1770-1845* (New York, 1987), 118.

22) Ralph Waldo Emerson, *Essays & Lectures*, ed., Joel Porte (New York, 1983), 1067; Joachim Schlör, *Nights in the Big City: Paris, Berlin, London 1840-1930*, trans. Pierre Gottfried Imhof & Dafydd Rees Roberts (London, 1998), 287; Mark J. Bouman, "The 'Good Lamp Is the Best Police' Metaphor and Ideologies of the Nineteenth-Century Urban Landscape," *American Studies* 32 (1991), 66.

23) The Journeyman Engineer, *The Great Unwashed* (London, 1869), 199; A. H. Bullen, ed., *The Works of Thomas Middleton* (1885; rpt. edn., New York, 1964), VIII, 14; A. Roger Ekirch, "Sleep We Have Lost: Pre-industrial Slumber in the British Isles," *AHR* 106 (2001), 383-385; Thomas A. Wehr, "A 'Clock for All Seasons' in the Human Brain," in R. M. Buijs et al., eds. *Hypothalamic Integration of Circadian Rhythms* (Amsterdam, 1996), 319-340; Thomas A. Wehr, "The Impact of Changes in Nightlength (Scotoperiod) on Human Sleep," in F. W. Turek & P. C. Zee, eds., *Neurobiology of Sleep and Circadian Rhythms* (New York, 1999), 263-285; P. Lippmann, "Dreams and Psychoanalysis: A Love-Hate Story," *Psychoanalytic Psychology* 17 (2000), 627-650. 꿈에 대해 로저 바스티드(Roger Bastide)는 이렇게 기록했다. "우리 서양 문명에서 인간의 낮의 반쪽과 밤의 반쪽을 잇는 다리는 끊어졌다. 물론 하층 계급에서뿐 아니라 꿈 풀이 책을 읽거나 최소한 꿈을 검토하고 거기에 삶의 한 역할을 부여하는 사람들은 어디서든 찾을 수 있다. 그러나 그렇게 활력적인 꿈의 기능은 개인적인 차원에 머무를 뿐 결코 제도화되지 않았다. 오히려 행동의 정식 규범을 구성하기는커녕 변종으로 간주된다. 꿈은 '미신'으로 분류된다. 때로는 꿈에서 의미나 지침을 찾으려는 사람들이 완전히 미친 사람으로 암시되기도 한다." "The Sociology of the Dream," in Gustave Von Grunebaum, *The Dream and Human Societies* (Berkeley, Calif., 1966), 200-201.

24) R. W. Flint, ed., *Marinetti: Selected Writings*, trans. R. W. Flint & Arthur A. Coppotelli (New York, 1979), 56.

25) Frederic J. Baumgartner, *A History of Papal Elections* (New York, 2003), 191; Rev. Dr. Render, *A Tour through Germany ...* (London, 1801), II, 37. 『쾰르니셰 자이퉁』의 기사는 연도가 1816년으로 잘못 표기되어 있지만, 다음에 영어로 번역되어 있다. M. Luckiesh trans. "Arguments against Light," *Artificial Light: Its Influence upon Civilization* (New York, 1920), 157-158.

26) Schlör, *Nights in the Big City*, trans. Imhof & Roberts, 66; Christian Augustus Gottlief Goede, *A Foreigner's Opinion of England ...*, trans. Thomas Horne (Boston, 1822), 47; Richard L. Bushman, *The Refinement of America: Persons, Houses, Cities* (New York, 1992), 365; Garnert, *Lampan*, 126; Schindler, *Rebellion*, 221; Eugen Weber, *France Fin de Siècle* (Cambridge, Mass., 1986), 54.

27) Victor Hugo, *Les Misérables*, trans. Isabel F. Hapgood (New York, 1887), II, Pt. 1, 313-316; Schivelbusch, *Disenchanted Night*, 105, 97-114, passim; Wolfgang Schivelbusch, "The Policing of Street Lighting," *Yale French Studies* 73 (1987), 73, 61-74, passim; Eugène Defrance, *Histoire de l'Éclairage des Rues de Paris* (Paris, 1904), 104-106; Garnert, *Lampan*, 123-129.

28) Joseph Lawson, *Letters to the Young on Progress in Pudsey during the Last Sixty Years* (Stanningley, Eng., 1887), 33; [Charles Shaw], *When I Was a Child* (1903; rpt. edn., Firle, Eng., 1977), 37; Silvia Mantini, "Notte in Città, Notte in Campagna tra Medioevo ed Età Moderna," in Mario Sbriccoli, ed., *La Notte: Ordine, Sicurezza e Disciplinamento in Età Moderna* (Florence, 1991), 42; Pounds, *Culture, 420-423;* James Obelkevich, *Religion and Rural Society: South Lindsey, 1825-1875* (Oxford, 1976), passim; Judith Develin, *The Superstitious Mind: French Peasants and the Supernatural in the Nineteenth Century* (New Haven, 1987).

29) George Sturt, *Change in the Village* (1912; rpt. edn., Harmondsworth, Eng., 1984), 121, 8.

30) Dagobert D. Runes, *The Diary and Sundry Observations of Thomas Alva Edison* (New York, 1948), 232; Ekirch, "Sleep We Have Lost," 383-385; Patricia Edmonds, "In Jampacked Days, Sleep Time is the First to Go," *USA Today*, April 10, 1995; Andree Brooks, "For Teen-Agers, Too Much to Do, Too Little Time for Sleep," *New York Times*, Oct. 31, 1996; Amanda Onion, "The No-Doze Soldier: Military Seeking Radical Ways of Stumping Need for Sleep," Dec. 18, 2002, Web: www.abcNEWS.com. 현대인의 삶에서 밤시간이 갖는 의미에 대한 연구로는 다음을 참고할 것. Murray Melbin, *Night as Frontier: Colonizing the World after Dark* (New York, 1987); Kevin Coyne, *A Day in the Night of America* (New York, 1992); A. Alvarez, *Night: Night Life, Night Language, Sleep and Dreams* (New York, 1995); Christopher Dewdney, *Acquainted with the Night: Excursions through the World after Dark* (New York, 2004).

31) Montague Summers, ed., *Dryden: The Dramatic Works* (1932; rpt. edn., New

York, 1968), VI, 159; Arthur R. Upgren, "Night Blindness," *Amicus Journal* 17 (1996), 22-25; David L. Crawford, "Light Pollution-Theft of the Night," in Derek McNally, ed., *The Vanishing Universe: Adverse Environmental Impacts on Astronomy* (Cambridge, 1994), 27-33.

32) Warren E. Leary, "Russia's Space Mirror Bends Light of Sun into the Dark," *NYT, Times*, Feb. 5, 1993; "Russian Space Mirror Reflector Prototype Fails," *Boston Globe*, Feb. 5, 1999.

찾아보기

| ㄴ |

| ㄷ |

| ㄹ |

| ㅁ |

| ㅂ |

| ㅅ |

| ㅇ |

| ㅈ |

| ㅊ |

| ㅋ |

| ㅌ |

| ㅍ |

| ㅎ |

|기타|

본문 도판 목록

149쪽　피에르 폴 프뤼동, 〈죄를 쫓는 정의와 신성한 복수〉, 1808
Pierre-Paul Prud'hon, *Justice and Divine Vengeance Pursuing Crime*, Louvre, Paris / Art Resource, New York

162쪽　토머스 롤런드슨, 〈가택 침입자들〉, 1788
Thomas Rowlandson, *Housebreakers*, Huntington Library, San Marino, California

170쪽　작자 미상, 〈교회를 둘러싼 사람들〉, 19세기
Anon., *Clipping the Church*, Somerset Archaeological and Natural History Society, Taunton

175쪽　토머스 프라이, 〈촛불을 든 젊은이〉, 18세기
Thomas Frye, *Young Man Holding a Candle*, Art Gallery of Ontario, Toronto

180쪽　트로핌 비곳, 〈램프에 기름을 붓는 소년〉, 1620
Trophîme Bigot, *A Boy Pouring Oil into a Lamp*, Galleria Doria-Pamphilj, Rome / Alinari, Art Resource, New York

187쪽　헤릿 판 혼트호르스트, 〈치과의사〉, 1622
Gerrit van Honthorst, *Dentist*, Gemäldegalerie Alte Meister, Staatliche Kunstsammlungen, Dresden

199쪽　핀센트 판 데르 피너, 〈안전한 도피처〉, 1714
Vincent van der Vinne, *The Safe Refuge*, from Adriaan Spinniker, *Leerzaame Zinnebeelden* (1757; rpt. edn., Soest, Netherlands, 1974), 174

205쪽　토머스 롤런드슨, 〈횃불꾼〉, 1786
Thomas Rowlandson, *A Linkboy*, The Frances Loeb Art Center, Vassar College, Poughkeepsie, New York. Gift of Mr. and Mrs. Francis Fitz Randolph (Mary E. Hill, class of 1945-4)

207쪽　아드리안 브로우버르, 〈달 밝은 언덕〉, 17세기
Adriaen Brouwer, *Dune Landscape by Moonlight*, Kupferstichkabinett, Staatliche Museum zu Berlin / Bildarchiv Preussicher Kulturbesitz, Art Resource, New York

300쪽 한스 제발트 베함, 〈실잣기 모임〉, 1524
Hans Sebald Beham, *A Spinnstube*, Ashmolean Museum, Oxford

312쪽 헤릿 도우, 〈지구본을 보고 있는 학자〉, 17세기
Gerrit Dou, *Scholar with a Globe*, Sammlung Schönborn-Buchheim, Vienna

315쪽 더비의 조지프 라이트, 〈촛불에 편지를 읽는 소녀와 어깨 너머로 훔쳐보는 젊은이〉, 1760~1762년경
Joseph Wright of Derby, *Girl Reading a Letter by Candlelight, with a Young Man Peering over Her Shoulder*, Private Collection / Bridgeman Art Library

319쪽 볼프강 하임바흐, 〈밤의 연회〉, 1640
Wolfgang Heimbach, *Nocturnal Banquet*, Kunsthistorisches Museum, Vienna / Art Resource, New York

325쪽 주제페 그리조니, 〈왕립 오페라 하우스의 가면무도회〉, 1724
Giuseppe Grisoni, *Masquerade at King's Opera House*, Victoria and Albert Museum, London / Art Resource, New York

330쪽 윌리엄 호가스, 〈난봉꾼의 편력〉 도판 3, 1735
William Hogarth, *A Rake's Progress* (pl. 3)

333쪽 윌리엄 호가스, 〈목욕탕〉(〈결혼 풍속〉의 도판 5), 1745
William Hogarth, *The Bagnio* (pl. 5 of *Marriage* à *la Mode*)

336쪽 작자 미상, 〈코번트 가든의 술 취한 난봉꾼과 야경꾼〉, 1735
Anon., *Drunken Rakes and Watchmen in Covent Garden*, Guildhall Library, Corporation of London

343쪽 프랑수아 모렐롱 라 카브, 〈아담파의 밤 모임〉, 18세기
François Morellon la Cave, *Night Meeting of the Adamites*, Hulton-Deutsch Collection / Corbis

425쪽 헨리 푸젤리, 〈악몽〉, 1781
Henry Fuseli, *The Nighmare*, Detroit Institute of Arts / Bridgeman Art Library

431쪽 헤릿 판 혼트호르스트, 〈벼룩 사냥〉, 1621
Gerrit van Honthorst, *The Flea Hunt*, Dayton Art Institute. Museum Purchase with Funds Provided in Part by the 1980 Art Ball

435쪽 토머스 롤런드슨, 〈쉬고 있는 건초노동자들〉, 1798
Thomas Rowlandson, *Haymakers at Rest*, courtesy of Windsor Castle, The Royale Collection © 2004, Her Majesty Queen Elizabeth II

449쪽 얀 산레담, 〈밤〉, 17세기
Jan Saenredam, *Night*, Ashmolean Museum, Oxford

457쪽 야코프 요르단스, 〈꿈 혹은 밤의 유령〉, 17세기
Jacob Jordaens, *The Dream, or The Apparition by Night*, Staatliches Museum Schwerin

462쪽 장오노레 프라고나르, 〈거지의 꿈〉, 1769년경.
Jean-Honoré Fragonard, *The Beggar's Dream*, Louvre, Paris / Art Resource, New York

465쪽 헨리 푸젤리, 〈자정〉, 1765
Henry Fuseli, *Midnight*, courtesy of the Board of Trustees, National Gallery of Art, Alisa Mellon Bruce Fund, Washington, D.C.

473쪽 필립 제임스 드 라우더버그, 〈콜브룩데일의 밤〉, 1801
Philip James de Loutherbourg, *Coalbrookdale by Night*, Science Museum, London / Bridgeman Art Library

479쪽 토머스 롤런드슨, 〈팰맬 가의 가스등 구경〉, 1809
Thomas Rowlandson, *A Peep at the Gas Lights in Pall-Mall*, Guildhall Library, Corporation of London / Bridgeman Art Library

485쪽 작자 미상, 〈빈의 랜턴 부수기, 1848〉, 1849

Anon., *Lantern Smashing in Vienna, 1848*, from *Genaue Darstellung der Denkwürdigen Wiener Ereignisse des Jahres 1848 in ihren Uraschen und Folgen* (Vienna, 1849)

488쪽 〈유럽의 밤〉, W. 설리번

Europe at Night, W. Sullivan, n.d., Hansen Planetarium, SPL / Photo Researchers, Inc.

별지 도판 목록

폴 브릴, 〈신비로운 풍경〉, 연도 미상
Paul Bril, *Fantastic Landscape*, Galleria Borghese, Rome / Scala, Art Resource, New York

히에로니무스 프랑켄, 〈마녀의 부엌〉, 1610
Hieronymous Francken, *Witches' Kitchen*, Kunsthistorisches Museum, Vienna / Art Resource, New York

필립 제임스 드 라우더버그, 〈한밤의 강도 습격〉, 1770년경
Philip James de Loutherbourg, *Attack by Robbers at Night*, Musée des Beaux-Arts, Rennes / Bridgeman Art Library

에흐베르트 판 데르 풀, 〈밤에 마을에 난 화재〉, 1655
Egbert van der Poel, *Fire in a Village at Night*, Private Collection / Bridgeman Art Library

자코포 바사노, 〈직조 공장〉, 16세기
Jacopo Bassano, *Workshop of Weavers*, Accademia, Venice / Art Resource, New York

작자 미상, 〈달밤의 나룻배〉, 연도 미상
Anon., *Ferry by Moonlight*, Guildhall Art Gallery, Corporation of London

헤릿 판 혼트호르스트, 〈중매쟁이〉, 1625
Gerrit van Honthorst, *The Matchmaker*, Centrall Museum, Utrecht / Art Resource, New York

코르넬리스 트루스트, 〈걸을 수 있는 사람은 걷고 다른 사람들은 넘어졌다〉, 1739
Cornelis Troost, *Those Who Could Walk Did; the Others Fell*, Mauritshuis, Royal Gallery of Paintings, The Hague

레안드로 바사노, 〈야영지〉, 연도 미상
Leandro Bassano, *Camp at Night*, Musée des Beaux-Arts de Strasbourg

토머스 러니, 〈달밤의 틴머스〉, 18세기
Thomas Luny, *Teignmouth by Moonlight*, Private Collection / Bridgeman Art Library

소(小) 다비드 테니르스, 〈귀신 부르기〉 17세기
David Teniers the Younger, *The invocation*, Bordeaux Musée des Beaux-Arts / Clich du M. B. A. de Bordeaux / Photographe Lysiane Gautheir

줄리오 카르포니, 〈잠의 신 히프노스의 왕국〉, 17세기
Giulio Carponi, *The Kingdom of Hypnos*, Bonhams, London / Bridgeman Art Library

로저 에커치 A. Roger. Ekirch 미국 버지니아 공과대학교 역사학 명예교수. 존스 홉킨스 대학교에서 석사, 박사학위를 받았다. 1998년 구겐하임 펠로로 선정된 바 있으며 연구 및 저술 활동으로 각종 상을 받은 학자이다. 지은 책으로 『*Poor Carolina: Politics and society in Colonial North Carolina*』『*Bound for America: The Transportation of British Convicts to the Colonies*』『*Birthright: The True Story of the Kidnapping of Jemmy Annesley*』『*American Sanctuary: Mutiny, Martyrdom, and National Identity in the Age of Revolution*』 등이 있으며 영미 사회와 역사, 밤, 수면 등을 주제로 연구 및 강연을 해왔다.

조한욱 서강대학교 사학과에 다니며 서양사에 대한 흥미를 갖기 시작했다. 같은 대학원에 진학하여 역사 이론과 사상사에 대한 관심을 구체화하면서 「막스 베버의 가치 개념」이라는 제목으로 석사학위 논문을 썼다. 1980년대 초에 미국 텍사스 주립대학교로 유학을 떠나 1991년「미슐레의 비코를 위하여」라는 제목의 박사학위 논문을 완성했다.
1992년 한국교원대학교에 부임하여 2019년 퇴임할 때까지 문화사와 관련된 책을 옮기고 집필했다. 문화사학회 회장을 역임했다. 옮긴 책으로 미슐레의 『민중』, 비코의 『새로운 학문』과 『자서전』, 피터 게이의 『바이마르 문화』, 로버트 단턴의 『고양이 대학살』, 린 헌트가 편저한 『문화로 본 새로운 역사』『포르노그라피의 발명』『프랑스 혁명의 가족 로망스』, 로저 샤툭의 『금지된 지식』, 카를로 긴즈부르그의 『마녀와 베난단티의 밤의 전투』, 피터 버크의 『문화사란 무엇인가』 등이 있다. 쓴 책으로는 『조한욱 교수의 소소한 세계사』『문화로 보면 역사가 달라진다』『내 곁의 세계사』『마키아벨리를 위한 변명, 군주론』『서양 지성과의 만남』『역사에 비친 우리의 초상』 등이 있다.

잃어버린 밤에 대하여
우리가 외면한 또하나의 문화사

초판 1쇄 발행 2016년 7월 25일
2 판 1쇄 발행 2022년 4월 21일
2 판 2쇄 발행 2022년 8월 16일

지은이 로저 에커치 | 옮긴이 조한욱

편집 조현나 정소리 | 디자인 엄자영 | 마케팅 배희주 김선진
브랜딩 함유지 함근아 김희숙 박민재 박진희 정승민 | 저작권 박지영 형소진 이영은 김하림
제작 강신은 김동욱 임현식 | 제작처 천광인쇄사(인쇄) 경일제책사(제본)

펴낸곳 (주)교유당 | 펴낸이 신정민
출판등록 2019년 5월 24일 제406-2019-000052호

주소 10881 경기도 파주시 회동길 210
전화 031) 955-8891(마케팅) | 031) 955-2692(편집) | 031) 955-8855(팩스)
전자우편 gyoyudang@munhak.com

인스타그램 @gyoyu_books | 트위터 @gyoyu_books | 페이스북 @gyoyubooks

ISBN 979-11-92247-11-3 03900

* 교유서가는 (주)교유당의 인문 브랜드입니다.

책이 가끔씩 경탄스럽다. 이 책이 그렇다. **론 커비슨, 「위니펙 프리 프레스 리뷰」**

이 혁신적이고 학문적인 책은 근세 초 유럽에 대한 신선한 전망을 제공한다. 우아하게 썼고, 도판이 풍부하게 붙었다. **S. 베일리, 「초이스」**

이 책은 올해 가장 열정적인 서평을 받은 책으로 꼽힌다. 이 책은 다른 모든 책들도 이처럼 필생의 업적이었기를 바라는 그런 종류의 책이다. 그 결과 놀라운 일화가 풍부하고 생생한 설명으로 묘사된다. 역설적으로 이 책은 과거가 오늘날 우리의 시대와 얼마나 철저하게 다른가를 보여줌으로써 과거를 더 가깝게 만들어준다. 이 책을 읽고 나면 과거를 예전처럼 바라볼 수 없다.
톰 니슬리, 아마존 닷컴 수석 편집자

도시인과 시골 농부와 궁정인들의 밤시간의 관행에 대한 생생한 파노라마. 이 책은 오늘날의 안락함이 이전 세대와 우리를 얼마나 뚜렷하게 갈라놓고 있는지, 밤의 정복은 동료의식과 상상력을 얼마나 희생시켰는지 명확하게 보여준다. 자연이 문화를 필요로 하는 것보다는 문화가 자연을 얼마나 더 필요로 하는지 가르쳐준, 자연 현상에 대한 다른 선구적 업적에 뒤지지 않는다.
윌리엄 하워스, 「프리저베이션」

엄밀하게 고증한 책. 감동적으로 독창적인 책. 에커치의 일차적인 업적은 특징적인 밤의 문화에 최초로 역사를 부여했다는 것이며, 우리가 어두워진 다음에 어떻게 이상한 존재로 바뀌었는지를 목록으로 보여줬다는 것이다. **브래드 퀸, 「요미우리 신문」**

운율이 흐르고 때로는 시적인 산문으로 이루어진 매혹적인 책. 우리는 어둠의 지배가 어떤 것인지 망각했지만, 이 책은 우리를 위해 그것을 되살려놓은 경이로운 결과물이다.
앤드류 허진스, 「랠리 뉴스 옵서버」

현명하며 방대하다. 자료에 대한 에커치의 장악력은 감명적이다. 이것이야말로 사랑의 결산이다. **이언 핀다, 「가디언」**